MIRA STARE

# DURCH IHN LEBEN

## DIE LEBENSTHEMATIK IN JOH 6

ASCHENDORFF MÜNSTER

NEUTESTAMENTLICHE ABHANDLUNGEN

Begründet von Augustinus Bludau,
fortgeführt von Max Meinertz, Joachim Gnilka,
herausgegeben von Hubert Frankemölle und Martin Ebner

Neue Folge

Band 49

*Gedruckt mit freundlicher Unterstützung des*
*„Slowenischen Wissenschaftsinstitutes" (SZI) in Wien*
*und der Diözese Innsbruck*



Gesamtherstellung: Druckhaus Aschendorff, Münster, 2004

Gedruckt auf säurefreiem, alterungsbeständigem Papier ∞

ISBN 3-402-04797-7

# Vorwort

In jeden Menschen ist eine tiefe Sehnsucht nach dem Leben hineingelegt. Seit jeher sucht der Mensch den erfüllenden Sinn seiner Existenz. Diese bewegende Frage durchdringt auch das Johannesevangelium. Wie sich dieses Buch mit der Lebensthematik auseinandersetzt und welche Lösungen es seinen Adressaten und auch den heutigen Lesern anbietet, versucht meine Arbeit über Joh 6, das Kapitel, in dem das Lebensvokabular die größte Dichte innerhalb des Johannesevangeliums erreicht, darzustellen. Dem Autor des Johannesevangeliums und den Menschen, deren Glaubenserfahrungen in ihm in einer hohen literarischen Form zur Sprache kommen, gilt mein erster Dank.

In Verbindung mit der Entstehung dieser Arbeit möchte ich vielfachen Dank aussprechen: Mein Doktorvater, Prof. Dr. Martin Hasitschka SJ, hat mich auf diesem Weg mit seiner Kompetenz gewissenhaft und sorgfältig begleitet. Er hat mich immer wieder zur Arbeit mit den biblischen Texten ermutigt. Seine Offenheit für meine Fragen, seine menschliche und spirituelle Tiefe, werden mich noch weiter begleiten. Prof. Dr. Georg Fischer SJ gab mir sowohl für meine Arbeitsmethode als auch für die alttestamentlichen Teile der Arbeit wesentliche Anregungen. Sein Methodenbuch, Wege in die Bibel, dessen Entstehung ich teilweise miterlebt habe, ist ein Standardwerk auf meinem Schreibtisch geworden. Prof. Dr. Johannes Beutler gab mir ein noch unveröffentlichtes Manuskript zu lesen. Doz. Dr. Beate Kowalski korrigierte meine Arbeit und brachte manche hilfreiche Anregungen bei. Mein herzlicher Dank gilt Dipl.-Vw. Waltraud Innerhofer, die mein Deutsch durch ihre Korrekturen mit großer Bereitschaft, Einfühlungsvermögen und Freude laufend verbessert hat. Weiter möchte ich mich auch bei meinen Kollegen beider biblischen Abteilungen am Institut für Bibelwissenschaften und Fundamentaltheologie – Ass.-Prof. Dr. Konrad Huber, Ass.-Prof. Dr. Josef M. Oesch, Univ.-Ass. Dr. Andreas Vonach, Prof. Dr. Robert Oberforcher und Univ.-Ass. Dr. Boris Repschinski SJ wie auch MMag. Martin Teißl und Frau Viktoria Köck – für die fachliche und freundschaftliche Hilfe bedanken. Am erwähnten Institut, wo ich zuerst als Assistentin tätig war und jetzt als Lehrbeauftragte und Projektmitarbeiterin („Bibelwissenschaftliche Literaturdatenbank Innsbruck" BILDI, http://bildi.uibk.ac.at) arbeite, wurden mir beste Arbeitsbedingungen für das Forschen zur Verfügung gestellt. Ebenso bedeutsam waren für mich die Gespräche im Rahmen der NT- und AT-Forschungsseminare. Danke den Leitern und anderen Teilnehmern/Teilnehmerinnen.

Die vorliegende Studie wurde im Dezember 2002 von der Katholisch-Theologischen Fakultät der Leopold-Franzens-Universität Innsbruck als Dissertation angenommen. Für die Drucklegung wurde das Manuskript nach den Anregungen der Herausgeber der NTA, Prof. Dr. Martin Ebner und Prof. Dr. Hubert Frankemölle, vorbereitet. Die Begleitung von Prof. Martin Ebner durch diese Zeit der Anfertigung der Publikation, sowohl seine inhaltlichen Impulse als auch ermunternden Worte und die Zeit, die er sich für das präzise mehrfache Lesen meiner Arbeit nahm, erlebte ich immer als ein unerwartetes Geschenk. Beiden Herausgebern der NTA wie auch dem Aschendorff Verlag, besonders Herrn Dr. Dirk F. Paßmann vielen Dank! Für den Druckkostenzuschuß gilt mein Dank dem „Slowenischen Wissenschaftsinstitut" (SZI) in Wien, der Diözese Innsbruck und noch einigen anderen Wohltätern.

Mit Interesse verfolgte die Entstehung dieser Arbeit die Gemeinde der Pfarre Innsbruck-Saggen, wo ich als Pastoralassistentin tätig bin. Der Pfarrfamilie, Pfarrer Dr. Adolf Karlinger, Pfarrer in Ruhe Msgr. Heinz Schramm sowie Erzbischof Dr. Alois Kothgasser SDB, der mich zum Dienst in der Diözese Innsbruck beauftragt hat, und dem neuen Bischof von Innsbruck Dr. Manfred Scheuer bin ich für ihre Unterstützung und Begleitung innig dankbar.

Ferner gilt Dank meinen ersten Lehrern der Bibelwissenschaften an der Theologischen Fakultät in Ljubljana sowie dem ehemaligen Erzbischof von Ljubljana und neuen Präfekten der „Kongregation für die Institute des geweihten Lebens und die Gesellschaften des apostolischen Lebens" Dr. Franc Rode, der mich am Anfang dieser Arbeit stark ermutigte, und auch Prof. Dr. Janez Juhant und Doz. Dr. Milan Matjaž für ihre Verbundenheit.

Von Herzen danke ich meinen Freunden, Verwandten und besonders meinen Eltern, denen ich diese Arbeit widme.

Innsbruck, im Juli 2004 Mira Stare

# Inhaltsverzeichnis

# Teil I
# Einleitung

## 1. HINFÜHRUNG ZUM THEMA ANHAND DES ΖΩΗ-VOKABULARS IM JOHANNESEVANGELIUM

Das Hauptanliegen der vorliegenden Arbeit gilt der Lebensthematik in Joh 6. Warum dieses Thema, das sich durch das ganze Evangelium – vom Prolog bis zum ersten Epilog in Joh 20 – durchzieht, gerade in Joh 6 ein besonderes wissenschaftliches Interesse verdient, soll zuerst aufgrund seiner lexematischen Grundlage verdeutlicht werden.

ζωή, ζωὴ αἰώνιος, ζῶ und ζῳοποιέω sind die Wörter, die in Joh 6 und auch im Joh-Ev das ζωή-Vokabular bilden und zugleich zu den joh. Schlüsselwörtern gehören. Das Adjektiv αἰώνιος ist in dieser Gruppe besonders auffällig; es ist das einzige Adjektiv innerhalb des Joh-Ev, das mit dem Substantiv ζωή eine unmittelbare Wortverbindung eingeht (ζωὴ αἰώνιος)[1] und es dadurch näher charakterisiert.[2] Gegenüber den 56 Vorkommen aus dem ζωή-Vokabular findet sich im Joh-Ev das Substantiv βίος kein einziges Mal, das sonst auch ein griech. Begriff für das Leben ist. Es wird im NT insgesamt nur 10mal (Mk 12,44; Lk 8,14.43; 15,12.30; 21,4; 1 Tim 2,2; 2 Tim 2,4; 1 Joh 2,16; 3,17) verwendet. Anders verhält es sich mit dem Substantiv ψυχή. Es kommt im Joh-Ev vor, jedoch nur 10mal; im NT insgesamt 103mal.[3]

[1] Im Unterschied zu den synoptischen Evangelien fällt auf, daß sich im Joh-Ev das Adjektiv αἰώνιος nur an das Substantiv ζωή bindet. Vgl. F. MUSSNER, ΖΩΗ 48.

[2] Grundlegend zu dieser Wortverbindung und zum Verhältnis zwischen ζωή und ζωὴ αἰώνιος vgl. J. G. VAN DER WATT, Use 217-228. Zum Adjektiv αἰώνιος siehe H. BALZ, EWNT I 111-115; H. SASSE, ThWNT I 197-209; W. BAUER, Wörterbuch 54f; F. MUSSNER, ΖΩΗ 48f.177f.

[3] Zum unterschiedlichen Gebrauch zwischen ψυχή und ζωή schreibt R. SCHNACKENBURG, Joh II 436: „Für das leiblich-irdische Leben gebraucht Joh konsequent ψυχή, die in den Jesuslogien der Syn auch die wahre, unvergängliche Existenz bezeichnen kann, vgl. 10,11.15.17; 13,37f; 15,13, während er ζωή (αἰώνιος) ebenso konsequent dem wahren, göttlichen Leben vorbehält."

Folgende Tabelle[4] zeigt die Verteilung des ζωή-Vokabulars im Joh-Ev:[5]

| Joh | 1 V. | 2 | 3 VV. | 4 VV. | 5 VV. | 6 VV. | 7 V. | 8 V. | 9 | 10 VV. | 11 VV. | 12 VV. | 13 | 14 VV. | 15 | 16 | 17 VV. | 18 | 19 | 20 VV. | 21 | Summe |
|---|---|---|---|---|---|---|---|---|---|---|---|---|---|---|---|---|---|---|---|---|---|---|
| ζωή | 4 | | 15* | 14* | 24* | 27d* | | 12 | | 10 | 25 | 25* | | 6 | | | 2* | | | 31 | | |
| | 4 | | 16* | 36* | 24 | 33 | | | | 28* | | 50* | | | | | 3* | | | | | |
| | | | 36* | | 26 | 35b | | | | | | | | | | | | | | | | |
| | | | 36 | | 26 | 40b* | | | | | | | | | | | | | | | | |
| | | | | | 29 | 47b* | | | | | | | | | | | | | | | | |
| | | | | | 39* | 48 | | | | | | | | | | | | | | | | |
| | | | | | 40 | 51h | | | | | | | | | | | | | | | | |
| | | | | | | 53e | | | | | | | | | | | | | | | | |
| | | | | | | 54a* | | | | | | | | | | | | | | | | |
| | | | | | | 63f | | | | | | | | | | | | | | | | |
| | | | | | | 68d* | | | | | | | | | | | | | | | | 36 |
| ζῶ | | | | 10 | 25 | 51b | 38 | | | | 25 | | | 19 | | | | | | | | |
| | | | | 11 | | 51e | | | | | 26 | | | 19 | | | | | | | | |
| | | | | 50 | | 57a | | | | | | | | | | | | | | | | |
| | | | | 51 | | 57b | | | | | | | | | | | | | | | | |
| | | | | 53 | | 57d | | | | | | | | | | | | | | | | |
| | | | | | | 58e | | | | | | | | | | | | | | | | 17 |
| ζῳοποιέω | | | | | 21 | 63a | | | | | | | | | | | | | | | | |
| | | | | | 21 | | | | | | | | | | | | | | | | | 3 |
| Summe | 2 | 0 | 4 | 7 | 10 | 18 | 1 | 1 | 0 | 2 | 3 | 2 | 0 | 3 | 0 | 0 | 2 | 0 | 0 | 1 | 0 | 56 |

TABELLE 1

Aus diesem Überblick sind folgende Aspekte erkennbar:
(1) Das Substantiv ζωή hat im Joh-Ev 36 Vorkommen. Das sind 27% von den insgesamt 135 Belegen im NT.[6] Das Verb ζῶ wird im Joh-Ev

[4] In dieser Tabelle steht das Sternchen (*) überall dort, wo das Substantiv ζωή mit dem Adjektiv αἰώνιος die Wortverbindung ζωὴ αἰώνιος eingeht. Das ist 17mal der Fall. Weiter finden sich die Angaben (nur für Joh 6) auch in Äußerungseinheiten. Siehe mehr dazu in Teil II 2.2.

[5] Die Verteilung des ζωή-Vokabulars im Joh-Ev wird nur von einer Minderheit der Ausleger genauer untersucht; grundlegend dazu P.-M. JERUMANIS, Communion 231-321, der auch alle Vorkommen in jedem einzelnen Kapitel analysiert; J. G. VAN DER WATT, Family 201f; sehr knapp bei F. V. FILSON, Gospel 119.

[6] Weiterhin fallen 13 Belege im 1. Johannesbrief (1 Joh 1,1.2[bis]; 2,25; 3,14.15; 5,11[bis].12 [bis].13.16.20) und 17 Belege in der Offenbarung des Johannes (Offb 2,7.10; 3,5; 7,17; 11,11; 13,8; 16,3; 17,8; 20,12.15; 21,6.27; 22,1.2.14.17.19) auf.

17mal und das Verb ζῳοποιέω 3mal belegt.[7] Das entspricht im ersten Fall 12% der insgesamt 140 ntl. Belege und im zweiten Fall 27% der insgesamt 11 Belege im NT.[8]
(2) Das Substantiv ζωή bildet einen Rahmen im Joh-Ev. Es steht bereits 2mal am Anfang des Joh-Ev im Prolog (beidemal in Joh 1,4) und gehört damit zu den wichtigsten programmatischen Motiven für das gesamte Joh-Ev.[9] Es kommt aber auch innerhalb des summarischen Abschlusses des Joh-Ev in Joh 20,31 vor. Die Anfangs- und Schlußposition als auch die Rahmenfunktion sprechen für die unersetzbare Relevanz des Lebensmotivs für das Verständnis des gesamten Joh-Ev.[10] Diese These wird durch die Tatsache verstärkt, daß aufgrund der Kürze des Summariums in Joh 20,30f nur wenige Motive so wie das Lebensmotiv in ihm den Platz und die Möglichkeit haben, einen Rahmen für das Joh-Ev zu bilden.
(3) Das ζωή-Vokabular verdichtet sich steigernd in Joh 3-6 und erreicht den Höhenpunkt in Joh 6 mit 18 Belegen.
(4) In den Abschiedsreden Jesu in Joh 13-17 ist das ζωή-Vokabular nur mit 5 Belegen vertreten. Beachtenswert dabei ist, daß das Substantiv ζωή 2mal im Gebet Jesu (Joh 17,2.3)[11] vorkommt und das zum letzten Mal im Joh-Ev innerhalb einer direkten Personenrede Jesu auf dem ersten Kommunikationsniveau (KN 1).[12] In den Passions- und Ostergeschichten wird das ζωή-Vokabular nicht mehr belegt.[13]

7 Im 1. Johannesbrief kommt das Verb ζῶ nur 1mal vor (1 Joh 4,9), in der Offenbarung des Johannes aber 13mal (Offb 1,18[bis]; 2,8; 3,1; 4,9.10; 7,2; 10,6; 13,14; 15,7; 19,20; 20,4.5). Das Verb ζῳοποιέω findet sich weder in den Johannesbriefen noch in der Offenbarung des Johannes. Es hat nur noch 8 Belege im NT: Röm 4,17; 8,11; 1 Kor 15,22.36.45; 2 Kor 3,6; Gal 3,21; 1 Petr 3,18.

8 Vgl. P.-M. JERUMANIS, Communion 233.238f; J. G. VAN DER WATT, Family 201.

9 Ähnlich wie viele Ausleger sieht auch X. LÉON-DUFOUR, Joh I 38f, den Johannesprolog als denjenigen Text, der die Hauptthemen im Joh-Ev skizziert und die Grundausrichtung des Gesamtwerks angibt. J. ZUMSTEIN, Prolog 81-83, stellt die Verbindungen zwischen dem Prolog und dem narrativen Korpus im Joh-Ev dar, unter denen er auch den Lebensbegriff erwähnt: „Leben: Zweimal im Prolog (1,4), 34mal im übrigen Evangelium" (ebd. 82). Siehe dazu u.a. R. E. BROWN, Joh I 19; U. SCHNELLE, Christologie 232; M. W. G. STIBBE, Joh 26-28; A. DETTWILER, Prologue 201.

10 Die ausschlaggebende Verbindung zwischen beiden Texten sieht auch U. SCHNELLE, Joh 30: „Der Prolog leitet das Verstehen und bildet als programmatischer Eröffnungstext in Verbindung mit Joh. 20,30.31 den hermeneutischen Schlüssel zum 4. Evangelium." Vgl. G. MLAKUZHYIL, Structure 94; B. KOWALSKI, Hirtenrede 325f; L. SCHENKE, Joh 381.

11 Siehe die Ausführungen bei H. RITT, Gebet 345-353.

12 Die Erklärung zum Begriff „Kommunikationsniveau" findet sich in 1.3 in der Einführung zur Kommunikationsanalyse.

13 Demgegenüber erstreckt sich das ζωή-Vokabular nach R. SCHNACKENBURG, Joh II 434, „ziemlich gleichmäßig". Da aber diese Behauptung die großen Differenzen in

Das ζωή-Vokabular kann man im Joh-Ev zu Recht das Vokabular Jesu[14] nennen, da es fast ausschließlich von Jesus (47mal) in seinen direkten Personenreden auf dem KN 1 verwendet wird, sowohl in den Gesprächen als auch im Gebet.[15] Wer nimmt das ζωή-Vokabular noch in seine direkte Rede hinein? Johannes der Täufer (2mal in Joh 3,36), die Samariterin (Joh 4,11), die Diener (Joh 4,51) und Petrus (Joh 6,68). Weiter wird es im Prolog (2mal in Joh 1,4) auf dem KN 2 verwendet und zum letzten Mal im Summarium (Joh 20,31) auf dem KN 3. In der Wiederaufnahme einer Aussage Jesu greift der Erzähler auf dem KN 2 noch 1mal das ζωή-Vokabular auf (Joh 4,53).

Neben der Wortverbindung ζωὴ αἰώνιος werden mit ζωή und ζῶ im Joh-Ev noch weitere Wendungen gebildet.[16] Diese sind:

- εἰς ζωὴν αἰώνιον (Joh 4,14.36; 6,27d;12,25) und ζῶ + εἰς τὸν αἰῶνα (Joh 6,51e.58e);
- ζωήν + ἔχω (Joh 3,15.16.36; 5,24.26[2mal].39.40; 6,40b.47b.53e.54a; 10,10; 20,31) bzw. ζωήν + ἔχω + ἐν ἑαυτῷ/ἑαυτοῖς (Joh 5,26[2mal]; 6,53e);
- ζωή (αἰώνιος) + εἰμί (Joh 1,4; 6,63f; 11,25; 12,50; 14,6);
- ζωήν + δίδωμι (Joh 6,33; 10,28; 17,2);
- ὕδωρ ζῶν (Joh 4,10.11; 7,38); ὁ ἄρτος ὁ ζῶν (Joh 6,51a-b); ὁ ζῶν πατήρ (Joh 6,57a).

*Ergebnisse der Voruntersuchung mit Blick auf Joh 6*

Die Analyse des ζωή-Vokabulars zeigt, daß dieses gerade in Joh 6 die größte Zahl bzw. die höchste Prozentzahl der Belege erreicht. Joh 6 ist gleichzeitig das einzige Kapitel im Joh-Ev, wo sich alle Möglichkeiten der Wortverbindungen und Wendungen (außer ὕδωρ ζῶν) finden, die ζωή und ζῶ innerhalb des Joh-Ev bilden. Ebenso wie im ganzen Evangelium erweist sich das ζωή-Vokabular auch in Joh 6 als Vokabular des joh. Jesus, weil er es selbst immer in seiner Personenrede (außer in Joh 6,68d) verwendet. Bereits diese Ergebnisse machen auf die hervorragende Bedeutung der Lebensthematik in Joh 6 innerhalb des gesam-

der Zahl der Vorkommen in den einzelnen Kapiteln des Joh-Ev nicht berücksichtigt, ist sie nach meiner Meinung zu allgemein und trifft nicht zu.

14 Das Vokabular Jesu bezieht sich auf Jesus als Erzählfigur im Joh-Ev und ist nicht im Sinne der ipsissima vox Jesu zu verstehen.

15 Dieses Merkmal des ζωή-Vokabulars im Joh-Ev, das sich aus der Kommunikationsstruktur ergibt, hat in der bisherigen joh. Forschung noch keinen Platz gefunden.

16 Vgl. P.-M. JERUMANIS, Communion 234-238; F. MUSSNER, ΖΩΗ 51f. Bereits J. LINDBLOM, Leben 215, macht auf „einen stark formelartigen Charakter" des Lebensbegriffes aufmerksam und sieht für den Leser als wichtige Aufgabe, die Erklärung dieses Begriffes womöglich aus den joh. Schriften selbst zu gewinnen.

ten Joh-Ev aufmerksam und motivieren zu einem vertieften Studium dieses Themas in Joh 6.

## 2. STAND DER FORSCHUNG

Die Bedeutsamkeit des ζωή-Vokabulars im Joh-Ev wurde/wird in der joh. Forschung sowohl in ihrer Geschichte als auch in ihren gegenwärtigen Ergebnissen immer wieder unterstrichen. Bereits im Jahre 1898 beginnt E. v. Schrenck seine Arbeit mit der Feststellung: „Dass ‚das ewige Leben' in der johanneischen Gedankenwelt eine beherrschende Stellung einnimmt, ist unbestritten."[17] Er erwähnt „die mannigfaltigen Versuche, die johanneische Anschauung vom ‚Leben' zu bestimmen"[18] und unterstützt die Meinung von B. Weiss, der „mit vollem Recht die zentrale Stellung des Lebensbegriffs in der johanneischen Gedankenwelt betont hat"[19]. Weiterhin wird das ζωή-Vokabular bzw. der Lebensbegriff immer wieder als „typisch johanneisch"[20] hervorgehoben, als „der umfassende Heilsbegriff"[21], als „a favorite Johannine theological word"[22]. Diese Tendenz setzt sich auch in den neueren Arbeiten zum Joh-Ev fort, wie die Bestimmungen des joh. Lebensbegriffs als „einer der johanneischen Vorzugsworte"[23], als „eines der johanneischen Schlüsselwörter"[24], als „the unifying theme par excellence in John's Gospel"[25] u. a. deutlich machen. Aus diesem Grund wird das Joh-Ev mit Recht als „the Gospel of Life"[26] genannt.

Gegenüber einer derartig hohen Bewertung des ζωή-Vokabulars in bezug auf das ganze Joh-Ev überrascht der Stand der Forschung unter diesem Gesichtspunkt in Joh 6, wo sich der Großteil der Belege findet (vgl. TABELLE 1). Man sucht vergeblich eine Monographie, die sich die Aufgabe stellt, das ζωή-Vokabular bzw. die Lebensthematik in ihm zu analysieren und zu interpretieren. Dieses Desiderat möchte die vorliegende Arbeit aufgreifen.

Angesichts des Mangels an einschlägiger Literatur zu diesem Thema sind vor allem diejenigen Beiträge zu berücksichtigen, die dieses Un-

17 E. V. SCHRENCK, Anschauung 1.

18 E. V. SCHRENCK, Anschauung 59.

19 E. V. SCHRENCK, Anschauung 59.

20 J. LINDBLOM, Leben 213.

21 F. MUSSNER, ΖΩΗ 186.

22 R. E. BROWN, Joh I 505.

23 U. SCHNELLE, Joh 3.

24 CH. DIETZFELBINGER, Joh I 348.

25 D. LOEPP, Themes 8.

26 F. V. FILSON, Gospel 113.123; A. T. LINCOLN, Resurrection 143.

tersuchungsfeld berühren bzw. sich mit ihm überschneiden. Dazu kommen besonders zwei Gruppen der Veröffentlichungen in Frage: Einerseits diejenigen, die das ζωή-Vokabular im Joh-Ev behandeln, andererseits Untersuchungen zu Joh 6.

Auffälligerweise finden sich mehr Untersuchungen zum joh. Lebensbegriff in der älteren als in der neueren joh. Forschung. Das Interesse für den religionsgeschichtlichen Hintergrund des joh. Lebensbegriffs steht im Vordergrund der älteren monographischen Werke. Ein derartiges Anliegen haben die Arbeiten von E. v. Schrenck[27], H. Pribnow[28] und F. Mußner.[29] Die erwähnten Monographien behandeln an verschiedenen Stellen einige Aspekte der Lebensthematik in Joh 6, jedoch eine Analyse und Interpretation aller Belege des Lebensbegriffs aus Joh 6 findet sich in ihnen nicht.

Erst die Arbeit von P.-M. Jerumanis (1996)[30] ist die nächste Monographie in der neuren joh. Forschung, die sich wieder ausführlicher mit der Lebensthematik im Joh-Ev beschäftigt. P.-M. Jerumanis hat in seiner Studie einen synchronen Ansatz gewählt, mit dem er die drei Themenbereiche „glauben", „leben" und „bleiben" untersucht. Der zweite große Hauptteil[31] beschäftigt sich mit dem ζωή-Vokabular (ζωή, ζῶ und ζῳοποιέω) und mit den Konstruktionen, die mit diesen Worten in Verbindung stehen. Im ersten Kapitel dieses Hauptteiles behandelt P.-M. Jerumanis den religionsgeschichtlichen Hintergrund des Lebensbegriffes, wobei er die Ergebnisse der neueren Forschung einbezieht. In einem ersten Abschnitt des zweiten Kapitels untersucht er die Häufigkeit der Worte und die Konstruktionen, die sie eingehen. Des weiteren sind antithetische Begriffe, die Zeitvorstellung und die Verheißungen, die der Lebensbegriff im Joh-Ev beinhaltet, Gegenstand der Darstellung. In einem zweiten Abschnitt widmet sich der Autor

[27] Die Anfangsfrage bei E. v. SCHRENCK, Anschauung 2, ist, „ob Johannes seine Hauptwurzeln im A. T. oder im Alexandrinismus hat". Er erwähnt weitere ältere Literatur zum Lebensbegriff im Joh-Ev seit dem Jahr 1839; siehe ebd. 60.

[28] Vgl. H. PRIBNOW, Anschauung 13-18. Der mit dem Untertitel angekündeten Absicht einer „religionsgeschichtlichen Beleuchtung" gibt er in seiner Arbeit wenig Raum. Das Hauptgewicht seiner Arbeit liegt auf der Bibeltheologie.

[29] Der Ausgangspunkt der Arbeit von F. MUSSNER, ΖΩΗ 1-47, ist eine ausführliche „religionsgeschichtliche Orientierung". Vor allem die Gnosis (neben dem AT, dem Spätjudentum und der griechische Metamorphose bei Philo) und die Auseinandersetzung mit ihr bestimmt wesentlich die Absicht seiner Untersuchung des Lebensbegriffs im Joh-Ev.

[30] P.-M. JERUMANIS, Communion.

[31] Der 2. Teil umfaßt P.-M. JERUMANIS, Communion 233-315, wo sich auch weitere hilfreiche Literaturverweise finden. Zur Lebensthematik im Joh-Ev bietet P.-M. Jerumanis keinen eigenen Forschungsbericht, dennoch versucht er in seinen Anmerkungen die bestehende Literatur zu dieser Thematik aufzugreifen und aufzuarbeiten.

chronologisch den Kapiteln des Joh-Ev folgend Einzelstudien zum Wortfeld. Bezüglich Joh 6[32] untersucht er die Verbindungen von ζωή mit den folgenden Motiven: „glauben", die Auferstehung, der Geist und das Fleisch. Die Beziehung der Brot- und Lebensthematik mit dem Vater und Sohn sind ein weiteres Thema. Schließlich untersucht P.-M. Jerumanis die griech. Begriffe, die zum Wortfeld Speise (ἄρτος, σάρξ, πεινάω, ἐσθίω) und Trank (αἷμα, διψάω, πίνω) gehören, sowie die Verbindung zwischen ζῶ und μένω, die im Joh-Ev eine zentrale Funktion hat. Die Selbstmitteilung Jesu als Brot ist letztlich ein Ziel der Lebensthematik, die Jerumanis herausarbeitet.

Aufbauend auf dieser gründlichen Studie wird sich die vorliegende Dissertation insbesondere der Komplexität der Lebensthematik in Joh 6 stellen und ihren Spannungsbogen herausarbeiten; zudem werden die verschiedenen theologischen Aspekte, wie die Theologie, Christologie, die Pneumatologie und Eschatologie, die mit der Lebensthematik zusammenhängen, stärker als bei Jerumanis hervorgehoben. Schließlich werden die Adressaten und das Kommunikationsgefüge der Thematik näher untersucht.

In Form von Überblicken wird die Lebensthematik im Joh-Ev in den joh. Kommentaren in Exkursen[33], in Einzelartikeln der meisten Wörterbücher und Lexika[34], in einigen Monographien und Aufsatzsammlungen[35] behandelt; auch manche Aufsätze widmen sich der Thematik.[36] Verweise auf Joh 6 kann man in ihnen finden, jedoch nicht eine vertiefte systematische Darstellung der Lebensthematik in dieser Texteinheit.

Neben der speziellen Literatur zur Lebensthematik im Joh-Ev sind für die vorliegende Arbeit ebenso die zahlreichen Veröffentlichungen zu Joh 6 zu beachten. Die Aufgabe dieser Studie umfaßt auch einen

[32] Zur Lebensthematik in Joh 6 siehe P.-M. JERUMANIS, Communion 263-289.

[33] Siehe u.a. die Exkurse von R. E. BROWN, Joh I 505-508; R. SCHNACKENBURG, Joh II 434-445; J. BECKER, Joh I 158-161; CH. DIETZFELBINGER, Joh I 348-350 und G. STREKKER, 1-3 Joh 66-70.

[34] Siehe unter vielen anderen R. BULTMANN/G. V. RAD/G. BERTRAM, ThWNT II 833-877; L. SCHOTTROFF, EWNT II 273f; W. BAUER, Wörterbuch 679-682.688-691; H.-G. LINK, TBLNT II 1227-1255; J. MARBÖCK, BThW 392-395; G. DAUTZENBERG, TRE 20 526-530; W. WERNER/K. WOSCHITZ, NBL II 595-599; B. LANG/K. WOSCHITZ, NBL II 599-602.

[35] Siehe dazu aus der älteren Forschung u.a. J. LINDBLOM, Leben 213-243; E. PERCY, Untersuchungen 307-342; J. DUPONT, Essais 107-232; CH. H. DODD, Interpretation 160-173; aus der neuern Forschung u.a. J. FREY, Eschatologie III 261-270 und J. G. VAN DER WATT, Family 201-245.

[36] Vgl. J.-B. FREY, Concept 37-58.211-239; CH. H. DODD, Life 160-173; U. E. SIMON, Life 97-109; F. V. FILSON, Gospel 111-123; R. W. THOMAS, Meaning 199-212; J. G. VAN DER WATT, Use 217-228.

Dialog mit ihnen, vor allem bezüglich der Lebensthematik in Joh 6, jedoch auch in anderen wichtigen formalen und inhaltlichen Fragen des längsten Kapitels des Joh-Ev.[37]

## 3. ARBEITSMETHODE

Das grundlegende Prinzip der vorliegenden Untersuchung besteht darin, daß das ζωή-Vokabular bzw. die Lebensthematik primär aus dem Kontext heraus und nicht isoliert von ihm zu deuten ist. Das setzt eine grundsätzliche Auseinandersetzung mit dem Text selbst voraus.

Die Basis der Arbeit zur Lebensthematik in Joh 6 ist der Text in seiner Endgestalt gemäß der 27. Auflage des NT von E. Nestle/K. Aland.[38] Sie bietet als „Haupttext den aufgrund der textkritischen Arbeit von international und interkonfessional anerkannten Fachleuten rekonstruierten Text des Neuen Testaments“[39]. Vom methodischen Gesichtspunkt aus bedeutet das für die folgende Untersuchung, daß der Text zuerst synchron in seiner Endgestalt betrachtet wird und dementsprechende Zugangsweisen für seine Wahrnehmung, Analyse und Interpretation hauptsächlich zu verwenden sind.[40] Die Erzählanalyse mit ihren Elementen (Zeitgerüst, Kommunikationsebenen, Orte und Bewegungen, Wahrnehmung und Wissen, Darbietung, Sprache, Hintergründe) stellt die am häufigsten verwendete Methode in dieser Untersuchung dar.[41] Um die spezifische Bedeutung der Lebensthematik in Joh 6 zu erfassen, wird vor allem komparativ vorgegangen. Dabei werden verschiedene Vergleiche gemacht: a) innerhalb von Joh 6; b) zwischen Aussagen von Joh 6 und dem übrigen Joh-Ev; c) zwischen Joh 6 und den entsprechenden Stellen im übrigen NT (vor allem in den synoptischen Evangelien); d) zwischen Joh 6 und den entsprechenden

[37] Die Literatur zu Joh 6 wird ausführlich und genau in einigen neuen Veröffentlichungen zu Joh 6 angegeben. Aus diesem Grund wird hier auf einen eigenen Literaturbericht zu Joh 6 verzichtet. Unter den neueren Studien zu Joh 6 siehe M. LABAHN, Offenbarung; P. N. ANDERSON, Christology; P. J. MADDEN, Walking; CH. WELCK, Zeichen 157-175; R. A. CULPEPPER (Hg.), Readings; K. SCHOLTISSEK, Brotrede; M. THEOBALD, Eucharistie.

[38] Novum Testamentum Graece. Nestle-Aland, hg. von E. NESTLE/K. ALAND, Stuttgart [27]1993 – im folgenden abgekürzt mit NA[27].

[39] W. EGGER, Methodenlehre 51.

[40] Die Möglichkeit der Diachronie wird aber damit nicht ausgeschlossen. Falls die Widersprüche im Text zu keiner sinnvollen Lösung und Interpretation auf der synchronen Ebene mehr führen, kann sie behilflich sein.

[41] Siehe dazu das Schema zur Erzählananlyse G. FISCHER, Wege 178, und weitere Ausführungen in demselben Buch, an denen sich diese Studie aus methodischer Sicht am stärksten orientiert.

Stellen im AT; e) fallweise zwischen Joh 6 und außerbiblischen Zeugnissen.

*Kommunikationsanalyse*

Da die Kommunikationsanalyse in der Arbeit häufig zur Sprache kommt, folgt nun eine kurze Einführung in diese Methode und ihre Terminologie.

Unter den vielen sachlichen Klärungen des „Text"-Begriffes gibt es auch die folgende Definition: „Ein Text ist eine begrenzte Folge von sprachlichen Zeichen, die in sich kohärent ist und die als Ganzes eine kommunikative Funktion signalisiert."[42] Diese Definition weist deutlich darauf hin, daß eine der wesentlichen Eigenschaften der Texte ihr kommunikativer Charakter ist. Das gilt auch für die biblischen Texte.

Die verschiedenen Kommunikationsvorgänge gehen grundlegend auf das folgende vereinfachte Schema[43] mit nur drei Elementen zurück:

S → x → E

ABBILDUNG 1

„Ein ‚Sender' (S) gibt ein ‚Objekt' (x) an einen ‚Empfänger' (E)."[44] Bei den Texten wird dieses Grundschema weiter differenziert und entwickelt. Dadurch entstehen die unterschiedlichen Kommunikationsmodelle, die als methodisches Hilfsmittel bei den Untersuchungen der Texte im Blick auf die Kommunikation dienen. Einige von ihnen übernimmt und modifiziert teilweise noch weiter das in dieser Arbeit verwendete Modell:[45]

42 K. BRINKER, Textanalyse 17.

43 G. FISCHER, Wege 106.

44 G. FISCHER, Wege 106.

45 Vor allem wird das Modell von W. Schmid aufgenommen bei C. KAHRMANN/G. REISS/M. SCHLUCHTER, Erzähltextanalyse 45 und das Modell von S. Chatmans verwendet bei J. L. SKA, Fathers 40, und weiter modifiziert u.a. bei R. A. CULPEPPER, Anatomy 6f und bei CH. KOCH, Abschied 3. Das hier dargestellte Modell habe ich bereits für das Methodenbuch G. FISCHER, Wege 107, gezeichnet, wo sich noch weitere ausführliche Erklärungen zur Kommunikationsanalyse finden (ebd. 106-111).

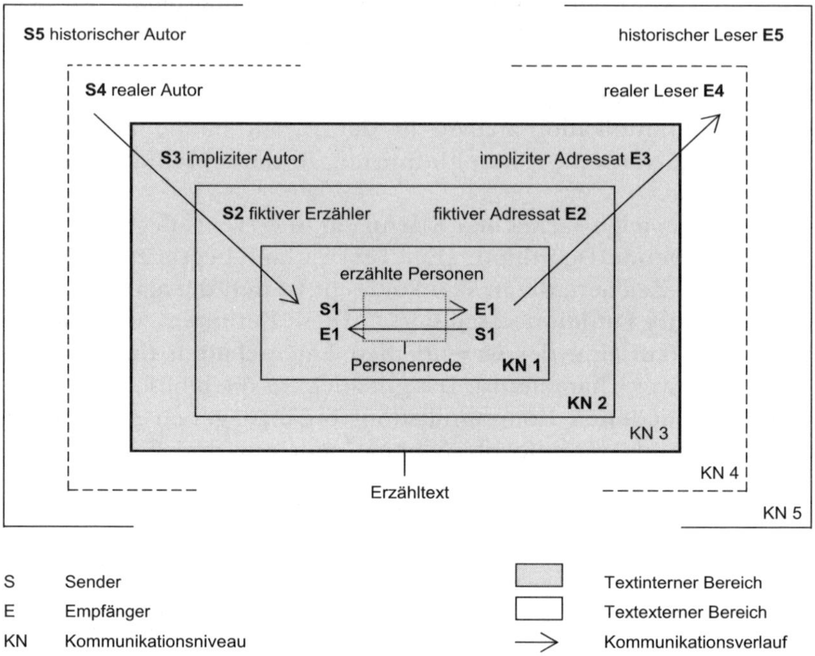


ABBILDUNG 2

Dieses Kommunikationsmodell umfaßt neben dem textinternen Bereich (den Erzähltext selbst) auch den textexternen Bereich (die reale Welt). Es geht von fünf Kommunikationsniveaus (KN)[46] aus:

a) Im textinternen Bereich befinden sich die KN 1-3:

- KN 1: Ebene der erzählten Personen (S1, E1): Die erzählten Personen treten als Sender bzw. als Empfänger der zitierten Personenrede (im Modell als gestricheltes Rechteck) auf. Diese zwei Rollen (S1, E1) wechseln im Verlauf des Dialoges.
- KN 2: Ebene der fiktiven Personen (S2, E2): Der fiktive Erzähler S2 wendet sich an fiktive Adressaten E2. S2 ist keine reale Gestalt, sondern nur eine Textrolle. E2 sind die vorgestellten Zuhörer. Dazu gehören in der Regel alle Vorkommen der 2. Person („du" bzw. „ihr") sowie der 1. Person Plural, die sich nicht innerhalb von Reden finden.

  „KN 1-2 entsprechen der dargestellten Welt, 1 alleine der erzählten Welt."[47]

[46] Im folgenden wird in dieser Arbeit für das Kommunikationsniveau die Abkürzung KN verwendet.

- KN 3: Ebene des Autorbewußtseins im Text: Der implizite Autor S3 und der implizite Adressat E3 lassen sich im Text aus der dargestellten Welt (KN 1-2) erschließen.

b) Im textexternen Bereich finden sich die KN 4-5:

- KN 4: Bereich der Schaffung des Textes vom realen Autor S4 bzw. der Rezeption des Textes vom realen Leser E4: Der reale Autor S4 wird als „jede Form der Schaffung eines Textes verstanden, sei es die des alleinigen Schöpfers, sei es die einer ergänzenden oder gestaltenden Redaktion“[48]. Der reale Leser E4 ist „der Rezipient“[49] des Textes, der oft dem realen Autor unbekannt bleibt. Trotzdem macht sich der reale Autor ein Bild von ihm, der „im Text als abstrakter Adressat E3 und indirekt als fiktiver Adressat E2 aufscheint“[50]. Gegenüber dem realen Autor zeigt sich beim realen Leser folgende Besonderheit: Da die Rezeption des Textes von seiner Entstehung durch die Jahrhunderte bis zur heutigen Zeit erfolgt, ist die Bezeichnung „der reale Leser“ für eine breite Leserschaft (von den ersten bis zu den heutigen Lesern) relevant. Das Kommunikationsverhältnis zwischen dem realen Autor S4 und dem realen Leser E4 geschieht nur indirekt, vermittelt über die Texte.[51] Das direkte Kommunikationsverhältnis zwischen ihnen ist aufgrund der schriftlichen Erzählkommunikation unterbrochen[52] und deshalb wird das KN 4 nicht mehr Ebene, sondern Bereich genannt.[53]
- KN 5: Bereich des historischen Kontextes im weitesten Sinne: In diesem Bereich werden der Autor und der jeweilige Leser (inbegriffen auch der heutige Leser) als historische Personen (S5, E5), das bedeutet innerhalb ihrer Lebenswelten, behandelt. Auch für das KN 5 gilt ebenso wie für das KN 4, daß das direkte Kommunikationsverhältnis zwischen S5 und E5 unterbrochen ist. Dabei besteht „fast immer nicht nur ein großer zeitlicher Abstand, sondern auch eine starke Differenz bezüglich Lebenswelt, Mentalität, u.a.“[54]. „S5 und E5 sind Bestimmungsgrößen für S4 und E4.“[55] Es besteht eine

[47] G. FISCHER, Wege 108.
[48] G. FISCHER, Wege 108f.
[49] C. KAHRMANN/G. REISS/M. SCHLUCHTER, Erzähltextanalyse 47.
[50] G. FISCHER, Wege 109.
[51] In diesem Sinn unterstreicht PÄPSTLICHE BIBELKOMMISSION, Interpretation 40f: „Explizit oder implizit enthält ja die biblische Erzählung tatsächlich einen existentiellen Anruf an den Leser.“
[52] Vgl. C. KAHRMANN/G. REISS/M. SCHLUCHTER, Erzähltextanalyse 37-39.47.
[53] Dasselbe gilt auch für das KN 5; vgl. C. KAHRMANN/G. REISS/M. SCHLUCHTER, Erzähltextanalyse 47.
[54] G. FISCHER, Wege 109.
[55] C. KAHRMANN/G. REISS/M. SCHLUCHTER, Erzähltextanalyse 47.

gegenseitige Wirkung zwischen S5 und S4 und ebenso zwischen E5 und E4. Um auf diese gegenseitige Wirkung aufmerksam zu machen, ist im Modell die Grenze zwischen dem KN 4 und dem KN 5 mit der gestrichelten Linie gezeichnet.

Das Kommunikationsmodell wird als methodische Hilfe in dieser Arbeit vor allem für zwei Zwecke eingesetzt: Erstens wird der Kommunikationsverlauf in bezug auf die Lebensthematik im textinternen Bereich (insbesondere KN 1-2) analysiert. So wird nach dem Sender (S1) und dem Empfänger (E1) der Lebensbotschaft gefragt, nach den damit verbundenen Worten und Handlungen auf den KN 1-2 und auch nach der Rolle des fiktiven Erzählers (S 2) bei der Vermittlung der Lebensthematik. Zweitens wird mit diesem Instrumentarium auch der mit dem Text (Joh 6) ausgelöste Kommunikationsverlauf in bezug auf die Lebensthematik im textexternen Bereich auf den KN 4-5 unter die Lupe genommen, vor allem beim jeweiligen Leser (E 4-5). In diesem Zusammenhang wird der Frage genauer nachgegangen, ob der Text zu einem ähnlichen Kommunikationsgeschehen sowohl bei seinen ersten als auch bei den heutigen und den künftigen Lesern führen kann.

## 4. AUFBAU DER ARBEIT

*Der erste Teil der Arbeit (TEIL I)* hat in das Thema, den Stand der Forschung, die Arbeitsmethode und den Aufbau dieser Studie eingeführt.

Die Grundlage der Untersuchung der Lebensthematik ist der Text selbst. Deswegen wird *im zweiten Teil (TEIL II)* zuerst nach der Stellung, der Abgrenzung und dem Kontext von Joh 6 gefragt. Die wichtigsten Lösungsversuche aus der Literatur werden besprochen und der eigene begründet. Danach wird der griech. Text sowohl in Hauptteile[56] als auch in Äußerungseinheiten gegliedert und mit textkritischen Anmerkungen versehen.

Das Zeichen der wunderbaren Speisung (VV. 1-15), Jesu Gang und Offenbarung auf dem See (VV. 16-21), das Suchen der Menge nach Jesus (VV. 22-24) und das Gespräch mit Jesus (VV. 25-71) werden im umfassendsten *dritten Teil der Arbeit (TEIL III)* genauer analysiert und interpretiert. Zu jedem der Hauptteile von Joh 6 wird zuerst eine Arbeitsübersetzung vorgestellt. Danach wird nach seiner Struktur und

[56] Um Mißverständnisse zu vermeiden werden im folgenden die Teile dieser Studie mit römischen Zahlen versehen, die Hauptteile und Teile von Joh 6 mit arabischen Zahlen.

Gliederung gefragt. Anschließend folgt jeweils eine Auslegung. Die Hauptteile 1 – 3 werden mit ihren synoptischen Paralleltexten verglichen. Der 4. Hauptteil (VV. 25-71), das Gespräch mit Jesus, wird in vier Teile und neun Gesprächsabschnitte (GA)[57] gegliedert. Aufgrund seiner Länge (47 Verse) werden die Übersetzung und die Struktur für jeden Teil und die Auslegung für jeden GA separat vorgelegt. Die Beobachtungen werden am Ende jedes Hauptteiles (im 4. Hauptteil im Rahmen jedes GA) gesammelt.

Die auf diese Weise gesammelten Beobachtungen zum ζωή-Vokabular bzw. zur Lebensthematik bilden eine solide Basis für *den vierten Teil (TEIL IV)* der Arbeit, der sich speziell mit der Lebensthematik in Joh 6 befaßt. Zuerst wird als sprachliche Grundlage das ζωή-Vokabular in Joh 6 mit Hilfe von morphologischen und syntaktischen Kriterien vorgestellt. Diese Vokabeln finden sich in Joh 6 nicht in zufälliger Reihefolge. Sie bilden einen gut durchdachten Spannungsbogen über das ζωή-Vokabular auf dem KN 1. Denn an seinem Anfang wird die Lebensthematik mit der Speise und an seinem Ende mit den Worten Jesu verbunden. Damit entspricht dieser Spannungsbogen mit seinem Anfang und Ende demjenigen, den die beiden Zeichen Jesu in Joh 6 auf den KN 1-2 bilden, welcher von der Speisung (Brot) zum Seewandel Jesu (Ich-bin-Wort Jesu) führt. Die ausführliche Darstellung des Spannungsbogens über das ζωή-Vokabular und seiner Elemente in Joh 6 sowie die Suche nach seiner Bedeutung bilden den wichtigsten Teil dieser Studie. Anschließend werden Jesu Zusagen des Lebens mit denjenigen der Auferstehung verglichen, da beide in Joh 6 oft nebeneinander auf dem KN 1 vorkommen. Weiter wird versucht, die Frage zu beantworten, welche Relationen auf den KN 1-2 zwischen dem Leben und den einzelnen Personen in Joh 6 bestehen und welche Auswirkung ihre Entscheidungen auf die Gruppen (die Menge, die Juden, die Jünger Jesu und die Zwölf), die in das Gespräch mit Jesus involviert sind, haben. Im gesamten vierten Teil gilt das spezifische Interesse der Relation zwischen dem textinternen (KN 1-3) und dem textexternen Bereich (KN 4-5) bezüglich der Lebensthematik, insbesondere der Art und Weise, wie der jeweilige Leser (E 4-5) durch den Text angesprochen und in den Lebensbogen hineingenommen wird.

Im abschließenden *fünften Teil (TEIL V)* werden die wichtigsten Ergebnisse dieser Untersuchung noch einmal vorgelegt, wobei auch Platz für einige durch diese Arbeit gewonnenen Perspektiven für Joh 6 insgesamt gegeben wird.

[57] Die Abkürzung GA wird im folgenden für den Gesprächsabschnitt verwendet.

# Teil II
# Textwahrnehmung

## 1. STELLUNG, ABGRENZUNG UND KONTEXT VON JOH 6

### *1.1 Stellung*

Im überlieferten Text (NA$^{27}$) nimmt Joh 6 die Stelle zwischen Joh 5 und Joh 7 ein. Diese Stellung geht bis zur Endredaktion des Joh-Ev zurück und ist als solche durch die Jahrhunderte hindurch bis in die Gegenwart überliefert worden. Das bedeutet, daß nur diese Stellung in der Endredaktion des Joh-Ev und in seiner Weitergabe begründbar ist. Da der Text selbst die Basis für die vorliegende Untersuchung ist, wird in ihr Joh 6 in diesem Kontext (zwischen Joh 5 und Joh 7) behandelt werden. Diese Position wird auch in der joh. Forschung immer stärker vertreten, vor allem von den Autoren, die dem synchronen Zugang zum Text den Vorrang geben.[1]

Die durch den Text überlieferte Stellung von Joh 6 wird in der Literatur oft abgelehnt, besonders von den Autoren, die einen diachronen Zugang zum Text wählen. Der Grund dafür ist die unmittelbare zeitliche und räumliche bzw. geographische Diskontinuität zwischen Joh 6 und Joh 5 und zwischen Joh 6 und Joh 7.[2] Unter den diachronen Auslegern werden vor allem die folgenden zwei Hypothesen vertreten:

(1) Umstellung von Joh 6: Einige Exegeten vertreten die Position, daß Joh 6 ursprünglich eine andere Stellung hatte. Dabei werden auch folgende Umstellungshypothesen vorgeschlagen:

Joh 4 – Joh 6,1-59 – Joh 5 – Joh 6,60-71 – Joh 7,15-24 – Joh 8,13-20;[3]
Joh 4 – Joh 6 – Joh 5 – Joh 7,15-24;[4]

[1] Vgl. u.a. CH. K. BARRETT, Joh 286; R. E. BROWN, Joh I 235f; D. A. CARSON, Joh 267; M. W. G. STIBBE, Joh 80-83; L. MORRIS, Joh 338; P. F. ELLIS, Joh 104; J. PAINTER, Jesus 91-93; P. BORGEN, John 111f; G. R. O'DAY, Walking 156f.

[2] Siehe dazu die Ausführungen in 1.2.

[3] Vgl. R. BULTMANN, Joh 150.154f.

[4] Vgl. R. SCHNACKENBURG, Joh II 1-11; J. BECKER, Joh I 31f; U. WILCKENS, Joh 5f; G. KEIL, Joh 65.105-108.

Joh 4 – Joh 6 – Joh 5 – Joh 7[5] usw.
(2) Manche Exegeten sehen Joh 6 als nachträglicher Zusatz an.[6]

*Kritische Beurteilung*: Gegen die erste Hypothese, die die Umstellung von Joh 6 befürwortet, sprechen folgende Argumente: Diese Hypothese hat zu verschiedenen Möglichkeiten der Umstellung von Joh 6 geführt, aber zu keiner eindeutigen Lösung. Außerdem bewirkt die Umstellung von Joh 6 gleichzeitig eine Umstellung des Kontextes, was mit neuen Schwierigkeiten verbunden ist. Die zweite Hypothese geht meistens davon aus, daß Joh 6 und Joh 21 Gemeinsamkeiten aufweisen und betrachtet beide Kapitel als nachträgliche Zusätze.[7] Dabei stellt sich jedoch die Frage: Zeigt Joh 6 Gemeinsamkeiten auch mit den anderen Kapiteln? Wenn ja, wie sind dann diese Gemeinsamkeiten zu erklären? Tatsächlich enthält Joh 6 viele Gemeinsamkeiten nicht nur mit Joh 21, sondern auch mit dem übrigen Joh-Ev. Ein starker Beweis dafür sind 59 Stilmerkmale des Joh-Ev,[8] die in Joh 6 vorkommen.[9] Weiter stellt sich die Frage, warum Joh 6 gerade an dieser Stelle zwischen Joh 5 und Joh 7 eingesetzt wurde. Damit wird wieder für die Stellung von Joh 6 zwischen Joh 5 und Joh 7 plädiert, so wie es im Endtext des Joh-Ev vorkommt.

### *1.2 Abgrenzung*

Joh 6 stellt eine klar begrenzte Einheit dar, die mit Joh 6,1 beginnt und mit Joh 6,71 endet. Für diese Abgrenzung sprechen die folgenden Argumente:

[5] Vgl. F. PORSCH, Joh 55.

[6] Vgl. B. LINDARS, Joh 50.234; B. SCHWANK, Joh 192f; P. N. ANDERSON, Sitz 7f.

[7] In diesem Sinn schreibt B. SCHWANK, Joh 192f: „Nachdem nun aber das 21. Kapitel zweifellos später – aber immer noch vor der Schlußredaktion – angefügt worden ist, liegt es nahe, auch unser Kapitel als nachträglichen Zusatz zu betrachten. Dabei hat dieser Einschub zwar die literarische geistige Einheit von Kapitel 5 und 7 gesprengt, aber Kapitel 6 scheint chronologisch am richtigen Platz eingefügt worden zu sein."

[8] Die Kriterien für die Aufnahme einer sprachlichen Bildung zu den Stilmerkmalen des Joh-Ev nach E. RUCKSTUHL/P. DSCHULNIGG, Stilkritik 32, sind: „1. Sie muß in Joh wenigstens 3mal vorkommen. 2. Sie darf in Mt, Mk, Lk und in der Apg je höchstens halb so oft auftreten wie in Joh (in absoluten Zahlen). 3. Sie muß in jeder anderen Schrift des NT mindestens weniger häufig gestreut sein als in Joh (in relativen Zahlen). 4. Sie muß in allen zum Vergleich herangezogenen hellenistischen Schriften ebenfalls mindestens weniger häufig vorkommen als in Joh (in relativen Zahlen). Dieser vierten Minimalanforderung wurden nur die Stilmerkmale der Gruppen A und B unterzogen." Die auf diese Weise bestimmten Stilmerkmale des Joh-Ev werden nach ihrem Gewicht in drei Gruppen (A-C) eingeteilt. Siehe mehr dazu ebd. 34f.

[9] Vgl. E. RUCKSTUHL/P. DSCHULNIGG, Stilkritik 181-184.

(1) Die Wortverbindung μετὰ ταῦτα in Joh 6,1 und in Joh 7,1: Sie kennzeichnet einen neuen Abschnitt und weist nicht auf eine unmittelbare zeitliche Folge hin.[10] Das bedeutet, daß die unmittelbare zeitliche Kontinuität von Joh 5-7 durch das zweifache μετὰ ταῦτα ausgeschlossen ist. Dafür sprechen auch die Zeitangaben, die sich am Anfang von Joh 6 und am Anfang von Joh 7 auf zwei verschiedene Feste beziehen (die Nähe des Pascha in Joh 6,4 und die Nähe des Laubhüttenfestes in Joh 7,2) und damit einen Zeitraum zwischen beiden voraussetzen.
(2) Der Ortswechsel: Im ganzen Kapitel 5 bis zu seinem Ende befindet sich Jesus in Jerusalem (die Ortsangabe Ἱεροσόλυμα in Joh 5,1.2), am Beginn von Joh 6 ist er bereits in Galiläa. Er geht auf die andere Seite des Sees Galiläas von Tiberias (die Ortsangabe ἡ θάλασσα τῆς Γαλιλαίας τῆς Τιβεριάδος in Joh 6,1).[11] Wie er von Jerusalem nach Galiläa kommt, wird an dieser Stelle nicht geschildert.[12] In Joh 7,1-9 wird der Ortswechsel Jesu von Galiläa nach Judäa vorbereitet, der anschließend in Joh 7,10 erfolgt. Ab hier bleibt Jesus bis zu seinem Tod in Judäa. Das bedeutet, daß eine unmittelbare räumliche bzw. geographische Kontinuität von Joh 5-7 ausgeschlossen ist.
(3) Der Personenwechsel: In Joh 5 treten neben Jesus noch der Gelähmte, den Jesus heilte, und die Juden in Jerusalem auf. Abgesehen von Jesus kommt es am Anfang von Joh 6 zu einem Personenwechsel (die Menge, die Jünger Jesu). Auch am Anfang von Joh 7 geschieht ein ähnlicher Personenwechsel. Am Schluß von Joh 6 redet Jesus mit den Zwölf, am Anfang von Joh 7 mit seinen Brüdern.
(4) Neue Informationen: Sie werden am Beginn in Joh 6,1-4 eingeführt. Neben den oben erwähnten Zeit-, Orts- und Personenangaben gehören dazu auch die Information, daß die Menge die Zeichen Jesu an den Kranken sah,[13] und die Erklärung, daß das Pascha das Fest der Juden ist.
(5) Die innere Zusammengehörigkeit in Joh 6 ist größer als seine Verbindungen nach außen. Das Gespräch mit Jesus in Joh 6,25-71 setzt die

10 Vgl. E. RUCKSTUHL / P. DSCHULNIGG, Stilkritik 133.

11 Bereits durch den Ortswechsel ist nach L. SCHENKE, Joh 116, „ein eindeutiger Einschnitt angezeigt".

12 Es handelt sich um eine Leerstelle. Siehe die Erklärung zu diesem Fachbegriff in G. FISCHER, Wege 110.

13 U. SCHNELLE, Joh 115, bemerkt, daß Joh 6,2 die Heilungen in Joh 4,46-54 und in Joh 5,1-9 voraussetzt. L. SCHENKE, Joh 118, erkennt zusätzlich eine Leerstelle in Joh 6,2. Der Grund dafür ist der Plural „die Zeichen" in Joh 6,2. Denn es stellt sich die Frage, welche Zeichen die Menge gesehen hat und ob Jesus noch mehr Zeichen gewirkt hat, die nicht erzählt werden (vgl. Joh 2,23; 20,30f).

beiden Wundererzählungen und die sich an sie anschließende Suche der Menge nach Jesu voraus.[14]

### *1.3 Kontext*

Obwohl die Wortverbindung μετὰ ταῦτα Joh 6 gegenüber Joh 5 und Joh 7 klar abgrenzt und damit die unmittelbare zeitliche Kontinuität zwischen Joh 5 und Joh 6 und zwischen Joh 6 und Joh 7 ausschließt, läßt sich jedoch eine bestimmte zeitliche Kontinuität in einem noch größeren Kontext erkennen. Diese ergibt sich durch die Angaben hinsichtlich der jüdischen Feste. Sie fallen im Joh-Ev besonders auf und sind eines seiner Merkmale.[15] Sie stehen chronologisch in einer sinnvollen Reihenfolge, was der folgende Überblick verdeutlichen möchte:

- *Das erste Paschafest* in Jerusalem während des öffentlichen Wirkens Jesu (Joh 2,13.23; 4,45)

- Ein Fest in Jerusalem an einem Sabbat (Joh 5,1)
- *Das zweite Paschafest* in Galiläa (Joh 6,4)

- Das Laubhüttenfest in Jerusalem (Joh 7,2.8.10.11.14.37)
- Das Tempelweihfest in Jerusalem (Joh 10,22)
- *Das dritte Paschafest* in Jerusalem (Joh 11,55.56; 12,1.12.20; 13,1.29; 18,28.39; 19,14)

ABBILDUNG 3

Das Joh-Ev berichtet von drei Paschafesten innerhalb des öffentlichen Wirkens Jesu. In diesem Zeitraum geht Jesus 4mal nach Jerusalem, jeweils anläßlich eines Festes (Joh 2,13; 5,1; 7,10; 12,12). Das öffentliche Wirken Jesu umfaßt dementsprechend einen Zeitraum von mehr als zwei Jahren.[16] Die Erwähnung des Paschafestes in Joh 6,4 erscheint entsprechend dem jüdischen Festkalender vor dem Laubhüttenfest in Joh 7,10 und vor dem Tempelweihfest in Joh 10,22. Das ist das zweite Paschafest innerhalb des öffentlichen Wirkens Jesu. Nur bei der Ankündigung dieses Paschafestes in Joh 6,4 befindet sich Jesus in Galiläa und nicht in Jerusalem wie beim ersten und dritten Paschafest.[17]

[14] Siehe dazu ausführlicher in Teil III 4, Allgemeine Einführung: b.

[15] Vgl. F.J. MOLONEY, Joh 193f.

[16] Vgl. J. BLINZLER, Johannes 13f; M. HASITSCHKA, Christologie 22; L. SCHENKE, Joh 10.

[17] Bezüglich der Zeitangabe in Joh 6,4 schreibt L. SCHENKE, Joh 119: „Damit wird ein wichtiges Signal gegeben: Ein Jahr ist inzwischen seit Jesu erstem Auftreten vergangen, und Jesus befindet sich während des Festes nicht in Jerusalem.“

Die oben genannten diachronen Hypothesen (der Umstellung von Joh 6 und des Zusatzes von Joh 6) berücksichtigen zu wenig den chronologischen Verlauf des jüdischen Festkalenders, der im Joh-Ev sowohl in der strukturellen als auch in der inhaltlichen Hinsicht zu beachten ist.

Der zeitliche Spannungsbogen im Joh-Ev, der aufgrund der Angaben hinsichtlich der jüdischen Feste entsteht und in dem drei Paschafeste eine besondere Stellung haben, weist auf den Weg Jesu hin.[18] Die unmittelbare Nähe vom Paschafest wird in allen drei Fällen jeweils mit den zahlreichen oft noch verschlüsselten und bildhaften Verweisen auf den Tod und die Auferstehung Jesu gekennzeichnet: das Tempelwort in Joh 2,19.21f; die Speise/das Brot Gottes als Gabe für das Leben der Welt in Joh 6,27.33; Jesus als Brot Gottes in Joh 6,35.48.51; vgl. Joh 6,57f; das Fleisch Jesu als das von Jesus zukünftig gegebene Brot für das Leben der Welt in Joh 6,51; das Binom: Jesu Fleisch und Blut in Joh 6,53-56; der Aufstieg des Menschensohnes mittels des Wirkens des lebendig machenden Geistes in Joh 6,62f; die Anordnung der Hohenpriester und Pharisäer in Joh 11,57, um Jesus ergreifen zu können; das Kommen der Stunde in Joh 12,23.27; 13,1; 17,1; der Gedanke der Verherrlichung in Joh 12,23.28; 13,31f; das Bild vom Weizenkorn in Joh 12,24-26; der Gedanke über die Erhöhung des Menschensohnes in Joh 12,32f und weitere Verweise bei dem anschließenden letzten Abendmahl und in den Abschiedsreden[19] in Joh 13-17. Diese Verweise verwirklichen sich gerade im Rahmen des dritten Paschafestes. Joh 6 hat seine Stellung in der Mitte dieser sich steigernden Bewegung vom ersten bis zum dritten Paschafest, von den Verweisen bis hin zu ihrer Vollendung in Jesu Tod und Auferstehung.

[18] In diesem Sinn schreibt F. J. MOLONEY, Signs 64: „In Jesus Christ the Passover traditions are enfleshed, not destroyed." Ähnlich sieht es auch K. SCHOLTISSEK, Brotrede 40: „Die Heilserfahrungen und -erwartungen, wie sie sich im Sabbat-, Pascha-, Laubhütten- und Tempelweihfest artikulieren, werden auf Jesus Christus bezogen, der die Fülle (1,16; 10,10) des Heils vermittelt."

[19] Siehe dazu M. HASITSCHKA, Passions- und Osterberichte 10f.

# 2. GLIEDERUNG VON JOH 6 IN HAUPTTEILE, EINTEILUNG IN ÄUSSERUNGSEINHEITEN UND TEXTKRITIK

## *2.1 Gliederung von Joh 6 in vier Hauptteile*

Die klar abgegrenzte Texteinheit von Joh 6 umfaßt 71 Verse und stellt damit das längste Kapitel des Joh-Ev dar.[20] Um die Übersicht über diesen langen Text zu gewinnen, soll zuerst nach seinem Gesamtaufbau gefragt werden.[21] Der hier dargelegte Aufbau von Joh 6 besteht aus den folgenden vier Hauptteilen, wobei sowohl auf inhaltliche als auch formale Eigenschaften Rücksicht genommen wird:[22]

1. Hauptteil: VV. 1-15: Jesu Zeichen der wunderbaren Speisung;
2. Hauptteil: VV. 16-21: Jesu Gang und Offenbarung auf dem See;
3. Hauptteil: VV. 22-24: Suchen der Menge nach Jesus;
4. Hauptteil: VV. 25-71: Gespräch mit Jesus.

Der erste Hauptteil leitet zuerst durch VV. 1-4 sowohl das gesamte 6. Kapitel als auch die Ausgangssituation des ersten Zeichens Jesu innerhalb dieses Kapitels ein. Der inhaltliche Schwerpunkt in den Hauptteilen 1 – 2 liegt eindeutig auf den Zeichen Jesu, auf der wunderbaren Speisung im ersten Hauptteil und auf Jesu Gang und Offenbarung auf dem See im zweiten Hauptteil. Nach der Sequenz beider Zeichen wird im dritten Hauptteil berichtet, wie die Menge Jesus sucht. Mit drei Versen geht es dabei um den kürzesten Hauptteil in Joh 6, dennoch hat er eine wichtige Funktion für die gesamte Struktur des Kapitels. Er bildet einen Knotenpunkt in Joh 6 aufgrund der Verbindungen, die zwischen ihm und den drei anderen Hauptteilen bestehen. In V. 25

[20] Die Einheitlichkeit von Joh 6 wurde in der joh. Forschung oft in Frage gestellt. Zahlreiche Modelle, die den Endtext verändern, umstellen oder ihn auf die einzelnen Schichten verteilen, wurden häufig konstruiert, besonders von den Exegeten, die einen diachronen Zugang zum Text wählen. Von einigen Exegeten, besonders in der neuren joh. Forschung wird die Einheitlichkeit von Joh 6 wieder neu entdeckt, dennoch unterschiedlich gesehen und argumentiert. Siehe zu dieser Problematik unter vielen anderen E. RUCKSTUHL, Einheit 220-271; P. N. ANDERSON, Christology 70-166; J. BLANK, Joh Ia 335f; X. LÉON-DUFOUR, Joh II 91f; U. SCHNELLE, Joh 140; M. LABAHN, Offenbarung 10-12.277-288; J. BEUTLER, Struktur 247-262; J. D. CROSSAN, Analysis 145-164; K. SCHOLTISSEK, Brotrede 36f.41f.

[21] Zu verschiedenen Gliederungsversuchen von Joh 6 siehe u.a. H. WEDER, Menschwerdung 365f; J. BEUTLER, Struktur 251-255; M. LABAHN, Offenbarung 10-12.

[22] Die Begründungen für diese Gliederung werden genauer in Teil III bei jedem einzelnen Hauptteil angegeben, wo noch eine weitere Untergliederung der Hauptteile erfolgt.

wendet sich die Menge mit ihrer Frage an Jesus. Damit beginnt das Gespräch mit ihm und auch der letzte und der längste Hauptteil in Joh 6 (VV. 25-71), der in neun Gesprächsabschnitten (GA) abläuft. Die Themen und Fragen, die die Menschen auch aufgrund der Zeichen Jesu bewegen, greift Jesus im Gespräch auf. Unter ihnen hat die Lebensthematik eine zentrale Rolle, die Jesus in einem Spannungsbogen im ganzen Gespräch bis zum Ende durchzieht und in ihrer Komplexität entwickelt. Einige Fragen, die entweder im Zusammenhang mit den Zeichen oder im Gespräch selbst ausgelöst werden, finden ihre Antworten erst am Ende des Gesprächs. Mit einem kurzen Erzählerkommentar zur letzten Antwort Jesu wird das Gespräch und zugleich das gesamte Kapitel abgeschlossen. Der Text führt den Leser zu diesem offenen Schluß von Joh 6, um ihn damit zum Weiterdenken und zu seiner eigenen Stellungnahme den Worten Jesu gegenüber zu motivieren.

### *2.2 Einteilung in Äußerungseinheiten (ÄE)*[23]

Um eine genaue Analyse des Inhalts und der Form eines Textes[24] zu ermöglichen, empfiehlt sich, den Text auf der Satzebene in ÄE zu gliedern. H. Schweizer definiert als Äußerungseinheit das, „was eine inhaltlich beschreibbare, in sich abgerundete Funktion erfüllt“[25] unabhängig davon, ob es sich dabei um eine satzhafte (phrastische) oder nicht-satzhafte (aphrastische) Formulierung handelt. Nach G. Fischer ist eine ÄE ein „kleinstes sprachliches Ausdruckselement, das für sich selbst und aus sich selbst einen eindeutigen Sinn ergibt“[26].

Die Kriterien für die Einteilung des Textes in ÄE sollen sowohl die inhaltlichen Merkmale des Textes als auch die seiner Form einbeziehen. Die letzten können für die Exegeten ein objektives Werkzeug sein, um den Text nicht nur nach dem eigenen subjektiven Gefühl zu gliedern und zu analysieren. Die in dieser Untersuchung vorgenommene Einteilung des griech. Textes in die ÄE wird nach den zehn Kriterien von H. Schweizer[27] durchgeführt:

[23] Im folgenden wird für Äußerungseinheit die Abkürzung ÄE verwendet.

[24] Auf den folgenden Zusammenhang macht TH. SÖDING, Wege 128, aufmerksam: „Jede mündliche oder schriftliche Äußerung hat eine bestimmte sprachliche Form. Form und Inhalt eines Textes sind untrennbar miteinander verbunden und aufeinander bezogen. Deshalb gibt die Analyse der sprachlichen Form entscheidende Fingerzeige auf die inhaltliche Aussage eines Textes.“

[25] H. SCHWEIZER, Texte 38.

[26] G. FISCHER, Wege 183.

[27] Vgl. H. SCHWEIZER, Texte 38f.

1. Ein Satz[28] hat nur ein finites, d.h. konjugiertes Verb.
2. Nach einer Redeeinleitung beginnt eine neue ÄE.
3. Relativsätze werden abgetrennt.[29]
4. Konjunktionale Nebensätze werden abgetrennt.
5. Verblose ÄE (z.B. als kurze Antwort auf eine Frage) werden abgetrennt.
6. Erkennbar parallelisierte Gedanken (z.B. in Poesie) werden abgetrennt.
7. Infinitiv-Konstruktionen werden nicht abgetrennt.
8. Inhaltliche Wendemarken (oft aphrastisch) im Text oder auch einzelne Glieder eines Satzes, die zur Betonung nicht-satzhaft vorangestellt werden, sind abzutrennen.
9. Vokative, Aufmerksamkeit erregende Partikeln, Interjektionen gelten aufgrund ihrer semantisch eigenständigen Funktion als eigene ÄE.
10. Zusatzbeschreibungen (z.B. Genitivverbindungen, Appositionen u. a.) sind als neue ÄE zu verstehen, wenn diese die Verbindung von beschriebenem und beschreibendem Element aufsprengen.

Diese Kriterien wurden im Hinblick auf hebräische Texte zusammengestellt, dennoch lassen sich auch griechische Texte nach ihnen in ÄE einteilen, wobei wenigstens zwei weitere Differenzierungen notwendig sind:

Erstens, die Differenzierung des 4. Kriteriums für das ὅτι: Das kausale ὅτι, das Beginn eines kausalen Nebensatzes kennzeichnet, ist damit als Anfang einer neuen ÄE zusammen mit ihr abzutrennen; ὅτι-recitativum hingegen wird als Doppelpunkt übertragen und schließt damit eine ÄE ab.

Zweitens, die Differenzierung des 10. Kriteriums für Partizipien: Partizipien, die eine prädikative oder attributive Funktion haben, werden als ÄE abgetrennt. Demgegenüber werden substantivierte Partizi-

[28] Zu beachten ist, daß H. Schweizer einige Male die Begriffe „Satz" und „ÄE" – wie im oben erwähnten Kriterium – analog braucht.

[29] Betreffend die „Einbettung" wird die spätere Korrektur von H. SCHWEIZER, Josefsgeschichte 56, berücksichtigt: „Im Fall der ‚Einbettung' (~ Kriterium 3) haben wir unsere Praxis korrigiert. Es wird nicht mehr eine Sondernotation verwendet (z.B. a – $a_1$ – a). Stattdessen berücksichtigen wir, daß ein Leser bei linearer Textwahrnehmung, in normaler Leserichtung (von vorn nach hinten), am Beginn eines (eingebetteten) Relativsatzes registriert, daß eine neue ÄE beginnt, die vorherige – auch wenn sie erst aphrastisch verstanden werden kann – offensichtlich zu Ende ist. Hier läßt es sich normal weiterzählen: a – b. Am Ende des eingebetteten RS macht der Leser die analoge Erfahrung: Der RS ist beendet, folglich beginnt eine davon differierende ÄE: b – c."

pien, auch wenn sie die Funktion eines Prädikatsnomens haben, nicht abgetrennt.

### *2.3 Der in Hauptteile gegliederte und in ÄE eingeteilte Text von Joh 6 mit textkritischen Bemerkungen*[30]

VV. 1-15

1 Μετὰ ταῦτα ἀπῆλθεν ὁ Ἰησοῦς πέραν τῆς θαλάσσης τῆς Γαλιλαίας τῆς Τιβεριάδος.[31]
2 a ἠκολούθει δὲ αὐτῷ ὄχλος πολύς,
b ὅτι ἐθεώρουν[32] τὰ σημεῖα
c ἃ ἐποίει ἐπὶ τῶν ἀσθενούντων.
3 a ἀνῆλθεν δὲ εἰς τὸ ὄρος Ἰησοῦς
b καὶ ἐκεῖ ἐκάθητο μετὰ τῶν μαθητῶν αὐτοῦ.
4 a ἦν δὲ ἐγγὺς τὸ πάσχα,
b ἡ ἑορτὴ τῶν Ἰουδαίων.[33]
5 a Ἐπάρας οὖν τοὺς ὀφθαλμοὺς ὁ Ἰησοῦς
b καὶ θεασάμενος
c ὅτι πολὺς ὄχλος[34] ἔρχεται πρὸς αὐτὸν
d λέγει[35] πρὸς Φίλιππον·
e πόθεν ἀγοράσωμεν[36] ἄρτους
f ἵνα φάγωσιν οὗτοι;
6 a τοῦτο δὲ ἔλεγεν
b πειράζων αὐτόν·
c αὐτὸς[37] γὰρ ᾔδει
d τί ἔμελλεν ποιεῖν.

[30] Sie behandeln hauptsächlich den textkritischen Apparat von NA[27]; von dort stammen auch die in der folgenden Textkritik verwendeten Abkürzungen.

[31] Durch den doppelten Genitiv τῆς Γαλιλαίας τῆς Τιβεριάδος wird der See zweifach bestimmt. Diese Weise ist ungewöhnlich, aber in der Mehrheit der Hss vorhanden. P[66] und *pc* haben nur den ersten Genitiv; N, 0210, *pc* und bo[ms] nur den zweiten Genitiv. Dazu gibt es noch eine dritte Variante εἰς τὰ μέρη τῆς Τιβεριάδος in D, Θ, 892 und *pc*, wo sich der Genitiv τῆς Τιβεριάδος auf die Gegend und nicht auf den See selbst bezieht. Vgl. B. M. METZGER, Commentary 181.

[32] Die Verbindung zwischen dem Kollektivum ὄχλος in Sg. und der Verbform ἐθεώρουν in Pl. ist ein typisches Beispiel der constructio ad sensum. F. BLASS/A. DEBRUNNER/F. REHKOPF, Grammatik § 134, schreiben darüber: „Der Hauptfall ist der, daß ein Kollektivum, das eine Mehrheit von Personen in einem singularischen Nomen zusammenfaßt, so konstruiert wird, als ob die Personen selbst im Plural stünden."

[33] 472 und *pc* lassen den ganzen V. 4 aus.

[34] Die Umstellung von πολὺς ὄχλος findet sich in P[66]*, D, Θ, 892 und *pc*.

[35] Die Präsensform fällt auf.

[36] Der Modus dieses Verbs in der überlegenden Frage des Philippus ist ein deliberativer Konjunktiv. Vgl. W. HAUBECK/H. V. SIEBENTHAL, Schlüssel I 539.

[37] Durch das Personalpronomen αὐτός wird Jesus als der Wissende unterstrichen.

7 a ἀπεκρίθη αὐτῷ [ὁ][38] Φίλιππος·
b διακοσίων δηναρίων[39] ἄρτοι οὐκ ἀρκοῦσιν αὐτοῖς
c ἵνα ἕκαστος βραχύ [τι] λάβῃ.
8 a λέγει αὐτῷ εἷς ἐκ[40] τῶν μαθητῶν αὐτοῦ,
b Ἀνδρέας ὁ ἀδελφὸς Σίμωνος Πέτρου·
9 a ἔστιν παιδάριον[41] ὧδε
b ὃς[42] ἔχει πέντε ἄρτους κριθίνους καὶ δύο ὀψάρια·
c ἀλλὰ ταῦτα τί ἐστιν εἰς τοσούτους;
10 a εἶπεν ὁ Ἰησοῦς·
b ποιήσατε τοὺς ἀνθρώπους ἀναπεσεῖν.
c ἦν δὲ χόρτος πολὺς ἐν τῷ τόπῳ.[43]
d ἀνέπεσαν οὖν οἱ ἄνδρες
e τὸν ἀριθμὸν[44] ὡς πεντακισχίλιοι.
11 a ἔλαβεν οὖν τοὺς ἄρτους ὁ Ἰησοῦς
b καὶ εὐχαριστήσας[45]
c διέδωκεν τοῖς ἀνακειμένοις
d ὁμοίως καὶ ἐκ τῶν ὀψαρίων
e ὅσον ἤθελον.
12 a ὡς δὲ ἐνεπλήσθησαν,
b λέγει τοῖς μαθηταῖς αὐτοῦ·
c συναγάγετε τὰ περισσεύσαντα κλάσματα,
d ἵνα μή τι ἀπόληται.
13 a συνήγαγον οὖν
b καὶ ἐγέμισαν δώδεκα κοφίνους κλασμάτων ἐκ τῶν πέντε ἄρτων τῶν

38 Die Ursprünglichkeit der Wörter bzw. der Wortteile, die in eckigen Klammern gesetzt sind, ist nach K. ALAND/B. ALAND, Text 237, nicht gesichert.

39 Es geht um den Genitiv pretii, der sich auf den Wert bzw. auf den Preis bezieht. Vgl. W. HAUBECK/H. V. SIEBENTHAL, Schlüssel II 471.

40 Die Präposition ἐκ umschreibt den Genitiv partitivus.

41 A, K, Γ, Δ, Θ, 700, 1424 und der Mehrheitstext bestimmen das Kind genauer durch das eingefügte Zahlwort ἕν.

42 Das Relativpronomen ὅς (m.) entspricht nicht dem Genus des Bezugswortes παιδάριον (n.). Es handelt sich um eine sinngemäße Konstruktion. Vgl. F. BLASS/A. DEBRUNNER/F. REHKOPF, Grammatik § 296,3.

43 In dieser ÄE kommt nach E. RUCKSTUHL/P. DSCHULNIGG, Stilkritik 112, das folgende joh. Stilmerkmal vor: εἰμί ... ἐν τῷ τόπῳ (räumlich, ohne Ergänzung). Im NT finden sich nur 4 Belege, die alle im Joh-Ev stehen: in Joh 5,13; 6,10; 11,30; 19,41.

44 Der Akkusativ ist in diesem Fall ein Akkusativ der Beziehung. Vgl. W. HAUBECK/H. V. SIEBENTHAL, Schlüssel II 469. F. BLASS/A. DEBRUNNER/F. REHKOPF, Grammatik § 160,1 schreiben: „Der Akk. der Beziehung hat im NT einen sehr beschränkten Gebrauch, da seine Funktion fast ganz auf den Dativ übergegangen ist."

45 Statt εὐχαριστήσας διέδωκεν haben ℵ, D, it und sy[c.(p)] εὐχαρίστησεν καὶ ἔδωκεν. Die finite Form von εὐχαριστέω fällt auf und ebenso die zweifache Konjunktion καί vor beiden Verben. Alle drei Verben miteinander (λαμβάνω – εὐχαριστέω – διαδίδωμι) erscheinen als Ind.Aor.Akt.3.P.Pl. und stehen durch καί in Verbindung. Nach diesen Zeugnissen hat das Verb εὐχαριστέω die zentrale Stelle. Nach meiner Meinung ist diese Tendenz für das Verständnis von εὐχαριστέω und des hier geschehenen Zeichens wichtig zu berücksichtigen.

κριθίνων
c ἃ ἐπερίσσευσαν τοῖς βεβρωκόσιν.
14 a Οἱ οὖν ἄνθρωποι ἰδόντες
b ὃ ἐποίησεν σημεῖον[46]
c ἔλεγον ὅτι
d οὗτός ἐστιν ἀληθῶς ὁ προφήτης
e ὁ ἐρχόμενος εἰς τὸν κόσμον.[47]
15 a Ἰησοῦς οὖν γνοὺς
b ὅτι μέλλουσιν ἔρχεσθαι καὶ ἁρπάζειν αὐτὸν
c ἵνα ποιήσωσιν βασιλέα,
d ἀνεχώρησεν[48] πάλιν εἰς τὸ ὄρος
e αὐτὸς μόνος.

VV. 16-21

16 a Ὡς δὲ ὀψία ἐγένετο
b κατέβησαν οἱ μαθηταὶ αὐτοῦ ἐπὶ τὴν θάλασσαν
17 a καὶ ἐμβάντες εἰς πλοῖον
b ἤρχοντο πέραν τῆς θαλάσσης εἰς Καφαρναούμ.[49]
c καὶ σκοτία ἤδη ἐγεγόνει
d καὶ οὔπω ἐληλύθει[50] πρὸς αὐτοὺς ὁ Ἰησοῦς,
18 a ἥ τε θάλασσα
b ἀνέμου μεγάλου πνέοντος[51]
c διεγείρετο.
19 a ἐληλακότες οὖν ὡς σταδίους[52] εἴκοσι πέντε ἢ τριάκοντα
b θεωροῦσιν[53] τὸν Ἰησοῦν
c περιπατοῦντα ἐπὶ τῆς θαλάσσης

[46] A, L, Θ, Ψ, $f^{1.13}$, (1424), 33 und der Mehrheitstext fügen wegen der Klarheit des Subjektes ὁ Ἰησοῦς ein. $P^{75}$, B, 091 und *pc* berichten hier von den Zeichen (Pl.) in gleichem Stil wie in Joh 2,23 und Joh 6,2. Meiner Ansicht nach eignet sich im Hinblick auf die wunderbare Speisung, die ein Zeichen ist, besser der Singular als Plural. Vgl. B. M. METZGER, Commentary 181.

[47] Die Verbindung οὗτός ἐστιν ἀληθῶς + christologischer Titel ist ein joh. Stilmerkmal und kommt noch in Joh 4,42 und in Joh 7,40 vor. Vgl. E. RUCKSTUHL/P. DSCHULNIGG, Stilkritik 146f.

[48] Statt ἀνεχώρησεν, das nur hier im Joh-Ev belegt wird, haben ℵ, lat und ($sy^c$) φεύγει. Vgl. METZGER, Commentary 181.

[49] Καφαρναούμ bleibt hier undekliniert, obwohl man eigentlich den Akkusativ erwartet.

[50] Die Wendung οὔπω ἐληλύθει findet sich im NT nur im Joh-Ev (noch 3mal: Joh 7,30; 8,20; 11,30). Vgl. E. RUCKSTUHL/P. DSCHULNIGG, Stilkritik 118.

[51] Das Partizip πνέοντος ist hier adverbial gebraucht und erscheint als genitivus absolutus. W. HAUBECK/H. v. SIEBENTHAL, Schlüssel II 490, schildern ihn folgendermaßen: „Er ist formal ohne Beziehungswort in der übergeordneten Konstruktion, ist also (formal, aber nicht inhaltlich) ‚losgelöst' (absolut) und besteht aus mindestens zwei Gliedern (Ptz. und Subj. dazu)."

[52] In einigen Hss kommt es zum Genuswechsel (στάδια). Vgl. F. BLASS/A. DEBRUNNER/F. REHKOPF, Grammatik § 49,3.

[53] Der Wechsel ins Präsens fällt auf.

d καὶ ἐγγὺς τοῦ πλοίου γινόμενον,
e καὶ ἐφοβήθησαν.
20 a ὁ δὲ λέγει αὐτοῖς,
b Ἐγώ εἰμι,
c μὴ φοβεῖσθε.
21 a ἤθελον οὖν λαβεῖν αὐτὸν εἰς τὸ πλοῖον,
b καὶ εὐθέως ἐγένετο τὸ πλοῖον ἐπὶ τῆς γῆς
c εἰς ἣν ὑπῆγον.

VV. 22-24

22 a Τῇ ἐπαύριον ὁ ὄχλος
b ὁ ἑστηκὼς πέραν τῆς θαλάσσης
c εἶδον[54]
d ὅτι πλοιάριον ἄλλο οὐκ ἦν ἐκεῖ
e εἰ μὴ ἕν
f καὶ ὅτι οὐ συνεισῆλθεν τοῖς μαθηταῖς αὐτοῦ ὁ Ἰησοῦς εἰς τὸ πλοῖον
g ἀλλὰ μόνοι οἱ μαθηταὶ αὐτοῦ ἀπῆλθον·
23 a ἄλλα ἦλθεν πλοι[άρι]α[55] ἐκ Τιβεριάδος ἐγγὺς τοῦ τόπου
b ὅπου ἔφαγον τὸν ἄρτον
c εὐχαριστήσαντος τοῦ κυρίου.[56]
24 a ὅτε οὖν εἶδεν ὁ ὄχλος
b ὅτι Ἰησοῦς οὐκ ἔστιν ἐκεῖ
c οὐδὲ οἱ μαθηταὶ αὐτοῦ,
d ἐνέβησαν αὐτοὶ εἰς τὰ πλοιάρια
e καὶ ἦλθον εἰς Καφαρναοὺμ[57]
f ζητοῦντες τὸν Ἰησοῦν.

VV. 25-71

25 a καὶ εὑρόντες αὐτὸν πέραν τῆς θαλάσσης
b εἶπον αὐτῷ,
c Ῥαββί,
d πότε ὧδε γέγονας;[58]
26 a ἀπεκρίθη αὐτοῖς ὁ Ἰησοῦς
b καὶ εἶπεν,
c Ἀμὴν ἀμὴν λέγω ὑμῖν,
d ζητεῖτέ με
e οὐχ ὅτι εἴδετε σημεῖα,

54 Die Verbform εἶδον im Pl. und deren Subjekt ὄχλος in Sg. bilden eine sinngemäße Konstruktion (constructio ad sensum). Vgl. F. BLASS/A. DEBRUNNER/F. REHKOPF, Grammatik § 134,4.

55 Die Verbindung ἦλθεν πλοι[άρι]α ist eine sinngemäße Konstruktion.

56 V. 23c lassen nur die wenigen Hss wie D, 091 aus; in der Mehrheit der Hss wird es bezeugt. Vgl. B. M. METZGER, Commentary 182.

57 Siehe die Textkritik zu V. 17b.

58 Statt γίνομαι findet sich in D ἔρχομαι als Indikativ Perfekt und in ℵ als Indikativ Aorist.

f ἀλλ’ ὅτι ἐφάγετε ἐκ τῶν ἄρτων
g καὶ ἐχορτάσθητε.
27 a ἐργάζεσθε μὴ τὴν βρῶσιν
b τὴν ἀπολλυμένην
c ἀλλὰ τὴν βρῶσιν[59]
d τὴν μένουσαν εἰς ζωὴν αἰώνιον,
e ἣν ὁ υἱὸς τοῦ ἀνθρώπου ὑμῖν δώσει[60]·
f τοῦτον γὰρ ὁ πατὴρ ἐσφράγισεν ὁ θεός.
28 a εἶπον οὖν πρὸς αὐτόν,
b Τί ποιῶμεν
c ἵνα ἐργαζώμεθα[61] τὰ ἔργα τοῦ θεοῦ;
29 a ἀπεκρίθη [ὁ][62] Ἰησοῦς
b καὶ εἶπεν αὐτοῖς,
c Τοῦτό ἐστιν τὸ ἔργον τοῦ θεοῦ,
d ἵνα πιστεύητε[63] εἰς
e ὃν ἀπέστειλεν ἐκεῖνος.
30 a εἶπον οὖν αὐτῷ,
b Τί οὖν ποιεῖς σὺ σημεῖον,
c ἵνα ἴδωμεν
d καὶ πιστεύσωμέν σοι;
e τί ἐργάζῃ;
31 a οἱ πατέρες ἡμῶν τὸ μάννα ἔφαγον ἐν τῇ ἐρήμῳ,
b καθώς ἐστιν γεγραμμένον,
c Ἄρτον ἐκ τοῦ οὐρανοῦ ἔδωκεν[64] αὐτοῖς φαγεῖν.
32 a εἶπεν οὖν αὐτοῖς ὁ Ἰησοῦς,
b Ἀμὴν ἀμὴν λέγω ὑμῖν,
c οὐ Μωϋσῆς δέδωκεν[65] ὑμῖν τὸν ἄρτον ἐκ τοῦ οὐρανοῦ,
d ἀλλ’ ὁ πατήρ μου δίδωσιν ὑμῖν τὸν ἄρτον ἐκ τοῦ οὐρανοῦ τὸν ἀληθινόν·
33 ὁ γὰρ ἄρτος τοῦ θεου ἐστιν ὁ καταβαίνων ἐκ τοῦ οὐρανοῦ καὶ ζωὴν διδοὺς τῷ κόσμῳ.
34 a Εἶπον οὖν πρὸς αὐτόν,

59 ℵ und *al* lassen τὴν βρῶσιν aus.

60 Die Umstellung (δώσει ὑμῖν) findet sich in $f^{13}$ 1424 und *al.* In ℵ und D erscheint das Verb als Indikativ Präsens in der Form δίδωσιν. Das kann eine Anpassung an V. 32d sein. Vgl. B. M. METZGER, Commentary 182.

61 Die anderen Lesarten von ποιῶμεν ἵνα ἐργαζώμεθα sind: ποιήσωμεν ἵνα ἐργ. in W, Θ, $f^{13}$ *al* und ἐργασώμεθα ἵνα ποιήσωμεν in D. Der Aorist ist den beiden Fällen gemeinsam.

62 Die Verwendung von ὁ an dieser Stelle ist nicht gänzlich gesichert. Einerseits fällt ὁ in $P^{75}$, ℵ, W, Ψ und im Mehrheitstext (einschließlich des byzantinischen Koine-Textes). Andererseits kommt ὁ in zahlreichen Handschriften vor: A, B, D, K, L, N, T, Θ, $f^{1.13}$, 33, 579 und *al.*

63 Statt der Verbform im Präsens πιστεύητε kommt πιστεύσητε als Aorist vor in D, K W, Γ, Δ, 0145, $f^{13}$, 700, 892, 1241, 1424 und im Mehrheitstext.

64 ℵ, W, Θ, $f^{13}$ und *pc* haben statt des Aorists ἔδωκεν das Perfekt δέδωκεν.

65 Statt des Perfekts δέδωκεν haben B, D, L, W und *al* der Aorist ἔδωκεν.

b Κύριε,
c πάντοτε δὸς ἡμῖν τὸν ἄρτον τοῦτον.
35 a εἶπεν[66] αὐτοῖς ὁ Ἰησοῦς,
b Ἐγώ εἰμι ὁ ἄρτος τῆς ζωῆς·
c ὁ ἐρχόμενος πρός ἐμὲ[67] οὐ μὴ πεινάσῃ[68],
d καὶ ὁ πιστεύων εἰς ἐμὲ οὐ μὴ διψήσει[69] πώποτε.
36 a ἀλλ' εἶπον ὑμῖν ὅτι
b καὶ ἑωράκατέ [με][70]
c καὶ οὐ πιστεύετε.[71]
37 a Πᾶν ὃ δίδωσίν μοι ὁ πατὴρ πρὸς ἐμὲ ἥξει,
b καὶ τὸν ἐρχόμενον πρὸς ἐμὲ[72] οὐ μὴ ἐκβάλω ἔξω[73],
38 a ὅτι καταβέβηκα ἀπὸ[74] τοῦ οὐρανοῦ
b οὐχ ἵνα ποιῶ[75] τὸ θέλημα τὸ ἐμὸν
c ἀλλὰ τὸ θέλημα τοῦ πέμψαντός με[76].
39 a τοῦτο δέ ἐστιν τὸ θέλημα τοῦ πέμψαντός με[77],
b ἵνα πᾶν ὃ δέδωκέν[78] μοι μὴ ἀπολέσω ἐξ αὐτοῦ[79],
c ἀλλὰ ἀναστήσω αὐτὸ[80] [ἐν][81] τῇ ἐσχάτῃ ἡμέρᾳ.
40 a τοῦτο γάρ ἐστιν τὸ θέλημα[82] τοῦ πατρός μου,

66 Nach εἶπεν erscheint die Einfügung οὖν in ℵ, D, N, Γ, Θ, Ψ, $f^{13}$, 33, 1241, *l* 844, *l* 2211 und *al* bzw. δέ in A, $f^{1}$ und im Mehrheitstext.

67 Statt ἐμέ kommt με in A, D, L, W, Θ, Ψ, $f^{1.13}$, 33 und im Mehrheitstext vor.

68 D fügt das Wort πώποτε an dieser Stelle ein.

69 Statt der Verbform διψήσει (Fut.Ind.) kommt διψήσῃ (Aor.Konj.) in $B^{2}$, K, Γ, Ψ, 565, 700, 892, 1241 und im Mehrheitstext vor.

70 In den wenigen Handschriften (z.B. in ℵ, A) wird das Personalpronomen με ausgelassen. B. M. METZGER, Commentary 182, schreibt: „It is possible that this is the original reading and that με has crept into the other witnesses from the context. In this case Jesus' statement, ‚I said to you that you saw and yet do not believe', clearly refers to the signs that the people had witnessed (ver. 26). On the other hand, a majority of the Committee, impressed by the age and diversity of the external attestation supporting με, preferred to retain the word in the text, but to enclose it within square brackets."

71 Durch die Konstruktion καί ... καί wird der Gegensatz eingeführt. Vgl. W. BAUER, Wörterbuch 797f.

72 Statt ἐμέ kommt με in A, B, D, L, W, Ψ, $f^{1.13}$, 33 und im Mehrheitstext vor.

73 ἔξω wird in den wenigen Handschriften (u.a. in ℵ* und D) ausgelassen.

74 Statt ἀπό kommt ἐκ in ℵ, D, Ψ, $f^{1}$ und im Mehrheitstext vor.

75 Das Verb ποιέω erscheint in den wenigen Handschriften (u.a. ℵ, D, L* und W) nicht als Konjunktiv Präsens, sondern als Konjunktiv Aorist (ποιήσω).

76 Nach diesem Wort folgt die Einfügung πατρός in D, 700, 892, 1424, *l* 2211 und *al.*

77 Auch hier folgt die Einfügung πατρός in Θ, $f^{13}$, 33 und im Mehrheitstext. V. 39a wird in $ℵ^{*2}$, C, 565, *l* 2211 und *al.* ausgelassen. Es geht dabei um eine Auslassung durch gleichlautenden Satzschluß.

78 In $P^{75}$ kommt δίδωμι nicht als Indikativ Perfekt vor, sondern als Indikativ Aorist.

79 In D gibt es für die letzten zwei Wörter eine andere Lesart (μηδέν).

80 Dieses Wort erscheint als Maskulinum in L*, N, W, Γ, Δ, 579, 1241, 1424 und *pm.*

81 Es wird in $P^{66.75}$, B, D, C, L, T, W, Γ, Δ, Θ, Ψ, $f^{1}$, 565, 579, 700, 892, *l* 844, *l* 2211 und *pm* ausgelassen.

b ἵνα πᾶς ὁ θεωρῶν τὸν υἱὸν καὶ πιστεύων εἰς αὐτὸν ἔχῃ ζωὴν αἰώνιον,
c καὶ ἀναστήσω αὐτὸν ἐγὼ [ἐν] τῇ ἐσχάτῃ ἡμέρᾳ.
41 a Ἐγόγγυζον οὖν οἱ Ἰουδαῖοι περὶ αὐτοῦ
b ὅτι εἶπεν,
c Ἐγώ εἰμι ὁ ἄρτος
d ὁ καταβὰς ἐκ τοῦ οὐρανοῦ,
42 a καὶ ἔλεγον,
b Οὐχ[83] οὗτός ἐστιν Ἰησοῦς
c ὁ υἱὸς Ἰωσήφ[84],
d οὗ ἡμεῖς οἴδαμεν τὸν πατέρα καὶ τὴν μητέρα;[85]
e πῶς νῦν λέγει ὅτι
f Ἐκ τοῦ οὐρανοῦ καταβέβηκα;
43 a ἀπεκρίθη Ἰησοῦς
b καὶ εἶπεν αὐτοῖς,
c Μὴ γογγύζετε μετ' ἀλλήλων.
44 a οὐδεὶς δύναται ἐλθεῖν πρός με
b ἐὰν μὴ ὁ πατὴρ[86]
c ὁ πέμψας με
d ἑλκύσῃ αὐτόν,
e κἀγὼ ἀναστήσω αὐτὸν ἐν τῇ ἐσχάτῃ ἡμέρᾳ.
45 a ἔστιν γεγραμμένον ἐν τοῖς προφήταις,
b Καὶ ἔσονται πάντες διδακτοὶ θεοῦ·
c πᾶς ὁ ἀκούσας παρὰ τοῦ πατρὸς καὶ μαθὼν ἔρχεται πρὸς ἐμέ.
46 a οὐχ ὅτι τὸν πατέρα ἑώρακέν τις
b εἰ μὴ ὁ ὢν παρὰ τοῦ θεοῦ,
c οὗτος ἑώρακεν τὸν πατέρα.
47 a ἀμὴν ἀμὴν λέγω ὑμῖν,
b ὁ πιστεύων[87] ἔχει ζωὴν αἰώνιον.
48 Ἐγώ εἰμι ὁ ἄρτος τῆς ζωῆς.
49 a οἱ πατέρες ὑμῶν ἔφαγον ἐν τῇ ἐρήμῳ τὸ μάννα[88]
b καὶ ἀπέθανον·
50 a οὗτός ἐστιν ὁ ἄρτος
b ὁ ἐκ τοῦ οὐρανοῦ καταβαίνων,

82 V. 40a wird in $P^{66*}$ bis zu dieser Stelle ausgelassen.

83 Wegen des οὐ wird eine bejahende Antwort erwartet. Vgl. F. BLASS/A. DEBRUNNER/F. REHKOPF, Grammatik § 427.

84 Der Eigenname ist hier undekliniert.

85 א* und W lassen καὶ τὴν μητέρα aus. Das entspricht besser V. 42c, wo Jesus nur als Sohn Josefs genannt wird. Aufgrund der harmonisierenden Tendenz ist diese Lesart eher sekundär.

86 $P^{66}$ und *pc* fügen an dieser Stelle das Personalpronomen μου ein.

87 A, $C^2$, D, Ψ, $f^{1.13}$, 33 und der Mehrheitstext verwenden das Verb πιστεύω nicht im absoluten Sinn, sondern in bezug auf Jesus (εἰς ἐμέ). $Sy^{s.c}$ beziehen es auf Gott (εἰς θεόν).

88 D ergänzt τὸ μάννα. Die kürzere Lesart ist hier eher ursprünglicher, da die Redeweise an dieser Stelle sehr dicht und zusammenfassend ist.

c ἵνα τις ἐξ αὐτοῦ φάγῃ
d καὶ μὴ ἀποθάνῃ.
51 a ἐγώ εἰμι ὁ ἄρτος
b ὁ ζῶν
c ὁ ἐκ τοῦ οὐρανοῦ καταβάς·
d ἐάν τις φάγῃ ἐκ τούτου τοῦ ἄρτου
e ζήσει[89] εἰς τὸν αἰῶνα,
f καὶ ὁ ἄρτος δὲ
g ὃν ἐγὼ δώσω
h ἡ σάρξ μού ἐστιν[90] ὑπὲρ τῆς τοῦ κόσμου ζωῆς.
52 a Ἐμάχοντο οὖν πρὸς ἀλλήλους οἱ Ἰουδαῖοι
b λέγοντες,
c Πῶς δύναται οὗτος ἡμῖν δοῦναι τὴν σάρκα [αὐτοῦ][91] φαγεῖν;
53 a εἶπεν οὖν αὐτοῖς ὁ Ἰησοῦς,
b Ἀμὴν ἀμὴν λέγω ὑμῖν,
c ἐὰν μὴ φάγητε τὴν σάρκα τοῦ υἱοῦ τοῦ ἀνθρώπου
d καὶ πίητε αὐτοῦ τὸ αἷμα,[92]
e οὐκ ἔχετε ζωὴν ἐν ἑαυτοῖς.
54 a ὁ τρώγων μου τὴν σάρκα καὶ πίνων μου τὸ αἷμα ἔχει ζωὴν αἰώνιον,
b κἀγὼ ἀναστήσω αὐτὸν τῇ ἐσχάτῃ ἡμέρᾳ.[93]
55 a ἡ γὰρ σάρξ μου ἀληθής ἐστιν βρῶσις,
b καὶ τὸ αἷμά μου ἀληθής ἐστιν πόσις.
56 ὁ τρώγων μου τὴν σάρκα καὶ πίνων μου τὸ αἷμα ἐν ἐμοὶ μένει κἀγὼ ἐν αὐτῷ.[94]
57 a καθὼς ἀπέστειλέν με ὁ ζῶν πατὴρ
b κἀγὼ ζῶ διὰ τὸν πατέρα,
c καὶ ὁ τρώγων με
d κἀκεῖνος ζήσει[95] δι᾽ ἐμέ.
58 a οὗτός ἐστιν ὁ ἄρτος
b ὁ ἐξ οὐρανοῦ καταβάς,

89 Stattdessen haben $P^{66}$, B, C, T, $f^{1.13}$ und der Mehrheitstext die Medialform ζήσεται, die aber ebenso futurisch ist. Nach F. BLASS/A. DEBRUNNER/F. REHKOPF, Grammatik § 77,2, schwankt dieses Verb im Futur zwischen beiden Formen.

90 Θ, $f^{1.13}$ und der Mehrheitstext fügen an dieser Stelle ἣν ἐγὼ δώσω ein. Dadurch werden das Fleisch Jesu und das Brot gleich charakterisiert. Diese längere Lesart, die auch eine stark harmonisierende Tendenz bringt, ist eher sekundär.

91 Die Hss sind hier nicht einig. Die ursprüngliche Lesart läßt sich nicht leicht feststellen. Vgl. B. M. METZGER, Commentary 183. Aus dem folgenden Kontext ist deutlich, daß es um das Fleisch Jesu geht. Da es der Welt das Leben geben wird, kann es nur im metaphorischen Sinn verstanden sein.

92 ἐσθίω und πίνω haben das Objekt im Akkusativ und nicht wie gewöhnlich im Genitiv mit ἀπό oder ἐκ. Vgl. F. BLASS/A. DEBRUNNER/F. REHKOPF, Grammatik § 169,6.

93 Der Dativ in τῇ ἐσχάτῃ ἡμέρᾳ hat temporale Bedeutung. Vgl. F. BLASS/A. DEBRUNNER/F. REHKOPF, Grammatik § 200,4.

94 Am Ende des Satzes hat nur D eine längere Erweiterung.

95 Wie in V. 51c kommt auch hier die Medialform ζήσεται in einigen Hss ($P^{66}$, W, 0250, $f^{1}$ und im Mehrheitstext) vor.

c οὐ καθὼς ἔφαγον οἱ πατέρες[96]
d καὶ ἀπέθανον·
e ὁ τρώγων τοῦτον τὸν ἄρτον ζήσει[97] εἰς τὸν αἰῶνα.
59 a Ταῦτα εἶπεν ἐν συναγωγῇ
b διδάσκων ἐν Καφαρναούμ.
60 a Πολλοὶ οὖν ἀκούσαντες ἐκ τῶν μαθητῶν αὐτοῦ εἶπαν,
b Σκληρός ἐστιν ὁ λόγος οὗτος·
c τίς δύναται αὐτοῦ ἀκούειν;
61 a εἰδὼς δὲ ὁ Ἰησοῦς ἐν ἑαυτῷ
b ὅτι γογγύζουσιν περὶ τούτου οἱ μαθηταὶ αὐτοῦ
c εἶπεν αὐτοῖς,
d Τοῦτο ὑμᾶς σκανδαλίζει;
62 a ἐὰν οὖν θεωρῆτε τὸν υἱὸν τοῦ ἀνθρώπου
b ἀναβαίνοντα
c ὅπου ἦν τὸ πρότερον;
63 a τὸ πνεῦμά ἐστιν τὸ ζῳοποιοῦν,
b ἡ σὰρξ οὐκ ὠφελεῖ οὐδέν·
c τὰ ῥήματα
d ἃ ἐγὼ λελάληκα ὑμῖν
e πνεῦμά ἐστιν
f καὶ ζωή ἐστιν.
64 a ἀλλ' εἰσὶν ἐξ ὑμῶν τινες
b οἳ οὐ πιστεύουσιν.
c ᾔδει γὰρ ἐξ ἀρχῆς ὁ Ἰησοῦς
d τίνες εἰσὶν οἱ μὴ πιστεύοντες
e καὶ[98] τίς ἐστιν ὁ παραδώσων[99] αὐτόν.
65 a καὶ ἔλεγεν,
b Διὰ τοῦτο εἴρηκα ὑμῖν ὅτι
c οὐδεὶς δύναται ἐλθεῖν πρός με
d ἐὰν μὴ ᾖ δεδομένον αὐτῷ ἐκ τοῦ πατρός.
66 a Ἐκ τούτου πολλοὶ [ἐκ] τῶν μαθητῶν αὐτοῦ ἀπῆλθον εἰς τὰ ὀπίσω
b καὶ οὐκέτι μετ' αὐτοῦ περιεπάτουν.
67 a εἶπεν οὖν ὁ Ἰησοῦς τοῖς δώδεκα,
b Μὴ[100] καὶ ὑμεῖς θέλετε ὑπάγειν;
68 a ἀπεκρίθη αὐτῷ Σίμων Πέτρος,

96 D und 33 fügen ὑμῶν ein, einige andere Hss aber noch τὸ *μάννα*. Beide Wörter kommen auch in V. 49a vor. Diese Einfügungen zeigen dadurch eine harmonisierende Tendenz und erweitern die zusammenfassende Redeweise. Deswegen sind sie eher als sekundär zu verstehen. Vgl. B. M. METZGER, Commentary 183; R. SCHNACKENBURG, Joh II 96.

97 Siehe die Bemerkungen zu VV. 51c.58d.

98 $P^{66*}$ und *pc* lassen den Satzteil οἳ οὐ πιστεύουσιν aus. Vgl. B. M. METZGER, Commentary 184.

99 Es ist ein Partizip Futur, welches im NT eher seltsam ist. Vgl. F. BLASS/A. DEBRUNNER/F. REHKOPF, Grammatik § 351,3.

100 Aufgrund des μή ist auf diese Frage eine bejahende Antwort zu erwarten. Vgl. F. BLASS/A. DEBRUNNER/F. REHKOPF, Grammatik § 427.

b Κύριε,
c πρὸς τίνα ἀπελευσόμεθα;
d ῥήματα ζωῆς αἰωνίου ἔχεις,
69 a καὶ ἡμεῖς πεπιστεύκαμεν
b καὶ ἐγνώκαμε ὅτι
c σὺ εἶ ὁ ἅγιος τοῦ θεοῦ.[101]
70 a ἀπεκρίθη αὐτοῖς ὁ Ἰησοῦς,
b Οὐκ[102] ἐγὼ ὑμᾶς τοὺς δώδεκα ἐξελεξάμην;
c καὶ ἐξ ὑμῶν εἷς διάβολός ἐστιν.
71 a ἔλεγεν δὲ τὸν Ἰούδαν Σίμωνος Ἰσκαριώτου·[103]
b οὗτος γὰρ ἔμελλεν παραδιδόναι αὐτόν,
c εἷς ἐκ τῶν δώδεκα.

[101] Die Lesart ὁ ἅγιος τοῦ θεοῦ haben $P^{75}$, ℵ, B, C*, D, L und W. $P^{66}$ fügt am Beginn dieses Titels χριστός ein. Einige Hss ($C^3$, Θ*, Ψ, 0250, $f^{1.13}$, 33 und Mehrheitstext) haben eine andere Lesart χριστὸς ὁ υἱὸς τοῦ θεοῦ τοῦ ζῶντος oder einige Teile davon. Diese Lesart ist dem Petrusbekenntnis nach Mt 16,16 gleich.

[102] Aufgrund des οὐ ist eine bejahende Antwort zu erwarten. Vgl. F. BLASS/A. DEBRUNNER/F. REHKOPF, Grammatik § 427.

[103] Nur im Joh-Ev findet sich eine zweifache Näherbestimung zu Judas. Statt Ἰσκαριώτου benennen $f^1$ und der Mehrheitstext Judas als Ἰσκαριώτην. In ℵ*, Θ und $f^{13}$ kommt aber die Ortsangabe ἀπὸ καριώτου vor, die aus sprachlichen Gründen eher unsicher ist. R. SCHNACKENBURG, Joh II 113f.

# Teil III
# Die Hauptteile von Joh 6 und ihre Bezüge zur Lebensthematik

## 1. VV. 1-15: JESU ZEICHEN DER WUNDERBAREN SPEISUNG

### *1.1 Übersetzung*

1 Danach ging Jesus weg auf die andere Seite[1] des Sees Galiläas
(von)[2] Tiberias.
2 a (Es) folgte ihm aber eine große Menge,
b weil sie[3] die Zeichen sahen,
c die er an den krank Seienden tat.
3 a Jesus ging aber auf den Berg hinauf
b und dort setzte er sich mit seinen Jüngern.
4 a (Es) war aber nahe das Pascha,
b das Fest der Juden.
5 a Jesus nun aufgehoben habend die Augen
b und gesehen habend,
c daß eine große Menge zu ihm kommt,
d sagt zu Philippus:
e „Woher sollen wir Brote kaufen[4],
f damit diese essen können?“
6 a Dies aber sagte er
b prüfend[5] ihn;

[1] Das Ortadverb πέραν mit der Bedeutung „jenseits“ wird in V. 1 als uneigentliche Präposition mit dem Genitiv verwendet. Aus diesem Grund ist es eher als „auf die andere Seite“ zu übersetzen. Vgl. W. BAUER, Wörterbuch 1297; F. BLASS/A. DEBRUNNER/F. REHKOPF, Grammatik § 184.

[2] Die Wörter, die nur in der dt. Übersetzung aufgrund der sprachlichen Eigenschaften vorkommen und nicht im griech. Text selbst, werden in Klammer gesetzt. In V. 1 wird der doppelte Genitiv mit Hilfe der Präposition „von“ übersetzt.

[3] Der Plural entspricht der constructio ad sensum im griech. Text in bezug auf das Kollektivum ὄχλος. Siehe Textkritik zu V. 2a-b in Teil II 2.3.

[4] Der deliberative Konjunktiv von Verb ἀγοράζω wird mit Hilfe des Modalverbs „sollen“ übersetzt.

c denn er[6] wußte,
d was er tun wollte.
7 a (Es) antwortete ihm Philippus:
b „Für zweihundert Denare[7] Brote genügen nicht für sie,
c damit jeder ein wenig empfängt."
8 a (Es) sagt ihm einer von seinen Jüngern,
b Andreas, der Bruder (des) Simon Petrus:
9 a „(Es) ist ein Kind hier,
b welches fünf Gerstenbrote und zwei Fische[8] hat;
c aber was ist dieses für so viele?"
10 a (Es) sagte Jesus:
b „Laßt die Menschen sich niederlegen!"
c (Es) war aber viel Gras an dem Ort.
d Da legten sich die Männer nieder,
e an der Zahl etwa fünftausend.[9]
11 a Nun nahm Jesus die Brote
b und Dank gesagt habend
c verteilte er den Liegenden,
d gleicherweise auch von den Fischen,
e wieviel sie wollten.
12 a Als aber sie gesättigt waren,
b sagt er seinen Jüngern:
c „Sammelt die übriggebliebenen Brocken,
d damit nichts verlorengeht!"
13 a Sie sammelten nun
b und sie füllten zwölf Körbe mit Brocken von den fünf Gerstenbroten,
c die den gegessen Habenden übriggeblieben waren.
14 a Die Menschen nun, gesehen habend,
b welches Zeichen er getan hatte,
c sagten:
d „Dieser ist wahrhaftig der Prophet,
e der kommende in die Welt."
15 a Jesus nun bemerkt[10] habend,

[5] Das Verb πειράζω bedeutet zuerst „versuchen", „in Versuchung bringen", dann aber auch „prüfen", „auf die Probe" stellen. In V. 6b trifft die zweite Bedeutung besser zu.

[6] Das Personalpronomen αὐτός ist in V. 6c emphatisch zu verstehen.

[7] Aufgrund des Genitiv pretii ist διακοσίων δηναρίων mit „für zweihundert Denare" zu übersetzen.

[8] Das Wort ὀψάριον, das in VV. 9b.11d als „Fisch" übersetzt wird, ist an sich die Verkleinungsform vom ὄψον. Vgl. W. BAUER, Wörterbuch 1215. Der unüberbrückbare Unterschied zwischen der verfügbaren und der benötigten Nahrung wird damit deutlich dargestellt.

[9] Die Übersetzung dieser ÄE berücksichtigt den Akkusativ der Beziehung des Wortes ἀριθμός.

b daß sie kommen und ihn ergreifen wollen,
c damit sie (ihn) zum König machten,
d zog sich wieder auf den Berg zurück,
e er allein.

### *1.2 Gliederung*

VV. 1-15 lassen sich in sechs Teile gliedern, wie die folgende Abbildung zeigt:

| | |
|---|---|
| 1. Teil: VV. 1-4: | Schilderung der Situation Jesu |
| 2. Teil: V. 5a-c: | Jesus und die Menge (Blickwinkel Jesu) |
| 3. Teil: VV. 5d-10: | Jesus und seine Jünger (direkte Rede) |
| 4. Teil: V. 11: | Handeln Jesu • |
| 5. Teil: VV. 12-13: | Jesus und seine Jünger (direkte Rede) |
| 6. Teil: VV. 14-15: | Jesus und die Menge (Blickwinkel Jesu) |

ABBILDUNG 4

In allen Teilen steht Jesus im Vordergrund: seine Situation, sein Blickwinkel, sein Wille, sein Handeln usw.[11] Die anderen Personen (seine Jünger und die Menge), die auch im Text vorkommen, werden hauptsächlich durch ihre Relation zu Jesus charakterisiert.

Weiter fällt auf, daß der 4. Teil, das Handeln Jesu, die zentrale Stellung im Text hat. Vor und nach ihm ergehen die versuchenden Worte Jesu (im 3. Teil) bzw. der Befehl Jesu (im 5. Teil) als direkte Rede an seine Jünger. Vor und nach ihm nimmt Jesus die Menge aus seinem Blickwinkel wahr und dementsprechend reagiert er. Die Teile, die Gemeinsamkeiten haben, umgeben konzentrisch den 4. Teil: der zweite und der 6. Teil als äußerer Bogen, der dritte und der 5. Teil als innerer Bogen.

Der zentrale 4. Teil (V. 11)[12] wird durch drei Verben geschildert: „nehmen“ (λαμβάνω), „Dank sagen“ (εὐχαριστέω) und „verteilen“ (διαδίδωμι).

[10] Das Verb γινώσκω hat mehrere Bedeutungen. Eine von ihnen ist „bemerken“, das hier nach meiner Meinung aufgrund des Kontextes besonders zutrifft. Vgl. W. BAUER, Wörterbuch 321-323.

[11] Vgl. J. D. CROSSAN, Analysis 152; A. OBERMANN, Erfüllung 136; M. LABAHN, Offenbarung 16f.

[12] In diesem Sinn schreibt B. SCHWANK, Joh 198: „Die Auslegung von V. 11 ist jedenfalls ausschlaggebend für die Deutung des ganzen Kapitels.“

11 a ἔλαβεν οὖν τοὺς ἄρτους ὁ Ἰησοῦς
b καὶ εὐχαριστήσας •
c διέδωκεν τοῖς ἀνακειμένοις
d ὁμοίως καὶ ἐκ τῶν ὀψαρίων
e ὅσον ἤθελον.

Das erste und das dritte Verb, λαμβάνω und διαδίδωμι, kommen als zwei aktive Indikative mit Jesus als Subjekt vor, das zweite Verb εὐχαριστέω als Partizip. Trotz der partizipialen Form ist das Verb εὐχαριστέω in V. 11b aus mehrfachen Gründen zu beachten:
a) Das Verb εὐχαριστέω hat unter drei Verben die mittlere Position.
b) Anstelle von εὐχαριστήσας διέδωκεν findet sich in ℵ, D, it und $sy^{c.(p)}$ εὐχαρίστησεν καὶ ἔδωκεν, wo εὐχαριστέω als finites Verb erscheint. In diesen Fällen ist die zentrale Stellung und Bedeutung von εὐχαριστέω eindeutig.
c) Mit dem Verb εὐχαριστέω wird in V. 23c der Ort der wunderbaren Speisung noch einmal in Erinnerung gerufen:

23 a ἄλλα ἦλθεν πλοιά[ρια] ἐκ Τιβεριάδος ἐγγὺς *τοῦ τόπου*
b ὅπου ἔφαγον τὸν ἄρτον
c *εὐχαριστήσαντος* τοῦ κυρίου

Es fällt auf, daß die anderen beiden Verben, λαμβάνω und διαδίδωμι, in V. 23 nicht vorkommen.
d) Außerhalb von Joh 6 findet sich das Verb εὐχαριστέω im Joh-Ev nur noch ein einziges Mal, innerhalb der Erzählung von der Auferwekkung des Lazarus in Joh 11,41. Beachtenswert ist, daß sowohl in Joh 6 als auch in Joh 11 das Verb εὐχαριστέω innerhalb des Geschehens eines Zeichens vorkommt.[13]

*Ergebnis*: Die Struktur von VV. 1-15 lenkt die Aufmerksamkeit der Leser auf die Person Jesu und besonders im 4. Teil auf sein Handeln (die Verben λαμβάνω, εὐχαριστέω und διαδίδωμι). Damit hilft sie, das Geheimnis des Handels Jesu, das in V. 14b als Zeichen genannt wird, und seiner Person auf einer tieferen Ebene zu begreifen.

[13] In Joh 11,41 spricht Jesus die Danksagung unmittelbar bevor das Zeichen äußerlich geschieht. Im Unterschied zu Joh 6 wird in Joh 11 die Danksagung von Jesus selbst in Form der direkten Rede ausgesprochen. Wie auch bei anderen Stellen beginnt Jesus sein Gebet in Joh 11,41 Gott als Vater nennend:
Πάτερ, *εὐχαριστῶ* σοι ὅτι ἤκουσάς μοὺ...
Jesus richtet seine Danksagung an den Vater. Noch bevor das Zeichen äußerlich geschieht, dankt er für die Erhörung. Das Beten Jesu ist ein Ausdruck seiner einzigartigen Beziehung zum Vater. Vgl. J. JEREMIAS, Abba 56-67; H. RITT, Gebet 389-392.

### *1.3 Auslegung*

*1. Teil: VV. 1-4: Schilderung der Situation Jesu*

Sowohl die wunderbare Speisung als auch das gesamte sechste Kapitel des Joh-Ev werden mit Anfangsangaben (vor allem Orts-, Zeit- und Personenangaben) in VV. 1-4 vom Erzähler auf dem KN 2 eingeführt:

*a) Ortsangaben*

„Der See Galiläas von Tiberias" (ἡ θάλασσα τῆς Γαλιλαίας τῆς Τιβεριάδος) in V. 1 ist die erste Ortsangabe in Joh 6. Durch sie können die Leser erkennen, daß Jesus sich wieder in Galiläa befindet. Der See Galiläas kommt im Joh-Ev nur in den folgenden beiden Kapiteln vor: in Joh 6 (7mal)[14] und in Joh 21 (2mal)[15]. In den beiden Kapiteln wird beim ersten Vorkommen dieser geographische Name genauer bestimmt: ἡ θάλασσα τῆς Γαλιλαίας τῆς Τιβεριάδος in Joh 6,1 und ἡ θάλασσα τῆς Τιβεριάδος in Joh 21,1.

In V. 1 geht Jesus weg, „auf die andere Seite" (πέραν) des Sees. Wo er seinen Weg beginnt, wird aber nicht erzählt. πέραν kommt in Joh 6 noch 3mal vor in VV. 17b.22b.25a, es steht immer in Zusammenhang mit dem See.[16]

„Der Berg" (τό ὄρος) ist die nächste Ortsangabe in V. 3a. Es fällt auf, daß er mit dem bestimmten Artikel versehen erscheint.[17] Jesus geht 2mal auf den Berg hinauf – sowohl vor dem Mahlwunder als auch danach. In V. 15d zieht er sich ganz allein auf den Berg zurück. Dadurch ist „der Berg als Ort des Gebetes und der besonderen Gottesnähe zu verstehen"[18].

[14] In VV. 1.16b.17b.18a.19c.22b.25a.

[15] In Joh 21,1.7.

[16] Im Joh-Ev finden sich noch vier andere Belege von πέραν: in Joh 1,28; 3,26; 10,45; 18,1. Auch an diesen Stellen bezieht sich dieses Wort auf die geographischen Gewässer: Jordan (Joh 1,28; 3,26; 10,45) und der Winterbach Kedron (Joh 18,1).

[17] Zu Recht stellt M. HASITSCHKA, Christologie 32, die Fragen: „Ist durch den Gebrauch des Artikels (vgl. auch 4,20-21) ein ganz bestimmter Berg gemeint? Oder meint Berg mit Artikel im generischen Sinn einfach Gebirge/Bergland?" U. WILCKENS, Joh 96, sieht darin eine Art der Leserlenkung: „Die mit der Schrift vertrauten Leser sollen an den Berg Sinai erinnert werden, den Mose zum Empfang wichtiger Offenbarungen Gottes zu besteigen hatte (vgl. Ex 19,20-24; 24,1ff; 34,2ff)."

[18] M. HASITSCHKA, Christologie 32. In diesem Sinn sind auch die übrigen drei Belege von ὄρος im Joh-Ev zu verstehen. Zwei von ihnen finden sich in Joh 4,20f im Gespräch Jesu mit der Samariterin und einer in Joh 8,1, wo Jesus die Nacht auf dem Ölberg verbringt, bevor er frühmorgens wieder in den Tempel geht.

*b) Zeitangaben*

„Danach“ (μετὰ ταῦτα)[19] in V. 1 kennzeichnet einen neuen Abschnitt. Die unmittelbare zeitliche Kontinuität zwischen Joh 5 und Joh 6 wird damit unterbrochen.

Nach dem feierlichen „es war aber“[20] in V. 4a folgt die genauere Zeitangabe vor: „nahe das Pascha“ (ἐγγὺς τὸ πάσχα). Weiter wird im Erzählerkommentar gedeutet, was das Pascha ist: „das Fest der Juden“ (ἡ ἑορτὴ τῶν Ἰουδαίων). Das ist das zweite Paschafest innerhalb des öffentlichen Wirkens Jesu. Diese und noch andere Angaben, die sich im Joh-Ev auf die jüdischen Feste beziehen, bestimmen wesentlich seine erzählte Zeit. In diesem Sinn besteht die zeitliche Kontinuität durch das ganze Evangelium, die auch in Joh 6 unterstützt und nicht unterbrochen wird.[21]

*c) Personenangaben*

Jesus ist die erste erzählte Person, die in Joh 6 erwähnt wird. In V. 1 geht er weg auf die andere Seite des Sees. Der Grund seines Ortswechsels wird nicht erwähnt. Auf diese Weise können die Leser bereits in V. 1 Jesus als Person, die souverän in ihrer Bewegung ist, erkennen. In V. 2 erscheint Jesus als Person, die große anziehende Kraft für die Menschen hat. Aufgrund seiner Taten bzw. Zeichen an den Kranken bringt er eine große Menge in Bewegung. Sie folgt ihm nach. V. 3a zeigt den Lesern, wohin Jesus geht. Er geht auf den Berg. Jesus ist also die Person, die sich immer wieder souverän an den Ort des Gebetes und der besonderen Gottesnähe begibt. Dort setzt er sich mit seinen Jüngern (V. 3b). Wann sie auf dem Berg gekommen sind, wird nicht angegeben. Der Berg, der Ort der besonderen Gottesnähe, erscheint hier am Beginn von Joh 6 auch als Ort der Gemeinschaft Jesu mit seinen Jüngern.

Die in V. 2a genannte „Menge“ (ὄχλος) kommt in Joh 6 noch 3mal vor (VV. 5c.22a.24a). In VV. 2a.5c wird sie als groß (πολύς) bezeichnet. An allen diesen Stellen hat sie ein sehr großes Interesse an Jesus und

[19] Siehe oben in Teil II 1.2.

[20] B. SCHWANK, Joh 192, schreibt: „Wo im Johannesevangelium ein solches ‚Es war aber ...‘ auftaucht, dürfen wir mit einem tieferen symbolischen Sinn der darauffolgenden Worte rechnen (vgl. 5,5 oder 13,30).“

[21] Siehe mehr dazu in Teil II 1.3. Mit Absicht einer Leserlenkung soll diese Zeitangabe nach U. WILCKENS, Joh 96, „die Leser auf die atl. Geschichte von der wunderbaren Speisung des Volkes Israel in der Wüste einstimmen (Ex 16), die eine der Lesungen der Festliturgie war. Zugleich ist die Erwähnung des Päsachfestes im Joh-Ev durchwegs ein Hinweis auf die Vollendung der Sendung Jesu am Kreuz.“

seinen Zeichen: sie folgt ihm (V. 2a)[22], sie kommt zu ihm (V. 5c), sie sieht, daß Jesus nicht mit seinen Jüngern in das Boot hineingestiegen ist (V. 22f), sie sucht ihn in Kafarnaum (V. 24f). Demgegenüber ist am Ende des Gesprächs mit Jesus in Kafarnaum weder von der Menge noch von ihrer Begeisterung für Jesus die Rede.[23]

Die Jünger Jesu bzw. „seine Jünger" (οἱ μαθηταὶ αὐτοῦ) treten im Joh-Ev als erzählte Personen schon vor dem sechsten Kapitel auf:

- Sie kommen zu Jesus: durch Johannes den Täufer, durch Jesus selbst oder durch andere Jünger Jesu (Joh 1,35-42.43-51).
- Im Joh-Ev werden sie bei der Hochzeit zu Kana erstmals ausdrücklich als Jünger Jesu bzw. als οἱ μαθηταὶ αὐτοῦ erwähnt (Joh 2,2). Sie treten in der Öffentlichkeit zusammen mit ihm auf. Ihre Reaktion auf das erste Zeichen Jesu in Kana ist der Glaube an ihn (Joh 2,11). Danach gehen sie mit Jesus zuerst nach Kafarnaum (Joh 2,12) und später nach Jerusalem. Sie begleiten ihn auf seinem Weg.
- Das Handeln und die Worte Jesu erinnern sie an das Wort der Schrift (Joh 2,17). Sie sind sowohl mit der Schrift vertraut als auch gegenüber dem Handeln und dem Worten Jesu aufmerksam.[24]
- Sie taufen andere Menschen bereits in der Zeit des öffentlichen Wirkens des irdischen Jesu, während sie zusammen mit ihm unterwegs sind (Joh 4,2).
- Sie verstehen nicht immer das Verhalten und die Worte Jesu. Sie wundern sich, daß er mit einer Frau spricht (Joh 4,27). Im Anschluß an ihren Einkauf von Nahrung bleiben ihnen die Worte Jesu über die Speise unverständlich: „Ich habe eine Speise zu essen, die ihr nicht kennt" (Joh 4,32).

22 L. MORRIS, Joh 342, schreibt: „The important thing about this verse is the use of the imperfect tense, denoting continuous action. The multitude ‚kept following' Jesus because they ‚continually saw' the signs that He ‚habitually did' on the sick."

23 Im übrigen Joh-Ev kommt ὄχλος noch 16mal vor. Ebenso wie in Joh 6 erscheint die Menge anläßlich der Zeichen Jesu: bei der Heilung des Kranken am Bethesda-Teich in Joh 5,13 und bei der Auferweckung des Lazarus in Joh 11,42 (vgl. Joh 12,9.17.18). Sie bezieht sich auch in Joh 7,31 auf die Zeichen Jesu in ihrer Stellungnahme. Wegen des Verhaltens der Menge möchten die Hohenpriester und die Pharisäer in Joh 7,32 Jesus festnehmen und verwenden gegen sie in Joh 7,49 scharfe Worte. Die Menge äußert sich Jesus gegenüber auch in den unmittelbaren Worten an ihn (Joh 7,20; 12,34) und mit dem Hosannaruf (Joh 12,12f). In Joh 12,29 ist sie bei Jesu Erschütterung, seinem Gebet zum Vater und der Himmelsstimme dabei.

24 Auch nach der Auferstehung Jesu erinnern sie sich an das Wort des irdischen Jesus und glauben ihm und der Schrift. Beachtenswert ist, daß diese Erzählerbemerkung fast am Anfang des Joh-Ev, bereits in Joh 2,22, vorkommt.

*2. Teil: V. 5a-c: Jesus und die Menge*

Mit V. 5a beginnt der Erzähler auf dem KN 2 die Situation aus dem Blickwinkel Jesu zu erzählen. Jesu Wahrnehmung wird doppelt unterstrichen: durch die Wendung „aufhebend seine Augen“[25] und durch das Verb „sehen“. Jesus selbst sieht die Menge, die zu ihm kommt. Niemand macht ihn auf die Menge aufmerksam.

*3. Teil: VV. 5d-10: Jesus und seine Jünger*

Die erste Reaktion Jesu auf die zu ihm kommende Menge ist seine Frage an Philippus[26] in V. 5e-f, die zugleich die erste Personenrede (KN 1) in Joh 6 ist. Dadurch macht er die Jünger auf die Menge aufmerksam (im Unterschied zu den synoptischen Berichten in Mk 6,30-44 par). Die Initiative für sein Handeln an der Menge geht von ihm selbst aus.[27] Denn er weiß (οἶδα)[28], was er tun will (V. 6c-d). Seine Frage an Philippus bedeutet nicht, daß Jesus bei den Jüngern nach einem Rat und einer Lösung sucht. Nach V. 6a-b hat sie einen anderen Zweck: das Prüfen (πειράζω). Hier hat das Verb πειράζω eine positive pädagogische Bedeutung, nämlich „den Glauben an Jesus auf die Probe zu stellen“[29]. Die Frage an Philippus löst einen Spannungsbogen aus, der erst mit der Antwort des Petrus in VV. 68f eine adäquate Ant-

25 Die Wortverbindung „(auf)heben seine Augen“ mit Jesus als Subjekt findet sich im Joh-Ev noch in Joh 11,41 und Joh 17,1, wobei sie dort das Gebet Jesu einführt. Vgl. L. MORRIS, Joh 343.

26 Die Leser des Joh-Ev kennen Philippus schon aus Joh 1,43. Er kommt aus dem gleichen Ort wie Andreas und Petrus, aus Betsaida in Galiläa (vgl. Joh 1,44; 12,21). Im Unterschied zu anderen Berufungserzählungen im Joh-Ev, wird er von Jesus selbst direkt in seine Nachfolge gerufen (Joh 1,43). Anschließend legt Philippus das Zeugnis für Jesus vor Natanaël ab. Er bekennt, daß Jesus, Sohn des Joseph aus Nazaret, derjenige ist, von dem Mose und die Propheten geschrieben haben. Gegenüber seinen Worten reagiert Natanaël kritisch. Treffend interpretiert M. HASITSCHKA, Christologie 26: „Philippus kann die Bedenken des Natanaël nicht zerstreuen, aber er kann ihn dazu bewegen, zu Jesus zu gehen: ‚Komm und sieh!‘ (V. 46). Erst dieses ‚Sehen‘ in der persönlichen Begegnung mit Jesus führt zur Überwindung der Skepsis.“

27 In diesem Sinn schreiben u.a. B. SCHWANK, Joh 196: „Von ihm [Jesus] persönlich geht alles aus, was sich im folgenden ereignet.“ CH. K. BARRETT, Joh 287: „Es ist charakteristisch für Joh, daß Jesus selbst die Initiative ergreift.“ D. A. CARSON, Joh 269: „John’s purpose is doubtless to preserve the initiative with Jesus.“

28 A. HORSTMANN, EWNT II 1207: „Bei Joh bezeichnet οἶδα gegenüber γινώσκω stets ein intuitives oder sicheres Wissen.“

29 Vgl. W. POPKES, EWNT III 153; M. LABAHN, Jesus 270. Zwei ähnliche Beispiele aus dem Joh-Ev erwähnt B. SCHWANK, Joh 197: „Auch bei dem Gelähmten (5,6) oder bei Marta (11,26) stellt Jesus die Glaubensbereitschaft der Menschen fest, bevor er eingreift, und tut dann doch weit mehr, als jene erwarten.“

wort findet.[30] Philippus selbst geht auf die Frage Jesu ein, er gibt ihm jedoch in V. 7b-c keine genügende Antwort. Seine Bewertung des vorhandenen Geldes als nicht ausreichend weist darauf hin, daß er Einsicht über die verfügbaren Geldmittel und über die Brotpreise hat (vgl. Joh 4,8).[31] Wie die Antwort des Philippus zeigt, haben Jesus und die Jünger zweihundert „Denare" (δηνάριον). „Ein Denar ist Tageslohn (Mt 20,2-13)."[32] Das bedeutet, daß zweihundert Denare als Geldmittel für die Nahrung der fünftausend Menschen nicht ausreichen können.

Anschließend an die Antwort des Philippus spricht Andreas, der Bruder des Simon Petrus (vgl.V. 8b; Joh 1,40).[33] Seine Antwort in V. 9 zeigt deutlich, daß auch die verfügbare Nahrung, fünf Gerstenbrote und zwei Fische, für so viele Menschen nicht genügen. Die Zahl „fünf" (πέντε) „ist eine beliebte runde Zahl für eine kleinere Menge"[34]. „Die Gerstenbrote" (ἄρτος κρίθινος) finden sich im NT nur in Joh 6,9b.13b. Auch das Wort „Brot" (ἄρτος) findet sich im Joh-Ev am meistens in Joh 6 (21mal ). Außerhalb von Joh 6 kommt es nur noch 3mal vor: 1mal in Joh 13,18 und 2mal in Joh 21,9.13. Ebenso findet sich das Wort „Fisch" (ὀψάριον) im Joh-Ev nur in Joh 6,9b.11d und in Joh 21,9.10.13.[35] „Die Gerstenbrote" (ἄρτος κρίθινος) erinnern an das Brotwunder des Elischa (2 Kön 4,42-44).[36] „In frühchristlichen liturgischen Texten hören wir nichts über eine besondere Bedeutung von Gerstenbroten. Johannes nennt die ‚Gerstenbrote' wohl, um den Vergleich mit dem ‚Propheten' anzuregen; so bereitet er 6,14 vor. Wir sollen uns Gedanken machen über die Ähnlichkeit, doch auch über den Unterschied zwischen dem Propheten des Alten Bundes und Jesus."[37] Die Gerstenbrote wa-

[30] Vgl. CH. K. BARRETT, Joh 288; R. SCHNACKENBURG, Joh I 520f; M. LABAHN, Jesus 270; ders., Offenbarung 19-22; ders., Revelation 160f.

[31] Nach dem Joh-Ev haben die Jünger Jesu den folgenden Umgang mit dem Geld: Sie kaufen mit dem Geld die Nahrung oder sie geben es den Armen. Problematisch wird dieser Umgang bei Judas (vgl. Joh 12,6f; 13,29).

[32] B. SCHWANK, EWNT I 711. D. A. CARSON, Joh 269, schreibt: „Two hundred denarii represents eight months' wages ... But the crowd was so large (v. 10) that even such a large sum of money would not buy enough bread for each one to have a bite!"

[33] Auch Andreas kommt aus Betsaida und ist einer der ersten zwei Jünger Jesu. Er legt vor seinem Bruder Simon Zeugnis für Jesus ab und führt ihm zu Jesus (Joh 1,35-42). Zusammen mit Philippus erscheint er noch in Joh 12,20, wo gerade diese beiden Jünger mit Jesus sprechen. Sie vermitteln ihm das Anliegen der Griechen. Beachtenswert ist, daß beide griech. Namen haben. Vgl. M. HASITSCHKA, Christologie 60.

[34] H. BALZ/G. SCHNEIDER, EWNT III 164.

[35] Auf diese Gemeinsamkeiten zwischen Joh 6 und Joh 21 verweist auch P. E. SPENCER, Echoes 59f.

[36] Zum Vergleich mit 2 Kön 4,42-44 siehe unter 1.5.

[37] B. SCHWANK, Joh 197.

ren „das billige Brot der ärmeren Klassen“[38]. Das läßt vermuten, daß das erwähnte Kind in V. 9a wahrscheinlich ein armes Kind ist.[39]

Die eigenen Mittel, sowohl das Geld aus auch die Nahrung, sind völlig unzureichend, um der großen Volksmenge Brot geben zu können. Die Reaktionen der Jünger zeigen aber nicht nur die aussichtslose Lage auf, „sondern offenbaren auch die gewaltige Unkenntnis der Jünger bezüglich Jesu Wesen und seiner Handlungsmöglichkeiten“[40]. „Solche Defizit-Hinweise aus dem Kreis der eigenen Jünger lassen nun aber das Handeln ihres Meisters umso staunenswerter hervortreten.“[41]

In V. 10b ergeht das Wort Jesu an die Jünger: „Laßt die Menschen sich niederlegen!“

Jesus erklärt den Jüngern nicht, was und wie es geschehen wird. Er erteilt den Befehl „ohne irgendeine Zusicherung im voraus gegeben zu haben ... Jesus wirkt Zeichen dort, wo ihm bedingungslos vertraut wird.“[42] Noch bevor die Nahrung versorgt wird, legen sich die Menschen zum Mahl nieder. Das Verb „niederlegen“ (ἀναπίπτω) kommt im NT 12mal vor. Es erscheint im Zusammenhang mit einem Mahl.

Die einleitenden Worte „es war aber“ in V. 10c (vgl. V. 4a) leiten wieder eine wichtige Angabe ein: das viele „Gras“ (χόρτος) am Ort. Das weist auf die Festlichkeit des Mahles hin.[43] Es läßt sich auch mit der Thematik von Hirten und Herde (vgl. Joh 10; Ps 23,2) verbinden. Die Zahl „fünftausend“ (πεντακισχίλιοι) in V. 10e kommt im NT nur im Zusammenhang mit der wunderbaren Speisung der Fünftausend vor (vgl. Mt 14,21; 16,9; Mk 6,44; 8,19; Lk 9,14). Diese Zahl in V. 10e umfaßt aber nicht die ganze Menge, sondern nur die Männer.

*4. Teil: V. 11: Handeln Jesu*

Der 4. Teil (V. 11) schildert auf dem KN 2 das Handeln Jesu, das nach strukturellen und inhaltlichen Kriterien das Zentrum des ersten Hauptteiles von Joh 6 bildet und das in V. 14b mit dem Zeichen Jesu vom Erzähler identifiziert wird. Jesus als handelndes Subjekt steht ganz im Vordergrund. Die Menge und die Jünger sind um ihn versammelt. Dieses Bild der Versammlung um Jesus ist ein Gegenbild zum späteren Bild der Zerstreuung während des Gesprächs in Kafarnaum, wo viele, auch von seinen Jüngern, Jesus verlassen (vgl. V. 66).

38 CH. K. BARRETT, Joh 289.
39 Vgl. L. MORRIS, Joh 344.
40 CH. WELCK, Zeichen 161.
41 U. WILCKENS, Joh 96; vgl. CH. WELCK, Zeichen 158; M. LABAHN, Offenbarung 23.
42 B. SCHWANK, Joh 197. Vgl. Joh 2,8; 4,50; 11,39.
43 M. HASITSCHKA, Christologie 32.

Wie schon oben erwähnt[44] wird das Handeln Jesu durch drei Verben geschildert: (1) λαμβάνω: Jesus „nimmt" die Brote, die vorhandenen realen Gaben eines Kindes. Aus dieser kleinen, geringen, ungenügenden Nahrung wird ein Zeichen, Nahrung im Überfluß, in Fülle. (2) εὐχαριστέω: Das Geheimnis des Handelns Jesu bringt wesentlich das Verb εὐχαριστέω zum Ausdruck, das die Verbundenheit Jesu mit dem Vater offenbart.[45] Von der Grammatik her gibt es mehrere Möglichkeiten, wie die Verbindung zwischen dem Ptz.Aor. von εὐχαριστέω und dem Ind.Aor. von διαδίδωμι zeitlich zu verstehen ist.[46] Die Danksagung Jesus kann sowohl vor als auch während des Verteilens stattfinden. In beiden Fällen bestimmt sie wesentlich das Geschehen dieses Zeichens. (3) διαδίδωμι: Jesus selber „verteilt" Brote und Fisch den Liegenden. „Das ist historisch gesehen zwar schwer vorstellbar (wieviel Zeit würde es brauchen, bis er allen aus der riesigen Volksmenge Brot und Fisch gereicht hat), als christologische Aussage jedoch von großer Bedeutung (persönliche Zuwendung zu jedem einzelnen)."[47]

Die Bedeutsamkeit des Handels Jesu in V. 11 wird auch durch den Kontext (VV. 1-15) unterstrichen. In VV. 1-15 ist Jesus 3mal das Subjekt des Verbs ποιέω mit der Bedeutung „tun", „machen" bzw. „handeln" (VV. 2c.6d.14b). Damit werden die Leser für sein „Tun" sensibilisiert. Demgegenüber läßt sich feststellen, daß das einzige Handeln, das Jesus in VV. 1-15 verwirklicht, sich auf V. 11 beschränkt (abgesehen von seinen Bewegungen, Wahrnehmungen und vergangenen Zeichen an den Kranken). Die Verbindung zwischen dem Verb ποιέω in VV. 1-15 und dem Tun Jesu in V. 11 zeigt das folgende Schema:

44 Siehe oben 1.2.

45 Treffend bemerkt D. A. CARSON, Joh 270: „Jesus ‚blesses' God, i.e. he thanks God; he does not ‚bless' the food."

46 In F. BLASS/A. DEBRUNNER/F. REHKOPF, Grammatik § 339, wird u.a. geschrieben: „Da das die Vollendung ausdrückende Ptz.Aor. meistens vor dem Verb.fin. steht, verbindet sich mit dem Ptz.Aor. bis zu einem gewissen Grad auch die Bedeutung der relativen Vergangenheit (vorzeitig im Verhältnis zum übergeordneten Verb.fin.) ... Doch haftet diese Bedeutung der relativen Vergangenheit keinesfalls notwendig dem Ptz.Aor. an; es fehlt dem Ptz.Aor. das Moment der relativen Zeit, wenn seine Handlung mit der des aoristischen Verb.fin. identisch ist (Koinzidenz beider Verbalinhalte), sowohl vorgestellt, als auch nachgestellt."

47 M. HASITSCHKA, Christologie 32. Ähnlich schreibt B. SCHWANK, Joh 198: „Nur nach dem Johannesevangelium teilt Christus selbst die Speisen aus. So werden wir hingewiesen auf den engen Zusammenhang, der zwischen dem Herrn und der geheimnisvollen Speise besteht, die er gibt."

Die Menge sah die Zeichen, die Jesus an den krank Seienden tat (ποιέω). (V. 2)

Jesus wußte, was er tun (ποιέω) wollte. (V. 6)

↓

„Nun *nahm* (λαμβάνω) Jesus die Brote
und *Dank gesagt habend* (εὐχαριστέω)
*verteilte* (διαδίδωμι) er den Liegenden.“ (V. 11)

↓

Die Menschen haben gesehen, welches Zeichen er getan hatte (ποιέω). (V. 14)

ABBILDUNG 5

Einige Bemerkungen zu diesem Schema:
(1) Die Initiative für das Tun kommt von Jesus allein. Nur er weiß, was er tun will (vgl. V. 6c-d). Das Wissen Jesu über sein Tun bleibt am Anfang den Jüngern verborgen und rätselhaft. Sie selbst bleiben gegenüber der Situation ratlos und wissen nicht, was er tun wird.
(2) Was Jesus tun wollte in V. 6d, verwirklicht er in V. 11 mit den fünf Broten und zwei Fischen. Das einzige Handeln Jesu in dieser Perikope wird durch die Verben λαμβάνω, εὐχαριστέω und διαδίδωμι markiert.
(3) Was Jesus in V. 11 tut (ποιέω), wird in V. 14b Zeichen genannt (vgl. V. 2b).

*5. Teil: VV. 12-13: Jesus und seine Jünger*
Nach dem Zeichen ergeht in V. 12c-d der Befehl Jesu als direkte Rede an seine Jünger: „Sammelt die übriggebliebenen Brocken, damit nichts verlorengeht!“ Die Jünger die beim Geschehen des Zeichens in V. 11 im Hintergrund stehen bzw. vom Erzähler nicht mehr erwähnt werden, bekommen jetzt unmittelbar von Jesus die Aufgabe, die Brokken zu sammeln.[48] Von den Fischen ist hier wie in V. 11d nicht mehr die Rede. Es ist wichtig für Jesus, daß nichts „verlorengeht“ (ἀπόλλυμι). Das Verb ἀπόλλυμι kommt im Joh-Ev 10mal vor. Es bezieht sich auf die Sachen (die Brocken in Joh 6,12 und die Speise in Joh 6,27), vor allem aber auf die Menschen und ihr Leben (Joh 6,39; 10,10; 10,28; 11,50; 12,25; 17,12; 18,9). Dieses Verb und seine Zusammenhänge sind für das Verständnis der joh. Soteriologie von Bedeutung.

[48] Hinsichtlich dieser Aufgabe erkennt B. SCHWANK, Joh 199, folgenden Zusammenhang: „Das Werk Jesu, zu sammeln ‚in Eines‘ muß von ihnen [den Jüngern] nach seiner Rückkehr zum Vater weitergeführt werden bis zum großen endzeitlichen Einholen.“

Die Jünger führen den Auftrag Jesu sofort aus. Das Ergebnis ihrer Sammlung in V. 13b sind die zwölf mit den Brocken gefüllten Körbe.[49] Die Gerstenbrote werden quantitativ und qualitativ verändert. Das billige Gerstenbrot wird verwandelt, denn es bleiben am Ende kostbare Brotstücke übrig. Die „zwölf" (δώδεκα) Körbe weisen auf den Überfluß der Gabe Jesu hin. Zwei Aspekte kennzeichnen gleichzeitig die Gabe Jesu: Sie wird einerseits in Fülle gegeben, anderseits geht nichts davon verloren.[50]

*6. Teil: VV. 14-15: Jesus und die Menge*

In V. 14 wird die Reaktion der Menge bzw. der Menschen auf das „Zeichen" (σημεῖον) Jesu geschildert. Es kommt zu einem für das Joh-Ev bezeichnenden Mißverständnis: „Die Leute verstehen die Wunder nicht als Zeichen, die auf geistige Wahrheiten hinweisen wollen."[51] Sie erkennen Jesus als „Prophet" (προφήτης), der in die Welt kommt.[52] Hier geschieht eine Berührung mit Dtn 18,15-18.[53] Deshalb möchten sie ihn zum „König" (βασιλεύς) machen. Nach ihrer irdisch-politischen Logik möchten sie diesem Propheten die königliche Würde erweisen. Die Bezeichnung Jesu als „König" ist auch ein wichtiges und problematisches Thema des Passionsberichtes im Joh-Ev.

Jesus bemerkt in V. 15a die Absicht der Menschen. Er reagiert mit seinem Rückzug auf den Berg, denn sein Zeichen hat eine andere Absicht als eine irdisch-politische. Er entzieht sich dem Volk, das ihn ergreifen und zum König (vgl. Joh 1,49; 12,13-15) machen will. B.

[49] Nach W. BAUER, Wörterbuch 909, ist der κόφινος „der große, feste Korb, der Tragkorb".

[50] Gegen M. LABAHN, Offenbarung 25, der nur den ersten Aspekt als beabsichtigt erkennt: „Es geht nicht darum, daß nichts umkomme, sondern um die augenfällige Steigerung des Sättigungswunders."

[51] B. SCHWANK, Joh 201.

[52] Im Joh-Ev erkennen die Menschen Jesus oder lehnen ihn als „Prophet" (προφήτης) ab. Als Prophet wird Jesus einerseits bekannt: von der Samariterin (Joh 4,19), von einigen aus der Volksmenge (Joh 7,40), vom Blindgeborenen nach der Heilung (Joh 9,17) und auch von sich selbst (Joh 4,44). Anderseits wird er aber als „Prophet" nicht angenommen: von den Pharisäern (Joh 7,52) und von den Juden (Joh 8,52).

[53] Eine genaue Analyse und Lösungsversuche der Beziehung von Joh 6,14 zu Dtn 18,15-18 siehe in M. LABAHN, Offenbarung 100-107. Er kommt zum Ergebnis, daß Jesus einerseits „wie der Prophet von Dtn 18,15-18 ein Lehrer des Gotteswillens ist" (ebd. 107), andererseits wird „der Prophetentitel im Joh-Ev umkodiert" (ebd. 107). Die Begründung bezüglich der Umkodierung bei Jesus verbindet M. Labahn mit der Lebensthematik und ihrer Vermittlungsweise: „Doch ist der sich in Gottes Willen zeigende Wille zum Leben der Menschen nicht mit der eschatologischen Offenlegung der aktuellen Bedeutung der Tora gegeben, sondern mit der Lehre, die Jesus von Gott her über seine eschatologische Rolle vermittelt: er, Jesus, ist Gottes Gabe zum Leben; an ihn glauben, heißt von Gott her Leben zu haben" (ebd. 107).

Schwank interpretiert treffend, daß der Autor des Joh-Ev die Leser daran erinnert, „daß man sich den göttlichen Logos nie selbst nehmen kann. Wir können Gott nie in den Griff bekommen. Gott muß sich uns schenken, und wir können seine Gabe, seinen Sohn, nur dankbar annehmen, aufnehmen, empfangen."[54]

Obwohl Jesus, „er allein", sich auf den Berg zurückzieht, ist er tatsächlich nie ganz allein (vgl. Joh 8,16.29). „In den Abschiedsreden kündigt er an, alle würden zersprengt werden und ihn scheinbar allein lassen; ‚aber ich bin nicht allein' (16,32). Das Geheimnis der Einsamkeit Jesu besteht also in seiner Lebensgemeinschaft mit dem Vater."[55]

Das Geheimnis der Person Jesu bleibt und ist nach dem Zeichen der wunderbaren Speisung und dem Zurückziehen Jesu für die Menschen noch rätselhafter als zuvor.[56] Die Spannung, die sich hier am Ende des ersten Hauptteiles von Joh 6 noch vergrößert, findet ihre Lösung erst im Gespräch mit Jesus im vierten Hauptteil des sechsten Kapitels.[57]

### *1.4 Vergleich mit den synoptischen Berichten*

Die wunderbare Speisung der Volksmenge ist das einzige Zeichen bzw. Wunder Jesu, wovon alle vier Evangelien berichten.[58] Das Mk-Ev und

[54] B. SCHWANK, Joh 201.

[55] B. SCHWANK, Joh 202. Ähnlich schreibt auch U. WILCKENS, Joh 97: „Auf diesem Berg ist Jesus als der Sohn mit dem Vater allein, mit dem er eines ist (10,30). Wie von der Einheit mit dem Vater dieses Mahlwunder ausgegangen ist, so geht von ihr alles aus, was Jesus als der vom Vater gesandte Sohn tut (vgl. 6,38)." Vgl. J. P. HEIL, Walking 75; demgegenüber kritisch M. LABAHN, Offenbarung 28.

[56] Diesbezüglich schreibt CH. K. BARRETT, Joh 290: „Ob man annehmen sollte, Joh verteidige das mosaisch-prophetische Verständnis der Messianität gegenüber dem königlich politischen Verständnis, das durch V. 15 nahegelegt wird, ist zweifelhaft. Beide sind seinen christologischen Absichten nicht angemessen, obwohl beide, sowohl positiv als auch negativ, etwas dazu beitragen."

[57] In diesem Sinn schreibt M. LABAHN, Offenbarung 27, treffend: „Doch Jesus wird das sehbare Zeichen durch eine kommunikative Aktion ergänzen und sich dem Volk auch im Wort offenbaren und so das Zeichen in seinem Bezug auf sein eigenes Wesen und seine Sendung vom Vater her erläutern." Zu einem ähnlichen Ergebnis kommen F. SCHNIDER/W. STENGER, Johannes 150-154, der die Bewegungen Jesu und die der Menge in VV. 1-15 analysiert und bemerkt, daß sie am Ende zu ihrem Ausgangspunkt zurückkehren und damit die Erwartungen an Jesus noch unerfüllt bleiben.

[58] Zum Vergleich des joh. Berichtes über die wunderbare Speisung mit den synoptischen Berichten siehe u.a. M. LABAHN, Offenbarung 247-271; F. SCHNIDER/W. STENGER, Johannes 141-154; B. SCHWANK, Joh 195f; R. SCHNACKENBURG, Joh II 28-30; P. N. ANDERSON, Christology 170-193; H. WEDER, Menschwerdung 367f; D. A. CARSON, Joh 267.272f; CH. K. BARRETT, Joh 285. In der Literatur wird häufig behauptet, daß der

das Mt-Ev erzählen nicht nur über die Speisung der Fünftausend, sondern auch über die Speisung der Viertausend. Die Berichte umfassen folgende Perikopen:[59]

| | | | | |
|---|---|---|---|---|
| SPEISUNG DER 5000 | Mt 14,13-21 | Mk 6,31-44 | Lk 9,10-17 | Joh 6,1-15 |
| SPEISUNG DER 4000 | Mt 15,32-39 | Mk 8,1-10 | | |

TABELLE 2

*a) Die Schilderung der Situation auf dem KN 2*

*Ortsangaben*: Nur das Joh-Ev erwähnt am Anfang des Berichtes ausdrücklich „den See Galiläas von Tiberias" (ἡ θάλασσα τῆς Γαλιλαίας τῆς Τιβεριάδος). Das Wort das „Boot" (πλοῖον) in Mk 6,32 und Mt 14,13 läßt auf den See hinweisen. Nur nach dem joh. Bericht geht Jesus „auf die andere Seite" (πέραν) des Sees und auf den „Berg" (ὄρος) hinauf. Nach dem Mk-Ev und nach dem Mt-Ev ist das Ziel der Fahrt mit dem Boot „ein einsamer Ort" (ἔρημος τόπος). Nur zwei Berichte erwähnen, daß die Menschen Jesus zu Fuß „aus den Städten" (ἀπὸ τῶν πόλεων) in Mt 14,13 bzw. „aus allen Städten" (ἀπὸ πασῶν τῶν πόλεων) in Mk 6,33 folgen. Das Lk-Ev berichtet weder vom See noch von der Fahrt mit dem Boot. Das Ziel des Zurückziehens ist die Stadt „Betsaida" (Βηθσαϊδά) in Lk 9,10 und dort „ein einsamer Ort" (ἔρημος τόπος) in Lk 9,13.[60]

*Zeitangaben*: Nur im Joh-Ev kommt eine genaue Zeitangabe „nahe das Pascha" (ἐγγὺς τὸ πάσχα) und ihre Deutung „das Fest der Juden" (ἡ ἑορτὴ τῶν Ἰουδαίων) vor.

*Personenangaben*:
*Die Jünger Jesu*: Im Unterschied zum Joh-Ev kommt die wunderbare Speisung der 5000 bei allen drei synoptischen Evangelien als unmittelbarer Anschluß an die Rückkehr der Jünger bzw. der Apostel zu Jesus vor. Sie geben durch ihren Bericht Anlaß zum Zurückziehen an einen einsamen Ort bzw. nach Betsaida.

mk. Bericht als Unterlage für den joh. Bericht dient. Dagegen spricht zutreffend die Bemerkung von B. SCHWANK, Joh 196: „Doch wer diese Texte vergleicht, wird leicht feststellen, daß unser Verfasser nicht einfach den Markus-Bericht ausschreibt. Zu einer zweifellos vorhandenen Abhängigkeit von Markus, dessen schriftliches Evangelium unserem Autor wenigstens mittelbar bekannt war, kommt eine selbständige Gestaltung hinzu, die überdies auf noch anderes Überlieferungsmaterial schließen läßt." Aus Gemeinsamkeiten, aber auch aus Unterschieden kann man vermuten, daß der Verfasser des Joh-Ev wenigstens mit der mündlichen Tradition des Mk-Ev vertraut war. Vgl. P. N. ANDERSON, Sitz 8-11.

[59] Siehe K. ALAND (Hg.), Synopsis 205-209.

[60] Vgl. M. LABAHN, Offenbarung 114; R. SCHNACKENBURG, Joh II 28.

Der Bericht über die Taten und Lehrtätigkeit der Jünger ist nach dem Mk-Ev und nach dem Lk-Ev in Zusammenhang mit der Jüngeraussendung (Mk 6,6-13; Lk 9,1-6) zu verstehen. Nach dem Mt-Ev bezieht sich der Bericht eher unmittelbar auf den Tod Johannes des Täufers.

Unabhängig davon ist deutlich, daß die Worte der Jünger bei allen drei Synoptikern das Handeln Jesu beeinflussen.

*Jesus*: Im Unterschied zum Joh-Ev ist Jesus in den synoptischen Evangelien zuerst als Zuhörender auf den Bericht der Jünger und als darauf Reagierender vorgestellt.

Nach Mt 14,13 zieht sich Jesus allein an einen einsamen Ort zurück. Die Jünger werden dabei nicht erwähnt. Nach Mk 6,31 ergeht das Wort Jesu (als direkte Rede) an die Jünger, um an einen einsamen Ort zu gehen und dort auszuruhen. Jesus zeigt zuerst Verständnis für die Jünger und die Notwendigkeit des sich Zurückziehens während der Zeit ihrer Tätigkeit in der Öffentlichkeit. Nach zwei Berichten (Mk und Lk) zieht sich Jesus zusammen mit den Jüngern zurück.

Ebenso wie im Joh-Ev hat Jesus auch in den synoptischen Evangelien eine große anziehende Kraft für die Menschen. Er bringt sie in Bewegung, so daß eine große Menge ihm folgt.

*Die Menge*: Die Menschen zeigen großes Interesse für Jesus, aber im Unterschied zum joh. Bericht auch für seine Jünger. Aus den Städten folgt das Volk zu Fuß Jesus (Mt 14,13; Lk 9,11) bzw. auch seinen Jüngern (Mk 6,33).

*b) Jesus und die Menge*

Nach seinem Ausstieg aus dem Boot, sieht Jesus eine große Menge (Mt 14,14; Mk 6,34). Das Mk-Ev und das Mt-Ev berichten, daß Jesus in dieser Situation von Mitleid ergriffen wird. In Mk 6,34 ist der Grund für das Mitleid die innere Unheilssituation des Volkes (Schafe ohne Hirt)[61] und in Mk 8,2 die konkrete Notlage.[62] Im Unterschied zum Joh-Ev beginnt Jesus nach den synoptischen Evangelien mit seiner Heilungs- (Mt 14,14; Lk 9,11) und Lehrtätigkeit (Mk 6,34; Lk 9,11).

*c) Jesus und seine Jünger*

Mit der Zeitangabe (Mt 14,15; Mk 6,35; Lk 9,12), die sich auf den bereits begonnenen Abend bezieht, beginnt bei allen drei Synoptikern

[61] Vgl. Num 27,17; 1 Kön 22,17; Jdt 11,19; Ez 34,5; Sach 13,7.

[62] Vgl. F. SCHNIDER/W. STENGER, Johannes 144; M. LABAHN, Offenbarung 114f.252; R. SCHNACKENBURG, Joh II 32; M. HASITSCHKA, Christologie des Markusevangeliums 31; J. GNILKA, Mt II 6; U. LUZ, Mt II 400; R. PESCH, Mk I 350; W. WIEFEL, Mt 273.

ein neuer Abschnitt. Im Gegenteil zum joh. Bericht ergreifen bei den Synoptikern die Jünger selbst die Initiative und machen Jesus auf das Bedürfnis der Menge nach Nahrung aufmerksam (auf dem KN 1).[63] Sie schlagen ihm vor, daß die Leute in die Dörfer gehen sollen, um sich dort mit Nahrung zu versorgen. Keiner der Jünger wird namentlich erwähnt wie im joh. Bericht.

Jesus antwortet ihnen mit der Aufforderung: „Gebt ihr ihnen zu essen!" (Mt 14,16; Mk 6,37; Lk 9,13). Ähnlich wie die Frage Jesu an Philippus in Joh 6,5e-f weckt diese Aufforderung die Erkenntnis der Jünger, daß die verfügbaren Mittel nicht ausreichen.[64] Fünf „Brote" (ἄρτος) und zwei „Fische" (ἰχθύς) werden bei allen drei Synoptikern als vorhandene Nahrung erwähnt (Mt 14,17; Mk 6,38; Lk 9,13).[65] Nur der joh. Bericht verwendet die beiden anderen Worte aus dem gleichen Wortfeld: „Gerstenbrote" (ἄρτος κρίθινος) und „Fisch" (ὀψάριον). Diese besitzt ein Kind und nicht die Jünger wie in den synoptischen Berichten.

Es folgt die Aufforderung Jesu an die Jünger (Mt 14,18), ihm die fünf Brote und zwei Fische zu bringen. Danach befiehlt er ihnen (Mk 6,39; Lk 9,14), sie sollen die Leute auf dem Gras lagern lassen. Die Zahl der Männer (5000) wird in Lk 9,14 und in Joh 6,10e angegeben, noch bevor das Wunder geschieht. In Mt 14,21 und in Mk 6,44 kommt sie nachher vor.

*d) Das Handeln Jesu*

Das eigentliche Geschehen des Zeichens bzw. des Wunders wird auch in den synoptischen Berichten nur innerhalb eines einzigen Verses durch das Handeln Jesu geschildert.[66] Das gilt sowohl für die Speisung der Fünftausend als auch für die Speisung der Viertausend, wie das folgende Schema zeigt:

[63] Vgl. J. GNILKA, Mt II 8; H. FRANKEMÖLLE, Mt II 195.

[64] Vgl. M. LABAHN, Offenbarung 247.

[65] Vgl. R. SCHNACKENBURG, Joh II 28; M. LABAHN, Offenbarung 248.

[66] Mit Recht erkennt M. LABAHN, Offenbarung 23, hier eine Zeitraffung in der Erzählung. In diesem Sinn schreibt mehrmals R. PESCH, Mk I 352f, von einem unauffälligen Vollzug des Wunders.

| | SPEISUNG DER 5000 | SPEISUNG DER 4000 |
|---|---|---|
| MT | 14,19<br>λαβὼν τοὺς πέντε ἄρτους<br>καὶ τοὺς δύο ἰχθύας,<br>ἀναβλέψας εἰς τὸν οὐρανὸν<br>εὐλόγησεν<br>καὶ κλάσας<br>ἔδωκεν τοῖς μαθηταῖς τοὺς ἄρτους,<br>οἱ δὲ μαθηταὶ τοῖς ὄχλοις. | 15,36<br>ἔλαβεν τοὺς ἑπτὰ ἄρτους<br>καὶ τοὺς ἰχθύας<br><br>καὶ εὐχαριστήσας<br>ἔκλασεν<br>καὶ ἐδίδου τοῖς μαθηταῖς,<br>οἱ δὲ μαθηταὶ τοῖς ὄχλοις. |
| MK | 6,41<br>καὶ λαβὼν τοὺς πέντε ἄρτους<br>καὶ τοὺς δύο ἰχθύας<br>ἀναβλέψας εἰς τὸν οὐρανὸν<br>εὐλόγησεν<br>καὶ κατέκλασεν τοὺς ἄρτους<br>καὶ ἐδίδου τοῖς μαθηταῖς [αὐτοῦ]<br>ἵνα παρατιθῶσιν αὐτοῖς,<br>καὶ τοὺς δύο ἰχθύας ἐμέρισεν πᾶσιν. | 8,6<br>καὶ λαβὼν τοὺς ἑπτὰ ἄρτους<br><br><br>εὐχαριστήσας<br>ἔκλασεν<br>καὶ ἐδίδου τοῖς μαθηταῖς αὐτοῦ<br>ἵνα παρατιθῶσιν,<br>καὶ παρέθηκαν τῷ ὄχλῳ. |
| LK | 9,16<br>λαβὼν δὲ τοὺς πέντε ἄρτους<br>καὶ τοὺς δύο ἰχθύας<br>ἀναβλέψας εἰς τὸν οὐρανὸν<br>εὐλόγησεν αὐτοὺς<br>καὶ κατέκλασεν<br>καὶ ἐδίδου τοῖς μαθηταῖς<br>παραθεῖναι τῷ ὄχλῳ | |
| JOH | 6,11<br>ἔλαβεν οὖν τοὺς ἄρτους ὁ Ἰησοῦς<br>καὶ εὐχαριστήσας<br>διέδωκεν τοῖς ἀνακειμένοις<br>ὁμοίως καὶ ἐκ τῶν ὀψαρίων<br>ὅσον ἤθελον. | |

TABELLE 3

Einige Bemerkungen zu diesem Schema:

- Zwischen den oben angegebenen Versen besteht eine große Übereinstimmung.[67]
- Jesus steht als handelndes Subjekt ganz im Vordergrund. Darauf weisen die oben unterstrichenen Verben hin, die sich auf ihn beziehen.[68]

[67] Treffend stellt M. LABAHN, Offenbarung 248, fest, daß diese Verse die größte Übereinstimmung in der synoptischen Überlieferung der Speisung zeigen und daß sich dennoch die Konvergenzen unter ihnen und zu Joh 6,11 finden lassen.

[68] Vgl. R. PESCH, Mk I 352f; U. LUZ, Mt II 401.

- Die Zahl dieser Verben ist unterschiedlich: 3 Verben in Joh 6,11; 5 Verben in Mt 14,19; Mk 6,41 und Lk 9,16; 4 Verben in Mt 15,36 und Mk 8,6.
- Diese Verben lassen sich semantisch auf die drei Wortfelder aufteilen:

| | 1.WORTFELD | 2.WORTFELD | 3. WORTFELD |
|---|---|---|---|
| Joh 6,11 | λαμβάνω | εὐχαριστέω | διαδίδωμι |
| Mt 14,19; Mk 6,41; Lk 9,16 | λαμβάνω | ἀναβλέπω (εἰς τὸν οὐρανὸν) εὐλογέω | κλάω κατακλάω δίδωμι |
| Mt 15,36; Mk 8,6 | λαμβάνω | εὐχαριστέω | κλάω δίδωμι |

TABELLE 4

- Bei der Speisung der Fünftausend verwenden alle drei Synoptiker dieselben fünf Verben: „nehmen" (λαμβάνω), „aufblicken" (ἀναβλέπω [εἰς τὸν οὐρανὸν]), „segnen" (εὐλογέω), „brechen" (κλάω) und „geben" (δίδωμι). An dieser Stelle sind ihre Verbformen meistens Aorist Indikativ und Aorist Partizip. Eine kleine Abweichung von dieser Übereinstimmung besteht im mk. und im lk. Bericht wegen der Verwendung von κατακλάω statt κλάω.
- Im 1. Wortfeld gibt es eine große Übereinstimmung. Der Unterschied besteht darin, daß Jesus nach den Synoptikern die Brote und die Fische von den Jüngern und nach dem joh. Bericht von einem Kind nimmt. Ein Unterschied ist auch im 3. Wortfeld bedeutsam. Nach dem joh. Bericht verteilt Jesus selber die Brote und die Fische an die Menschen, nach den Synoptikern gibt er sie seinen Jüngern und diese verteilen sie an die Menschen.[69]
- Im 3. Wortfeld fällt auf, daß die Synoptiker nicht das Verb „verteilen" (διαδίδωμι) wie im Joh-Ev, sondern die Verben „brechen" (κλάω) und „geben" (δίδωμι) verwenden. Möchte der Autor des Joh-Ev mit dem Kompositum διαδίδωμι ausdrücken, was die Synoptiker mit den beiden Verben (κλάω und δίδωμι) sagen? Diese Frage läßt sich nur hypothetisch stellen und bleibt daher offen.
- Das 2. Wortfeld zeigt deutlich, daß die Synoptiker bei der Speisung der Viertausend die Verben ἀναβλέπω (εἰς τὸν οὐρανὸν) und εὐλογέω nicht mehr verwenden. Statt dessen erscheint das Verb εὐχαριστέω so wie im joh. Bericht.[70] Sowohl ἀναβλέπω (εἰς τὸν οὐρανὸν) und εὐ-

[69] R. SCHNACKENBURG, Joh II 23, sieht darin im joh. Bericht eine bewußte theologische Akzentuierung, nämlich „die christologische Tendenz, Jesus als den Spender der Gaben hervorzuheben".

[70] Vgl. M. LABAHN, Offenbarung 248.

λογέω zusammen als auch εὐχαριστέω zeigen, daß Jesus sich an den Vater wendet, und daß aus dieser einmaligen Beziehung das Geschehen des Zeichens bzw. des Wunders zu verstehen ist.

*e) Die Fülle der Gabe*

Das Zeichen bzw. das Wunder Jesu wird durch die Fülle der Gabe bestätigt. Davon sprechen alle drei Synoptiker. Dabei sind folgende drei Angaben relevant: Erstens werden alle Menschen satt. Zweitens werden die zwölf Körbe mit den Brocken gefüllt.[71] Nach Mk 6,43 wird nach der Speisung auch das von den Fischen Übriggebliebene gesammelt. Diejenigen, welche die Reststücke aufheben, werden bei den Synoptikern nicht ausdrücklich genannt. Ob sie Menschen aus der Menge oder die Jünger sind, bleibt offen. Drittens zählt die Menge fünftausend Männer, ohne Frauen und Kinder.[72]

Hier schließen die Synoptiker ihren Bericht ab. Im Unterschied zum joh. Bericht werden die genauen Reaktionen der Menschen und darauf folgende Reaktionen Jesu[73] nicht geschildert.

*Ergebnisse*

Die Struktur bzw. der Grundriß des Berichtes ist im Joh-Ev und in den synoptischen Evangelien sehr ähnlich.

Im Unterschied zu den Synoptikern erweist sich der joh. Erzähler (KN 2) genauer in der Beschreibung und in der Auslegung der Situation, des Geschehens und der folgenden Reaktionen.

Nur bei den Synoptikern wird Jesus durch sein Mitleid mit dem Volk und die daraus folgende Heilungs- und Lehrtätigkeit gekennzeichnet.

Die Initiative für die Versorgung des Volkes mit Nahrung geht nach den Synoptikern auf dem KN 1 von den Jüngern Jesu aus, nach dem joh. Bericht von Jesus selbst. Nach den Synoptikern sind die Jünger bei der Speisung selbst die Mittler zwischen Jesus und dem Volk, nach dem joh. Bericht ist es nicht so, denn Jesus selbst wendet sich direkt an das Volk und verteilt die Speise.[74]

Das eigentliche Geschehen des Zeichens bzw. des Wunders Jesu wird mit einigen großen Übereinstimmungen zwischen dem joh. Be-

71 Vgl. R. SCHNACKENBURG, Joh II 28; M. LABAHN, Offenbarung 248.

72 Vgl. U. LUZ, Mt II 402; W. WIEFEL, Mt 274.

73 P. BORGEN, John 69, schreibt: „The brief subsequent section, Jn 6.14-15, has no parallel in the Synoptic Gospels. These verses show the effect which the event had on the crowd, and how Jesus reacted to the crowd's understanding and action.“

74 Nach CH. WELCK, Zeichen 158 entspricht Joh 6,1-15 deutlich „der johanneischen Konzentration aller relevanten Handlung auf den Wundertäter“.

richt und den synoptischen Berichten auf dem KN 2 geschildert. Das zentrale Wortfeld (ἀναβλέπω + εὐλογέω bzw. εὐχαριστέω) weist darauf hin, daß Jesus sich ganz an den Vater wendet, und daß aus dieser einmaligen Beziehung das Geschehen des Zeichens bzw. des Wunders zu verstehen ist.

### *1.5 Vergleich mit 2 Kön 4,42-44*

Das Motiv der wunderbaren Speisung ist keine absolute Neuigkeit in der Bibel. Bereits das AT ist mit ihm gut vertraut. Eine besondere Nähe zu Joh 6,1-15 zeigt 2 Kön 4,42-44. Daneben gibt es aber noch andere Texte, die dieses Motiv enthalten. Ex 16 und Num 11 berichten von der Speisung des Volkes mit dem Manna in der Wüste. Gott versorgt auf diese wunderbare Weise sein Volk vierzig Jahre lang bis zur Ankunft ins Land Kanaan (vgl. Ex 16,35; Jos 5,12). Auf die Bedeutsamkeit dieses Themas weisen auch seine Aufnahmen in anderen atl. Texten hin, wie in Dtn 8,3.16; Neh 5,20; Ps 78,24; 105,40. Das Motiv der wunderbaren Speisung erscheint weiter im Zusammenhang mit Elija und Elischa. In 1 Kön 17,2-6 wird Elija entsprechend dem Wort des Herrn auf wunderbare Weise durch die Raben am Bach Kerit gespeist. Anschließend in 1 Kön 17,7-16 versorgt er die Witwe und ihren Sohn in Sarepta mit Mehl und Öl. Das geschieht nach dem Wort des Herrn, das der Herr durch Elija geredet hat. Auch Elischa versorgt eine Witwe und ihre beiden Söhne auf wunderbare Weise mit Öl nach 2 Kön 4,1-7. Durch seinen Verkauf kann sie ihre Schulden bezahlen und durch seinen Rest können sie und ihre beide Söhne leben.

2 Kön 4 umfaßt vier Erzählungen (VV. 1-7.8-37.38-41.42-44), wo Elischa in lebensbedrohenden Notsituationen oder sogar in der Situation des Todes zum Leben verhilft.[75] Für Joh 6,1-15 hat vor allem die letzte Erzählung in 2 Kön 4,42-44 besondere Relevanz. Nach beiden Texten wird eine große Anzahl von Personen, die selbst nur über unzureichende Nahrungsmittel verfügen, so gespeist, daß noch Nahrung übrig bleibt. 2 Kön 4,42-44 (LXX) umfaßt mit seinen 58 Worten innerhalb der drei Verse nicht ein Viertel der Textlänge von Joh 6,1-15. Schon aus diesem Grund kann man zahlreiche Unterschiede zwischen beiden Texten vermuten. Unterschiedlich ist auch das Verhältnis zwischen der verfügbaren Nahrung und der Größe der Menge. Nach 2 Kön 4,42f gibt es 20 Gerstenbrote für die Menge von 100 Männern,

[75] Das Lebensmotiv und die Bewegung vom (nahestehenden) Tod zum Leben werden in 2 Kön 4 auch von T. R. HOBBS, 2 Kön 49, unterstrichen.

nach Joh 6,9b.10e nur 5 Brote für die Menge von 5000 Männern. Unter diesem Gesichtspunkt überbietet das Ausmaß der wunderbaren Speisung in Joh 6,1-15 deutlich dasjenige in 2 Kön 4,42-44. Zugleich sind aber auch die Gemeinsamkeiten beachtenswert. Das Wort für das verfügbare Gerstenbrot ἄρτος κρίθινος (in MT: לֶחֶם שְׂעֹרִים) erscheint in beiden griech. Texten (LXX: 2 Kön 4,42; Joh 6,9b). Da dieser Begriff selten in der Bibel (nur noch in Ri 7,13) vorkommt, ist seine genaue Übereinstimmung auf der sprachlichen Ebene in beiden Texten umso bedeutsamer. Weiter sind in beiden Erzählungen sowohl gemeinsame strukturelle Elemente erkennbar als auch ihre Reihenfolge. Diese sind: Exposition – Vorbereitung – Durchführung – Demonstration – Reaktion.[76] Gemeinsam sind auch folgende Motive: die unzureichenden verfügbaren eigenen Mittel (2 Kön 4,42; Joh 6,7.9), das Gerstenbrot als verfügbares Mittel (2 Kön 4,42; Joh 6,9b), die Wahrnehmung und die Äußerung der Ohnmacht gegenüber dieser Situation (2 Kön 4,43; Joh 6,7.9), das Vertrauen auf das Wirken Gottes (das Vertrauen Elischas auf das Wort Gottes in 2 Kön 4,43 bzw. die Danksagung Jesu in Joh 6,11), die wunderbare Speisung zahlreicher Menschen (2 Kön 4,44; Joh 6,11f), die nach der Speisung übriggebliebene Nahrung (2 Kön 4,44; Joh 6,12f).[77] Diese Entsprechungen zeigen, daß die wunderbare Speisung nicht nur ein vergangenes Ereignis zur Zeit Elischas ist. Zur Zeit Jesu und durch seine Person geschieht dieses Zeichen erneut und sogar noch stärker. Die Menschen werden auf wunderbare Weise gespeist.

Wie das Wunder geschieht, wird nicht genauer geschildert. Die tragende Kraft wird in 2 Kön 4,42-44 dem Wort Gottes[78] zugeschrieben und dadurch Gott selbst. Elischa vertraut ganz dem Wort Gottes, er verkündet es und es geht in Erfüllung. Der joh. Bericht legt einen besonderen Nachdruck auf die Souveränität Jesu. Er selbst macht auf die Lage der Menschen aufmerksam. Er selbst weiß, was er tun will. Er

[76] Zur Struktur und zum Vergleich beider Texte siehe das Schema nach M. LABAHN, Offenbarung 169-172.

[77] Die Tatsache, daß nach Joh 6,13 die Jünger nach der Speisung mehr Brot (zwölf Körbe der Brocken) sammeln als vor der Speisung (fünf Gerstenbrote) vorhanden ist, ist ein deutlicher Hinweis auf die Brotvermehrung. Wieviel Brot nach der Speisung in 2 Kön 4,44 übrig bleibt, wird nicht angegeben. Deswegen bleibt es nach meiner Meinung offen, was hier die reichliche Speisung ermöglicht (die Quantität oder die Qualität oder beide). Demgegenüber vertreten einige Autoren eindeutig eine dieser Möglichkeiten. Nach G. HENTSCHEL, 2 Kön 22, und M. COGAN/H. TADMOR, 2 Kön 59, geht es um die Brotvermehrung. Nach M. LABAHN, Offenbarung 167, wird das Brot nicht vermehrt; entscheidend ist die Qualität.

[78] Die Bedeutung des Wortes Gottes unterstreicht B. O. LONG, 2 Kön 64, der in diesem Zusammenhang von „divine oracle" schreibt.

selbst verteilt das Brot und die Fische den Menschen. Seine Souveränität ist aber nicht getrennt von seiner Verbundenheit mit dem Vater zu sehen. Nachdem Jesus das Brot und die Fische nimmt und bevor er sie an die Menschen austeilt, dankt er dem Vater. Die Danksagung bzw. die Verbundenheit Jesu mit dem Vater steht fast unauffällig im Kern des joh. Berichtes. Sie ist Schlüssel für die Interpretation der Souveränität Jesu und auch des Zeichengeschehens.[79] In beiden Texten ist letztlich Gott derjenige, auf den das Geheimnis der reichlichen Speisung zurückgeht und der als erster die Menschen mit dem Leben im Überfluß beschenkt. Elischa ist das Werkzeug desselben Gottes, den Jesus durch seine Person offenbart und mit dem er in seinem souveränem Willen und Wirken einig und verbunden ist. Es ist der Gott, der die Menschen mit Speise bzw. mit Leben in Fülle reichlich beschenkt.

### *1.6 Zur Lebensthematik*

Bereits in den Situationsangaben am Anfang in V. 2a-c (auf dem KN 2) wird erwähnt, daß eine große Menge Jesus aufgrund seiner Zeichen an den Kranken folgt. Die Zeichen an den Kranken bzw. ihre Heilung zeigen, daß Jesus die Vollmacht hat, das Leben zu vermitteln.

Jesu Initiative zum Leben steht im joh. Bericht stark im Vordergrund. Die völlig mangelhafte Versorgung der Menge mit Nahrungsmitteln nimmt Jesus als erster wahr und er ergreift selber die Initiative (KN 1-2), sie auf wunderbare Weise zu versorgen (anders bei den synoptischen Parallelen).

Durch das Zeichen Jesu wird nicht nur das Leben im physischen Sinn den Menschen vermittelt. Es ist zugleich eine Offenbarung der Person Jesu und seiner Beziehung zum Vater. Dadurch ist es zur Vermittlung des Lebens im tieferen Sinn ausgerichtet, die aber die Menschen, wie ihre Reaktionen in VV. 14f zeigen, noch nicht begreifen. Auch die Souveränität Jesu und seine Vollmacht, das Leben zu vermitteln, ist ein Ausdruck seiner Beziehung zum Vater und ist ohne diese Beziehung nicht denkbar. Das bringt das Handeln Jesu in V. 11 (KN 2), das in V. 14b Zeichen genannt wird, deutlich zum Ausdruck. Neben dem Nehmen der Gerstenbrote bzw. der Fische und dem Verteilen an den Menschen gehört auch die Danksagung zu den wesentlichen Aspekten dieses Geschehens.

[79] Siehe die Ausführungen unter 1.2 und 1.3. Besonderen Nachdruck auf die Souveränität Jesu legt auch M. LABAHN, Offenbarung 176. Nach seiner Meinung zeigt sich darin, „wie sehr in ihm [Jesus] die Kraft Gottes präsent ist“.

Jesus offenbart durch sein Wirken die Vorstellung über seinen Vater, Gott, der den Menschen zuverlässig Speise und Leben im Überfluß auch auf wunderbare Weise schenken will. Das entspricht einer atl. Gottesvorstellung und überbietet sie zugleich, besonders jene in 2 Kön 4,42-44, wo das Wort Gottes bzw. dadurch Gott selber die verläßliche und ausschlaggebende Kraft und Quelle des Lebens ist. Dieser atl. Gott, der zum Leben verhilft und es schenkt, ist der Gott Jesu bzw. sein Vater.

Nur nach dem joh. Bericht verteilt Jesus selber die Brote und die Fische den Menschen, wieviel sie wollen. Dieses Geschehen weist darauf hin, daß das Leben von Jesus selbst jedem Menschen persönlich gegeben wird.

Die übriggebliebene Speise zeigt die Fülle der Gabe auf. Das ist ein Hinweis, daß das Leben auch im tieferen Sinn in Fülle gegeben wird.

## 2. VV. 16-21: JESU GANG UND OFFENBARUNG AUF DEM SEE

### *2.1 Übersetzung*

| | | |
|---|---|---|
| 16 | a | Als (es)[80] aber Abend wurde, |
| | b | stiegen seine Jünger hinab an den See |
| 17 | a | und eingestiegen in ein Boot |
| | b | fuhren[81] sie auf die andere Seite[82] des Sees nach Kafarnaum. |
| | c | Und Finsternis war schon geworden |
| | d | und Jesus war noch nicht zu ihnen gekommen, |
| 18 | a | und der See |
| | b | wegen eines stark wehenden Windes |
| | c | wurde aufgewühlt. |
| 19 | a | Gerudert habend nun etwa fünfundzwanzig oder dreißig Stadien |
| | b | sehen sie Jesus |
| | c | umhergehend auf dem See |
| | d | und nahe bei dem Boot sich befindend, |
| | e | und sie fürchteten sich. |
| 20 | a | Er aber sagt ihnen: |
| | b | „Ich bin (es); |
| | c | fürchtet euch nicht!“ |
| 21 | a | Nun wollten sie ihn in das Boot hineinnehmen, |
| | b | und sofort befand sich das Boot an dem Land, |
| | c | zu dem sie hinfuhren. |

### *2.2 Gliederung*

Der kurze zweite Hauptteil (VV. 16-21) läßt sich in vier Teile gliedern, wie das folgende Schema verdeutlicht:

1. Teil: VV. 16-18: Schilderung der Situation
2. Teil: V. 19: Das Kommen Jesu zu den Jüngern auf dem See ←
3. Teil: V. 20: Das ἐγώ εἰμι-Wort Jesu und sein Aufruf an die Jünger •
4. Teil: V. 21: Veränderte Situation ←

ABBILDUNG 6

[80] Im griech. Text fehlt beim Attribut ὀψία das zugehörige Substantiv. Das Attribut bekommt substantivische Geltung. Vgl. F. BLASS/A. DEBRUNNER/F. REHKOPF, Grammatik § 241,4.

[81] Aufgrund des Kontextes ist hier ἔρχομαι mit dem Verb „fahren“ zu übersetzen.

[82] Siehe die Übersetzung von πέραν in V. 1a in Teil III 1.1.

Der 1. Teil (VV. 16-18) enthält eine ausführliche Beschreibung der Situation der Jünger. Die Teile 2 – 4 (VV. 19-21) berichten in drei Schritten über das außergewöhnliche Erscheinen Jesu auf dem See. Diese sind: erstens Jesu Umhergehen auf dem See in V. 19; zweitens seine Worte in V. 20; drittens die veränderte Situation der Jünger in V. 21.

Auf der sprachlichen Ebene fällt der Gebrauch des Präsens historicum im 2. und 3. Teil (VV. 19f) und des Aorists im 1. und 4. Teil auf. Beim Präsens historicum handelt es sich „meistens um die Haupthandlung, während die näheren Umstände oder überhaupt das Nebensächliche in Zeitformen der Vergangenheit wiedergegeben werden und auch die schließlichen Ergebnisse wieder im Aor. stehen“[83]. Das gilt auch für den 1. Teil und für den 4. Teil, wo meistens Aorist verwendet wird. Der Wechsel von Tempora im zweiten Hauptteil ist ein sprachliches Mittel des Erzählers, mit dem er den Leser auf das Geschehen in VV. 19f aufmerksam macht und es dadurch als Haupthandlung markiert. Dabei liegt der besondere Nachdruck auf V. 20b-c, weil dort das einzige Mal in VV. 16-21 die direkte Personenrede vorkommt. Diese Worte Jesu (sein ἐγώ εἰμι-Wort und sein Aufruf an die Jünger, sich nicht zu fürchten) bilden den Höhepunkt bzw. die Klimax des zweiten Hauptteiles.

Beachtenswert sind auch die zwei Kontraste im Wortfeld, die das ἐγώ εἰμι-Wort Jesu und seinen ermunternden Aufruf an die Jünger in V. 20b-c umgeben. Der erste Kontrast: Vor V. 20b-c kommt das Wort „der See“ (ἡ θάλασσα) 4mal vor, nachher nicht mehr, vielmehr findet sich dort die gegenteilige Ortsangabe „das Land“ (ἡ γῆ).[84] Diesen ersten Kontrast zeigt das folgende Schema:

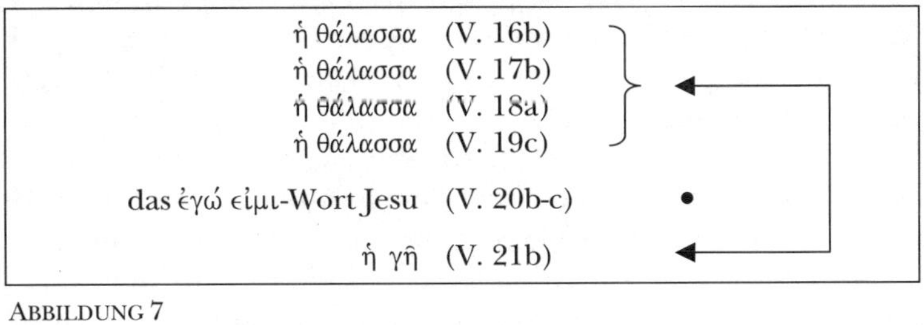


ABBILDUNG 7

[83] F. BLASS/A. DEBRUNNER/F. REHKOPF, Grammatik § 321,1.

[84] Dieser Kontrast bleibt in der Literatur meistens unberücksichtigt. Zum Teil bringt ihn P. F. ELLIS, Joh 109-111, zum Ausdruck: „John also balances the phrases ‚down to the sea‘ (epi tēn thalassan) in 6:16 and ‚at the land‘ (epi tēs gēs) in 6:21b. This parallelism is antithetic ... The journey that had begun on the one shore (v 16: epi tēn thalassan) ends up on the other shore (epi tēs gēs). It is a perfect inclusion-conclusion.“

Der zweite Kontrast: Vor V. 20 ist die furchterregende Situation am See ausführlich geschildert. Nach V. 20 verschwindet dieses Wortfeld, da auch die problematische Situation auf dem See gelöst ist.

der Abend (V. 16a)
die Finsternis (V. 17c)
das Noch-nicht-Kommen Jesu zu den Jüngern (V. 17d)
der stark wehende Wind (V. 18b)
der aufgewühlte See (V. 18ac)
die Furcht der Jünger (V. 19e)

„Ich bin (es); fürchtet euch nicht!" (V. 20b-c)

das Mitsein Jesu mit den Jüngern (V. 21a)
das sofortige Erreichen des Landes (d.h. des Zieles) (V. 21b-c)

ABBILDUNG 8

*Ergebnis*: Beide Kontraste, die V. 20 umgeben, zeigen, daß das ἐγώ εἰμι-Wort Jesu und sein ermunternder Aufruf an die Jünger (μὴ φοβεῖσθε) einen Wendepunkt in VV. 16-21 bilden.

### *2.3 Auslegung*

*1. Teil: VV. 16-18: Schilderung der Situation auf dem KN 2*
Mit der Zeitangabe „als es aber Abend wurde" beginnt im Anschluß an die wunderbare Speisung der Bericht über ein weiteres besonderes Ereignis in bezug auf Jesus, diesmal auf dem See. Die Menge ist nicht mehr dabei, sondern nur die Jünger Jesu. Die Leser werden zuerst in VV. 16-17b informiert, daß die Jünger Jesu am Abend an den See hinabsteigen, um mit dem Boot auf die andere Seite des Sees nach Kafarnaum zu fahren. Das Ziel ihrer Fahrt ist klar und auch geographisch bestimmt: Kafarnaum.

Der „Abend" (ὀψία) ist die Zeitangabe, die im Joh-Ev nur 2mal vorkommt, in Joh 6,16a und nach der Auferstehung Jesu in Joh 20,19. Die beiden Stellen mit ihrem Kontext haben noch weitere Gemeinsamkeiten: a) Die Jünger befinden sich zuerst allein ohne Jesus in einer furchterregenden schweren Situation. Diese Situation wird durch die übertragene Bedeutung der Zeitangabe „Abend" ausgedrückt. b) Jesus kommt zu den Jüngern auf eine übernatürliche Weise (umhergehend auf dem See in Joh 6,19c bzw. durch die verschlossene Türe in Joh 20,19). c) Jünger „sehen" Jesus (vgl. Joh 6,19b; Joh 20,20). d) Jesus spricht sie an. Die Worte Jesu sind die einzige direkte Rede in diesen beiden Begegnungen Jesu mit den Jüngern (vgl. Joh 6,20b-c; Joh

20,19.21-23). Jesus geht mit seinen Worten auf die Furcht der Jünger ein. In Joh 6,20c ermutigt er sie mit dem Aufruf, sich nicht zu fürchten, in Joh 20,19.21 mit den Worten: „Friede euch!“[85] e) Danach wird nicht mehr die Furcht der Jünger erwähnt, sondern ihre erwünschte Verbindung mit Jesus. Die Jünger wollen Jesus in das Boot hineinnehmen (Joh 6,21) bzw. sie freuen sich „sehend den Herrn“ (Joh 20,20).

In VV. 17c-18 tritt die Schwierigkeit der Situation auf dem See stark in den Vordergrund. Darauf verweisen folgende drei Elemente: a) Finsternis (V. 17c); b) die Abwesenheit Jesu (V. 17d); c) der wegen eines stark wehenden Windes aufgewühlte See[86] (V. 18). Mit Hilfe dieser drei Elemente läßt sich der Grund für die schwierige Situation der Jünger einerseits in den Naturereignissen und andererseits in der Abwesenheit Jesu erkennen.

Es folgen noch zwei Ausführungen zu den oben erwähnten Elementen:

(1) „Finsternis“ (σκοτία): Sie verstärkt noch einmal die Aussage von V. 16a, daß es „Abend wurde“, sowohl im eigentlichen als auch im übertragenen Sinn.[87] Die beiden Bezeichnungen dieser Situation „Abend“ in V. 16a und „Finsternis“ in V. 17c kommen in Verbindung mit dem Verb „werden“ (γίνομαι) vor:[88]

16 a Ὡς δὲ ὀψία *ἐγένετο*
b κατέβησαν οἱ μαθηταὶ αὐτοῦ ἐπὶ τὴν θάλασσαν
17 a καὶ ἐμβάντες εἰς πλοῖον
b ἤρχοντο πέραν τῆς θαλάσσης εἰς Καφαρναούμ.
c καὶ σκοτία ἤδη *ἐγεγόνει*
d καὶ οὔπω ἐληλύθει πρὸς αὐτοὺς ὁ Ἰησοῦς

85 M. HASITSCHKA, Passions- und Osterberichte 62f, schreibt: „Bei ‚Friede euch!‘ handelt es sich nicht um eine bloße Grußformel, sondern um die Gabe/das Geschenk jenes Friedens, der in den Abschiedsreden verheißen ist: 14,27 (‚mein‘ Friede) und 16,33 (Friede ‚in mir‘) ... Die Jünger, die den Herrn ‚sehen‘ und ‚Friede‘ erfahren sowie ‚Freude‘, sind in der Lage, einen Sendungsauftrag auszuführen.“

86 Das ist die einzige Stelle im Joh-Ev, an der der See nicht mit einer Präposition erscheint, sondern als passives Subjekt geschildert wird. Das für den „Wind“ verwendete griech. Wort ἄνεμος kommt nur hier im Joh-Ev vor. In Joh 3,8 wird der „Wind“ mit dem Wort πνεῦμα bezeichnet, das sonst im Joh-Ev ausschließlich für „den Geist“ gebraucht wird. Nur in Joh 3,8 und in Joh 6,18b kommt im Joh-Ev das Verb πνέω vor. Das Wehen des Windes kündigt nach U. SCHNELLE, Joh 119, „das pneumatische Kommen Jesu an: vorösterlich der Geistträger Jesus von Nazareth, nachösterlich der Auferstandene durch den Parakleten“.

87 Anders E. RUCKSTUHL, Speisung 2012, der σκοτία in V. 17c nur im eigentlichen Sinn versteht.

88 VV. 16f bilden ein kleines Rahmenstück. Vgl. E. RUCKSTUHL, Speisung 2012.

(2) Finsternis und die Abwesenheit Jesu: Was Finsternis im übertragenen Sinn für die Jünger bedeutet, drückt anschließend V. 17d aus: καὶ οὔπω ἐληλύθει πρὸς αὐτοὺς ὁ Ἰησοῦς.[89] Die Formulierung dieser ÄE ist aus zwei Gründen zu beachten. Erstens, weil dem Erzähler wichtig ist, die Abwesenheit Jesu ausdrücklich zu erwähnen, hebt diese Formulierung die Bedeutung der Person Jesu hervor. Zweitens: Sie läßt verstehen, daß das Kommen Jesu erwartet wird. Die tiefere Finsternis ist also als Abwesenheit Jesu bzw. das Noch-nicht-Kommen Jesu zu bezeichnen. Es gibt noch einige weitere Stellen im Joh-Ev, in denen von der Finsternis die Rede ist.[90] Ob sie ebenso wie V. 17c-d Finsternis auch mit der Abwesenheit Jesu verbinden, wird im folgenden zu beantworten versucht. Diese Stellen sind:

[89] In diesem Sinn schreibt CH. WELCK, Zeichen169: „Wohl werden die Jünger auch durch die äußeren Umstände – mitten auf dem See in Dunkelheit, Wind und Wellen ausgesetzt – bedrängt, doch im Grunde steht diese Situation unter dem tiefsinnigen Vorzeichen der σκοτία und der (Noch!-)Abwesenheit Jesu (V. 17b; beachte das οὔπω!)." Ähnlich schreibt auch L. SCHENKE, Joh 125. „Noch nicht" (οὔπω) ist ein joh. Stilmerkmal mit 11 Belegen im Joh-Ev: Joh 2,4; 3,24; 6,17; 7,6.8.30.39; 8,20.57; 11,30; 20,17. E. RUCKSTUHL/P. DSCHULNIGG, Stilkritik 133, schreiben: „2 mal findet sich im Joh die gleichlautende Formulierung ὅτι οὔπω ἐληλύθει ἡ ὥρα αὐτοῦ (7,30; 8,20); sie trifft sich sprachlich und sachlich beinahe mit οὔπω ἥκει ἡ ὥρα μου (2,4) und steht inhaltlich 7,6.8 nahe, wo mit καιρός formuliert wird. Alle diese Formulierungen finden sich im NT nur im Joh, ebenso das 4fache οὔπω ἐληλύθει (6,17; 7,30; 8,20; 11,30)." Mit οὔπω wird eine Spannung durch das ganze Joh-Ev zwischen der gegenwärtigen („noch nicht") Situation und der kommenden Situation (mit den erfüllten Erwartungen) ausgelöst. 9mal bezieht sich οὔπω auf die Person Jesu bzw. seine Zeit/seine Stunde, 1mal auf Johannes des Täufers und 1mal auf den Geist (πνεῦμα).

[90] In diesem Sinn schreibt B. SCHWANK, Joh 193: „Nie gibt das Wort ‚Finsternis' (skotía) bei Johannes nur die natürlichen Sichtverhältnisse an. An allen Stellen, an denen das Wort auftaucht (1,5; 6,17; 8,12; 12,35.46; 20,1), will es (auch) auf etwas Geistiges hinweisen. In unserem Text wird die geistige Situation noch hervorgehoben durch die Angaben über das stürmende Meer und über den ‚noch nicht' angekommenen Herrn (V. 17). Dann taucht Jesus auf. Unausgesprochen wird die Szene von diesem Augenblick an hell und ruhig oder, besser gesagt, sieghaft friedlich; das Ziel der Fahrt ist erreicht, das Ende der Heilsgeschichte bildhaft vorweggenommen." Was genau unter dem Begriff „etwas Geistiges" bei den einzelnen der obengenannten Stellen im Joh-Ev zu verstehen ist, und ob es diesbezüglich zwischen diesen Stellen noch detaillierte Zusammenhänge gibt, erklärt B. Schwank nicht. Erwähnenswert ist die Bemerkung von D. A. CARSON, Joh 274: „The words ‚By now it was dark, and Jesus had not yet joined them', though doubtless prosaically true, may also be symbolladen: as in 3:2; 13,30, the darkness of night and the absence of Jesus are powerfully linked." Ähnlich sieht auch L. SCHENKE, Joh 118f, σκοτία als „einen theologischen Begriff für die Gottesferne", der verdeutlicht, daß sich die Jünger ohne Jesus in der Dunkelheit und damit in Gefahr befinden. Vgl. P. J. MADDEN, Walking 108f.

| | |
|---|---|
| Joh 1,5 | καὶ *τὸ φῶς* ἐν τῇ σκοτίᾳ φαίνει,<br>καὶ ἡ σκοτία αὐτὸ οὐ κατέλαβεν. |
| Joh 8,12 | Ἐγώ εἰμι *τὸ φῶς τοῦ κόσμου*·<br>ὁ ἀκολουθῶν ἐμοὶ οὐ μὴ περιπατήσῃ ἐν τῇ σκοτίᾳ,<br>ἀλλ' ἕξει *τὸ φῶς τῆς ζωῆς*. |
| Joh 12,35 | Ἔτι μικρὸν χρόνον *τὸ φῶς* ἐν ὑμῖν ἐστιν.<br>περιπατεῖτε ὡς *τὸ φῶς* ἔχετε,<br>ἵνα μὴ σκοτία ὑμᾶς καταλάβῃ·<br>καὶ ὁ περιπατῶν ἐν τῇ σκοτίᾳ οὐκ οἶδεν ποῦ ὑπάγει. |
| Joh 12,46 | ἐγὼ *φῶς* εἰς τὸν κόσμον ἐλήλυθα,<br>ἵνα πᾶς ὁ πιστεύων εἰς ἐμὲ ἐν τῇ σκοτίᾳ μὴ μείνῃ. |
| Joh 20,1 | Τῇ δὲ μιᾷ τῶν σαββάτων Μαρία ἡ Μαγδαληνὴ ἔρχεται πρωῒ<br>σκοτίας ἔτι οὔσης εἰς τὸ μνημεῖον<br>καὶ βλέπει τὸν λίθον ἠρμένον ἐκ τοῦ μνημείου. |

TABELLE 5

Nach Joh 1,5 erweist sich die Finsternis unfähig, das Licht zu „ergreifen“ (καταλαμβάνω).[91] Das Licht ist das Leben, das das innere Wesen des präexistenten göttlichen Logos prägt (vgl. Joh 1,1f.4). Durch das Dasein des Logos kann die Finsternis in Licht verwandelt werden. Im Gegensatz dazu kann die Finsternis dieses Licht des Lebens höchstens ablehnen, aber sie kann es nicht in Finsternis verwandeln (vgl. Joh 1,5).

Das Licht der Welt bzw. das Licht des Lebens verkörpert Jesus selbst in seiner Person, denn dieses Bild erscheint in den Selbstprädikationen Jesu (vgl. Joh 8,12; 12,45). Sie beginnen mit dem hoheitsvollen ἐγώ εἰμι- bzw. ἐγώ-Wort Jesu, das an das atl. Ich-bin-Wort Gottes (u.a. in Ex 3,14; Jes 41,4 usw.) erinnert. Jeder Mensch, der mit Jesus durch seine Nachfolge (vgl. Joh 8,12) und den Glauben an ihn (vgl. Joh 12,45) verbunden ist, bleibt und wandelt nicht orientierungslos in der Finsternis (vgl. Joh 8,12; 12,35.45), sondern er wird das Licht des Lebens haben. Es gilt aber auch umgekehrt: Derjenige, der das Licht nicht hat bzw. der nicht mit Jesus bleibt, wird von Finsternis überfallen

[91] M. HASITSCHKA, Christologie 5, schreibt: „Ergreifen (καταλαμβάνω) kann in zweifacher Bedeutung interpretiert werden: (a) im Sinne von begreifen, erfassen, verstehen; (b) im feindseligen Sinn von überfallen, überwältigen, packen. Für (a) spricht die Tatsache, daß auch in V. 10c (‚die Welt erkannte ihn nicht‘) und V. 11b (‚die Seinen nahmen ihn nicht auf‘) von fehlender Aufnahmebereitschaft die Rede ist. Für (b) spricht die Bedeutung von katalambanō in Joh 12,35 (‚... damit nicht Finsternis euch überfalle‘). Im Sinne von (b) kann man sagen: Der Finsternis ist es nicht gelungen, das im Logos gegenwärtige Licht zu überwältigen. Auch wenn die Finsternis das Licht ablehnt und es bekämpft, ist das Licht dennoch stärker und erlangt letztlich den Sieg über die Macht der Finsternis. Man kann sich auch fragen, ob nicht an unserer Stelle bewußt mit der Doppeldeutigkeit von katalambanō gespielt wird.“

und in ihr orientierungslos herumirren (vgl. Joh 12,35). Die Finsternis kann man auch ähnlich wie Maria von Magdala erleben, wenn man Jesus nach seinem Tod nur in seinem Grab sucht und sein wahres und lebendiges Dasein noch nicht begreift (vgl. Joh 20,1).
*Ergebnis*: Die Verbindung zwischen der Finsternis und der Abwesenheit Jesu bzw. des Lichtes, das er in seiner Person (ἐγώ εἰμι) verkörpert, ist eine inhaltliche Linie, die sich durch das Joh-Ev vom Prolog bis zu den Osterberichten durchzieht.

*Bezüge des 1. Teiles auf das Alte Testament*
Das Wortfeld, das der Autor des Joh-Ev für die Darstellung der furchterregenden Situation auf dem See in VV. 16-18 verwendet, umfaßt einige Elemente (z.B. σκοτία und θάλασσα), die stark im AT verwurzelt sind. Unter den Aspekten, die sie in den atl. Texten haben, sind in bezug auf VV. 16-18 m.E. besonders die folgenden drei relevant:
(1) Nach manchen ao. und atl. Vorstellungen ist das Wasser bzw. das Meer ein wichtiger Teil des Weltgebäudes. Es ist der Bereich des Chaos.[92] Zu den Elementen des Chaos gehört auch die Finsternis.[93] Das Wasser, die Finsternis und auch der Wind sind wichtige Motive des Schöpfungsberichtes und erscheinen bereits in Gen 1. Gott verfügt auch über diese Mächte. Am ersten Tag trennt er die Finsternis vom Licht, am zweiten Tag die Wasser oberhalb und unterhalb der Wölbung, am dritten Tag die Erde (das Trockene) vom Meer.[94]
(2) Diese Elemente stehen häufig in Verbindung mit Gefahr, Not und Tod.[95] Das Totenreich der Ägypter wird als Ort der Finsternis verstanden und die Finsternis als äußeres Zeichen von Not und Umsturz und seit der Amarna-Zeit auch als Metapher für Bedrängnis und Gottesferne.[96] Im babylonisch-assyrischen Sprachgebrauch gilt die Finsternis bzw. die Dunkelheit für die Menschen als bedrohliches Element und als Bereich der Dämonen.[97] Auch im AT weist die Finsternis auf Ge-

92 In einigen ugaritischen Mythen ist Jam (das Meer) der große Gegner Baals (Herr der Erde). Vgl. O. KEEL, Welt 41.

93 Vgl. G. J. WENHAM, Gen I 16; L. RUPPERT, Gen I 68; J. A. SOGGIN, Gen 31; O. KEEL, Welt 46f. Hinsichtlich der Finsternis bemerkt B. JACOB, Gen 32f: „Irrig ist auch die Behauptung, daß die Finsternis als ungeschaffen vorausgesetzt werde; dann könnte dasselbe auch von dem Winde, dem Wasser und der Erde (V. 3) behauptet werden."

94 N. M. SARNA, Gen 7, definiert die Trennung, die Gott vollzieht, als „the second modality of creation"; J. SCHARBERT, Gen I 7, spricht von „Gottes ordnenden Willen", der hinter all diesem Geschehen tätig war. Durch die Trennung vom Licht wird die Finsternis nach M. BAUKS, Welt 119, „nicht ausgegrenzt oder vernichtet, sondern als Nacht (V. 5) in die Schöpfung integriert".

95 Vgl. O. KEEL, Welt 45-47.

96 Vgl. L. MITCHEL, ThWAT III 263.

97 Vgl. H. LUTZMANN, ThWAT III 263-265.

fahr, Not und Tod hin (z.B. 1 Sam 2,9[98]; Ijob 3,4-10[99]; 10,20-22; 15,30; 17,13; 18,18; Ps 143,3;[100] Jes 5,30; 8,22; Klgl 3,6; Mi 3,6). Ähnliches gilt auch für das Wasser. In der ägyptischen Sprache finden sich einige Andeutungen, die das Meer als lebensfeindliche Macht sehen.[101] Die bedrohliche Gefahr des Wassers bzw. des Meeres, die manchmal mit dem Wirken des Windes verbunden ist, bringen auch atl. Texte zum Ausdruck (z.B. Ex 14,21.28.30; Ijob 38,16f; Ps 48,8; 124,4f; Jer 51,42f; Jona 1,4.13; 2,4.6f).

(3) Ein bedeutsamer Aspekt dieser Elemente im AT ist, daß sie oft in Verbindung mit Gott erscheinen und einige sogar bei seinen Theophanien. Sie stehen völlig unter der Herrschaft Gottes; so z.B. die Finsternis in 2 Sam 22,29; Ijob 19,8; Ps 18,29;[102] Jes 42,16; Jer 13,16 und das von Anfang an (Gen 1). Dasselbe gilt auch für das Meer und seine chaotischen Mächte (Gen 1; Ex 14f; Ijob 26,12f; Ps 65,8; 74,13f; 89,10; 95,5; Jes 50,2; 51,15; Jer 5,22; Jona 1f). Dabei dient der Wind häufig als Instrument Jahwes; z.B. treibt er das Meer mit dem Wind zurück (Ex 14,21; 15,8.10; Ps 18,16; 77,17-20; Jes 11,15; 17,12f; Hab 3,10.13).[103] Der Wind, das Wasser und die Finsternis erscheinen einige Male als Elemente der Theophanie; z.B. in Ps 18,8-16 bzw. 2 Sam 22,8-16, wo alle drei Elemente vorkommen.[104] Die Finsternis begleitet Gottes Bundesschließung sowohl mit Abraham in Gen 15 als auch mit seinem Volk in Ex 20 und in Dtn 5. Dabei ist Gott selbst in der Finsternis bzw. ist in sie gehüllt (Ex 20,18.21; Dtn 4,11; 5,23; 1 Kön 8,12 bzw. 2 Chr 6,1; Ijob

98 Nach R. W. KLEIN, 1 Sam 18, wird auch hier „death/Sheol used im parallel with darkness“. Dieser Vers findet sich im Hannas Lied, für welches gilt wie S. SCHROER, 1–2 Sam 43, schreibt, daß es „typische Motive des Dankes für Errettung aus der Not enthält“.

99 Nach J. EBACH, Ijob I 50f, entspricht die Ordnung der Finsternis in Ijob 3, wo die Logik der Schöpfungstheologie von Gen 1 umgekehrt wird, dem Vernichtungswunsch Ijobs.

100 Zum semantischen Wortfeld „Finsternis“ in den Psalmen siehe S. GILLMAYR-BUCHER, Psalmen 287-289.

101 Vgl. H. RINGGREN, ThWAT III 646.

102 S. GILLMAYR-BUCHER, Psalmen 289, schreibt: „Dunkelheit ist ein Kennzeichen der Theophanie, und sie gehört ebenso zu Gottes Wohnbereich.“ Neben Ps 18 verweist sie auch auf Ps 77,18; 97,2; 104,3.

103 Vgl. S. TENGSTRÖM, ThWAT VII 403f.

104 Nach S. SCHROER, 1–2 Sam 192, erscheint Gott in dieser Theophanie in verschiedenen Bildern und Rollen. Er setzt seine Macht vor allem als Gewittergott zur Rettung des Beters ein. Demgegenüber repräsentieren Feinde das Chaos in all seiner Bedrohlichkeit. Vgl. H. H. KLEMENT, Context 202. Einerseits die Not, andererseits aber auch die Rettung durch Gott sind wichtige Motive in den beiden Dankliedern (am Anfang des Liedes von Hanna und am Ende desjenigen von David), die eine poetische Rahmung der beiden Samuelbücher bilden.

22,13f; Ps 97,2). Endlich wird auch der Tag Jahwes durch die Finsternis markiert (Jes 13,10; Am 5,18-20; Zef 1,15).[105]

*Ergebnis*: Mit VV. 16-18 stellt der joh. Erzähler auf dem KN 2 eine Situation dar, die sowohl durch die chaotischen als auch die lebensbedrohenden Mächte geprägt ist. Gerade in dieser dunklen Situation kann aber der Leser bereits aufgrund der atl. Textzeugnisse das Eingreifen und das Verfügen Gottes über diese Mächte voraussetzen; er kann bereits sogar auf seine Theophanie hoffen.

*2. Teil: V. 19: Das Kommen Jesu zu den Jüngern auf dem See*

In V. 19c wird auf dem KN 2 das erste Element der außergewöhnlichen Erscheinung Jesu geschildert: Jesu Umhergehen auf dem See. Der Gang auf dem See ist für einen Menschen nach den Naturgesetzen nicht möglich. Das bedeutet, daß Jesus „die Naturgesetze durchbrechend“[106] auf dem See zu den Jüngern wandelt. Die Verben περιπατέω und γίνομαι erscheinen als Partizip Präsens und kennzeichnen ein andauerndes, wiederholtes und kontinuierliches Geschehen. Dementsprechend ist Jesu Gang auf dem See nicht als ein einmaliges und blitzartiges Ereignis zu verstehen; er verfügt kontinuierlich über diese Fähigkeit. Die ÄE 19a und 19c verstärken das Außergewöhnliche daran durch die Angaben, daß die Jünger sich 25 oder 30 Stadien[107] weit vom Ufer entfernt befinden, und daß Jesus nahe bei ihnen ist. Das ist ein Hinweis, daß Jesus auf einem tieferen und nicht auf einem niedrigen Wasser umhergeht.

Die Jünger Jesu nehmen dieses Geschehen wahr. Sie „sehen“ (θεωρέω) Jesus, der auf dem See umhergeht und der sich nahe beim Boot[108] befindet (V. 19c-d). Ihr Wahrnehmen und die aktuelle Situation auf dem See werden durch den Gebrauch des Präsens historicum unterstrichen. Anschließend in V. 19e wird noch ihre Reaktion geschildert: Sie „fürchten sich“ (φοβέομαι).

105 Vgl. H. RINGGREN, ThWAT III 269.275f.

106 G. KEIL, Joh 109.

107 CH. K. BARRETT, Joh 293, schreibt: „Das στάδιον entsprach ca. 192 m; nach Josephus (Bell III,506) war der See 40 Stadien breit und etwa 140 lang. Tatsächlich beträgt seine Länge 109 Stadien (ca. 21 km) und seine größte Breite 61 Stadien (ca. $11^1/_2$ km). Die joh und mk Aussagen entsprechen einander deshalb mit ausreichender Genauigkeit.“

108 Das Wort „Boot“ (πλοῖον) kommt im Joh-Ev außerhalb von Joh 6 nur in Joh 21,3.6 vor.

Das ganze Ereignis, das Jesus mit seinem „Umhergehen“ (περιπατέω)[109] auf dem See manifestiert, ist sowohl im eigentlichen als auch in einem noch tieferen bildhaften Sinn zu verstehen. Um die zweite Bedeutung erfassen zu können, soll zuerst der atl. Hintergrund beleuchtet werden.

*Verweise des 2. Teiles auf das Alte Testament*
Das AT enthält keinen Text, auf den VV. 16-21 gemeinsam mit ihrem Motiv „der Gang auf dem Wasser“ formal und inhaltlich geradlinig zurückgreifen. Das bedeutet aber noch nicht, daß die atl. Texte für dieses Motiv ohne jede Relevanz sind.[110] Nach meiner Meinung sind für das richtige Verständnis des Ganges Jesu auf dem Wasser in VV. 16-21 mindestens die folgenden zwei atl. Bezüge bedeutsam:
(1) *Gottes Gang auf dem Meer – Macht Gottes über die lebensbedrohlichen Chaosmächte:* Innerhalb des AT erscheint dieses Motiv nur in Ijob 9,8b: וְדוֹרֵךְ עַל־בָּמֳתֵי יָם (MT) bzw. καὶ περιπατῶν ὡς ἐπ' ἐδάφους ἐπὶ θαλάσσης (LXX). Das Verb περιπατέω und die Lokalbestimmung ἐπὶ θαλάσσης finden sich in den beiden kurzen ÄE (Ijob 9,8b und Joh 6,19c); dadurch fällt ihre Nähe auf der sprachlichen Ebene besonders auf. Das Motiv selbst kommt aus dem Mund Ijobs in seiner Antwort (Ijob 9f) auf die erste Rede des Bildad (Ijob 8). Gott ist für ihn Gott des ganzen Universums, dessen Bild durch die Berge, die Erde und ihre Säulen, die Sonne, die Sterne und die Gestirne und auch durch das Meer dargestellt wird. Gott hat unzählige wunderbare Taten vollbracht und verfügt in seiner Macht völlig frei über sie (Ijob 9,5-10).[111] Die unendlich große Macht Gottes und die Unerforschlichkeit seines Wirkens und seiner Werke bringt Ijob im hymnischen Stil[112] und in bildhafter Sprache zum Ausdruck: z.B. Gott versetzt die Berge (V. 5), bewegt die Erde von ihrem Ort (V. 6) usw.[113] Das Bild des Ganges Gottes auf den Wogen des Meeres zeigt auf, daß auch die lebensbedrohlichen Chaos-

[109] Am „Umhergehen“ (περιπατέω) manifestiert sich auch in Joh 5,9 ein Zeichen Jesu – die Heilung eines Gelähmten. Dabei ist der Gelähmte derjenige, der umhergeht und dadurch das Wirken Jesu an ihm bestätigt, und nicht Jesus selbst wie in Joh 6,19c.

[110] In diesem Sinn auch M. LABAHN, Offenbarung 215. Gegen P. J. MADDEN, Walking 73, der wegen fehlender direkter literarischer Abhängigkeit vom AT auch jeden Bezug zu den atl. Motiven und ihrer Symbolik für den Gang Jesu auf dem See als unwahrscheinlich ansieht.

[111] Ebenfalls in diesem Sinn schreibt N. C. HABEL, Ijob 191, über Gottes „victory over Sea, the primordial chaos dragon“. Mit Hinblick auf Ijob denkt weiter J. EBACH, Ijob I 96: „Wunder sind Machterweise ... Auch in der Hiobrede geht es um die Macht Gottes, die sich in Hiobs Erfahrung als Gewalt manifestiert.“

[112] Vgl. J. EBACH, Ijob I 95.

[113] Siehe die Verweise auf das AT in VV. 16-18, wo auch einige Bedeutungen des Meeres im AT angegeben sind.

und Todesmächte Gott ganz unterworfen sind. Die allumfassende Macht Gottes ist aber für Ijob nicht der Anlaß, Gott zu loben. Im Gegenteil, er braucht sie als kräftiges Argument, um seinen Freunden zu zeigen, wie mächtig sein Gegner, Gott, im Rechtsstreit ist und wie aussichtslos gerade deswegen seine Situation ist. Er sagt ihnen offen, wie er in diesem Zustand mit ihm redet – mit Vorwürfen und ohne Hoffnung für sein eigenes Leben (Ijob 10,2-19).

Das Ergebnis in bezug auf das hier behandelte Motiv lautet: Derjenige, der auf den Wogen des Meeres gehen kann und dadurch die Macht über die Chaos- und Todesmächte hat, kann nur Gott sein.[114] Das verneint Ijob auch in seinem Leid nicht. Da er aber in Gott den Gegner[115] sieht, wird Gott durch diese Macht für ihn zu einem unüberwindbaren Gegner und sein eigenes Leid grenzenlos.

Dieses Ergebnis, daß die Macht über die lebensbedrohlichen Kräfte so wie über das ganze Universum nur Gott gehört, bestätigt Gott selbst indirekt am Ende des Buches (Ijob 38,4-18) in seinen Fragen an Ijob. Diese Fragen und auch die Bilder helfen dem leidenden Ijob, sich von der verkehrten Seite seiner mehrdeutigen Gottesvorstellung (Gott als sein Gegner bzw. Feind) zu verabschieden und Gott ganz recht zu geben. Eine dieser Fragen bezieht sich auf das Meer. Sie lautet: „Bist du gekommen bis zu den Quellen des Meeres, und hast du den Urgrund der Tiefe durchwandelt?“ (Ijob 38,16). Das, was für den Gang auf dem Meer gilt, gilt ebenso für den Gang in die Tiefe des Meeres. Nur Gott kann ihn wagen.[116]

(2) *Gang durch das Wasser (Meer) – Machtbeweis und Rettungstat Gottes*

Ebenso wie Gottes Gang auf dem Meer symbolisiert auch der Gang in die Tiefe bzw. ins/durch das Wasser (z.B. in Ijob 38,16; Ps 77,20) seine völlige Macht über die Chaos- und Todesmächte. In der Weisheitsliteratur hat Gott diese Macht als Vater (Weish 14,3f) bzw. die Weisheit (Weish 10,18f; Sir 24,5f). Dieses Motiv kann aber zugleich auch die Rettungstat Gottes für die Menschen bedeuten. Nicht nur Gott kann durch das Wasser gehen, sondern er ermöglicht es auch den Menschen (z.B. dem Volk Israel durch das Schilfmeer in Ex 14; dem Volk Israel zusammen mit den Priestern, welche die Bundeslade tragen, durch den Jordan in Jos 3,14-17; Elija und Elischa durch den Jordan in 2 Kön 2,8). In allen drei Fällen geschieht der Gang durch das Wasser

[114] Vgl. W. BERG, Rezeption 80f.
[115] Vgl. D. J. A. CLINES, Ijob I 252. F. HESSE, Ijob 82.
[116] Ein weiterer Verweis darauf findet sich in 2 Makk 5,21, wo der Hochmut des Antiochus unterstrichen wird: „In seiner Vermessenheit glaubte er, das Land schiffbar und das Meer gangbar machen zu können – so überheblich war er.“

auf trockenem Land und nicht auf dem Wasser.[117] Die Rettungstat Gottes durch das Schilfmeer in Ex 14 ist das grundlegende Ereignis, auf das viele andere biblische Texte zurückgreifen (von den oben erwähnten Texten vgl. z.B. Ps 77,20;[118] Weish 10,18f). Das Volk Israel wird bei diesem Übergang aus den Gott gegenüber feindlichen und lebensbedrohlichen Mächten (die Macht Ägyptens) gerettet, die gleichzeitig vernichtet werden.[119]

*Ergebnis*: Mit dem Gang Jesu auf dem Wasser in V. 19 wird Jesus eine Eigenschaft zugeschrieben, die im AT ausschließlich Gott und keinem Menschen eigen ist (Ijob 9,8b). Aus diesem Grund kann der Gang Jesu auf dem Wasser als Zeichen der singulären Beziehung zwischen ihm und dem Vater, Gott, gesehen werden. Zugleich manifestiert „der Gang auf dem Wasser" die Macht über die lebensbedrohlichen Chaos- und Todesmächte. Das bedeutet, daß ebenso wie Gott auch Jesus über sie verfügt. Diese Macht erscheint im AT auch im Zusammenhang mit dem Gang durch das Wasser, den Gott auch den Menschen ermöglicht und dadurch ihnen Rettung und Leben schenkt (z.B. Ex 14; Ps 77,20; Weish 10,18f). Auf diesem atl. Hintergrund kann der Leser in Jesus, der auf dem Wasser umhergeht, eine Person sehen, die nicht nur göttliche Macht über die Chaos- und Todesmächte besitzt, sondern die gerade dadurch auch den Menschen Rettung von diesen Mächten und das wahre Leben geben kann.

*3. Teil: V. 20: Das ἐγώ εἰμι-Wort Jesu und sein Aufruf an die Jünger (KN 1)*

Das zweite Element der außergewöhnlichen Erscheinung Jesu sind seine direkt ausgesprochenen Worte (KN 1): das ἐγώ εἰμι-Wort Jesu und sein Aufruf an die Jünger, sich nicht zu fürchten (μὴ φοβεῖσθε). Die Wichtigkeit dieser Worte Jesu verstärken die folgenden beiden Argumente: Erstens, sie sind die einzigen Worte, die als direkte Personenrede im zweiten Hauptteil (VV. 16-21) erscheinen. Zweitens, sie sind der entscheidende Wendepunkt im zweiten Hauptteil. Schon aus diesen beiden Gründen folgt hier eine genauere Vorstellung der beiden Teile dieser Aussage Jesu (sowohl für sich als auch in ihrem Zusammenhang) zusammen mit ihrem atl. Hintergrund.

117 Vgl. M. LABAHN, Offenbarung 211.

118 Vgl. F.-L. HOSSFELD/E. ZENGER, Ps II 411; K. SEYBOLD, Ps 301f.

119 In diesem Sinn schreibt J. J. DURHAM, Ex 198: „From a chaos of recrimination and the certainty of impending death, Yahweh snatches his people forth, turning the very means of their entrapment into the medium of the Egyptians' entrapment and death."

*a) „Ich bin" (ἐγώ εἰμι)*

In V. 20b tritt ἐγώ εἰμι in absoluter Form auf, d.h. ohne Prädikatsnomen oder sonstigen Zusatz. Das in absoluter Form gebrauchte ἐγώ εἰμι-Wort Jesu gehört zu den Eigentümlichkeiten des Joh-Ev. Es ist nicht so sehr als Rekognitionsformel zu verstehen wie bei den Synoptikern, sondern auf seinem atl. Hintergrund eher als Theophanieformel, die Jesu göttliche Hoheit zum Ausdruck bringt.[120]

Im AT macht Gott selber mit dem hoheitsvollen Ich-bin-Wort (אָנֹכִי הוּא/אֲנִי הוּא im MT bzw. ἐγώ εἰμι in der LXX) auf sich aufmerksam. In LXX erscheint das ἐγώ εἰμι für Gott bereits in der Gottesbegegnung des Mose beim brennenden Dornbusch in Ex 3,14 (LXX): ἐγώ εἰμι ὁ ὤν. Der hebr. Text (MT) verwendet an dieser Stelle nicht die Verbindung אָנֹכִי הוּא/אֲנִי הוּא, sondern die Konstruktion mit dem zweifachen Verb היה: אֶהְיֶה אֲשֶׁר אֶהְיֶה. Im MT kommt das absolute אֲנִי הוּא für Gott zuerst in Dtn 32,39 vor. Am häufigsten findet sich אֲנִי הוּא /אָנֹכִי הוּא im Jesajabuch (Jes 41,4; 43,10.13; 46,4; 48,12; 52,6). Gott unterstreicht an diesen Stellen, daß es außer ihm keinen anderen Gott und keinen anderen Retter mehr gibt.[121]

Das in absoluter Form gebrauchte ἐγώ εἰμι-Wort Jesu kommt im Joh-Ev noch an den folgenden Stellen vor: Joh 8,24.28.58; 13,19; 18,5.6. Es fällt auf, daß der erste Beleg in Joh 6,20b und die letzten drei in Joh 18,5.6.8 das ἐγώ εἰμι-Wort Jesu mit einem außergewöhnlichen Geschehen verbinden.[122] Joh 18,6 berichtet: ὡς οὖν εἶπεν αὐτοῖς, Ἐγώ εἰμι, ἀπῆλθον εἰς τὰ ὀπίσω καὶ ἔπεσαν χαμαί. Alle, die ganze Kohorte samt den Dienern des Synedrions, weichen zurück und stürzen zu Boden. Die Angabe, daß eine so große Schar von Bewaffneten am Boden liegt, und zwar einzig und allein wegen des ἐγώ εἰμι-Wortes, sprengt den Rahmen des historisch Vorstellbaren. „‚Zu Boden fallen/stürzen' ist in biblischen Erzählungen oft Ausdruck des Überwältigtseins von Menschen im Zusammenhang mit einer Theophanie oder Christophanie (vgl. Dan 8,18; 10,9 [Daniel]; Apg 9,4; 22,7; 26,14 [Paulus]; Offb 1,17 [Johannes]). 18,6 deutet an, daß die Vertreter der Juden und der Heiden für einen Augenblick Jesus in einzigartiger göttlicher Hoheit erle-

[120] Vgl. G. R. O'DAY, Walking 152-155; P. J. MADDEN, Walking 111f; F. J. MOLONEY, Signs 39f; J. D. CROSSAN, Analysis 153; R. E. BROWN, Joh I 254-256; R. SCHNACKENBURG, Joh II 36-40; B. SCHWANK, Joh 203f; U. SCHNELLE, Joh 119; M. HASITSCHKA, Christologie 33f. Demgegenüber erkennt eine Minderheit der Exegeten im ἐγώ εἰμι-Wort Jesu nur eine Rekognitionsformel; u.a. J. H. BERNARD, Joh I 187; CH. K. BARRETT, Joh 293f; J. P. HEIL, Walking 79f.

[121] Vgl. W. BERG, Rezeption 260f; CH. CEBULJ, Studien 38-42; E. SCHWEIZER, Ego 21-24; H.-J. FABRY, ThWAT II 366-368.

[122] Vgl. P. J. MADDEN, Walking 112.

ben und eine Macht spüren, die aller Waffengewalt überlegen ist. Für einen Augenblick erscheint Jesus als unangreifbar. Man kann ihn auch mit größtem militärischem Aufgebot nicht festnehmen. Erst wenn Jesus es ‚zuläßt', kann man ihn festnehmen."[123] Liest man die beiden Stellen, Joh 6,20b und Joh 18,5f, im Zusammenhang, so ergibt sich folgendes Ergebnis: Die Theophanieformel ἐγώ εἰμι und ihre unmittelbare Wirkung offenbaren Jesus als denjenigen, dem so wie Gott sowohl die Mächte und Gesetze in der Natur zusammen mit den lebensbedrohlichen Chaosmächten, als auch die menschlichen Mächte und Gewalten untergeordnet sind.

Das absolute ἐγώ εἰμι-Wort Jesu in V. 20b ist auch bei der Deutung seiner ἐγώ εἰμι-Bildworte im anschließenden Gespräch in Kafarnaum zu berücksichtigen, wo er sich mit dem Brot vom Himmel bzw. dem Brot des Lebens identifiziert.[124]

*b) „Fürchtet euch nicht" (μὴ φοβεῖσθε)*

Ebenso wie das ἐγώ εἰμι-Wort Jesu ist auch sein darauf folgender Aufruf an die Jünger μὴ φοβεῖσθε stark im AT verwurzelt. Die LXX übersetzt auf diese Weise das verneinte Verb ירא. Es handelt sich um die sogenannte Formel אַל־תִּירָא (in der 2.P.Sg.) bzw. אַל־תִּירָאוּ (in der 2.P.Pl.). Im AT hat diese Formel meistens (etwa 60mal) eine theologische Bedeutung. Nur etwa 15mal wird sie im profanen Bereich verwendet.[125] Sie ist gut vertreten im Pentateuch, im deuteronomistischen Geschichtswerk und in den prophetischen Büchern. Demgegenüber ist sie in den Weisheitsbüchern kaum belegt (z.B. Ps 49,17; Spr 3,25).

[123] M. HASITSCHKA, Passions- und Osterberichte 19.

[124] Nach R. SCHNACKENBURG, Joh II 36f, ist das ἐγώ εἰμι-Wort Jesu in V. 20b „nicht nur der Höhepunkt, sondern auch der Hauptgrund, warum er diesen Bericht in seine Darstellung aufnahm; dieses ἐγώ εἰμι ist der tragende Pfeiler im Anspruch Jesu, das vom Himmel herabgekommene Lebensbrot zu sein (VV. 35.41.48.51)". Auf diesen Zusammenhang weist auch H. THYEN, Licht 32, hin: „Mit Joh. 6, einem Kapitel, das neben dem prädikatlosen Ich-Bin in Vers 20 eine Fülle von Variationen des Grundwortes ‚Ich bin das Brot des Lebens' enthält (6,35.41.48.51), überschreiten wir die Schwelle von den absoluten zu den prädizierten Ich-Bin-Worten. Es liegt darum nahe, hier nicht nur mit der Analyse der letzten, sondern zugleich mit der Frage nach ihrem Verhältnis zu den ersten zu beginnen." In seinem Artikel untersucht H. Thyen die ἐγώ εἰμι-Worte Jesu im Joh-Ev. Er geht auch auf ihren atl. Hintergrund ein und stellt ebenso die bisherige Forschungsgeschichte auf diesem Gebiet vor. In bezug auf Joh 6 gibt er einige bedeutsame Hinweise (z.B. wie das oben erwähnte Verhältnis zwischen den absoluten und den prädizierten Ich-bin-Worten), die er aber selbst nicht mehr weiter untersucht.

[125] Diese Stellen sind: Gen 35,17; 43,23; 50,19-21; Ri 4,18; 6,23; Rut 3,11; 1 Sam 4,20; 22,23; 23,17; 28,13; 2 Sam 9,7; 2 Kön 6,16; 25,24; Ps 49,17; Jer 42,11.

Sie findet sich häufig im Zusammenhang mit kriegerischen Auseinandersetzungen, besonders mit dem „heiligen Krieg".[126] Den Einfluß auf das NT haben aber vor allem jene Belege, die in Verbindung mit der Selbstprädikation Gottes (besonders mit dem Ich-bin-Wort Gottes – meistens in Jes 40-55) sowie in den Theophanieschilderungen bzw. in den Erzählungen über Erlebnisse göttlicher Gegenwart[127] (z.B. Ex 20,20; Dan 10,12.19) vorkommen. Wer spricht diese Formel aus? „Es begegnet hauptsächlich (ca. 2/3 der Stellen) als Gotteswort – selten als solches des Boten Gottes (Gen 21,17; 2 Kön 1,15; Dan 10,12.19) – und als Menschenwort (mit Ausnahme von Spr 3,25; Jes 35,4; Jona 2,21f und Zef 3,16 nur in den Geschichtsbüchern), einer in besonderem Auftrag Jahwes stehenden Person (z.B. Mose, Josua, Samuel, Elija, Nehemia). Als Gotteswort steht die Formel in den Heil und Trost zusprechenden Offenbarungsformeln."[128] Wer sind ihre Adressaten? Dieses Gotteswort ergeht an Personen, die einen besonderen Auftrag von Gott erhalten haben bzw. die ein intensives Verhältnis zu Gott pflegen: z.B. an Abraham (Gen 15,1), Isaak (Gen 26,26), Jakob (Gen 28,13; 46,3), Josua (Jos 8,1), Gideon (Ri 6,23), Jeremia (Jer 1,8). Aus dem Munde des Mose ergeht diese Formel an das Volk in Ex 20,20 im Zusammenhang mit dem Theophaniegeschehen bei der Übergabe des Dekalogs am Sinai (Ex 19,16-25; 20,18-21). Wegen dieses numinosen Ereignisses beginnt das ganze Volk im Lager zu zittern und bittet Mose, damit sie nicht sterben müssen, stellvertretend mit Gott zu reden (Ex 20,19). Mose ruft dem Volk Mut zu, um nicht in Erschrecken und Angst wegen dieses Ereignisses gefangen zu bleiben. Es soll für das Volk zu einer Lebenschance werden, „aus der es die Treue zu seiner Erwählung sowie seinen Glauben an den einzigen Gott vertieft und stärkt, indem es ihn zu fürchten lernt (Dtn 4,10; vgl. auch Ex 20,20b), was schließlich heißt, ihn zu lieben (vgl. Dtn 10,12)"[129].

[126] Vgl. H. F. FUHS, ThWAT III 883f.

[127] Nach G. R. O'DAY, Walking 155, ist diese Formel „a standard element of theophanies".

[128] H.-P. STÄHLI, THAT I 771f.

[129] M. MATJAŽ, Furcht 185. Damit ist Ex 20,20 die einzige atl. Stelle, „an der durch die Zusammenführung zweier auf den ersten Blick widersprüchlicher, jedoch durch das gleiche Verb (ירא) ausgedrückter Inhalte (אל־תיראו [...] תהיה יראת על־פניכם) diese Bedeutungsbreite bzw. der semantische Entwicklungsprozeß des Furchtbegriffes von der numinosen Furcht vor dem Unbeherrschbaren hin zu einer religiösen Gottesfurcht auch terminologisch erkennbar ist ... So muß in der Gottesfurcht in der Tat ein untrennbarer Zusammenhang zwischen der Erfahrung des lebensnehmenden und jener des lebensspendenden Geheimnisses der Gegenwart Gottes weiter bestehen" (ebd.).

Abgesehen von Joh 6,20c findet sich diese Formel im Joh-Ev nur noch in Joh 12,15 ebenso als Imperativ Präsens und nicht als Aorist. Nicht nur für eine Situation gilt dieser Aufruf, sich nicht zu fürchten, sondern dauernd, allgemein und wiederholt.[130] Joh 12,15 lautet: Μὴ φοβοῦ, θυγάτηρ Σιών· ἰδοὺ ὁ βασιλεύς σου ἔρχεται, καθήμενος ἐπὶ πῶλον ὄνου. Sach 9,9 wird in Joh 12,15 teilweise wörtlich und teilweise frei zitiert. Die Tochter Sion braucht sich nicht zu fürchten, denn ihr König kommt. Das Sitzen auf dem Esel ist ein Sinnbild für seine demütige und sanftmütige Haltung und für seine Gewaltlosigkeit. Auf diese Weise schafft Jahwe den Nationen Frieden. Für den joh. Erzähler zielt Sach 9,9 auf die Person Jesu. Er setzt sich auf dem Weg nach Jerusalem auf einen jungen Esel und offenbart durch diese symbolische Handlung seine sanftmütige Haltung und seine Gewaltlosigkeit. Ähnlich wie nach der wunderbaren Speisung kommt ihm die Menge aufgrund des Zeichens (die Auferweckung des Lazarus) mit ihren politischen und nationalen Messias- bzw. Königsvorstellungen entgegen. Sogar die Jünger verstehen seine Symbolhandlung nicht (Joh 12,16). Das begreifen sie erst nach seiner Verherrlichung bzw. nach seiner Auferstehung.[131]

*c) „Ich bin es. Fürchtet euch nicht!“*

Weiter stellt sich die Frage, ob sich im AT die Formel אַל־תִּירָא/ אַל־תִּירָאוּ auch in Kombination mit dem Ich- bzw. Ich-bin-Wort Gottes findet und ob diese zwei Elemente auch unmittelbar aufeinander folgen wie in Joh 6,20b-c.

Das Wort Gottes אָנֹכִי הוּא/אֲנִי הוּא und die von ihm ausgesprochene Formel אַל־תִּירָאוּ/אַל־תִּירָא kommen im AT an keiner Stelle unmittelbar aufeinander folgend vor. Es finden sich aber zwei ähnliche Phänomene:

(1) Die beiden Elemente, das Ich-bin-Wort Gottes und die Formel אַל־תִּירָאוּ/אַל־תִּירָא, kommen innerhalb einer Gottesrede vor. Ein Beispiel dafür ist Jes 41,4.10, wo die beiden Verse im gleichen Redeteil bzw. in der gleichen Aussage Gottes erscheinen. Der Text der LXX zeigt aber bereits bestimmte Abweichungen im Vergleich mit dem hebr. Text (MT).

[130] Zum Imperativ des Präsens und Aorists siehe F. BLASS/A. DEBRUNNER/F. REHKOPF, Grammatik § 335 - § 337.

[131] Vgl. M. HASITSCHKA, Christologie 58f.

| | BHS | LXX |
|---|---|---|
| Jes 41,4 | מִי־פָעַל | τίς ἐνήργησεν |
| | וְעָשָׂה | καὶ ἐποίησεν |
| | קֹרֵא הַדֹּרוֹת מֵרֹאשׁ | ταῦτα ἐκάλεσεν αὐτὴν ὁ καλῶν αὐτὴν |
| | | ἀπὸ γενεῶν ἀρχῆς |
| | אֲנִי יְהוָה רִאשׁוֹן | *ἐγὼ* θεὸς πρῶτος |
| | וְאֶת־אַחֲרֹנִים אֲנִי־הוּא | καὶ εἰς τὰ ἐπερχόμενα ἐγώ εἰμι |
| Jes 41,10 | אַל־תִּירָא | μὴ φοβοῦ |
| | כִּי עִמְּךָ־אָנִי | μετὰ σοῦ γάρ εἰμι |
| | אַל־תִּשְׁתָּע | μὴ πλανῶ |
| | כִּי־אֲנִי אֱלֹהֶיךָ | *ἐγὼ* γάρ *εἰμι* ὁ θεός σου |
| | אִמַּצְתִּיךָ אַף־עֲזַרְתִּיךָ | ὁ ἐνισχύσας σε |
| | אַף־תְּמַכְתִּיךָ | καὶ ἐβοήθησά σοι |
| | אִמַּצְתִּיךָ בִּימִין צִדְקִי | καὶ ἠσφαλισάμην σε τῇ δεξιᾷ τῇ δικαίᾳ μου |

TABELLE 6

(2) Das „Ich" (אָנֹכִי/אֲנִי) Gottes (aber nicht sein Ich-bin-Wort) und die Formel אַל־תִּירָא/אַל־תִּירָאוּ kommen unmittelbar aufeinander folgend oder innerhalb eines Zitates Gottes vor (u.a. Gen 15,1; 26,24; 46,3; 50,21; Jes 41,13.14; 43,5; Jer 1,8; 42,11; 46,28). Die folgende Tabelle veranschaulicht zwei dieser Belege (den ersten aus dem Genesisbuch, den zweiten aus den prophetischen Texten):

| | BHS | LXX |
|---|---|---|
| Gen 15,1 | אַל־תִּירָא | μὴ φοβοῦ |
| | אַבְרָם | Αβραμ |
| | אָנֹכִי מָגֵן לָךְ | ἐγὼ ὑπερασπίζω σου |
| | שְׂכָרְךָ הַרְבֵּה מְאֹד | ὁ μισθός σου πολὺς ἔσται σφόδρα |
| Jes 43,5a-b | אַל־תִּירָא | μὴ φοβοῦ |
| | כִּי אִתְּךָ־אָנִי | ὅτι μετὰ σοῦ *εἰμι* |

TABELLE 7

Das letzte Beispiel zusammen mit seinem Kontext (Jes 43,1-13) zeigt mehrere Gemeinsamkeiten mit Joh 6,16-21 bzw. mit den ntl. Erzählungen über den Gang Jesu auf dem See.[132] Jahwe ermutigt Israel, sich nicht zu fürchten (Jes 43,1.5), da er sein Schöpfer und sein Retter ist. Mit Hilfe von Bildern gibt er die Rettungs- und Heilszusagen an. Eines dieser Bilder ist der Gang durch das Wasser. Jahwe verspricht Israel,

[132] Vgl. J. P. HEIL, Walking 59; M. MATJAŽ, Furcht 188.

bei ihm zu sein auch dann, wenn es durch Wasser geht (Jes 43,2). Er erwartet, daß Israel als Zeuge seiner Taten ihn als einzigen Gott und Retter erkennt. Neben anderen Bezeichnungen verwendet Jahwe für sich selbst in diesem Kontext häufig das hoheitsvolle Ich- bzw. Ich-bin-Wort (Jes 43,2.3.5.10.13.15).

*Ergebnis*: Im AT gibt es einige Belege (besonders in Jes 40-55), wo sich die Formel אַל־תִּירָא/אַל־תִּירָאוּ „in engem Zusammenhang mit der Selbstprädikationsformel Jahwes findet“[133], das bedeutet auch mit den Ich- und Ich-bin-Worten Gottes (אֲנִי/אָנֹכִי und אֲנִי הוּא/אָנֹכִי הוּא). In diesem Zusammenhang unterstreicht Jahwe seine Exklusivität als Gott und Retter.[134] Die Worte Jesu in Joh 6,20b-c sind stark in diesem atl. Hintergrund verwurzelt, sowohl sein ἐγώ εἰμι als auch sein Aufruf μὴ φοβεῖσθε. Nicht nur mit einer Tat (der Gang auf dem See), sondern auch mit dem Wort offenbart sich Jesus im zweiten Hauptteil (VV. 16-21) als derjenige, der in einmaliger Beziehung zu Gott steht und ihn durch seine Person offenbart. Er ist derjenige, der in der Vollmacht Gottes wirken und reden kann. Die Jünger werden von ihm ermutigt, sich nicht zu fürchten. Sie haben die Möglichkeit, seine Person und seine einmalige Verbundenheit mit dem einzigen Gott tiefer zu begreifen. Dadurch können sie erkennen, daß außerhalb dieser Beziehung zu Jesus und durch ihn zu Gott selbst kein Leben und keine Rettung zu erwarten ist.

*4. Teil: V. 21: Veränderte Situation*

Das dritte Element im Zusammenhang mit der Erscheinung Jesu auf dem See ist die veränderte Situation, die vom joh. Erzähler auf dem KN 2 geschildert wird. Die Veränderung geschieht:

a) An den Jüngern: Sie wollen Jesus in das Boot hineinnehmen.[135] Das bedeutet, daß sie sich nicht mehr so wie in V. 19e fürchten. Ihre Furcht wird durch die Worte Jesu verwandelt.[136]

b) An der Position der Jünger: Das Boot mit den Jünger befindet sich sofort am angestrebten Land. Diese Tatsache, nämlich ein sofortiges

133 H.-P. STÄHLI, THAT I 772.

134 Zu einem ähnlichen Ergebnis kommt auch W. BERG, Rezeption 311f.

135 Dabei wird das griech. Verb λαμβάνω verwendet, dessen tiefere Bedeutung F. J. MOLONEY, Signs 40, erklärt: „As the reader has learned from the prologue (1:12-13), this verb can reflect the authentic reception of Jesus ... As early in the story (see 2:1-12; 4:46.54; 5:2-9), an acceptance of the word of Jesus leads to a miracle ... As in earlier miracles, the seemingly insurmountable problem of the stormy sea (see vv. 17-19a) is solved as disciples ‚receive‘ Jesus.“

136 Die Verwandlung der Furcht bei den Jünger ist auch nach R. SCHNACKENBURG, Joh II 37, in V. 21 auffällig: „Der Evangelist aber hatte ein Interesse daran, die Überwindung der Furcht bei den Jüngern zu dokumentieren.“

Erreichen des Landes unter den gegebenen Bedingungen am See, ist nach den Naturgesetzen nicht möglich. Sie setzt die Fähigkeit voraus, über die Mächte der Natur verfügen zu können. Auch R. Schnackenburg[137] meint, daß dieses dritte Element außergewöhnlich ist: „Die sofortige Landung an der Stelle, auf die die Jünger zusteuerten, ist sicher als ein Wunder gemeint." Dadurch erfahren die Jünger Hilfe. Sie erreichen das Ziel ihrer Fahrt.

Der Grund für die veränderte Situation und damit für die Rettung ist nach Joh 6,16-21 in erster Linie jedoch nicht in der Beruhigung von Wind und Wellen zu sehen, sondern in der Nähe bzw. Anwesenheit Jesu und in seinen offenbarenden Worten: „Ich bin (es). Fürchtet euch nicht!" (V. 20b-c).[138]

### *2.4 Verbindende christologische Bögen mit VV. 1-15*

Das Verhältnis zwischen VV. 1-15 und VV. 16-21 wird in der Literatur sehr unterschiedlich bewertet.[139] Nach meiner Meinung ist besonders aus christologischer Sicht wichtig, die Hauptteile 1 – 2 zugleich im Auge zu behalten und die Botschaft zu suchen, die sie beide zusammen den Lesern vermitteln. In bezug auf die Identität Jesu sind die folgenden zwei Bögen bzw. Verbindungen auffällig:

[137] R. SCHNACKENBURG, Joh II 37. Ähnlich schreibt auch M. W. G. STIBBE, Joh 84: „The immediate arrival of the boat on the far shore seems to be as miraculous to the narrator as the walking on the water." Vgl. U. SCHNELLE, Joh 119; M. LABAHN, Offenbarung 251. Anders behauptet E. RUCKSTUHL, Speisung 2015: „Von einem Gang Jesus über den See ist hier keine Spur zu finden. Vielmehr hatten die Jünger in ihrer Ermüdung und vermutlich im Morgengrauen nicht gemerkt, daß Jesus am Ufer entlang lief, als er neben dem Boot sichtbar wurde." Gegen diese Interpretation sprechen u.a. folgende Argumente: a) Das Herumgehen Jesu auf dem See wird explizit in V. 19c erwähnt. b) Weder von einem Laufen Jesu entlang des Ufers noch vom Morgengrauen ist im Text die Rede. c) Auch die Ermüdung der Jünger läßt sich aufgrund der geschilderten Situation nur indirekt voraussetzen. Ob sie zu einer Schwäche des Sehvermögens führt, wie E. Ruckstuhl feststellt, ist in keinem Fall eine Selbstverständlichkeit.

[138] Zum gleichen Ergebnis kommt auch CH. WELCK, Zeichen 169.

[139] Das Zusammenstehen der Hauptteile 1 – 2 und ihr gegenseitiges Verhältnis werden von einigen Exegeten nur durch ihre Verwurzelung in der synoptischen Tradition erklärt. Auf diese Weise schreibt auch J. PAINTER, Jesus 73: „The evangelist agrees with Mark (and Matt.) in telling the story of the miraculous sea-crossing following the feeding story because it was already attached to his story of the feeding, though the evidence suggests that the stories were originally independent." Nach meiner Ansicht beschreibt der joh. Verfasser die Ereignisse in dieser Reihenfolge noch aus anderen Gründen, zu denen auch die Vermittlung und die Auseinandersetzung mit den unterschiedlichen Vorstellungen über die Person Jesu gehören.

(1) *Bogen zwischen VV. 14f und VV. 19-21: Jesus als „Prophet und König" – Jesus als „Ich bin"*[140]

In VV. 14f kommt es zu einer großen Spannung zwischen den Menschen und Jesus. Sie wird durch die falsch verstandene Identität Jesu von den Menschen ausgelöst. Sie bezeichnen ihn als Propheten (V. 14d) und möchten ihn zum König machen (V. 15c). Durch sein Verhalten, das Sich-Zurückziehen auf den Berg, signalisiert Jesus deutlich, daß sie ihn in seinem tieferen Wesen noch nicht kennen. Diese Spannung bleibt am Schluß des ersten Hauptteiles (V. 15) völlig offen und verlangt nach einer Lösung. Die ersten Worte Jesu nach diesem Ereignis und ebenso sein Verhalten (VV. 19-21) berühren im tiefen Sinn gerade seine Identität. Der Gang Jesu auf dem See, seine Worte (ἐγώ εἰμι, μὴ φοβεῖσθε) und die veränderte Situation durch seine Anwesenheit (auch gegen die Naturgesetze) sind Eigenschaften, die nur Gott eigen sind. Diese Wesensmerkmale Gottes offenbaren sich hier verdichtet in der Person Jesu und machen damit die einmalige Beziehung Jesu zu seinem Vater, Gott, sichtbar. Die Tatsache, daß Jesus die ihm von den Menschen zugeschriebene prophetische und königliche Identität ablehnt, wird durch seine wahre ihm vom Vater, Gott, gegebene Identität, die qualitativ eine ganz andere Ebene eröffnet, verständlich. Die oben erwähnte Spannung kann sich dadurch für die Jünger und die Leser lösen, denn sie haben das theophane Geschehen gesehen bzw. sie sind darüber informiert. Das gilt aber nicht für die Menschen bzw. die Menge.[141] Aus ihrem Blickwinkel zieht sich der Spannungsbo-

[140] Auf diese spannende Verbindung wird in der Literatur öfters hingewiesen. F. J. MOLONEY, Signs 40, schreibt: „The crowds' response to the multiplication of the bread in vv. 14-15 indicates a determination to impose their categories on Jesus ... The people, therefore, remain locked within the Mosaic hopes that they had expressed, as a result of the gift of the bread, in vv. 14-15 ... A correction of false messianic hopes has been made through Jesus' revelation of himself as egō eimi to the disciples." P. F. ELLIS, Joh 110, sagt: „The Galilean Jews had acclaimed Jesus as ‚the prophet' (6:14-15) and had wanted to seize him and force him to be their king. Here John, without at all denying the validity of the titles prophet and king, has Jesus identify and interpret himself as infinitely more than prophet and king." R. E. BROWN, Joh I 255, behauptet: „What role does this miracle play in relation to the multiplication and to the rest of the chapter? To a certain extent the evangelist uses it as a corrective of the inadequate reaction of the crowd to the multiplication. Impressed by the marvellous character of that sign, they were willing to acclaim him as a political messiah. But he is much more than can be captured by the traditional titles of ‚the Prophet' and king; the walking on the water is a sign that he interprets himself, a sign that what he is can be fully expressed only by the divine name ‚I am'."

[141] F. J. MOLONEY, Signs 40, schreibt: „The disciples have been provided with a correct understanding of who Jesus is, while the multitude has not ... The crowds were not privy to that moment of self-revelation ... From this point on the reader watches the performance of the disciples, who know the truth about Jesus." In diesem Sinn

gen der Identität Jesu weiter, was auch aus dem weiteren Verlauf des Berichtes, vor allem aus dem Gespräch mit Jesus in Kafarnaum, deutlich wird.

(2) *Der Bogen zwischen V. 11 und V. 20: Jesus als Geber und Sprecher aus der Verbundenheit mit dem Vater*[142]

Die beiden Verse (VV. 11.20) erweisen die einmalige Verbundenheit Jesu mit dem Vater. Zuerst kommt sie durch das Verb εὐχαριστέω in V. 11b zum Ausdruck. Sie ermöglicht das Zeichen der Speisung, daß Jesus die Brote und die Fische im Übermaß an die Menschen verteilen kann. Danach spricht Jesus aus der Verbundenheit mit dem Vater seine Worte in V. 20b-c: Ἐγώ εἰμι, μὴ φοβεῖσθε. Zusammenfassend kann man sagen: Jesus ist der Gebende und der Sprechende/Erscheinende aus der Verbundenheit mit dem Vater. Die beiden Beschreibungen ergänzen einander und sind wichtig, um die Person Jesu tiefer kennenzulernen.

Weiter ist die Reihenfolge[143] der Hauptteile 1 – 2 m.E. wenigstens aus zwei Gründen bedeutungsvoll. Erstens erweist sich Jesus zuerst als Geber[144] (im ersten Hauptteil), der aus seiner Verbundenheit mit dem Vater die Menschen beschenkt, und erst danach als theophan Sprechender bzw. Erscheinender (im zweiten Hauptteil). Das bedeutet, daß der eigentliche Sinn seines Kommens nicht als bloßer Beweis seiner göttlichen Natur für sich selbst zu verstehen ist. Zweitens, am ersten Geschehen, an den Gaben, die Jesus verteilt, haben alle Menschen Anteil im Übermaß (im ersten Hauptteil). Damit ist der Zugang zu Jesus, dem Geber, und dadurch auch zu seiner Verbundenheit mit dem Vater universal, offen für alle Menschen. Demgegenüber hören und sehen das außergewöhnliche Sprechen und Erscheinen Jesu auf dem See nur seine Jünger (im zweiten Hauptteil). Dieser Zugang zu Jesus ist nicht universal und bleibt nur seinen Jüngern vorbehalten. Im Blick auf die Reihenfolge der beiden Ereignisse kann man feststellen, daß die universale Zugänglichkeit zu Jesus und zu seiner Verbundenheit mit dem Vater dem außergewöhnlichen Zugang zu seiner Person

schreibt auch P. BORGEN, John 97: „The crowd misjudged the meaning of the feeding miracle, while the disciples had an authentic and epiphanic encounter with Jesus.“

142 Über diesen Bogen bzw. Verbindung zwischen beiden Perikopen habe ich in der mir zugänglichen Literatur keine Bemerkung gefunden.

143 Beim Lesen der beiden Perikopen kann man sich auch die Frage stellen: Warum kommt es zum Wandel Jesu am See erst nach der wunderbaren Speisung und nicht vorher, da Jesus sich doch schon vorher (vgl. V. 1) am See befindet? Gibt es eine tiefere christologische Begründung für die bestehende Reihenfolge?

144 Die Leser können hier einen Anklang an andere Stellen im Joh-Ev finden; u.a. Joh 10,10: „Ich bin gekommen, damit sie das Leben haben und es in Fülle haben.“

vorausgeht. Das bedeutet: Der Sinn der außergewöhnlichen Erscheinung Jesu ist nicht, den universalen Zugang zu ihm zu begrenzen, sondern ihn zu fördern und zu vertiefen.[145] Hier liegt also eine große und universale Hoffnung für die Menschheit, an Jesus und seiner Verbundenheit mit dem Vater teilzunehmen.

Die beiden christologischen Bögen und auch die Reihenfolge der Hauptteile 1 – 2 erweitern das Wissen der Leser über die Person Jesu und ziehen sich noch weiter in die Hauptteile 3 – 4, besonders in das Gespräch mit Jesus in Kapharnaum (VV. 25-71).

### *2.5 Vergleich mit den synoptischen Berichten*

Ebenso wie das Joh-Ev erzählen auch das Mt-Ev und das Mk-Ev im Anschluß an die wunderbare Speisung über den Gang Jesu auf dem See.[146] Die Berichte umfassen folgende Perikopen:[147]

| | | | |
|---|---|---|---|
| GANG JESU AUF DEM SEE | Mt 14,22-33 | Mk 6,45-52 | Joh 6,16-21 |

TABELLE 8

Diese Sequenz fehlt nur im Lk-Ev, wo auf die wunderbare Speisung (Lk 9,10-17) das Bekenntnis des Petrus (Lk 9,18-20) folgt.[148]

*Die Schilderung der Situation*

Das Mt-Ev und das Mk-Ev beschreiben auf dem KN 2 zuerst das Auseinandergehen der Versammelten nach der Speisung. Im Unterschied zu Joh 6,15, wo Jesus als erster vom Ort der Speisung weggeht, verläßt er ihn in Mt 14,21 und in Mk 6,46 als letzter, nach den Jüngern und nach der Volksmenge. Jesus braucht nicht vor den Menschen zu fliehen. Er selbst verabschiedet sich nach der Speisung von ihnen, so wie ein Gastgeber von seinen Gästen. Seine Gastfreundschaft ist nicht nur beim Mahl selbst, sondern auch beim Abschied spürbar. Das Auseinandergehen geschieht in beiden synoptischen Berichten in drei Schritten: a) Das Weggehen der Jünger: Jesus nötigt die Jünger, in das Boot einzusteigen und vor ihm an die andere Seite (Mt 14,22) bzw. nach

145 In diesem Sinn können auch die Worte Jesu in Joh 20,29 verstanden sein: „Selig die nicht Sehenden und Glaubenden!"

146 Der Vergleich mit den synoptischen Berichten siehe u.a. F. SCHNIDER/W. STENGER, Johannes 146-150; M. LABAHN, Offenbarung 212-230.247-271; P. J. MADDEN, Walking 90-95; M. MATJAŽ, Furcht 144-153; E. RUCKSTUHL, Speisung 2011-2015.

147 Siehe K. ALAND (Hg.), Synopsis 209-211.

148 Vgl. E. RUCKSTUHL, Speisung 2011.

Betsaida[149] (Mk 6,45) zu fahren. b) Das Weggehen der Menge: Jesus selbst entläßt die Menge (Mt 14,23; Mk 6,46). c) Das Weggehen Jesu: Jesus steigt auf den Berg hinauf, um zu beten (Mt 14,23; Mk 6,46).

Im Unterschied zu Joh 6,15 verläuft das Auseinandergehen nach dem Mt-Ev und nach dem Mk-Ev von außen gesehen allmählich und problemlos. Die Menschen geben keinen Anlaß, die Situation zu verschärfen. Sie drücken nicht aus, wer Jesus für sie ist und wie sie das Zeichen bzw. das Wunder verstehen. Die Frage nach der Person Jesu wird also von den Menschen im mt. und mk. Bericht noch nicht gestellt. Dieser Mangel an Äußerungen und Reaktionen der Menschen kann eine Spannung bei den Lesern bewirken, die noch auf die folgenden Ereignisse warten müssen, um das hier noch verhüllte Verständnis der Person Jesu und seines Wirkens erfahren zu können.

Ebenso wie in Joh 6,16 beginnt auch in Mt 14,23 und in Mk 6,47 die Schilderung des nachfolgenden Ereignisses mit der Zeitangabe „Abend" (ὀψία). In Mt 14,23f und Mk 6,47-48a wird die schwierige Situation der Jünger am See durch drei Elemente geschildert: a) Abend (Mt 14,23; Mk 6,47);[150] b) die weite räumliche Entfernung der Jünger von Jesus bzw. des Bootes vom Land (Mt 14,23f; Mk 6,46f); c) Not der Jünger bzw. ihre Schwierigkeiten beim Rudern aufgrund der Wellen und des Windes (Mt 14,24; Mk 6,48a). Diese Elemente erinnern die Leser an die schon erwähnten Elemente im joh. Bericht.[151] Gleichzeitig lassen sich folgende drei Unterschiede feststellen: a) Die beiden synoptischen Berichte verwenden den Kontrast zwischen „dem Land" (ἡ γῆ) und „dem See" (ἡ θάλασσα) anders als der joh. Bericht,[152] vor allem um die Entfernung der Jünger von Jesus zu unterstreichen. Dieser Kontrast ist dadurch verstärkt, daß Jesus sich nicht nur auf dem Land befindet, sondern auf „dem Berg" (τό ὄρος) und das Boot nicht nur auf dem See ist, sondern „inmitten des Sees" (ἐν μέσῳ τῆς θαλάσσης) nach Mk 6,47 bzw. „viele Stadien vom Land" (σταδίους πολλοὺς ἀπὸ τῆς γῆς) nach Mt 14,24. b) Die schwierige Situation der Jünger auf dem See steht im Vordergrund. In beiden synoptischen Texten berichtet

[149] Im Unterschied zu Joh 6,17b wird in Mk 6,45 Betsaida und nicht Kafarnaum erwähnt. J. GNILKA, Mk I 268, schreibt: „Betsaida lag nordöstlich des Sees Gennesaret, östlich des Jordan und kurz vor dessen Einmündung in den See ... Betsaida war außerhalb des Herrschaftsgebietes des Herodes Antipas gelegen, der den Täufer hatte hinrichten lassen."

[150] Ebenso wie in Joh 6,16a kommt ὀψία auch in Mt 14,23 und Mk 6,47 in der Verbindung mit dem Verb γίνομαι vor. Vgl. M. LABAHN, Offenbarung 249.

[151] Siehe die Auslegung von VV. 16-18 in 2.3.

[152] Im joh. Bericht umrahmt dieser Kontrast das ἐγώ εἰμι-Wort Jesu in V. 20b und weist vor allem auf die Veränderung der Situation der Jünger durch die Anwesenheit Jesu hin. Siehe die Auslegung von VV. 16-18 in 2.1.

der Erzähler direkt über die Not der Jünger. Das Boot bzw. die Jünger beim Rudern werden von den Naturphänomenen (die Wellen, der widrige Wind) bedrängt. Das Verb βασανίζω als Ptz.Präs.Pass. findet sich sowohl in Mt 14,24 als auch in Mk 6,48a und bedeutet „bedrängt werden". Demgegenüber spricht der joh. Erzähler nicht direkt von der Not der Jünger. Auch das Verb βασανίζω findet sich im joh. Text nicht. Es ist die Aufgabe der Leser, die angegebene Situation auf dem See mit der Not der Jünger zu verbinden. Sie sollen auch die tiefere bzw. übertragene Bedeutung der verwendeten Bilder (z.B. die Finsternis) erkennen. c) Im mk. Bericht fällt die Wahrnehmung Jesu durch das Verb „sehen" (εἶδον) auf.[153] Trotz der großen Distanz zwischen ihm und den Jüngern und trotz der Abendzeit, sieht er ihre Not auf dem See, die ihn zum weiteren Handeln bewegt. „Damit ist der Akzent auf die Jüngergruppe verlegt, die der Hilfe bedarf."[154]

*Das Kommen Jesu zu den Jüngern auf dem See*

Unmittelbar an die Schilderung der Situation wird in allen drei Texten (Mt 14,25f; Mk 6,48b-50a und Joh 6,19) über das Kommen Jesu zu den Jüngern auf dem See und über ihre Reaktion darauf berichtet, wie die folgende Tabelle zeigt:

[153] G. R. O'DAY, Walking 153, ist aufmerksam auf die unterschiedlichen Blickwinkel in allen drei Berichten: „In Matthew and Mark, the narrator seems to stand at the shoreline with Jesus, but in John the story is narrated from the disciples' perspective. This shift in perspective moves the opening emphasis of the story away from what Jesus does (Jesus' rescue of the distressed disciples) and places it on what the disciples see (Jesus walking on the water). The Johannine story of Jesus walking on water is a story of theophany, not rescue. It is a story of the revelation of the divine in Jesus." Vgl. auch P. J. MADDEN, Walking 91; M. LABAHN, Offenbarung 252.

[154] J. GNILKA, Mk I 268. E. RUCKSTUHL, Speisung 2013, sieht zu Recht, daß im joh. Bericht die Jünger diejenigen sind, „die in dieser Nacht handeln und im Morgengrauen dann Jesus ins Boot nehmen wollen", und daß demgegenüber in den synoptischen Parallelen vor allem das Handeln Jesu hervorgehoben wird.

| Mt 14,25-26 | Mk 6,48b-50a | Joh 6,19 |
|---|---|---|
| τετάρτη δὲ φυλακῇ τῆς<br>νυκτὸς<br>ἦλθεν πρὸς αὐτοὺς<br>*περιπατῶν* ἐπὶ τὴν θάλασσαν.<br><br>οἱ δὲ μαθηταὶ ἰδόντες αὐτὸν<br>ἐπὶ τῆς θαλάσσης<br>*περιπατοῦντα*<br><br><br>ἐταράχθησαν<br>λέγοντες ὅτι<br>Φάντασμά ἐστιν,<br>καὶ ἀπὸ τοῦ φόβου ἔκραξαν. | περὶ τετάρτην φυλακὴν τῆς<br>νυκτὸς<br>ἔρχεται πρὸς αὐτοὺς<br>*περιπατῶν* ἐπὶ τῆς θαλάσσης·<br>καὶ ἤθελεν παρελθεῖν αὐτούς.<br>οἱ δὲ ἰδόντες αὐτὸν<br>ἐπὶ τῆς θαλάσσης<br>*περιπατοῦντα*<br><br><br><br>ἔδοξαν ὅτι<br>φάντασμά ἐστιν,<br>καὶ ἀνέκραξαν· | ἐληλακότες οὖν ὡς σταδίους<br>εἴκοσι πέντε ἢ τριάκοντα<br>θεωροῦσιν τὸν Ἰησοῦν<br><br><br><br>*περιπατοῦντα* ἐπὶ τῆς<br>θαλάσσης<br>καὶ ἐγγὺς τοῦ πλοίου<br>γινόμενον,<br><br><br><br>καὶ ἐφοβήθησαν. |

TABELLE 9

Dieser Teil beginnt nach den beiden synoptischen Berichten mit einer Angabe im Zeitmaß (τετάρτη δὲ φυλακῇ τῆς νυκτός)[155] und nach dem joh. Bericht im Längenmaß (σταδίους εἴκοσι πέντε ἢ τριάκοντα). Dadurch werden die Leser informiert, daß die gerade geschilderte Situation schon einige Zeit dauert, vom Abend bis zur vierte Nachtwache, bzw. daß die Jünger vom Abend an schon eine lange Strecke unter schwierigen Verhältnissen gerudert sind. Die Zeitangabe enthält nach R. Pesch noch ein wichtiges Motiv: „Das in der Zeitangabe ‚um die vierte Nachtwache', d. h. am frühen Morgen, angedeutete Motiv von der Hilfe Gottes am Ende der Nacht, in der Morgenfrühe (vgl. Ex 14,24; ferner besonders zu Mk 16,2), macht die Bedeutung des Kommens Jesu klar. Sein Kommen zur Hilfe geschieht, indem er – wie Jahwe selbst – über dem Meer wandelt, souverän über dem ihm unterworfenen (vgl. 4,41) chaotischen Element umhergeht."[156]

Während der joh. Bericht das schildert, was die Jünger sehen, erwähnen die beiden synoptischen Berichte, daß Jesus zu den Jüngern kommt. „Jesus ‚kommt zu den Jüngern', d. h., er kommt ihnen zu Hilfe."[157] Dabei ist der Gebrauch des Präsens historicum in Joh 6,19 beim Verb „sehen" (θεωρέω) und in Mk 6,48b beim Verb „kommen" (ἔρχομαι) auffällig. In Mt 14,25 bleibt ἔρχομαι im Aorist.

Mit großen Übereinstimmung wird das erste Element des außergewöhnlichen Erscheinens Jesu, sein Umhergehen auf dem See, vorgestellt. In allen drei Berichten kommt das Verb „umhergehen" (περιπα-

155 J. GNILKA, Mk I 268, schreibt: „Da das AT nur drei Wachen der Nacht kennt, ist Rücksichtnahme auf die römische Zählung zu vermuten, nach der die Nacht in vier Wachen zerfällt. Die vierte war von 3 bis 6 Uhr morgens."

156 R. PESCH, Mk I 360.

157 R. PESCH, Mk I 360.

τέω) im Partizip Präsens vor.[158] Durch diese Form ist das Umhergehen Jesu als andauerndes, wiederholtes bzw. kontinuierliches Geschehen zu verstehen. Das Verb ist an allen drei Stellen unmittelbar mit der Ortsbestimmung „auf dem See" verbunden. Die Präposition ἐπί kommt mit dem Genitiv τῆς θαλάσσης in Mk 6,48b und in Joh 6,19c bzw. mit dem Akkusativ τὴν θάλασσαν in Mt 14,25 vor. Die beiden Kombinationen können die gleiche Bedeutung haben, besonders als Antwort auf das Fragewort „wo".[159]

Dem ersten Partizip Präsens περιπατοῦντα folgt nur in Joh 6,19d noch das zweite γινόμενον. Jesus geht also nicht nur andauernd, wiederholt und kontinuierlich auf dem See umher, sondern er befindet sich gleichzeitig auf diese Weise (andauernd, wiederholt, kontinuierlich) nahe bei dem Boot. Dieses gleichzeitige Geschehen ist auch ein Merkmal seiner theophanen Erscheinung, denn es ist für einen gewöhnlichen Menschen unmöglich und unvorstellbar. In Mk 6,48b wird die Absicht Jesu ausgedrückt. Er will an den Jüngern vorbeigehen. Das Verb „vorbeigehen" (παρέρχομαι)[160] bezeichnet auch ein wichtiges Element, das schon im AT im Zusammenhang mit einer Theophanie vorkommt.

In beiden synoptischen Perikopen wird über die Wahrnehmung der Jünger berichtet. Im Unterschied zu Joh 6,19b wird in den beiden synoptischen Berichten das „Sehen" nicht mit dem Verb θεωρέω ausgedrückt, sondern mit dem Verb εἶδον. Dieses erscheint nicht mehr als Indikativ Präsens, sondern als Partizip Aorist. Das Objekt des Sehens ist Jesus als Umhergehender auf dem See.

Im Unterschied zu Joh 6,19 kommt die Wortverbindung zwischen dem Verb „umhergehen" und der Ortsbestimmung „auf dem See" in beiden synoptischen Berichten 2mal verstärkt als Chiasmus[161] vor:

[158] Dabei ist nur der Kasus unterschiedlich: der Nominativ (Mt 14,25; Mk 6,48b) und der Akkusativ (Joh 6,19).

[159] Vgl. F. BLASS/A. DEBRUNNER/F. REHKOPF, Grammatik § 233 - § 234.

[160] R. PESCH, Mk I 361, schreibt: „Die Andeutung des ‚Vorübergangs' Jesu ruft Ex 33,19.22; 34,5f; 1 Kön 19,11, die Erzählungen vom Vorübergang der Herrlichkeit Jahwes an Mose und Elija, in Erinnerung." Zum Verb παρέρχομαι im AT siehe umfangreiche Ausführungen bei W. BERG, Rezeption 103-140.

[161] F. BLASS/A. DEBRUNNER/F. REHKOPF, Grammatik § 477, definieren Chiasmus folgendermaßen: „Die Wiederaufnahme einander entsprechender oder entgegengesetzter Wörter in umgekehrter Reihenfolge nach dem Schema a/b–b/a bezeichnet man als Chiasmus."

| Mt 14,25-26 | | Mk 6,48b-49 | |
|---|---|---|---|
| περιπατῶν | ἐπὶ τὴν θάλασσαν | περιπατῶν | ἐπὶ τῆς θαλάσσης |
| ἐπὶ τῆς θαλάσσης | περιπατοῦντα | ἐπὶ τῆς θαλάσσης | περιπατοῦντα |

ABBILDUNG 9

Nur in beiden synoptischen Texten wird Jesus beim Wandeln auf dem See von seinen Jüngern nicht erkannt, denn sie meinen, ein „Gespenst" (φάντασμα) zu sehen. Dementsprechend sind ihre Reaktionen teilweise anders geschildert als im joh. Bericht: Nach Mt 14,26 sind sie „verwirrt" (ταράσσω) und vor Furcht „schreien sie" (κράζω). Auch nach Mk 6,49 „schreien sie auf" (ἀνακράζω). Nach Joh 6,19d schreien die Jünger nicht, sondern sie „fürchten sich" (φοβέομαι)[162], wie es eine gewöhnliche Reaktion der Menschen bei einer theophanen Erscheinung ist.

*Die Worte Jesu an die Jünger*

In allen drei Berichten folgen unmittelbar auf die Reaktion der Jünger die Worte Jesu an die Jünger als direkte Rede (KN 1).

| Mt 14,27b | Mk 6,50b | Joh 6,20b-c |
|---|---|---|
| Θαρσεῖτε,<br>ἐγώ εἰμι·<br>μὴ φοβεῖσθε. | Θαρσεῖτε,<br>ἐγώ εἰμι·<br>μὴ φοβεῖσθε. | Ἐγώ εἰμι,<br>μὴ φοβεῖσθε. |

TABELLE 10

Das ἐγώ εἰμι-Wort Jesu und sein Aufruf an die Jünger μὴ φοβεῖσθε ist allen drei Berichten gemeinsam. Im Unterschied zum joh. Bericht, wo das ἐγώ εἰμι-Wort Jesu in absoluter Form aufscheint, ist es in beiden synoptischen Aussagen aufgrund des Kontextes zuerst als Rekognitionsformel[163] zu verstehen, die aber auch den Klang des absoluten ἐγώ εἰμι mitbringt. Jesus läßt sich „durch sein Sprechen"[164] erkennen. Der Herumgehende auf dem See ist kein Gespenst, sondern Jesus selbst. Weiter fällt in beiden synoptischen Aussagen auf, daß das ἐγώ εἰμι-

162 G. R. O'DAY, Walking 154, schreibt: „John 6:19 states quite clearly that the disciples recognize Jesus as the one who is walking on the sea ... The terror of mistaken identity is eliminated completely. The disciples' response to the sight of Jesus walking on the sea, then, is not terror at the sight of a ghost, but fear that is the fear and awe of God." Vgl. M. LABAHN, Offenbarung 252.

163 In diesem Sinn erklärt R. SCHNACKENBURG, Joh II 36, das ἐγώ εἰμι-Wort Jesu folgendermaßen: „Bei den Syn ist es vor allem Rekognitionsformel (kein Gespenst!), obschon der hoheitsvolle Klang bei dieser Epiphanie unüberhörbar ist."

164 R. PESCH, Mk I 361.

Wort von zwei synonymen Aufrufen Jesu an die Jünger umgeben wird: θαρσεῖτε und μὴ φοβεῖσθε. Jesus läßt sich nicht nur erkennen, sondern er widmet sich verstärkt seinen Jüngern mit der Botschaft: Sie brauchen sich nicht zu fürchten.[165]

*Das weitere Geschehen am See*

Die veränderte Situation, die sich durch die Anwesenheit Jesu auf dem See ereignete und die zur Lösung der schwierigen Lage der Jünger führte, ist im weiteren Verlauf des Geschehens nach allen drei Berichten erkennbar. Neben dieser Gemeinsamkeit fallen vor allem zahlreiche Unterschiede zwischen ihnen auf:

- Nur in Mt 14,28-31 spielt sich unmittelbar an die Worte Jesu die Szene zwischen Petrus und Jesus ab.[166]
- Im Unterschied zum joh. Bericht steigt nach Mk 6,51 Jesus zu den Jüngern in das Boot, nach Mt 14,32 zusammen mit Petrus. Erst jetzt geschieht die Veränderung in der Natur, das Nachlassen des Windes, und dadurch ein Rettungswunder.
- Nur nach Joh 6,21b befindet sich das Boot sofort am Land.
- Die unterschiedlichen Reaktionen und das unterschiedliche Begreifen der Jünger fallen auf: Nach Mk 6,51b-52 kommt es zum Unverständnis und zur Verstockung der Herzen.[167] In Joh 6,21a haben die Jünger den Wunsch, Jesus in das Boot hineinzunehmen. Nach Mt 14,33 fallen sie vor Jesus nieder und äußeren ihr Bekenntnis zu ihm als Gottes Sohn.[168]

[165] Das Besondere an jedem von diesen zwei Aufrufen erklärt R. PESCH, Mk I 361f: „Der Zuspruch θαρσεῖτε wehrt dem Schrecken über die Erscheinung, die Trostformel μὴ φοβεῖσθε bezieht sich hingegen auf die Selbstoffenbarung Jesu mit der atl. Gottesoffenbarungsformel ἐγώ εἰμι. Die Klärung der Identität des Erscheinenden geschieht doppelbödig theologisch: In dem auf dem Meer einherschreitenden irdischen Jesus (ἐγώ εἰμι als Identitätsproklamation) wird Jahwe epiphan (ἐγώ εἰμι als Offenbarungsformel)." Vgl. M. LABAHN, Offenbarung 249f.

[166] U. WILCKENS, Joh 95, schreibt: „Mt hat die Mk-Vorlage um die Episode zwischen Jesus und Petrus (Mt 14,28-31) erweitert. Der Joh.evangelist berichtet diese nicht (vgl. jedoch 21,7!). Seine Vorlage ist also der Mk-Bericht. Das ergibt sich auch aus zwei weiteren Beobachtungen: Die Zeichenforderung (V. 30) und das Petrus-Bekenntnis (V. 66-68) finden sich bei Mk im Zusammenhang der zweiten Speisungsgeschichte Mk 8,1-10 ... Im übrigen erzählt der Joh.evangelist hier wie durchwegs nach eigenen theologischen Gesichtspunkten."

[167] Vgl. J. GNILKA, Mk I 270f.

[168] U. LUZ, Mt II 411, bemerkt treffend: „Damit sprechen sie den für Matthäus wichtigsten christologischen Titel und zugleich wohl das zentralste Bekenntnis der Gemeinde aus."

*Ergebnisse*

Drei Evangelien (das Mt-Ev, das Mk-Ev und das Joh-Ev) berichten über den Gang Jesu auf dem See unmittelbar im Anschluß an die wunderbare Speisung. In allen drei Evangelien zeigen diese beiden Ereignisse christologische, theologische und soteriologische Verbindungen.

Der mt. Bericht geht deutlich auf den mk. Bericht zurück. Auch der joh. Bericht ist trotz der zahlreichen Unterschiede zumindest wegen der ähnlichen Struktur (die Schilderung der Situation – das Kommen Jesu zu den Jüngern auf dem See – die Worte Jesu an die Jünger – das weitere Geschehen am See) besonders mit dem mk. Bericht vertraut.

Im Zentrum aller drei Berichte findet sich das theophane Erscheinen Jesu, das in der Art seines Daseins, in seinen Worten (ἐγώ εἰμι, μὴ φοβεῖσθε) und in seinem Wirken erkennbar ist.[169] Im joh. Bericht steht es stark im Vordergrund und hat den Vorrang vor allem anderen, was sich in dieser Situation noch am See abspielt. Es steht auch im Vordergrund der beiden synoptischen Berichte doch gemeinsam mit der dramatischen Situation der Jünger im Boot und dem mehrfachen Reagieren Jesu darauf. Die joh. Intention zeigt sich im Unterschied zu den beiden synoptischen Berichten besonders darin, daß das zweite Zeichen eine Antwort auf die offen gebliebene Frage nach der Identität Jesu anschließend an das erste Zeichen (VV. 14f) geben möchte. Die Akzentsetzung in den einzelnen Berichten drückt sich besonders deutlich in den Worten Jesu aus. Während die Aussage Jesu im joh. Bericht unmittelbar mit dem ἐγώ εἰμι-Wort in absoluter Form und damit mit der Thematik der Identität Jesu beginnt, fängt sie in den beiden synoptischen Berichten mit dem Zuspruch an die Jünger θαρσεῖτε an. Das ἐγώ εἰμι-Wort Jesu wird also mit seinen tröstenden Worten an die Jünger umgeben, durch welche es zuerst als Rekognitionsformel zu verstehen ist. Während im joh. Bericht die Aussage Jesu die einzige direkte Rede in der Perikope ist, wird sie im mt. Bericht von anderen direkten Worten begleitet und kommt als Beginn des Gesprächs mit den Jüngern bzw. Petrus zum Ausdruck. Der Gang Jesu auf dem See bzw. sein theophanes Erscheinen hat trotz der unterschiedlichen Akzente nach allen drei Evangelien zugleich auch rettende Funktion (aus dem Bereich der Chaos- und Todesmächte). Innerhalb dieser Berichte sind die Jünger Jesu diejenigen, denen diese Rettungserfahrung als ersten zuteil wird.[170]

Auffällig sind die zuletzt erwähnten Reaktionen der Jünger auf das theophane Erscheinen Jesu. Sie sind in den einzelnen Berichten ganz

[169] Vgl. M. MATJAŽ, Furcht 144.

[170] J. P. HEIL, Walking 17; W. BERG, Rezeption 337.

unterschiedlich und reichen vom Unverständnis in Mk 6,51b-52 bis zu ihrem Bekenntnis zu Jesus als Gottes Sohn in Mt 14,33. Sie zeigen, daß das theophane Erscheinen Jesu nicht immer unmittelbar zum Glauben und zum Bekenntnis zu Jesus führt.

### *2.6 Zur Lebensthematik*

Im Blick auf die Lebensthematik fällt die Schilderung der Situation auf dem See in VV. 16-18 unter negativem Vorzeichen auf. Denn es handelt sich um eine lebensbedrohliche und furchterregende Situation auf dem See. Am Abend nach dem Zeichen der wunderbaren Speisung verschärft sich das Geschehen noch einmal. Der betroffene Personenkreis ist nicht die Menge wie in VV. 1-15, sondern sind die Jünger Jesu. Nicht mehr der Mangel an Brot ist der Grund ihrer Schwierigkeiten, sondern die widrigen Mächte der Natur und die Abwesenheit Jesu. Die erwähnten Elemente der Natur (besonders σκοτία und θάλασσα) und ihre Wirkung gehören zu den atl. Bildern, die sowohl den Bereich des Chaos als auch Gefahr, Not und Tod kennzeichnen. Nur Gott allein kann über sie verfügen. Im AT sind sie oft auch gleichzeitig das Vorzeichen für sein Eingreifen und sogar für seine Theophanie.[171] Die chaotische lebensbedrohliche Situation im joh. Bericht ist aber zugleich noch durch die Abwesenheit Jesu charakterisiert. Damit wird für den Leser des Joh-Ev die Frage nach der Macht Jesu über die lebensgefährdenden Kräfte und nach seiner Beziehung zu Gott ausgelöst.

Der Gang Jesu auf dem See, das erste Element seiner außergewöhnlichen Erscheinung in V. 19, hat auf seinem atl. Hintergrund einen doppelten Bezug zur Lebensthematik. In erster Linie manifestiert er die Macht über die lebensbedrohlichen Chaos- und Todesmächte (vgl. Ijob 9,8b). Dann aber erinnert er auch an das Gehen durch das Wasser, die Rettungstat Gottes, durch welche Gott den Menschen das Leben und die Rettung schenkt (vgl. Ex 14; Ps 77,20; Weish 10,18f). Diese Macht sowohl über das Chaos und den Tod als auch über die Rettung und das Leben, die im AT nur Gott eigen ist, gehört auch Jesus. Sie ist ein Merkmal seiner singulären Beziehung zu ihm.

Die Worte Jesu in V. 20b-c (ἐγώ εἰμι, μὴ φοβεῖσθε) und die veränderte Situation der Jünger, die durch die Anwesenheit Jesu in V. 21 sichtbar ist, offenbaren Jesus als denjenigen, der in einmaliger Beziehung zu Gott steht, der Gott durch seine Person offenbart und über göttli-

[171] Siehe die Verweise auf das AT in 2.3.

che Macht verfügt. Die Jünger werden dadurch nicht nur aus der furchterregenden Situation auf dem See gerettet. Jahwe, der einzige Gott und Retter offenbart sich und wirkt in und durch die Person Jesu. Sie können erkennen, daß das Leben und die Rettung bzw. das Heil ihnen nur in dieser Beziehung zugänglich ist.[172]

In bezug auf die Lebensthematik ist weiter der Blick auf die beiden Zeichen und auf ihr Verhältnis und ihre Reihenfolge (wunderbare Speisung – Gang Jesu auf dem Wasser) von Bedeutung. Es zeigt sich eine deutliche joh. Intention darin, daß die beiden Zeichen in Joh 6 unter diesem Gesichtspunkt einen Spannungsbogen bilden. Jesus erweist sich im ersten Zeichen („die wunderbare Speisung" VV. 1-15) zuerst als Geber der lebensspendenden Gabe (Speise) und erst danach im zweiten Zeichen („der Gang Jesu auf dem See" VV. 16-21) als theophan Sprechender bzw. Erscheinender. Dabei kommt es zur deutlichen Bewegung von Nahrung (Brot) im ersten Zeichen zum Wort im zweiten Zeichen. Stärker ausgefaltet zeigt sich in Joh 6 der gleiche Spannungsbogen bzw. die gleiche Bewegung von Speise zum Wort noch einmal im Gespräch Jesu in Kafarnaum (VV. 25-71), wobei er wesentlich dessen Verlauf (vgl. Teil IV 2) bestimmt. In beiden Zeichen offenbart sich Jesus als derjenige, der den Menschen das Leben schenken kann: durch die lebensspendenden Gaben wie Brot bzw. durch die Rettung aus den lebensbedrohlichen Mächten durch sein Wort. Der Grund dafür ist seine einmalige Beziehung zu Gott; er kann mit der Macht Gottes über die Naturkräfte, über den Tod und das Leben verfügen. Das stellt der joh. Bericht stärker und eindeutiger in den Vordergrund als seine synoptischen Parallelen.

[172] Die beiden Dimensionen des Seewandels Jesu (Offenbarung und Rettung) thematisiert auch CH. WELCK, Zeichen 168, in seiner Feststellung, daß sich in Joh 6,16-21 für die Jünger und vor ihren Augen „Rettung aus Not (Stichwort: ‚Rettungswunder') mittels überraschendem Auftreten des Offenbareres (Stichwort: ‚Epiphaniewunder')" ereignet.

# 3. VV. 22-24: SUCHEN DER MENGE NACH JESUS

## *3.1 Übersetzung*

22 a Am folgenden (Tag)[173] die Menge,
b die auf der anderen Seite[174] des Sees stehende,
c sah[175],
d daß kein anderes Boot[176] dort war,
e außer einem,
f und daß Jesus nicht mit seinen Jüngern in das Boot hineingestiegen war[177],
g sondern seine Jünger allein abgefahren waren.[178]
23 a Es kamen andere Boote[179] aus Tiberias nahe (an) den Ort,
b wo sie das Brot gegessen hatten,
c (nachdem) der Herr Dank gesagt hatte.[180]
24 a Als nun die Menge gesehen hatte,
b daß Jesus nicht dort war,[181]
c auch nicht seine Jünger,
d stiegen sie ein in die Boote
e und fuhren[182] nach Kafarnaum
f suchend Jesus.

173 Das Adverb ἐπαύριον bedeutet „morgen". Zusammen mit dem Wort „Tag" hat es die Bedeutung „am nächsten Tag". In V. 22a ist das Wort „Tag" zu ergänzen.

174 Siehe die Übersetzung von πέραν in V. 1 in Teil III 1.1.

175 Die sinngemäße Konstruktion (die Verbform εἶδον in Pl. und ihr Subjekt ὄχλος in Sg.) wird als Sg. übersetzt.

176 Die Diminiutivform von πλοῖον ist πλοιάριον und bedeutet das kleine Schiff bzw. das Boot. Aber auch πλοῖον kennzeichnet nicht nur „das Schiff", sondern auch „das Boot". Hier werden beide Worte als „Boot" übersetzt.

177 Das Verb συνεισέρχομαι bedeutet: „zusammenkommen" bzw. „mit jemanden zusammen kommen, gehen, reisen". Aufgrund des Kontextes wird es an dieser Stelle als „hineinsteigen mit jemanden" übersetzt. Vgl. W. HAUBECK/H. V. SIEBENTHAL, Schlüssel I 541.

178 Das Verb ἀπέρχομαι mit der Bedeutung „weggehen" ist hier aufgrund des Kontextes eher als „abfahren" zu übersetzen. Vgl. W. BAUER, Wörterbuch 168f.

179 Die sinngemäße Konstruktion ἦλθεν πλοι[άρι]α wird als Pl. übersetzt.

180 Das Partizip εὐχαριστήσαντος kommt hier als genitivus absolutus vor und wird zusammen mit dem Subjekt als zeitliches Adverb verwendet. Aus diesem Grund wird in der Übersetzung die zeitliche Konjunktion „nachdem" eingefügt.

181 Aufgrund des Kontextes wird ἔστιν nicht als „ist", sondern als „war" übersetzt.

182 Das Verb ἔρχομαι bedeutet in bezug auf den See nicht „gehen", sondern „fahren".

### *3.2 Gliederung*

Der dritte Hauptteil (VV. 22-24) zeigt eine dreiteilige Struktur, wie die folgende Abbildung erkennen läßt:

1. Teil: V. 22: Die am See stehende und Jesus nicht sehende Menge
2. Teil: V. 23: Ort der Danksagung des Herrn
3. Teil: V. 24: Die Jesus suchende Menge und Fahrt nach Kafarnaum

ABBILDUNG 10

Jeder dieser drei Teile greift thematisch in die übrigen Hauptteile von Joh 6 ein oder berührt sie wenigstens:
a) Der 1. Teil (V. 22) greift auf den zweiten Hauptteil (VV. 16-21: Jesu Gang und Offenbarung auf dem See) zurück.
b) Der 2. Teil (V. 23) bezieht sich direkt auf den ersten Hauptteil (VV. 1-15: Jesu Zeichen der wunderbaren Speisung).
c) Der 3. Teil (V. 24) weist durch die Ortsangabe Kafarnaum auf den vierten Hauptteil (VV. 25-71: Gespräch mit Jesus) hin.[183]
Die auf den ersten Blick unauffälligen VV. 22-24 bilden durch ihre Verbindungen mit den übrigen drei Hauptteilen einen Knotenpunkt in Joh 6.[184] Aufgrund dieser Verbindungen zeigt der dritte Hauptteil (VV. 22-24) an, daß Joh 6 als eine große Texteinheit zu verstehen ist.

Die dreiteilige Gliederung der VV. 22-24 erweist sich nicht nur aus kontextuellen Gründen als wichtig, sondern auch wegen der inneren Kohärenz.[185] Der 1. Teil und der 3. Teil bilden den Rahmen um den 2. Teil (vgl. ABBILDUNG 10). Das zeigt sich zuerst auf der sprachlichen Ebe-

[183] In diesem Sinn schreibt P. F. ELLIS, Joh 121: „His [John's] purpose is to link the dialogue and discourse in 6:25ff with the multiplication of the loaves on the previous day. To accomplish this, he had to get the crowd to Capernaum." Ähnlich M. LABAHN, Offenbarung 193; D. A. CARSON, Joh 283; U. SCHNELLE, Joh 120.

[184] Über die Verbindungen von VV. 22-24 mit den übrigen Hauptteilen schreibt P. BORGEN, Tradition 113: „In 6,22-24 John repeats phrases from and makes references to the preceding stories and inserts additional interpretation. In this way it is seen that in v. 22 he refers to the story of the crossing of the sea by the disciples (vv. 16-21). In vv. 23-24a the story about the feeding is referred to, while in vv. 24b-25a he brings the crowd to the destination of the disciples' crossing, Capernaum. In this way it is shown that the crowd was searching for Jesus." Ähnliches behauptet auch L. SCHENKE, Joh 128. Vom theologischen Gesichtspunkt aus ist die Verbindung mit der wunderbaren Speisung wichtig für R. E. BROWN, Joh I 259: „We may note that in vss. 22-24 there is a deepening of the theological motifs that we found in the multiplication scene. If the bracketed clause in 23 is original, then the fact that the Lord had given thanks (eucharistein) has become very important."

[185] Anders H. N. RIDDERBOS, Joh 218f, der vor allem die Inkongruenz in VV. 22-24 sieht.

ne, wo zahlreiche Wörter aus dem 1. Teil im 3. Teil wiederaufgenommen werden, was die folgende Tabelle verdeutlicht:[186]

| | 1. Teil (V. 22) | 3. Teil (V. 24) |
|---|---|---|
| ὁ ὄχλος | 22a | 24a |
| οἱ μαθηταὶ αὐτοῦ | 22f | 24c |
| Ἰησοῦς | 22f | 24bf |
| τὸ πλοιάριον<br>τὸ πλοῖον | 22d<br>22f | <br>24f |
| εἰμί | 22d | 24b |
| εἶδον | 22c | 24a |
| ἐκεῖ | 22d | 24b |
| οὐ<br>οὐδέ | <br>22df | 24b<br>24c |

Tabelle 11

Am häufigsten werden die Verneinungsworte wiederholt.[187] Dadurch bildet das Thema der Abwesenheit Jesu und seiner Jünger am Ort der Danksagung bzw. der Brotvermehrung den Rahmen dieser Perikope. Diese Abwesenheit ist das Objekt des Wahrnehmens der Menge (das Verb εἶδον).

Weiter besteht in VV. 22-24 eine bestimmte Dynamik zwischen den statischen Verben und den Verben der Bewegung. Das zeigt die folgende Tabelle:

| | V. 22 | V. 23 | V. 24 |
|---|---|---|---|
| Jesus | οὐ συνεισέρχομαι | | οὐκ εἰμί |
| die Jünger | ἀπέρχομαι | | οὐ (εἰμί) |
| die Menge | ἵστημι | | ἐμβαίνω<br>ἔρχομαι |
| die Boote<br>ein anderes Boot | <br>οὐκ εἰμί | ἔρχομαι | |

Tabelle 12

Auffällig ist die Spannung zwischen οὐκ εἰμί und ἔρχομαι bzw. seinen Komposita συνεισέρχομαι und ἀπέρχομαι. 2mal bezieht sich οὐ auf Jesus selbst. Dadurch erweist sich die Abwesenheit Jesu am Ort der Danksagung als Anlaß für den Weggang der Menge von diesem Ort. Nach meiner Meinung möchte der joh. Verfasser mit diesem Wortspiel darauf hinweisen, daß der eigentliche Ort der Danksagung Jesus selbst ist.

[186] Einige dieser Wiederaufnahmen erwähnt auch M. Labahn, Offenbarung 190-197, der sie aber vor allem in seinen Erklärungen der Tradition und des Wachstumsprozesses von Joh 6 verwendet.

[187] Ch. Welck, Zeichen 166, merkt „die allmähliche Ausbreitung der Negativdaten".

### *3.3 Auslegung*

*1. Teil: V. 22: Die am See stehende und Jesus nicht sehende Menge*

Mit der Zeitangabe τῇ ἐπαύριον beginnt ein neuer Abschnitt, der vor allem aus dem Blickwinkel der Menge dargestellt wird.[188] „Die Menge" (ὁ ὄχλος)[189], die schon im ersten Hauptteil in VV. 2a.5c vorkommt, ist hier das Hauptsubjekt. Ebenso wie nach der Speisung befaßt sie sich noch am folgenden Tag nur mit Jesus. Er bleibt das Zentrum ihrer Aufmerksamkeit trotz seiner Abwesenheit. Die Menge hat gesehen, daß eines von den zwei Booten nicht mehr da ist und daß die Jünger ohne Jesus abgefahren sind.[190] Sie muß sich mit seiner Abwesenheit auseinandersetzen. Ihr Zustand wird durch das Partizip Perfekt als „stehend" (ἑστηκώς) gekennzeichnet und kann als dauernder Zustand[191] ihres Wahrnehmens der spurlosen[192] Abwesenheit Jesu und des Weggehens seiner Jünger verstanden werden. Das bedeutet, daß sich die Menge seit ihrer Wahrnehmung dieser Situation in einem „stehenden" Zustand befindet.

*2. Teil: V. 23: Ort der Danksagung des Herrn*

Das Kommen der kleinen Boote aus Tiberias kann als Beweis gesehen werden, daß das Zeichen Jesu dort bekannt geworden ist. Das bedeutet, daß es schon innerhalb eines Tages seine Auswirkung auch in der Umgebung zeigt.

Der Ortsname Τιβεριάς kommt nur im Joh-Ev vor. An den übrigen beiden Stellen (Joh 6,1 und Joh 21,1) erscheint dieser Name als genauere Bestimmung des Sees Galiläas; in V. 23a kennzeichnet er die Stadt selbst, die an der Westküste des Sees Gennesaret liegt. Sie wurde als Tiberias „von Herodes Antipas 26/27 n. Chr. zu Ehren des Kaisers Tiberius (Jos Ant XVIII 36ff) ... als Hauptstadt seines Gebietes statt Sepphoris benannt ... Da Tiberias auf einem Gräberfeld lag und deshalb frommen Juden als unrein galt, mußte Herodes die Stadt zwangs-

188 Auf den Perspektivenwechsel machen auch M. LABAHN, Offenbarung 39; P. J. MADDEN, Walking 85, aufmerksam.

189 P. F. ELLIS, Joh 121 schreibt: „The crowd of five thousand (6:10) is treated as if it had one mind and thought and actes as a unity. This is surely permissible dramatic license on John's part."

190 In diesem Sinn schreibt K. QUAST, Reading 53: „This section confirms that the disciples had set sail, without Jesus, in the only boat available."

191 F. BLASS/A. DEBRUNNER/F. REHKOPF, Grammatik § 340, schreiben: „Das Perfektum vereinigt gleichsam Präsens und Aorist in sich, indem es die Dauer des Vollendeten ausdrückt."

192 Ähnlich erkennt M. LABAHN, Offenbarung 193: „Diese Abwesenheit ist überraschend, da die Jünger das Ufer mit dem einzigen Boot verlassen hatten."

weise besiedeln und auch Fremde ansässig machen. Es überwog zunächst das hellenistische Element (hellenistische Verwaltung). Erst später wurde Tiberias für rein erklärt (pSeb 9,38d).“[193]

Die Boote kommen „nahe“ (ἐγγύς) an den Ort der wunderbaren Speisung bzw. der Danksagung des Herrn, aber nicht an den Ort selbst. Durch diese Ausdrucksweise können die Leser zugleich die Nähe und die Distanz zu dem Ort erfahren. Das Adverb ἐγγύς[194] und mit ihm die Dynamik zwischen der Nähe und der Distanz kommt nicht nur in V. 23a vor, sondern hat in Joh 6 bereits zwei Belege: im ersten Hauptteil in V. 4a, wo es sich auf das Pascha bezieht und im zweiten Hauptteil in V. 19d, wo es die Nähe bzw. die Distanz zwischen dem Boot und Jesus ausdrückt.

Der Ort selbst wird durch die Erinnerung an das Zeichen Jesu mit den zwei Elementen geschildert: das Essen des Brotes (V. 23b) und die Danksagung des Herrn (V. 23c). Das Handeln Jesu wird in der „Danksagung“ zusammengefaßt und als Ganzes wieder in Erinnerung gerufen. Die Verben λαμβάνω und διαδίδωμι, die ebenso zu diesem Handeln Jesu in V. 11 gehören, kommen in V. 23 nicht mehr vor.[195] Weiter fällt auf, daß im Unterschied zu V. 11a das „Brot“ (ἄρτος) in V. 23b als Singular und nicht mehr als Plural vorkommt. Ab hier wird ἄρτος in Joh 6 nur noch im Singular (außer in V. 26f), vor allem im bildhaften Sinn, verwendet. Der Singular in V. 23 macht aufmerksam, daß das Brot eine tiefere theologische Bedeutung hat, und baut zugleich eine Brücke zwischen der wunderbaren Speisung und dem Gespräch in Kafarnaum.[196]

193 H. BALZ/G. SCHNEIDER, EWNT III 851.

194 Das Adverb ἐγγύς kommt im NT 22mal vor, dabei 11mal im Joh-Ev. Nach D. DORMEYER, EWNT I 897f kennzeichnet es „die Nähe eines Ortes, eines Zeitpunktes, einer Person oder eines theol. Abstraktums ... Bei Joh macht Jesu Nähe einzelne Orte zum Raum der Entscheidung ... Das Nahekommen des auf dem Wasser wandelnden Jesus stellt die im Boot Sitzenden in die Entscheidung zwischen Furcht und Glauben (6,19); der von Jesus verlassene Ort der Brotvermehrung regt zur Suche nach Jesus an (6,23); die Auferweckung des Lazarus geschieht in Betanien, nahe Jerusalem, wo Jesus auferstehen wird (11,18); von Betanien zieht er sich in die Nähe der Wüste zurück, um Gott nahe zu sein (11,54). Sein Kreuz steht in der Nähe der Stadt, die sich aber endgültig gegen ihn entscheidet (19,20); das nahe Grab, das außerhalb der Stadt liegt, wird zum Ort des neuen Anfangs (19,42).“

195 Vgl. M. LABAHN, Offenbarung 39.

196 Daß der Singular in diesem Fall ein theologisches Signal im Text bedeutet, darauf macht auch V. VALLOORAN, Discourse 115, aufmerksam. Diese Linie setzt sich auch in Joh 21 fort, wo ἄρτος ausschließlich im Singular belegt wird (Joh 21,9.13).

Der Verfasser nennt Jesus in V. 23c erstmals innerhalb von Joh 6 mit dem Titel „der Herr" (ὁ κύριος)[197], der in Joh 6 noch 2mal erscheint, zuerst in V. 34b in der Bitte der Menschen an Jesus und dann noch in V. 68b als erstes Wort in der Antwort des Petrus an Jesus. Es findet sich im Joh-Ev insgesamt 53mal. Der Verfasser verwendet diesen Titel gezielt. In den drei atl. Zitaten in Joh 1,23; 12,13.38, die mehr oder weniger frei wiedergegeben sind, wird ausschließlich Gott als „Herr" bezeichnet und das 4mal. Besonders das Zitat in Joh 1,23 kann aber im neuen Kontext mit diesem Titel bereits auf Jesus hinweisen. Fast ausschließlich (46mal) bezieht sich diese Gottestitulatur im Joh-Ev auf Jesus.[198] Nicht nur in seiner irdischen Existenz, sondern auch als der Auferstandene wird Jesus „Herr" genannt. Diese Kontinuität kann als Beweis dienen, daß der irdische Jesus mit dem auferstandenen identisch ist. Weiter kann der Leser durch solchen gezielten Gebrauch dieses Hoheitstitels die besondere Beziehung und Nähe zwischen Jesus und Gott voraussetzen.[199] Als letztes Wort in V. 23 wird der Titel „der Herr" (ὁ κύριος) zusätzlich betont. Diesem Titel gehen in Joh 6 zwei Ereignisse (VV. 1-15 die wunderbare Speisung und VV. 16-21 der Seewandel Jesu) voraus, wo Jesus sich als „Herr" erweist, ohne ausdrücklich als „Herr" vom Verfasser benannt zu werden. Der Titel „der Herr" erscheint in V. 23 in der logischen Reihenfolge in bezug auf die vorgehenden Ereignisse und kann von den Lesern schon erwartet werden. Er kann auch als Hinweis auf die Reflexion der vergangenen Ereignisse seitens des Verfassers verstanden werden, der den Titel „der Herr" für Jesus aufgrund seines Wirkens und Daseins als passend findet.

[197] Mehr zu diesem Begriff siehe in J. A. FITZMYER, EWNT II 811-820; G. QUELL/W. FOERSTER, ThWNT III 1038-1098.

[198] Nur drei Stellen weichen vom oben erwähnten Gebrauch ab. Jesus verwendet 2mal die Bezeichnung „der Herr" im profanen Sinn, wo er das Verhältnis zwischen dem Herrn und seinem Sklaven erklärt (Joh 13,16; 15,15). Die Griechen wenden sich an Philippus mit dem Vokativ „Herr" (Joh 12,21).

[199] Zusammenfassend schreibt R. OBERFORCHER, Christologie 14: „‚Der Herr' (ὁ κύριος) ist atl. Gottestitulatur aus universaler Herrschaftskompetenz, die in Christus neu den Menschen erschlossen wird. Als der neue Kyrios seit der Erhöhung/Auferstehung ist Christus der einzige und universale Maßstab für die Menschheit vor Gott. Aber Kyriossein ist delegierte, nicht autonome Herrschaft Christi und keine Infragestellung des Monotheismus. Insgesamt zielen die Hoheitstitel auf das theologische Aussagezentrum: Jesus Christus ist die einzige Autorität des Zugangs der Menschen zu Gott, in ihm erschließt sich Gottes erlösendes, befreiendes und versöhnendes Wirken."

*3. Teil: V. 24: Die Jesus suchende Menge und Fahrt nach Kafarnaum*

V. 24 bringt noch einmal die Wahrnehmung der Menge durch das Verb „sehen" (ὁράω) zum Ausdruck. Noch unmittelbarer als V. 22 äußert V. 24, daß die Menge durch ihr „Sehen" die Abwesenheit Jesu und seiner Jünger wahrnimmt.[200]

Die Reaktion der Menge auf die Abwesenheit Jesu und seiner Jünger ist in V. 24 anders als in V. 22. Die Menge bleibt nicht mehr am See stehen wie in V. 22b, sondern auf ihrer Suche nach Jesus begibt sie sich auf den Weg bzw. auf die Fahrt nach Kafarnaum. Die zuerst hilflos stehende Menge findet allmählich in ihrer Auseinandersetzung mit der Abwesenheit Jesu wieder den Weg zu ihm.

Die Überfahrt der Menge mit den kleinen „Booten" (πλοιάριον) nach Kafarnaum ist historisch schwer vorstellbar,[201] ebenso wie in V. 11 die Verteilung der Brote an die Menschen durch Jesus selbst.[202]

Das Ziel ihrer Fahrt ist Kafarnaum ebenso wie dasjenige der Jünger in V. 17b. „Überzeugt davon, daß Jesus sich irgendwie wieder mit seinen Jüngern getroffen haben mußte, benützte nun die Menge die vorhandenen Boote, weil sie ahnten oder wußten, daß die Jünger nach Kapernaum wollten. Sie kommen dort hin, und hier wird die anschließende Rede gehalten."[203] Καφαρναούμ[204] kommt im NT 16mal vor, im Joh-Ev 5mal, dabei 3mal in Joh 6. Es findet sich zuerst im zweiten Hauptteil in V. 17b, danach im dritten Hauptteil in V. 24e und zuletzt im vierten Hauptteil in V. 59b. Durch ihr dreimaliges Vorkommen in Joh 6 verbindet diese Ortsangabe die drei Hauptteile des Kapitels miteinander.

Im Gegensatz zu den Jüngern, deren Absicht nach Kafarnaum zu fahren in VV. 16-21 nicht erwähnt wird, ist es die Absicht der Menge,

200 In diesem Sinn erkennt M. LABAHN, Offenbarung 39, in V. 24 „eine retardierende Tendenz".

201 Die historisch schwer vorstellbare joh. Angabe wird auch in der Literatur oft erwähnt; u.a. von R. E. BROWN, Joh I 258: „The details that John narrates are difficult. Are we to think that five thousand men were transported across the sea to catch up with Jesus?" B. SCHWANK, Joh 205, kommt zu einer Antwort: „Die unrealistische Darstellung macht also deutlich, auf was es dem Evangelisten ankommt. Er will mit wenigen überleitenden Bemerkungen die Menge möglichst schnell wieder zu Jesus finden lassen. Dabei vermeidet er es, Jesus einfach in Kafarnaum mit einer neuen Volksmenge ins Gespräch zu bringen."

202 Siehe die Auslegung von V. 11 in Teil III 1.3.

203 CH. K. BARRETT, Joh 297. Ähnlich R. SCHNACKENBURG, Joh II 44; U. SCHNELLE, Joh 120; H. WEDER, Menschwerdung 373.

204 Nach H. BALZ/G. SCHNEIDER, EWNT II 690, ist Kafarnaum „Name eines wichtigen Wirkungsortes Jesu und der Heimat der Brüder Simon und Andreas (Mk 1,29; vgl. Mt 8,14; Lk 4,38), am Nordwestufer des Sees Gennesaret, etwa 4 km westlich der Mündung des Jordans gelegen". Siehe auch unten in 3.1.

an diesem Ort Jesus zu suchen. Mit dieser Auskunft wird der dritte Hauptteil von Joh 6 beendet.

Die Bewegung im zweiten Hauptteil zeigt, daß Jesus selbst die Jünger findet bzw. zu ihnen kommt. Anders verläuft die Bewegung im dritten Hauptteil: Jesus sucht nicht die Menge, sondern er selbst läßt sich von den Menschen suchen. Die beiden Bewegungen führen alle beteiligten Personen (Jesus, seine Jünger und die Menge) in die gleiche Richtung, nach Kafarnaum.

### *3.4 Vergleich mit den synoptischen Berichten*

In der Synopse[205] wird Joh 6,22-25 parallel mit den beiden synoptischen Perikopen angegeben:

| | | | |
|---|---|---|---|
| Überfahrt der Menge | Mt 14,34-36 | Mk 6,53-56 | Joh 6,22-25 |

Tabelle 13

Aufgrund der Gliederungs- und Abgrenzungskriterien in dieser Arbeit gehört V. 25 eher zum vierten Hauptteil (VV. 25-71). Für die Abgrenzung spricht vor allem folgendes Argument: In V. 25 fängt das Gespräch mit Jesus in Form der direkten Personenrede an, das sich bis zum Schluß von Joh 6 durchzieht (VV. 25-71).

Das Geschehen in allen drei Berichten von der Überfahrt erscheint als Erzählung ohne direkte Redeteile. Eine wichtige Gemeinsamkeit ist auch der unmittelbare Kontext am Beginn. Die beiden synoptischen Berichte schließen sich ebenso wie Joh 6,22-24 an die Erzählung über den Gang Jesu auf dem See an. Die Stellung am Schluß ist unterschiedlich. Während die synoptischen Berichte gleichzeitig den Abschluß ihrer größeren Texteinheiten bilden, folgt im Joh-Ev noch der lange Hauptteil (VV. 25-71), der in den synoptischen Evangelien keine entsprechende Parallele hat.

In allen drei Berichten erweist sich Jesus als Beweggrund der Menschen. Seine Abwesenheit im joh. Bericht bzw. seine Anwesenheit im mt. und mk. Bericht bringt die Menschen in Bewegung zu ihm. Während das Joh-Ev die Menge in ihrer Suche nach Jesus in seiner Abwesenheit schildert, berichten das Mt-Ev und das Mk-Ev über die Reaktionen der Menschen in Gennesaret aufgrund seiner Anwesenheit und über die Krankenheilungen, die er dort tat.[206] Dieser Unterschied wird

[205] Siehe K. Aland (Hg.), Synopsis 211f.

[206] In diesem Zusammenhang spricht R. Schnackenburg, Mt I 139, von der „ungebrochenen Anziehungskraft Jesu".

auch durch die Ortsangaben deutlich. Nach dem joh. Bericht befindet sich die Menge noch in der Nähe vom Ort der Danksagung und danach auf ihrer Fahrt über den See nach Kafarnaum. Beide Synoptiker berichten schon am Beginn ihrer Perikopen über das Geschehen auf der anderen Seite des Sees, beim Ort Gennesaret, nämlich daß die Menschen von Gennesaret Jesus erkennen. Das bedeutet, daß die Menschen im joh. Bericht, die Jesus suchen, nicht dieselben Menschen sein können, die Jesus nach den Berichten des Mk-Ev und des Mt-Ev in Gennesaret und seiner Umgebung begegnen.

Die Unterschiede in den Orts-, Personen- und anderen Situationsangaben machen deutlich, daß es an dieser Stelle nicht um einen einfachen Vergleich geht. Das Geschehen nach dem Wandel Jesu auf dem See wird an verschiedenen Orten und in bezug auf verschiedene Menschen geschildert.[207]

Beachtenswert ist auch, daß die Unterschiede vor allem zwischen dem joh. Bericht und den beiden synoptischen Berichten bestehen, und nicht so sehr zwischen den synoptischen Berichten untereinander. Beide beschreiben das Geschehen nach dem Kommen Jesu und seiner Jünger nach Gennesaret. Der mt. Bericht ist kürzer als die mk. Erzählung.[208] Der Verlauf des Geschehens weist in beiden synoptischen Berichten eine gemeinsame Struktur auf, die in diesem Abschnitt vorgestellt wird. Dabei wird sich die Aufmerksamkeit auf den Vergleich mit dem joh. Bericht richten, obwohl dieser nach den Orts-, Personen- und anderen Situationsangaben nicht dasselbe Geschehen beschreibt.

*Das Kommen Jesu und seiner Jünger nach Gennesaret*

Mt 14,34 und Mk 6,53 erzählen im Anschluß an den Seewandel Jesu über das gemeinsame Kommen Jesu und seiner Jünger nach Γεννησαρέτ. Nicht Kafarnaum ist das Ziel ihrer Fahrt wie im Joh-Ev, sondern Gennesaret. Durch die Fortsetzung des joh. Berichtes können die Leser eine bestimmte Logik erkennen, warum Kafarnaum für den joh. Bericht wichtig ist. Das Gespräch Jesu (der vierte Hauptteil) findet in der Synagoge in Kafarnaum statt. Dadurch erweist sich Kafarnaum als entsprechender Ort. Im Gegensatz dazu findet nach beiden synoptischen Berichten kein Gespräch mehr statt. Sie schließen mit den Krankenheilungen ab. Γεννησαρέτ ist der Name „der sich an der West-

[207] In diesem Sinn schreibt R. E. BROWN, Joh I 258: „There is no real parallel in the Synoptic tradition." Ähnlich erkennt auch E. RUCKSTUHL, Vergleich 2016, daß dieser joh. Abschnitt „synoptisch kein Gegenstück hat".

[208] Vgl. D. A. HAGNER, Mt II 426. J. GNILKA, Mt II 16, erklärt dies folgendermaßen: „Ein Vergleich mit der Mk-Vorlage zeigt, daß Mt etwa ein Drittel weggestrichen hat. Die Anschaulichkeit des Aufstellens der Kranken mit ihren Liegen auf den Plätzen bei Mk insbesondere ist weggefallen."

seite des Sees ausbreitenden fruchtbaren Landschaft“[209]. Es geht um „das mittlere Drittel zwischen Kafarnaum und Tiberias und landeinwärts, wo durch das Schwemmland dreier Bäche eine fruchtbare Ebene entstanden war“[210].

Das Zusammensein Jesu und seiner Jünger findet sich auch im joh. Bericht, zuerst in der Intuition der Menge, die sich Jesus suchend auf den Spuren seiner Jünger nach Kafarnaum begibt (V. 24), und danach als ihr tatsächliches Zusammensein in Kafarnaum (im vierten Hauptteil).

*Der erkannte Jesus*

Nach beiden synoptischen Berichten kommt es zur Personenänderung. Im Unterschied zum joh. Bericht sind die Menschen, die Jesus begegnen, nach Mt 14,35a und Mk 6,54 nicht dieselben, die das Zeichen gesehen haben und die von den Broten gegessen haben. Sie werden nicht mehr als ὄχλος bezeichnet. In Mt 14,35a sind „die Männer jenes Ortes“ (οἱ ἄνδρες τοῦ τόπου) das Subjekt. Im Mk 6,54 wird dieses nicht ausdrücklich genannt, sondern nur durch das Partizip ἐπιγνόντες als Pl.m. erkennbar.

In Gennesaret wird Jesus von Menschen erkannt (ἐπιγινώσκω).[211] Im Unterschied zu Mt 14,35a wird nach Mk 6,54 dieses Erkennen durch das Adverb εὐθύς als sofortiges Wahrnehmen der Menschen nach dem Ausstieg Jesu und seiner Jünger aus dem Boot präzisiert. Das Wahrnehmen der Menschen bzw. die Tatsache, daß sie Jesus erkennen, löst weitere Reaktionen aus. So wie die stark hervorgehobene Abwesenheit Jesu im joh. Bericht der Beweggrund für die Menge ist, ist dies die Anwesenheit Jesu in beiden synoptischen Berichten. Es geht um das folgende Verhaltensmuster:

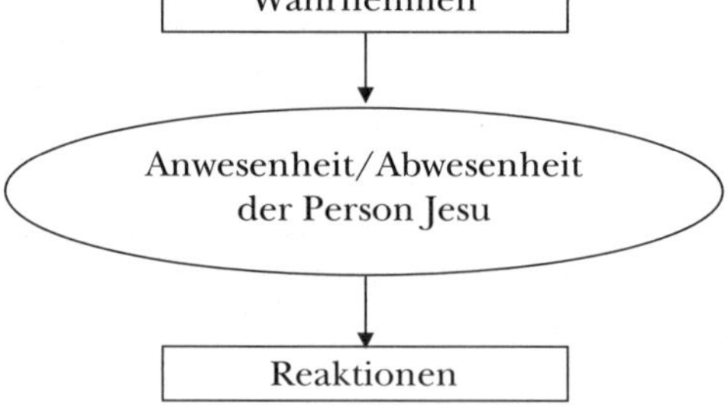


ABBILDUNG 11

[209] H. BALZ/G. SCHNEIDER, EWNT I 586. Vgl. K. KERTELGE, Mk 72; R. GUELICH, Mk I 356.

[210] J. GNILKA, Mt II 17.

[211] Vgl. D. A. HAGNER, Mt II 426.

Die Person Jesu bzw. das Wahrnehmen ihrer Anwesenheit/Abwesenheit bestimmt entscheidend die Reaktionen der Menschen.

*Reaktionen der Menschen*

Nachdem die Menschen Jesus erkennen, reagieren sie nach Mt 14,35b-36a und nach Mk 6,55-56a auf ähnliche Weise. Ihre Reaktionen umfassen: a) das Herumlaufen im ganzen Gebiet/das Schicken (der Botschaft) in das ganze Land; b) das Tragen/das Bringen der Kranken zu Jesus; c) das Bitten um die Berührung der Quasten des Gewandes Jesu.[212]

Die Reaktionen der Menschen werden durch die Verben der Bewegung, des Handels und des Sprechens bzw. des Bittens ausgedrückt.

Die Bewegung der Menschen geht von Jesus in das ganze Land hinaus und dann wieder zu ihm zurück. Mit anderen Worten kann man sagen: von der Anwesenheit Jesu in das ganze Land und wieder in die Anwesenheit Jesu zurück. Jesus bleibt der Ausgangspunkt und das Ziel ihrer Bewegung.

Diese ständige Aufmerksamkeit der Menschen auf Jesus bzw. die Bewegung zu ihm charakterisiert die Menschen aus Gennesaret nach beiden synoptischen Berichten sowie die suchenden Menschen in Joh 6,22-24. Auf der sprachlichen Ebene drückt sich ihre ständige Aktivität und ihr Bemühen auch dadurch aus, daß sie als das am häufigsten erscheinende Subjekt in allen drei Perikopen vorkommen. Nur in Mk 6,56a werden nicht nur die Menschen in ihrer Aktivität und Bewegung geschildert, sondern auch Jesus, der in Dörfer, Städte und auf Höfe geht.

Nach beiden synoptischen Berichten umfaßt die Bewegung der Menschen auch den folgenden Aspekt: Sie tragen die Kranken zu Jesus. Dies und auch ihre Bitte an ihn weisen deutlich darauf hin, daß sie in seiner Person die Hoffnung für die Kranken sehen.[213]

[212] J. GNILKA, Mt II 17, schreibt: „Beachtenswert ist, daß Jesus als frommer Jude geschildert wird, der an den Zipfeln seines Gewandes die Dtn 22,12; Num 15,38f vorgeschriebenen vier Sisith (Quasten oder Schaufäden) trug, die aus je vier weißen und blauen Fäden bestanden. Nach Num 15,39 sollten sie an alle Gebote des Herrn erinnern (vgl. Mt 23,5; 9,20 par)."

[213] In diesem Sinn schreibt J. GNILKA, Mt II 17: „Wenn die Menschen den Wunsch haben, ihn zu berühren und sich davon Heilung versprechen, ist erneut die Vorstellung im Spiel, daß Heilungskräfte von ihm ausgehen (vgl. 9,20f)." R. PESCH, Mk I 366, macht aufmerksam auf „eine gezielte Steigerung der Illustration der ‚Kraft' Jesu im Mk-Ev von der Berührung Jesu (3,10) über die Berührung seiner Kleider (5,27f) zur Berührung des ‚Schaufadens' an seinem Gewand". Ähnlich K. KERTELGE, Mk 72; R. GUELICH, Mk I 357; D. A. HAGNER, Mt II 427.

*Die Krankenheilungen*

Am Abschluß beider synoptischen Berichte (Mt 14,36b und Mk 6,56b) wird die Bitte der Menschen erhört. Die Menschen dürfen die Quasten seines Gewandes berühren. Die Folgen dieser Berührungen sind die Heilungen. Nicht nur einige Personen, sondern alle, die ihn berühren, werden geheilt. Mit diesem hoffnungsvollen Heilungssummarium schließen die synoptischen Berichte ab.[214]

In Joh 6 ist in der anschließenden Begegnung Jesu mit den Menschen von Krankenheilungen nicht die Rede, dennoch sind in V. 2 gerade Jesu Heilungen der Kranken der Grund, warum sie Jesus nachfolgen. In Joh 6 wird ihre Begegnung mit Jesus vor allem durch das Gespräch charakterisiert, in welchem auch die Worte Jesu über das ewige Leben ihren Platz haben.

### *3.5 Zur Lebensthematik*

In VV. 22-24 ist die Aufmerksamkeit der Menge ganz Jesus gewidmet. Er ist ihr Beweggrund. Die Menschen müssen sich mit seiner Abwesenheit auseinandersetzen und sind völlig mit der Suche nach ihm beschäftigt. Ähnlich folgt die Menge Jesus bereits in V. 2a nach. Warum hat die Person Jesu einen so großen Einfluß auf die Menge? In V. 2 liegt der Grund für ihre Nachfolge in den Zeichen, die er an den Kranken getan hat und die sie gesehen hat. Ähnlich ist auch die Suche nach Jesus in VV. 22-24 als Reaktion auf sein Zeichen zu verstehen, diesmal das der wunderbaren Speisung, an dem die Menge selbst teilgenommen hat. Beidemal offenbart sich Jesus als derjenige, der sich ganz den Menschen widmet und ihnen das Leben schenkt. Die Suche nach Jesus ist mit der Suche nach dem Leben verbunden. Demgegenüber kann der joh. Leser bereits aus dem Kontext (besonders aufgrund der Reaktionen und Worte Jesu) erkennen, daß die Menge, obwohl sie Jesus unaufhörlich sucht, seine Zeichen anders als er selbst versteht. Nachdem die Menschen ihn als den in die Welt kommenden Propheten bezeichnet haben und ihn zum König machen wollten,

[214] Mit Recht unterstreicht U. LUZ, Mt II 413: „Die vielen Heilungssummare bei Matthäus (4,24; 8,16; 9,35; 12,15; 14,14.34-36; 15,29-31; 21,14) zeigen, wie wichtig gerade für den sonst die Gebote Jesu so sehr betonenden Evangelisten Jesu heilende Zuwendung zu seinem Volk ist." Diesen Gedanken erwähnt und vertieft auch H. FRANKEMÖLLE, Mt II 201: „Durch das Handlungsangebot des Textes kann der Leser feststellen, welch wichtigen Stellenwert Krankenheilungen für den mt ‚Jesus' haben, dann aber auch, wie positiv die Volksscharen weiterhin zu ‚Jesus' stehen – im Kontrast zu Nazareth (s.o. zu 13,54-58) sowie zu den Pharisäern und Schriftgelehrten."

zieht er sich allein auf den Berg zurück in VV. 14f.[215] Im späteren Kontext in V. 26d-g spricht er offen, warum sie ihn suchen: „Ihr sucht mich, nicht weil ihr Zeichen gesehen habt, sondern weil ihr von den Broten gegessen habt und satt geworden seid." Anschließend in V. 27a-d ermahnt er sie, nicht für die vergängliche Speise zu wirken, sondern für die ins ewige Leben bleibende Speise.[216]

Mit Blick auf die Lebensthematik bringen VV. 22-24 zusammen mit ihrem Kontext zum Ausdruck, daß die Menge Jesus sucht, weil sie mit seiner Person bestimmte Lebenserwartungen und Lebensvorstellungen verbindet. Besonders aufgrund des Kontextes (der erste Hauptteil und auch der folgende vierte Hauptteil) wird deutlich, daß diese Erwartungen und Vorstellungen nicht dem tieferen Verständnis und den Absichten entsprechen, die Jesus ihnen (hier besonders durch die wunderbare Speisung) wirklich vermitteln möchte. Das Verhalten der Menge im dritten Hauptteil besonders hinsichtlich der Person Jesu und des mit ihr verbundenen Lebensverständnisses braucht noch weitere Erläuterung. Sie folgt im vierten Hauptteil.

[215] Siehe dazu in Teil III 1.3 und 1.6.
[216] Siehe dazu genauere Ausführung in Teil III 4.1.3 (1. GA).

# 4. VV. 25-71: GESPRÄCH MIT JESUS

*Allgemeine Einführung*

a) Abgrenzung

*Abgrenzung am Beginn*

Der längste Hauptteil von Joh 6 (VV. 25-71), das Gespräch mit Jesus, beginnt mit V. 25. Die folgenden Argumente sprechen dafür:

(1) Ortswechsel: Mit V. 25a kommt es zum Ortswechsel.[217] Nach der Fahrt mit den Booten befinden sich die Menschen „jenseits des Sees" (πέραν τῆς θαλάσσης). Aufgrund der Erwähnung von „Kafarnaum" (Καφαρναούμ) in V. 24e als Ziel ihrer Fahrt über den See läßt sich mit großer Sicherheit schließen, daß sie in V. 25a dieses erreicht haben, und daß sie sich in Kafarnaum befinden. Diese Ortsangabe wird später in V. 59b ausdrücklich bestätigt.

(2) Personenwechsel: Im dritten Hauptteil (VV. 22-24) ist die Menge, die mit der Abwesenheit Jesu konfrontiert wird, allein. In ihrer Suche nach Jesus begibt sie sich nach Kafarnaum. Am Beginn des vierten Hauptteiles in V. 25a ist ihre Suche erfolgreich. Im Gegensatz zum dritten Hauptteil wird bereits der Anfang des vierten Hauptteiles mit dem Zusammensein der Menschen mit Jesus bzw. mit der Anwesenheit Jesu gekennzeichnet.

(3) Wechsel von Erzählung zur direkten Rede: Im dritten Hauptteil (VV. 22-24) gibt es keine ÄE in Form der direkten Rede. Am Beginn des vierten Hauptteiles mit V. 25 geschieht eindeutig der Übergang zur direkten Rede (KN 1), die sich als Gespräch mit Jesus bis zum Ende des Kapitels 6 zieht. Nach diesem Kriterium läßt sich Joh 6 in zwei Teile aufteilen: VV. 1-24, wo die Erzählung (KN 2) vor der direkten Rede (KN 1) überwiegt, und VV. 25-71, wo die direkte Personenrede (KN 1) dominiert.[218] Die Abgrenzung geschieht wieder mit V. 25.

[217] Die Abgrenzung am Beginn mit V. 25 bestätigt deutlich die Analyse von J. D. CROSSAN, Analysis 148-150. Er gliedert Joh 6 aufgrund der „general internal indices of space" in VV. 1-15, VV. 16-24 und VV. 25-71 und aufgrund der „specific internal indices of space" (ebd. 6) in VV. 1-15, VV. 16-21, VV. 22-24 und VV. 25-71. Die Abgrenzung mit V. 25 tritt durch die beiden Ortskriterien auf.

[218] R. KYSAR, Dismantling 161 nennt VV. 25-71 als „the discourse segment of John 6". J. D. CROSSAN, Analysis 160, sieht diese Teilung als „a simple balance" zwischen „narrative" (VV. 1-24) und „discourse" (VV. 25-71).

(4) Wechsel der Erzählzeit: Mit V. 25 kommt es zur wesentlichen Veränderung der Erzählzeit[219] gegenüber den Hauptteilen 1 – 3. Es geht um den Wechsel von einem vorwiegend zeitraffenden Erzählen[220] (in den Hauptteilen 1 – 3) zu einem vorwiegend zeitdeckenden Erzählen (im vierten Hauptteil). Der Hauptgrund für diese Veränderung ist die direkte Personenrede auf dem KN 1, die fast ausschließliches Gestaltungsmittel im vierten Hauptteil ist.
(5) Wechsel vom Handeln und der Bewegung zum Gespräch: Die Hauptteile 1 – 3 werden überwiegend auf dem KN 2 durch die Bewegungen und das Handeln der beteiligten Personen (Jesus, seine Jünger und die Menge) geprägt. Demgegenüber wird im vierten Hauptteil das Zusammensein bereits von V. 25 an hauptsächlich mit dem Gespräch (KN 1) gekennzeichnet. Die Folgen dieses Gesprächs sind umgekehrt gegenüber den Reaktionen der Gesprächspartner Jesu in den ersten drei Hauptteilen; sie zeigen sich sowohl in ihren Emotionen (z.B. das Murren in VV. 41a.61b, das Streiten in V. 52a) als auch in ihren Bewegungen (z.B. das Weggehen von Jesus in V. 66b).
In der Literatur zu Joh 6 wird die Abgrenzung am Beginn häufig nicht in V. 25 gesetzt, sondern in V. 22.[221] Dadurch wird die einleitende Funktion von VV. 22-24 zum folgenden Gespräch in den Vordergrund gestellt. Dennoch sprechen folgende drei Argumente gegen diese Abgrenzung: Erstens haben VV. 22-24 eine Brückenfunktion in Joh 6. Sie bilden nicht nur die Verbindung mit dem kommenden Gespräch, sondern auch mit den früheren Hauptteilen 1 – 2 (vgl. Teil III 3.2). Zweitens können bei der Abgrenzung in V. 22 die obengenannten Charakteristiken (Ortswechsel, Personenwechsel, Wechsel von Erzäh-

[219] „Die erzählte Zeit" und „die Erzählzeit" werden nach J. L. SKA, Fathers 7f, folgendermaßen definiert: „‚Narrative time' is the duration of the actions and event in the ‚story'. It is measured in units of ‚real' time (seconds, minutes, hours, days, months, years, centuries, millenaries...) ... [It] correspond to the German term ‚erzählte Zeit'. ‚Narration time' (German ‚Erzählzeit'), on the other hand, is the material time necessary to tell (or persue) the ‚discours' (concrete narrative). Here the ‚duration' is the length of the narrative and is measured in words, sentences, lines, verses, paragraphs, pages, chapters ..." Grundlegendes zum Aspekt der Zeit im Joh-Ev siehe bei R. A. CULPEPPER, Anatomy 51-75.

[220] Die Zeitraffung, die Zeitdehnung und die Zeitdeckung beziehen sich auf das Verhältnis zwischen der erzählten Zeit und der Erzählzeit. E. LÄMMERT, Bauformen 83, definiert sie folgendermaßen: „Die Unterschreitung der erzählten durch die Erzählzeit bezeichnet man als eigentliche Zeitraffung; sie führt im Grenzfall zu völliger Aussparung. Die Überschreitung der erzählten durch die Erzählzeit bedeutet entsprechend Zeitdehnung. Zwischen beiden liegt die ideale (praktisch nur dem Drama eignende) Zeitdeckung zwischen Geschehen und Wiedergabe."

[221] Unter vielen anderen R. SCHNACKENBURG, Joh II 43; J. BECKER, Joh I 200; L. MORRIS, Joh 351; CH. K. BARRETT, Joh 294; D. A. CARSON, Joh 276; J. BEUTLER, Struktur 253.

lung zur direkten Rede, Wechsel der Erzählzeit, Wechsel vom Handeln und der Bewegung zum Gespräch), die mit V. 25 auftreten, leicht übersehen werden. Drittens zeigen VV. 22-24 einmalig die Auseinandersetzung der Menge vor allem mit der Abwesenheit Jesu, die auch auf der sprachlichen Ebene als Wortspiel in VV. 22-24 (vgl. Teil III 3.2) unterstrichen wird. Mit V. 25 hört diese Abwesenheit auf, da Jesus wieder anwesend ist und im ganzem Gespräch bis zum Ende (VV. 25-71) präsent bleibt.

*Die Abgrenzung am Schluß*

Der vierte Hauptteil (VV. 25-71) wird am Schluß mit V. 71 klar abgegrenzt.[222] Mit diesem Vers erreicht auch das gesamte Kapitel sein Ende. Für die Abgrenzung mit V. 71 sprechen folgende Argumente: die typisch joh. Wortverbindung μετὰ ταῦτα, der Zeit-, Ort- und Personenwechsel und die neuen Informationen. Da diese Argumente bereits oben bei der Abgrenzung von Joh 6 (vgl. Teil II 1.2) ausführlich dargestellt wurden, werden sie hier nicht mehr weiter behandelt.

Der Abschluß des sechsten Kapitels läßt sich als offener Schluß bezeichnen.[223] Die Person, die als letzte im Gespräch redet (KN 1), ist Jesus selbst. Mit seiner Frage an die Zwölf (V. 70b) und mit dem scharfen Hinweis auf „Diabolos" unter den Zwölf (V. 70c) schließt er das Gespräch ab. Anschließend folgt nur noch die Erklärung dieser Aussage mittels des Erzählers in V. 71a-c (auf dem KN 2), wobei er „Diabolos" mit Judas, dem Sohn des Simon Iskariot, identifiziert. Abgesehen von dieser Bemerkung gibt es keinen Abschluß des Kapitels durch den Erzähler. In dieser Hinsicht bleibt der Schluß von Joh 6 offen.

In der Literatur wird der in V. 25 (bzw. oft in V. 22) begonnene Hauptteil von Joh 6 meistens schon vor V. 71 abgeschlossen. Dies geschieht aber nicht einheitlich, sondern es gibt mehrere Lösungsversuche. Zu diesen gehören die Abgrenzung: a) mit V. 66[224]; b) mit V. 59[225]; c) mit V. 58[226]; d) mit V. 51[227]. In diesem kurzen Überblick fällt auf, daß viele Exegeten das Gespräch mit V. 59 wesentlich abgrenzen. Das

[222] Vgl. u.a. J. BECKER, Joh I 200; . M. W. G. STIBBE, Joh 85; X. LÉON-DUFOUR, Joh II 127; J. D. CROSSAN, Analysis 152-156.159-163; P. N. ANDERSON, Sitz 25; R. KYSAR, Dismantling 161-181.

[223] Ein offener Schluß findet sich auch in Joh 1,51; 3,21; 5,47; 12,50; 21,23.

[224] Vgl. L. MORRIS, Joh 351.

[225] Vgl. B. LINDARS, Joh 249; R. R. SCHNACKENBURG, Joh II 41-43; J. SCHNEIDER, Joh 144; CH. K. BARRETT, Joh 94; J. BEUTLER, Struktur 255; P. BORGEN, Tradition 100; B. SCHWANK, Joh 205; U. WILCKENS, Joh 99; G. KEIL, Joh 106; BULTMANN, Joh 154. Der letzte trennt VV. 60-71 von VV. 1-59 und bindet sie mit Joh 12,20-36 und Joh 8,30-40 in eine Einheit, die er das Mysterium des Todes Jesu nennt (ebd. 321-340).

[226] Vgl. D. A. CARSON, Joh 276.

[227] Vgl. J. GNILKA, Joh 49; J. BLANK, Joh Ia 337.350.

scheint im ersten Augenblick als große Übereinstimmung. Allerdings werden VV. 51f-58 von diesen Autoren sehr unterschiedlich behandelt (z.B. als spätere Einfügung). Dieses Problem wirkt gleichzeitig auf die Abgrenzung mit V. 59 zurück und macht sie unsicher.

Außerdem gibt es einige Exegeten, die das hier behandelte Gespräch nicht als eine große Einheit abgrenzen, sondern sofort nur kleinere Textteile darstellen.[228] Bei solchen schon von Beginn sehr detaillierten Gliederungen ist es für die Leser schwer, den Überblick über den Text zu bekommen. Der Anfang und der Schluß des Gesprächs bleiben auf diese Weise fast unerkennbar.

b) Eingliederung in den Kontext

Die gerade ausgeführte Abgrenzung schließt nicht die Eingliederung des vierten Hauptteiles (VV. 25-71) in seinen Kontext aus. VV. 25-71 erweisen die Verbindungen mit den übrigen Hauptteilen von Joh 6 auch durch die folgenden formelhaften und inhaltlichen Elemente:

(1) Die Ortsangabe Καφαρναούμ: Der vierte Hauptteil spielt sich in Kafarnaum ab. Der Wechsel zu diesem Ort beginnt schon im dritten Hauptteil (V. 24e). Καφαρναούμ wird aber noch früher erwähnt, im zweiten Hauptteil in V. 17b, als Ort zu dem die Jünger Jesu mit dem Boot hinfahren.

(2) Die schon erwähnten Personen: Der Personenwechsel zwischen dem dritten und vierten Hauptteil geschieht im Hinblick auf ihre Anwesenheit bzw. Abwesenheit. Dennoch sind die Personen, die am Anfang des vierten Hauptteiles auftreten, den Lesern schon aus den anderen drei Hauptteilen bekannt. Dies zeigt sich auch dadurch, daß „die Menge" bzw. „die Menschen" am Anfang des vierten Hauptteiles nur mittels der Personalpronomina und der Verbformen, die sich auf sie beziehen, erkennbar sind.[229] Sie werden aber ausdrücklich nicht mehr erwähnt.[230] Weiter werden zwei von den Zwölf (Petrus und Judas, der Sohn des Simon Iskariot) namentlich genannt. Auch im ersten Hauptteil kommen die Namen von drei Jüngern Jesu vor (Philippus in VV. 5d.7a, Andreas und Simon Petrus in V. 8b). Der Name Simon Pe-

[228] U.a. gehören dazu: die Gliederung von J. H. BERNARD, Joh I 171-225: VV. 1-13, VV. 14f, VV. 16-21, VV. 22-25, VV. 26-40, VV. 41-51e, VV. 51f-59, VV. 60-65, VV. 66-71; die Gliederung von R. E. BROWN, Joh I 231-304: VV. 1-15, VV. 16-21, VV. 22-24, VV. 25-34, VV. 35-50, VV. 51-59, VV. 60-71; die Gliederung von G. R. BEASLEY-MURRAY, Joh 81-99: VV. 1-15, VV. 16-21, VV. 22-26, VV. 27-31, VV. 32-35, VV. 36-40, VV. 41-47, VV. 48-51, VV. 52-59, VV. 60-71.

[229] Vgl. u.a. R. KYSAR, Dismantling 164; J. D. CROSSAN, Analysis 150.

[230] Erst im Verlauf des vierten Hauptteiles werden die Personengruppen (die Juden, die Jünger Jesu, die Zwölf) präziser spezifiziert. Vgl. J. D. CROSSAN, Analysis 150.

trus ist dem ersten und dem vierten Hauptteil gemeinsam (VV. 8b.68a).

(3) Die erzählte Zeit: Das Gespräch im vierten Hauptteil verläuft innerhalb der erzählten Zeit, die vor allem durch die zwei Angaben aus dem ersten und dritten Hauptteil bestimmt wird: a) Die Zeitangabe ἐγγὺς τὸ πάσχα im ersten Hauptteil in V. 4a bildet den Zeitrahmen des gesamten Kapitels. In dieser zeitlichen Nähe des jüdischen Paschafestes ereignet sich auch das hier behandelte Gespräch in Kafarnaum.

b) Die Zeitangabe τῇ ἐπαύριον im dritten Hauptteil in V. 22a folgt unmittelbar dem Tag, an dem Jesus die beiden Zeichen getan hat. Das Gespräch in Kafarnaum ereignet sich zeitlich näher dem Pascha als die beiden Zeichen Jesu.[231]

(4) Die beiden Zeichen Jesu und das Gespräch mit ihm als Elemente des gleichen Spannungsbogens: Das Gespräch im vierten Hauptteil greift auf die beiden Zeichen zurück und bleibt ohne sie unvorstellbar.[232]

(5) Fortsetzung des Wortschatzes und der Wortfelder: Obwohl sprachliche und inhaltliche Elemente im vierten Hauptteil erweitert werden, kommen viele von ihnen schon in den Hauptteilen 1 – 3 vor und tragen damit zur Kontinuität von Joh 6 bei. Das zeigt die folgende Übersicht:

[231] Ähnlich schreibt F. J. MOLONEY, Signs 42: „However, if the first introduction was given as ‚the Passover, the feast of the Jews, was at hand' (v. 4), ‚the next day' brings the discourse and the events that are about to be reported closer to the celebration of the feast."

[232] Nach J. BECKER, Joh I 203f, bezieht sich bereits die Frage in V. 25 auf die beiden Ereignisse zurück: „Die Frage des Volkes V 25 ist für den Leser eine indirekte Konstatierung des Seewandels und Fortsetzung der Haltung des Volkes aus V 15, also Ausdruck, an Jesus wegen irdischer Speise Interesse zu haben." J. BEUTLER, Struktur 255, stellt fest, daß die Brotrede auf „die zweifache Erzählung in VV. 1-15.16-21 zurückgreift". Ähnlich schreibt G. R. O'DAY, Walking 158: „Together, then, the feeding miracle and the story of Jesus walking on water provide the context for the reminder of John 6. Jesus' conversation with the crowd in 6:25-34, for example, must be read with both events in view"; vgl. J. D. CROSSAN, Analysis 145-164. Die hier behandelte Verbindung verwendet G. KEIL, Joh 106, als ein Argument gegen R. Bultmann, der die Trennung zwischen VV. 60-71 und dem übrigen Joh 6 vertritt: „Indessen übersieht hier Bultmann (wie viele andere Ausleger auch) die Komposition und den Sinn von Kap. 6: Am Anfang stehen ... zwei anschauliche Geschichten: Die eine von der Brotvermehrung bereitet V. 26-59 vor, die andere aber vom unfleischlichen Wandeln Jesu auf dem Meere bereitet V. 63 vor"; anders R. BULTMANN, Joh 154.

| WORTE (nach Wortfeldern oder ungruppiert) | HAUPTTEILE VON JOH 6 | | | |
|---|---|---|---|---|
| | VV. 1-15 | VV. 16-21 | VV. 22-24 | VV. 25-71 |
| Ortsangaben | | | | |
| πέραν τῆς θαλάσσης | 1 | | 22b | 25a |
| Καφαρναούμ | | 17b | 24e | 59b |
| κόσμος | 14e | | | 33.51h |
| Personengruppen/ einzelne Personen | | | | |
| μαθηταί | 3b.8a.12b | 16b | 22fg.24c | 60a.61b.66a |
| δώδεκα | 13b | | | 67a.70b.71c |
| Ιουδαῖοι | 4b | | | 41a.52a |
| Ἰησοῦς | 1.3a.5a.10a 11a.15a | 17d.19b | 22f.24bf | 26a.29a.32a.35a.42b.43a. 53a.61a.64c.67a.70a |
| προφήτης | 14d | | | 45a |
| Σίμων Πέτρος | 8b | | | 68a |
| κόσμος | 14e | | | 33.51h |
| Nahrung | | | | |
| ἄρτος | 5e.7b.9b. 11a.13b | | 23b | 26f.31c.32cd.33.34c.35b. 41c.48.50a.51adf.58ae |
| ἐσθίω | 5f | | 23f | 26f.31ac.49a.50c.51d.52c. 53c.58c |
| Verben der Bewegung | | | | |
| ἔρχομαι | 5c.14e.15b | | 23a.24e | 35c.37b.44a.45c.65c |
| ἀπέρχομαι | 1 | 17bd | 22g | 66a.68c |
| καταβαίνω | | 16b | | 33.38a.41d.42f.50b.51c.58b |
| Das ἐγω εἰμί-Wort | | 20b | | 35b.41c.48.51a |
| Verben des Sinnesäußerung/ -wahrnehmung | | | | |
| λέγω | 5d.6a.8a. 10a.12b. 14c | 20a | | 25b.26bc.28a.29b.30a.32ab 34a.35a.36a.41b.42ae.43b. 47a.52b.53ab.59a.61c.65ab. 67a.71a |
| ἀποκρίνομαι | 7a | | | 26a.29a.43a.68a.70a |
| οἶδα | 6c | | | 42d.61a.64c |
| θεωρέω | 2b | | | 40b.62a |
| ὁράω | 14a | 19b | 22c.24a | 26e.30c.36b.46ac |
| Ungruppierte Worte | | | | |
| ἀπόλλυμι | 12d | | | 27b.39b |
| ἔχω | 9b | | | 40b.47b.53e.54a.68d |
| ζητέω | | | | 26d |
| θέλω | 11e | | | 67b |
| μέλλω | 6d.15b | | | 71b |
| ποιέω | 2c.6d.10b. 14b.15c | | | 28b.30b.38b |
| σημεῖον | 2b.14b | 21a | 24f | 26e.30b |

TABELLE 14

### c) Gesamtgestalt und Gliederung

*Das Gespräch in VV. 25-71 und seine Kohärenz*

Der letzte und zugleich der längste Hauptteil von Joh 6 ist ein langes Gespräch, das in Kafarnaum kurz vor dem Pascha stattfindet; es schließt sich an die beiden Zeichen Jesu an. Die in der Literatur häufig verwendete Bezeichnung „die Rede" bzw. „die Brotrede"[233] scheint mir für VV. 25-71 (und ebenso für VV. 25-59) nicht entsprechend, da dieser Textteil eine deutliche Dialog- bzw. Gesprächstruktur[234] aufweist.

Die innere Kohärenz d.h. „der genuine literarische Zusammenhalt eines Textes"[235] kommt im Gespräch mit Jesus (VV. 25-71) zum Ausdruck durch:

(1) Einheit der Zeit: Das gesamte Gespräch (VV. 25-71) bezieht sich auf dieselbe erzählte Zeit, die vom Erzähler schon vor dem Beginn des Gesprächs besonders durch die zwei folgenden Angaben bestimmt wird: Die erste Angabe in V. 4a, „nahe das Pascha" (ἐγγὺς τὸ πάσχα), bildet den Zeitrahmen von Joh 6. Die zweite Zeitangabe in V. 22a bestimmt genauer, wann das Gespräch in diesem Zeitrahmen stattfindet. Das geschieht „am folgenden (Tag)" (τῇ ἐπαύριον), am Tag, der den beiden Zeichen Jesu folgt. An diesem Tag, der dem Pascha noch näher ist, findet die suchende Menge Jesus in Kafarnaum und kommt mit ihm ins Gespräch. Die erzählte Zeit bleibt im gesamten Gespräch unverändert. Die Erzählzeit ist im gesamten Gespräch (VV. 25-71) aufgrund der direkten Personenreden hauptsächlich zeitdeckend.

(2) Einheit des Ortes: Das gesamte Gespräch findet in Kafarnaum (Καφαρναούμ) statt, nachdem die Menge Jesus „jenseits des Sees" (πέραν τῆς θαλάσσης) in V. 25a gefunden hat. Ebenso wie die Zeitanga-

[233] Diesen Terminus verwenden u.a. R. SCHNACKENBURG, Joh II 43; J. BLANK, Joh Ia 350; CH. K. BARRETT, Joh 294; S. SCHULZ, Joh 100; U. WILCKENS, Joh 99; F. J. MOLONEY, Signs 42.

[234] Es gibt einige Exegeten, die in diesem Zusammenhang die Bezeichnung „die Rede" brauchen, dennoch übersehen sie die Dialog- bzw. Gesprächsstruktur dieses Textteiles nicht. So schreibt D. A. CARSON, Joh 283f: „The ‚discourse' itself is in reality dialogue in which one side provides such extended answers that they become monologue." Ähnlich braucht B. SCHWANK, Joh 208, für VV. 25-59 die folgenden beiden Begriffe: „die Brotrede" und „das Gespräch". Nach meiner Meinung sind auch die längeren Teile des Gesprächs zuerst als seine Bestandteile anzusehen und nicht als Monolog von ihm getrennt. Im Joh-Ev finden sich noch andere Gespräche, in denen Jesus im Verhältnis zu seinen Gesprächspartnern viel länger spricht; z.B. das Gespräch Jesu mit Nikodemus in Joh 3,1-21; das Gespräch Jesu mit der Samariterin in Joh 4,7-26; die Abschiedsgespräche in Joh 13-17. Diese Dialog- bzw. Gesprächsstruktur wird in der neueren Literatur immer häufiger erwähnt; u.a. auch von J. D. CROSSAN, Analysis 152-159; J. PAINTER, Jesus 62; J. BEUTLER, Struktur 251-255; M. THEOBALD, Schriftzitate 334; P. N. ANDERSON, Sitz 32; und R. KYSAR, Dismantling 161.

[235] TH. SÖDING, Wege 120.

ben, wird auch diese Ortsangabe im Verlauf des Gesprächs in V. 59b noch genauer spezifiziert: Das Gespräch mit dem lehrenden Jesus ereignet sich „in (der) Synagoge" (ἐν συναγωγῇ) in Kafarnaum.[236] Nach V. 59b setzt sich das Gespräch unmittelbar weiter fort bis zum Schluß des Kapitels. Diese Kontinuität zeigt sich auch darin, daß der Erzähler keine neue Ortsangabe einführt; es folgt nur eine Information, daß viele Jünger Jesu den Ort verlassen (wörtlich: ἀπῆλθον εἰς τὰ ὀπίσω).
(3) Einheit der Personen: Sie besteht einerseits in der Anwesenheit Jesu im ganzen Gespräch. Andererseits kommt sie aber auch bei den Gesprächspartnern Jesu zum Ausdruck, denn ihnen, die von Anfang an am Gespräch mit Jesus beteiligt sind, schließt sich niemand als neuer Gesprächspartner an bzw. wird niemand als neu Beteiligter in das Gespräch vom Erzähler eingeführt. Ähnlich wie die Zeit- und Ortsangaben werden auch die Personenangaben im Verlauf des Gespräches genauer spezifiziert. Sie werden in dieser Arbeit als Kriterium für die Gliederung des Gesprächs verwendet.
(4) Einheit der Gattung: VV. 25-71 bilden das Gespräch, das aus neun Gesprächsabschnitten (GA) besteht (vgl. ABBILDUNG 12). Die GA (außer dem 9. GA) haben die zweiteilige Struktur: Frage → Antwort. Die Redeeinleitungen, sowohl zu den Fragen als auch zu den Antworten, werden im gesamten Gespräch asyndetisch formuliert, was ein joh. Stilmerkmal ist.[237]
(5) Einheit des Vokabulars und einiger Wortfelder: Die innere Kohärenz wird besonders durch das Vokabular verstärkt, das erst und nur im vierten Hauptteil (VV. 25-71) innerhalb des sechsten Kapitels vorkommt. Dieses stellt die folgende Tabelle dar, wobei die Worte gruppiert nach den Wortfeldern oder ungruppiert vorkommen:

[236] Treffend bemerkt D. A. CARSON, Joh 283: „John later reports that the bread of life discourse was de-livered ‚in the synagogue in Capernaum' (6:59), but he nowhere makes clear where the transition to the synagogue takes place."

[237] Nach E. RUCKSTUHL/P. DSCHULNIGG, Stilkritik 71, erscheint das Asyndeton epicum im Joh-Ev 102mal. Die hohe Zahl des Vorkommens wird auch durch die Tatsache verstärkt, daß „diese asyndetischen Formen und Formeln nämlich ausser Mk 12,29 keine Parallele in den vergleichbaren ntl. Schriften haben" (ebd. 72).

| Worte (gruppiert nach Wortfeldern oder ungruppiert) | die nur im 4. Hauptteil (VV. 25-71) belegten Worte | V. / VV. |
|---|---|---|
| Personen | θεός | 27f.28c.29c.33.45b.46b.69c |
| | πατήρ | 27f.31a.32d.37a.40a.42d.44b.45c.46ac.49a.57ab.58c.65d |
| | ἅγιος τοῦ θεοῦ | 69c |
| | ῥαββί | 25c |
| | ὁ υἱὸς τοῦ ἀνθρώπου | 27e.53c.62a |
| | υἱός | 40b.42c |
| | πνεῦμα | 63ae |
| | Μωϋσῆς | 32c |
| | Ἰωσήφ | 42c |
| | μήτηρ | 42d |
| | Ἰούδας Ἰσκαριώθ | 71a |
| | διάβολος | 70c |
| | ἐκεῖνος | 29e |
| | κἀκεῖνος | 57d |
| | πᾶς | 37a.39b.40b.45bc |
| Zeit | τῇ ἐσχάτῃ ἡμέρᾳ | 39c.40c.44e.54b |
| | ἐξ ἀρχῆς | 64c |
| | νῦν | 42e |
| | πάντοτε | 34c |
| | πώποτε | 35d |
| | πρότερος | 62c |
| Ort | οὐρανός | 31c.32cd.33.38a.41d.42f.50b.51c.58b |
| | ἔρημος | 31a.49a |
| | συναγωγή | 59a |
| | πότε | 25d |
| | ἔξω | 37b |
| | ὀπίσω | 66a |
| | ἀλλήλων | 43c.52a |
| Essen und Trinken | πεινάω | 35c |
| | βρῶσις | 27ac.55a |
| | μάννα | 31a.49a |
| | σάρξ | 51h.52c.53c.54a.56.63b |
| | διψάω | 35d |
| | πόσις | 55b |
| | πίνω | 53d.54a.56 |
| | τρώγω | 54a.56.57c.58e |
| | αἷμα | 53d.54a.55b.56 |
| | χορτάζω | 26g |
| Sterben, (ewiges) Leben und Auferstehen | ζῶ | 51bce.57abd.58e |
| | ζωή | 27d.33.35b.40b.47b.48.51h.53e.54a.63f.68d |
| | ζῳοποιέω | 63a |
| | αἰών | 51e.58e |
| | αἰώνιος | 27d.40b.47b.54a.68d |
| | ἀνίστημι | 39c.40c.44e.54b |
| | ἀποθνῄσκω | 49b.50d.58d |

| | | |
|---|---|---|
| Wort: Schreiben, Reden und Hören | λόγος<br>ῥῆμα<br>γράφω<br>λαλέω<br>ἀκούω | 60b<br>63c.68d<br>31b.45a<br>63d<br>45c.60ac |
| Lehren und Lernen | διδάσκω<br>διδακτός<br>μανθάνω | 59b<br>45b<br>45c |
| Wirken und Werk | ἐργάζομαι<br>ἔργον | 27a.28c.30e<br>28c.29c |
| wahr | ἀληθής<br>ἀληθινός | 55ab<br>32d |
| die joh. ἀμὴν-Formel | ἀμὴν ἀμὴν λέγω ὑμῖν | 26c.32b.47a.53b |
| Auswählen und Senden | ἐκλέγομαι<br>ἀποστέλλω<br>πέμπω | 70b<br>29e.57a<br>38c.39a.44c |
| Verben der Bewegung | ἀναβαίνω<br>ἥκω<br>ἐκβάλλω | 62b<br>37a<br>37b |
| Geben und Übergeben | δίδωμι<br><br>παραδίδωμι | 27e.31c.32cd.33.34c.37a.39b.51g.<br>52c.65d<br>64e.71b |
| Verben Des Widerstandes | γογγύζω<br>σκανδαλίζω<br>μάχομαι | 41a.43c.61b<br>61d<br>52a |
| Ungruppierte Worte | δύναμαι<br>πιστεύω<br>μένω<br>σφραγίζω<br>ἕλκω<br>εὑρίσκω<br>ὠφελέω<br>θέλημα<br>σκληρός<br>ἐμός<br>ἀπό<br>διά<br>παρά<br>περί<br>ὑπέρ<br>οὐδείς<br>οὐκέτι<br>ἐάν<br>κἀγώ<br>καθώς<br>πῶς | 44a.52c.60c.65d<br>29d.30d.35d.36c.40b.47b.64bd.69a<br>27d.56<br>27f<br>44d<br>25a<br>63b<br>38bc.39a.40a<br>60b<br>38b<br>38a<br>57bd.65b<br>45c.46b<br>41a.61b<br>51h<br>44a.63b.65c<br>66b<br>44b.51d.53c.62a.65d<br>44e.54b.56.57b<br>31b.57a.58c<br>42e.52c |

TABELLE 15

Der tabellarische Überblick zeigt, daß im vierten Hauptteil der Wortschatz und die Wortfelder wesentlich erweitert werden. Die Erweiterung geschieht nicht nur quantitativ, sondern auch qualitativ. In diesem Sinn sind im Wortfeld „Personen" zahlreiche Belege von θεός bzw. πατήρ zu beachten, ebenso die Rede über πνεῦμα wie auch die Erwähnung des Mose. Weiter begegnet man unter den Zeitangaben eine außergewöhnliche Weite (von ἐξ ἀρχῆς bis τῇ ἐσχάτῃ ἡμέρα) wie auch allumfassende Zeitadverbien (πάντοτε und πώποτε). Unter den Ortsangaben führt der mehrfach vertretene Begriff οὐρανός zu einer starken vertikalen Sichtweise. Die zwei im vierten Hauptteil am stärksten aufgebauten Wortfelder innerhalb der direkten Personenreden sind „Essen und Trinken" und „Sterben, (ewiges) Leben und Auferstehung". Die Vorkommen der Worte σάρξ und αἷμα im Wortfeld „Essen und Trinken" weisen darauf hin, daß sich dieses Wortfeld nicht nur auf die Nahrungsmittel im wörtlichen Sinn beschränkt, sondern auch Begriffe umfaßt, die zu den personalen Kategorien gehören. Auch zahlreiche weitere Wortfelder setzen ein Kommunikationsgeschehen voraus wie z.B. „Wort: Schreiben, Reden, Hören", „Lehren und Lernen", „Auswählen und Senden", „Geben und Übergeben" und „Verben des Widerstandes". Durch die qualitative und quantitative Erweiterung des Vokabulars werden im vierten Hauptteil die sprechenden Personen und ihre Sichtweisen, das Gespräch und seine Dynamik genauer gekennzeichnet.

Weiter fällt auf, daß der Wortschatz des vierten Hauptteiles auch mit dem Wort ζωή (11mal) und seinem Wortfeld erweitert wird. Die Lebensthematik zieht sich durch das ganze Gespräch (das erste Vorkommen des Wortes ζωή in V. 27d, das letzte in V. 68d). Innerhalb des Gesprächs geschieht ihre Entwicklung, Vertiefung und Deutung. Die Lebensthematik trägt weiter[238] als ihr Bildwort „Brot" (ἄρτος) für sich allein,[239] das nach V. 58e in Joh 6 nicht mehr erscheint. Im Verlauf des Gesprächs versetzt Jesus den Schwerpunkt vom „Brot" (ἄρτος) zum „Leben" (ζωή). Seine Worte über das Leben werden immer unmittelbarer ausgedrückt und nicht mehr mit Hilfe des Bildwortes. Das Leben

[238] B. SCHWANK, Joh 207f, der beim Terminus „Brotrede" bleibt, hebt aber die Lebensthematik deutlich hervor: „Der Evangelist steigert den Gedankengang im ganzen sechsten Kapitel, besonders aber in der eigentlichen Brotrede. Ausgangspunkt und Zielpunkt ist der Gedanke an das jetzt schon beginnende ‚ewige Leben' (6,27.58) – Wem das unwichtig ist, dem wird nie der Inhalt der Brotrede wichtig werden können."

[239] Eine ähnliche Bemerkung zur „Brot"-Thematik in Joh 6 schreibt G. KEIL, Joh 106: „Überhaupt ist Kap. 6 hinsichtlich seiner Pointe immer wieder der Fehlinterpretation ausgeliefert gewesen: Man hat immer wieder gemeint, daß das Brot des Lebens die letzte inhaltliche Aufgipferung dieses Kapitels sei. Aber schon der Begriff eines Brotes des ewigen Lebens verwendet doch das Brot nur als Metapher für etwas völlig Übermaterielles und fragt damit nach einem unmetaphorischen, direkten Ausdruck weiter ..."

erweist sich als eines der tragenden Themen dieses Gesprächs. Aus diesem Grund kann man den vierten Hauptteil „das Gespräch über das Leben" nennen, was nach meiner Meinung besser als die Überschrift „Brotrede" diesem Text entspricht.

*Gliederung und Untergliederung des Gesprächs*

Im Hinblick auf die im Gespräch beteiligten Personen fällt in VV. 25-71 auf, daß Jesus diejenige Person ist, die im gesamten Gespräch aktiv durch ihr Sprechen – die längsten direkten Personenreden in Joh 6 – mitwirkt. Demgegenüber gehen viele seiner Gesprächspartner noch während des Gesprächs von ihm weg. Sie werden im Verlauf des Gesprächs sowohl spezifiziert („die Juden" in VV. 41a.52a, „die Jünger Jesu" in VV. 60a.61b.66a, „die Zwölf" in VV. 67a.70b.71c und namentlich „Simon Petrus" in V. 68a) als auch reduziert. In bezug auf die Gesprächspartner Jesu lassen sich VV. 25-72 in vier Teile gliedern; jeder dieser Teile läßt sich anhand des Gesprächsverlaufs noch weiter in die Gesprächsabschnitte (GA) unterteilen:[240]

| | |
|---|---|
| 1. Teil: VV. 25-40: Jesus und die Menge | |
| | 1. GA: VV. 25-27 |
| | 2. GA: VV. 28-29 |
| | 3. GA: VV. 30-33 |
| | 4. GA: VV. 34-40 |
| 2. Teil: VV. 41-59: Jesus und die Juden | |
| | 5. GA: VV. 41-51 |
| | 6. GA: VV. 52-59 |
| 3. Teil: VV. 60-66: Jesus und die Jünger | |
| | 7. GA: VV. 60-66 |
| 4. Teil: VV. 67-71: Jesus und die Zwölf | |
| | 8. GA: VV. 67-69 |
| | 9. GA: VV. 70-71 |

ABBILDUNG 12

[240] Meine Gliederung und Untergliederung ist fast identisch mit derjenigen von R. KYSAR, Dismantling 168-170, der auch VV. 25-71 zuerst nach den Gesprächspartnern Jesu und danach nach den Gesprächsgängen gliedert. Die Gliederung in Redegänge aufgrund der dialogischen Gestaltung findet sich für VV. 22-59 u.a. bei J. BEUTLER, Struktur 255-259; B. SCHWANK, Joh 208; M. THEOBALD, Schriftzitate 331 und M. HASITSCHKA, Zeichen 87. In der Literatur werden VV. 25-71 meistens nicht als ein großer zusammengehöriger Teil von Joh 6 betrachtet (vgl. 4. Allgemeine Einführung: a). Die Abgrenzung und die Gliederung folgen im Großteil der Fälle vorrangig den inneren thematischen Kriterien. Die Folge sind zahlreiche Gliederungsversuche, bei denen aber die mehrfache starke Kohärenz von VV. 25-71 nur noch im Hintergrund bleibt oder nicht mehr leicht zu erkennen ist. Zu dieser Problematik siehe u.a.: R. E. BROWN, Joh I 293f; L. SCHENKE, Struktur 21-41; R. SCHNACKENBURG, Joh II 41-43; J. BECKER, Joh I 199-206; J. BEUTLER, Struktur 248-250; J. D. CROSSAN, Analysis 145-164 und M. THEOBALD, Schriftzitate 331-344.

Die einzelnen GA (außer dem 9. GA) verlaufen nach dem Schema: Frage → Antwort. Dementsprechend ergibt sich eine bestimmte Dynamik im Gespräch, welche die folgende Abbildung darstellt:

| | | | |
|---|---|---|---|
| 1. GA VV. 25-27: | direkte Frage der Menge | → | Antwort Jesu |
| 2. GA VV. 28-29: | direkte Frage der Menge | → | Antwort Jesu |
| 3. GA VV. 30-33: | direkte Frage der Menge | → | Antwort Jesu |
| 4. GA VV. 34-40: | direkte Bitte der Menge | → | Antwort Jesu |
| 5. GA VV. 41-51: | indirekte Frage der Juden | → | Antwort Jesu |
| 6. GA VV. 52-59: | indirekte Frage der Juden | → | Antwort Jesu |
| 7. GA VV. 60-66: | indirekte Frage der Jünger | → | Antwort Jesu |
| 8. GA VV. 67-69: | direkte Frage Jesu an die Zwölf | → | Antwort Simon Petrus |
| 9. GA VV. 70-71: | direkte rhetorische Frage Jesu und seine Antwort | → | (offener Schluß) |

ABBILDUNG 13

Die GA 1-7 beginnen mit einer Frage (nur der 4. GA mit einer Bitte) der Gesprächspartner Jesu. Das bedeutet, daß die Initiative für das Gespräch von den Gesprächspartnern Jesu selbst ausgeht. Sie richten ihre Fragen zuerst (in den GA 1-4) direkt an Jesus, später (in den GA 5-7) nur noch indirekt. Dadurch zeigt sich eine deutliche Tendenz ihrer Distanzierung von ihm. Seitens Jesus folgen auf alle Fragen seiner Gesprächspartner, direkte und indirekte, seine Antworten. Beachtenswert ist dabei die Länge der Fragen und der Antworten. Die Fragen der Gesprächspartner Jesu umfassen höchstens 7 ÄE bzw. 2 Verse (VV. 30f). Demgegenüber sind die Antworten Jesu großteiles viel länger und umfassen bis zu 29 ÄE bzw. 9 Verse (VV. 43-51). Im Gegensatz zu den GA 1-7 kommt es in den letzten beiden GA 8–9 zur umgekehrten Situation. Jesus selbst ergreift die Initiative und stellt eine Frage an seine Gesprächspartner. Dabei fällt besonders der letzte GA auf, weil auf die Frage Jesu keine Antwort seitens seiner Gesprächspartner mehr folgt. Auch auf diese Weise wird ihre zunehmende Distanz zu Jesus noch einmal bestätigt. Zusammenfassend läßt sich sagen: Einerseits charakterisiert eine immer größere Distanzierung des überwiegenden Teiles der Gesprächspartner Jesu, andererseits eine immer stärkere Initiative seitens Jesu die Dynamik des hier behandelten Gesprächs in VV. 25-71.

## 4.1 Der 1. Teil (VV. 25-40): Jesus und die Menge

### 4.1.1 Übersetzung

25 a Und gefunden habend ihn auf der anderen Seite des Sees
b sagten sie ihm:
c „Rabbi,
d wann bist du hierher gekommen?“[241]
26 a (Es) antwortete ihnen Jesus
b und sagte:
c „Amen, amen, ich sage euch:[242]
d Ihr sucht mich,
e nicht weil ihr Zeichen gesehen habt,[243]
f sondern weil ihr von den Broten gegessen habt
g und satt geworden seid.
27 a Wirkt nicht (für) die Speise,
b die vergehende,
c sondern (für) die Speise,
d die ins ewige Leben[244] bleibende,
e die der Sohn des Menschen euch geben wird;
f diesen nämlich hat der Vater, Gott, besiegelt.“[245]
28 a Da sagten sie zu ihm:
b „Was sollen wir tun,
c damit wir die Werke Gottes wirken?“
29 a (Es) antwortete Jesus
b und sagte ihnen:
c „Dies ist das Werk Gottes,
d daß[246] ihr an den glaubt,
e den jener gesandt hat.“
30 a Da sagten sie ihm:
b „Was (für) ein Zeichen tust du[247] nun,
c damit wir sehen

241 Die Verbindung γίνομαι + ὧδε ist als „hierher kommen“ zu übersetzen; vgl. W. BAUER, Wörterbuch 320.

242 Mit dem Formel ἀμὴν ἀμὴν λέγω ὑμῖν leitet Jesus seine Antwort auch in VV. 32b.47a. 53b ein.

243 Die Verneinung bezieht sich hier auf den Nebensatz und wird bei der Gliederung in ÄE und bei der Übersetzung berücksichtigt.

244 In der Wortverbindung εἰς ζωὴν αἰώνιον findet sich kein Artikel. Die dt. Übersetzung kann sie aber nur mit dem Artikel sinnvoll vermitteln („ins ewige Leben“).

245 Das Verb σφραγίζω wird als „besiegeln“ übersetzt. Im übertragenen Sinn bedeutet es „sichern“, „mit einem Erkennungszeichen versehen“ und „bestätigen“ bzw. „beglaubigen“. Vgl. W. BAUER, Wörterbuch 1588.

246 Die Konjunktion ἵνα hat in diesem Fall die erklärende Funktion und wird mit „daß“ übersetzt. Vgl. W. BAUER, Wörterbuch 766.

247 Nicht nur durch die Verbform ποιεῖς, sondern zusätzlich durch das Personalpronomen „du“ erhält die 2.P.Sg. Nachdruck.

d und dir glauben?
e Was wirkst du?
31 a Unsere Väter haben das Manna in der Wüste gegessen,
b wie geschrieben ist:[248]
c Brot vom Himmel gab er ihnen zu essen."
32 a Da sagte Jesus ihnen:
b „Amen, amen, ich sage euch:
c Nicht Mose hat euch das Brot vom Himmel gegeben,
d sondern mein Vater gibt euch das wahre[249] Brot vom Himmel;
33 denn das Brot Gottes ist das vom Himmel herabsteigende
/ (oder:) der vom Himmel Herabsteigende
und der Welt Leben gebende/ (oder:) Gebende."[250]
34 a Da sagten sie zu ihm:
b „Herr,
c gib uns allezeit dieses Brot!"
35 a (Es) sagte Jesus ihnen:
b „Ich bin das Brot des Lebens;[251]
c der zu mir Kommende wird gewiß nicht[252] hungern,
d und der an mich Glaubende wird gewiß nicht dürsten jemals.
36 a Doch ich sagte euch:
b Obgleich ihr mich gesehen habt,
c glaubt ihr dennoch nicht.[253]
37 a Alles, was mir der Vater gibt, wird zu mir kommen,
b und den zu mir Kommenden werde ich gewiß nicht hinauswerfen nach draußen,
38 a denn ich bin herabgestiegen vom Himmel,
b nicht damit ich meinen Willen tue,
c sondern den Willen des mich gesandt Habenden.
39 a Dies aber ist der Wille des mich gesandt Habenden,
b daß ich von all dem, was er mir gegeben hat, nichts verliere,
c sondern ich werde es auferstehen lassen am letzten Tag.
40 a Dies nämlich ist der Wille meines Vaters,

[248] Diese ÄE mit dem Verb γράφω dient als Verweis auf die Schrift bzw. das AT; ähnlich auch in V. 45a. Vgl. E. RUCKSTUHL /P. DSCHULNIGG, Stilkritik 81.

[249] Das Adjektiv ἀληθινός bedeutet „wahr", aber auch „wahrhaftig, zuverlässig". Vgl. W. BAUER, Wörterbuch 71.

[250] Beide Partizipien erscheinen im Maskulinum. Deswegen können sie sich sowohl auf das Brot als auch auf eine männliche Person beziehen. Aus dem Kontext ist deutlich, daß diese Person Jesus selbst ist.

[251] Das ist das erste Ich-bin-Bildwort Jesu im Joh-Ev. Der Genitiv „des Lebens" kann ein Genitiv des Zweckes sein: das Brot, das Leben gibt bzw. verleiht. Vgl. W. HAUBECK – H. V. SIEBENTHAL, Schlüssel I 542.

[252] Die Konstruktion οὐ μή + Konj. Aor. ist die stärkste Verneinung eines zukünftigen Geschehens. Aus diesem Grund wird sie emphatisch als „gewiß nicht" übersetzt. Vgl. W. BAUER, Wörterbuch 1047f.

[253] An dieser Stelle wird durch καί ... καί der Gegensatz eingeführt. Deswegen wird καί ... καί als „obgleich ... dennoch" übersetzt. Vgl. W. BAUER, Wörterbuch 797f.

b daß[254] jeder den Sohn Sehende und an ihn Glaubende ewiges Leben hat,
c und ich werde ihn auferstehen lassen am letzten Tag."

### 4.1.2 Struktur

VV. 25-40 bilden den 1. Teil des Gesprächs in Joh 6,25-71. Seine Struktur wird hier im Hinblick auf Kommunikation, Form und Inhalt behandelt.[255]

Gegenüber den Hauptteilen 1 – 3 wird die Kommunikationsstruktur (vgl. Teil I 2) im vierten Hauptteil bereits von Anfang an stark verändert. Das in den Hauptteilen 1 – 3 überwiegende KN 2 reduziert sich im vierten Hauptteil wesentlich. Statt dessen vergrößert sich der Anteil vom KN 1 stark, d.h. der Anteil der direkten Personenrede.[256] Abgesehen von den erzählerischen Einleitungen zu den direkten Redeteilen und V. 25a findet sich in VV. 25-40 vom Erzähler selbst (S2) kein einziges Wort. Trotzdem sind die wenigen Einleitungsworte für die Leser keinesfalls unwichtig.

Die Gesprächspartner des mit V. 25 beginnenden Gesprächs (KN 1) sind Jesus und die Menschen bzw. die Menge. Während Jesus in den erzählerischen Einleitungen zu den direkten Redeteilen (KN 2) namentlich vorkommt, werden die Menschen in diesen Einleitungen nicht ausdrücklich erwähnt.[257] Nur aufgrund des dritten Hauptteiles (VV. 22-24), der dieses Gespräch einführt, können die Leser die 3.P.Pl. (Verbform εἶπον und Personalpronomina in den folgenden Redeeinleitungen) mit den suchenden Menschen, die die ersten Gesprächspartner Jesu sind, identifizieren.[258]

Das Gespräch zeigt im 1. Teil eine bestimmte Dynamik. Diese beginnt mit den Menschen. Nur sie stellen im ganzen Gespräch die Fra-

[254] Wie in V. 29d hat auch hier die Konjunktion ἵνα die erklärende Funktion und wird mit „daß" übersetzt. Vgl. W. BAUER, Wörterbuch 766.

[255] Ähnlich unterstreicht U. WILCKENS, Joh 99, die Notwendigkeit, formale und inhaltliche Gesichtspunkte zugleich zu berücksichtigen. Vgl. L. SCHENKE, Joh 127.

[256] Diesbezüglich kennzeichnet M. LABAHN, Offenbarung 279, das Gespräch in Joh 6 als kommunikativen Akt.

[257] J. D. CROSSAN, Analysis 150, schreibt: „Prior to 6:25-40 the Crowds have been frequently identified with various terms (6:2,5,10a,10b,14,22,24). That is, four times in 6:1-15 and twice in 6:22-24. Now, suddenly, they become nameless. Throughout the fairly long section in 6:25-40 they are identified only indirectly, remaining hidden behind such words as ‚they' or ‚them'."

[258] Die Tatsache, daß sich auch die Jünger innerhalb dieser Menge befinden, wird erst später für die Leser deutlich. Darüber schreibt J. D. CROSSAN, Analysis 150: „The Disciples are textually absent, with only Jesus and the Crowds explicitly mentioned. It is clear from 6:60, of course, that the Disciples were actually present throughout 6:25-59."

gen bzw. einmal die Bitte direkt an Jesus. Auf jede Frage folgt eine Antwort Jesu. Auf diese Weise entstehen vier GA die zugleich auch die formale Struktur des 1. Teiles bilden:

| | | | |
|---|---|---|---|
| 1. GA VV. 25-27: | direkte Frage der Menge | → | Antwort Jesu |
| 2. GA VV. 28-29: | direkte Frage der Menge | → | Antwort Jesu |
| 3. GA VV. 30-33: | direkte Frage der Menge | → | Antwort Jesu |
| 4. GA VV. 34-40: | direkte Bitte der Menge | → | Antwort Jesu |

ABBILDUNG 14

Die Fragen der Menschen sind knapp formuliert. Demgegenüber sind die Antworten Jesu fast ausnahmslos bedeutend länger.

Das ζωή-Vokabular hat im 1. Teil des Gesprächs vier Belege, immer auf dem KN 1 d.h. in der direkten Personenrede: 2mal als ζωή (VV. 33.35b) und 2mal als ζωὴ αἰώνιος (VV. 27d.40b). Die „das Leben" mitteilende Person (S1) ist in allen Fällen Jesus selbst. Das Wort „Leben" findet sich in allen GA des 1. Teiles (außer im 2. GA): 1mal im 1. GA (V. 27d), 1mal im 3. GA (V. 33) und 2mal im 4. GA (VV. 35b.40b). Im 1. GA und im 3. GA findet es sich am Schluß. Im 4. GA erscheint es sowohl am Beginn der Antwort Jesu als auch an ihrem Schluß, der zugleich der Schluß des 4. GA und des gesamten 1. Teiles ist. Dabei ist zu beachten, daß sowohl der Beginn als auch der Schluß einer Texteinheit zu deren privilegierten Positionen gehören.

Der 1. Teil zeigt neben den formalen auch inhaltliche Verbindungen durch die GA 1–4. Jede direkte Personenrede greift entweder die Themen aus der vorhergehenden Personenrede oder die vom Erzähler geschilderte Haltung bzw. Reaktion der Gesprächspartner Jesu auf, die sich unmittelbar vor ihr finden. R. Kysar nennt diesen Stil „repetitious dialogue" und schreibt dazu: „It is important to note, too, that the discussion partners frequently introduce the theme of a section."[259] Dabei geht es nicht um eine bloße Wiederholung der Inhalte, vielmehr werden sie vertieft und weiter entwickelt.[260] Auf diese Weise bilden sie eine thematische Verkettung im 1. Teil des Gesprächs (ABBILDUNG 15) und tragen damit zu seiner Dynamik bei:

[259] R. KYSAR, Dismantling 171.

[260] Treffend schreibt R. KYSAR, Dismantling 171: „The passage is filled with repetition while still progressing in thought. Indeed, those who argue that the Johannine discourse style is spiral find evidence for their view here." Zu ihnen gehört auch R. SCHNACKENBURG, Joh I 99, der das joh. Denken mit einer Spirale vergleicht: „Die Gedanken kreisen und kehren zurück und schrauben sich doch gleichzeitig empor." Es geht um eine „kreisende, wiederholende und einschärfende, und doch zugleich voranschreitende, erklärende und höherführende Gedankenbewegung" (ebd. 100).

| GA | V. | die Menschen | Jesus |
|---|---|---|---|
| | 24f | ζητέω | |
| | | ↘ | |
| 1. GA | 26d | | ζητέω |
| | 27a | | ἐργάζομαι |
| | | | ↙ |
| 2. GA | 28c | ἐργάζομαι | |
| | | τὰ ἔργα τοῦ θεοῦ | |
| | | ↘ | |
| | 29c | | τὸ ἔργον τοῦ θεοῦ |
| | 29d | | πιστεύω |
| | | | ↙ |
| 3. GA | 30d | πιστεύω | |
| | 31c | ἄρτος ἐκ τοῦ οὐρανοῦ | |
| | | ↘ | |
| | 32c | | ὁ ἄρτος ἐκ τοῦ οὐρανοῦ |
| | 32d | | ὁ ἄρτος ἐκ τοῦ οὐρανοῦ τὸν ἀληθινόν + |
| | 33 | | ὁ ἄρτος τοῦ θεοῦ |
| | | | ↙ |
| 4. GA | 34c | ὁ ἄρτος οὗτος | |
| | | ↘ | |
| | 35b | | Ἐγώ εἰμι ὁ ἄρτος τῆς ζωῆς |

ABBILDUNG 15

Der 1. Teil des Gesprächs enthält sieben Überleitungen (in der Abbildung als Pfeile ↘ ↙ gezeichnet):

*Die 1. Überleitung* geschieht durch das Verb ζητέω. Jesus geht in seiner Antwort nicht direkt auf die Frage der Menschen (KN 1) ein, sondern auf ihre Haltung, die durch den Erzähler auf dem KN 2 in V. 24f als „suchend" geschildert wird.[261]

*Die 2. Überleitung* bildet die Wiederholung des Verbs ἐργάζομαι auf KN 1. Jesus ruft die Menschen zu ἐργάζομαι in V. 27a auf. Das Ziel ihres ἐργάζομαι soll „die ins ewige Leben bleibende Speise" sein. In ihrer Frage in V. 28c greifen sie das Thema ἐργάζομαι wieder auf.

[261] Ähnlich U. WILCKENS, Joh 99; F. J. MOLONEY, Joh 208. Als redaktionellen Charakter interpretieren diesen Übergang u.a. U. SCHNELLE, Joh 120, und R. SCHNACKENBURG, Joh II 47.

*Die 3. Überleitung* ist der zweiten verwandt, insofern das Verb ἐργάζομαι und das Nomen ἔργον auf die gleichen Wortwurzeln zurückgehen. In V. 28c formulieren die Menschen die Wortverbindung τὰ ἔργα τοῦ θεοῦ (auf dem KN 1). Jesus greift sie auf und definiert in V. 29c, was τὸ ἔργον τοῦ θεοῦ ist (auf dem KN 1). Dabei ist die Veränderung zum Singular auffällig.
*Die 4. Überleitung* bildet die Wiederholung des Verbs πιστεύω (auf dem KN 1).[262] In ihrer Frage bezüglich des Glaubens identifizieren die Menschen den von Gott Gesandten (V. 29d) mit Jesus (V. 30d). Sie fragen Jesus nach dem Zeichen, damit sie zum Glauben kommen – so ihre Vorstellung.[263]
*Die 5. Überleitung* zeigt, daß Jesus keine direkte Antwort auf die Frage der Menschen nach dem Zeichen gibt. Er greift auf dem KN 1 lieber das von ihnen zuletzt angesprochene atl. Thema über das „Brot vom Himmel" (ἄρτος ἐκ τοῦ οὐρανοῦ) auf.
*Die 6. Überleitung* bleibt auf dem KN 1 beim Thema „Brot" mit zwei neuen Akzenten: Erstens geht es um „wahres Brot" (die Wortverbindung ὁ ἄρτος ἐκ τοῦ οὐρανοῦ ὁ ἀληθινός in V. 32d) und zweitens um „Brot Gottes" (ὁ ἄρτος τοῦ θεοῦ in V. 33). Auf „dieses Brot" (ὁ ἄρτος οὗτος) konzentriert sich die Bitte der Menschen in V. 34b-c.
*Die 7. Überleitung* bildet noch einmal das Thema „Brot" auf dem KN 1, wieder als neue Wortverbindung (ὁ ἄρτος τῆς ζωῆς) innerhalb der Selbstprädikation Jesu: Ἐγώ εἰμι ὁ ἄρτος τῆς ζωῆς.

Folgerungen aufgrund der Überleitungen im 1. Teil des Gesprächs sind:
(1) Jesus geht in seinen Antworten nicht nur auf die Frage der Menschen (KN 1), sondern auch auf ihre (auf dem KN 2 geschilderte) Haltung ein. Für ihn sind sowohl ihre Worte und Gedanken als auch ihr Verhalten und ihre Reaktionen wichtig. Für die Leser bedeutet das,

[262] Dazu treffend die Bemerkung von M. THEOBALD, Schriftzitate 337: „Beachtlich ist aber unter strukturellem Gesichtspunkt die Lexem-Kombination von ‚sehen' und ‚glauben', die, bei geringfügigen sprachlichen Variationen, gerade in Übergangsversen begegnet (VV. 30.36.40.46/47)." Zu dieser Kombination im Joh-Ev siehe die Ausführungen von H. E. LONA, Glaube 180-184.

[263] Die Dichte der Überleitungen in VV. 26-30 unterstreicht auch R. SCHNACKENBURG, Joh II 47: „An einem Wort Jesu entzündet sich ein kurzer, kräftiger Disput. Er zeigt alle Merkmale joh. Diktion und Gedankenführung: die einleitende Versicherung mit doppeltem ἀμήν (vgl. zu 1,51), das Kreisen um bestimmte Begriffe, hier ἐργάζομαὶ – ἔργον, aber auch ‚Zeichen sehen' (V 26 und 30) und ‚glauben' (V 29 und 30), ein Gegensatz-Denken (‚vergängliche' und ‚bleibende' Speise), schließlich auch ein Mißverständnis (das ἐργάζομαι V 27 als Tun von ‚Werken' V 28). Die Themen vom Lebensbrot und vom Glauben klingen auf."

das, daß sie auf das ganze Kommunikationsgeschehen achten sollen, um die Worte Jesu begreifen zu können.
(2) Die Fragen der Menschen in VV. 25c-d.30b-e werden von Jesus nicht sofort beantwortet. Durch diese offen bleibenden Fragen entsteht im Gespräch ein Spannungsbogen.
(3) Durch die Überleitungen werden einige Themen herausgestellt. Zugleich drücken sie auch die Dynamik zwischen den Themen und Rhemen[264] aus. Jede Überleitung bildet eine fast genaue Wiederholung eines Themas, zugleich bringt sie aber auch ein neues Thema d. h. ein Rhema, welches die Weiterentwicklung vom vorherigen Thema ist.
(4) Das ζωή-Vokabular wird in den Überleitungen 1 – 7 nicht direkt verwendet, jedoch 3mal in ihren Zusammenhängen. In der 2. Überleitung ist die Lebensthematik mit dem Verb ἐργάζομαι verbunden und in der 6. Überleitung mit ὁ ἄρτος ἐκ τοῦ οὐρανοῦ ὁ ἀληθινός. Besonders eng ist die Verbindung in der 7. Überleitung. Das wiederholte Wort ἄρτος erscheint in der Wortverbindung, dessen zweiter Teil das Wort ζωή ist.

In einem weiteren Schritt der strukturellen Analyse werden die Häufungen des charakteristischen Vokabulars dargestellt. Diese Übersicht (TABELLE 16) ist vor allem deswegen wichtig, weil sie auf einige Schwerpunkte im Text hinweist:

[264] Zur Bedeutung der Begriffe Thema und Rhema erklärt TH. LEWANDOWSKI, Wörterbuch III 1182: „Thema ist das, worüber etwas mitgeteilt wird, und auch das, was aus Kontext aud Situation ableitbar ist; Rhema ist das, was über das Thema mitgeteilt wird, was aus Kontext und Situation nicht ableitbar ist – die neue Information."

| GA | V. | | |
|---|---|---|---|
| 1. | 27a | βρῶσις | ἐργάζομαι[265] |
| | c | βρῶσις | |
| 2. | 28c | | τὰ ἔργα τοῦ θεοῦ ἐργάζομαι |
| | 29c | | τὸ ἔργον τοῦ θεοῦ |
| 3. | 30e | | ἐργάζομαι |
| | 31c | ἄρτος[266] *ἐκ τοῦ* θεοῦ | δίδωμι[267] |
| | 32c | ὁ ἄρτος *ἐκ τοῦ οὐρανοῦ* | δίδωμι |
| | d | ὁ ἄρτος *ἐκ τοῦ οὐρανοῦ* (τὸν ἀληθινόν) | δίδωμι |
| | 33 | ὁ ἄρτος (τοῦ θεοῦ) *ἐκ τοῦ οὐρανοῦ* | δίδωμι |
| 4. | 34c | ὁ ἄρτος (οὗτος) | δίδωμι |
| | 35b | (Ἐγώ εἰμι) ὁ ἄρτος (τῆς ζωῆς) | |
| | 37a | | δίδωμι |
| | 38a | *ἀπὸ τοῦ οὐρανου* | |
| | b | τὸ θέλημα[268] (τὸ ἐμὸν) | |
| | c | τὸ θέλημα *τοῦ πέμψαντός με* | |
| | 39a | τὸ θέλημα *τοῦ πέμψαντός με* | |
| | c | | ἀνίστημι *τῇ ἐσχάτῃ ἡμέρα*[269] |
| | 40a | τὸ θέλημα (τοῦ πατρός μου) | |
| | c | | ἀνίστημι *τῇ ἐσχάτῃ ἡμέρα* |

TABELLE 16

Beobachtungen und Folgerungen anhand der Tabelle sind:
(1) Die Häufungen werden nicht mit den GA oder mit den einzelnen direkten Personenreden abgegrenzt. Sie können sich über mehrere GA ausdehnen (z.B. ἐργάζομαι in GA 1-3). Es können aber auch innerhalb eines GA mehrere Häufungen auftreten (z.B. in 4. GA zuerst ὁ ἄρτος und δίδωμι und danach noch τὸ θέλημα).

[265] Das Verb ἐργάζομαι und die Nomen ἔργα/ἔργον τοῦ θεοῦ kommen im ganzen Gespräch nicht mehr vor.

[266] Das Wort ἄρτος erscheint im gesamten Gespräch 15mal: im 1. Teil 7mal und im 2. Teil 8mal. In den Teilen 3 – 4 wird es niemals belegt. Sechs seiner Vorkommen im 1. Teil (außer derjenige in V. 26f) bilden die hier behandelte Häufung.

[267] Das Verb δίδωμι hat im Gespräch 11 Belege: acht im 1. Teil, zwei im 2. Teil und einen im 3. Teil. Die sechs der acht Vorkommen im 1. Teil bilden eine Häufung. Sonst kommt das Verb δίδωμι im 1. Teil noch in VV. 27e.39b vor, beidemal mit einem anderen Objekt als Brot.

[268] Das Wort τὸ θέλημα kommt im ganzen Gespräch nur innerhalb der hier behandelten Häufung vor.

[269] Die Verbindung zwischen ἀνίστημι und τῇ ἐσχάτῃ ἡμέρα hat im Gespräch noch zwei Belege: im 2. Teil (V. 44e) und im 3. Teil (V. 54b). Dabei ist erwähnenswert, daß in allen vier Vorkommen das Verb ἀνίστημι als aktiver Indikativ des Futurs auftritt.

(2) Der Großteil der Schwerpunkte deckt sich mit den Themen der Überleitungen wie ἐργάζομαι, τὰ ἔργα, τὸ ἔργον τοῦ θεοῦ, ὁ ἄρτος usw. Demgegenüber kommen einige Schwerpunkte in den Überleitungen nicht vor. Diese finden sich besonders in den längeren Personenreden (z.B. die Häufung von θέλημα in der Antwort Jesu im 4. GA).
(3) Das Verb ἐργάζομαι und seine Objekte bilden einen starken Schwerpunkt in GA 1-3.[270] Im 1. GA ist sein Objekt 2mal das Wort βρῶσις. Dabei geht es um die zwei gegensätzlichen Speisen: die eine vergeht und die andere bleibt für das ewige Leben. Im 2. GA sind ἔργα τοῦ θεοῦ (Plural) in V. 28c das Objekt vom Verb ἐργάζομαι. Anschließend in V. 29c definiert Jesus, was ἔργον τοῦ θεοῦ (Singular) bedeutet.[271] Im 3. GA in V. 30e kommt das Verb ἐργάζομαι zum letzten Mal innerhalb von Joh 6 vor. Sein Subjekt ist Jesus und nicht mehr die Menschen. Obwohl in der Frage der Menschen das Wirken Jesu zunächst unbestimmt bleibt, ist sein Ziel für sie deutlich (ἵνα ἴδωμεν καὶ πιστεύσωμέν σοι in V. 30c-d).
(4) Mit V. 31c im 3. GA beginnt eine andere Häufung, die besonders durch die beiden Wörter δίδωμι und ἄρτος, charakterisiert wird. Die beiden erscheinen 6mal innerhalb dieser Häufung, die sich im Großteil des 4. GA weiterzieht. Dabei ist ἄρτος 5mal mit dem Verb δίδωμι verbunden. In der Tabelle wird das Wort ἄρτος zusammen mit der jeweiligen Wortverbindung angegeben, um die Dynamik zu diesem Wort deutlich zu machen. Zuerst wird 3mal (VV. 31c.32cd) die Herkunft des Brotes unterstrichen: ἐκ τοῦ οὐρανοῦ. In V. 31 verbinden die Menschen dieses Brot mit dem Manna, das ihren Vätern in der Wüste gegeben wurde. Jesus macht in V. 32d deutlich, daß sein Vater den Menschen das wahre Brot vom Himmel gibt.[272] Dabei ist die Charakterisierung des Brotes vom Himmel als „wahres“ Brot beachtenswert. Ebenso fällt die Dynamik bei dem Verb δίδωμι in bezug auf die Tempora auf: Aorist in V. 31c, Perfekt in V. 32c und Präsens in V. 32d. Durch das Präsens in V. 32d wird deutlich, daß „das wahre Brot vom Himmel“ nicht ein abgeschlossenes Thema der Vergangenheit ist, sondern präsentisch, aktuell und dauernd vom Vater gegeben wird. Am Ende des 3. GA in V. 33 definiert bzw. identifiziert Jesus das Brot. Die Bezeichnung

[270] Im Blick auf die Übersetzungsproblematik schreibt B. SCHWANK, Joh 207: „V. 27 beginnt in den meisten Übersetzungen: ‚Müht euch nicht ...‘. Im Griechischen steht aber ein Zeitwort vom Stamm ‚erg-‘, der in 6,28f in dem Hauptwort ‚ergon‘ – Werk aufgegriffen werden wird; von den ‚Werken Gottes‘ wird die Rede sein, und wir wollten schon in V. 27 dieses Thema ‚wirken – Werke‘ durchklingen lassen.“
[271] Vgl. B. SCHWANK, Joh 210.
[272] Im Unterschied zu V. 31c findet sich das Wort ἄρτος in V. 32c und in allen folgenden Vorkommen in diesem Gespräch immer mit dem Artikel (ὁ).

„vom Himmel" kommt in V. 33 nicht im unmittelbaren Anschluß an das Wort „Brot" vor. „Brot" ist vielmehr mit dem Genitiv τοῦ θεοῦ verbunden. Dadurch ist in der Wortverbindung ὁ ἄρτος τοῦ θεοῦ die Herkunft des Brotes genauer bestimmt. Es geschieht die Steigerung der Herkunft vom Ort zur Person, die Gott selbst ist. Die Personalisierung geht in V. 33 weiter. Jesus identifiziert „das Brot Gottes" mit „dem herabsteigenden vom Himmel und Leben gebenden der Welt" bzw. mit „dem Herabsteigenden vom Himmel und Leben Gebenden der Welt".[273] Durch diese beiden Charakteristika kann das Brot in V. 33 nicht mehr als Sache verstanden werden, sondern bekommt die Eigenschaften einer Person.[274] Die Leser des Joh-Ev können aus den beiden Bezeichnungen erkennen, daß diese Person nur Jesus sein kann. Im 4. GA folgt die Bitte der Menschen, daß Jesus ihnen „dieses Brot" gibt. Im Gegensatz zu den Worten Jesu in V. 33 wird in ihrer Bitte „das Brot" wieder zum Objekt des Verbs δίδωμι. In seiner Antwort bleibt Jesus treu seinen vorherigen Worten – seiner Tendenz zur Personifizierung – und geht in seiner Selbstprädikation noch einen Schritt weiter: Ἐγώ εἰμι ὁ ἄρτος τῆς ζωῆς. Das Brot erscheint hier in einer neuen und letzten Wortverbindung als ὁ ἄρτος τῆς ζωῆς. In V. 37a findet sich noch einmal das Verb δίδωμι. Ebenso wie in V. 32d erscheint es als Indikativ Präsens, dessen Subjekt der Vater ist. Der Unterschied besteht in bezug auf das Objekt. Dieses ist nicht mehr das Brot wie in V. 32d, sondern „alles" (πᾶς), was der Vater Jesus gibt. Erwähnenswert ist noch V. 38a, wo zum fünften Mal in dieser Häufung die Ortsbezeichnung „der Himmel" vorkommt, jedoch mit der Präposition ἀπό und nicht mit ἐκ wie in den anderen vier Fällen. Der Himmel ist die Herkunft des Brotes (VV. 31c.32cd), des herabsteigenden Brotes bzw. des Herabsteigenden (V. 33) und Jesus selbst ist derjenige, der von dort herabgestiegen ist (V. 38a).

(5) Mit V. 38b im 4. GA beginnt Jesus sein Herabsteigen vom Himmel zu begründen. Damit bildet sich durch die Wiederholungen von θέλημα ein neuer Schwerpunkt. Die Bewegung vom Willen Jesu hin zum Willen des Vaters fällt auf. Der Wille Jesu kommt nur einmal in V. 38b vor, wo er nicht als Grund seines Abstiegs vom Himmel gesehen wird. Was sein Wille ist, wird nicht präzisiert. Demgegenüber kommt der Wille des Vaters 3mal vor. Zuerst wird er 2mal (VV. 38c.39a) als „Wille des mich gesandt Habenden" (τὸ θέλημα τοῦ πέμψαντός με) erwähnt. In bezug auf seinen Abstieg versteht sich Jesus als Gesandter, der gekommen ist, nicht um seinen eigenen Willen zu tun, sondern

[273] Zu beiden Möglichkeiten der Übersetzung siehe die Fußnote zu V. 33 in 4.1.1.

[274] Vgl. U. WILCKENS, Joh 102; P.-M. JERUMANIS, Communion 143.

den Willens seines Senders. Im Gegensatz zum Willen Jesu wird der Wille seines Senders bzw. des Vaters genauer vorgestellt. Der starke Parallelismus in VV. 39f[275] besonders durch die Worte θέλημα, ἀνίστημι und τῇ ἐσχάτῃ ἡμέρα läßt „den mich gesandt Habenden" mit „dem Vater" identifizieren.
(6) Die Lebensthematik, besonders die Worte ζωή und ζωὴ αἰώνιος verdichten sich im 1. Teil nicht zu einer Häufung, obwohl sie insgesamt 4mal vorkommen (VV. 27d.33.35b.40b). Diese Vorkommen sind aber mit den in der TABELLE 16 aufgezeigten Häufungen eng verbunden:[276] In V. 27c-d wird βρῶσις durch ζωὴ αἰώνιος gekennzeichnet;[277] ζωή gehört zum Inhalt, mit dem Jesus ἄρτος τοῦ θεοῦ in V. 33 definiert; ζωή ist auch einer der wenigen Bestandteile der Selbstprädikation Jesu in V. 35b (Ἐγώ εἰμι ὁ ἄρτος τῆς ζωῆς); ζωὴ αἰώνιος bestimmt den Willen des Vaters in V. 40 wesentlich mit.

Die hier vorgestellten Analysen und Ergebnisse haben die Struktur des 1. Teiles des Gesprächs, die von vielen verschiedenen Elementen (kommunikativen, formalen und inhaltlichen, statischen und dynamischen) geprägt wird, erhellt. Sie sind eine Hilfe für die anschließende Auslegung. Dabei wird versucht, auch die Elemente der feineren Gestaltung dieses Textes zu berücksichtigen, die in der Darstellung der Struktur noch nicht zum Ausdruck gekommen sind.

275 B. SCHWANK, Joh 215, bemerkt: „Die steigernde Wiederholung des Schlußsatzes von V. 39 am Ende von V. 40 mit einem zusätzlichen betonten ‚ich' zeigt, wie beachtenswert die Sache ist."

276 Die Wichtigkeit des Wortes „Leben" bestätigt auch die Gliederungstafel „Struktur des Lebensbrot-Dialogs" von M. THEOBALD, Schriftzitate 342-343, in der „das Leben" zu den sogenannten „Leit-Lexeme" gehört, auch in VV. 25-40.

277 In diesem Sinne beschreibt M. HASITSCHKA, Zeichen 87, den Gipfel des 1. GA: „Der erste Redeabschnitt (6,25-27) gipfelt in der Verheißung der ‚ins ewige Leben bleibenden Speise (βρῶσις)', die der Menschensohn geben wird (δίδωμι – Futur) (6,27)."

### 4.1.3 Die einzelnen Gesprächsabschnitte

*Der 1. Gesprächsabschnitt (VV. 25-27): Die ins ewige Leben bleibende Speise*

*a) Auslegung*
*Die erzählerische Einleitung (V. 25a-b)*
In V. 25a-b gibt der Erzähler den Lesern das Ergebnis des Suchens der Menschen auf KN 2 bekannt. Ihre Suche ist erfolgreich, denn sie finden Jesus „auf der anderen Seite" (πέραν)[278] des Sees. Nach V. 24e läßt sich diese Ortsangabe mit Kafarnaum identifizieren (vgl. auch V. 59b). Die Fahrt über den See und das Suchen in Kafarnaum werden nicht genauer geschildert. Ebenso enthält die kurze Einführung keine neue Zeitangabe. Deswegen bezieht sich die Zeitangabe τῇ ἐπαύριον aus V. 22a auch auf das folgende Gespräch in Kafarnaum. Es gibt auch keine neue Personenangabe. Aus diesem Grund kann man voraussetzen, daß die Menge, die Jesus nach der wunderbaren Speisung sucht, diejenige ist, die ihn in Kafarnaum findet und mit ihm ins Gespräch kommt.

*Die Frage der Menge (V. 25c-d)*
Das Gespräch (KN 1) beginnen die Menschen mit der Frage in V. 25c-d: „Rabbi, wann bist du hierher gekommen?" Sie reden Jesus mit dem Titel ῥαββί an, der „häufige Bezeichnung des (Gesetzes-) Lehrers war; die urspr. Bedeutung ist ‚Großer' ... Man muß sich jedoch vor Augen halten, daß das zeitgenössische Judentum die Rabbi-Anrede noch nicht auf ausgebildete und ordinierte Gelehrte beschränkte."[279] Zur Bewertung dieser Anrede in V. 25c soll der Kontext berücksichtigt werden. Dabei fällt der folgende Kontrast auf: Die Menschen, die Jesus nach der wunderbaren Speisung für den Propheten (V. 14d-e) halten, rufen ihn in V. 25c weder als Propheten noch als König an. Ihre Absicht in V. 15c, ihn zum König zu machen, kommt weder in ihrer Frage in V. 25c-d noch im weiteren Verlauf des Gesprächs vor.[280] Auf diesem

[278] Nach E. RUCKSTUHL/P. DSCHULNIGG, Stilkritik 131, gehört πέραν (als Präposition) mit Genitiv zu den Stilmerkmalen des Joh-Ev. Es fällt auf, daß es in allen Hauptteilen (VV. 1.17b.22b.25a) vorkommt.

[279] G. SCHNEIDER, EWNT III 493f. Weiter macht er darauf aufmerksam, daß entsprechend dieser jüdischen Tradition die Anrede ῥαββί schon in Joh 1,38 (ihr erster Beleg im Joh-Ev) mit „Lehrer" (διδάσκαλος) übersetzt wird.

[280] Eine ähnliche Bemerkung aus der Leserperspektive macht B. SCHWANK, Joh 207: „Auf den ersten Blick scheint auch die ganze Art, wie das Volk Jesus findet und ihn erstaunt fragt, sehr situationsgerecht geschildert. Doch nach allem, was vorausgegangen ist, müßte man mehr erwarten. Eine Menge, die Jesus gestern noch zum König ausrufen wollte, die stundenlang auf ihn gewartet und nach ihm gesucht hat, die sollte ihn mit so leeren Worten angeredet haben? Eigentlich müßte Jubel ausbrechen in dem Augenblick, in dem das Volk den prophetischen Wundertäter endlich wieder aufgespürt hat."

Hintergrund zeigt der Titel Rabbi „an insufficient understanding of Jesus“[281] auf.

Die Anrede ῥαββί begegnet im NT nur in den Evangelien. Sie fehlt indessen im Lk-Ev. Im Joh-Ev hat sie 8 Belege und gehört zu den joh. Stilmerkmalen.[282] Jesus wird im Joh-Ev 2mal von einzelnen Personen als ῥαββί angesprochen: a) von Natanaël in Joh 1,49, wo „die Rabbi-Anrede ein Gottessohnbekenntnis gegenüber Jesus einleitet“[283]; b) von Nikodemus in Joh 3,2, der ähnlich wie Natanaël diese Anrede noch im gleichen Satz überbietet: „Rabbi, wir wissen, daß du (als) Lehrer von Gott gekommen bist; denn niemand kann die Zeichen tun, die du tust, wenn nicht der Gott mit ihm ist.“ Weiter nennen die Johannesjünger Johannes den Täufer „Rabbi“ in Joh 3,26 und zwei von ihnen beginnen Jesus ebenso in Joh 1,38 anzureden und werden zu seinen Jüngern. Die Jünger Jesu nennen Jesus noch 3mal „Rabbi“ (Joh 4,31; 9,2; 11,8). Hauptsächlich verwenden sie diese Anrede für Jesus bevor sie zu einem tieferen Verständnis seiner Person kommen. Überraschend kommt diese Anrede in Joh 13-17 nicht vor, obwohl gerade dort Jesus und seine Jünger stets im Vordergrund stehen. Ebenso erscheint sie auch nicht innerhalb des Passionsberichtes in Joh 18f. Erst am Beginn der Ostererzählung in Joh 20,16 wird die ähnliche Anrede ῥαββουνί[284] im Mund Marias von Magdala verwendet, mit der sie den irdischen Jesus mit dem Auferstandenen identifiziert. Nur einmal im Joh-Ev, an der hier behandelten Stelle in Joh 6,25c, erscheint die Rabbi-Anrede im Mund der Volksmenge. Ähnlich wie die Jünger rufen die Menschen hier Jesus an. An dieser Stelle sind sie noch nicht zu einem tieferen Verständnis der Person Jesu gelangt.

Die Frage der Menschen an Jesus in V. 25c-d ist die Frage nach der Zeit seiner Ankunft nach Kafarnaum. Sie „ist aus der Situation formuliert und erinnert den Leser nochmals an den Seewandel Jesu“[285]. Die Menschen drücken dadurch eine bestimmte Verwunderung aus, denn sie haben gesehen, daß Jesus nicht mit seinen Jüngern in dasselbe Boot eingestiegen war (V. 22f). Es bleibt für sie ein Geheimnis, wann

[281] F. J. MOLONEY, Signs 43.

[282] Vgl. E. RUCKSTUHL/P. DSCHULNIGG, Stilkritik 143.

[283] G. SCHNEIDER, EWNT III 494.

[284] M. HASITSCHKA, Passions- und Osterberichte 60, schreibt: „Diese Anrede überrascht, da Maria sonst (20,2.13.18) Jesus mit dem Titel Herr/Kyrios bezeichnet. Die ‚hebräisch‘ gesprochene Anrede erinnert an Begegnungen mit dem irdischen Jesus und hat den Klang von Vertrautheit. ‚Rabbuni‘ (ῥαββουνί – Wiedergabe von רבוני, mein Herr/ Gebieter), wird mit ‚Lehrer‘ (διδάσκαλος) übersetzt, einem Begriff, der an Jüngernachfolge denken läßt (vgl. 1,38; 13,13f). Indirekt wird durch diese Übersetzung ausgedrückt, daß sich Maria als Jüngerin Jesu versteht.“

[285] R. SCHNACKENBURG, Joh II 46.

und wie Jesus nach Kafarnaum gekommen ist, nicht aber für die Leser.[286] Es scheint gut überlegt zu sein, daß für das Kommen Jesu das Verb γίνομαι und nicht das Verb ἔρχομαι verwendet wird. Das Verb γίνομαι weist gerade auf das für die Menge unbekannte Geschehen im zweiten Hauptteil (VV. 16-21) hin, wo die übrigen vier seiner Belege in Joh 6 vorkommen.[287] Aufgrund der Unwissenheit der Menge über den Seewandel Jesu sollen sich die Leser über die Reaktionen und die Frage der Menschen am Anfang des Gesprächs nicht wundern.

*Die Redeeinleitung (V. 26a-b)*

Die Redeeinleitung in V. 26a-b seitens des Erzählers auf dem KN 2 ist eines der hervorragenden joh. Stilmerkmale, die nach E. Ruckstuhl/P. Dschulnigg auf folgende Weise angegeben wird: „ἀπεκρίθη (asyndetisch/οὖν) καὶ εἶπεν (+ analoge finite Formen) zur Einleitung direkter Rede“[288]. Es erscheint im Joh-Ev 30mal, von Joh 1,48 bis zu Joh 20,28 und sonst weder im übrigen NT noch in den von E. Ruckstuhl/P. Dschulnigg untersuchten hellenistischen Schriften (außer in SusDanBel: Dan 2,5.7f; 4,30).[289] In Joh 6 kommt die genannte Redeeinleitung 3mal vor in VV. 26a-b.29a-b.43a-b. Weiter enthält Joh 6 noch zwei asyndetische Redeeinleitungen ohne den Zusatz καὶ εἶπεν in VV. 68a.70a, die auch zu den joh. Stilmerkmalen gehören.[290]

*Die Antwort Jesu (VV. 26c-27f)*

Jesus beginnt seine Antwort mit der typisch joh. Formel ἀμὴν ἀμὴν λέγω ὑμῖν.[291] „Amen“ („es steht fest“, „es ist göttliche Wahrheit“) ist bereits im AT „die verbindlich zustimmende Antwort auf ein zugesprochenes Gotteswort, besonders bei Segen und Fluch, vor allem aber im Gottesdienst Antwort der Gemeinde auf das vorangehend gesprochene Gotteslob (vgl. am Ende der vier ersten Bücher des Psalters: Ps

[286] Ausgehend von der Kommunikationsstruktur findet sich die Menge auf dem KN 1 und die Leser auf dem KN 4. Demzufolge bestehen einige wesentliche Unterschiede (auch im Wissen) zwischen beiden Gruppen.

[287] Das Verb γίνομαι bezieht sich zuerst auf den Abend (V. 16a) und die Finsternis (V. 17c), danach auf Jesus (V. 19d), der auf dem Wasser herumgehet und sich zugleich nahe beim Boot befindet, und letztlich noch auf das Boot (V. 21b).

[288] E. RUCKSTUHL/P. DSCHULNIGG, Stilkritik 68.

[289] Siehe ausführlich in E. RUCKSTUHL/P. DSCHULNIGG, Stilkritik 69.

[290] Beide Typen werden nach E. RUCKSTUHL/P. DSCHULNIGG, Stilkritik 71f, als Asyndeton epicum angeführt, das im Joh-Ev insgesamt 102mal vorkommt und außer Mk 12,29 keine Parallele in den vergleichbaren ntl. Schriften hat.

[291] Vgl. E. RUCKSTUHL/P. DSCHULNIGG, Stilkritik 154. Es gibt 25 Belege für ἀμήν ἀμήν: Joh 1,51; 3,3.5.11; 5,19.24.25; 6,26.32.47.53; 8,34.51.58; 10,1.7; 12,24; 13,16.20.21.38; 14,12; 16,20.23; 21,18.

41,14; 72,19; 89,53; 106,48)“[292]. Die Verdoppelung אָמֵן אָמֵן findet sich im AT nur in Num 5,22 und in Neh 8,6 in der Form אָמֵן וְאָמֵן noch in Ps 41,14; 72,19; 89,53. Im NT stehen die meisten Vorkommen von ἀμήν im Zusammenhang mit einer Formel oder formelhaften Wendung. In den Evangelien geht ἀμήν (abgesehen von Mk 16,9) ausschließlich einem λέγω ὑμῖν/σοι voraus und gehört zum typischen Vokabular Jesu. Charakteristisch für die Synoptiker ist das einfache ἀμήν, für das Joh-Ev das doppelte (25mal).[293] In Joh 6 kommt ἀμήν ἀμήν λέγω ὑμῖν 4mal (VV. 26c.32b.47a.53b) im Munde Jesu vor und damit „bekräftigt Jesus das, was er sagt, von vorn herein und absolut als göttliche Wahrheit“[294].

Unmittelbar nach dieser Formel antwortet Jesus den Menschen nicht auf ihre Frage, wann er nach Kafarnaum gekommen ist. Er thematisiert zuerst auf dem KN 1 ihre suchende Haltung (V. 24f) und reflektiert sie im Hinblick auf die wunderbare Speisung.[295] Im Gegensatz zum ersten Hauptteil, wo Jesus selbst kein Wort über das Zeichen sagt, geht er hier im vierten Hauptteil auf dieses Thema ein. Seine Antwort gestaltet er als Gegenüberstellung in einer typisch joh. Konstruktion οὐχ ὅτι ..., ἀλλ' ὅτι.[296] Jesus stellt den nicht wahren Grund ihres Suchens dem tatsächlichen Grund gegenüber:

| | | |
|---|---|---|
| das Sehen der Zeichen[297] (V. 26e) | ⇔ | das Essen der Brote und das Satt-Werden (V. 26f-g) |

Diese Gegenüberstellung unterstreicht auch J. Blank und kommt zum Ergebnis, daß die grundlegende Problematik des Gesprächs bereits hier in der Ausgangsposition mit seinen prinzipiellen Alternativen vorgezeichnet ist.[298]

292 U. WILCKENS, Joh 52. – Dies ist ein Ergebnis der kanonischen Psalmenforschung, für die E. Zenger federführend ist.

293 Vgl. H.-W. KUHN, EWNT I 167f.

294 U. WILCKENS, Joh 52.

295 Die Wortverbindung „Zeichen sehen“ und die Worte „das Brot“ und „essen“ finden sich bereits im ersten Hauptteil. Die letzten beiden Worte ἄρτος und ἐσθίω erscheinen zusammen in VV. 5ef.23b.26f.31c.50a-c.51d.58a-c. Außerhalb von Joh 6 kommen sie im Joh-Ev niemals mehr miteinander vor.

296 Vgl. E. RUCKSTUHL/P. DSCHULNIGG, Stilkritik 146. Dieses Stilmerkmal findet sich noch in Joh 12,6 und in 1 Joh 2,21; 4,10. Außerhalb der joh. Schriften ist es nur in 2 Kor 7,9 belegt.

297 σημεῖον kommt überraschend als Plural vor. Aus diesem Grund fragt sich R. SCHNACKENBURG, Joh II 47, mit Recht: „Schließt das Wort die in 6,2 genannten σημεῖα mit ein?“

298 Vgl. J. BLANK, Joh Ia 351, der die Gegenüberstellung auf folgende Weise verdeutlicht: „Das sind zwei grundverschiedene Ausgangspunkte für ein ‚Suchen Jesu‘, die auf einen verschiedenen Weg verweisen und schließlich auch zu einem verschiedenen Ergebnis führen. Das ‚Sehen der Zeichen‘ würde das richtige Verständnis des Brotwun-

Die Kombination zwischen σημεῖον und ὁράω erinnert an den Bericht des Erzählers in V. 14a-b.[299] Aufgrund des Sehens des Zeichens können die Leser mit Recht von den Menschen erwarten, daß sie „den göttlichen Sinn der Taten Jesu erfassen"[300] können. Gemäß den Worten Jesu in V. 26d-g sind sie aber noch nicht zu dieser tieferen Sicht seiner Person gelangt.[301] „Das Zeichen im Zeichen, den mit dem Zeichen gegebenen Verweis auf den Offenbarer, nahmen sie nicht wahr."[302]

Um den Begriff σημεῖον an dieser Stelle tiefer verstehen zu können, ist es m.E. wichtig, seine besondere Bedeutung im Joh-Ev zumindest kurz darzustellen.[303] Das griech. Wort σημεῖον entspricht dem hebr. Begriff אוֹת. „Die Gegenstände der Zeichen sind bunt wie die Welt, in der sie geschehen."[304] σημεῖον findet sich im Joh-Ev 17mal. Es häuft sich mit 16 Vorkommen auf die Zeit des öffentlichen Wirkens Jesu (Joh 2-12). Demgegenüber kommt es aber im Johannesprolog (Joh 1,1-18), im Abschiedsteil (Joh 13-17) und in den Passions- und Osterberichten (Joh 18-21) nicht vor (außer in Joh 20,30). Es bezieht sich entweder auf ein bestimmtes Zeichen (Joh 2,11.14; 4,54; 6,14.30; 10,41; 12,18) oder auf mehrere Zeichen Jesu (Joh 2,23; 3,2; 4,48; 6,2.26; 7,31; 9,16; 11,47; 12,37; 20,30). Über das/die Zeichen Jesu berichtet der Erzähler (Joh 2,11.23; 5,54; 6,2.14; 12,18.37; 20,30) bzw. diesbezüglich stellen die Frage an/über Jesus die Juden (Joh 2,18), der Pharisäer Nikode-

ders bedeuten, bei dem man nicht stehenbleiben kann, sondern dessen Hinweis folgend man zum Glauben an Jesus kommt. Dagegen bedeutet das ‚Brot essen und satt werden' das vordergründige Stehenbleiben bei der unmittelbaren Sättigung. Hier ist das ‚Suchen Jesu' jene eigentümliche Selbstsucht, die das Wunder und die Person Jesu in den Dienst der eigenen Lebensinteressen stellen möchte. Wenn dies festgehalten wird, muß es schließlich zu einer Ablehnung Jesu kommen."

299 Auch in V. 2b gibt es eine ähnliche Kombination zwischen den Worten σημεῖον (in Plural) und θεωρέω (nicht ὁράω).

300 R. SCHNACKENBURG, Joh II 47. Zur ähnlichen Auffassung gelangt auch H. WEDER, Menschwerdung 376: „In der Brotvermehrung ein σημεῖον sehen würde heißen, im Überfluß dieses Brotes den göttlichen Geber wahrnehmen."

301 Ähnlich schreiben u.a. auch G. KEIL, Joh 110: „Das Volk versteht die Brotvermehrung nicht als Zeichen, das auf ein Anderes hinweist, sondern direkt und realistisch: Es sucht Jesus allein deshalb, weil es satt geworden ist." R. E. BROWN, Joh I 264: „The enthusiasm of 14-15 was based on the physical seeing of the marvelous aspect of the sign, but there was no real sight of what the sign taught about Jesus."

302 J. GNILKA, Joh 50.

303 Die joh. Zeichen sind das Thema der ausführlichen Studie von CH. WELCK, Zeichen. Neben der Einzelanalyse der joh. Wundergeschichten (ebd. 131-235) wird in der Arbeit vor allem nach „Inhalt, Form und Funktion der johanneischen Wundergeschichten" (ebd. 236-278) gesucht. Weiter werden die joh. Zeichen im Sinne von Joh 20,30f als „Semeia für den Leser" verstanden (ebd. 279-312).

304 F. J. HELFMEYER, ThWAT I 185.

mus (Joh 3,2), die Pharisäer (Joh 9,16), die Pharisäer und die Hohenpriester (Joh 11,47) und die Menge (Joh 6,30; 7,31; 10,41). Auch Jesus selbst geht auf diese Thematik ein, zuerst im Gespräch mit dem königlichen Beamten aus Kafarnaum (Joh 4,48) und danach noch im hier behandelten Gespräch in Kafarnaum (Joh 6,26). Mit σημεῖον werden im Joh-Ev die Wunder[305] bezeichnet. Zu den großen Zeichen Jesu zählt man nach dem Joh-Ev die folgenden sieben (symbolische Zahl):[306]

| JOH | ZEICHEN |
|---|---|
| 2,1-11 | Hochzeit zu Kana |
| 4,46-54 | Heilung des Sohnes des königlichen Beamten |
| 5,1-15 | Heilung des Kranken am Bethesda-Teich |
| 6,1-15 | Die wunderbare Speisung der Fünftausend |
| 6,16-21 | Seewandel Jesu |
| 9,1-7 | Heilung des Blindgeborenen am Schiloach-Teich |
| 11,1-44 | Auferweckung des Lazarus |

TABELLE 17

Die Zeichen Jesu haben im Joh-Ev eine wichtige theologische Bedeutung. Durch sie „kann Jesus seine Herrlichkeit zeigen und seine Sendung als Gottessohn offenbaren (2,11; 20,30f)“[307]. Sie sind Hinweise auf seine Herkunft von Gott und seine Gottverbundenheit (Joh 3,2; 9,16). Aufgrund der Zeichen halten die Menschen Jesus für den Propheten (Joh 6,14) oder den Messias (Joh 7,31). Zweimal fordern die Menschen von Jesus ein Zeichen, das ihn ausweist und legitimiert (Joh 2,18; 6,30). An beiden Stellen und ihrem Kontext wird deutlich, daß im Grunde Jesus selbst, in seiner Person und in seiner Lebenshingabe, das gesuchte Zeichen ist. Die Zeichen Jesu haben die Absicht, die Menschen zum Glauben an ihn zu führen (Joh 2,11.23; 4,53; 7,31; 11,47f; 20,30f). Sie stoßen aber auch auf ihren Unglauben (Joh 12,37). „Die Zeichen weisen vor allem hin auf Jesu Vollmacht, Leben (ζωή) zu vermitteln und zwar im umfassenden Sinn. Er schenkt Lebensfreude (Hochzeit zu Kana), heilt von lebensbedrohlicher Krankheit (Sohn des königlichen Beamten, Kranker am Bethesda-Teich, Blindgeborener), gibt Brot, das am Leben erhält (wunderbare Speisung der Fünftausend) und hat Macht, Leben zu schenken über den irdischen Tod

305 Vgl. O. BETZ, EWNT III 572.

306 Dieselbe Aufzählung der Zeichen im Joh-Ev macht auch CH. WELCK, Zeichen, 131-235. Die Zahl „Sieben“ hat eine besondere Stellung unter den Zahlen in der Bibel. Sie ist mit Vollendung und Vollkommenheit, mit Vollständigkeit und Ganzheit verbunden. Siehe umfangreiche Ausführungen bei S. KREUZER, NBL III 1164-1167.

307 O. BETZ, EWNT III 572.

hinaus (Auferweckung des Lazarus – das größte Zeichen)."[308] In bezug auf das Leben stellt die Auferweckung des Lazarus den Höhenpunkt unter den sieben großen joh. Zeichen dar. Denn es geht um die Auferweckung eines toten Menschen und nicht mehr um die Heilung eines Kranken. Nur bei diesem Zeichen offenbart Jesus auch durch sein Ich-bin-Wort, daß er die Auferstehung und das Leben ist (Joh 11,25). Zusammenfassend läßt sich sagen: Die Zeichen und das mit ihnen verbundene Christusbild stehen im Dienst des Lebens. Das Leben, das sich durch die Zeichen ahnen und als Geschenk Gottes erfahren läßt, gibt den Zeichen ihre Größe und erleuchtet das Christusbild.[309]

In seiner ersten Antwort erweist sich Jesus nicht nur als derjenige, der die Menschen und ihr Verhalten im tiefen Sinn kennt, sondern der sie auch zu einem sinnvollen Wirken (das Verb ἐργάζομαι) aufruft. Mit Hilfe der Gegenüberstellung in V. 27a-d, mit der er seinen Aufruf formuliert, gewinnt dieser an Klarheit und Stärke:

| | | |
|---|---|---|
| das Wirken für<br>die vergehende Speise (V. 27a-b) | ⇔ | das Wirken für<br>die ins ewige Leben bleibende<br>Speise (V. 27c-d) |

Das Wirken für die vergehende[310] Speise (βρῶσις)[311] steht gegenüber dem Wirken für die ins ewige Leben bleibende Speise. Die vergehende Speise ist im wörtlichen Sinn nicht schwer vorstellbar. Dazu enthält sie hier noch eine übertragene Bedeutung in dem Sinn, daß „sie dem Menschen nicht zu eigentlichem, wahrem Leben verhilft"[312]. Demgegenüber ist „die ins ewige Leben bleibende Speise" schwieriger zu verstehen, weil hier das Wort βρῶσις ausschließlich im metaphorischen Sinn verwendet wird.[313] Diese Speise verbindet zwei Handlungen: das

[308] M. HASITSCHKA, Christologie 31.

[309] Zum ähnlichen Ergebnis kommt auch M. M. THOMPSON, Signs 96: „Jesus' signs lead to faith when one discerns in them the character of God as life-giving and responds to Jesus as mediating that life."

[310] Das Verb „vergehen" (ἀπόλλυμι) wird im Joh-Ev besonders im Zusammenhang mit dem Bemühen Jesu und des Vaters verwendet, daß nichts und vor allem niemand verloren geht (vgl. Joh 3,16; 6,12.39; 10,10.28; 11,50; 12,25; 17,12; 18,9).

[311] Das Wort βρῶσις kommt im NT nur 11mal vor, davon 4mal im Joh-Ev (4,32; 6,27 [2mal]; 6,55), 2mal im Mt-Ev (6,19.20) und 4mal in den paulinischen Schriften (Röm 14,17; 1 Kor 8,4; 2 Kor 9,10; Kol 2,16). H.-J. VAN DER MINDE, EWNT I 550, erklärt: „βρῶσις bedeutet im Gegensatz zu βρῶμα das Essen als menschliche Tätigkeit, auch das Fressen durch und von Insekten, aber auch die Speise selbst, vor allem im Joh ... Die Ebene der wörtlichen Bedeutung wird besonders bei Joh verlassen und βρῶσις im übertragenen Sinn gebraucht."

[312] U. WILCKENS, Joh 100.

[313] Vgl. H.-J. VAN DER MINDE, EWNT I 551.

bereits erwähnte „Wirken" (ἐργάζομαι) der Menschen (weiter behandelt in VV. 28f) und das „Geben" (δίδωμι) des Menschensohnes (V. 27e).

V. 27e-f zeigen, daß die ins ewige Leben bleibende Speise wesentlich als Gabe des Menschensohnes an die Menschen zu verstehen ist.[314] Das Verb δίδωμι kommt in V. 27e zum ersten Mal innerhalb von Joh 6 vor. Auffallend ist seine futurische Form.[315] Danach erscheint es noch 9mal in diesem Gespräch, zum letzten Mal in V. 65d. Diese Speise kann nur durch einen bestimmten Geber an die Menschen vermittelt werden, durch „den Menschensohn" bzw. „Sohn des Menschen" (ὁ υἱὸς τοῦ ἀνθρώπου).[316] Dieser wird hier in zweifacher Weise charakterisiert: erstens als Geber[317] der ins ewige Leben bleibenden Speise an die Menschen (V. 27e) und zweitens als derjenige, der vom Vater, Gott, besiegelt wurde. Bereits bei der ersten Erwähnung „des Menschensohnes" in Joh 6 kommt seine wesentliche Verbundenheit mit dem Vater[318], Gott, zum Ausdruck. Eindrucksvoll kommt nach der Bezeichnung ὁ πατήρ in V. 27f noch die andere ὁ θεός. Es fällt dabei sowohl die Reihenfolge (zuerst ὁ πατήρ, dann ὁ θεός) als auch die Verwendung des Artikels (besonders bei ὁ θεός) auf.[319] Die Reihenfolge πατήρ → θεός kommt nur noch in Joh 20,17 vor:

[314] In diesem Sinn schreibt CH. K. BARRETT, Joh 299: „Beachte, daß das ἐργάζεσθε im ersten Teil dieses Verses nun durch das δώσει ergänzt wird; was immer die Menschen tun mögen, Leben ist die Gabe des Menschensohnes."

[315] In א und D kommt das Verb δίδωμι in V. 27e als Indikativ Präsens vor. In bezug auf VV. 32d.33 das kann Präsens als Anpassung gesehen werden. Damit wird als lectio difficilior in V. 27e meistens die futurische Form bevorzugt. U.a. auch R. E. BROWN, Joh I 261; R. SCHNACKENBURG, Joh II 48; CH. K. BARRETT, Joh 299; B. M. METZGER, Commentary 182.

[316] Zu diesem Titel schreibt U. WILCKENS, Joh 100: „‚Menschensohn' nennt der joh. Jesus sich nicht als den Menschen gleichgewordener Mensch. Es ist hier wie durchwegs sonst im Joh der Hoheitstitel dessen, der aus dem Himmel stammt, vom Himmel herabgekommen ist (3,13) und zum Himmel zurückkehrt (6,62), Jesus als der Erhöhte (3,1; 12,34) und Verherrlichte (12,23; 13,31)."

[317] Wichtig scheint mir die Bemerkung von R. SCHNACKENBURG, Joh II 48: „Vom Menschensohn wird im Joh-Ev nie eine gegenwärtige Heilstätigkeit ausgesagt; er muß erst ‚erhöht werden' (3,14; 8,28; vgl 12,23 mit 32)." Dadurch wird auch die futurische Form von δίδωμι in V. 27e tiefer begründet.

[318] O. MICHEL, EWNT III 126, schreibt: „In Jesusworten ist von Gott als Vater bei Mk 3mal, Q 4mal, Lk-Sg. 4mal, Mt (ohne Q- und Mk-Stoff) 31mal und Joh 100mal die Rede." Der besonders hohe Anteil im Joh-Ev fällt sofort auf.

[319] R. SCHNACKENBURG, Joh II 51, schreibt dazu: „Das ist nicht nur im Joh-Ev einmalig, sondern auch im ganzen NT, wo öfters umgekehrt zu θεός appositionell πατήρ (ἡμῶν) hinzugefügt (paulin. Briefeingänge) oder Gott ‚der Vater' genannt wird (1 Kor 8,6; der ‚Vater unseres Herrn Jesus Christus' 2 Kor 1,3; 11,31; Eph 1,3) ... ‚Der Vater', absolut gebraucht, korrespondiert der christologischen Selbstbezeichnung des ‚Sohnes'; ὁ θεός aber bezeichnet den absolut Seienden, Ursprung und Ziel von allem,

| | | | | |
|---|---|---|---|---|
| Ἀναβαίνω πρὸς | τὸν πατέρα μου | καὶ | πατέρα | ὑμῶν |
| καὶ | θεόν μου | καὶ | θεὸν | ὑμῶν. |

Dabei liegt der Akzent nicht mehr auf dem bestimmten Artikel (ὁ) wie in Joh 6,27f, sondern auf den begleitenden Personalpronomina (μου und ὑμῶν) und auf der Wiederholung von πατήρ und θεός.

In V. 27f teilt Jesus mit, daß „der Vater", „der Gott", den Menschensohn „besiegelt hat". Nur an dieser Stelle im NT bezieht sich das Verb σφραγίζω auf Gott als Subjekt und gleichzeitig auf Jesus als Objekt.[320] Es kommt als Aorist vor. Damit wird unterstrichen, daß die Besiegelung Jesu durch Gott einmal stattgefunden hat.[321] Das Verb σφραγίζω in V. 27f bedeutet nicht nur, daß Jesus mit einem Erkennungszeichen von Gott versehen ist und damit zu ihm gehört, sondern daß er auch mit der Kraft Gottes ausgestattet ist.[322] Diese zeigt sich in seinem Wirken, besonders in den „Zeichen".

*b) Zum Begriff ζωή*

In Joh 6 erscheint ζωὴ αἰώνιος zum ersten Mal in V. 27d am Ende des 1. GA und stellt damit den Beginn des Spannungsbogens über das ζωή-Vokabular[323] im folgenden Gespräch dar. Es findet sich auf dem KN 1 in der direkten Personenrede, die als Aufruf von Jesus (S1) direkt an die Menge (E1) ergeht. Beachtenswert ist die Richtung der „Lebens"-Botschaft: Sie geht von Jesus (S1) aus an die Menschen (E1).

Der Begriff ζωὴ αἰώνιος steht in V. 27d in Verbindung mit βρῶσις. Jesus verbindet damit den Begriff Leben mit der konkreten Welt der Menschen, die für sie gut vorstellbar ist und sie in ihrem Alltag bewegt. Der Ausgangspunkt des oben erwähnten Spannungsbogens im Gespräch ist die konkrete Situation der Menschen.

In der Verbindung zwischen ζωὴ αἰώνιος und βρῶσις innerhalb des Aufrufs Jesu an die Menschen beginnt Jesus seine Sichtweise zu eröff-

auch für den Sohn." Eine völlig andere Auslegung in bezug auf V. 27f vertritt G. KEIL, Joh 110. Er meint, daß „der Gott" nicht mit „dem Vater" identisch ist und „Logos" nicht mit „dem Menschensohn": „Der Vater ist also der göttliche Logos und nicht der prädikatlose Gott selbst, der den Menschensohn sendet. Der Logos also sendet den Menschensohn." Nach meiner Meinung steht diese Interpretation im Gegensatz zum übrigen Joh-Ev schon deswegen, weil sich Jesus immer wieder an Gott als „Vater" wendet und aus diesem Grund von den Juden auch verfolgt wird (z.B. Joh 5,18).

320 Das Verb σφραγίζω findet sich im Joh-Ev nur noch in Joh 3,33. Gott als Subjekt, der besiegelt, findet sich im NT noch in 2 Kor 1,22. σφραγίζω wird im NT am häufigsten in der Offenbarung des Johannes belegt (Offb 7,3.4[2mal].5.8; 10,4; 20,3; 22,10). Vgl. B. SCHWANK, Joh 209.

321 Vgl. R. SCHNACKENBURG, Joh II 50.

322 Vgl. W. BAUER, Wörterbuch 1588.

323 Zu diesem Ergebnis kommt auch B. SCHWANK, Joh 207: „Ausgangspunkt und Zielpunkt ist der Gedanke an das jetzt schon beginnende ‚ewige Leben'."

nen. Durch ζωὴ αἰώνιος bezeichnet Jesus die Speise, die ihrem Wesen nach radikal anders ist als die „vergehende Speise“. In den Gegenüberstellungen in V. 26d-g und in V. 27a-d konfrontiert Jesus die von ihm wahrgenommene gegenwärtige Sichtweise der Menschen mit der von ihm tendierten. Er bringt dies dadurch zum Ausdruck, daß er ihre Motivationen und Reaktionen thematisiert. Die beiden Gegenüberstellungen bilden sinngemäß folgenden Chiasmus:

| | | |
|---|---|---|
| das Sehen der Zeichen (V. 26e) | ⇔ | das Essen der Brote und das Satt-Werden (V. 26f-g) |
| a | ╳ | b |
| b' | | a' |
| das Wirken für die vergehende Speise (V. 27a-b) | ⇔ | das Wirken für die ins ewige Leben bleibende Speise (V. 27c-d) |

ABBILDUNG 16

Die Diagonale bb' verbindet das Essen der Brote und das Satt-Werden mit dem Wirken für die vergehende Speise. Sie stellt die von Jesus wahrgenommene gegenwärtige Sichtweise der Menschen bzw. ihre Motivationen und ihr Verhalten dar. Er kennt sie und er hilft ihnen durch seine Aussage sie wahrzunehmen und zu erkennen. Demgegenüber verbindet die Diagonale aa' das Sehen der Zeichen mit dem Wirken für die ins ewige Leben bleibende Speise. Sie stellt die von Jesus angestrebte Sichtweise und seine Motivation zum Verhalten der Menschen dar. Er möchte das Suchen der Menschen „umlenken in das Bemühen um ‚bleibende Speise‘ (V. 27)“[324].

„Die ins ewige Leben bleibende Speise“ ist eine Speise, die nicht vergeht, sondern wirksam bleibt. Ihre Dauer und Wirksamkeit werden durch das ewige Leben bestimmt.[325] Wie schon oben in der Auslegung erwähnt, treffen sich in dieser Speise zwei Handlungen: das „Wirken“ (ἐργάζομαι) der Menschen und das „Geben“ (δίδωμι) des Menschensohnes.

[324] M. HASITSCHKA, Christologie 35.

[325] Ähnlich kennzeichnet diese Speise R. SCHNACKENBURG, Joh II 48: „(a) Sie ist eine ‚bleibende‘, das heißt eine dauernd wirksame Speise (vgl. V 35b: nicht mehr hungern und dürsten); (b) eine ‚für ewiges Leben‘ bestimmte und wirksame Speise (vgl. V 49-51b.58: nicht sterben, sondern leben in Ewigkeit). Das εἰς ist also final zu verstehen.“ Treffend verdeutlicht B. SCHWANK, Joh 208, das Wesen dieser Speise: „Sie vermittelt also nicht nur eine Nahrung für den Weg, eine ‚Wegzehrung‘, sondern schenkt schon jetzt etwas von dem, was das ewige Ziel, die Freude in Liebe bei Gott, sein wird. Das ist nur möglich, wenn die Speise selbst etwas Unvergängliches ist.“

Die Wendung εἰς[326] ζωὴν αἰώνιον ist im Joh-Ev 4mal belegt (Joh 4,14.36; 6,27d; 12,25). Jesus bezieht sie 3mal auf Bilder, die aus den alltäglichen Situationen der Menschen genommen werden und für ihre Existenz notwendig sind. Diese Bilder sind: „Wasser" (ὕδωρ) bzw. „Quelle von Wasser" (πηγὴ ὕδατος) in Joh 4,14, „Frucht" (καρπός) in Joh 4,36 und „Speise" (βρῶσις) in Joh 6,27c-d. Zuletzt bringt er in Joh 12,25 εἰς ζωὴν αἰώνιον in Verbindung mit „Leben" (ψυχή) [327], das aber im Kontext wieder zusammen mit Bildern („Weizenkorn" [κόκκος τοῦ σίτου] und „Frucht" [καρπός] in Joh 12,24) erscheint. Weiter fallen die Entsprechungen zwischen Joh 6,27 und Joh 4,14 auf.[328] An beiden Stellen spricht Jesus in Form von Gegenüberstellungen. Ebenso wie er in Joh 6,27 die beiden Speisen konfrontiert, stellt er im Gespräch mit der Samariterin das gewöhnliche Wasser aus dem Brunnen dem lebenden Wasser gegenüber. Wie in Joh 6,27 „die ins ewige Leben bleibende Speise" vom Menschensohn gegeben werden wird, so wird auch „das ins ewige Leben sprudelnde Wasser" als Gabe Gottes von Jesus gegeben werden. (Joh 4,14).[329] Das Verhältnis zwischen dem Geber und dem Empfänger kommt auch im Bild von der „Frucht" in Joh 4,36 zum Ausdruck, mit dem Jesus im Anschluß an das Gespräch mit der Samariterin seine Jünger anspricht. Dabei verdeutlicht er den Sendungsauftrag der Jünger durch folgendes Bild: Die Jünger ernten die Frucht, die sie nicht gesät und wofür sie nicht gearbeitet haben. Sie werden dadurch beschenkt. Weiter ist das Thema der Jüngerschaft Jesu auch in der Antwort Jesu auf die Frage von Andreas und Philippus enthalten (Joh 12,23-28). „Wer bereit ist, sich als Diener Jesu und in seiner Nachfolge zu engagieren ohne das eigene Leben zu schonen, wird ewiges Leben erlangen und dort sein, wo Jesus ist."[330] Die beiden letzten Stellen weisen auf den Zusammenhang zwischen der Jüngerschaft Jesu und dem ewigen Leben hin.

326 Die Präposition εἰς kann sich u.a. auf Raum, Zeit, Ziel, Maß und Grad beziehen. Vgl. W. BAUER, Wörterbuch 459-467. Die entsprechende Bedeutung wird immer für den einzelnen Fall auch anhand seines Kontextes gesucht.

327 Weil die beiden Begriffe, ζωή und ψυχή, mit dem Wort „Leben" übersetzt werden können, wird in dieser Arbeit der zweite Begriff immer mit dem griech. Wort ψυχή angegeben und nicht nur mit der dt. Übersetzung „Leben".

328 Vgl. CH. K. BARRETT, Joh 298f; D. A. CARSON, Joh 284; R. SCHNACKENBURG, Joh II 48f usw. Ein umfangreicher Vergleich zwischen Joh 6 und Joh 4 findet sich bei K. SCHOLTISSEK, Brotrede 47-50.

329 In beiden Fällen kommt das Verb δίδωμι im Futur vor. R. SCHNACKENBURG, Joh II 49, schreibt: „Es handelt sich an beiden Stellen um die Gabe des Heils schlechthin, um die ζωὴ αἰώνιος, die der Verherrlichte allen an ihn Glaubenden geben wird (vgl. 17,2)."

330 M. HASITSCHKA, Christologie 60.

*Der 2. Gesprächsabschnitt (VV. 28f): Das Werk Gottes*

*a) Auslegung*

*Die Frage der Menschen (V. 28)*

Den 2. GA beginnen die Menschen mit der Frage an Jesus (KN 1), die seinen Aufruf aus dem 1. GA betrifft.[331] Die Überleitung wird durch die Wiederholung des Verbs ἐργάζομαι gebildet (vgl. ABBILDUNG 15). Die Menschen fragen Jesus, was sie tun sollen, um die Werke Gottes[332] zu wirken. Ihre Frage weist darauf hin, daß sie „das Wirken für die ins ewige Leben bleibende Speise" (V. 27c-d) als „Wirken die Werke Gottes" (V. 28c) verstehen. Gleichzeitig wissen sie aber nicht, was „das Wirken die Werke Gottes" für sie in ihrer Situation konkret bedeutet. Dementsprechend kommt das Verb ποιέω im Konjunktiv vor.[333] Weiter fällt auf, daß Jesus für die Menschen diejenige Person ist, von welcher sie eine entsprechende Antwort in dieser für sie schwierigen Frage erwarten. Damit anerkennen sie, daß er diesen Bereich, der die Beziehung zu Gott betrifft, besser als sie kennt und eine größere Autorität als sie hat. Aus ihrer Sicht kann er ein Rabbi (V. 25c) bzw. höchstens

[331] In der Redeeinleitung zu dieser Frage in V. 28a bildet das οὖν narrativum mit unmittelbar vorausgehendem verbum finitum ein joh. Stilmerkmal. Vgl. E. RUCKSTUHL/P. DSCHULNIGG, Stilkritik 63-65. Im Gespräch erscheint es noch in den Redeeinleitungen in VV. 30a.32a.34a.41a.52a.53a.67a.

[332] In der Literatur wird der Ausdruck „die Werke Gottes" an dieser Stelle meistens so verstanden, wie D. A. CARSON, Joh 285, sie deutet: „The expression ‚the works of God' does not refer to the works that God performs, but to the works God requires." R. FABRIS, Joh 399, erklärt den Ausdruck noch genauer: „Si tratta dell'opera (o delle opere) che Dio compie o di quella che egli vuole e comanda di fare? Nei testi biblici la formula ricorre con ambedue i significati: le opere compiute da Dio nella creazione e nella storia e quelle che egli prescrive di fare. Ma nel primo caso si tratta di riconoscere, ammirare e celebrare le opere di Dio, cioè da lui compiute, nel secondo invece di ‚fare' quello che egli vuole e comanda. In quest'ultimo significato la frase ‚fare le opere di Dio' ricorre come formula idiomatica per dire ‚fare la volontà di Dio' in contesti di scelta radicale e operativa. Con questo senso si trova la terminologia delle ‚opere' e del ‚fare' nel quarto vangelo." F. J. MOLONEY, Joh 209, geht von einem religionsgeschichtlichen Hintergrund aus: „The question depends on the Jewish belief that the Law, given through Moses, allows direct access to God. Doing the works of the Law means doing things that please God."

[333] Nach F. BLASS/A. DEBRUNNER/F. REHKOPF, Grammatik § 363, bezeichnet der Konjunktiv „etwas noch nicht Eingetretenes, hat also futurischen Sinn, so daß der Konj. gelegentlich durch das Futur ersetzt werden kann. Das gilt von dem in Wollen oder Sollen ausdrückenden Konj., der sich mit dem Imperativ eng berührt; es gilt aber auch nicht nur für den dubitativen (deliberativen) Konj., sondern auch für den Konj. des sich aus der gegenwärtigen Lage unter Umständen Verwirklichenden (‚futurischer' oder ‚prospektiver' Konj.), der sich naturgemäß nur auf Zukünftiges beziehen kann."

der erwartete Prophet (V. 14d) sein. „Als solcher ist er auch beauftragt, dem Volk Gottes Weisung zu vermitteln."[334]

Nur in dieser Frage im Joh-Ev bezeichnen die Menschen sich selbst im Hinblick auf die Werke Gottes direkt als Subjekt. Zudem gibt es Stellen im Joh-Ev, wo der Mensch/die Menschen als Subjekt in Verbindung mit Werken vorkommt/vorkommen. In Joh 3,21 erklärt Jesus, daß die „Werke" (ἔργα) dessen, der Wahrheit tut, in Gott gewirkt sind. In Joh 9,3 antwortet Jesus auf die Frage der Jünger betreffend des Blindgeborenen. Er wurde blind geboren, damit die „Werke Gottes" (ἔργα τοῦ θεοῦ)[335] an ihm offenbart werden. Anschließend sagt Jesus den Jüngern in Joh 9,4, daß er und sie zusammen (1.P.Pl.) diese Werke wirken müssen, solange es Tag ist. Hier wird nicht mehr explizit von ἔργα τοῦ θεοῦ gesprochen, sondern von den Werken dessen, der Jesus gesandt hat (τὰ ἔργα τοῦ πέμψαντός με). In Joh 14,12 folgt noch eine Steigerung dieses Gedankens. Jesus verspricht dem an ihn Glaubenden, daß er die gleichen Werke tun wird wie er; ja, er wird noch größere tun können.

*Die Antwort Jesu (V. 29)*

Der thematische Schwerpunkt ἐργάζομαι/ἔργον bildet ein weiteres Mal die Überleitung (vgl. ABBILDUNG 15, TABELLE 16). Jesus geht auf die Frage der Menschen ein und erklärt, was das „Werk Gottes" (ἔργον τοῦ θεοῦ) ist. Er redet nicht mehr von den „Werken Gottes" im Plural, sondern vom „Werk Gottes" im Singular. Er definiert es in V. 29c-e mit dem „Glauben" (πιστεύω)[336] der Menschen an den von Gott Gesandten. Demzufolge darf das Wirken, das Jesus von den Menschen in V. 27 fordert, nicht mit einem bloßen äußerlichen Handeln identifiziert werden, sondern mit dem Glauben.[337] Obwohl im weiteren Verlauf des Gesprächs ἐργάζομαι und ἔργον nicht mehr erscheinen, kann der Leser im weiteren Gespräch im „Glauben" das geforderte Wirken erkennen. Weder in Joh 6 noch im gesamten Joh-Ev wird das Werk Gottes in bezug auf die Menschen noch einmal wie in V. 29c-e explizit definiert. Aus diesem Grund hat V. 29c-e und das geforderte „Glauben" (πισ-

[334] M. HASITSCHKA, Christologie 36.

[335] Nur in V. 28c und in Joh 9,3 kommt die Wortverbindung ἔργα τοῦ θεοῦ im Joh-Ev vor.

[336] M. HASITSCHKA, Christologie 36, macht auf das Verb πιστεύω aufmerksam: „Es ist sehr zu beachten, daß das Joh-Ev stets nur das Verbum ‚glauben' (πιστεύω) verwendet und nie auch (wie das übrige NT und besonders Paulus) das Substantiv ‚Glaube' (πίστις)."

[337] In diesem Sinn schreibt D. A. CARSON, Joh 285: „This is not faith in the abstract, an existential trust without a coherent object. Rather, they must belive in the one [God] has sent ... Faith, faith with proper Christological object, is what God requires, not ‚works' in any modern sense of the term."

τεύω) an den von Gott Gesandten als einziges Werk, das von den Menschen erwartet wird, eine wichtige Bedeutung für das Verständnis des gesamten Gesprächs.

Außerhalb des Joh-Ev fällt im NT das Verhältnis zwischen „dem Glauben“ als Substantiv und „dem Werk“ bzw. „den Werken“ auf, wobei grundsätzlich zwei Tendenzen bestehen: a) Der „Glaube“ und die „Werke“ werden als zwei gegensätzliche Pole gesehen, vor allem in einigen paulinischen Schriften z.B. in Röm 3,28; 9,32; Gal 2,16; 3,2.5. Dabei ist es wichtig, die genaue Bestimmung der Werke zu berücksichtigen. Es handelt sich um die „Werke des Gesetzes“ (ἔργα νόμου)[338]. Eine ähnliche Spannung besteht in Hebr 6,1 zwischen den „toten Werken“ und dem „Glauben“. b) Der „Glaube“ und die „Werke“ sind zwei zusammengehörende Elemente. Z.B. unterstreicht Jak 2,14-26, daß der „Glaube“ ohne „Werke“ tot ist. Das Schreiben an den Engel der Gemeinde in Thyatira in Offb 2,19 betrifft schon im ersten Satz sowohl die „Werke“ als auch den „Glauben“. Die beiden Elemente erscheinen in einer Wortverbindung als „Werk des Glaubens“ in 1 Thess 1,3 und 2 Thess 1,11. Im Hinblick auf Joh 6,29 besteht ein wesentlicher Unterschied zu den hier erwähnten ntl. Belegen, denn keiner von ihnen definiert so wie jener „das Werk Gottes“ mit dem Glauben an Jesus, den von Gott Gesandten. Auf diese Weise wird die Bedeutung der einmaligen Aussage in Joh 6,29 noch einmal unterstrichen.[339]

Im Joh-Ev findet sich ἔργον im Singular noch 4mal, ebenso wie in V. 29c in direkten Reden Jesu. Im Unterschied zu V. 29c ist das wirkende Subjekt Jesus selbst und nicht die Menschen. Es kommt 2mal (Joh 7,21; 10,32) als ἔργον (ohne Artikel) vor, beidemal innerhalb der Auseinandersetzungen Jesu mit den Juden. Dazu erscheint es noch 2mal (Joh 4,34; 17,4) als τὸ ἔργον (mit Artikel); es geht um den ersten und den letzten Beleg von ἔργον (im Singular) im Joh-Ev. Den beiden Stellen ist die Verbindung mit dem Verb „vollenden“ (τελειόω) gemeinsam:

[338] CH. K. BARRETT, Joh 299, macht anhand von V. 29 den folgenden Vergleich: „Der joh Gedanke ist eine enge Parallele zur paulinischen Rechtfertigungslehre, obwohl seine Formulierung dieses Gedankens durchaus davon verschieden ist. Er gebraucht niemals das Nomen πίστις und kann ἔργον als eine Bezeichnung für Glauben nehmen. Aber für ihn bedeutet ἔργον nicht das, was Paulus mit ἔργα νόμου meint.“

[339] TH. L. BRODIE, Joh 281, schreibt: „Thus instead of making a dichotomy between working and believing ... the evangelist blends the two concepts: believing is working, indeed a high form of working – particularly because it opens the way for the working of God.“

*τελειώσω* αὐτοῦ τὸ ἔργον (Joh 4,34)
τὸ ἔργον *τελειώσας* ὃ δέδωκάς μοι (Joh 17,4)

Dadurch bilden sie den Anfang und das Ende eines Spannungsbogens im Joh-Ev. In seinem Gebet am Ende der Abschiedsreden unmittelbar vor seiner Passion drückt Jesus aus: „Das Werk", das der Vater ihm gegeben hat, um es zu „vollenden", hat er auf der Erde „vollendet".[340]

Innerhalb dieses Spannungsbogens findet sich auch Joh 6,27.29. Dadurch kann „das Werk der Menschen" in Verbindung mit „dem Werk Jesu" gesehen werden. Ob die Menschen dieses Werk vollenden werden, bleibt in Joh 6,27.29 noch offen, denn hier werden sie erst von Jesus aufgerufen, dieses „Werk Gottes" zu wirken, das sich im Glauben an ihn verwirklichen kann. Ihre Antwort auf Jesu Aufruf zum Glauben wird die weitere Entwicklung dieses Geschehens wesentlich mitbestimmen.

*b) Zur Lebensthematik*

Die Lebensthematik ist der entscheidende Auslöser, der bereits im 1. GA das Interesse der Gesprächspartner Jesu lenkt und demzufolge den weiteren Verlauf des Gesprächs auch im 2. GA entscheidend beeinflußt. Denn die Motivation der Menschen, „die Werke"/„das Werk Gottes" zu tun, besteht darin, daß sie an der oben erwähnten Speise und damit am ewigen Leben teilhaben möchten. Der Zusammenhang zwischen „dem Werk Gottes", das in V. 29c-d mit dem „Glauben" (πιστεύω) definiert wird, und dem Leben ist im 2. GA nur indirekt erkennbar und wird in weiteren Gäsprächsabschnitten von Jesus mehrfach auf direkte Weise thematisiert (VV. 35b-d.40b.47b.63c-64b).[341] Besonders prägnant und unterstrichen (auch mit der einleitenden Formel ἀμὴν ἀμὴν λέγω ὑμῖν) kommt dieser Zusammenhang in V. 47b zum Ausdruck: ὁ πιστεύων ἔχει ζωὴν αἰώνιον.

Das ζωή-Vokabular selbst wird im 2. GA nicht explizit belegt, was in diesem Gespräch nur noch im 9. GA der Fall ist.

340 Auf beide Stellen macht auch H. RITT, Gebet 306-308, aufmerksam.

341 Der Zusammenhang zwischen dem Glauben und dem Leben wird in dieser Arbeit an den oben erwähnten Stellen und auch in Teil IV genauer behandelt.

*Der 3. Gesprächsabschnitt (VV. 30-33): Brot vom Himmel*

*a) Auslegung*

*Die Frage der Menschen (VV. 30f)*

In V. 30 gehen die Menschen auf die Aussage Jesu ein (KN 1). Sie greifen die Themen „wirken" (ἐργάζομαι) und „glauben" (πιστεύω) aus der vorhergehenden Antwort Jesu (V. 29) wieder auf (vgl. ABBILDUNG 15, TABELLE 16). Ebenso wie in V. 29d bleiben sie auch in V. 30c das Subjekt des Verbs πιστεύω. Dabei ist es wichtig, das Objekt des Glaubens zu beachten. In der Aussage Jesu in V. 29e geht es um den Glauben an den von Gott Gesandten (3.P.Sg.), in der Antwort der Menschen in V. 30d um den Glauben an Jesus (2.P.Sg.). Diese Verschiebung zeigt, daß die Menschen den von Gott Gesandten mit Jesus verbinden und identifizieren.[342] Damit sie aber an ihn als solchen glauben können, fordern sie von ihm ein Zeichen (V. 30b). Für die Leser kann diese Forderung einerseits überraschend sein, da Jesus gerade am vergangenen Tag vor den Menschen das Zeichen der wunderbaren Speisung (VV. 1-15) gewirkt hat und sie es gesehen haben (V. 14a-b). Andererseits bestätigt ihre Forderung dennoch das Wissen Jesu über die Menschen aus V. 26. Denn er weiß, daß sie ihn nicht suchen, weil sie Zeichen gesehen haben, sondern weil sie von den Broten gegessen haben. Hier am Beginn des 3. GA stellt sich noch einmal die Frage, wie tief die Menschen das Zeichen Jesu wirklich begriffen haben und warum sein Zeichen nicht genügt, damit sie an Jesus als den von Gott Gesandten glauben könnten.[343]

Die Menschen fragen Jesus 2mal nach seinem Tun (V. 30be). Die beiden Verben, ποιέω (V. 30b) und ἐργάζομαι (V. 30e), erscheinen im Präsens. Im Vergleich mit ihrer ersten Frage in V. 28b-c, wo die Menschen selbst als handelnde Subjekte vorkommen, ist die Verschiebung des Subjektes auf Jesus in V. 30 deutlich. In dieser Rolle wird Jesus zusätzlich noch durch das Personalpronomen σύ in V. 30b unterstrichen.

[342] Zum gleichen Ergebnis kommt F. J. MOLONEY, Signs 46: „The crowd recognizes that Jesus is making claims for himself."

[343] Im Joh-Ev wird nicht erst in Joh 6,30 von Jesus ein Zeichen gefordert, sondern schon in Joh 2,18. Im Zusammenhang mit der wunderbaren Speisung begegnet man der Zeichenforderung auch bei den Synoptikern und ebenso in der ähnlichen Reihenfolge. B. SCHWANK, Joh 212, schreibt, daß die Zeichenforderung „an Mk 8,11 parr erinnert; auch die Reihenfolge Speisungswunder, Zeichenfrage, Erklärung über das richtige Brot, Petrusbekenntnis zeigt eine überraschende Übereinstimmung mit der Abfolge in Mk 8,1-30". Vgl. u.a. CH. K. BARRETT, Joh 300; R. SCHNACKENBURG, Joh II 52, der außerdem noch an die Zeichenforderung in Lk 11,29f par Mt 12,38f erinnert.

Zugleich handelt es sich um ein joh. Stilmerkmal, denn das Personalpronomen σύ ist dem Verb nachgestellt.[344]

Auch die Verbindung ποιέω + σημεῖον/σημεῖα gehört zu den joh. Stilmerkmalen.[345] Sie kommt im Joh-Ev 13mal vor (Joh 2,23; 3,2; 4,54; 6,2.14.30; 7,31; 9,16; 10,41; 11,47; 12,18.37; 20,30). Dabei ist nur Jesus derjenige, der die Zeichen tut. Die Größe seiner Zeichen wird bereits in Joh 3,2 von Nikodemus wahrgenommen, der zur Erkenntnis kommt, daß niemand solche Zeichen tun kann, wenn Gott nicht mit ihm ist. Auch in Joh 9,16 nach der Heilung des Blindgeborenen an einem Sabbat behaupten einige der Pharisäer, daß ein sündiger Mensch nicht solche Zeichen tun kann. Die unmittelbare Folge ist die Spaltung unter den Pharisäern. Die Zeichen unterscheiden Jesus und Johannes den Täufer. In Joh 10,41 äußeren sich viele, daß Johannes kein Zeichen getan hat, aber das alles, was er über Jesus gesagt hat, wahr ist. Die Menschen, die in Joh 7,31 zum Glauben an Jesus kommen, stellen sich die Frage, ob der Messias, wenn er kommt, mehr Zeichen tun wird, als Jesus es getan hat. Zusammenfassend läßt sich sagen, daß die Zeichen im Joh-Ev die Aufmerksamkeit der Leser auf Jesus, sein Wirken, das jegliches menschliches Tun weit übertrifft, und seine einmalige Beziehung zu Gott lenken. Die Leser werden dadurch mit christologischen und theologischen Fragen konfrontiert.

In V. 30c-d fällt die Verbindung der Verben „sehen" und „glauben" auf, die in Joh 6 auch in VV. 36b-c.40b belegt wird. Das „Sehen" wird mit zwei griech. Verben ausgedrückt, mit ὁράω (VV. 30c.36b) und θεωρέω (V. 40b). Der Verbindung der Verben ὁράω und πιστεύω begegnet man im Joh-Ev schon vor dem sechsten Kapitel (Joh 1,50; 3,36; 4,48). In Joh 3,36 wird die Zusage Jesu thematisiert, daß derjenige, der an den Sohn glaubt, das ewige Leben bereits hat; derjenige aber, der dem Sohn nicht gehorcht, wird das Leben nicht sehen. Hier fällt das Objekt von ὁράω auf, das ζωή ist. In Joh 4,48 sind die „Zeichen und Wunder" das Objekt von ὁράω, in Joh 6,30 ist es das „Zeichen". Das gemeinsame Element ist σημεῖον/σημεῖα. Hinsichtlich des Verbs πιστεύω zeigt sich an beiden Stellen folgender Unterschied: In Joh 4,48 wird es im absoluten Sinn verwendet, in Joh 6,30d ist sein Objekt Jesus. Weiter wird im

[344] Dieses Stilmerkmal hat im Joh-Ev noch 7 Belege (Joh 1,21; 4,19; 8,48; 12,34; 17,5; 18,37; 19,9). In all diesen Fällen bezieht sich σύ auf Jesus, ausgenommen von Joh 1,21, wo es Johannes den Täufer bezeichnet. E. RUCKSTUHL/P. DSCHULNIGG, Stilkritik 142, schreiben: „Als sprachliche Tauschmöglichkeit bietet sich die im NT gebräuchlichere Voranstellung von σύ an, die auch im Joh weit überwiegt ... Dennoch bleibt das Stilmerkmal vorsichtig einzustufen, da die Häufigkeit im Joh auch mit der Vorliebe zur Verwendung des Personalpronomens zusammenhängt."

[345] Vgl. E. RUCKSTUHL/P. DSCHULNIGG, Stilkritik 153.

Joh-Ev die Verbindung zwischen ὁράω und πιστεύω noch 3mal belegt, immer innerhalb der joh. Osterberichte. Das Objekt von ὁράω wird nicht mehr das „Zeichen" genannt. In Joh 20,8 geht es um „sehen" im absoluten Sinn, denn der Jünger, der zuerst an das Grab gekommen ist, sieht und glaubt. In Joh 20,25 behauptet Thomas, daß er nicht glaubt, wenn er nicht die Male der Nägel an den Händen Jesu sieht, seinen Finger in die Wunden und seine Hand in die Seite Jesu legt. In Joh 20,29 folgt die Antwort Jesu: „Weil du mich gesehen hast, glaubst du. Selig, die nicht sehen und doch glauben." Hier wird ὁράω im ersten Teil der Antwort Jesu mit einem Objekt und im zweiten Teil im absoluten Sinn gebraucht. Im Hinblick auf das Verb πιστεύω sind diese drei Stellen in den Osterberichten darin einheitlich, daß es immer im absoluten Sinn verwendet wird. Zusammenfassend zeigen diese Stellen im Joh-Ev folgende Tendenzen: a) hinsichtlich des Objekts von ὁράω: Zeichen → Jesus → kein Objekt (ὁράω im absoluten Sinn); b) hinsichtlich des Objekts von πιστεύω: Jesus → kein Objekt (πιστεύω im absoluten Sinn). Sie lassen sich folgendermaßen interpretieren: Derjenige, der die Zeichen Jesu und Jesus selbst sieht und an ihn glaubt, ist auf dem Weg zum Sehen und Glauben im absoluten Sinn des Wortes. Hier eröffnet sich eine tiefere Dimension von Sehen und Glauben, nämlich diejenige, die auf Gott selbst bezogen ist.

Im Anschluß an die Zeichenforderung konfrontieren die Menschen Jesus in V. 31a mit der Erfahrung ihrer Väter in der Wüste, denen dort das „Manna" (μάννα)[346] gegeben worden ist. Damit weisen sie darauf hin, daß „sie von Jesus, den sie für ‚den Propheten' halten, der von Mose verheißen wurde (Dtn 18,15.18), ein ähnliches Zeichen wie jenes, das einst dem Volk Israel auf dem Weg durch die Wüste durch Mose vermittelt wurde, erwarten"[347].

Die Menschen bekräftigen ihre Aussage mit einem Schriftzitat, das sie in V. 31b mit der Formel καθώς ἐστιν γεγραμμένον einführen.[348] Diese Formel macht auf die Schrift aufmerksam und unterstreicht ihre Autorität. Das Partizip Perfekt (γεγραμμένον) „gibt zu verstehen, dass das in der Vergangenheit Geschriebene gültig bleibt und die Gegenwart bestimmt"[349]. Innerhalb des NT kommt genau dieselbe Formel nur noch in Joh 12,14 vor. Dort wird sie vom fiktiven Erzähler auf dem

[346] Das Wort μάννα hat im NT nur 4 Belege (Joh 6,31.49; Hebr 9,4; Offb 2,17). Vgl. zur Bedeutung von μάννα H. BALZ/G. SCHNEIDER, EWNT II 946f.

[347] M. HASITSCHKA, Christologie 36.

[348] Zur selben Beobachtung kommt auch J. ZUMSTEIN, Schriftrezeption 130, nämlich „dass nicht Jesus, sondern die Menschenmenge in V. 31 auf die Manna-Erzählung in der Wüste verweist und das Bibelzitat anführt".

[349] J. ZUMSTEIN, Schriftrezeption 125.

KN 2 verwendet, in Joh 6,31b von den Gesprächspartnern Jesu auf dem KN 1. Zusammen mit den beiden erwähnten Vorkommen gibt es im Joh-Ev 9 Belege für die Wendung ἐστιν/ἦν γεγραμμένον(-α), die ein joh. Stilmerkmal ist.[350]

In V. 31c folgt das atl. Zitat[351] selbst: "Αρτον ἐκ τοῦ οὐρανοῦ ἔδωκεν αὐτοῖς φαγεῖν. Dieses wird hier folgendermaßen übersetzt: „Brot vom Himmel hat er ihnen gegeben zu essen." Im Hinblick auf die Kommunikationsstruktur findet es sich auf dem KN 1 als direkte Personenrede der Gesprächspartner Jesu. Das Besondere in diesem Fall ist, daß es hier um ein Zitat innerhalb der direkten Personenrede geht und damit um eine andere Qualität der Personenrede. Um diese Differenz auf dem KN 1 deutlich zu machen, wird das Schriftzitat innerhalb der direkten Personenrede als KN 1* gekennzeichnet.

Das Zitat in V. 31c ist mit keiner atl. Stelle völlig identisch. Aus diesem Grund stellt sich unmittelbar die Frage: Auf welche atl. Schriftstelle bezieht sich das Zitat in V. 31c? Im folgenden wird versucht, in drei Schritten (a – c) auf diese Frage zu antworten:

a) Wortverbindung von ἄρτος und οὐρανός/לֶחֶם und שָׁמַיִם: Es gibt nur fünf Stellen in der LXX, die ebenso wie Joh 6,31c die Wortverbindung

[350] Diese Belege sind: Joh 2,17; 6,31.45; 10,34; 12,14.16; 19,19.20; 20,30. E. RUCKSTUHL/P. DSCHULNIGG, Stilkritik 81, schreiben dazu: „Die umschreibende Konjugation mit γράφω dient im Joh mehrheitlich dem Verweis auf die Schrift (alle Stellen bis 12,16), aber nicht ausschließlich. Bei Schriftverweisen ist sonst im NT γέγραπται sehr häufig (so im Joh auch 8,17). Daneben sind auch andere Formulierungen mit γράφω möglich sowie λέγει (εἶπεν) ἡ γραφή (in Joh 7,38.42; 19,28) ... In der untersuchten hellenistischen Literatur findet sich das Merkmal nur in 2 (3) Schriften. Im NT liegt noch ein Fall im Lk 4,17 vor. Die 9 Stellen im Joh sind statistisch ausgezeichnet." Gegen Ende des Joh-Ev werden drei atl. Zitate mit der Formel ἵνα ἡ γραφὴ πληρωθῇ eingeführt (Joh 13,18; 19,24.26). Der Erfüllungsgedanke wird auf diese Weise unterstrichen, was mit der Stellung dieser Zitate innerhalb des Joh-Ev übereinstimmt.

[351] Nach M. J. J. MENKEN, Quotations 11f, enthält Joh-Ev „seventeen passages which qualify as OT quotations". Diese Stellen sind: Joh 1,23; 2,17; 6,31.45; 7,38.42; 8,17; 10,34; 12,15.34.38.40; 13,18; 15,25; 19,24.36.37. Er verwendet das folgende Kriterium: „An OT quotation in the NT may be defined as a clause (or series of clauses) from Israel's Scriptures that is (or are) rendered verbatim (or anyhow recognizably) in the NT and that is (or are) marked as such by an introducing or concluding formula (e.g., ‚for so it is written by the prophet', Matt. 2:5; ‚as the prophet Isaiah said', John 1;23)" (ebd. 11). Außerhalb der oben genannten Stellen bleiben nach dieser Definition zwei Stellen, die eine Wendung mit ἡ γραφή enthalten. Die erste Stelle ist Joh 17,12, wo aber im Zusammenhang mit der Wendung ἵνα ἡ γραφὴ πληρωθῇ kein atl. Zitat vorkommt. Die zweite Stelle ist Joh 19,28. Sie ist komplexer als Joh 17,12, weil hier anschließend ein Wort (διψῶ) „zitiert" wird, das aber keine genaue Entsprechung im AT hat. Besonders aus diesem Grund ist es eher als Anspielung und nicht als Zitat zu verstehen. Zu diesem Ergebnis kommt u.a. A. OBERMANN, Erfüllung 364, nach einer genauen Analyse von Joh 19,28 (ebd. 350-364).

von ἄρτος und οὐρανός enthalten: Ex 16,4c (LXX); Neh 9,15a (LXX); Ps 77,24b (LXX); Ps 104,40c (LXX) und Weish 16,20b. Im MT gehen לֶחֶם und שָׁמַיִם nur 3mal eine Wortverbindung ein: Ex 16,4c; Neh 9,15a; Ps 105,40c. Als Hilfe für den Vergleich dieser Stellen mit Joh 6,31b-c werden sie tabellarisch dargestellt:

| | | |
|---|---|---|
| Ex 16,4a-c<br>וַיֹּאמֶר יְהוָה אֶל־מֹשֶׁה<br>הִנְנִי<br>לָכֶם לֶחֶם מִן־הַשָּׁמָיִם<br>מַמְטִיר | Ex 16,4a-c (LXX)<br>εἶπεν δὲ κύριος πρὸς Μωυσῆν<br>ἰδοὺ<br>ἐγὼ ὕω ὑμῖν ἄρτους ἐκ τοῦ οὐρανοῦ | Joh 6,31b-c<br>καθώς ἐστιν γεγραμμένον,<br><br>"Αρτον ἐκ τοῦ οὐρανοῦ<br>ἔδωκεν αὐτοῖς φαγεῖν. |
| Neh 9,15a<br><br>נָתַתָּה לָהֶם לִרְעָבָם<br>וְלֶחֶם מִשָּׁמַיִם | Neh 9,15a (LXX) = 2 Esr 19,15a<br><br>καὶ ἄρτον ἐξ οὐρανοῦ ἔδωκας αὐτοῖς<br>εἰς σιτοδείαν αὐτῶν | Joh 6,31b-c<br>καθώς ἐστιν γεγραμμένον,<br>"Αρτον ἐκ τοῦ οὐρανοῦ<br>ἔδωκεν αὐτοῖς φαγεῖν. |
| Ps 78,24<br><br>וַיַּמְטֵר עֲלֵיהֶם מָן לֶאֱכֹל<br>וּדְגַן־שָׁמַיִם נָתַן לָמוֹ | Ps 77,24 (LXX)<br><br>καὶ ἔβρεξεν αὐτοῖς μαννα φαγεῖν<br>καὶ ἄρτον οὐρανοῦ ἔδωκεν αὐτοῖς | Joh 6,31b-c<br>καθώς ἐστιν γεγραμμένον,<br><br>"Αρτον ἐκ τοῦ οὐρανοῦ<br>ἔδωκεν αὐτοῖς φαγεῖν. |
| Ps 105,40c<br><br>וְלֶחֶם שָׁמַיִם יַשְׂבִּיעֵם | Ps 104,40c (LXX)<br><br>καὶ ἄρτον οὐρανοῦ ἐνέπλησεν αὐτούς | Joh 6,31b-c<br>καθώς ἐστιν γεγραμμένον,<br>"Αρτον ἐκ τοῦ οὐρανοῦ<br>ἔδωκεν αὐτοῖς φαγεῖν. |
| | Weish 16,20b<br><br>καὶ ἕτοιμον ἄρτον ἀπ' οὐρανοῦ<br>παρέσχες αὐτοῖς ἀκοπιάτως | Joh 6,31b-c<br>καθώς ἐστιν γεγραμμένον,<br>"Αρτον ἐκ τοῦ οὐρανοῦ<br>ἔδωκεν αὐτοῖς φαγεῖν. |

TABELLE 18

Die Gemeinsamkeiten mit Joh 6,31c sind:
(1) das „Brot“ als Objekt im Satz: in allen Fällen;
(2) die Wortverbindung von ἄρτος und οὐρανός/לֶחֶם und שָׁמַיִם: in allen Fällen vor dem Verb (außer in Ex 16,4c [LXX]) / Ex 16,4c);
(3) die Wortverbindung mit Hilfe der Präposition ἐκ/מִן: in Ex 16,4c (LXX)/Ex 16,4c und Neh 9,15a [LXX]/Neh 9,15a;
(4) das Verb δίδωμι/נתן als 3.P.Sg. nur in Ps 77,24b (LXX)/Ps 78,24b, als 2.P.Sg. in Neh 9,15a (LXX)/Neh 9,15a;
(5) das Personalpronomen αὐτοῖς (3.P.Pl): in Ps 77,24b (LXX) und Neh 9,15a (LXX), לָהֶם in Ps 78,24b und Neh 9,15a.

Die Unterschiede zu Joh 6,31c sind:
(1) Ex 16,4c (LXX)/Ex 16,4c: das Verb ὕω/מטר hifil; das Fehlen der Verben δίδωμι/נתן und ἐσθίω/אכל; die Personalpronomina ἐγώ – ὑμῖν; das Objekt ἄρτους in Pl.; die Wortfolge im Satz.
(2) Neh 9,15a (LXX)/Neh 9,15: εἰς σιτοδείαν αὐτῶν/לִרְעָבָם; das Fehlen des Verbs ἐσθίω/אכל; einleitende Konjunktion καί/וְ; δίδωμι/נתן in 2.P.Sg.; das Fehlen des Artikels vor οὐρανός/שָׁמַיִם.
(3) Ps 77,24b (LXX)/Ps 78,24b: Es fehlen: das Verb ἐσθίω/אכל (doch im ersten Teil des Parallelismus in derselben Form wie in Joh 6,31c φαγεῖν/לֶאֱכֹל), die Präposition ἐκ/מִן und der Artikel vor οὐρανός/שָׁמַיִם. Zusätzlich: die Konjunktion καί/וְ. Anstelle von לֶחֶם wird im MT דְּגַן verwendet.
(4) Ps 104,40c (LXX)/Ps 105,40c: das Verb ἐμπίμπλημι/שׂבע hifil und die Konjunktion καί/וְ; es fehlen die Verben δίδωμι/נתן und ἐσθίω/אכל und die Präposition ἐκ/מִן.
(5) Weish 16,20b: das Adjektiv ἕτοιμος als Eigenschaft des Brotes; das Verb παραέχω; das Adverb ἀκοπιάτως; die Präposition ἀπό anstelle von ἐκ; es fehlen die Verben δίδωμι und ἐσθίω.

Der Vergleich bringt folgende Ergebnisse:
(1) Das gesamte Zitat von Joh 6,31c findet die höchste Zahl der Entsprechungen in Ps 77,24b (LXX).[352] Abgesehen vom fehlenden Inf.Aor.

[352] Zu diesem Ergebnis kommen u.a. J. BLANK, Joh Ia 355; S. SCHULZ, Joh 104; G. GEIGER, Aufruf 460; B. G. SCHUCHARD, Scripture 35; R. FABRIS, Joh 401; V. VALLOORAN, Discourse 129; A. OBERMANN, Erfüllung 135; P. N. ANDERSON, Christology 202; M. J. J. MENKEN, Quotations 53f.65; M. THEOBALD, Schriftzitate 328f; M. DALY-DENTON, David 143, K. SCHOLTISSEK, Brotrede 45 und J. ZUMSTEIN, Schriftrezeption 125. Eine ausführliche und genaue Untersuchung dieses Problems in den neueren joh. Forschung findet sich bei A. OBERMANN, Erfüllung 132-150 und M. J. J. MENKEN, Quotations 47-65. Treffend ist die Bemerkung in F.-L. HOSSFELD/E. ZENGER, Ps II 442, daß Ps 78 in Joh 6,31 als „Teil der Schrift" gewürdigt wird. In der joh. Forschungsgeschichte wird dieser Punkt wesentlich durch die Arbeit von P. BORGEN, Bread beeinflußt. Nach seiner These sei Joh 6,31-58 ein „independent paragraph" (ebd. 46), in dem die haggadischen Fragmente eingebaut werden (ebd. 20-27) und das Zitat von Joh 6,31 in Joh 6,32-58 als Midrasch oder Homilie („homiletic pattern") paraphrasiert wird (ebd. 28-58). In den neueren Untersuchungen zum Joh-Ev wird seine These nicht mehr so stark vertreten. Eine kritische Auseinandersetzung mit ihr liefern u.a. A. OBERMANN, Erfüllung 141-143; M. J. J. MENKEN, Quotations 50f; M. THEOBALD, Schriftzitate 332-345; J. ZUMSTEIN, Schriftrezeption 130-131. Die „transition from the narratives to the homily" erweist sich nach A. OBERMANN, Erfüllung 141-143, problematisch, vor allem wegen der Abgrenzung und Gliederung des Textes, wegen des zu wenig beachteten joh. Kontextes auf Grund der Heranziehung eines festen Schemas und wegen der Datierung der rabbinischen Texte. Nach J. ZUMSTEIN, Schriftrezeption 131, geht es „in den Vv. 31-58 nicht um eine Rede oder eine Homilie, sondern um eine Sequenz in Dialogform".

φαγεῖν (der aber im ersten Teil desselben Parallelismus vorkommt), ist Ps 77,24b (LXX) in den wesentlichen sprachlichen Elementen und Motiven mit Joh 6,31c identisch. Im Unterschied zu anderen Stellen bringt diese Stelle kein neues sprachliches Element und Motiv zum Ausdruck (außer der Konjunktion καί).
(2) Die Wortverbindung ἄρτος ἐκ τοῦ οὐρανοῦ von Joh 6,31c entspricht am ehesten dem Wortlaut in Ex 16,4c (LXX)/Ex 16,4c und Neh 9,15a (LXX)/Neh 9,15a, wobei sie dem hebr. Text noch näher als dem griech. Text kommt.

b) Der unmittelbare Kontext: Das Zitat in Joh 6,31c („unsere Väter", „das Manna", „essen", „in der Wüste") wird mehrfach mit Joh 6,32c-d („Mose", „der Vater" [Gott], „geben" und „Brot vom Himmel") verbunden. Diese gemeinsamen Worte, Wortverbindungen und Motive finden sich vor allem auch in Ex 16 (LXX)/Ex 16, Neh 9 (LXX)/Neh 9 und Ps 77 (LXX)/Ps 78[353], dagegen nur einige Male in Ps 104 (LXX)/Ps 105 und in Weish 16.
Ergebnis: Die Untersuchung des unmittelbaren Kontextes verstärkt das oben angegebene Ergebnis (vgl. a).

c) Zweifache Fortführung des Zitates (V. 31c) in Joh 6:
Erstens wird ἄρτος ἐκ τοῦ οὐρανοῦ aus V. 31c in VV. 32cd.33.41c-d.50a-b.51a-c.58a-b wieder aufgenommen. Das stellt die folgende Tabelle dar:

[353] Eine der neuesten Darstellungen zu Ps 78/Ps 77 (LXX) liefern F.-L. HOSSFELD/E. ZENGER, Ps II 414-443. Dieser Psalm ist der zweitlängste Psalm des Psalters nach Ps 119, zugleich der asafitische Zentralpsalm und damit vom Inhalt her ein Geschichtspsalm, interessiert an der Intertextualität. Eine seiner Besonderheiten zeigt sich darin, daß er die Geschichte in eigenwilliger Abfolge darstellt und interpretiert: „Der Durchzug durch das Rote Meer und das Stillen des Durstes in der Wüste werden zu zwei Wasserwundern parallelisiert und zusammengebunden, vgl. V 12-16, obwohl in der kanonischen Abfolge des Pentateuchs die wunderbare Speisung dazwischen liegt. Diese wird aber erst in V 23-30 beschrieben" (ebd. 420). Der Psalm stellt das Problem der Sünde des Volks heraus. Die Sünde äußert sich „im Unglauben und Zweifel an den Führungsqualitäten Gottes, mit denen Israel auf seine Wunder antwortet V. 17-22.32. Gott begann die Geschichte des Volkes mit Wundern und reagierte auf die Sünde in paradoxer Weise. Er schenkte neue Gaben und Wunder" (ebd. 442f).

| BELEG | V. | | ἄρτος ἐκ τοῦ οὐρανοῦ als Satzglied |
|---|---|---|---|
| 1. | 31c | Ἄρτον ἐκ τοῦ οὐρανοῦ ***ἔδωκεν*** αὐτοῖς φαγεῖν. | Objekt |
| 2. | 32c | οὐ Μωϋσῆς ***δέδωκεν*** ὑμῖν τὸν ἄρτον ἐκ τοῦ οὐρανοῦ | Objekt |
| 3. | 32d | ἀλλ' ὁ πατήρ μου ***δίδωσιν*** ὑμῖν τὸν ἄρτον ἐκ τοῦ οὐρανοῦ τὸν ἀληθινόν | Objekt |
| 4. | 33 | ὁ γὰρ ἄρτος τοῦ θεοῦ ἐστιν ὁ ***καταβαίνων*** ἐκ τοῦ οὐρανοῦ καὶ ζωὴν διδοὺς τῷ κόσμῳ | Subjekt |
| 5. | 41c-d | Ἐγώ εἰμι ὁ ἄρτος ὁ ***καταβὰς*** ἐκ τοῦ οὐρανοῦ | Prädikatsnomen |
| 6. | 50a-b | οὗτός ἐστιν ὁ ἄρτος ὁ ἐκ τοῦ οὐρανοῦ ***καταβαίνων*** | Prädikatsnomen |
| 7. | 51a-c | ἐγώ εἰμι ὁ ἄρτος ὁ ζῶν ὁ ἐκ τοῦ οὐρανοῦ ***καταβάς*** | Prädikatsnomen |
| 8. | 58a-b | οὗτός ἐστιν ὁ ἄρτος ὁ ἐξ οὐρανοῦ ***καταβάς*** | Prädikatsnomen |

TABELLE 19

Bemerkungen zur Tabelle:

(1) Nur der 1. Beleg von ἄρτος ἐκ τοῦ οὐρανοῦ ist das Zitat innerhalb der direkten Rede der Gesprächspartner Jesu auf dem KN 1*, alle andere Vorkommen (außer dem 5. Beleg)[354] sind direkte Personenreden Jesu auf KN 1. Das Zitat erweist sich als wichtiger Anfangsimpuls für die weitere Entwicklung dieses Themas in den Aussagen Jesu. Nur in diesem Zitat steht ἄρτος artikellos, sonst (in den Belegen 2 – 8) wird es mit dem Artikel versehen.

(2) Die Belege 1 – 3: Nur in ihnen ist ἄρτος ἐκ τοῦ οὐρανοῦ das Objekt des Satzes. Dazu kommt noch eine Gemeinsamkeit: In allen drei Fällen geht es um das Objekt des Verbs δίδωμι (immer als Indikativ). Dieses verändert sich unter dem zeitlichen Aspekt. Ebenso ändern sich in den Belegen 1 – 3 das Subjekt von δίδωμι, das schrittweise eindeutig mit Gott („mein Vater" in V. 32d) identifiziert wird, und die Empfänger des Brotes. Diese Bewegungen zeigt die folgende Tabelle:

| ELEMENT | BEWEGUNG |
|---|---|
| Zeitform von δίδωμι | Aorist (V. 31c)→ Perfekt (V. 32c) → Präsens (V. 32d) |
| Subjekt von δίδωμι | ungenannt (V. 31c)→ „nicht Mose"(V. 32c)→„mein Vater"(V. 32d) |
| Empfänger des „Brotes" | „sie" (V. 31c) → „ihr" (VV. 32c.d)<br>die Väter] [Gesprächspartner Jesu] |

TABELLE 20

Weiter ist zu beachten, daß im 3. Beleg (V. 32) „das Brot vom Himmel" noch zusätzlich als „das wahre" Brot gekennzeichnet wird.

(3) Die Belege 4 – 8 kommen nicht mehr unmittelbar nebeneinander vor wie die Belege 1 – 3. Die Charakterisierung von Brot wird hier erweitert: ὁ ἄρτος ist zugleich „das herabsteigende" ἐκ τοῦ οὐρανοῦ (in

354 In V. 41c-d erscheint diese Wortverbindung auf KN 2*. Der Erzähler wiederholt die Aussage Jesu, die das Murren der Juden verursachte.

allen fünf Belegen), „das Brot Gottes" (V. 33), „das Leben gebende der Welt" (V. 33), das in der Person Jesu verkörperte (das Ich-bin-Wort Jesu in V. 41c) und „das lebende" Brot (V. 51b). In allen fünf Belegen 4 – 8 ist ἄρτος nicht mehr das Objekt, sondern das Subjekt bzw. das Prädikatsnomen. Es ist nicht mehr mit dem Verb δίδωμι verbunden, sondern alle 5mal mit dem Verb καταβαίνω (immer als Partizip: 2mal im Präsens [VV. 33.50b] und 3mal im Aorist[355] [VV. 41d.51c.58]).

Ergebnis: Die acht Belege vom „Brot vom Himmel" weisen auf einige wesentliche Bewegungen im Gespräch in Joh 6 hin: a) vom Brot als Objekt zum Brot als Subjekt und zum Brot, das in Jesus verkörpert ist (das Ich-bin-Wort Jesu); b) von der vergangenen Gabe zur gegenwärtigen Gabe durch den Vater an die gegenwärtigen Adressaten; c) vom Unterstreichen des Verbs „geben" zur Akzentuierung des Verbs „herabsteigen".

Zweitens wird das Subjekt „Väter" (πατέρες) aus V. 31a in VV. 49a.58c wieder aufgenommen. Gemeinsam ist diesen Stellen, daß sie die Erfahrung der Väter in der Wüste explizit thematisieren.[356] Zugleich bestehen zwischen ihnen folgende Unterschiede:
(1) Auf dem KN 1: In V. 31c ist die Menge der Sprecher (S1) und ihr Adressat (E2) Jesus. In VV. 49.58 ist der Sprecher (S1) Jesus und seine Adressaten (E2) sind die Juden.
(2) Das Sterben der Väter in der Wüste: In VV. 49.58c-d ist nicht nur vom Essen des Manna die Rede wie in V. 31a, sondern im Anschluß daran auch vom „Sterben" der Väter. Die zusammenfassende Wiederholung in V. 58c-d beschränkt sich nur auf diese beiden Elemente. In Ex 16, Neh 9 und Ps 77 (LXX)/Ps 78 wird das „Manna" in der Wüste thematisiert, nicht aber „das Sterben" der Väter. Damit stellt sich die Frage: Welchen Text ruft Jesus in VV. 49.58 in Erinnerung? Die beiden Motive, „das Essen des Manna" und „das Sterben der Väter in der Wüste" kommen im Buch Numeri vor: nicht unmittelbar nebeneinander wie in Joh 6,49.58, sondern das „Manna" in Num 11,6.7.9 und „das Sterben" sowohl in Num 14,37 als auch in Num 21,5f; 26,65. Das, was Jesus in Joh 6 in einem Vers (V. 49 oder V. 58) zusammengefaßt ausdrückt, wird im Buch Numeri in einen sechzehn Kapitel langen Spannungsbogen (von Num 11 bis Num 26) gebracht. Ob Jesus seine Ge-

[355] CH. K. BARRETT, Joh 302, erklärt, daß die aoristische Form des Verbs καταβαίνω einen einzigartigen Zeitpunkt dieses Geschehens betont.

[356] J. ZUMSTEIN, Schriftrezeption 126, nennt diese Stellen „Verweise" und definiert den „Verweis" folgendermaßen: „Wie das Zitat ist der Verweis eine explizite Form von Intertextualität. Im Unterschied zum Zitat verweist Text B auf einen Text A, ohne ihn in extenso anzuführen; es handelt sich um ein Verhältnis in absentia."

sprächspartner an alle diese Stellen erinnern möchte oder nur an einige von ihnen, bleibt offen. Eindeutig möchte er beide Motive miteinander zum Ausdruck bringen.

Schlußergebnis (der Schritte a – c): Die Kombination von Ps 77,24b (LXX) mit dessen Ursprungsstelle Ex 16,4c und deren Fortführung im Buch Numeri (die Motive: „das Manna“ in Num 11 und „das Sterben“ in Num 14; 21; 26) kommt im Zitat in Joh 6,31c und in dessen Verbindungen (Joh 6,31a.32c.49.58) deutlich zum Ausdruck und ist dadurch ein wichtiges Element für das Verständnis des gesamten Gespräches in Joh 6.

*Die Antwort Jesu (VV. 32f)*
Ebenso wie im 1. GA in V. 26c beginnt Jesus seine Antwort auf die Frage der Menschen auch im 3. GA in V. 32b mit der Formel ἀμὴν ἀμὴν λέγω ὑμῖν und gibt damit seiner Deutung „von vornherein den Charakter absoluter Offenbarungswahrheit“[357]. Obwohl er seitens der Gesprächspartner 2mal direkt (in der 2.P.Sg.) nach seinem Wirken gefragt wird, gibt er ihnen in VV. 32f noch keine direkte Antwort (in der 1.P.Sg.). Er greift auf das atl. Zitat zurück und beginnt es mit Hilfe eines antithetischen Parallelismus[358], der bereits einige neue Themen (sogenannten Rhemen)[359] enthält, zu erklären. Seine Antwort verdichtet er um das im Zitat vorhandene Thema ἄρτος ἐκ τοῦ οὐρανοῦ, das er 3mal aufgreift und weiter vertieft.[360] Dieses bildet zuerst die Überleitung von V. 31c zu V. 32c und danach wird es in VV. 32d.33 weitergeführt und entwickelt (vgl. TABELLE 20 und dazugehörende Ausführungen). Obwohl Mose als Geber des Brotes vom Himmel von den Gesprächspartnern Jesu im Zitat in V. 31c nicht erwähnt wird, nimmt Jesus in V. 32c jede Möglichkeit weg, ihn als solchen zu identifizieren. Der Geber des wahren Brotes vom Himmel ist sein Vater (V. 32d). Im Unterschied zur Speise in V. 27c-d, die als zukünftige Gabe des Menschensohnes dargestellt wird, gibt Gott, der Vater Jesu, schon jetzt das wahre Brot vom Himmel. Das Adjektiv ἀληθινός bedeutet „wahr im

[357] U. WILCKENS, Joh 101.
[358] Vgl. R. FABRIS, Joh 401; U. SCHNELLE, Joh 123.
[359] Vgl. M. THEOBALD, Schriftzitate 350f.
[360] Treffend stellt J. ZUMSTEIN, Schriftrezeption 131, fest, daß Jesus „nicht nur als Leser und Tradent der jüdischen Bibel dargestellt wird, sondern auch als deren Interpret ... Der joh Christus legt die Schrift nicht nach Art eines Schriftgelehrten aus, der die Verbindlichkeit der bestehenden Tradition voraussetzt. Im Gegenteil! Seine interpretatorische Leistung erreicht ihren Höhepunkt in der Offenbarung des verborgenen Schriftsinns und in der Begründung einer neuen Tradition, die seine eigenen Worte beinhaltet.“

Sinne von zuverlässig, beständig, wirklich, wahrhaftig, treu"[361]. Das wahre Brot vom Himmel hat seine Herkunft bei Gott, denn es ist „das Brot Gottes" wie V. 33 ausdrückt. Ebenso in V. 33 ist das Brot das Subjekt des Satzes und nicht mehr das Objekt. Es bleibt nicht im Himmel, sondern steigt als Subjekt selbständig herab und gibt der Welt das Leben. Der Artikel und die zwei präsentischen Partizipien, καταβαίνων und διδούς, bleiben in V. 33 doppeldeutig. Sie können sich als Maskulinum sowohl auf das Brot als auch auf Jesus beziehen, obwohl Jesus im bisherigen Text noch nicht mit dem Brot ausdrücklich identifiziert worden ist.[362] Die beiden Aktivitäten des Brotes, „vom Himmel herabsteigen" und „der Welt das Leben geben", können nur von einer Person, die zu Gott gehört und von ihm stammt, ausgeführt werden, jedoch in keinem Fall von einer Sache bzw. einem passiven Objekt und auch nicht von einem gewöhnlichen Menschen. Durch das Verb „herabsteigen" (καταβαίνω) wird sein Abstieg vom Himmel ausgedrückt. Diese Bewegung wird in Joh 1-5 nur dem Geist (Joh 1,32.33) und dem Menschensohn (Joh 3,13) zugeschrieben, und im Himmel selbst den Engeln Gottes, die auf den Menschensohn auf- und niedersteigen (Joh 1,51). Die letzte Charakteristik, die Jesus in V. 33 dem Brot Gottes zuschreibt, zeigt sich in seiner „Kraft und Wirkung"[363]. Es gibt der Welt das Leben. Das Brot als Subjekt ist präsentisch aktiv als gebendes/Gebender. Seine Gabe ist das Leben. Die Empfänger seiner Gabe sind nicht nur die Väter und ihre Nachkommen (die Gesprächspartner Jesu), sondern die Welt. Die Wendung ζωήν + δίδωμι gehört zu den joh. Stilmerkmalen.[364] Die in VV. 32f angegebenen Eigenschaften des wahren Brotes vom Himmel weisen auch darauf hin, daß dieses Brot eine andere Qualität als das Manna in der Wüste hat: Es tritt als aktives Subjekt auf, kann vom Himmel herabsteigen und Leben ge-

[361] H. HÜBNER, EWNT I 140. Nach R. SCHNACKENBURG, Joh II 55f, bezeichnet das Adjektiv „wahr" (ἀληθινός) in V. 32c „die Erfüllung dessen, was das Manna in der Wüste (typologisch) verhieß (vgl. Hebr 9,24; auch 8,2), die Erfülltheit mit göttlichem Wesen und Leben (vgl. zu Joh 1,9 und 1 Joh 2,8). Darum kommt dieses Attribut in vollem Sinne außer Gott (Joh 17,3; 1 Joh 5,20) nur Jesus Christus zu (vgl. noch Joh 15,1; 1 Joh 5,20)."

[362] Ähnlich bemerkt U. SCHNELLE, Joh 123: „Zwar identifiziert sich Jesus noch nicht mit dem Brot, aber καταβαίνων (vgl. Joh. 3,13.31) und die Wendung καὶ ζωὴν διδοὺς τῷ κόσμῳ (vgl. Joh 6,51c) zielen bereits auf die Gleichsetzung in V. 35."

[363] R. SCHNACKENBURG, Joh II 56.

[364] Vgl. E. RUCKSTUHL/P. DSCHULNIGG, Stilkritik 148. Im Joh-Ev kommt es noch in Joh 10,28 und Joh 17,2 vor, außerhalb vom Joh-Ev in Apg 17,25 und in 1 Joh 5,11.16. „Diese Wendung tritt im joh. Schrifttum ganz deutlich hervor. Da sie mit dem theologisch wichtigen Begriff (ewiges) Leben verbunden ist, ist sie vorsichtig einzustufen. Sprachlich ließe sie sich durch ζῳοποιέω (Joh 5,21bis; 6,63) umschreiben" (ebd.).

ben.[365] Es gibt das Leben bereits jetzt in der Gegenwart nicht nur einem bestimmten Personenkreis, sondern der ganzen Welt. In bezug auf das Brot formuliert Jesus seine Antwort in V. 33 doppeldeutig und läßt sie damit noch offen.

*b) Zum Begriff ζωή*

In V. 33 kommt der Begriff ζωή zum zweiten Mal innerhalb von Joh 6 vor. ζωή steht fast am Ende der Antwort Jesu und wird durch diese Schlußposition betont. Dieser Begriff findet sich auf dem KN 1 in der direkten Personenrede Jesu, nämlich in seiner Fortführung des mit dem Zitat in V. 31c angegebenen Themas ἄρτος ἐκ τοῦ οὐρανοῦ.

Ähnlich wie Jesus in V. 27 die ins ewige Leben bleibende Speise und die vergehende Speise auseinanderhält, unterscheidet er in V. 33 das Brot Gottes vom Manna.[366] Der Unterschied wird noch stärker in VV. 49f.58 herausgestellt, denn „das Sterben" der Väter in der Wüste konnte durch das Essen des Mannas nicht vermieden werden. Demgegenüber verspricht Jesus anschließend in VV. 50.58 demjenigen, der das vom Himmel herabgestiegene Brot ißt bzw. verzehrt, daß er nicht sterben, sondern in Ewigkeit leben wird. Die ins ewige Leben bleibende Speise und das wahre Brot haben noch weitere Gemeinsamkeiten: Ihr Ursprung ist Gott selbst, sie sind die Gaben und „das (ewige) Leben" ist eine ihrer Wesensmerkmale.[367] Der Unterschied zwischen ihnen besteht darin, daß die ins ewige Leben bleibende Speise durch den Menschensohn gegeben werden wird (futurische Gabe), das Brot Gottes aber vom Vater, nämlich so, daß es selbst herabsteigt, und das schon in der Gegenwart. Unterschiedlich ist auch der Empfängerkreis. In V. 33 umfaßt er nicht nur die Gesprächspartner Jesu wie in V. 27e, sondern die „Welt" (κόσμος).

Die joh. Wendung ζωήν + δίδωμι: Das Brot Gottes gibt der Welt das Leben (V. 33). Diese Wendung kommt im Joh-Ev noch 2mal vor (Joh 10,28; 17,2). Das Verb δίδωμι erscheint in Joh 6,33 als Ptz.Präs., in Joh 10,28 als Ind.Präs. und in Joh 17,2 als Ptz.Aor., immer in aktiver Form.

[365] Zu diesem Ergebnis kommt auch J. ZUMSTEIN, Schriftrezeption 152: „Das Brot ist weder eine Substanz noch eine Lehre (z.B. die Tora), sondern eine Person. Es ermöglicht nicht nur das alltägliche Leben, sondern verleiht das ewige Leben."

[366] F. J. MOLONEY, Signs 46, schreibt: „Despite Jesus' warnings and promises (vv. 25-29), the people still attempt to force Jesus into their Mosaic model (vv. 30-31). Moses, the manna, and Torah give life to Israel. What sign can Jesus do to surpass the sign of the gift of the bread in the desert, and all that this gift has come to mean: the life-giving presence of the Torah to God's people?"

[367] R. SCHNACKENBURG, Joh II 56, schreibt: „Weil es [das wahre Brot vom Himmel] wirklich vom Himmel, dem Lebensbereich Gottes, stammt, vermag es auch wahres, göttliches Leben zu geben, und nicht bloß Israel, sondern der ganzen Welt."

Das aktive Subjekt in Joh 6,33 ist „das Brot Gottes“ und in Joh 10,28; 17,2 Jesus. Die Leser können dadurch schon erahnen, wer mit „Brot Gottes“ in V. 33 gemeint ist. Seine Gabe ist ζωή (Joh 6,33) bzw. ζωὴ αἰώνιος (Joh 10,28; 17,2). Ihre Empfänger sind: die Welt (Joh 6,33), die Schafe Jesu, die der Vater Jesus gegeben hat (Joh 10,28) und alle, die der Vater Jesus gegeben hat (Joh 17,2). In den letzten beiden Belegen ist deutlich, daß Jesus nicht nach eigener Wahl die Adressaten seiner Gabe bestimmt. Es ist der Vater, der sie ihm gegeben hat. In Joh 6,33; 17,2 fällt weiter die universale, unbeschränkte Gruppe der Empfänger des Lebens auf: „die Welt“ bzw. „alle“. Demgegenüber kommen in Joh 10,28 eher die Eigenschaften der Empfänger zum Ausdruck, die „meine [Jesu] Schafe“ genannt werden.[368] Sie hören auf die Stimme Jesu, er kennt sie und sie folgen ihm nach (Joh 10,27). Sie werden den Juden gegenübergestellt, die nicht glauben, daß Jesus der Messias ist, und daß die Werke, die er im Namen seines Vaters vollbringt, für ihn Zeugnis ablegen (Joh 10,25f). Die Gabe des ewigen Lebens bedeutet für die Schafe Jesu, daß sie niemals zugrunde gehen werden, und daß niemand sie aus „meiner [Jesu] Hand entreißen wird“ und aus „der Hand meines [Jesu] Vaters entreißen kann“ (Joh 10,28f).

„Die Welt“ (κόσμος) als Adressat und Empfänger des Lebens: Das Brot Gottes in V. 33 gibt das Leben nicht nur einem begrenzten Personenkreis, sondern der „Welt“ (κόσμος).[369] Dieser Gedanke des Universalismus kommt noch einmal in V. 51vor. VV. 33.51 gehört damit zu den hoffnungsvollen joh. Aussagen über die Welt, obwohl sich Jesus gerade an die Welt wegen ihres Verhaltens noch öfters kritisch wendet. Die Zuwendung Gottes zur Welt, die besonders in seinem Sohn Jesus, dessen Menschwerdung und dessen Lebenshingabe zum Ausdruck kommt, hört durch die negativen Reaktionen der Welt nicht auf. Zu den tragenden hoffnungsvollen Zusagen für die Welt im Joh-Ev gehören weiter diejenigen in Joh 3,16f; 12,47; 17,21.23[370], wo die positive Absicht auch durch die Satzkonstruktion mit ἵνα[371] unterstrichen wird.

[368] Die Ausführungen zu den „Schafen“ und ihrem Verhalten in Joh 10 und im joh. Kontext werden bei B. KOWALSKI, Hirtenrede 216-220, herausgearbeitet.

[369] M. HASITSCHKA, Christologie 6, erklärt, daß der joh. Begriff κόσμος „nicht nur die außermenschliche Wirklichkeit und das Weltall als geordnetes Ganzes meint, sonders besonders auch die Menschenwelt, die Menschheit. Der Ausdruck Kosmos begegnet uns an vielen Stellen im Joh-Ev und ist einer seiner großen theologischen Begriffe.“ H. BALZ, EWNT II 766, gibt die Statistik dieses Begriffes an: „κόσμος begegnet 186mal im NT mit deutlichem Schwergewicht in den joh. Schriften (Joh 78, 1 Joh 23 Vorkommen, dazu 2 Joh 7) und bei Pls (37 Vorkommen ... ). Darüber hinaus bieten die Synoptiker 15 Belege (davon 9 bei Mt).“

[370] Zum Begriff κόσμος in Joh 17 siehe H. RITT, Gebet 323-335.

[371] Vgl. F. BLASS/A. DEBRUNNER/F. REHKOPF, Grammatik § 369.

Einige Personen im Joh-Ev kommen durch die Begegnung mit Jesus zu dieser Einsicht über die Welt. Von diesem Gesichtspunkt aus ist besonders das Bekenntnis der Samaritaner in Joh 4,42, die zum Glauben an Jesus kommen, eindrucksvoll: οὗτός ἐστιν ἀληθῶς ὁ σωτὴρ τοῦ κόσμου.

Das Leben und die Aktualisierung der Wüstenwanderung: Die Leser des Joh-Ev können schnell entdecken, daß zwei Gespräche mit Jesus auf die Erfahrung der Väter in der Wüste zurückgehen und sie aktualisieren: das hier behandelte Gespräch in Joh 6 und das Gespräch Jesu mit Nikodemus in Joh 3,1-21. Beide Gespräche haben zahlreiche Gemeinsamkeiten:

(1) Das Anfangsproblem für die Gesprächspartner Jesu ist seine Identität. Ihr maßgebliches Kriterium sind seine Zeichen (Joh 3,2; 6,30b).

(2) In Joh 3,13 spricht Jesus vom Menschensohn. Er ist der einzige, der vom Himmel herab- und hinaufgestiegen ist (καταβαίνω und ἀναβαίνω). In Joh 6,33 spricht Jesus vom Brot Gottes, das das herabsteigende bzw. der Herabsteigende (καταβαίνω) vom Himmel ist.

(3) In Joh 3,13 greift Jesus das Motiv aus Num 21[372] auf, die eherne Schlange, die in der Wüste von Mose erhöht wurde, und entwickelt es weiter. Ebenso wird der Menschensohn erhöht werden. In Joh 6,31 konfrontieren die Menschen Jesus mit der Erfahrung ihrer Väter in der Wüste, denen das Manna, das Brot vom Himmel, zu essen gegeben worden ist. Jesus greift es auf und entwickelt es weiter. Er spricht vom wahren Brot vom Himmel, das das Brot Gottes ist.

(4) In Joh 3 drücken drei Nebensätze die Absicht der Erhöhung des Menschensohnes aus: „damit jeder, der an ihn glaubt, ewiges Leben hat" (Joh 3,16); „damit jeder, der an ihn glaubt, in ihm das ewige Leben hat" (Joh 3,15); „damit die Welt durch ihn gerettet wird" (Joh 3,17). Die Liebe Gottes zur Welt zeigt sich im ewigen Leben und in der Rettung, die ihr durch seinen Sohn gegeben werden. Ähnlich hat der Abstieg des Brotes Gottes vom Himmel darin seinen Zweck, daß er der Welt das Leben gibt (Joh 6,33).

Aus diesen Gemeinsamkeiten ist nicht schwer zu erkennen, daß nur Jesus in Joh 6 mit dem „herabsteigenden wahren Brot vom Himmel" identifiziert werden kann, dessen Gabe das Leben ist.

[372] M. HASITSCHKA, Christologie 38 verweist darauf, daß das Motiv von „der ehernen Schlange" aus Num 21,4-9 in Weish 16,5-12 wieder aufgenommen wird, ähnlich wie das Motiv vom „Manna" aus Ex 16 in Weish 16,20f.26.

*Der 4. Gesprächsabschnitt (VV. 34-40): Ich bin das Brot des Lebens*

*a) Auslegung*

*Die Bitte der Menschen (V. 34)*

Jesus erweckt auf dem KN 1 mit seinen Worten in V. 33 die Sehnsucht der Menschen nach dem Brot Gottes, das der Welt das Leben geben kann. Die Menschen reagieren auf seine Worte mit der Bitte um dieses Brot in V. 34b-c (ebenso auf dem KN 1).[373] Sie möchten es immer haben, was das Adverb „allezeit" (πάντοτε) deutlich macht. Ihre Bitte kommt im 1. Teil des Gesprächs (VV. 25-40) erst nach den drei Fragen, mit denen sie sich an Jesus wenden, vor und kann als Höhepunkt ihrer bisherigen Äußerungen gesehen werden. Sie ist zugleich die einzige Aussage der Gesprächspartner Jesu im gesamten Gespräch, die sie nicht als Frage formulieren (vgl. ABBILDUNG 13). Es geht zugleich um die letzten Worte der Gesprächspartner Jesu (abgesehen von der Antwort des Petrus in VV. 68f) in diesem Gespräch, mit denen sie sich direkt an Jesus wenden.

In ihrer Bitte sprechen die Menschen Jesus nicht mehr als „Rabbi" an, wie am Anfang des Gesprächs in V. 25c, sondern als „Herr" (κύριος)[374]. Das Brot kommt als Objekt ihrer Bitte zusammen mit dem Verb δίδωμι vor. Das bedeutet, daß sie die Gabe, das Brot, von ihrem Geber, Jesus, eindeutig trennen. Sie haben die doppeldeutigen Hinweise Jesu über das Brot Gottes (V. 33) und seine Sichtweise noch nicht begriffen. Ihr Verständnis des Brotes bleibt noch auf der Sachebene.[375]

*Die Antwort Jesu (VV. 35-40)*

Jesus, der die tiefste Sehnsucht und die Bedürfnisse der Menschen kennt, greift in seiner Antwort (KN 1) bereits in V. 35b das Thema ἄρτος aus ihrer Bitte auf (vgl. ABBILDUNG 15), aber noch anders und tiefer als im bisherigen Gespräch. Er verwendet das „Brot" nicht mehr als Objekt bzw. Sache entsprechend den Erwartungen seiner Gesprächs-

[373] Auf ähnliche Weise erweckt Jesus in Joh 4,13f die Sehnsucht nach dem lebenden Wasser in der Frau am Jakobsbrunnen. Wie die Menschen in Joh 6,34b-c wendet sich auch die Samariterin mit einer fast gleich formulierten Bitte an Jesus in Joh 4,15.

[374] Die Ausführungen zum Titel κύριος siehe in der Auslegung zu V. 23 in Teil III 3.3. In V. 68b wird Jesus noch einmal von Petrus als κύριος angesprochen.

[375] Nach P. F. ELLIS, Joh 123f, geht es um ein typisch joh. Mißverständnis: „Like the Samaritan woman in 4:15, the crowd misunderstands, thinking, as the Samaritan woman did about not having to go for water anymore, that this bread would save them the trouble of baking their daily bread. It is the typical Johannine misunderstanding technique used first in 2:19-20, used brilliantly in the Nicodemus dialogue (3:4), and then used regularly throughout the Gospel (cf. 6:26, 34, 41-42; 8;39, 52, 57; 11:11-15, 23-26; 13:7-9, 36-38; 14:4-5, 8-9)."

partner, sondern als Prädikatsnomen in seiner Selbstprädikation: Ἐγώ εἰμι ὁ ἄρτος τῆς ζωῆς. Es geht um das erste von den sieben unterschiedlichen bildhaften Ich-bin-Worten Jesu im Joh-Ev.[376] Jesus bezeichnet sich auch im weiteren Verlauf des Gesprächs als ἄρτος in VV. 48.51a-c (auf dem KN 1); nur in V. 41c-d erfolgt die Wiederaufnahme seiner Selbstprädikation durch den Erzähler (auf dem KN 2).

Das Ich-bin-Wort Jesu in V. 35b stellt den Höhepunkt[377] seiner Antworten im 1. Teil des Gesprächs (VV. 25-40) dar und ist zugleich ein markanter Wendepunkt. Darauf weisen vor allem die Reaktionen und Antworten der Gesprächspartner Jesu im weiteren Verlauf des Gesprächs hin. Von diesem Gesichtspunkt aus gesehen, ist es kein Zufall, daß der hier erwähnte Höhe- und Wendepunkt in V. 35b gerade im Zentrum des gesamten 71 Verse langen Kapitels ist.

Im ersten Teil der Selbstprädikation Jesu klingt das Ich-bin-Wort Gottes an;[378] es weist darauf hin, daß sich in Jesus und seinen Worten Gott selbst offenbart. Da die Gesprächspartner Jesu mit der Schrift vertraut sind (vgl. V. 31), läßt sich voraussetzen, daß sie auch mit den Ich-bin-Worten als Worten Gottes vertraut sind. Gleichzeitig erinnert das Ich-bin-Wort Jesu in V. 35b die Jünger und die Leser an das in der vorausgegangenen Nacht geschehene Zeichen[379] auf dem See und an das absolute Ich-bin-Wort, das Jesus dort ausgesprochen hat. Dieses Wort Jesu ist ein Ausdruck seiner göttlichen Hoheit. Er offenbart Gottes Wort. Damit kann im Ich-bin-Wort Jesu sowohl die Selbstprädikation Jesu als auch Gottes Mitteilung in Jesus gesehen werden.[380] Im zweiten Teil seiner Selbstprädikation identifiziert sich Jesus mit seiner Gabe, mit dem „Brot" (ἄρτος). Durch das Thema ἄρτος ruft er das erste Zeichen am vergangenen Tag, die wunderbare Speisung in Erinnerung. Dieses Zeichen bekommt hier eine tiefere Erklärung. In V. 35b wird deutlich, daß der Geber zugleich die Gabe ist. In diesem Kontext

[376] Beachtenswert ist die Bemerkung von H. THYEN, Licht 32: „Mit Joh 6 überschreiten wir die Schwelle von den absoluten zu den prädizierten Ich-Bin-Worten. Es legt sich darum nahe, hier nicht nur mit der Analyse der letzteren, sondern zugleich mit der Frage nach ihrem Verhältnis zu den ersteren zu beginnen."

[377] Vgl. U. SCHNELLE, Joh 123; M. HASITSCHKA, Christologie 39. Zum gleichen Ergebnis kommt auch J. PAINTER, Jesus 92: „This saying is not only the climax of the quest story, it is the text upon which the dialogues and discourses which follow are developed."

[378] Siehe die Ausführungen zum absoluten ἐγώ εἰμι-Wort in Teil III 2.3.

[379] G. R. O'DAY, Walking 158, schreibt: „The ‚I AM' of 6:20 provides the theological grounding for Jesus' subsequent ‚I am' statements in 6:35, 41, 48, 51." Vgl. M. LABAHN, Offenbarung 36.284.

[380] R. SCHNACKENBURG, Joh II 57, schreibt: „In diesem ‚Ich bin' ist der hoheitsvoll-göttliche Anspruch Jesu gesammelt."

kann das Brot nicht mehr als Sache verstanden werden, sondern eindeutig nur als Person, die Jesus selbst ist. Weiter fällt auf, daß ἄρτος in einer neuen Wortverbindung als ὁ ἄρτος τῆς ζωῆς erscheint.[381] Sein Wesen ist das Leben.

Die beiden Zeichen, die wunderbare Speisung und der Seewandel Jesu, münden in die Selbstprädikation Jesu in V. 35b ein.[382] Es gibt aber auch eine umgekehrte Wirkung: Die Selbstprädikation Jesu und auch die anderen Aussagen Jesu im hier behandelten Gespräch in Joh 6 helfen die beiden Zeichen tiefer zu verstehen. Das bedeutet, daß die beiden Zeichen und das Gespräch in Joh 6 miteinander verbunden sind, was V. 35b beispielhaft zeigt.

Im Anschluß an das Ich-bin-Wort äußert Jesus seine Zusagen bzw. die Folgen, die aus der Beziehung zu ihm stammen. In V. 35c-d drückt er sie in Form eines doppelten Parallelismus aus:

| | | | | | | | |
|---|---|---|---|---|---|---|---|
| c | | ὁ ἐρχόμενος | πρός | ἐμὲ | οὐ μὴ | πεινάσῃ, | |
| d | καὶ | ὁ πιστεύων | εἰς | ἐμὲ | οὐ μὴ | διψήσει | πώποτε. |

In den beiden ÄE kommen parallel und nacheinander die folgenden Elemente vor: das substantivierte Partizip, die Präposition mit demselben Personalpronomen, das sich auf Jesus bezieht, und die verstärkte Negation οὐ μή des anschließenden Verbs. In V. 35d findet sich zusätzlich neben der Konjunktion καί noch das zeitliche Adverb πώποτε als letztes Wort.

Derjenige, der zu Jesus kommt/an ihn glaubt, wird gewiß nicht hungern/nicht dürsten.[383] Ebenso wie die Menschen Jesus für alle Zeiten (πάντοτε) um das Brot bitten, gilt auch diese Zusage Jesu für alle Zeiten (πώποτε). Der erste Teil des Parallelismus betrifft die Beziehung zu Jesus: „kommen zu Jesus" bedeutet „glauben an ihn"[384]. Der zweite Teil gibt die Folge dieser Beziehung an: gewiß nicht „hungern" (πει-

[381] Zu dieser Wortverbindung bemerkt B. SCHWANK, Joh 215: „Für den Ausdruck ‚das Brot des Lebens' scheint es aber außerhalb des Johannesevangeliums nirgends eine wörtliche Parallele zu geben. Religionsgeschichtlich ist auch das beachtenswert."

[382] Auch für V. 35c gilt die Bemerkung von G. R. O'DAY, Walking 158: „Jesus' conversation with the crowd ... must be read with both events [Zeichen] in view."

[383] Das Doppelbild vom Hungern und Dürsten fällt in V. 35c-d auf. Die Zusage, nicht mehr zu hungern und nicht mehr zu dürsten, findet sich nur hier im Joh-Ev, in den übrigen biblischen Texten noch in Sir 24,21; Jes 49,10 und Offb 7,16.

[384] Nach E. RUCKSTUHL/P. DSCHULNIGG, Stilkritik 150, wird das Stilmerkmal πιστεύω εἰς τι(να) 36mal im Joh-Ev belegt, dabei 3mal in Joh 6 (VV. 29d.35d.40b). 7mal (auch in V. 35d) erscheint es als Partizip Präsens im Nominativ Singular. In V. 35d ist πώποτε mit einer Verneigung verbunden. Es handelt sich nach E. RUCKSTUHL/P. DSCHULNIGG, Stilkritik 128, wieder um ein joh. Stilmerkmal, das im Joh-Ev noch 3mal (in Joh 1,18; 5,37; 8,33) erscheint und 1mal in 1 Joh 4,12. Außerhalb des joh. Schrifttums kommt es nur noch in Lk 19,30 vor.

νάω)[385] und gewiß nicht „dürsten" (διψάω)[386] jemals. Die Botschaft von V. 35c-d kann in einer kurzen Form lauten: Der Glaube an Jesus führt zum Leben. Dabei bleiben die Mangelzustände wirkungslos.

Weiter stellt sich die Frage, wer die Adressaten der Zusage Jesu in V. 35c-d sind. Da er nicht die 2.P.Pl. verwendet, redet er nicht ausschließlich seine Gesprächspartner an. Seine Zusage gilt für denjenigen (3.P.Sg.), der zu ihm kommt bzw. der an ihn glaubt. Das bedeutet, daß die Zusage Jesu nicht nur auf dem KN 1 für den begrenzten Personenkreis seiner Gesprächspartner aktuell ist, sondern auch auf den anderen KN. Sie ist auch für den realen Leser (KN 4-5) relevant und spricht ihn direkt an. Diese Weise des Sprechens Jesu, die seine Adressaten auf verschiedenen KN gleichzeitig anzusprechen vermag, gehört

[385] Das Verb πεινάω kommt im ganzen Joh-Ev nur hier in Joh 6,35c vor. Insgesamt erscheint es im NT 23mal.

[386] In V. 35d wird mit dem Verb διψάω ein neues Motiv innerhalb von Joh 6 eingeführt. Das Verb διψάω hat im NT 16 Belege, dabei 6 im Joh-Ev (Joh 4,13.14.15; 6,35d; 7,37; 19,28). Das Motiv „dürsten" in Joh 6,35d läßt sich zuerst mit seinen Belegen in Joh 4,13-15 verbinden, weil diese den Lesern schon vertraut sind. Jesus stellt das Wasser aus dem Jakobsbrunnen dem Wasser, das er geben wird, gegenüber. Jeder, der Wasser aus dem Brunnen trinkt, wird wieder dürsten. Wer aber von dem Wasser trinkt, das Jesus ihm geben wird, wird gewiß nicht dürsten in Ewigkeit. Noch mehr, dieses Wasser wird in ihm eine Quelle des Wassers werden, das ins ewige Leben sprudelt. Das Wasser ist Bild für die lebendige Gabe, die Jesus geben wird. Deswegen sind auch die Verben „trinken" und „dürsten" bzw. „gewiß nicht dürsten" in bezug auf dieses Bild zu verstehen. M. HASITSCHKA, Theologie 36, schreibt: „Der Ausdruck ‚lebend[ig]es' (ζῶ – Partizip) Wasser (vgl. 6,51: ‚lebendiges' Brot) deutet schon darauf hin, daß die Heilsgabe Jesu im Grunde das ‚Leben' ist." Der Trinkende ist derjenige, der an der Heilsgabe Jesu bzw. am Leben teilhat. Er wird gewiß nicht dürsten. Das bedeutet, er wird gewiß keinen Mangel mehr am Leben haben. Sowohl beim Brot als auch beim Wasser geht es um die Gabe des Lebens. Neben dieser starken Gemeinsamkeit fällt der folgende Unterschied auf: In Joh 6,35b identifiziert sich Jesus mit dem Brot des Lebens, in Joh 4 aber nicht mit dem Wasser. Obwohl es sich auch beim Bild des Wassers um das Leben handelt, bleibt dieses Bild für die Leser noch rätselhaft. Es läßt vermuten, daß mit diesem Bild eine besondere Dimension des Lebens unterstrichen wird. Aufgrund von zwei Stellen, Joh 1,33 und Joh 3,5, können die Leser das Wasser in Joh 4 mit dem Geist in Verbindung bringen. Die Bedeutung von Wasser wird auch durch Jesu Zusage an den an Jesus Glaubenden, nie mehr zu dürsten, unterstrichen (Joh 6,35d). Obwohl Jesus selbst sich nicht mit dem Wasser identifiziert, wird der an ihn Glaubende nicht mehr dürsten. Dadurch ist auch klar, daß Jesus ganz tief mit dem „Wasser" verbunden ist. Er ist der Geber des Wassers, was in Joh 4,14 zweimal ausgedrückt und damit betont wird. Es fällt dazu auf, daß er vor dem Verb „geben" noch das Personalpronomen ἐγώ verwendet. Jesu ἐγώ bringt wieder einen Anklang an das absolute ἐγώ Gottes mit sich. Der Geber des lebend(ig)en Wassers bzw. des Lebens ist Jesus, aber zugleich der Gott selbst, der sich in Jesus offenbart. Die Leser bekommen in Joh 4 und in Joh 6 noch nicht die letzte Antwort auf das Rätsel des Wassers und des Durstes. Sie werden zum weiteren Lesen des Joh-Ev angeregt (vgl. διψάω in Joh 7,37; 19,28 und ὕδωρ in Joh 7,38; 13,5; 19,34).

m.E. zu den besonders wichtigen und wirksamen kommunikativen Ausdrucksweisen des Joh-Ev.

Im Hinblick auf die Adressaten wird in V. 35c-d der Gedanke aus V. 33, daß das Brot Gottes der Welt das Leben gibt, weiter vertieft. Die Welt als Empfänger des Lebens ist nicht als eine passive Masse der Menschheit zu verstehen. Um das Leben empfangen zu können, wird der Glaube an Jesus bzw. das Kommen zu Jesus von jedem Einzelnen (3.P.Sg. in V. 35c-d) gefordert.

In V. 36 redet Jesus wieder direkt seine Gesprächspartner (in der 2.P.Pl.) an. Er erinnert sie an seine eigenen Worte, nämlich daß sie, obwohl sie ihn gesehen haben, dennoch nicht glauben. Es stellt sich die Frage, auf welche Stelle sich diese Worte des joh. Jesus beziehen. Das Problem besteht darin, daß sein Selbstzitat aus V. 36b-c keine wörtliche Entsprechung weder in Joh 6 noch im übrigen Joh-Ev hat.[387] Dennoch kommt das Thema „Sehen" schon in der ersten Antwort Jesu in diesem Gespräch in V. 26e vor, wo Jesus seine Gesprächspartner mit den Motiven ihres Suchens kritisch konfrontiert. Nicht das Sehen der Zeichen, sondern das Essen von den Broten bewegt sie zu ihm.[388] Auch die Verbindung zwischen ὁράω und πιστεύω kommt im Gespräch nicht erst in V. 36b-c vor, sondern bereits in V. 30b-d. Weiter findet sich eine ähnliche Verbindung zwischen θεωρέω und πιστεύω noch in V. 40.

| V. 30b-d | V. 36a-c | V. 40a-b |
|---|---|---|
| Τί οὖν ποιεῖς σὺ σημεῖον,<br>ἵνα ἴδωμεν<br>καὶ πιστεύσωμέν *σοι*; | ἀλλ' εἶπον ὑμῖν<br>ὅτι καὶ ἑωράκατέ *με*<br>καὶ οὐ πιστεύετε. | τοῦτο γάρ ἐστιν τὸ θέλημα τοῦ πατρός μου,<br>ἵνα πᾶς ὁ θεωρῶν *τὸν υἱὸν* καὶ πιστεύων<br>*εἰς αὐτὸν* ἔχῃ ζωὴν αἰώνιον |

TABELLE 21

In V. 30b-d fordern die Menschen von Jesus ein Zeichen, damit sie sehen und ihm glauben können. Die kritische Aussage Jesu in V. 36a-c bringt eine Antwort auf diese Frage. Die Menschen haben Jesus selbst gesehen und dadurch könnten sie nach der Meinung Jesu zum Glauben kommen, was er noch einmal in V. 40 unterstreicht. Das bedeutet, daß sie kein anderes Zeichen mehr brauchen. Jesus selbst in seiner Person ist ein Zeichen, das zum Glauben führt. Das geschieht aber nicht automatisch. Auch seine Gesprächspartner glauben nicht, obwohl sie ihn gesehen haben.

[387] Treffend erkennt R. SCHNACKENBURG, Joh II 71: „Die Selbstzitate des joh. Jesus stellen vor ähnliche Probleme wie die Schriftzitate, da sie öfters nicht wörtlich zu belegen sind." Er verweist noch auf die folgenden Stellen: Joh 6,65; 10,25f; 11,40.

[388] Dazu bemerkt CH. K. BARRETT, Joh 305: „Das Brotwunder erweckte den Appetit, aber nicht Glauben."

Nach der kritischen Aussage gegenüber seinen Gesprächspartnern in V. 36 redet Jesus in V. 37 wieder optimistischer. Ebenso wie in V. 35 wendet er sich in VV. 37-40 mit seinen Zusagen an einen größeren Adressatenkreis, der weit über KN 1 hinausgeht. Die Adressaten (3.P.Sg. [Pl. 1mal]) der Zusagen Jesu in VV. 35.37-40 sind: der Kommende zu Jesus (VV. 35c.37b), der an Jesus Glaubende (V. 35d), alle, die der Vater Jesus gibt bzw. gegeben hat (VV. 37a.39b)[389] und jeder den Sohn Sehende und an ihn Glaubende (V. 40b). Jesus äußert zuerst, wer zu ihm kommen bzw. an ihn glauben wird. Das sind alle, die ihm der Vater gibt. Sie werden nicht von Jesus selbst bestimmt, sondern sie werden ihm vom Vater gegeben. Das bedeutet, daß der Wille und das Wirken des Menschen für den Glauben wichtig sind – aber sie genügen nicht. Der Glaube setzt zuerst den Willen und das Wirken Gottes voraus. Er ist zuerst als Werk Gottes am Menschen zu verstehen.

Ab V. 37b bis zum Ende der Antwort in V. 40c äußert Jesus seine Zusagen, nämlich das, was er als Subjekt mit dem Glaubenden bzw. mit dem, der zu ihm kommt, machen wird: a) Er wird ihn nicht hinauswerfen[390] (V. 37b). b) Er wird ihn nicht verlieren (V. 39b). c) Er wird ihn auferstehen lassen am letzten Tag (VV. 39c.40c). Dazu kommt noch die Zusage, daß der Glaubende an Jesus das ewige Leben hat (V. 40b). Alle diese Zusagen zeigen den soteriologischen Charakter auf und sind zuerst als Wille des Vaters zu verstehen.

In V. 38 bringt Jesus seinen Abstieg vom Himmel mit dem Willen des Vaters in Verbindung. Das Verb καταβαίνω, das die vertikale Bewegung vom Himmel kennzeichnet, wird in Joh 1 – 5 nur für den Geist (Joh 1,32f) und den Menschensohn (Joh 3,13) verwendet. Der Menschensohn hat seine Herkunft im Himmel und ist von dort herabgestiegen. Der Abstieg des Menschensohnes kann für die Leser als Hinweis sowohl auf seinen Weg der Inkarnation als auch die Erniedrigung bis zum Tod gesehen werden. Für die Gesprächspartner Jesu in Joh 6 fällt auf, daß Jesus die Wortverbindung „herabsteigen vom Himmel" bis daher nur für das Brot in V. 33 verwendet, an dieser Stelle aber für sich selbst. Auf diese Weise identifiziert er sich noch einmal mit dem

[389] Sowohl in V. 37 als auch in V. 39 wird eine Mehrzahl von Personen durch die Einzahl des Neutrums ersetzt, was nach E. RUCKSTUHL/P. DSCHULNIGG, Stilkritik 84, ein joh. Stilmerkmal ist. Es gibt 8 Belege dieses Merkmals im Joh-Ev: Joh 3,6(2mal); 6,37.39(2mal); 10,29; 17,2.24. „Alle aufgezählten Fälle dieses Merkmals aus dem Joh ausser 3,6bis sind mit dem διδόναι des Vaters an den Sohn verbunden" (ebd. 84).

[390] Das Verb ἐκβάλλω kommt im NT 81mal vor, im Joh-Ev nur 6mal (Joh 2,15; 6,37b; 9,34.35; 10,4; 12,31). In der direkten Personenrede (KN 1) verwendet Jesus 2mal die Wortverbindung ἐκβάλλω ἔξω. In Joh 6,37b wird sie verneint: Jesus wird den, der zu ihm kommt, nicht hinauswerfen. In Joh 12,31 gilt sie positiv für den Fürsten der Welt. Dieser wird beim Gericht der Welt hinausgeworfen werden.

Brot. Jesus ist vom Himmel herabgestiegen, damit er den Willen des Vaters, der ihn gesandt hat, tut.[391] Seine Inkarnation und seine Lebenshingabe[392], aber auch sein ganzes Leben werden vom Willen des Vaters getragen. Das Wort der „Wille“ (θέλημα) wird in VV. 38-40 durch seine vier Belege stark betont und bildet einen Schwerpunkt (vgl. TABELLE 16). Innerhalb von Joh 6 kommt es nicht mehr vor. Um den Willen des Vaters zu unterstreichen, verwendet Jesus in VV. 38-40 noch folgende stilistische Mittel: a) Gegenüberstellung: Er stellt seinen Willen dem Willen des Vaters gegenüber. Seine Absicht ist nicht den eigenen Willen[393] zu tun, wie er in V. 38b ausdrücklich äußert. Seine Hauptaufgabe nach V. 38c ist, den Willen des Vaters, seines Senders, zu tun.[394] b) Wiederaufnahme: Die Wortverbindung „der Wille des mich gesandt Habenden“[395] wird 2mal belegt (VV. 38c.39a). c) Der Wille des Vaters wird 2mal definiert (VV. 39f).

Die beiden letzten Verse in der Antwort Jesu (VV. 39f) sind parallel formuliert; sie beinhalten, was der Wille des Vaters ist:

[391] M. LIMBECK, EWNT II 339, vergleicht diesbezüglich das Joh-Ev mit den synoptischen Evangelien: „Daß auch Jesus dem Willen Gottes unterworfen ist, davon sprechen die Synoptiker nur im Zusammenhang mit der Getsemani-Erzählung (Mt 26,42; Lk 22,42). Anders das Joh-Ev.: In ihm bezeichnet Jesus ‚den Willen dessen, der mich gesandt hat‘, geradezu als Grund und Inhalt seines ganzen Lebens (4,34; vgl. 5,30; 6,38).“

[392] B. SCHWANK, Joh 216, schreibt: „Er [Jesus], der als die Gabe Gottes ‚herabgestiegen‘ ist vom Himmel (V. 38), hat keinen anderen Wunsch, als die aufzunehmen, die zu ihm kommen (V. 27). Ähnlich wie in 5,30 erleben wir in V. 38f eine letzte Demut und Gehorsamsbereitschaft Jesu, in der seine Macht, Heil zu bringen, begründet liegt; aus seinem Gehorsam entspringt die Kraft, Leben zu schenken (V. 39f). Diese letzten Verse wollen im Hinblick auf die Passion gelesen werden, aber auch mit Sicht auf die ewige Vollendung der Heilsgeschichte.“

[393] In V. 38b wird das Possessivpronomen mit Artikel dem Nomen θέλημα nachgestellt. Nach E. RUCKSTUHL/P. DSCHULNIGG, Stilkritik 74, geht es um ein joh. Stilmerkmal, das 29mal im Joh-Ev erscheint. „Alle Stellen stammen aus Redestücken und finden sich mit 2 Ausnahmen nur in Aussagen Jesu“ (ebd. 74).

[394] CH. K. BARRETT, Joh 305, vergleicht diese Stelle mit Mk 14,36 par: „Die Gethsemanigeschichte findet sich bei Joh nicht, aber der darin ausgedrückte Gedanke beherrscht das gesamte Evangelium.“

[395] Die Formulierung ὁ πέμψαντός με in VV. 38c.39a ist nach E. RUCKSTUHL/P. DSCHULNIGG, Stilkritik 151, ein joh. Stilmerkmal, das im ganzen NT nur im Joh-Ev (27mal) erscheint, dabei 3mal in Joh 6 (VV. 38c.39a.44c). Die beiden hier behandelten Belege in VV. 38c.39a decken sich zusätzlich noch in dem vorliegenden Wort bzw. in der Formulierung: τὸ θέλημα ὁ πέμψαντός με; diese findet sich auch in Joh 4,34 und in Joh 5,30.

| V. 39 | V. 40 |
|---|---|
| τοῦτο δέ ἐστιν τὸ θέλημα *τοῦ πέμψαντός με*,<br>ἵνα πᾶν ὃ δέδωκέν μοι μὴ ἀπολέσω ἐξ αὐτοῦ,<br><br>ἀλλὰ ἀναστήσω αὐτὸ [ἐν] τῇ ἐσχάτῃ ἡμέρᾳ. | τοῦτο γάρ ἐστιν τὸ θέλημα *τοῦ πατρός μου*,<br>ἵνα πᾶς ὁ θεωρῶν τὸν υἱὸν καὶ πιστεύων εἰς<br>αὐτὸν ἔχῃ ζωὴν αἰώνιον,<br>καὶ ἀναστήσω αὐτὸν ἐγὼ [ἐν] τῇ ἐσχάτῃ ἡμέρᾳ. |

TABELLE 22

Beide Verse beginnen als Definition: „Dies ist der Wille ..." Aus dem Vergleich läßt sich erkennen, daß derjenige, der Jesus gesandt hat (V. 39a), sein Vater (V. 40a) ist. Jesus akzentuiert hier schon zum zweiten Mal im bisherigen Gespräch, daß er von Gott (vgl. V. 29e) gesandt wird. Die mit ἵνα[396] eingeleiteten Nebensätze erklären weiter, was der Wille des Vaters ist. Dieser betrifft die Beziehung zwischen Jesus und den Menschen in der Gegenwart und in der Zukunft: a) In der Gegenwart ist der Wille des Vaters, daß jeder, der den Sohn[397] sieht und an ihn glaubt,[398] ewiges Leben hat (die Wortverbindung ζωήν + ἔχω)[399]. Die Menschen gelangen durch Jesus zum ewigen Leben. b) In der Zukunft besteht der Wille des Vaters darin, daß Jesus niemanden von (ἐκ)[400] denen, die ihm der Vater gegeben hat, verliere[401], sondern ihn auferstehen lasse am letzten Tag. Das Auferstehen am letzten Tag[402] kommt parallel am Schluß der beiden Verse (VV. 39c.40c) vor und wird damit stark unterstrichen. In zweitem Fall in V. 40c ist das Vor-

[396] Die Nebensätze, die mit ἵνα epexegeticum eingeleitet werden (wie in VV. 39b.40b), erklären und füllen inhaltlich einen vorausgehenden Ausdruck (meistens ein Hauptwort). Nach E. RUCKSTUHL/P. DSCHULNIGG, Stilkritik 76f, geht es um ein joh. Stilmerkmal.

[397] Jesus verwendet nicht wie erwartet das Personalpronomen „mich", sondern er spricht über sich selbst als „Sohn".

[398] In V. 40b werden zum letzten Mal in Joh 6 die folgenden zwei joh. Stilmerkmale belegt: πιστεύω εἰς τι(να) und die Verbindung zwischen ὁράω und πιστεύω.

[399] In V. 40b erscheint nach E. RUCKSTUHL/P. DSCHULNIGG, Stilkritik 151, zum erstenmal in Joh 6 das joh. Stilmerkmal ζωήν + ἔχω, das weiter noch in VV. 47b.53e.54a vorkommt.

[400] Die Präposition ἐκ in V. 39b ist nach E. RUCKSTUHL/P. DSCHULNIGG, Stilkritik 96, ein joh. Stilmerkmal: das sogenannte ἐκ partitivum (zur Unterscheidung einer gesellschaftlichen Gruppe und eines Teiles daraus).

[401] B. SCHWANK, Joh 216, schreibt: „Der Gedanke an den stellvertretenden Einsatz des Lebens, damit ‚niemand verlorengehe', wird wiederkehren in der Rede vom Guten Hirten (10,28), im Hohepriesterlichen Gebet (17,12) und bei der Gefangennahme im Kidrontal (18,9). Dort weist der Evangelist ausdrücklich auf unseren V. 39 zurück mit den Worten: ‚Damit das Wort erfüllt werde, das er gesprochen hatte: Keinen ließ ich verlorengehen von denen, die du mir gabst.'"

[402] In V. 39c begegnet uns zum ersten Mal in Joh 6 die Wendung (ἐν) τῇ ἐσχάτῃ ἡμέρᾳ. Danach kommt sie noch 3mal (VV. 40c.44e.54b) vor, immer als Schlußposition des Satzes. Sie hat 7 Belege im Joh-Ev und sonst in der ganzen Bibel nur noch 1 Beleg in Neh 18,18 (LXX). Sie gehört nach E. RUCKSTUHL/P. DSCHULNIGG, Stilkritik 135, zu den joh. Stilmerkmalen.

kommen des Personalpronomens ἐγώ besonders auffällig. Ähnlich wie in VV. 20b.35b klingt auch hier in ihm das göttliche ἐγώ an.

*b) Zum Begriff ζωή*

*Die Sehnsucht der Menschen nach dem Leben*

Die Bitte der Menschen in V. 34b-c weist darauf hin, daß die Worte Jesu über das Brot Gottes ihre Sehnsucht nach dem Leben stark erwecken. Sie möchten dieses Brot nicht nur einmal, sondern allezeit (πάντοτε) empfangen. Ihre intensive Bitte an Jesus, den „Herrn" (κύριος), zeigt zugleich ihr Wissen, daß sie selbst nicht über „das Brot des Lebens" verfügen. Sie können es nur als Gabe Gottes durch den Herrn, Jesus, empfangen.[403] Diese Bitte an Jesus stellt den Höhepunkt ihrer Äußerungen im 1. Teil des Gesprächs (VV. 25-40) dar.

Mit einer sehr ähnlichen Bitte wendet sich die Frau am Jakobsbrunnen an Jesus in Joh 4,15, nachdem Jesus in ihr die Sehnsucht nach dem lebenden Wasser erweckt hat:

| | | | | | |
|---|---|---|---|---|---|
| Joh 4,15 | Κύριε, | | δός | μοι | τοῦτο τὸ ὕδωρ |
| Joh 6,34 | Κύριε, | πάντοτε | δὸς | ἡμῖν | τὸν ἄρτον τοῦτον |

TABELLE 23

Die Gemeinsamkeiten der beiden Bitten sind: a) Jesus wird am Beginn als κύριος angesprochen. b) Er wird gebeten, seinen Gesprächspartnern die Gabe zu „geben" (δίδωμι), die er unmittelbar vorher dargestellt hat: das Wasser in Joh 4,15 und das Brot in Joh 6,34. c) Das Wasser und das Brot sind die Gaben Gottes und schenken das „Leben" (ζωή).

*„Ich bin das Brot des Lebens"*

Jesus stellt sich in V. 35b mit der Selbstprädikation ἐγώ εἰμι ὁ ἄρτος τῆς ζωῆς vor. Die ersten zwei Worte Jesu, ἐγώ εἰμι, bringen den Anklang an das absolute ἐγώ εἰμι-Wort mit. Die Jünger und die Leser sind mit diesem absoluten ἐγώ εἰμι-Wort bereits durch das Geschehen des Zeichens in der vergangenen Nacht auf dem See (V. 20b) vertraut. Aufgrund der Schrift, mit der die Menge vertraut ist (vgl. V. 31), soll aber auch sie dieses Wort kennen. Dieses Wort erweist eine tiefe Verbundenheit und Einheit Jesu mit dem Vater. Noch mehr, es zeigt, daß Jesus und sein Wort den Vater, Gott, offenbaren. Mit dem anschließen-

403 In diesem Sinn schreibt J. BLANK, Joh Ia 360: „Diese Bitte klingt fast wie ein Gebet, in dem sich, wenn auch noch ungeklärt, das Lebens- und Heilsverlangen des Menschen ausspricht und in welchem die Grundhaltung sichtbar wird, in der der Mensch die Gabe Gottes annehmen soll als der Empfangende und Bittende (vgl. auch 4,15)."

den Bildwort identifiziert sich Jesus mit „dem Brot des Lebens“[404], das das Zeichen der wunderbaren Speisung (VV. 1-15) am vergangenen Tag in Erinnerung ruft und tiefer erklärt. Jesus ist das Brot, dessen Wesen das wahre Leben ist.[405] Die beiden Zeichen, die wunderbare Speisung und der Seewandel Jesu, finden ihren Anklang in der Selbstprädikation Jesu (V. 35). Die Verbindung von ἐγώ εἰμι mit ἄρτος τῆς ζωῆς macht deutlich, daß Jesus den Vater, Gott, als denjenigen offenbart, der das Leben schenkt. Mit anderen Worten läßt sich sagen: Jesus Christus ist die Offenbarung Gottes in seiner soteriologischen Absicht. Das Christusbild ist das soteriologische Gottesbild. Sowohl die Zeichen Jesu als auch seine Worte, die gegenseitig verbunden sind, möchten diese Lebens- bzw. Heilsbotschaft vermitteln.[406]

*Jesus, das Brot des Lebens – für wen?*
Die Selbstprädikation Jesu, die ihn als Geber und die Gabe des Lebens identifiziert, löst die Frage nach den Empfängern dieser Gabe des Lebens, die der Geber selbst ist, aus. Anschließend, noch in derselben Antwort, geht Jesus auf diese Frage ein.

Der Empfänger des Lebensbrotes, der niemals mehr hungern und dürsten wird, kann derjenige sein, der zu Jesus kommt (VV. 35c.37b) bzw. der an ihn glaubt (VV. 35d.40b). Mit anderen Worten ausgedrückt, er kann jeder sein, der den Sohn sieht und an ihn glaubt (V. 40b). Der Glaube an Jesus führt zum Leben. Bei allen Empfängern wird aber vorausgesetzt, daß der Vater sie Jesus gibt bzw. gegeben hat (VV. 37a.39b). Sie werden nicht von Jesus selbst bestimmt, sondern sie werden ihn vom Vater gegeben. Der Glaube an Jesus ist zuerst als Werk Gottes am Menschen zu verstehen.

404 R. SCHNACKENBURG, Joh II 57, schreibt: „Alle Aussagen, die in V 32-33 von dem aus dem Himmel herabsteigenden, von Gott gegenwärtig den Menschen gewährten Brot gemacht wurden, treffen auf ihn zu. Er faßt sie jetzt in dem Ausdruck zusammen ‚das Brot des Lebens‘, weil die Vermittlung des göttlichen, unvergänglichen Lebens das entscheidende Charakteristikum dieses Gottesbrotes ist.“

405 Nach H. WEDER, Menschwerdung 379, deutet der Ausdruck „Brot des Lebens“ an, „dass es sich hier um ein Brot handelt, das nicht bloss dem Lebensunterhalt dient, sondern das wahre Lebendigkeit gewährt“.

406 Über die gegenseitige Beziehung zwischen den Zeichen und Worten Jesu in Joh 6 in bezug auf die Offenbarung schreibt M. LABAHN, Offenbarung 283: „Der Offenbarer hat das Ziel seiner Sendung, das seinem Wesen entspricht (vgl. vor allem die Ego-Eimi-Worte: 6,35.48), dem Kosmos das Leben zu vermitteln, in Tat und Wort offenbart. Man kann sagen, die Wundertaten legitimieren seine Worte, aber seine Worte illustrieren seine Taten ... Indem der Offenbarer in der Brotrede sein Ego-Eimi spricht, spricht er sich allen als Gottes Lebensgabe zu, die aufgrund des Gehörten/Gelesenen zum Glauben gelangen. So wie er sich in Wort und Tat den Menschen zum Leben nähert, nähert sich in diesem Lebensbrot gleichsam Gott selbst den Menschen und ist ihnen in diesem Jesus zum Leben gegenwärtig.“

Die Zusage Jesu gilt nicht nur für einen begrenzten Personenkreis seiner Gesprächspartner auf dem KN 1, sondern auch für die Adressaten auf den anderen KN und auch für die realen – historischen wie auch heutigen – Leser (KN 4-5). Die Welt als Empfänger des Lebens in V. 33 ist durch die Vertiefung in V. 35c-d nicht als passive Masse der Menschheit zu verstehen. Der Glaube an Jesus betrifft jede einzelne Person und fordert von ihr ihre eigene Antwort, ihr eigenes Kommen zu Jesus. Dieser Einsatz des Menschen für den Glauben wird (wie schon oben in der Auslegung erwähnt) gleichzeitig auf der tiefsten Ebene vom Willen und Wirken Gottes getragen.

*Das ewige Leben als Wille des Vaters für Gegenwart und Zukunft*

Jesus ist vom Himmel herabgestiegen, um den Willen des Vaters zu tun. Diesen stellt er verdichtet in der zweiten Hälfte seiner Antwort (VV. 38-40) vor. Der Wille des Vaters ist wesentlich mit dem Leben verbunden. Bereits in der Gegenwart zeigt sich sein Wille darin, daß jeder an Jesus Glaubende das ewige Leben hat (ζωήν αἰώνιος + ἔχω in V. 40b). Ebenso bleibt der Wille des Vaters auch in der Zukunftmit dem Leben verbunden.[407] Es geht um das Auferstehen der Glaubenden durch Jesus am letzten Tag[408]. Die vier negativen Aussagen in der Antwort Jesu erleuchten das, was der Anteil am Leben für jeden, der an Jesus glaubt, bedeutet: Er wird niemals mehr hungern und dürsten (V. 35c-d), er wird von Jesus nicht hinausgeworfen werden (V. 37b) und wird nicht verloren gehen (V. 39b).

[407] Über die Verbindung des Lebens mit Gegenwart und Zukunft schreibt u.a. U. WILCKENS, Joh 103: „Die Gabe ewigen Lebens in der Gegenwart und die zukünftige Totenauferweckung fallen zusammen, weil Jesus als der Sohn mit dem Vater eines ist und so sein Geben mit dem Geben des Vaters zusammenfällt." CH. K. BARRETT, Joh 305, schreibt: „Hier, wie in 5,24-29, bringt Joh gleichgewichtig die beiden Aspekte des christlichen Lebens: gegenwärtiger Besitz und zukünftige Hoffnung; und es gibt keinen Hinweis darauf, daß er eines für wichtiger hielt als das andere." D. A. CARSON, Joh 292, behauptet: „The futurist eschatology, in clear references to the final resurrection (vv. 39, 40, 44, 54), is not at all out of place, but the culmination of the eternal life (v. 40)."

[408] M. LIMBECK, EWNT II 339, schreibt: „Der Wille des Vaters aber ist das Leben derer, die er dem Sohn gegeben hat (6,39), und diesen Willen erfüllt der Sohn, indem er alle, die ihn sehen und an ihn glauben, am letzten Tag auferweckt (6,40). Insofern verkörpert der joh Christus die Tora, die ja ebenfalls das Leben der Menschen zum Ziel hat (vgl. bereits Dtn 28,1-14; 30,15.20)."

## 4.2 Der 2. Teil (VV. 41-59): Jesus und die Juden

### 4.2.1 Übersetzung

41 a Da murrten die Juden über ihn,
b weil er gesagt hatte:
c Ich bin das Brot,
d das vom Himmel herabgestiegene;
42 a und sagten:
b „Ist dieser nicht Jesus,
c der Sohn Josefs[409],
d dessen Vater und Mutter wir kennen?
e Wie sagt er jetzt:
f Vom Himmel bin ich herabgestiegen?“
43 a (Es) antwortete Jesus
b und sagte zu ihnen:
c „Murrt nicht untereinander!
44 a Niemand kann zu mir kommen,
b wenn nicht[410] der Vater,
c der mich gesandt habende,
d ihn zieht[411],
e und ich werde ihn auferstehen lassen am letzten Tag.
45 a Es ist geschrieben in den Propheten:[412]
b Und sie werden alle von Gott[413] gelehrt sein.
c Jeder gehört Habende vom Vater und gelernt Habende kommt zu mir.
46 a Nicht, daß[414] den Vater jemand gesehen hat,
b wenn nicht der Seiende von Gott,
c dieser hat den Vater gesehen.
47 a Amen, amen, ich sage euch:
b Der Glaubende hat ewiges Leben.
48 Ich bin das Brot des Lebens.[415]
49 a Eure Väter aßen in der Wüste das Manna
b und starben.
50 a Dies ist das Brot,

[409] Obwohl der Eigenname im griech. Text indekliniert ist, ist er als Genitiv zu übersetzen.

[410] Die Verbindung ἐὰν μή bedeutet „wenn nicht“ bzw. „außer wenn“; vgl. W. BAUER, Wörterbuch 426.

[411] Das „Ziehen“ ist hier im übertragenen Sinn zu verstehen; vgl. W. BAUER, Wörterbuch 508.

[412] Siehe die Übersetzung zu V. 31b in Teil III 4.1.1.

[413] Der Genitivus auctoris legt den Nachdruck auf Gott und sein Wirken; vgl. F. BLASS/A. DEBRUNNER/F. REHKOPF, Grammatik § 183,1.

[414] Diese Stelle kann auch als Ellipse übersetzt werden: „Ich sage nicht, daß ...“; vgl. F. BLASS/A. DEBRUNNER/F. REHKOPF, Grammatik § 480,6.

[415] Siehe die Übersetzung zu V. 35b in Teil III 4.1.1.

b das vom Himmel herabsteigende,
c damit man von ihm ißt
d und nicht stirbt.
51 a Ich bin das Brot,
b das lebende,
c das vom Himmel herabgestiegene;
d wenn jemand von diesem Brot ißt,
e wird er leben in Ewigkeit;
f und das Brot aber,
g das ich[416] geben werde,
h mein Fleisch ist (es) für das Leben der Welt."
52 a Da stritten die Juden miteinander
b sagend:
c „Wie kann dieser uns sein Fleisch zu essen geben?"
53 a Da sagte Jesus ihnen:
b „Amen, amen, ich sage euch:
c Wenn ihr nicht das Fleisch des Sohnes des Menschen eßt
d und sein Blut trinkt,
e habt ihr Leben nicht in euch.
54 a Der Verzehrende[417] mein Fleisch und Trinkende mein Blut hat ewiges Leben,
b und ich werde ihn auferstehen lassen am letzten Tag.
55 a Denn mein Fleisch ist wahre[418] Speise,
b und mein Blut ist wahrer Trank.
56 Der Verzehrende mein Fleisch und Trinkende mein Blut bleibt in mir und ich in ihm.
57 a Wie mich gesandt hat der lebende Vater
b und (wie) ich durch den Vater lebe,
c (so)[419] auch der mich Verzehrende:
d Auch jener wird durch mich leben.
58 a Dies ist das Brot,
b das von Himmel herabgestiegene,
c nicht wie (es) die Väter aßen
d und starben;
e der Verzehrende dieses Brot wird leben in Ewigkeit."
59 a Dies sagte er in (der) Synagoge
b lehrend in Kafarnaum.

[416] Das Personalpronomen ἐγώ unterstreicht das Subjekt.

[417] Das Verb τρώγω bedeutet „verzehren", „zerkauen", „essen"; vgl. W. BAUER, Wörterbuch 1653.

[418] Das Adjektiv ἀληθής bedeutet „wahr", aber zugleich auch „wahrhaftig, zuverlässig"; vgl. W. BAUER, Wörterbuch 70-72.

[419] Die Konstruktion καθὼς ... καί ist korrelativ mit „wie ... so" zu übersetzen; vgl. F. BLASS/A. DEBRUNNER/F. REHKOPF, Grammatik § 453.

### 4.2.2 Struktur

VV. 41-59 bilden den 2. Teil des Gesprächs, der im Hinblick auf die Gesprächspartner Jesu sowohl vom 1. Teil als auch vom 3. Teil deutlich abgegrenzt wird. Am Beginn des 5. GA in V. 41a werden „die Juden" (οἱ Ἰουδαῖοι) als Gesprächspartner Jesu zum ersten Mal in diesem Gespräch explizit erwähnt. Das geschieht nur noch einmal im anschließenden 6. GA, in seiner Einleitung in V. 52a. Am Beginn des 7. GA sind die unmittelbaren Gesprächspartner Jesu nicht mehr „die Juden", sondern „seine Jünger". Der 2. Teil des Gesprächs wird dadurch auch vom 3. Teil eindeutig abgegrenzt.

Die Kommunikationsstruktur im 2. Teil ist ähnlich derjenigen im 1. Teil. Das Gespräch spielt sich vor allem auf dem KN 1 ab. Ähnlich wie im 1. Teil in V. 31c wird auch im 2. Teil in V. 45b ein Schriftzitat in der direkten Personenrede integriert und als KN 1* bezeichnet. Im Unterschied zum 1. Teil, wo die Menschen Jesus immer direkt ansprechen (3mal mit einer Frage, 1mal mit einer Bitte), wenden sich die Juden nicht direkt an Jesus (in der 2.P.Sg.), sondern sie sprechen über ihn und stellen sich Fragen über ihn (in der 3.P.Sg.). Diese Änderung (2.P.Sg. → 3.P.Sg.), vom Sprechen mit Jesus zum Sprechen über ihn, bringt die Distanzierung der Juden von Jesus zum Ausdruck. Demgegenüber spricht Jesus die Juden direkt an. Sein Verhalten gegenüber seinem Gesprächspartner ändert sich im Vergleich zum 1. Teil nicht. Jesus bleibt bemüht, mit ihnen im Gespräch zu bleiben. Weiter fällt auf, daß seine beiden Antworten im 2. Teil sehr umfangreich sind. Unterschiedlich vom 1. Teil ist auch der Umfang der Informationen auf KN 2. Neben den Einführungen der direkten Personenreden[420] vermittelt der Erzähler auf KN 2 noch folgende Angaben: a) die Personenangabe („die Juden" in VV. 41a.52a) und die genaue Ortsangabe („in der Synagoge" in V. 59a und „in Kafarnaum" in V. 59b); b) die Reaktionen der Juden auf die Worte Jesu („murren über Jesus" in V. 41a und „miteinander streiten" in V. 52a); c) der Schluß in V. 59 (gegenüber dem 1. Teil, der mit der direkten Personenrede in V. 40c abschließt).

[420] In diesem Sinn schreibt R. KYSAR, Dismantling 170: „The narrator plays an increasingly important role as the passage moves toward a conclusion ... The narrator introduces the speakers in each of the sections: But the story-teller's role becomes more frequent and more important in sections E through H [VV. 41-71]. The guiding voice identifies the reaction of ‚the Jews' in verse 41 and describes their response in verse 52."

Die formale Struktur des 2. Teiles besteht aus den GA 5-6:

| | | | |
|---|---|---|---|
| 5. GA VV. 41-51: | indirekte Frage der Juden | → | Antwort Jesu |
| 6. GA VV. 52-59: | indirekte Frage der Juden | → | Antwort Jesu |

ABBILDUNG 17

Jeweils folgt auf eine indirekte kurze Frage der Juden eine direkte lange Antwort Jesu.

Das ζωή-Vokabular zeigt im 2. Teil des Gesprächs die folgenden zwei Aspekte: a) Neben dem Nomen ζωή bzw. ζωὴ αἰώνιος erscheint im 2. Teil und nur hier in Joh 6 auch das Verb ζῶ. Aufmerksamkeit weckt die hohe Zahl der Belege: 5mal ζωή (VV. 47b.48.51f.53e.54a, dabei in VV. 47b.54a als ζωὴ αἰώνιος) und 6mal ζῶ (VV. 51ac.55abd.58d). b) Das ζωή-Vokabular wird im 2. Teil immer innerhalb des KN 1, in den direkten Personenreden, belegt. Ebenso wie im 1. Teil, kommt auch im 2. Teil die Botschaft über das Leben immer aus dem Munde Jesu (S1).

Gleich wie im 1. Teil sind die GA auch im 2. Teil thematisch miteinander verbunden und bilden dadurch eine Verkettung. Dennoch beginnt im 2. Teil nicht eine völlig neue thematische Reihe. Die Themen ziehen sich bereits aus dem 1. Teil in den 2. Teil hinein, wo sie vertieft und weiter entwickelt werden. Der 2. Teil enthält vier Überleitungen, die in der ABBILDUNG 18 mit den Pfeilen (↘ und ↙) gekennzeichnet werden.

| GA | V. | die Juden | Jesus |
|---|---|---|---|
| 4. GA | 35b | | ἐγώ εἰμι ὁ ἄρτος τῆς ζωῆς + |
| | 38a | | καταβέβηκα ἀπὸ τοῦ οὐρανου ↙ |
| 5. GA | 41c-d | ἐγώ εἰμι ὁ ἄρτος ὁ καταβὰς ἐκ τοῦ οὐρανοῦ[421] + | |
| | 41a | γογγύζω[422] + | |

[421] Es geht nicht um die direkte Personenrede auf dem KN 1, sondern der Erzähler wiederholt die Worte Jesu, die der Grund für das Murren der Juden sind. Die Wiedergabe der Worte Jesu durch den Erzähler stellt eine besondere Qualität der Kommunikation auf dem KN 2 dar, ähnlich wie das Zitat auf dem KN 1. Sie wird mit KN 2* bezeichnet.

[422] Das Verb γογγύζω erscheint auf dem KN 2. Der Erzähler berichtet, daß die Juden über Jesus murren.

| | | | |
|---|---|---|---|
| | 42f | ἐκ τοῦ οὐρανοῦ καταβέβηκα | |
| | | ↘ | |
| | 43c | | γογγύζω<br>+ |
| | 48 | | ἐγώ εἰμι ὁ ἄρτος<br>τῆς ζωῆς<br>+ |
| | 51a-c | | ἐγώ εἰμι ὁ ἄρτος<br>ὁ ζῶν ὁ ἐκ τοῦ<br>οὐρανοῦ καταβάς |
| | 51h | | ἡ σάρξ μού |
| | | ↙ | |
| 6. GA | 52c | τὴν σάρκα αὐτοῦ<br>+<br>ἐσθίω | |
| | | ↘ | |
| | 53c | | τὴν σάρκα τοῦ υἱοῦ<br>τοῦ ἀνθρώπου<br>+<br>ἐσθίω |

ABBILDUNG 18

*Die 1. Überleitung*: Die Worte Jesu aus dem 4. GA, die der Grund für das Murren der Juden über Jesus sind, bilden die Überleitung vom 1. Teil zum 2. Teil des Gesprächs. Zuerst greift sie der Erzähler auf dem KN 2 in V. 41c-d auf, danach kommen sie noch in der direkten Personenrede der Juden in V. 42f vor. Die Wiederaufnahme durch den Erzähler auf dem KN 2* in V. 41c-d entspricht nicht genau der Aussage Jesu in V. 35b. Er kombiniert sie aus den zwei Teilen der Antwort Jesu (VV. 35b.38a): Der erste Teil, „ich bin das Brot" wird aus V. 35b genommen und der zweite Teil „das herabgestiegene vom Himmel" aus V. 38a. Es fällt auf, daß die Juden nach der Angabe des Erzählers beim Ich-bin-Wort Jesu in V. 41c-d das Wort ζωή auslassen und sich auf das „Herabsteigen vom Himmel" konzentrieren.

*Die 2. Überleitung* bildet zuerst das Verb „murren" (γογγύζω). In V. 43c reagiert Jesus auf das vom Erzähler angegebene negative Verhalten der Juden in V. 41a mit der Mahnung: μὴ γογγύζετε. Später greift Jesus 2mal in seinem Ich-bin-Wort (VV. 48.51a) die Aussage aus V. 41c-d auf, die für sie der Anlaß des Murrens ist. Jedoch stellt er wieder fest, daß er „das Brot des Lebens" (V. 48) bzw. „das Brot, das lebende, das vom Himmel herabgestiegene" (V. 51a) ist.

Das gemeinsame Thema der Überleitungen 1 – 2 ist die Selbstprädikation Jesu als Brot und sein Abstieg vom Himmel. Im Gegensatz zu den Juden charakterisiert Jesus das Brot in seiner Selbstprädikation beidemal mit dem „Leben".

*Die 3. Überleitung* bildet das Wort „Fleisch“ (σάρξ). Jesus vertieft das Thema „Brot“ dadurch, daß er das Brot mit seinem Fleisch (ἡ σάρξ μου) in V. 51f-h identifiziert. Die Juden greifen das Thema σάρξ in ihrer Frage in V. 52c auf und verbinden es mit dem Verb ἐσθίω.
*Die 4. Überleitung* bildet Jesus durch das Aufgreifen der Verbindung zwischen σάρξ und ἐσθίω in V. 53c. Er spricht vom Fleisch des Menschensohnes.
Den Überleitungen 3 – 4 gemeinsam ist das Thema „Fleisch“. Im Gegensatz zu den Juden, die bei den Themen, „sein Fleisch“ und „essen“, bleiben, verbindet Jesus sie mit „dem Leben“. Weiter verbindet er in VV. 54a.56 das Wort „Fleisch“ mit dem Verb „verzehren“ (τρώγω).

Im nächsten Schritt der Strukturanalyse des 2. Teiles des Gesprächs werden die Häufungen des charakteristischen Vokabulars dargestellt (TABELLE 24)[423], die auf einige Schwerpunkte des Textes hinweisen. Die Themen werden dabei nicht nur wiederholt, sondern auch vertieft und weiter entwickelt.[424]

| GA | V. | | | |
|---|---|---|---|---|
| 5. | 41c-d | ἐγώ εἰμι ὁ ἄρτος | καταβαίνω ἐκ τοῦ οὐρανοῦ | |
| | 42f | | ἐκ τοῦ οὐρανοῦ καταβαίνω | |
| | 44a | | ἔρχομαι πρός με | |
| | b | ὁ πατήρ | | |
| | 45b | θεός | | |
| | c | ὁ πατήρ | ἔρχομαι πρός με | |
| | 46a | ὁ πατήρ | *ὁράω* | |
| | b | θεός | | |
| | c | ὁ πατήρ | *ὁράω* | |
| | 47b | | | ζωὴ αἰώνιος |
| | 48 | ἐγώ εἰμι ὁ ἄρτος | | ἡ ζωή |
| | 49a | ἐσθίω | | |
| | 50a-b | ὁ ἄρτος | ἐκ τοῦ οὐρανου καταβαίνω | |
| | h | ἐσθίω | | |
| | 51a-c | ἐγώ εἰμι ὁ ἄρτος | ἐκ τοῦ οὐρανου καταβαίνω | ζω |
| | d | ὁ ἄρτος ἐσθίω | | |
| | e | | | ζῶ |
| | f | ὁ ἄρτος | | |
| | h | ἡ σάρξ | | ἡ ζωή |
| 6. | 52c | ἡ σάρξ ἐσθίω | | |

423 Der zweifarbige Hintergrund in der Tabelle dient nur einer besseren Übersicht. Dabei ist wichtig zu berücksichtigen, daß die einzelnen Felder einen oder mehrere thematische Schwerpunkte umfassen. Diese können so verdichtet sein, daß sie sich nicht voneinander trennen lassen, auch in einer solchen schematischen Darstellung nicht.

424 R. KYSAR, Dismantling 171, schreibt: „The passage is filled with repetition while still progressing in thought.“

| | | | | |
|---|---|---|---|---|
| | 53c | ἡ σάρξ ἐσθίω | | |
| | d | | τὸ αἷμα πίνω | |
| | e | | | ζωή |
| | 54a | ἡ σάρξ *τρώγω* | τὸ αἷμα πίνω | ζωὴ αἰώνιος |
| | 56 | <br>ἡ σάρξ *τρώγω* | τὸ αἷμα πίνω<br>τὸ αἷμα | |
| | 57a | | | ζῶ |
| | b | | | ζῶ |
| | c | *τρώγω* | | |
| | d | | | ζῶ |
| | 58a | ὁ ἄρτος | | |
| | b | | ἐξ οὐρανοῦ καταβαίνω | |
| | c | ἐσθίω | | |
| | e | ὁ ἄρτος *τρώγω* | | ζῶ |

TABELLE 24

Einige Beobachtungen und Folgerungen anhand dieser Tabelle sind:
(1) Die Häufungen des charakteristischen Vokabulars lassen sich nicht durch den GA oder durch die einzelnen direkten Personenreden abgrenzen. Einige von ihnen dehnen sich über mehrere GA aus, die anderen umfassen nur einen Teil eines GA.
(2) Fast alle Themen der Überleitungen im 2. Teil des Gesprächs kommen auch in den Häufungen vor.
(3) In der ersten Hälfte der Antwort Jesu im 5. GA (VV. 44-46) bildet das Wort πατήρ mit den 4 Belegen den tragenden Schwerpunkt. Dazu kommen in diesem Textabschnitt noch zwei Vorkommen von θεός. Somit läßt sich der „Vater" mit „Gott" identifizieren. Parallel dazu finden sich noch zwei kleinere Häufungen: a) Die Wendung „kommen zu mir [Jesus]" (ἔρχομαι πρός με): Das Kommen zu Jesus kann nur durch das Ziehen des Vaters geschehen (V. 44b-d). Jeder, der zu Jesus kommt, hat vom Vater gehört und gelernt (V. 45c). b) Die Wiederholung des Verbs „sehen" (ὁράω): Niemand hat den Vater gesehen (V. 46a), nur der Seiende von Gott (V. 46b-c).
(4) Die Selbstprädikation Jesu und vor allem ihr Bildwort ἄρτος sind schon aus dem 1. Teil des Gesprächs vertraut. Sie ziehen sich verdichtet durch den 2. Teil. Am Beginn des 5. GA ist die Selbstprädikation Jesu der Grund für das Murren der Juden. Sie können seinen Abstieg vom Himmel (καταβαίνω ἐκ τοῦ οὐρανου), der am Beginn des 5. GA 2mal (VV. 41d.42f) betont wird, nicht begreifen. In der zweiten Hälfte der Antwort Jesu (VV. 48-51) bildet das Wort ἄρτος mit seinen 5 Belegen (dabei 2mal als bildhaftes Ich-bin-Wort Jesu) einen wichtigen thematischen Schwerpunkt. Jesus betont noch einmal, was die Juden gerade in Frage gestellt haben. Er ist das Brot, das vom Himmel herabgestiegen ist (VV. 51a-c.58a-b). Im Unterschied zu den Juden verbindet er dieses Brot mit dem Leben (VV. 48.51a-b). Er vergleicht das

Brot mit dem Manna und gibt die Folgen des „Essens“ (ἐσθίω) beider „Brotsorten“ an: Wenn man vom Brot des Lebens ißt, dann stirbt man nicht (V. 50d), sondern man lebt in Ewigkeit (V. 51d-e). Weiter identifiziert Jesus das Brot, das er geben werde, mit seinem Fleisch. Das Wort σάρξ bildet mit 5 Belegen (VV. 51h.52c.53c.54a.56) den nächsten Schwerpunkt und gleichzeitig zwei Überleitungen. Es ist zuerst mit dem Verb ἐσθίω verbunden und danach mit dem Verb τρώγω. Im 6. GA erweitert Jesus dieses Thema parallel durch sein „Blut“ (αἷμα) und das Verb „trinken“ (πίνω). Am Schluß seiner Antwort in V. 58a-b kommt Jesus wieder zurück zum ἄρτος, das vom Himmel herabgestiegen ist. „Der Verzehrende dieses Brot wird leben in Ewigkeit" (V. 58e). Dieser Abschluß verbindet die drei Worte, die sich im zweiten Teil seiner Antwort häufen: „verzehren“, „das Brot“ und „leben“. Dieser Abschluß weist beispielhaft darauf hin, daß sich im zweiten Teil mehrere Häufungen/Schwerpunkte parallel bilden, und daß diese miteinander verbunden sind.[425]

(5) Das ζωή-Vokabular prägt im 2. Teil intensiv die beiden Antworten Jesu, nicht aber die Reaktionen und die Worte der Juden. Im 5. GA hat es 5 Belege, jedoch erst in der zweiten Hälfte der Antwort Jesu in VV. 47-51: 3mal ζωή in VV. 47b.48.51h (V. 47b als ζωὴ αἰώνιος), und 2mal ζῶ in VV. 51be. Es ist zu beachten, daß 3 Belege im letzten Vers (V. 51) vorkommen und sich damit an der privilegierten Schlußposition finden. Im 6. GA (VV. 52-59) erscheinen 6 Belege in der Antwort Jesu (VV. 53-58). In der ersten Hälfte findet sich nur 2mal das Nomen: ζωή in V. 53e und ζωὴ αἰώνιος in V. 54a. Demgegenüber kommt in der zweiten Hälfte nur das Verb ζῶ vor, dieses aber sogar 4mal (VV. 57abd.58e). Auch hier ist der Schluß der Antwort Jesu von der Lebensthematik geprägt.

(6) Die Lebensthematik und ihre Häufungen stehen in Verbindung mit den anderen Schwerpunkten der Antwort Jesu. Das Leben kennzeichnet das Brot in der Selbstprädikation Jesu (VV. 48.51a-c) und dadurch Jesus und Gott selbst. In V. 57a wird der Vater mit dem Partizip „lebend“ bezeichnet. Das Fleisch Jesu ist das Brot, das Jesus geben wird, für das Leben der Welt (V. 51f-h). Der Glaubende hat ewiges Leben (V. 47b) und ebenso der das Fleisch Jesu Verzehrende und der sein Blut Trinkende (V. 54a). Er wird leben durch Jesus (V. 57d) so wie Jesus durch den Vater (V. 57b) lebt und das in Ewigkeit (V. 58e).

[425] Ein kleines Schema zu VV. 49-58 findet sich bei J. D. CROSSAN, Analysis 158.

(7) Das Schema stellt die Abgrenzung des in der Literatur[426] oft als „eucharistischer Abschnitt“ (VV. 51f-58) genannten Textes in Frage. Denn bei der Abgrenzung VV. 51f-58 wird sowohl die formale Struktur als auch die Kommunikationsstruktur nicht genug berücksichtigt. Der Abschnitt beginnt in V. 51f innerhalb der direkten Rede Jesu. Seine Antwort wird mit V. 51e nicht abgeschlossen und in V. 51f nicht vom Erzähler neu eingeführt. Die Abgrenzung VV. 51f-58, die oft als eine spätere Schicht in Joh 6 oder sogar als ein nicht zu Joh 6 gehörender Textteil gesehen wird, ist problematisch auch aus thematischer Sicht. Wegen der gleichzeitigen Häufungen mehrerer Themen ist die Abgrenzung einiger Themen ohne die Unterbrechung der anderen thematischen Linien und Häufungen nicht möglich. In VV. 51f-58 liegt der Akzent auf den Themen σάρξ und αἷμα. Wenn man demzufolge diesen Abschnitt vom Kontext abgrenzt oder sogar in ihm eine andere Textschicht sieht, dann werden die anderen thematischen Linien und Häufungen, vor allem ἄρτος, ἐσθίω, ζωή und ζῶ, zerschnitten. Dadurch sind die Vertiefungen, die Entwicklungen und die vielfachen Vernetzungen dieser Themen nicht mehr deutlich zu erkennen. Schließlich bleibt aufgrund dieser Abgrenzung auch die Fortführung des Themas σάρξ im 7. GA (V. 63b) getrennt von VV. 51f-58 ohne seinen Hintergrund.

[426] Vgl. U. SCHNELLE, Joh 130f; R. E. BROWN, Joh I 281-294; H. WEDER, Menschwerdung 365-370; L. SCHENKE, Vorgeschichte 68-89; R. SCHNACKENBURG, Joh II 85-89; M. THEOBALD, Eucharistie 189. Einer der letzten wichtigen Aufsätze, der das Problem der Interpretation dieses Abschnittes (eucharistisch oder christologisch) behandelt, ist M. J. J. MENKEN, Eucharist 183-204. Er versteht den umstrittenen Abschnitt als integralen Bestandteil des Lebensbrotdialogs. Bereits die Überschrift seines Aufsatzes beweist, wie stark VV. 51f-58 und ihre Abgrenzung sich in der Literatur als selbstverständlicher Abschnitt durchgesetzt haben. Die Folge ist, daß die Abgrenzung dieses Abschnittes fast niemals mehr überprüft wird.

### 4.2.3 Die einzelnen Gesprächsabschnitte

*Der 5. Gesprächsabschnitt (VV. 41-51): Ich bin das Brot des Lebens*

*a) Auslegung*

*Das Murren und die Frage der Juden (VV. 41f)*

Der Erzähler führt den 5. GA auf dem KN 2 ausführlicher als die vorherigen GA 1-4 ein. Er berichtet zuerst im typisch joh. Stil über die Reaktionen der Juden auf die Worte Jesu. Bereits in V. 41 erscheinen zwei joh. Stilmerkmale: a) οὖν narrativum[427], das hier schon das fünfte Mal innerhalb des Gesprächs vorkommt (vgl. VV. 28a.30a.32a.34a); b) γογγύζω περί mit Genitiv, das hier zum ersten Mal im Gespräch erscheint; es hat insgesamt 3 Belege im Joh-Ev: noch eines in diesem Gespräch in Joh 6,61b und das andere in Joh 7,32.[428] Weiter erwähnt der Erzähler in V. 41a ausdrücklich die Gesprächspartner Jesu, was seit dem Beginn des Gesprächs erst hier geschieht. Für die Leser ist überraschend, daß diese nicht mehr so wie unmittelbar vor dem Gespräch die „Menge" (ὄχλος) sondern „die Juden" (οἱ Ἰουδαῖοι) genannt werden.[429] Auch im weiteren Verlauf des Gesprächs bis zu seinem Ende erscheint der Begriff ὄχλος nicht mehr. Der Erzähler erwähnt weder den Weggang der Menge von Jesus noch das Kommen der Juden. Wer die Juden sind, seit wann sie beim Gespräch dabei sind und ob sie dieselbe Gruppe von Menschen bezeichnen wie die Menge, erklärt der Erzähler nicht. Diese Fragen läßt er offen. Er legt den Akzent in dieser Einführung zur direkten Rede ganz auf die Reaktionen der Juden Jesus und seinen Worten gegenüber.[430] Dies setzt jedoch voraus, daß die Juden mit den Worten Jesu aus dem 1. Teil des Gesprächs bereits vertraut sein müssen, sonst könnten sie darauf nicht reagieren. Die Juden werden Jesus gegenüber kritisch und distanziert dargestellt. Der Erzäh-

[427] Vgl. E. RUCKSTUHL/P. DSCHULNIGG, Stilkritik 63-67.

[428] E. RUCKSTUHL/P. DSCHULNIGG, Stilkritik 121, schreiben: „Diese Verbindung findet sich im NT nur im Joh. 2mal folgt περὶ αὐτοῦ, womit Jesus gemeint ist (6,41; 7,32) ... Das Merkmal kommt bei 32 untersuchten hellenistischen Autoren nicht vor. Im NT findet sich ausserhalb des Joh kein Beleg; im Joh tritt es dagegen 3mal auf."

[429] Das Verhältnis zwischen „der Menge" und „den Juden" im Joh-Ev untersucht u.a. F. HAHN, Juden 430-438. Er kommt zum Ergebnis, daß ὄχλος an einigen Stellen im Joh-Ev mit Ἰουδαῖοι wechselt. Er unterstreicht vor allem ihre Gemeinsamkeiten. Die Frage, welche besondere literarische und inhaltliche Funktion jeder dieser beiden Begriffe im Joh-Ev hat, beantwortet er jedoch nicht.

[430] Dies läßt sich nicht nur in Joh 6 beobachten, sondern auch im ganzen Joh-Ev wie F. TOLMIE, Ἰουδαῖοι 26, schreibt: „In terms of the characterisation of the Ἰουδαῖοι and the other groups closely associated with them, what is important is not who they are, but what they do in the narrative world."

ler berichtet zuerst in V. 41a auf dem KN 2, daß sie über Jesus[431] (3.P.Pl.) „murren" (γογγύζω). Ihr Verhalten erinnert an das Murren der Väter in der Wüste[432], obwohl in diesem Gespräch VV. 31a.49a-b.58c-d, wo über die Erfahrung der Väter in der Wüste die Rede ist, das Murren der Väter weder von Jesus noch von seinen Gesprächspartnern thematisiert wird. Das Murren der Juden kann als Ausdruck ihres Unglaubens den Worten Jesu gegenüber gesehen werden, ähnlich wie in der Wüste das Murren der Väter mit ihrem Unglauben verbunden war.[433] Der Grund für das Murren der Juden sind aber die Worte Jesu, noch genauer seine Selbstprädikation in V. 35b.[434] Diese wird in V. 41c-d auf dem KN 2 mit einigen Abweichungen wiedergegeben:

| V. | das ἐγώ εἰμι-Wort | KN |
|---|---|---|
| 35b | ἐγώ εἰμι ὁ ἄρτος τῆς ζωῆς | KN 1 |
| 41c-d | ἐγώ εἰμι ὁ ἄρτος ὁ καταβὰς ἐκ τοῦ οὐρανοῦ | KN 2 |

TABELLE 25

Der Unterschied zwischen den beiden Selbstprädikationen Jesu besteht darin, daß in V. 41c-d das Brot nicht mehr mit dem „Leben" charakterisiert wird wie in V. 35b, sondern durch seine Bewegung, durch das „Herabsteigen vom Himmel". Diese Bewegung kommt im ἐγώ εἰμι-Wort Jesu in V. 35 nicht unmittelbar vor, obwohl Jesus noch in der gleichen Antwort davon spricht, daß er vom Himmel herabgestiegen ist (V. 38a). Der Unterschied zwischen den beiden ἐγώ εἰμι-Worten weist darauf hin, daß Jesus sich selbst in V. 35b als Ort der Offenbarung Gottes versteht, indem er das Brot des Lebens ist. Dies begreifen die Juden in V. 41c-d noch nicht. Ihr Interesse an der Person Jesu gilt zuerst seiner Herkunft und nicht dem Leben.

[431] Das Verb γογγύζω erscheint im Joh-Ev insgesamt 4mal: in Joh 6,41.43.61; 7,32. Das Subjekt sind die Juden, die Jünger und die Menge. Das Murren richtet sich ausschließlich gegen die Person Jesu und seine Worte. Vgl. A. J. HESS, EWNT I 618.

[432] Die LXX verwendet für das Murren sowohl γογγύζω als auch διαγογγύζω. Die Hälfte aller atl. Belege dieser beiden Verben kommt im Zusammenhang mit den Vätern in der Wüste vor. γογγύζω findet sich in Ex 17,3; Num 11,1; 14,27.29; 17,6.20 und διαγογγύζω in Ex 15,24; 16,2.7.8; Num 14,2.36; 16,11.

[433] Das Besondere am Murren der Juden erklärt F. TOLMIE, Ιουδαῖοι 12: „They are rejecting Jesus' claim as to his identity. This is not a new trait, as it has been revealed earlier on in the Gospel. What is new, is that this trait is linked to the murmuring of Israel in the desert, thereby indicating it as a sign of disbelief similar to that of Israel." Vgl. R. SCHNACKENBURG, Joh II 75.

[434] Das ἐγώ εἰμι-Wort Jesu sieht als Wendepunkt im Gespräch auch F. TOLMIE, 'Ιουδαῖοι 11f: „However, after Jesus' response in 6:35-40 the positive aspect in their response towards Jesus disappears. This happens as soon as Jesus identifies himself as the bread of life."

In V. 42 auf dem KN 1 kommen weitere Reaktionen der Juden auf die Worte Jesu in ihren Fragen über seine Person vor. Es fällt auf, daß sie sich mit ihren Fragen nicht direkt an Jesus wenden. Durch ihre Distanzierung von Jesus äußern sie etwas vom Inhalt ihrer Fragen, in denen sie seine himmlische Herkunft und damit auch seine Autorität in Frage stellen. Für die Juden ist Jesus nicht mehr als „der Sohn Josefs“[435], dessen Vater und Mutter sie ihrer Meinung nach kennen (V. 42b-d).[436] Aus diesem Grund bleibt für sie seine Selbstprädikation unverständlich, besonders seine himmlische Herkunft[437] (V. 42f), was mit der Fragepartikel „wie“ (πῶς)[438] noch zusätzlich betont wird. Nur hier in Joh 6 sind die Juden das Subjekt vom Verb „kennen“ (οἶδα). Sie selbst halten sich für die Wissenden bzw. diejenigen, die Jesus und seine Herkunft kennen. Demgegenüber schreibt der Erzähler ihnen nirgendwo diese Eigenschaft zu. Das kann als Hinweis gesehen werden, daß das Wissen der Juden über die Person Jesu mangelhaft ist. Für den Erzähler ist in Joh 6 eindeutig nur Jesus der Wissende bzw. der Kennende. Das beweisen die übrigen 3 Belege vom Verb οἶδα in Joh 6, die jeweils auf dem KN 2 vorkommen. Ihr Subjekt ist in allen drei Fällen Jesus selbst, wie die folgende Tabelle zeigt:

| V. | VERB οἶδα | SUBJEKT | KN |
|---|---|---|---|
| 6c | ᾔδει | Jesus | KN 2 |
| 42d | οἴδαμεν | die Juden | KN 1 |
| 61a | εἰδώς | Jesus | KN 2 |
| 64c | ᾔδει | Jesus | KN 2 |

TABELLE 26

435 Für die Leser ist diese Bezeichnung Jesu nicht ganz neu. Philippus bezeichnet Jesus als „den Sohn Josefs“ in Joh 1,45 bei seiner Begegnung mit Natanaël. Im Unterschied zu Joh 6,42c-d sagt er nicht, daß er seinen Vater und seine Mutter kennt, sondern daß Jesus aus Nazaret ist und daß über ihn Mose im Gesetz und auch die Propheten geschrieben haben. V. 42 erinnert auch an die synoptischen Berichte vom Auftreten Jesu in Nazaret: Mt 13,53-58, Mk 6,1-6 und Lk 4,16-30. Über Jesus als „der Sohn Josefs“ ist noch in Lk 3,23; 4,22 die Rede.

436 Treffend bemerkt TH. SÖDING, Nazareth 37: „Es scheint, als spreche die Vaterschaft des Joseph gegen die Gottessohnschaft Jesu, während es umgekehrt zu erkennen gälte, daß der eingeborene Sohn Gottes als Sohn des Joseph und der Maria wahrhaft Mensch geworden ist.“

437 L. SCHENKE, Joh 136, verweist zurück auf das Problem des Nikodemus: „Es ist das Mißverstehen des Nikodemus, das hier waltet (vgl. 3,4.9), der auch nicht verstehen konnte, daß ein Mensch durch das Wirken des Geistes ‚von oben geboren‘ wird.“

438 G. SCHNEIDER, EWNT III 489, schreibt: „Es ist Vorzugswort bei Joh (20mal, nie mit Konj./Opt.; 14mal rhetorische Frage als typischer Ausdruck des Unverständnisses; direkte Frage nur 9,10.19.26 und indirekte ebenso nur 8,15.21).“

Die Reaktionen der Juden Jesus gegenüber in VV. 41f unterscheiden sich wesentlich von denen der Menge in Joh 6, sowohl im Verhalten als auch in den Worten:[439]
(1) Die Zeichen Jesu bringen die Menge in Bewegung zu Jesus: Sie folgt Jesus nach (V. 2a), kommt zu ihm (V. 5c), sucht ihn (VV. 24f. 26d), findet ihn (V. 25a) und spricht ihn direkt (2.P.Sg.) an (V. 25c-d). Demgegenüber murren die Juden über Jesus (3.P.Sg.) und seine Worte und distanzieren sich von ihm.
(2) Jesus ist für die Menge „Prophet“ (V. 14d), „Rabbi“ (V. 25c), „Herr“ (V. 34b). Die Menschen möchten ihn zum „König“ (V. 15c), zu einer weltlichen Autorität, machen. Demgegenüber ist er für die Juden „der Sohn Josefs“ und nicht mehr. Sie meinen, seine Herkunft, seinen Vater und seine Mutter, zu kennen und demzufolge schreiben sie ihm keine besondere Autorität zu.
(3) Die Menge stellt Jesus selbst die Frage (V. 25c-d). Seine Worte bewirken in ihr wieder neue Fragen (VV. 28b-c.30b-e) und die von der Sehnsucht nach dem Leben gefüllte Bitte (V. 34b-c), mit der sie sich direkt an ihn wendet (2.P.Sg.). Ihr Hauptanliegen an Jesus sind seine Gaben, Zeichen und Brot. Demgegenüber beschäftigt die Juden die Person Jesu selbst, insbesondere seine Herkunft, wie ihre Fragen in V. 42b-f zeigen. Ohne direkt von den Juden angesprochen zu sein, spricht Jesus sie direkt an. Seine Antwort löst die Unstimmigkeiten und die Streitigkeiten unter ihnen aus (V. 52a).
Obwohl die Menge und die Juden gegenüber Jesus unterschiedlich reagieren, zeigt sich in beiden Fällen ein grundsätzliches Mißverstehen seiner Person[440], das über sein Menschsein bzw. sein Judesein nicht hinausgehen kann.

Weiter scheint mir wichtig, die kritischen Reaktionen der Juden auch von ihrem Standpunkt aus zu beobachten. Die Person Jesu und seine Herkunft ist gerade für die Juden ein großes Problem wie auch

[439] Die unterschiedlichen Reaktionen der Menge und der Juden zu Jesus sind ein wichtiges Element der narrativen Analyse von F. TOLMIE, Ἰουδαῖοι 11, der aber zugleich voraussetzt, daß sich ὄχλος und Ἰουδαῖοι auf dieselbe Gruppe der Menschen beziehen: „Both terms refer to the same group, but the narrator calls them ‚crowd‘ as long as their response to Jesus is to some extent positive, but as soon as their reaction to Jesus turns negative, he switches to Ἰουδαῖοι. In a sense then the same group is contrasted with itself and labelled in two different ways depending on the way in which they react to Jesus.“

[440] Auch das Verhalten der Menge drückt ein Mißverstehen der Person Jesu aus. In diesem Sinn schreibt F. TOLMIE, Ἰουδαῖοι 11: „However, that their response to Jesus is not adequate is shown by the way in which he characterises them in verse 26 (they are only interested in the bread that he gave them) and 36 (they do not believe).“

VV. 41f zeigen, weil Jesus selbst als Mensch Jude ist.[441] Weil sie meinen, seine jüdische Herkunft zu kennen, und weil sie sich daran festhalten, bleibt für sie seine Herkunft vom Himmel unvorstellbar.[442] Aus ihrem statischen Standpunkt überraschen ihre Reaktionen Jesus gegenüber nicht. Die Worte Jesu fordern sie aber heraus, ihre Sichtweise ihm gegenüber nicht nur für die jüdische, sondern auch für die himmlische Herkunft zu öffnen. In VV. 41f schaffen sie es noch nicht und zeigen dafür auch keine Bereitschaft. Aus ihrer begrenzten Sichtweise murren sie über Jesus und seine Worte, die sie in Frage stellen. Damit werden sowohl die Worte aus dem Johannesprolog in Joh 1,11 (εἰς τὰ ἴδια ἦλθεν, καὶ οἱ ἴδιοι αὐτὸν οὐ παρέλαβον)[443] als auch die Worte Johannes des Täufers in Joh 1,26 (μέσος ὑμῶν ἕστηκεν ὃν ὑμεῖς οὐκ οἴδατε)[444] bestätigt. Dennoch dürfen diese distanzierten und kritischen Reaktionen der Juden in VV. 41f nicht als Verhaltensmuster der Juden Jesus gegenüber im Joh-Ev gesehen werden, denn im gesamten Joh-Ev erweist sich ihr Verhalten zu Jesus keinesfalls eindeutig.[445]

441 VV. 41f zeigen die Juden in ihrem distanzierten und kritischen Verhalten Jesus gegenüber und zugleich Jesus als Juden. Das ist ein Merkmal des Joh-Ev, wie TH. SÖDING, Nazareth 21-24, in seiner Problemstellung formuliert: „Das Johannesevangelium formuliert die schärfste Kritik an ‚den Juden', die das NT kennt. Das hat dem Evangelisten letzthin viel Kritik eingetragen und gar zum Vorwurf des Antijudaismus geführt. Freilich schreibt Johannes auch das Evangelium mit der stärksten Betonung des Judeseins Jesu, die das NT kennt ... Welches Profil und welche Bedeutung hat das Judesein Jesu in der erzählten Welt und in der Theologie des Johannesevangelium? ... Wie verhält sich dann die Betonung des Judeseins Jesu zur scharfen Juden-Polemik des Johannesevangeliums?" Die verschiedenen Positionen zu den Juden im Joh-Ev werden analysiert u.a. von K. SCHOLTISSEK, Antijudaismus 151-181; U. C. VON WAHLDE, Jews 30-55; F. VANDECASTEELE-VANNEUVILLE, Theology 165-188; T. NICKLAS, Ablösung 16-72.391-409 und besonders ausführlich in R. BIERINGER/D. POLLEFEYT/F. VANDECASTEELE-VANNEUVILLE (Hgg.), Wrestling.

442 Im Hinblick auf die Messianität Jesu erörtert dieses Problem TH. SÖDING, Nazareth 33f. „Das Problem der Skeptiker besteht darin, daß sie glauben, die ihnen bekannte familiäre, soziale, kulturelle, geschichtliche Abstammung Jesu spreche gegen seine Messianität (vgl. 6.42), während es Johannes zufolge gerade umgekehrt gälte, den messianischen Gottessohn als den Juden Jesus zu erkennen, dessen Herkommen bekannt ist, und diesen Juden als den Christus, dessen Ursprung allein in Gott liegt."

443 Vgl. M. HASITSCHKA, Befreiung 181f.

444 Über Joh 1,26 schreibt TH. SÖDING, Nazareth 34: „Das μέσος ὑμῶν signalisiert die Zugehörigkeit des Juden Jesu zum jüdischen Volk, das ἕστηκεν den Offenbarungsanspruch, den Jesus als öffentlich auftretender Prophet Gottes erhebt, das ὑμεῖς οὐκ οἴδατε die Wahrheit seines Anspruchs, der nicht etwa deshalb verkannt wird, weil er nichts zu sagen hätte, sondern weil er alles sagt, was es von Gott zu sagen gibt."

445 Bezüglich der Juden im Joh-Ev kommt U. SCHNELLE, Juden 225f, zu wichtigen Ergebnissen: „Die Ἰουδαῖοι sind in dieser Erzählung auf kompositioneller und inhaltlicher Ebene sowohl positiv als auch negativ präsent. Es gibt eine negative Linie, die sich kompositionell in der Konzentration der Ἰουδαῖοι-Belege auf die Kap. 5-11, inhaltlich in der Auseinandersetzung um das Wesen des Unglaubens zeigt, die in Joh

*Die Antwort Jesu (VV. 43-51)*

In V. 43a-b führt der Erzähler (auf dem KN 2) die Antwort Jesu mit Hilfe der joh. Wendung ἀπεκρίθη (asyndetisch) καὶ εἶπεν[446] (vgl. VV. 26a-b.29a-b) ein. Jesus macht den ersten Schritt, um das Gespräch weiterzuführen. Er spricht die Juden, die über ihn untereinander „murren" (γογγύζω), direkt (2.P.Pl.) an. Am Anfang seiner Antwort in V. 43c greift er ihr Verhalten auf. Er ruft sie auf, nicht miteinander zu murren.

Anschließend in VV. 44-46 beginnt Jesus (auf dem KN 1) nicht seinen Herabstieg vom Himmel den Juden zu erläutern, sondern er behandelt zuerst eine andere Bewegung, das „Kommen zu ihm" (ἔρχομαι πρός με), die einen Rahmen in VV. 44f bildet (vgl. TABELLE 24). Diese Bewegung ist schon ein bekanntes Thema im Gespräch. Im 4. GA nach dem Ich-bin-Wort in VV. 35c.37a-b wird sie erwähnt im Zusammenhang mit der Zusage Jesu an den, der zu ihm kommt. Dieses Kommen zu Jesus ist eigentlich ein Bild für den Glauben an Jesus, was sich aus dem Parallelismus in V. 35c-d begründen läßt.[447] Damit geht Jesus mit der bildlichen Wendung ἔρχομαι πρός με auf das wirkliche Problem der Juden ein. Das ist ihr Glaube an ihn.

Jesus thematisiert in V. 44 zuerst die Voraussetzungen für diese Bewegung. Das Kommen zu ihm ist mit einem ausschließlichen Anspruch verbunden, der für die Gegenwart[448] gilt. Es geht um das Mitwirken des Vaters. Nur derjenige kann zu Jesus kommen, den der Vater „zieht" (ἕλκω) und sonst niemand.[449] Dieser Anspruch Jesu gilt für jede einzel-

8,44 ihren Höhepunkt erreicht. Daneben ist aber eine positive Linie unverkennbar. Sie zeigt sich kompositionell vor allem in Joh 1-4, wo der Evangelist in seine Erzählwelt einführt, alle wesentlichen Handlungsträger vorstellt und negative Aussagen über die Ἰουδαῖοι vermeidet. Inhaltlich findet diese positive Linie in der soteriologischen Aussage Joh 4,22b ihren Höhepunkt. Von besonderer Bedeutung ist nun, daß sich die negative und die positive Linie auch im joh. Passionsbericht wiederfinden. Die negative Linie spiegelt sich im Verhalten der Ἰουδαῖοι und ihrer Führer bei der Kreuzigung Jesu wider ... Die positive verheißungsgeschichtliche Linie aus Joh 4,22b wird vom 4. Evangelisten ganz bewußt mit der Kreuzesinschrift wieder aufgenommen ... Das Heil kommt von den Juden, weil Jesus Jude ist und sich in ihm die Verheißungen des Alten Testaments erfüllen: Er stirbt als der König der Juden und wird so zum Retter der Welt (Joh 4,42)." Ähnliche Ausführungen finden sich in PÄPSTLICHE BIBELKOMMISSION, Volk 145f.

446 Vgl. E. RUCKSTUHL/P. DSCHULNIGG, Stilkritik 68f.71.

447 Siehe dazu die Auslegung zu V. 35c-d in Teil III 4.1.3 (4. GA).

448 Der Bedingungssatz wird durch ἐὰν μή in 44b charakterisiert. F. BLASS/A. DEBRUNNER/F. REHKOPF, Grammatik § 373, schreiben: „ἐάν bezeichnet das unter Umständen zu Erwartende – vom gegebenen (allgemeinen oder konkreten) Standpunkt in der Gegenwart aus: eventueller oder iterativer Fall."

449 Die Satzform οὐ/οὐδεὶς δύναται ..., ἐὰν μή in V. 44a-b erscheint 8mal im Joh-Ev (Joh 3,2.3.5.27; 6,44.65; 15,4 [2mal]). Nach E. RUCKSTUHL/P. DSCHULNIGG, Stilkritik 92f,

ne Person (Singular). Er begrenzt sich nicht nur auf seine Gesprächspartner, die Juden, sondern ist mit einem unbegrenzten universalen Adressatenkreis verbunden.[450] Weiter fällt auf, daß der Vater in V. 44b auch als derjenige vorgestellt wird, der Jesus gesandt hat. Die joh. Wendung ὁ πέμψας με[451] kommt in V. 44c zum letzten Mal in Joh 6 vor.[452] In VV. 38c.39a bezieht sie sich auch auf den Vater, erscheint aber vor allem in Verbindung mit seinem „Willen" (θέλημα). Der Vater, der jeden Einzelnen zu Jesus ziehen kann, ist derjenige, der Jesus gesandt hat. „Was hier auffällt, ist die Betonung des Mitwirkens des Sendenden: 6,44 aber auch 6,37.39.65. Der Sendende erteilt nicht nur einen Auftrag, den der Gesandte ausführt, sondern es besteht auch ein

geht es gerade um die Hälfte der Gruppe mit dem joh. Stilmerkmals οὐ (μή) ..., ἐὰν μή ... Die anderen 8 Belege sind: Joh 4,48; 5,19; 6,53; 7,51; 12,47; 13,18; 16,7; 20,25.

450 Ein ausschließlicher Anspruch Jesu findet sich auch in Joh 14,6, der hier mit Joh 6,44a-d verglichen wird:

| Joh 6,44a-d | Joh 14,6 |
|---|---|
| *οὐδεὶς δύναται ἐλθεῖν* πρός με<br>ἐὰν μὴ ὁ πατὴρ<br>ὁ πέμψας με<br>ἑλκύσῃ αὐτόν | Ἐγώ εἰμι ἡ ὁδὸς καὶ ἡ ἀλήθεια καὶ ἡ ζωή·<br>*οὐδεὶς ἔρχεται* πρὸς τὸν πατέρα<br>εἰ μὴ δι' ἐμοῦ |

Die Gemeinsamkeiten zwischen den beiden Stellen sind: Beide einen besonderen Anspruch implizierenden Aussagen folgen auf ein Ich-bin-Wort Jesu. Ihr Adressat kann jede einzelne Person (3.P.Sg.) sein und nicht nur die unmittelbaren Gesprächspartner Jesu (die Juden in Joh 6,44 und die Jünger Jesu in Joh 14,6). Dadurch gelten sie für einen unbegrenzten Kreis der Adressaten, wobei jeder Einzelne direkt angesprochen wird. Die Unterschiede zwischen den beiden Stellen sind: Joh 6,44a-d spricht über das Kommen zu Jesus, das nur durch das Ziehen des Vaters möglich ist. Umgekehrt spricht Joh 14,6 über das Kommen zum Vater, das nur durch Jesus möglich ist. Hier kann man schnell auf den Gedanken kommen, daß diese beiden Aussagen einander ausschließen. Das gilt aber nicht mehr, wenn man sie als Ausdruck der starken und dauernden Verbundenheit zwischen dem Vater und Jesus sieht. Jeder der beiden Aussagen spiegelt diese Verbundenheit schon für sich wider, besonders stark aber die beiden zusammen. Das Kommen zu Jesus durch das Ziehen des Vaters und zugleich das Kommen zum Vater durch Jesus ist nur möglich, wenn Jesus im Vater und der Vater in Jesus ist. Das Ergebnis des Vergleichs ist: Beide exklusiven Ansprüche in Joh 6,44a-d und in Joh 14,6 setzen die reziproke Immanenz zwischen dem Vater und dem Sohn, Jesus, voraus.

451 Vgl. E. RUCKSTUHL/P. DSCHULNIGG, Stilkritik 151; die Auslegung zu V. 38 in Teil III 4.1.3 (4. GA).

452 Über diese Wendung im Joh-Ev schreibt R. SCHNACKENBURG, Vater 291: „‚Der Vater, der mich gesandt hat' ist eine Endstufe der joh. Christologie, insofern die Gesandte-Vorstellung mit der Vater-Sohn-Relation gekoppelt ist. Das bedeutet einerseits die Unterstellung des Sohnes unter die Autorität und Wirksamkeit des Vaters und auf der anderen Seite die wesenhafte Gleichheit und Einheit des Sohnes mit dem Vater."

geheimnisvolles Zugleich im Wirken beider, eine Handlungseinheit zwischen Vater und Sohn."[453]

In V. 44e wiederholt Jesus zum dritten Mal seine Zusage für die Zukunft: „Ich werde ihn auferstehen lassen am letzten Tag" (vgl. VV. 39c.40c). Die Voraussetzung für jeden Adressaten dieser Zusage ist dieselbe wie in VV. 39f: das Kommen zu Jesus bzw. das Glauben an ihn. Wie in V. 40c findet sich auch in V. 44e neben dem Verb ἀνίστημι noch das Personalpronomen ἐγώ, das im verbalen Satz nicht notwendig ist. In diesem Wort Jesu klingt das göttliche ἐγώ an. Nicht nur in der Gegenwart, sondern auch in der Zukunft und am letzten Tag wird Jesus in seiner Person und in seinem Wirken Gott selbst und seine Kraft offenbaren.

Auf welche Weise der Vater den Menschen zu Jesus zieht und was diese bildhafte Wendung bedeutet, erklärt Jesus mit Hilfe eines atl. Zitates[454] in V. 45b, das mit der Formel ἔστιν γεγραμμένον ἐν τοῖς προφήταις in V. 45a eingeführt wird. Jesus beruft sich auf die Schrift, noch genauer auf die Propheten, deren Autorität bereits mit der Formel unterstrichen wird.[455] Die Wendung ἔστιν γεγραμμένον ist zugleich ein joh. Stilmerkmal, das in V. 45a zum zweiten und letzten Mal in Joh 6 vorkommt (vgl. V. 31b).[456]

In V. 45b folgt das zweite atl. Zitat in diesem Gespräch (vgl. das erste atl. Zitat in V. 31c), das folgendermaßen angegeben wird: Καὶ ἔσονται πάντες διδακτοὶ θεοῦ. Im Hinblick auf die Kommunikationsstruktur geht es auch in V. 45b um ein Zitat innerhalb der direkten Personenrede (KN 1*). Derjenige, der das atl. Zitat aufgreift, ist Jesus selbst, im

[453] M. HASITSCHKA, Befreiung 391. Vgl. T. LARSSON, God 246.

[454] Das Gespräch in Joh 6 enthält zwei atl. Zitate (VV. 31c.45b). M. THEOBALD, Schriftzitate 330, stellt fest: „Der Evangelist findet seinen zitierten Text offensichtlich nicht einfach nur vor, er selbst konstituiert ihn als Text, in formaler und wohl auch semantischer Hinsicht."

[455] M. J. J. MENKEN, Quotations 69, schreibt: „It is possible to show that the plural ‚the prophets' is repeatedly used in formulae introducing specific passages from prophetic books ... In Acts, there are three introductions to OT quotations in which ‚the prophets' are referred to: 7:42, introducing Amos 5:25-27; 13:40, introducing Hab. 1:5, and 15:15, introducing Amos 9:11-12." Er hält es auch nicht für problematisch, daß Jesaja in der Einleitungsformel namentlich nicht erwähnt wird, obwohl das in den Einleitungsformeln der übrigen drei Jesajazitate (Joh 1,23; 12,38.39) der Fall ist. Darüber schreibt auch A. OBERMANN, Erfüllung 157: „Alle drei Zitate lassen Jesaja als unmittelbaren Christuszeugen zu Wort kommen. In 6,45 wird das Prophetenwort nicht als unmittelbares Christuszeugnis – das heißt in einer unmittelbaren Aussage über Jesus – verwandt, da die Aussage von LXX Jes 54,13 aus dem Mund Jesu seine Adressaten im Blick hat."

[456] Vgl. E. RUCKSTUHL/P. DSCHULNIGG, Stilkritik 81.

Unterschied zu V. 31c, wo die Gesprächspartner Jesu das atl. Zitat einführen.

Wie in V. 31c ist auch hier das atl. Zitat mit keiner atl. Stelle völlig identisch. Die Suche nach der entsprechenden Schriftstelle erweist sich für den Leser in V. 45b jedoch leichter als in V. 31c. Denn die einzige Stelle in den prophetischen Schriften, wo διδακτός[457]/לִמּוּד belegt wird, ist Jes 54,13a (LXX)/Jes 54,13a. Dazu gibt es noch weitere Entsprechungen zwischen beiden Texten, wie die folgende Tabelle zeigt:

| Jes 54,13a | Jes 54,13a (LXX) | Joh 6,45a-b |
|---|---|---|
| וְכָל־בָּנַיִךְ לִמּוּדֵי יְהוָה | καὶ πάντας τοὺς υἱούς σου διδακτοὺς θεοῦ | ἔστιν γεγραμμένον ἐν τοῖς προφήταις, Καὶ ἔσονται πάντες διδακτοὶ θεοῦ· |

TABELLE 27

Anhand der Tabelle fallen die folgenden Gemeinsamkeiten zwischen Jes 54,13a (LXX)/Jes 54,13a und Joh 6,45b auf:

(1) die einleitende Konjunktion καί/ וְ;

(2) πᾶς (3.P.Pl.)/כֹּל (universale Ausrichtung);

(3) διδακτός/לִמּוּד (Pl.m.) als Eigenschaft der Menschen durch das Wirken Gottes;

(4) θεός (Gen.)/יְהוָה: Gott ist derjenige, der lehrt.[458]

Die Unterschiede zu Joh 6,45a-b sind:

(1) ἔσονται und damit der Verbalsatz gibt es nur in Joh 6,45b. Dagegen der Nominalsatz in Jes 54,13a (LXX)/Jes 54,13a.

(2) τοὺς υἱούς σου fehlt in Joh 6,45b. In Jes 54,13a (LXX) werden „alle deine Kinder" von Gott gelehrt, in Joh 6,45b „alle", was „der universalen Ausrichtung des Evangelisten entspricht"[459]. In Jes 54,13a (LXX) wird der Akkusativ verwendet (πάντας τοὺς υἱούς σου διδακτούς), dagegen der Nominativ in Joh 6,45b (πάντες διδακτοί) und in Jes 54,13a.

Weiter ist für den Vergleich auch der Kontext beider Stellen relevant:

Jes 54,13a (LXX)/Jes 54,13a findet sich innerhalb der Heilszusagen Gottes an Jerusalem. „Mit V. 13 wird der Blick vom Bau und damit der äußeren Pracht der Stadt auf deren inneren Zustand und ihre

[457] Im übrigen AT kommt διδακτός nur ein einziges Mal noch vor, in 1 Makk 4,7, das aber nicht zu den prophetischen Texten gehört und auch keine weiteren Gemeinsamkeiten mit Joh 6,45b aufweist.

[458] Es fällt auf, daß die LXX יְהוָה mit θεός übersetzt und nicht mit κύριος wie an den meisten Stellen.

[459] A. OBERMANN, Erfüllung 153.

Einwohner gewendet."[460] Ähnlich steht das atl. Zitat in Joh 6,45b im Kontext der zahlreichen Lebenszusagen Jesu innerhalb des Gespräches in Joh 6. Die Heilszusagen in Jes 54 und die Zusagen des Lebens in Joh 6 stellen einen Berührungspunkt der Kontexte dieser beiden Stellen dar.

*Ergebnis:* Als Quelle für das Zitat in Joh 6,45b kommt aufgrund der sprachlichen, thematischen und theologischen Gemeinsamkeiten allein Jes 54,13a (LXX)/Jes 54,13a in Frage, wobei der MT teilweise noch engere Bezüge zu Joh 6,45b erweist als die LXX.[461]

In V. 45c beginnt der joh. Jesus dieses Zitat zu aktualisieren. Er verbindet es mit dem Thema „das Kommen zu ihm", das bildhaft das Glauben an ihn ausdrückt (vgl. Parallelismus in V. 35c-d). Sein Adressat ist „jeder" (Sg.) wie in V. 44 und nicht „alle" (Pl.) wie im atl. Zitat. Dieser Adressat kann zu ihm kommen, indem er vom Vater, Gott, gehört und gelernt hat (V. 45c). Der Prozeß des Glaubens erweist zugleich eine doppelte Bewegung: das Kommen zu Jesus und das Ziehen des Vaters. Dabei fällt auf, daß der Mensch zu Jesus und nicht zu Gott kommt und daß der Vater ihn nicht zu sich, sondern zu Jesus zieht. Die beiden Bewegungen führen zu Jesus. Das bedeutet, daß Jesus diejenige Person ist, durch die Gott selbst den Menschen unterweist. Wenn der Mensch auf Jesus hört, hört er auf Gott selbst und wird von ihm gelehrt.[462]

Weiter fällt auf, daß in VV. 44f der Vater (2mal) bzw. Gott (1mal)[463] das aktive Subjekt ist. Jesus beginnt seine Antwort an die Juden, deren Problem seine Identität ist, beim Vater. Denn das Kommen des Men-

[460] A. OBERMANN, Erfüllung 155.

[461] A. OBERMANN, Erfüllung 151, schreibt: „Als Quelle für das Zitat in 6,45 kommt auf Grund inhaltlicher wie auch theologischer Übereinstimmungen allein Jes 54,13 in Frage."

[462] M. HASITSCHKA, Christologie 42, schreibt: „Gottes Unterweisung geschieht allerdings nicht in irgendeiner Unmittelbarkeit, sondern vermittelt durch Jesus. Durch Jesus hört und lernt man vom Vater. Man kann sagen: Wer empfänglich wird für Jesu Botschaft und darin die Unterweisung des Vaters zu vernehmen beginnt, der wird mittels des Wortes Jesu vom Vater selbst ‚gezogen'." Das Ziehen des Vaters erklärt treffend B. SCHWANK, Joh 220: „Früher zog Gott durch die Worte der Propheten und durch die Worte der Schrift sein Volk ‚mit Stricken der Liebe' an sich (Hos 11,4). Jetzt will er durch das Wort ziehen, das sein Sohn selber ist. Im Wort Jesu, das aber auch seine Tat ist (12,32), sollten wir dieses Ziehen der Liebe des Vaters und des Sohnes wahrnehmen."

[463] Über das Verhältnis zwischen diesen beiden Gottesvortsellungen im Joh-Ev schreibt P. W. MEYER, Father 265: „‚The Father' and ‚God' function in many ways synonymously ... ‚God' and ‚Father' identify the source from which Jesus has ‚come' into the world and the goal to which he is ‚going' of ‚ascending'; they identify the origin of what Jesus says, of what he does, of the disciples he gathers."

schen zu Jesus bzw. das Glauben an ihm ist zuerst als Werk des Vaters zu verstehen. Der Grund für das Verständnis der Person Jesu ist der Vater und die Verbundenheit mit ihm. Demzufolge ist die Beziehung zwischen dem Menschen und Jesus ohne den Vater nicht denkbar. Die Verbundenheit zwischen dem Vater und Jesus kommt auch in bezug auf die Auferstehung zum Ausdruck. Noch bevor Jesus seine Zusage in V. 44e ausspricht, daß er den zu ihm Kommenden am letzten Tag auferstehen lassen wird (hier zum dritten Mal, vgl. VV. 39c.40c), erklärt er in V. 44c, daß der Vater ihn gesandt hat. Er steht in der Sendung des Vaters und das gilt auch für den letzten Tag.

In V. 46 erläutert Jesus, was das Besondere an seiner Person ist, daß der Mensch gerade zu ihm kommt und vom Vater zu ihm gezogen wird. Es geht nämlich um seine einmalige Beziehung zum Vater. Ebenso wie in VV. 44f ist auch in V. 46 vom Vater 2mal und von Gott einmal die Rede. Nur Jesus, der Seiende von Gott, und sonst niemand hat den Vater gesehen (V. 46a-c). Demzufolge ist das Sehen des Vaters, das nur für Jesus reserviert ist, vom Hören auf den Vater, das für die Menschen in und durch Jesus ermöglicht ist, zu unterscheiden. Jesus spricht über sich selbst nicht mehr in der 1.P.Sg (vgl. VV. 44f), sondern in der 3.P.Sg. als „der Seiende von Gott".[464] Diese Bezeichnung charakterisiert präziser und intensiver die Herkunft Jesu als die bisher im Gespräch verwendete Ortsangabe „vom Himmel". Die Herkunft Jesu ist nicht nur der Himmel, sondern Gott selbst. Seine Herkunft ist zuerst nicht in den Ortsangaben zu suchen, sondern in der Beziehung zum Vater, Gott. Er ist seinem Wesen nach Gott gleich, weil er der Seiende von Gott ist.

Durch die Wiederaufnahme[465] in V. 46a-c entsteht eine chiastische Verschränkung, die das Sehen und sein Objekt, das der Vater ist, unterstreicht, wie die folgende Abbildung zeigt:

[464] R. SCHNACKENBURG, Joh II 78, bemerkt treffend: „Das erinnert an die Aussagen, nach denen sich der Vater im Sohn vollkommen zu erkennen gibt (12,45; 14,9) und zur Sprache bringt (vgl. 1,18; 3,33; 7,17; 8,28.47; 12,48f; 14,10.24). Nach joh. Verständnis ist der Sohn so völlig eins mit dem Vater, daß man das Hören des Sohnes auch als ein Hören des Vaters bezeichnen kann, in letzter Unmittelbarkeit."

[465] E. RUCKSTUHL/P. DSCHULNIGG, Stilkritik 105, erklären: „Unter Wiederaufnahme verstehen wir hier eine Stilfigur, die einen Satz oder ein Satzstück mit den gleichen oder einander entsprechenden Wörtern oder Wendungen in umgekehrter Reihenfolge wiederaufnimmt. Durch diese Wiederaufnahme entsteht in allen Fällen eine chiastische Verschränkung; sie ist im Joh mehrmals mit einem Parallelismus verbunden. Wenn er antithetisch ist, entsteht die Antithese fast immer durch Verneinung, was die Verwendung der gleichen Wörter oder Wendungen in der Wiederaufnahme anregt. Der joh. Christologie entsprechend stehen der Vater und der Sohn in der Wiederaufnahme mehrmals nebeneinander oder an den chiastischen Enden. Diese

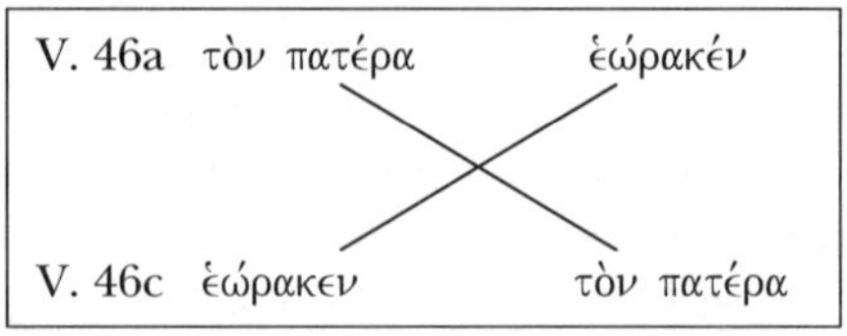


ABBILDUNG 19

Der Gedanke, daß den Vater nur Jesus und niemand anderer gesehen hat, geht auf den Abschluß des Prologs (Joh 1,18) zurück. Nur der eingeborene Sohn, der im Schoß des Vaters ist, konnte Gott kundtun, weil er allein ihn gesehen hat. „Weil Jesus der Einzige ist, der Gott gesehen hat, ist seine Botschaft für den Menschen wie Brot, das den tiefen Hunger nach Gott und seinem Wort stillen kann."[466] Demzufolge kann der Mensch den Vater nur in Jesus sehen, wie Jesus selbst in Joh 14,9 das Motiv des Sehens weiter entwickelt: ὁ ἑωρακὼς ἐμὲ ἑώρακεν τὸν πατέρα.

Mit dem doppelten ἀμὴν ἀμήν in V. 47a macht Jesus die Leser auf seine Worte aufmerksam. ἀμὴν ἀμήν ist ein joh. Stilmerkmal[467], das sich in V. 47a inmitten der Antwort Jesu findet und nicht an ihrem Anfang wie in VV. 26c.32b.53b. In V. 47b folgt die Zusage Jesu: „Der Glaubende hat ewiges Leben." Das Verb πιστεύω hat kein Objekt; es ist im absoluten Sinn verwendet. Obwohl es hier zum ersten Mal in der Antwort Jesu im 5. GA ausdrücklich erscheint, wird die Glaubensthematik schon im 1. Teil seiner Antwort stark präsent: durch die bildhaften Wendungen („das Kommen zu Jesus" und „das Ziehen des Vaters"), durch das atl. Zitat und seine Aktualisierung von Jesus. Die Singularform „der Glaubende" macht noch einmal deutlich, daß der Glaube an Jesus jeden einzelnen Menschen betrifft und nicht die Sache einer Masse der Menschen ist. Jesus stellt fest, daß der Glaubende schon jetzt in der Gegenwart das ewige Leben hat. Die Verbindung zwischen dem Glauben und dem Leben kommt in dieser Wendung deutlich vor. Der Glaube ist die Voraussetzung für das Leben (vgl. V. 40b). Die joh.

Wiederaufnahme setzt die gleiche Ebene des Gottseins voraus (vgl. 10,30). In einer Reihe von Fällen erfolgt die Wiederaufnahme nicht unmittelbar, sondern wird von einem der Figur nicht eingegliederten Satzstück unterbrochen. Dennoch ist sie für die Leser meistens gut erkennbar und verrät das schöpferische Spiel des Verfassers. Alle joh. Wiederaufnahmen finden sich in Redestücken; diese machen nicht ganz 2 Drittel (1070 Zeilen) des Ev. aus (1800 Zeilen)." Im Joh-Ev erscheint dieses Merkmal 29mal: Joh 1,1; 3,12.20f.31.32f; 5,31f; 6,46.57; 8,15f.18; 9,28; 10,4f.38; 12,35f; 13,31; 14,1.11.20; 15,2.4.9.10; 16,27f; 17,1.10.11.16.23; 18,36.

466 M. HASITSCHKA, Christologie 42.

467 Vgl. E. RUCKSTUHL/P. DSCHULNIGG, Stilkritik 154; vgl. weiter die Auslegung zu V. 26 in Teil III 4.1.3 (1. GA).

Wendung ζωήν + ἔχω[468] erscheint in V. 47b zum zweiten Mal in Joh 6 (vgl. VV. 40c.53e.54a).

In V. 48 setzt Jesus mit der Lebensthematik fort, indem er seine Selbstprädikation aus V. 35b genau wiederaufnimmt: Ἐγώ εἰμι ὁ ἄρτος τῆς ζωῆς.[469]

Was das Brot des Lebens für die Menschen bedeuten kann, erklärt Jesus in VV. 49f dadurch, daß er es mit dem Manna vergleicht. In V. 49 greift Jesus auf die Erfahrungen der Väter[470] mit dem Manna in der Wüste zurück, auf welche sich seine Gesprächspartner bereits in VV. 31-33 berufen haben. Diese Thematik bildet im Gespräch einen Spannungsbogen, der bis jetzt noch offen ist. In VV. 31-33 wird das Manna dem vom Himmel herabsteigenden Brot gegenübergestellt. In VV. 49f wird dieser Vergleich in Form eines antithetischen Parallelismus weitergeführt:

| V. 49 | V. 50 |
|---|---|
| a οἱ πατέρες ὑμῶν *ἔφαγον* ἐν τῇ ἐρήμῳ τὸ μάννα | a οὗτός ἐστιν ὁ ἄρτος ὁ ἐκ τοῦ οὐρανοῦ καταβαίνων, |
| | b ἵνα[471] τις ἐξ αὐτοῦ *φάγῃ* |
| b καὶ ἀπέθανον | c καὶ μὴ ἀποθάνῃ |

TABELLE 28

Zwischen dem Manna und dem Brot vom Himmel bestehen folgende Unterschiede: (1) Das Essen des Mannas bewahrt nicht vor dem Sterben, doch das Essen des vom Himmel herabsteigenden Brotes bewahrt davor.[472] (2) In bezug auf das Manna werden die Verben „essen“ und „sterben“ im eigentlichen Sinn verwendet, in bezug auf das Brot vom Himmel bildhaft. (3) Die Väter in V. 49 sind als eine Gruppe vorgestellt, die das Manna essen und danach sterben (3.P.Pl). Beim Essen des Brotes vom Himmel wird der Akzent auf die persönliche Teilnahme jedes Einzelnen (3.P.Sg.) gelegt.

Der Gedanke über das Brot aus V. 50 wird parallel in V. 51 weitergeführt, wie die folgende Tabelle zeigt:

[468] Vgl. E. RUCKSTUHL/P. DSCHULNIGG, Stilkritik 151.

[469] Siehe dazu die Auslegung zu V. 35 in Teil III 4.1.3 (4. GA).

[470] In V. 49 spricht Jesus von „euren Vätern“ und unterscheidet auf diese Weise zwischen den Vätern der Juden und seinem Vater. Dadurch wird deutlich, daß sein Vater, obwohl Jesus ein Jude war, nicht zu den Vätern der Juden gehört, und daß die Juden, obwohl sie meinen, Jesu Herkunft zu kennen (V. 42b-d), sie in Wirklichkeit nicht kennen.

[471] In V. 50c erscheint zum letzten Mal in Joh 6 ein ἵνα epexegeticum (vgl. VV. 29d.39b.40b), das nach E. RUCKSTUHL/P. DSCHULNIGG, Stilkritik 76-78, zu den joh. Stilmerkmalen gehört. In allen vier Fällen kommt es in folgender Satzkonstruktion vor: οὗτός ἐστιν ..., ἵνα.

[472] F. J. MOLONEY, Joh 218, schreibt: „The Mosaic bread did not produce life (cf. v. 49), and even Moses is dead (cf. Deut 34:5-8).“ Vgl. L. MORRIS, Joh 373.

| V. 50 | V. 51 |
|---|---|
| a οὗτός ἐστιν ὁ ἄρτος ὁ ἐκ τοῦ οὐρανοῦ καταβαίνων, | a ἐγώ εἰμι ὁ ἄρτος ὁ ζῶν ὁ ἐκ τοῦ οὐρανοῦ καταβάς· |
| b ἵνα τις *ἐξ αὐτοῦ φάγῃ* | b ἐάν τις *φάγῃ ἐκ τούτου τοῦ ἄρτου* |
| c καὶ μὴ ἀποθάνῃ | c ζήσει εἰς τὸν αἰῶνα |

TABELLE 29

Die beiden Verse sprechen vom Brot, das vom Himmel herabgestiegen ist, und vom Essen dieses Brotes. Die Folge des Essens ist in V. 50d das Nicht-Sterben und in V. 51e das Leben in Ewigkeit. Anhand dieser Folgen bilden VV. 50f einen steigernden Parallelismus. Die Verheißung für die Zukunft, in Ewigkeit zu leben, überbietet die einmalige Folgerung im Aorist, daß man nicht stirbt. Die beiden Folgen zusammen bilden einen starken antithetischen Parallelismus in bezug auf V. 49.[473] In V. 51 ist das Brot Jesus selbst; derjenige, der dieses Brot ißt, kann jeder sein. Im Unterschied zu VV. 35b.48 ist im Ich-bin-Wort Jesu in V. 51a-c das Brot nicht mehr mit dem Nomen „das Leben" bezeichnet, sondern mit dem Partizip des Verbs ζῶ, das dieses Brot als Person charakterisiert.[474] Dazu kommt noch die Angabe, daß es vom Himmel herabgestiegen ist. Das substantivierte Ptz.Aor. des Verbs καταβαίνω zielt auf das einmalige Ereignis der Inkarnation.

In V. 51d-e ist das Essen von diesem Brot für das Leben vorausgesetzt.[475] Während in VV. 35.47f das Glauben als Voraussetzung für die Gabe des Lebens gesehen wird, ist es in V. 51d-f das Essen. Was das Essen vom Brot, das Jesus selbst ist, konkret bedeutet, bleibt hier noch offen.

In V. 51f-h ist die Rede vom Brot, das Jesus geben wird. „The true bread that has come down from heaven will make God known in an unconditional gift of himself for the life of the world."[476] Die zukünftige Gabe Jesu ist sein Fleisch für das Leben der Welt. Das Wort σάρξ greift einerseits auf die Inkarnation des Logos in Joh 1,14 zurück und andererseits weist es als zukünftige Gabe Jesu auf seinen Tod hin.[477] Es

[473] In diesem Sinn schreibt U. SCHNELLE, Joh 129: „Dem Tod der Väter in der Wüste steht die unüberbietbare Heilsgabe der ζωὴ αἰώνιος gegenüber."

[474] Zum gleichen Ergebnis kommt auch L. SCHENKE, Struktur 29: „V. 51a.b faßt V. 48-50 zusammen und klärt (analog zu V. 33!): das ‚Himmelsbrot' ist ein lebendiges Bort (ἄρτος ὁ ζῶν), es ist eine Person, nämlich der Gesandte Gottes: Jesus."

[475] In V. 51d findet sich nach E. RUCKSTUHL/P. DSCHULNIGG, Stilkritik 140f, das joh. Stilmerkmal ἐάν τίς, wo τίς immer vor dem Verb oder Hilfsverb steht. In diesem Fall folgt nach dem Wort τίς das Verb ἐσθίω.

[476] F. J. MOLONEY, Joh 219.

[477] Vgl. H. SCHÜRMANN, Schlüssel 261; CH. K. BARRETT, Joh 308f. Bezüglich V. 51 schreibt P. N. ANDERSON, Christology 207: „Despite the mention of ‚eating' and Jesus' ‚flesh', given for the life of the world, the reference is clearly to Jesus' daeth on the cross, not primarily the eucharist."

ist kein Zufall, daß an dieser Stelle die Präposition ὑπέρ vorkommt, deren Gebrauch in Formeln (Hingabe- bzw. Sterbe-Formel) und in soteriologischen Zusammenhängen besonders häufig ist.[478] Weiter fällt auf, daß Jesus als Geber seines Fleisches das aktive Subjekt ist. Er kündigt die Hingabe seines Lebens an. Er setzt sich mit ihr auseinander und begründet sie. Ihre einzige Absicht ist das Leben der Welt.

*b) Zum ζωή-Vokabular*

*Jesus, das Brot des Lebens, und die Juden*

Die Selbstprädikation Jesu aus V. 35b hat im 5. GA drei Wiederaufnahmen: zuerst 1mal auf dem KN 2 in V. 41c-d und danach noch 2mal auf dem KN 1 in VV. 48.51a-c.

| V. | Selbstprädikation Jesu | Sprecher | KN |
|---|---|---|---|
| 35b | ἐγώ εἰμι ὁ ἄρτος τῆς ζωῆς | Jesus | KN 1 |
| 41c-d | ἐγώ εἰμι ὁ ἄρτος ὁ καταβὰς ἐκ τοῦ οὐρανοῦ | Erzähler | KN 2 |
| 48 | ἐγώ εἰμι ὁ ἄρτος τῆς ζωῆς | Jesus | KN 1 |
| 51a-c | ἐγώ εἰμι ὁ ἄρτος ὁ ζῶν ὁ ἐκ τοῦ οὐρανοῦ καταβάς | Jesus | KN 1 |

Tabelle 30

Von dem Gesichtspunkt der Lebensthematik aus weicht die Wiederaufnahme in V. 41c-d auf dem KN 2 durch den Erzähler, der über die Reaktionen der Juden auf die Worte Jesu berichtet, von den drei Selbstprädikationen Jesu auf dem KN 1 deutlich ab: Die Charakterisierung des Brotes mit dem Begriff Leben wird ausgelassen, der Schwerpunkt liegt auf dem Herabsteigen vom Himmel, welches in bezug auf Jesus für die Juden problematisch ist. Die Juden können Jesus die himmlische Herkunft nicht zuschreiben.[479] Er ist für sie ein Jude, der Sohn Josefs, dessen Vater und Mutter sie kennen (V. 42b-d). Die Reaktionen der Juden in VV. 41f zeigen unter negativen Vorzeichen, daß Jesus nur dann als Brot des Lebens angenommen werden kann, wenn man zuerst glaubt, daß er als Mensch, Jude, zugleich der vom Himmel gekommene Sohn Gottes ist. Nur durch diesen Glauben kann man in der Person Jesu den Geber und die Gabe des Lebens erkennen. Die Juden in VV. 41f haben diesen Glauben noch nicht.[480]

[478] Vgl. H. PATSCH, EWNT III 949. Einige Beispiele für diesen Gebrauch von ὑπέρ im JohEv sind: Der gute Hirte setzt sein Leben „für" die Schafe ein (Joh 10,11.15). Ein Mensch muß „für" das Volk sterben (Joh 11,50; 18,14). Jesus sollte „für" die Nation sterben (Joh 11,51f). Die größte Liebe hat, wer sein Leben „für" seine Freunde einsetzt (Joh 15,13). Jesus betet: „Für (ὑπέρ) sie heilige ich mich" (Joh 17,19). Vgl. B. SCHWANK, Joh 221; H. RITT, Gebet 335; H. K. NIELSEN, Understanding 242-244.

[479] In diesem Sinn bemerkt L. MORRIS, Joh 371, für die Juden: „They fasten their attention on His claim to have come from heaven, and not on that to give life."

[480] Ähnlich behauptet K. SCHOLTISSEK, Antijudaismus 168f: „Dieser Jesus wird nicht ‚erkannt', wenn er nur auf seine natürliche Herkunftsfamilie festgelegt wird."

*Jesus – das lebende und das vom Himmel herabsteigende Brot*

Im Unterschied zu den Juden verbindet Jesus das Brot in seinen Selbstprädikationen (VV. 35b.48.51a-c) immer mit dem Begriff Leben. V. 48 ist die genaue Wiederaufnahme von V. 35b, in V. 51a-b kommt es zu folgender Veränderung:

ὁ ἄρτος τῆς ζωῆς (V. 35b) ⇒ ὁ ἄρτος ὁ ζῶν (V. 51a-b)

In V. 51a-b ist das Brot nicht mehr mit dem Substantiv ζωή verbunden, sondern mit dem Partizip des Verbs ζῶ. Es geht nicht nur um das Brot des Lebens, sondern um das Brot, das auch selbst lebt (Präsens), und zwar dauerhaft (Partizip).[481] Weiter in V. 51c erweitert Jesus seine Selbstprädikation mit der Wendung ὁ ἐκ τοῦ οὐρανοῦ καταβάς. Jesus geht auf das Thema seines himmlischen Abstiegs ein, den die Juden bezweifeln. Er bestätigt ihn jedoch und verwendet ihn als Teil seiner Selbstprädikation.

*Jesu Zusagen des Lebens und ihre Adressaten*

Auf die Selbstprädikationen Jesu in VV. 35b.48.51a-c folgen seine Zusagen, die mit dem Leben wesentlich verbunden sind. Dabei wird von ihren Adressaten eine dauernde Beziehung zu Jesus (Partizip) vorausgesetzt.

| | Voraussetzung für den Adressaten | Zusage |
|---|---|---|
| V. 35c-d | zu Jesus kommen<br>an Jesus glauben | nicht hungern<br>nicht jemals dürsten |
| V. 50c-d | vom Brot essen | nicht sterben |
| V. 51d-e | vom Brot essen | leben in Ewigkeit |

Tabelle 31

Die bildhaften Wendungen in der Tabelle fallen schnell auf. Ihre Bedeutung läßt sich mit Hilfe der nicht metaphorischen Wendungen entschlüsseln. Die Zusagen Jesu gelten für denjenigen Menschen, der zu Jesus kommt und vom Brot, das er selbst ist, ißt. Parallel zu diesen beiden bildhaften Wendungen wird der Glaube an Jesus vorausge-

481 Das Partizip des Verbs ζῶ kommt im Joh-Ev 6mal vor und kennzeichnet das Wasser (Joh 4,10f; 7,38), das Brot im Ich-bin-Wort Jesu (Joh 6,51b), den Vater (Joh 6,57a) und jeden, der an Jesus glaubt (Joh 11,26). In allen Fällen steht das Partizip im Präsens. J. Frey, Bild 356, verbindet das Partizip von ζῶ in V. 51b mit Joh 5,26, wo „Jesus bereits als der charakterisiert worden war, der das Leben in sich selbst trägt und deshalb Leben zu vermitteln vermag. Auf diesem Hintergrund ist nun auch das ὁ ἄρτος ὁ ζῶν zu verstehen: Jesus trägt als das ‚lebendige Brot' selbst Leben in sich und kann deshalb Leben geben."

setzt.[482] Mit Hilfe des ersten Bildes ist ein Mensch, der an Jesus glaubt, dadurch charakterisiert, daß er sich auf den Weg zu Jesus aufmacht bzw. zu ihm kommt. Er sucht seine persönliche Beziehung zu ihm und ist dafür offen. Mit Hilfe des zweiten Bildes versucht der Mensch, der an Jesus glaubt, ihn ganz so anzunehmen wie das Brot beim Essen, das ihm das Leben ermöglicht.

Ähnlich werden die Folgen der Beziehung zu Jesus bzw. des Glaubens an ihn zuerst mit Bildern dargestellt („nicht hungern", „nicht dürsten" und „nicht sterben"[483]) und danach im eigentlichen Sinn („leben in Ewigkeit"). Die ersten drei Folgen sind mit negierten Verben angegeben, die letzte durch eine positive Verbkonstruktion. Dadurch wird die Zusage des Lebens an den Glaubenden noch zusätzlich unterstrichen. Weiter bedeutet das, daß die Mangelzustände („hungern", „dürsten" und „sterben") auf den Glaubenden keine bleibende Wirkung mehr haben werden. Denn der Glaubende wird in Ewigkeit leben. Dementsprechend bringt das ewige Leben eine ganz neue Qualität des Lebens für den Glaubenden. Es läßt sich nicht nur auf eine ewige Fortsetzung des Daseins beschränken. Das ewige Leben, das sich in der Verbundenheit mit Jesus verwirklicht, ist ein so erfülltes Leben, daß in ihm Mangelzustände keine bleibende Wirkung und keine Kraft mehr haben.

*Der Glaubende und das ewige Leben*

In V. 47b nach dem doppelten ἀμήν stellt Jesus in der Mitte seiner Antwort fest: ὁ πιστεύων ἔχει ζωὴν αἰώνιον.[484] Dem Glaubenden wird schon im 1. Teil des Gesprächs das ewige Leben zugesagt, besonders stark und prägnant in V. 40b.[485] In V. 40b hat das Verb πιστεύω Jesus als Objekt, demgegenüber hat es in V. 47b kein Objekt – es ist im absoluten Sinn verwendet. Beidemal spricht Jesus mit der Glaubensproble-

[482] In diesem Sinn schreibt R. FABRIS, Joh 410: „Nelle serie delle ultime dichiarazioni si nota una certa progressione che porta a identificare Gesù con il pane della vita dato da Dio, e il ‚mangiare' con il ‚credere'."

[483] F. MUSSNER, ΖΩΗ 61, stellt fest, daß über das Verb ἀποθνήσκω im Joh-Ev „an den meisten Stellen im Sinne des physischen Sterbens gebraucht wird; nur 6,50 und 11,26 bilden Ausnahmen". Darüber schreibt auch K. WENGST, Joh I 247: „Diese Verheißung gilt angesichts und trotz des Todes, wie sie dann am prägnantesten in 11,25 formuliert werden wird: ‚Die an mich glauben, werden leben, auch wenn sie sterben.' Die Verheißung ist ein Dennoch!; sie übersieht und überspringt nicht schwärmerisch den Tod, sondern wird gegen ihn ausgesprochen im Vertrauen auf Gott, der sich gerade in Jesu Kreuzestod als lebendig machender Gott erwiesen hat."

[484] Zur Wendung ζωήν + ἔχω + ἐν ἑαυτῷ siehe die Ausführungen zum ζωή-Vokabular im 6. GA.

[485] R. FABRIS, Joh 410, schreibt: „Nella sua formulazione più densa la condizione richiesta è ‚credere', pistèuein (Gv 6,29.30.35.36.40.47)."

matik jeden einzelnen Menschen an. Der Glaube betrifft zuerst also jede einzelne Person.

Wer der Glaubende ist und was charakteristisch ist für seine Beziehungen zu Jesus und dem Vater, Gott, erklärt Jesus im 1. Teil seiner Antwort mit Hilfe der bildhaften Wendungen und durch das atl. Zitat (Jes 54,13a [LXX] bzw. Jes 54,13a) und dessen Deutung. Er spricht vom „Kommen zu ihm" (VV. 44a.45c), das eigentlich das Glauben an ihn bildhaft darstellt. Dieses setzt „das Ziehen des Vaters" voraus. Nach Jes 54,13a zieht der Vater die Menschen dadurch, daß sie von ihm gelehrt werden. Was es bedeutet, Schüler Gottes zu sein, erklärt Jesus weiter in V. 45c. Es geht um das Hören und Lernen von Gott. Diese Unterweisung des Vaters zieht den Menschen zu Jesus wegen seiner einmaligen Beziehung zu Gott. Jesus ist der einzige, der den Vater gesehen hat. Er ist der Seiende von Gott. Nicht nur der Himmel ist seine Herkunft, sondern Gott selbst. Der Glaubende wird als Schüler Gottes in die Beziehung zwischen dem Vater und Jesus hineingenommen. Die Teilnahme an dieser Beziehung bedeutet zugleich die Teilnahme am ewigen Leben.[486]

*Die Zusagen des Lebens für Gegenwart und Zukunft*

Im 5. GA verspricht Jesus dem Glaubenden das ewige Leben sowohl für die Gegenwart (V. 47b) als auch für die Zukunft (V. 51e).[487] Zu seinen zukünftigen Zusagen gehört auch diejenige der Auferstehung am letzten Tag in V. 44e.

| | VORAUSSETZUNG | ZUSAGE |
|---|---|---|
| V. 44 | kommen zu Jesus durch das Ziehen des Vaters | Auferstehung am letzten Tag (futurische Zusage) |
| V. 47b | glauben | ewiges Leben haben (präsentische Zusage) |
| VV. 50f | essen von diesem Brot (=Jesus) | nicht sterben<br>leben in Ewigkeit (futurische Zusage) |

TABELLE 32

Anhand der Tabelle ergeben sich auch folgende Bemerkungen: (1) Der Glaubende kann bereits jetzt in der Gegenwart das ewige Leben haben.[488] Dieses verwirklicht sich in der Beziehung zu Jesus bzw. in der Gemeinschaft mit ihm. Jesu Zusage des Lebens wird aber nicht auf die Gegenwart beschränkt. Sie gilt auch für die Zukunft. (2) Das ewige

486 Diese Verbindung drückt auch Joh 17,3 aus.

487 R. FABRIS, Joh 410, behauptet: „Si tratta di aspetti complementari di un'unica realtà dinamica che si estende dal passato al futuro, dalla situazione attuale a quella escatologica."

488 K. STOCK, Jesus 61, stellt fest: „Der Glaube an Jesus schenkt das ewige Leben: ‚Wer glaubt, hat das ewige Leben' (6,47). Es beginnt nicht erst nach dem Tod, sondern mit dem Anfang des Glaubens an Jesus."

Leben ist keinesfalls nur eine zukünftige Zusage an den Glaubenden. (3) Jesu Zusage des ewigen Lebens steht im Zusammenhang mit seiner Zusage der Auferstehung am letzten Tag. Es geht aber nicht um zwei identische Zusagen. Die Lebenszusage gilt für den Zeitraum, der schon in der Gegenwart beginnt und sich in die Ewigkeit ausdehnt. Die Zusage der Auferstehung gilt für einen genau bestimmten Zeitpunkt, für den letzten Tag.[489]

*Die Welt und das Leben*

Jesus schränkt den Personenkreis derer, die das Leben empfangen können, nicht ein, sondern läßt ihn offen für alle Menschen, für „die Welt" (ὁ κόσμος) in V. 51h. Der Gedanke aus V. 33, wo auch der κόσμος der Empfänger des Lebens ist, wird in V. 51 bestätigt und weiter entwickelt. Die Gabe Jesu ist das Leben, welches seinem inneren Wesen entspricht. Er selbst lebt bzw. ist lebendig (V. 51b) und gerade dies wird allen, die an ihm Anteil nehmen, zuteil. In V. 51f-h bestimmt Jesus genauer, was das Brot für das Leben der Welt ist. Das ist sein „Fleisch" (σάρξ)[490], das er „für" (ὑπέρ) das Leben der Welt[491] geben wird.[492] Damit kündet Jesus seine Lebenshingabe an. Im Unterschied zu V. 33 wird in V. 51 das Brot genauer mit der Person Jesu und seinem Fleisch bestimmt. Der präsentische Aspekt aus V. 33 wird in V. 51 mit dem futurischen erweitert.

489 τῇ ἐσχάτῃ ἡμέρᾳ kommt in V. 54b zum letzten Mal in Joh 6 vor (vgl. VV. 39c.40c.44e).

490 In diesem Sinn schreibt auch X. LÉON-DUFOUR, Joh II (it.) 203f: „Col termine ‚carne' (sárx) Gesù non intende la sostanza corporea dell'organismo umano, ma se stesso nella sua condizione mortale ... La parola ‚carne' specifica nel Prologo il modo di presenza del Logos tra noi (1,14); esso quindi tiene viva qui l'idea del mistero dell'Incarnazione, che il discorso ha messo in rilievo col tema della discesa dal cielo ... Questo linguaggio esprime anzitutto, attraverso il termine sárx, l'effetto vivificante dell'Incarnazione e, col futuro ‚io darò', anche la morte di Gesù come sorgente di vita per il mondo."

491 CH. K. BARRETT, Joh 309, schreibt: „Der Ausdruck ἡ τοῦ κόσμου ζωή hat keine Parallele im NT. Der Sinn des ganzen Satzes ist der von 3,15f: Gott liebte die Welt und gab in Christus die Mittel, durch welche sie ewiges Leben haben sollte." L. SCHENKE, Struktur 30, schreibt: „Die abschließende präpositionale Wendung ὑπὲρ τῆς τοῦ κόσμου ζωῆς faßt die Lebensaussage von V. 48.50.51b zusammen: indem Jesus sein Fleisch als lebendiges Brot zu essen gibt, ist der Welt Leben eröffnet."

492 Das neben dem Verb stehende Personalpronomen (ἐγὼ δώσω) unterstreicht zusätzlich das Subjekt des Gebens, das Jesus selbst ist. X. LÉON-DUFOUR, Joh II (it.) 202, schreibt: „Il verbo ‚dare' al futuro, ha come soggetto un Egō enfatico, lo stesso che introduceva la designazione del pane in 6,35.48.51a." Das zukünftige Geben ruft den Beginn des Gespräches V. 27 in Erinnerung, denn das Verb „geben" findet sich nur noch dort in diesem Gespräch im Futur. Jesus spricht in V. 27 über den Menschensohn, der die ins ewige Leben bleibende Speise geben wird (δώσει). Aufgrund dieser Verbindung von V. 51 mit dem V. 27 ist es kein Zufall, daß Jesus im anschließenden 6. GA wieder über den Menschensohn spricht.

*Der 6. Gesprächsabschnitt (VV. 52-59): Durch Jesus leben*

*a) Auslegung*

*Der Streit und die Frage der Juden (V. 52)*

Ebenso wie der 5. GA fängt auch der 6. GA auf dem KN 2 mit den Worten des Erzählers an. Auch hier wird das joh. Stilmerkmal οὖν narrativum verwendet.[493] Die Gesprächspartner Jesu bleiben noch weiter „die Juden" (οἱ Ἰουδαῖοι), die der Erzähler in V. 52a noch einmal erwähnt. Gleich wie am Anfang des 5. GA in V. 41 spricht er auch in V. 52 zuerst über ihre Reaktionen auf die Worte Jesu. Das zeigt die folgende Tabelle:

| | V. 41 | | V. 52 |
|---|---|---|---|
| a | ’εγόγγυζον οὖν οἱ Ἰουδαῖοι περὶ αὐτου | a | Ἐμάχοντο οὖν πρὸς ἀλλήλους οἱ Ἰουδαῖοι |
| b | ὅτι εἶπεν, | b | λέγοντες, |
| c | *εγώ εἰμι ὁ ἄρτος* | c | *Πῶς δύναται οὗτος ἡμῖν δοῦναι τὴν σάρκα [αὐτοῦ] φαγεῖν* |
| d | *ὁ καταβὰς ἐκ τοῦ οὐρανοῦ* | | |

TABELLE 33

Einige Beobachtungen zur Tabelle sind:

(1) Die Juden in V. 52 „streiten" (μάχομαι)[494] miteinander. Darin zeigt sich die Verschärfung ihrer Reaktionen auf die Worte Jesu: vom Murren im 4. GA zum Streiten im 5. GA.[495] Die beiden Verben, „murren" und „streiten", erscheinen im Imperfekt. Dadurch werden ihre Dauer und Wiederholung unterstrichen.

(2) In V. 41c-d ist das Problem der Juden die Selbstprädikation Jesu, vor allem aber sein Abstieg vom Himmel. In V. 52c beschäftigen sich die Juden noch immer mit der Person Jesu, diesmal besonders mit seiner Zusage, daß er sein Fleisch für das Leben der Welt geben wird. Obwohl Jesus selbst in V. 51 nicht vom Essen seines Fleisches spricht,

493 Vgl. E. RUCKSTUHL/P. DSCHULNIGG, Stilkritik 63-67.

494 Außer in Joh 6,52a kommt das Verb μάχομαι sowohl im Joh-Ev als auch bei den Synoptikern nicht mehr vor. Innerhalb des NT hat es nur 3 andere Belege: Apg 7,26; 2 Tim 2,24 und Jak 4,2.

495 Auf eine ähnliche Reaktion seitens des Volkes Israel im Zusammenhang mit der Wüstenwanderung verweist R. SCHNACKENBURG, Joh II 89: „Bei der Wüstenwanderung ist nämlich außer vom ‚Murren' auch von einem ‚Streiten' des Volkes mit Moses (Ex 17,2; Nm 20,3) bzw. gegen den Herrn (Nm 20,13) die Rede, und zwar als es kein Wasser gab. Die hebräische Vokabel ist רִיב, von der LXX an diesen Stellen mit λοιδορεῖσθαι wiedergegeben, sonst aber (10mal) mit μάχεσθαι.Wenn sich in der hebräischen Bibel an das ‚Murren' des Volkes in Ex 16 (Manna- und Wachtelspeisung) das ‚Streiten' anschließt (Ex 17,2 – Wasser aus dem Felsen) und die gleichen Ausdrücke in Joh 6,41 und 52 aufeinanderfolgen, ist das sicher kein Zufall."

interpretieren die Juden seine Zusage in diesem Sinn.[496] Sie äußern ihre Verwunderung, indem sie sagen: „Wie kann dieser uns sein Fleisch zu essen geben?" Wie in V. 42e verwenden sie auch in V. 52c die Fragepartikel πῶς[497].

(3) Die Kommunikationsstruktur zeigt, daß die Juden sich beidemal mit ihrer Frage nicht direkt an Jesus wenden.[498] Ihre Distanzierung von ihm kommt dadurch deutlich zum Ausdruck.

(4) Die Juden in V. 52 streiten nicht mit Jesus, sondern „miteinander" (πρὸς ἀλλήλους), ähnlich wie das schon bei ihrem Murren der Fall ist, denn Jesus ruft sie in V. 43c auf, nicht „untereinander" (μετ' ἀλλήλων) zu murren. Distanziert von Jesus haben sie keine einheitliche Meinung über ihn und seine Worte. Daraus ergibt sich ihr Streit.[499]

Diese Beobachtungen am Beginn des 6. GA zeigen eine zunehmende Spannung im Gespräch sowohl zwischen den Juden und Jesus als auch unter den Juden selbst.

*Die Antwort Jesu (VV. 53-58)*

Gleich wie in V. 52a führt der Erzähler auf dem KN 2 mit οὖν narrativum die Antwort Jesu in V. 53a ein. In V. 53b beginnt Jesus zum letzten Mal in diesem Gespräch seine Antwort mit dem doppelten ἀμήν[500] (vgl. VV. 26c.32b.47a). Beachtenswert ist, daß er bereits mit der Einführungsformel ἀμὴν ἀμὴν λέγω ὑμῖν seine Gesprächspartner, die Juden, direkt (in der 2.P.Pl.) anspricht, obwohl sie ihre Frage nicht unmittelbar an ihn stellen. Demgegenüber spricht Jesus am Anfang seiner Antwort über sich selbst nicht in der 1.P.Sg., sondern er verwendet für sich den Titel „der Menschensohn" bzw. „der Sohn des Menschen" (ὁ υἱὸς τοῦ ἀνθρώπου).[501] Seine Identifikation mit dem

[496] R. SCHNACKENBURG, Joh II 90, schreibt: „Vielfach wird das ‚kapharnaitische Mißverständnis' dahin gedeutet, daß den Juden der mit dem (lebendigen) ‚Fleisch' verbundene Blutgenuß verboten und zuwider war (vgl. Gn 9,4; Lv 3,17; Dt 12,23). Aber das ist in dem Satz nicht gesagt, auch nicht, daß die Juden vor dem Verzehren von Menschenfleisch erschauderten. Ihre Einrede will nur die Sinnlosigkeit des Ausspruches Jesu hervorheben (vgl. 3,4; 4,11; 8,52.57) und enthüllt dabei aufs neue ihren Unglauben."

[497] Die Fragepartikel πῶς kommt im Joh-Ev 20mal vor, 6mal als joh. Stilmerkmal: πῶς δύναμαι (unmittelbar aufeinander folgend, Gegenwartsform) mit folgendem Infinitiv; vgl. E. RUCKSTUHL/P. DSCHULNIGG, Stilkritik 94. Auf diese Weise reagieren auf die Worte Jesu mit Verwunderung: Nikodemus (Joh 3,4.9), die Juden (Joh 6,52; 9,16) und Thomas (Joh 14,5). Jesus selbst stellt mit dieser Wortverbindung den Glauben der Juden in Frage, welche die Ehre voneinander empfangen und nicht die Ehre suchen, die von dem einen Gott kommt (Joh 5,44).

[498] Ähnlich bemerkt K. WENGST, Joh I 250: „Und wie in V. 42 sprechen sie Jesus auch hier nicht an, sondern reden über ihn."

[499] Vgl. R. SCHNACKENBURG, Rede 251.

[500] Vgl. E. RUCKSTUHL/P. DSCHULNIGG, Stilkritik 154, und die Ausführungen zu V. 26 in Teil III 4.1.3.

υἱὸς τοῦ ἀνθρώπου).[501] Seine Identifikation mit dem Menschensohn kommt anschließend in VV. 54-56 deutlich zum Ausdruck, wo Jesus weiter über sich selbst in der 1.P.Sg. spricht und auf diese Weise einige Wortverbindungen aus V. 53 wieder aufnimmt (u.a. „mein Fleisch“, „mein Blut“).

In der 3.P.Sg. spricht Jesus über sich selbst schon im 1. GA in V. 27, wo er die Menschen aufruft, für die ins ewige Leben bleibende Speise zu wirken. Diese Speise kennzeichnet Jesus als Gabe des Menschensohnes, den der Vater, Gott, besiegelt hat (V. 27e-f). Der Menschensohn kommt als 3.P.Sg. vor. Weiter werden noch einige Motive aus dem 1. GA in der Antwort Jesu im 6. GA aufgegriffen: „der Menschensohn“, „die Speise, die er geben wird und die ins ewige Leben bleibt“, die Beziehung zwischen dem Vater und dem Menschensohn und das Lebensmotiv. Die Worte Jesu in V. 53 deuten genauer an, was die Speise des Menschensohnes aus V. 27 ist und wie er sie geben wird. Diese Speise ist er selbst, sein Fleisch[502], das er zu essen gibt und sein Blut, das er zu trinken gibt. Das Essen seines Fleisches und das Trinken seines Blutes ist Voraussetzung, um das Leben in sich zu haben.

Beide Begriffe, σάρξ und αἷμα, erscheinen in VV. 53-56 insgesamt 4mal und sind dadurch stark betont. Diese Tatsache verdient eine besondere Aufmerksamkeit schon aus zwei einfachen Gründen: Erstens werden diese beiden Begriffe nirgendwo in der Bibel so oft wiedergegeben. Zweitens gibt es keinen weiteren Beleg im NT, welcher gleichzeitig sowohl vom Fleisch als auch vom Blut Jesu bzw. des Menschensohnes spricht. Auch Jesus selbst spricht in keinen anderen Personenreden auf dem KN 1 darüber. Gemeinsam mit einigen Verben („essen“, „verzehren“ und „trinken“) bilden diese Begriffe im Gespräch eine Häufung und einen Schwerpunkt. Anhand der beiden Begriffe (σάρξ und αἷμα) und ihres Kontextes wird der Menschensohn auf folgende Weise charakterisiert:

(1) Der Menschensohn hat Fleisch und Blut. Er ist wirklich ein Mensch. Vor Joh 6 kommen σάρξ und αἷμα nur in Joh 1,13 vor und σάρξ allein in Joh 1,14; 3,6. Auf diesem Hintergrund erweist sich der Men-

[501] Zum selben Ergebnis kommt U. WILCKENS, Joh 53, zuerst in bezug auf Joh 1,51: „Deutlich ist mit dem ‚Menschensohn‘ Jesus gemeint. Das gilt für alle weiteren Jesus-Worte im Joh, in denen Jesus von ‚dem Menschensohn‘ wie von einem anderen spricht, aber sich selbst meint (3,13.14; 5,27; 6,27.53.62; 9,35; 12,23.34; 13,31). Solche eigenartig ‚verschlüsselten‘ Selbstaussagen Jesu finden sich zahlreich in den synoptischen Evangelien; und wenn es auch zu keinem der joh. Menschensohn-Worte inhaltliche Parallelen gibt, so ist doch die Redeweise als solche in der der synoptischen Menschensohn-Worte verwurzelt.“

[502] Zum Substantiv σάρξ siehe die Ausführungen zu V. 51 in Teil III 4.2.3 (5. GA).

schensohn als derjenige, der „ha assunto la condizione umana quando è disceso dal cielo per essere ‚innalzato'"[503].

(2) Das Essen des Fleisches des Menschensohnes und das Trinken seines Blutes, über welches Jesus in V. 53 spricht, können auf dem atl. Hintergrund als Hinweise auf seinen gewaltsamen Tod verstanden werden. „Wessen Fleisch gegessen und wessen Blut getrunken wird, dessen Tod ist vorausgesetzt."[504] In diesem Sinn kann der folgende Zusammenhang mit V. 53 interpretiert werden: Das Wort αἷμα, das sich direkt auf Jesus bezieht, erscheint im Joh-Ev abgesehen von Joh 6 nur noch in Joh 19,34 in der Verbindung mit seinem Tod am Kreuz. Dadurch können auch die ersten vier Belege von αἷμα im 6. GA (VV. 53d.54a.55b.56), die immer gemeinsam mit dem Wort σάρξ vorkommen, „als Hinweis auf Jesu Lebenshingabe am Kreuz verstanden werden"[505].

(3) Die Trennung des Fleisches vom Blut ruft auch die Opferthematik im AT hervor, aber gleichzeitig weicht sie von ihr ab. „Questa separazione degli elementi è prefigurata nei sacrifici giudaici in cui ‚carne e sangue', che insieme designano la vittima offerta, hanno tuttavia destinazioni differenti: il sangue viene versato sull'altare, la carne viene mangiata (cfr. Lv 7,14s; Dt 12,27)."[506] Das Blut wird anders als das Fleisch behandelt, weil es als „Sitz des Lebens gilt"[507] (vgl. Gen 9,4; Lev 17,14; Dtn 12,23). Joh 6,53 weicht von dieser Vorstellung ab. Es ist nicht vom Fleisch und vom Blut eines Opfertieres die Rede, sondern von dem des Menschensohnes bzw. Jesu, den der Vater, Gott, besiegelt hat (V. 27e-f) und der von ihm kommt. Gegenüber dem für den Juden wichtigen Verbot des Menschenopfers (Lev 18,21; 20,2-5; Dtn 12,31; vgl. auch Gen 22,1-19) klingt die Antwort Jesu im 6. GA provokant und kann leicht mißverstanden werden.

(4) Der Menschensohn ist nicht ein Opfer, das die Menschen Gott darbringen. Umgekehrt, der Menschensohn und seine Hingabe ist die Gabe Gottes, des Vaters, an die Menschen. Er geht seiner Hingabe als der von Gott Beauftragte bewußt und souverän entgegen. Es geht um kein kultisches Handeln der Menschen, sondern um das Handeln Gottes an den Menschen durch seinen Sohn, durch den Menschensohn. Anders als beim kultischen Handeln wird hier den Menschen nicht nur das Fleisch des Menschensohnes zuteil durch „Essen" (ἐσθίω) oder

503 X. LÉON-DUFOUR, Joh II (it.) 214.

504 K. WENGST, Joh I 252. In diesem Zusammenhang verweist er auf Num 23,24; Ez 39,17-20 und 1 Chr 11,18f.

505 M. HASITSCHKA, Christologie 43.

506 X. LÉON-DUFOUR, Joh II (it.) 214. Vgl. A. SCHLATTER, Joh 178f.

507 R. KAMPLING, BThW 83.

sogar „Verzehren" (τρώγω), sondern durch „Trinken" (πίνω) auch sein Blut, das das Leben selbst bzw. den Sitz des Lebens bedeutet.
(5) Jesus fordert von den Juden in einem negativen Bedingungssatz, das Fleisch des Menschensohnes zu essen und sein Blut zu trinken. Diese Aufforderung gilt bereits für die Gegenwart. Das bedeutet also, daß hier die Wendungen „das Fleisch des Menschensohnes essen" und „sein Blut trinken" nicht im eigentlichen Sinn gemeint sind, sondern sie können nur eine übertragene bzw. metaphorische Bedeutung haben.[508] Positiv betrachtet drücken sie bildhaft aus, wie die Beziehung zum Menschensohn gelebt werden soll, damit die Menschen („die Juden" in V. 53) das Leben in sich haben können.
In seiner Antwort versucht Jesus nicht, den Anstoß der Juden von V. 52 zu mildern. Wenn man seine Worte aus der Sichtweise der Juden betrachtet, dann kann ihr Anstoß noch größer sein. „Neben das Essen seines Fleisches tritt hier das Trinken seines Blutes – dies ist besonders für Juden schockierend angesichts des absoluten Verbots jedes Blutgenusses in der Tora (Lev 17,10-14)."[509] Der erste Satz seiner Antwort hat eine typisch joh. Form: ἐὰν μή ..., οὐ ... (V. 53c-e).[510] Es handelt sich um einen negativen Konditionalsatz. Jesus zeigt den Juden die Folge, die sie trifft, wenn sie das Fleisch des Menschensohnes nicht essen und sein Blut nicht trinken. Dann haben sie das Leben nicht in sich. Die Wendung „das Leben in sich haben" enthält zugleich zwei joh. Stilmerkamle: ἔχω + ἐν ἑαυτῷ[511] und ζωήν + ἔχω[512]. Dabei ist die Präposition ἐν zu beachten, die das Verhältnis zwischen dem Leben und der Person kennzeichnet (vgl. 2mal in V. 56). Durch eine positive Lektüre dieses negativen Bedingungssatzes wird deutlich, daß Jesus den Juden die Möglichkeit eröffnet, das Leben in sich zu haben, was bis dahin nur für ihn selbst und den Vater gilt (vgl. Joh 5,26). Weiter fällt auf, daß hier vom Leben in der Gegenwart die Rede ist. Bereits in VV. 40b.47b betreffen Jesu Zusagen des Lebens, die für den Glaubenden

[508] In diesem Sinn schreibt auch M. J. J. MENKEN, Eucharist 195: „In vv. 48, 50-51b both the verb ‚to eat' and ‚to drink' are used metaphorically; in vv. 53-58 the verbs ‚to eat' and ‚to drink' are used metaphorically, but the objects ‚flesh' and ‚blood', or ‚me' (v. 57), are not." Er verweist diesbezüglich noch auf V. 35 und weiter auf Joh 10,1-18. Zum letzten schreibt er: „In its final part, we found a series of increasingly clear gradual decrease of metaphorical language and increase of literal language" (ebd. 196).

[509] U. WILCKENS, Joh 106f. In diesem Sinn schreibt auch K. STOCK, Jesus 65: „Mit der Unterscheidung von Fleisch und Blut verweist Jesus auf seinen gewaltsamen Tod."

[510] Vgl. E. RUCKSTUHL/P. DSCHULNIGG, Stilkritik 92f.

[511] Vgl. E. RUCKSTUHL/P. DSCHULNIGG, Stilkritik 143f. Die vier weiteren Belege sind: Joh 5,26(2mal).42; Joh 17,13.

[512] Vgl. E. RUCKSTUHL/P. DSCHULNIGG, Stilkritik 151.

gelten, auch die Gegenwart. Aufgrund der Gemeinsamkeiten von V. 53c-e mit VV. 40b.47b, vor allem der Zusage des Lebens für die Gegenwart, sind die Wendungen „das Essen des Fleisches des Menschensohnes“ und „das Trinken seines Blutes“ in V. 53c-e bildhaft als Vertiefung und Fortführung des Glaubens an Jesus und der Beziehung zu ihm zu verstehen. „Das Essen des Fleisches des Menschensohnes“ und „das Trinken seines Blutes“ in diesem bildhaften Sinn sind aber nicht nur möglich, sondern sogar notwendig, um das Leben in sich zu haben.

V. 53 knüpft auch an V. 35 an, wo Jesus im Anschluß an seine Selbstprädikation als Brot des Lebens demjenigen, der zu ihm kommt, verspricht, daß er nicht hungern wird und demjenigen, der an ihn glaubt, daß er gewiß niemals dürsten wird. Im Gegensatz zu Joh 4,14 und Joh 7,37-39, wo Durst durch das Wasser, welches Jesus geben wird, gestillt wird, wird in V. 35 kein Wasser erwähnt. Erst in V. 53 wird die für das Leben notwendige Flüssigkeit erwähnt. Das ist das Blut des Menschensohnes. Durch „das Trinken seines Blutes“ und durch „das Essen seines Fleisches“ kann der Mensch das Leben schon jetzt in der Gegenwart in sich haben. Diese Zusage des Lebens für die Gegenwart unterscheidet sich von den oben erwähnten Zusagen in Verbindung mit dem Wasser, die erst für die Zukunft[513] gelten. In beiden Fällen geht es um bildhafte Wendungen, die die lebensnotwendige Beziehung des Menschen zu Jesus zum Ausdruck bringen. Ab V. 54 formuliert Jesus seine Antwort nicht mehr als Bedingungssatz wie in V. 53c-e. Im Unterschied zu. V. 53 kommt es zu einer zweifachen Veränderung hinsichtlich der Personenanrede: Erstens spricht Jesus nicht mehr vom Fleisch und Blut des Menschensohnes in der 3.P.Sg., sondern von seinem Fleisch und seinem Blut in der 1.P.Sg. Auf diese Weise läßt sich in VV. 53-54 der Menschensohn mit Jesus selbst identifizieren.[514] Zweitens sind die Adressaten der Worte Jesu nicht mehr die Juden („ihr“ als 2.P.Pl.), sondern „der Verzehrende mein Fleisch“ und „der Trinkende mein Blut“ (3.P.Sg.). Diese Anrede Jesu spricht die Adressaten auf den verschiedenen KN direkt an, auch die heutigen Leser, und beschränkt sich nicht nur auf die Gruppe der Juden auf dem KN 1. Der Singular

[513] Der Erzähler gibt auch eine Begründung an, warum die Zusage Jesu erst für die Zukunft gilt: „denn noch war der Geist nicht da, weil Jesus noch nicht verherrlicht worden war“ (Joh 7,39b).

[514] In diesem Sinn schreibt auch K. WENGST, Joh I 253, daß Jesus in V. 54 wie in V. 51 „in 1. Person von ‚meinem Fleisch‘ und dann auch von ‚meinem Blut‘ spricht. Seine Identifizierung mit dem Menschensohn in V. 53 war also selbstverständlich vorausgesetzt“.

macht deutlich, daß der Adressat als einzelne Person von Jesus persönlich angesprochen wird.

In VV. 54-58 verwendet Jesus in Verbindung mit seinem Fleisch nicht mehr das Verb „essen" (ἐσθίω) wie bisher, sondern das Verb „verzehren" (τρώγω), immer als Ptz.Präs.Sg. Das substantivierte Partizip ὁ τρώγων ist ein joh. Stilmerkmal.[515] Abgesehen vom Beleg in Joh 13,18 kommt es ausschließlich hier im 6. GA vor, in VV. 54a.56.57c. 58e. τρώγω ist nicht nur eine sprachliche Variation zu ἐσθίω, sondern bringt eine inhaltliche Verschiebung bzw. Verstärkung von „essen" zu „zerbeißen, kauen" mit sich.[516] Die Wendung ὁ τρώγων μου τὸν ἄρτον in Joh 13,18 ist als „Bild enger Gemeinschaft"[517] zu verstehen. Joh 13,18 bezieht sich auf das Zitat aus Ps 40,10 (LXX). Auch hier wird statt des Verbs ἐσθίω, das in Ps 40,10 (LXX) erscheint, das Verb τρώγω verwendet und damit wird dieses atl. Bild der Gemeinschaft verstärkt. In Joh 6 ist das Objekt des Verzehrens das Fleisch Jesu (VV. 54a.56)/Jesus (V. 57c)/dieses Brot (V. 58e). Es geht um Bilder der engen persönlichen Gemeinschaft, der Verbundenheit mit Jesus und der lebensnotwendigen Beziehung zu ihm.

In V. 54 spricht Jesus nicht mehr über die Folgen, die die Juden betreffen, sondern über die Folgen für den Einzelnen, die ihm in der gelebten Beziehung zu Jesus (bildhaft: durch das Verzehren des Fleisches Jesu und durch das Trinken seines Blutes) zuteil werden. Die erste Folge in V. 54a ist, daß er das ewige Leben schon in der Gegenwart hat. Die zweite Folge in V. 54b bezieht sich auf die Zukunft, genau auf den letzten Tag.[518] An jenem Tag wird Jesus ihn auferstehen lassen. Das bedeutet, daß die Verbundenheit mit Jesus und das Leben, das er durch sie schenkt, nicht auf die Gegenwart begrenzt sind und auch mit dem Sterben des Menschen nicht zu Ende gehen werden. Denn Jesus wird diesen Menschen am letzten Tag auferstehen lassen.

In V. 55 folgt die Begründung dieser Zusagen Jesu, die mit Hilfe der Partikel γάρ eingeleitet und als Parallelismus formuliert wird:

[515] Vgl. E. RUCKSTUHL/P. DSCHULNIGG, Stilkritik 158f.

[516] Vgl. E. RUCKSTUHL/P. DSCHULNIGG, Stilkritik 158. R. KYSAR, Dismantling 172, schreibt über die Wiederholungen und die Nuancierungen im Gespräch gerade in Verbindung mit den Verben ἐσθίω und τρώγω: „The verb ‚eat' (ἐσθίω) is used consistently through the discussion (e.g., vv. 26,31,50,53), but then is replaced by ‚feed on' (τρώγω, vv. 54-58). Eating is supplemented by references to thirst (e.g., v. 35) and drinking (vv. 53 and 56). The discussion spirals up from the food the son of man gives (v. 27) to the Father's givinig the bread from heaven (e.g., v. 32) to Jesus' identity as the bread of life from heaven (v. 51). There is clear progression, therefore, even amid the repetitious style of the passage."

[517] W. BAUER, Wörterbuch 1653.

[518] Die Wendung τῇ ἐσχάτῃ ἡμέρᾳ findet sich V. 54b zum letzten Mal in diesem Gespräch.

a ἡ γὰρ σάρξ μου ἀληθής ἐστιν βρῶσις,
b καὶ τὸ αἷμά μου ἀληθής ἐστιν πόσις.

Durch das Personalpronomen μου (Gen.) unterstreicht Jesus in beiden ÄE, daß es um sein Fleisch und sein Blut geht. Das Adjektiv ἀληθής, das auch in beiden ÄE erscheint, bedeutet „wahr im Sinne von zuverlässig, beständig, wirklich, wahrhaftig, treu“[519]. Wie das Fleisch Jesu die wahre, zuverlässige Speise ist, so ist auch sein Blut wahrer, zuverlässiger Trank. Sie vermitteln zuverlässig das ewige Leben.[520] Es geht nicht um eine gewöhnliche Speise und einen gewöhnlichen Trank[521], die vergänglich sind, sondern um die Speise und den Trank, die eine übertragene bzw. metaphorische Bedeutung haben. Sie vermitteln das unvergängliche Leben. Jesus selbst in seiner Person ist diese einmalige Speise und dieser Trank. Denn dieser Gedanke entspricht dem bildhaften Ich-bin-Wort Jesu, nämlich daß Jesus das außergewöhnliche „Brot“ (ἄρτος) – „das Brot des Lebens“ bzw. „das lebende und das vom Himmel herabgestiegene Brot“ (vgl. VV. 35b.48.51a-c) – ist, und daß den Menschen durch das Essen dieses Brotes – das bedeutet, durch die personale Beziehung zu Jesus – das ewige Leben zuteil wird. Die „Speise“ (βρῶσις) wird in diesem Gespräch schon in V. 27c-d eingeführt, wo sie auch eine übertragene Bedeutung hat und als Gabe des Menschensohnes ins ewige Leben bleibt. Auf diesem Hintergrund läßt sich Jesus noch einmal als der im Auftrag des Vaters vom Himmel gekommene Menschensohn erkennen.

In V. 56 spricht Jesus von weiteren Folgen für denjenigen, der sein Fleisch verzehrt und sein Blut trinkt. Er wird in Jesus bleiben und Jesus in ihm. Hier in V. 56 erscheint die reziproke Immanenzformel[522] zum

[519] H. HÜBNER, EWNT I 140.

[520] In diesem Sinn interpretiert das Adjektiv ἀληθής auch M. J. J. MENKEN, Eucharist 197: „The adjective does not mean that Jesus' flesh and blood are food and drink in the literal sense of the word, but that they achieve what food and drink ought to achieve. Just as food and drink procure life, so Jesus' flesh and blood procure eternal life (cf. v. 54).“ R. SCHNACKENBURG, Joh II 93, begründet dieses Verständnis vom Adjektiv ἀληθής folgendermaßen: „Versteht man ἀληθής im Sinne von ‚eigentlich, wirklich‘, so wäre der Akt des Essens und Trinkens gemeint und als realistischer Vorgang betont. Das fiele aber aus dem joh. Sprachgebrauch heraus, da dafür sonst ἀληθινός verwendet wird. Nun kann zwar ἀληθινός für ἀληθής eintreten (vgl. 4,37; 8,16; 19,35); aber da der umgekehrte Fall sonst nicht belegt ist, muß man mit der Annahme eines völlig unterschiedslosen Gebrauchs vorsichtig sein.“

[521] Der „Trank“ (πόσις) findet sich im Joh-Ev nur hier und hat eine übertragene Bedeutung. Außerhalb vom Joh-Ev erscheint πόσις nur noch 2mal, in Röm 14,17 und in Kol 2,16, wieder in Verbindung mit βρῶσις, aber nicht in bezug auf Jesus selbst.

[522] K. SCHOLTISSEK, Sprache, ist ein wichtiges monographisches Werk in der neueren joh. Forschung, das die Sprache der Immanenz in den joh. Schriften genauer untersucht. „Die Sprache der Immanenz – μένειν ἐν und εἶναι ἐν mit reziproken Wen-

ersten Mal innerhalb des Joh-Ev. In V. 56 kommt zuerst die Wendung „bleiben in" (μένω + ἐν)[523] vor, die das Bleiben des Menschen in Jesus ausdrückt, der Jesus so wie die lebensnotwendige Speise aufnimmt (bildhaft ausgedrückt: sein Fleisch verzehrt und sein Blut trinkt). Anschließend kommt noch einmal die Präposition ἐν[524] in V. 56 vor, die

dungen – gehören zu den auffälligsten Spezifika des JohEv wie des 1 Joh. Neben der freilich gewichtigen Ausnahme der paulinischen Wendung ‚in Christus' und ihrer deuteropaulinischen Wirkungsgeschichte, findet sich im NT keine vergleichbare, theologisch qualifizierte Verwendung des Wort- und Bildfeldes der Immanenz" (ebd. 1). „Aus dem umfassenden Wort- und Bildfeld der Immanenz im JohEv ragen die reziproken Immanenzformeln (‚ich [bin/bleibe] in dir und du [bist/bleibst] in mir') als konzentrierende Spitzenformulierungen heraus" (ebd. 2). Der Autor kommt u.a. zum Ergebnis, daß „die reziproken Imanenz-Aussagen durch andere reziproke Aussagen vorbereitet werden, die insbesondere mit γινώσκω, ἀγαπάω und δοξάζω gebildet sind" (ebd. 366). In den joh. Schriften finden sich neben den personalen auch die nichtpersonalen Immanenz-Aussagen, die für die Interpretation der reziprokpersonalen Immanenz-Aussagen auch bedeutsam sind (ebd. 367), da „der Überstieg von einer nichtpersonalen zu einer personalen Immanenz-Aussage" (ebd. 368) möglich ist. Der Autor untersucht auch den Hintergrund der joh. Immanenz-Aussagen und kommt zum Ergebnis, daß die atl. Zeugnisse (MT) „die kultische Gegenwart Gottes im Tempel, die Gottesnähe des Betenden und Gottes ‚Wohnen inmitten seines Volkes' betonen" (ebd. 368). „Bei aller Betonung der Gegenwart und Nähe Gottes kennt das Alte Testament – und in direkter Weiterführung die Qumranschriften – keine Immanenz Gottes im einzelnen Menschen" (ebd. 125). Nach seiner Meinung sind für die joh. Immanenz-Aussagen besonders relevant die Texte in LXX, besonders die Weisheitsliteratur, einige frühjüdischen Apokryphen (besonders TestXII) und einige Texte von Philo, weil sie schon „auf Personen bezogene Immanenz-Aussagen kennen" (ebd. 368). Anschließend werden die besonderen Merkmale der joh. Immanenz-Aussagen unterstrichen: „Der Evangelist führt die verbreiteten Vorgaben sprachlich und inhaltlich eigenständig weiter: sprachlich insbesondere in der reziproken Formel, inhaltlich in der Personen-Reziprozität, bei der er die reziproke Vater-Sohn-Immanenz als Urbild der reziproken Sohn-Christen-Immanenz bestimmt" (ebd. 369).

523 Die Wendung „bleiben in" in V. 56 kennzeichnet die Beziehung zwischen dem Menschen und Jesus. Das stimmt mit der Bemerkung von K. SCHOLTISSEK, Sprache 365, überein: „Immerhin fällt auf, daß μένειν ἐν nicht in reziproken Aussagen verwendet wird, die die Vater-Sohn-Relation betreffen. Es findet sich zudem nur einmal in 14,10e eine einfache Immanenz-Aussage über das ‚Bleiben' des Vaters im Sohn, der freilich die führende reziproke Immanenz-Aussage in 14,10bc mit εἶναι ἐν vorangestellt ist. Deshalb ergibt sich ein gewisser Vorzug der Verwendung von εἶναι ἐν für die Vater-Sohn- und von μένειν ἐν für die Sohn-Christen-Relation." Die reziproke Immanenz-Aussage, die mit μένειν ἐν gebildet wird, erscheint im Joh-Ev noch 2mal (Joh 15,4.5). Sie kommt auch in 1 Joh vor (1 Joh 3,24; 4,13.15.16), wo sie sich auf die Beziehung Gott – Mensch bezieht. Mehr dazu siehe in K. SCHOLTISSEK, Sprache 159.

524 W. ELLIGER, EWNT I 1093, schreibt: „Mit etwa 2700 Belegen ist ἐν mit Abstand die häufigste Präp. im NT und begegnet in allen Schriften ohne besonderen Schwerpunkt. Die schon im klass. Griech. über die ursprüngliche lokale Bedeutung weit hinausreichenden Anwendungsmöglichkeiten haben sich im NT, nicht zuletzt wegen der Nachbildungen hebr. Konstruktionen mit b$^{e}$, noch stark erweitert. Daher sind die Bedeutungen nicht immer klar voneinander abzugrenzen (z.B. Apg 17,28 ἐν αὐτῷ

reziprok dazu auch das Bleiben Jesu in diesem Menschen kennzeichnet.

V. 56 erweist eine enge Beziehung zu V. 54, was die folgende Tabelle zeigt:

| V. 54 | V. 56 |
|---|---|
| ὁ τρώγων μου τὴν σάρκα<br>καὶ πίνων μου τὸ αἷμα<br>ἔχει ζωὴν αἰώνιον,<br>κἀγὼ ἀναστήσω αὐτὸν τῇ ἐσχάτῃ ἡμέρᾳ. | ὁ τρώγων μου τὴν σάρκα<br>καὶ πίνων μου τὸ αἷμα<br>ἐν ἐμοὶ μένει κἀγὼ ἐν αὐτῷ. |

TABELLE 34

Zuerst fällt in beiden Versen dasselbe Subjekt auf: ὁ τρώγων μου τὴν σάρκα καὶ πίνων μου τὸ αἷμα. Anschließend nennt Jesus seine Zusagen diesem Adressaten gegenüber. Aufgrund desselben Subjektes bzw. desselben Adressaten sind auch Jesu Zusagen miteinander verbunden. Das bedeutet, daß die Zusage des ewigen Lebens und die Zusage der Auferstehung am letzten Tag in V. 54a-b im Zusammenhang mit der Zusage des gegenseitigen „Bleibens in“ (μένω ἐν) zu verstehen sind.[525] Der schon gegenwärtige Anteil am ewigen Leben und die Auferstehung am letzten Tag können sich nur in einer solchen Beziehung zu Jesus, in einer gegenseitigen reziproken Immanenz mit ihm, verwirklichen. Außerhalb dieser Beziehung gibt es für den Menschen kein Leben und keine Auferstehung. Weiter fällt auf, daß die Präposition ἐν im 6. GA (VV. 53e.56) immer auf Personen bezogen ist. Beachtenswert ist, daß in den Zusagen in VV. 54.56 2mal der Mensch Subjekt ist und 2mal Jesus: Der Mensch hat das ewige Leben (V. 54a) und er bleibt in Jesus (V. 56); Jesus wird ihn auferstehen lassen am letzten Tag (V. 54b) und er bleibt in ihm (V. 56). Jesus bzw. der Menschensohn, auf dessen Tod die Begriffe „sein Fleisch“ und „sein Blut“ in beiden Versen hinweisen, wird mit dem Tod für den Menschen nicht verschwinden. Er bleibt in ihm und er wird ihn am letzten Tag auferstehen lassen. „Jesus, der in den Tod geht, ist damit nicht ‚weg‘, sondern

γὰρ ζῶμεν ‚in ihm ...‘, aber auch ‚durch ihn leben wir‘: lokal/kausal).“ Ähnlich schreibt W. BAUER, Wörterbuch 521: „D. Gebr. dieser Präp. ist so vielseitig, aber auch oft so verschwommen, daß e. genaue Systematik unmöglich ist.“ Treffend bemerkt K. SCHOLTISSEK, Sprache 141: „Der ‚unscheinbaren‘ Präposition kommt eine relative Schlüsselposition zu bei der syntaktischen und semantischen Analyse und Interpretation von neutestamentlichen bzw. außerneutestamentlichen Immanenz-Aussagen. Eine nähere, exakte Bestimmung der syntaktischen Funktion und Bedeutung der Präposition ist freilich allein in ihrem jeweiligen Verwendungszusammenhang möglich“ (ebd. 141). Vgl. F. BLASS/A. DEBRUNNER/F. REHKOPF, Grammatik § 218- § 220.

525 H. WEDER, Menschwerdung 389, interpretiert das Verb μένω in V. 56 in bezug auf die Zeit: „Das μένειν unterstreicht noch einmal, dass dieses Verhältnis sowohl unter zeitlichen als auch unter ewigen Bedingungen gilt.“

‚bleibt'."[526] Obwohl Jesus hier nicht direkt von seiner eigenen Auferstehung spricht, setzen seine Zusagen diese deutlich voraus. Er, der sich selbst als Nahrung für den Menschen gibt bzw. in den Tod geht, kann in diesem Menschen nur dann bleiben und ihn auferstehen lassen, wenn zuerst er selbst trotz des Todes weiter bleibt und wenn er als erster aufersteht.

In V. 57 wendet sich Jesus bereits zum dritten Mal innerhalb seiner Antwort an den ihn Verzehrenden (vgl. VV. 54a.56) und erklärt mit Hilfe der Satzkonstruktion καθὼς ..., καί[527], auf welche Weise dieser leben wird. So wie Jesus durch den Vater lebt, wird der Glaubende durch ihn leben (ζῶ + διά). „Leben ist die Wirklichkeit einer personalen Beziehung."[528] Ähnlich wie in V. 56 die Präposition ἐν 2mal vorkommt und die Dynamik der Beziehung stark charakterisiert, hat diese Funktion in V. 57 die Präposition „durch" (διά).[529]

526 K. WENGST, Joh I 254. Das Verb μένω in V. 56 in bezug auf die Zeit interpretiert er folgenderweise: „Das μένειν unterstreicht noch einmal, dass dieses Verhältnis sowohl unter zeitlichen als auch unter ewigen Bedingungen gilt" (ebd. 389).

527 Vgl. E. RUCKSTUHL/P. DSCHULNIGG, Stilkritik 73. Im Joh-Ev kommt die Satzkonstruktion καθὼς ..., καί 6mal vor (Joh 6,57; 13,15.33; 15,9; 17,18; 20,21). Die Beziehung zwischen dem Vater und Jesus wird 4mal (Joh 6,57, 15,9; 17,18; 20,21) durch diese Satzkonstruktion als Vergleich und Begründung der Beziehung zwischen Jesus und den Menschen/den Jüngern dargestellt. Nur in Joh 6,57 geht es um das Verhältnis zwischen Jesus und dem Einzelnen (dem ihn Verzehrenden). In Joh 15,9; 17,18; 20,21 geht es um die Beziehung zwischen Jesus und den Jüngern (Plural). Was wird Jesus durch den Vater zuteil, das demzufolge auch den Menschen/den Jüngern durch Jesus zuteil wird? Das wird mit Hilfe der folgenden Verben ausgedrückt: ζῶ, ἀγαπάω und ἀποστέλλω/πέμπω. Diese Verben bringen die Dynamik der Beziehungen unter den erwähnten Personen stark zum Ausdruck. Zu beachten sind auch ihre Zeitformen, die hier tabellarisch dargestellt sind:

| | VERB | VATER – JESUS | JESUS – MENSCH/JÜNGER |
|---|---|---|---|
| Joh 6,57 | ἀποστέλλω<br>ζῶ | Aorist<br>Präsens | <br>Futur |
| Joh 15,9 | ἀγαπάω | Aorist | Aorist |
| Joh 17,18 | ἀποστέλλω | Aorist | Aorist |
| Joh 20,21 | ἀποστέλλω/πέμπω | Perfekt | Präsens |

Das Futur kommt in der Beziehung Vater – Jesus nicht vor. Die einzige präsentische Form in dieser Beziehung betrifft das Verb ζῶ in Joh 6,57, welches aber weiter in der Beziehung zwischen Jesus und dem Menschen als Futur erscheint. Aufmerksamkeit erregt auch das Verb ἀποστέλλω in der Beziehung zwischen dem Vater und Jesus in Joh 6,57, das noch keine Entsprechung in der Beziehung zwischen Jesus und dem Menschen im gleichem Vers findet. Das bewirkt eine Spannung, die zu Joh 17,18 führt, wo Jesus in seinem Gebet von der Sendung der Seinen in der Welt spricht. Diese Spannung wird aber erst in Joh 20,21 durch die unmittelbare Sendung der Jünger durch Jesus aufgelöst.

528 M. HASITSCHKA, Christologie 43.

529 A. J. HESS, EWNT I 712, schreibt: „διά drückt urspr. den Bereich aus, durch den hindurch sich ein Vorgang vollzieht. Im NT ist sein Anwendungsfeld im Akk. auf den

Die Bezeichnung „der lebende Vater“ (ὁ ζῶν πατήρ) in V. 57a ist einmalig in der Bibel. Der Vater ist der Lebende. Er hat das Leben in sich (Joh 5,26a). „He has life in the absolute sense, without receiving it from anyone or anywhere.“[530] Er behält das Leben aber nicht für sich selbst,[531] sondern er hat auch seinem Sohn gegeben, das Leben in sich zu haben (Joh 5,26b). „Es kennzeichnet das Wesen des Vaters, Leben zu schenken.“[532] Für Jesus bedeuten der Vater und die Beziehung zu ihm das Leben. Er lebt durch den Vater, der ihn gesandt hat (V. 57a). „Die Lebendigkeit des Vaters besteht in der Sendung des Sohnes, dessen Lebendigkeit im Gesandtsein besteht.“[533] Wie der Vater so behält auch Jesus das Leben nicht nur für sich, sondern er gibt die Gabe des Lebens weiter an den Menschen.[534] „Jener“ (κἀκεῖνος), der Jesus verzehrt, wird durch ihn leben (V. 57d). In V. 57c fällt weiter auf, daß das Objekt des Verzehrens nicht mehr das „Fleisch“ Jesu wie in VV. 54a.56 ist, sondern Jesus selbst, was das Personalpronomen „mich“ (ἐμέ) ausdrückt. „Die Wendung ‚der mich Essende‘ macht vollends klar, daß es bei Fleisch/Blut nicht um sachhafte Größen geht (‚Lebensmittel‘), sondern um Jesus selbst, seine Person in ihrem gesamten irdischen Wirken und Geschick.“[535] In V. 57 erscheint das Verb „leben“ in bezug auf Jesus im Präsens, in bezug auf den ihn Verzehrenden im Futur. Dem Letzten wird das Leben für die Zukunft unter einem ganz bestimmten Aspekt zugesagt. Er wird nämlich auf diese Weise leben, wie Jesus schon jetzt durch den Vater lebt. Abschließend in V. 58 greift Jesus noch einmal das sich im Gespräch häufig wiederholende Bild des Brotes auf, das er auch in seiner Selbstprädikation verwendet hat (vgl.

kausalen Bereich begrenzt, dagegen im Gen. auf den Bereich des Dativus instrumentalis ausgeweitet. Ferner übernimmt es hebr. Konstruktionen (διά mit Inf./Akk. mit Inf.) und Wortverbindungen.“ Die Präposition διά erscheint beidemal in V. 57 mit dem Akkusativ und bezieht sich auf Personen. Nach W. BAUER, Wörterbuch 363, wird in Joh 6,57 διά mit Akkusativ statt διά mit Genitiv verwendet „zur Angabe der wirksamen Ursache“. R. SCHNACKENBURG, Joh II 95, schreibt: „Am besten sieht man wohl bei einer Person durch διά c. acc. das persönliche Aktivwerden angedeutet.“ Doch es klingt in dieser Präposition auch in V. 57 ihre obenerwähnte ursprüngliche Bedeutung mit, nämlich daß gerade die Personen (Vater, Jesus und der ihn Verzehrende) und die Beziehungen zwischen ihnen die Bereiche sind, wo sich das Leben vollzieht.

530 J. G. VAN DER WATT, Family 204.

531 In diesem Sinn schreibt H. WEDER, Menschwerdung 389: „Das Leben selbst besteht darin, dass es ausgeteilt wird; als Privatbesitz kann es gar nicht gedacht werden, wie schon der Prolog festgehalten hat.“

532 K. STOCK, Jesus 66.

533 H. WEDER, Menschwerdung 389.

534 Die Wiederaufnahme in V. 57 gehört zu den joh. Stilmerkmalen; vgl. E. RUCKSTUHL/P. DSCHULNIGG, Stilkritik 104-106.

535 M. HASITSCHKA, Christologie 43f.

VV. 35b.48.51a-c). Damit spricht er über sich selbst nicht mehr in der 1.P.Sg. wie in VV. 54-57, sondern in der 3.P.Sg. als Brot vom Himmel. Auch am Beginn dieser Antwort, nämlich in V. 53, hat er über sich selbst in der 3.P.Sg. als Menschensohn gesprochen.

Ähnlich wie im abschließenden Teil seiner Antwort im 5. GA (VV. 49-51) vergleicht Jesus denjenigen, der dieses Brot verzehrt mit den Vätern und geht damit wieder auf das Anfangsproblem von V. 31 ein. Die Väter, die das Manna in der Wüste aßen, starben.[536] Demgegenüber wird der Verzehrende das Brot, das vom Himmel herabgestiegen ist, in Ewigkeit leben. Mit der Wiedergabe der Person als „der Verzehrende" setzt Jesus auch die Thematik seiner laufenden Antwort noch einmal fort. Das Verb τρώγω wird in V. 58e noch mit einem dritten Objekt innerhalb dieser Antwort verbunden:

| Joh 6 | Subjekt | Objekt |
|---|---|---|
| VV. 54a.56 | ὁ τρώγων | *μου τὴν σάρκα* |
| V. 57c | ὁ τρώγων | *με* |
| V. 58e | ὁ τρώγων | *τοῦτον τὸν ἄρτον* |

Tabelle 35

Die Beziehung zwischen dem Subjekt, das immer „der Verzehrende" ist, und dem Objekt, das auf drei verschiedene Weisen gekennzeichnet wird, bestätigt noch einmal die Person Jesu in ihrem gesamten irdischen Leben und Geschick als das vom Himmel herabgestiegene Brot, das dem ihn Verzehrenden das ewige Leben schenkt.

Diese Zusage Jesu am Abschluß seiner Antwort im 6. GA ist identisch mit der Zusage im abschließenden Satz des 5. GA in V. 51d-e, die für den Essenden von diesem Brot gilt. Sie wird in V. 58 nicht mehr mit einem Konditionalsatz (mit der Konjunktion *ἐάν*) eingeführt, sondern durch einen Behauptungssatz unterstrichen. Nur in diesen beiden Versen und in V. 57 formuliert Jesus seine Zusage des Lebens für den Menschen durch das Verb „leben" (ζῶ) und nicht mit dem Substantiv „Leben" (ζωή). Die Zusage gilt in allen drei Fällen für die Zukunft für denjenigen, der das Brot bzw. Jesus ißt bzw. verzehrt.

*Die abschließende Bemerkung des Erzählers (V. 59)*

Im Unterschied zu den GA 1-5 hat der 6. GA einen erzählerischen Abschluß, der mit mit einem joh. Stilmerkmal beginnt: τοῦτο/ταῦτα (ohne Ergänzung, rückbezüglich) + nachfolgendes verbum dicendi.[537]

[536] Im Unterschied zu V. 49 kommen in V. 58 der Begriff „das Manna" und die Ortsangabe „in der Wüste" nicht mehr vor. Siehe V. 49 in Teil III 4.2.3 (5. GA).

[537] Vgl. E. Ruckstuhl/P. Dschulnigg, Stilkritik 90f; (41mal im Joh-Ev; vgl. Joh 6,6a).

In diesem kurzen Abschluß vermittelt der Erzähler (KN 2) einige wichtige Angaben. Erst hier in V. 59b bestätigt der Erzähler, daß der Ort auf der anderen Seite des Sees, wo die Menge Jesus gefunden und angesprochen hat (V. 25), wirklich Kafarnaum ist, wie es in V. 24e angedeutet wird. Die Ortsangabe wird in V. 59a weiter als „Synagoge" (συναγωγή) präzisiert. Das bedeutet, daß das Gespräch und die Aussagen Jesu an einem öffentlichen Ort der Versammlung, der mit den religiösen Zwecken des damaligen Judentums verbunden ist, stattfindet.[538] Daß die Synagoge zugleich auch ein Ort der Lehre ist, macht der joh. Erzähler durch die Beschreibung des Verhältnisses Jesu zur Synagoge deutlich: Er ist dort „lehrend" (das Verb διδάσκω)[539] – er übt dort öffentlich seine Lehrtätigkeit aus.[540] Auch in Joh 18,20 unterstreicht Jesus ausdrücklich den Aspekt der Öffentlichkeit seines Redens und Wirkens. Auch dort redet er von der Synagoge im Zusammenhang mit seiner Lehrtätigkeit. Neben der Synagoge ist nach dem Joh-Ev der Ort der Lehrtätigkeit Jesu noch der Tempel (Joh 7,14.28; 8,2.20; 18,20). In Joh 8,20 wird dieser Ort noch genauer bestimmt: „im Tempel bei der Schatzkammer".

Mit keinem Wort berichtet der joh. Erzähler in V. 59 über weitere Reaktionen der Juden auf die Antwort Jesu.

538 B. F. WESTCOTT, Joh I 245, schreibt: „The absence of the definite article in the original here and in 18:20 which leads to a form of expression (ἐν συναγωγῇ) not found elsewhere in the NT seems to mark the character of the assemblage rather than the place itself."

539 Das Verb διδάσκω hat im Joh-Ev 10 Belege. Sein Subjekt ist 7mal Jesus (Joh 6,59; 7,14.28.35; 8,2.20; 9,34; 18,20; – vor allem im Präsens), 1mal der Vater (Joh 8,28 – im Aorist) und 1mal der Paraklet, der heilige Geist, (Joh 14,26 – im Futur). διδάσκω kommt noch 1mal im Vorwurf der Pharisäer an den geheilten Blindgeborenen (Joh 9,34) vor. Sonst wird niemand mehr als Lehrende charakterisiert. Auch der Titel „Lehrer" (διδάσκαλος) wird für Jesus reserviert. Dieser erscheint 8mal im Joh-Ev: 7mal für Jesus (Joh 1,38; 3,2; 8,4; 11,28; 13,13.14; 20,16), nur 1mal für Nikodemus (in einer rhetorischen Frage Jesu an ihn in Joh 3,10). Obwohl Jesus meistens als lehrendes Subjekt auftritt ist er selbst auch 1mal der Adressat dieses Prozesses bzw. der Schüler. Sein Lehrer ist der Vater, Gott. Jesus ist der einzige, der bis jetzt vom Vater gelehrt wurde (Joh 8,28 – im Aorist) und das weist auf seine singuläre Beziehung zum Vater hin. Nach Joh 6,45b, wo Jesus Jes 54,13a (LXX) fast wörtlich zitiert, wird das allen zugesagt: „Und sie werden alle von Gott gelehrt sein." Das, was der Vater Jesus gelehrt hat, ist auch der Inhalt der Lehre bzw. des Redens und des Wirkens Jesu (Joh 8,28), was er öffentlich der Welt verkündet (Joh 18,20). Dieser Lehrprozeß wird aber mit der Rückkehr Jesu zum Vater nicht beendet, sondern durch den Parakleten, den Heiligen Geist, fortgesetzt: „Aber der Paraklet, der heilige Geist, den der Vater in meinem Namen senden wird, jener wird euch lehren alles und erinnern euch an alles, was ich euch gesagt habe" (Joh 14,26).

540 Nach R. SCHNACKENBURG, Joh II 96, wird die Synagoge hier „nicht als kultischer Versammlungsraum, sondern als Lehrstätte erwähnt".

### *b) Vergleich mit Mk 14,22-25; Mt 26,26-29; Lk 22,15-20 und 1 Kor 11,23-25*

*Problemstellung*

Der 6. GA[541] ist in der Literatur vor allem als „eucharistischer Abschnitt“[542] bekannt. Weil das Joh-Ev im Unterschied zu den synoptischen Evangelien nur von der Fußwaschung während des Abschiedsmahls und von den Abschiedsgesprächen in Joh 13-17 berichtet, werden VV. 51-58 parallel zu den synoptischen Perikopen über das Abendmahl (Mk 14,22-25; Mt 26,26-29; Lk 22,15-20) behandelt. Auch in der Synopse nach K. Aland werden diese drei Berichte gemeinsam mit 1 Kor 11,23-25 und Joh 6,51-58 als Nebenparallele unter dem Titel „Eucharistiam instituit“[543] angegeben. Aufgrund dieses Forschungsstan-

[541] Die Abgrenzung am Beginn dieses Abschnittes findet sich in der Literatur meistens bereits mit V. 51f und nicht mit V. 52. Es ist zu beachten, daß dadurch den inhaltlichen Kriterien Vorzug gegeben wird, vor allem den einzelnen Motiven, z.B. dem Begriff σάρξ. Vgl. H. SCHÜRMANN, Schlüssel 245-262. Die formale Struktur des Gesprächs, nach welcher das Gespräch in Gesprächsabschnitte gegliedert wird, wird dabei nicht berücksichtigt. Denn die direkte Rede Jesu wird durch diese Abgrenzung in V. 58 noch vor ihrem Ende unterbrochen.

[542] Aufgrund der Verwendung des Terminus „Eucharistie“ bzw. des ihm entsprechenden Adjektivs „eucharistisch“ in bezug auf die hier behandelten Textabschnitte kommt es zuerst zu einem terminologischen Problem. Denn im NT finden sich nur die Ausdrücke „Brotbrechen“ (κλάσις τοῦ ἄρτου in Lk 24,35; Apg 2,42; κλάω ἄρτον in Apg 2,46; 20,7.11; 1 Kor 10,16) und „Herrenmahl“ (κυριακὸν δεῖπνον in 1 Kor 11,20), die zu den ältesten Bezeichnungen für die Eucharistiefeier gehören. Der Terminus „Eucharistie“ erscheint in diesem Sinn niemals im ganzen NT. Er hat nach H. B. MEYER, Eucharistie 37, „in den ntl. Einsetzungsberichten einen Anhalt (εὐχαριστήσας: 1 Kor 11,24; Mt 26,26f. par) und wird in den ersten drei Jh. für die Feier als ganze, aber offenbar von Anfang an auch im abgeleiteten Sinn für die Mahlgaben, Brot und Wein, verwendet, über die das Eucharistiegebet gesprochen worden ist (so findet man beide Bedeutungen wohl schon in Did 9,5, ganz deutlich aber z.B. bei Ignatius von Ant., Smyrn. 7,1; Justin, 1. Apol. 65.66; Origenes, C. Cels 8,57)“. Die Tatsache, daß sich der Begriff „Eucharistie“ zuerst in den Texten der ntl. Wirkungsgeschichte findet und dort eindeutig als Bezeichnung für die Eucharistiefeier, stellt seinen Gebrauch für die Bezeichnung der hier behandelten Textabschnitte und ihrer Interpretationen in Frage. Denn dadurch verleiht dieser Begriff den erwähnten biblischen Texten eine ganz bestimmte Bedeutung, die erst für ihre Wirkungsgeschichte angemessen ist. Unter diesem Gesichtspunkt stellt sich die Frage: Ist es Aufgabe der Exegese, die Terminologie der ntl. Texte oder derjenigen der Wirkungsgeschichte zu benutzen? Diese Arbeit bemüht sich um ersteres gegenüber dem Großteil der Literatur, die den Terminus „eucharistischer Abschnitt“ für Joh 6,51-58 a priori verwendet. Einige ähnliche Begriffe und Motive mit den anderen Texten (Mk 14,22-25; Mt 26,26-29; Lk 22,15-20; 1 Kor 11,23-25) wie mit der Praxis des Herrnmahles bzw. der Eucharistiefeier der Gemeinde allein genügen nach m.E. für diesen terminologischen Schritt noch nicht. Zum gleichen Ergebnis kommt M. J. J. MENKEN, Eucharist 189, nämlich daß Joh 6,51f-58 aufgrund dieses Sprachgebrauches „have some relationship to the Eucharist, but are not identical with it“. Vgl. TH. L. BRODIE, Joh 286.

[543] K. ALAND (Hg.), Synopse 284.

des[544] wird im folgenden ein Vergleich der erwähnten Berichte vorgenommen und die Bezeichnung „eucharistischer Abschnitt" für die VV. 51-58 überprüft.

*Analyse und Vergleich der Situationsangaben*
Der 6. GA wird zuerst im Hinblick auf die Situationsangaben mit Mk 14,22-25; Mt 26,26-29; Lk 22,15-20 und 1 Kor 11,23-25 verglichen. Die folgende Tabelle enthält die Orts-, Zeit- und Personenangaben der erwähnten Textabschnitte:

[544] Diese Tendenz zur eucharistischen Bezeichnung und Auslegung von Joh 6,52-59 parallel zu Mk 14,22-25; Mt 26,26-29; Lk 22,15-20 und 1 Kor 11,23-25 zeigen deutlich die Literatur- und Forschungsberichte und auch die zahlreichen neuen Publikationen in den letzten Jahren. U.a. können genannt werden der Literaturbericht (bis 1992) von M. J. J. MENKEN, Eucharist 183-186 und der Forschungsbericht (bis 1993) von V. VALLOORAN, Discourse 197-213, der im Exkurs „Sacraments in Jn" verschiedene Positionen zu dieser Problematik darstellt und sich mit ihnen auseinandersetzt. Diese sind: „Antisacramentalism" (ebd. 198), „Spiritualized interpretation" (ebd. 198), „Ultrasacramentalism" (ebd. 199), „Symbolic interpretation" (ebd. 201) und „Critical interpretation" (ebd. 202). Die verschiedenen Positionen stellt in einem Exkurs auch M. LABAHN, Offenbarung 68-78, vor. Die eucharistische Richtung ist stark vertreten auch in den letzten Jahren in der Literatur zum NT und besonders zum Joh-Ev: u.a. J. GNILKA, Theologie 320-323; G. STRECKER, Theologie 537; R. E. BROWN, Introduction 346; U. SCHNELLE, Einleitung 500f; P. F. ELLIS, Joh 125-127; F. J. MOLONEY, Joh 223f; L. SCHENKE, Joh 138; U. WILCKENS, Joh 105-109; D. M. SMITH, Joh 158f; U. SCHNELLE, Joh 130-135; K. WENGST, Joh I 248-255; CH. CEBULJ, Studien 144; J. FREY, Eschatologie III 395-396; J. FREY, Bild 357-361; M. LABAHN, Offenbarung 77f; K. SCHOLTISSEK, Sprache 194-210; M. THEOBALD, Eucharistie 189f. Der zuletzt genannte Artikel von M. THEOBALD, Eucharistie 178-257, zeigt deutlich, daß die Charakterisierung der VV. 51f-58 als „eucharistisch" auf eine Vorentscheidung der einzelnen Exegeten zurückgeht (ebd. 189f) und sich dabei mehr auf einzelne Literaturhinweise als auf sachliche Argumente des Textes stützt. Derselbe Autor geht noch von einer methodischen Vorentscheidung aus: „Man kommt m.E. bei der Analyse insbesondere von Joh 6 ohne eine literarkritische Scheidung zwischen dem Evangelisten und der Redaktion nicht wirklich zu befriedigenden Resultaten" (ebd. 188). Um den ursprünglichen Text von Joh 6 herzustellen, sieht er folgende „Abzüge" als notwendig: „(a) die ‚eucharistische' Schicht 6,4.23-24c.51c-58, zu der aus dem ‚Epilog' noch 6,64f. gehören, sowie (b) der futurisch-eschatologische Refrain jeweils in 6,39.40c und 44c" (ebd. 209). Auf diesen beiden hypothetischen Vorentscheidungen baut er folgendes hypothetisches Modell zu Joh 6 auf: „Die inkarnationstheologische Deutung der Eucharistie durch die Redaktion ruht auf der pneumatologischen des Evangelisten auf, einen Gegensatz zwischen beiden Verstehensmodellen gibt es nicht" (ebd. 256). Nach meiner Meinung ist eine Analyse von Joh 6 ohne diese zwei Vorentscheidungen besser auf dem Endtext fundiert und kann so zu weniger hypothetischen Ergebnissen führen.

| | ORT | ZEIT | PERSONEN |
|---|---|---|---|
| Mk 14,22-25 | • Jerusalem (Mk 11,27)<br>• in der Stadt (Mk 14,13.16)<br>• ein großer Obersaal (Mk 14,15f)<br>• bei Tisch (Mk 14,18) | • zwei Tage vor dem Pascha und dem Fest der ungesäuerten Brote (Mk 14,1)<br>• am ersten Tag der ungesäuerten Brote, als man das Paschalamm opferte (Mk 14,12)<br>• als es Abend wurde (Mk 14,17)<br>• während sie bei Tisch waren und aßen (Mk 14,18)<br>• während sie aßen (Mk 14,22) | die Zwölf<br>Jesus |
| Mt 26,26-29 | • Jerusalem (Mt 21,10)<br>• in der Stadt (Mt 26,18f)<br>• bei dem und dem (δεῖνα) (Mt 26,18f)<br>• bei Tisch (Mt 26,20) | • zwei Tage vor dem Pascha (Mt 26,2)<br>• am ersten Tag der ungesäuerten Brote (Mt 26,17)<br>• als es Abend wurde (Mt 26,20)<br>• während sie aßen (Mt 26,21.26) | die Jünger<br>Jesus |
| Lk 22,15-20 | • Jerusalem (Lk 19,28)<br>• in der Stadt (Lk 22,10.13)<br>• im Haus, wo der Mann, der einen Krug Wasser trägt, hineingeht (Lk 22,10.13)<br>• ein großer Obersaal (Lk 22,12f)<br>• bei Tisch (Lk 22,14) | • nahe dem Fest der ungesäuerten Brote, das Pascha genannt wird (Lk 22,1)<br>• der Tag der ungesäuerten Brote, an dem das Paschalamm geopfert werden mußte (Lk 22,7)<br>• als die Stunde gekommen war (Lk 22,14)<br>• nach dem Mahl (ebenso den Becher) (Lk 22,20) | die Apostel<br>Jesus |
| 1 Kor 11,23-25 | | • in der Nacht, in der er übergeben wurde (1 Kor 11,23)<br>• nach dem Mahl (nahm er den Becher) (1 Kor 11,25) | Paulus – Korinther<br>der Herr, Jesus |
| Joh 6,52-59 | • Kafarnaum (Joh 6,59b)<br>• in der Synagoge (Joh 6,59a) | • nahe dem Pascha, dem Fest der Juden (Joh 6,4) | die Juden<br>Jesus |

TABELLE 36

Einige Bemerkungen zur Übersicht:
(1) zu den synoptischen Textabschnitten:

- Ortsangaben: Das letzte Abendmahl ereignet sich nach allen drei Synoptikern „in Jerusalem", „in der Stadt". Nach Mt findet es „bei dem und dem" statt, nach Lk „im Haus, in welches der Mann mit einem Krug Wasser hineingeht". Nur Mk und Lk berichten über „einen großen Obersaal". Nach allen drei Berichten finden sich Jesus und seine Jünger „bei Tisch".
- Zeitangaben: Allmähliche zeitliche Annäherung an das letzte Abendmahl ist allen drei Berichten gemeinsam. So erwähnt Lk zuerst, daß „das Pascha nahe ist", noch genauer beginnen Mk und Mt den Bericht mit der Zeitangabe „zwei Tage vor dem Pascha". Das

Abendmahl selbst findet nach allen drei Berichten „am (ersten) Tag der ungesäuerten Brote" statt. Mk und Lk erklären, daß an diesem Tag das Paschalamm geopfert wird. Nach Mk und Mt findet das Mahl „am Abend" statt, nach Lk „als die Stunde gekommen war". Die Zeit wird weiter auch mit Hilfe des Mahles bestimmt: „während sie aßen" nach Mk und Mt, bzw. „während sie bei Tisch waren und aßen" nach Mk. Nur Lk erzählt, daß Jesus „nach dem Mahl" den Becher nimmt.

- Personenangaben: Die erzählten Figuren, Jesus und seine Jünger, treten in allen drei Berichten auf. Die Jünger werden aber unterschiedlich genannt: „die Zwölf" (οἱ δώδεκα) nach Mk, „die Jünger" (οἱ μαθηταί) nach Mt und „die Apostel" (οἱ ἀπόστολοι) nach Lk.[545]

Zusammenfassung: Die Situationsangaben stimmen in allen drei synoptischen Berichten überein. Die Besonderheiten der einzelnen Berichte widersprechen dem gemeinsamen Situationsbild nicht, sondern sie ergänzen es noch weiter.

(2) zum Bericht nach 1 Kor 11,23-25 und seinem Vergleich mit den synoptischen Berichten:

- Hinsichtlich der Situationsangaben stimmt 1 Kor 11,23-25 mit den drei synoptischen Berichten überein. Dennoch fällt auf, daß 1 Kor 11,23-25 nur sparsame Angaben zur Situation überliefert. So bleibt der Ort unbestimmt. Die Zeit des Mahles ist auf eine neue Art formuliert: „die Nacht, in der Jesus übergeben wurde"; trotzdem entspricht sie inhaltlich den synoptischen Berichten.
- Ebenso wie Lk berichtet auch 1 Kor 11,25, daß Jesus nach dem Mahl den Becher nimmt.
- Auffällig sind auch die Personenangaben: Jesus tritt ganz in den Vordergrund. Die am Mahl beteiligten Jünger kommen nur implizit auf dem KN 3* in den Personalpronomina und Verben (in der 2.P.Pl) vor. Der Name mit dem Titel, „Jesus, der Herr" weckt eine besondere Aufmerksamkeit für seine Person.

(3) zum joh. Bericht (Joh 6,52-59):

- Ortsangaben: Der Ort wird zuerst in V. 24e angedeutet, in V. 59 bestätigt und noch genauer bestimmt. Das Gespräch mit Jesus findet in der Synagoge von Kafarnaum statt.
- Zeitangaben: Der zeitliche Rahmen des Gespräches wird bereits in V. 4 bestimmt: „Das Pascha, das Fest der Juden, war nahe."

[545] Diese drei Möglichkeiten (οἱ δώδεκα, οἱ μαθηταί und οἱ ἀπόστολοι) werden sonst in allen drei synoptischen Evangelien belegt. Der oben erwähnte Befund entspricht aber gleichzeitig der Tendenz, die sich aus der Konkordanz für diese drei Wörter in den einzelnen Evangelien zeigt.

- Personenangaben: Die unmittelbaren Gesprächspartner im 5. GA, die auch vom Erzähler in den Redeeinleitungen eingeführt werden, sind die Juden und Jesus.

(4) zum Vergleich von Joh 6,52-59 mit den anderen Berichten:

- Ortsangaben: Joh 6,52-59 geschieht an einem anderen Ort, nicht in Jerusalem, sondern in Galiläa, in Kafarnaum; nicht bei Tisch in einem großen Obersaal, sondern in der Synagoge. Es geht nicht um das letzte Mahl Jesu vor seinem Tod mit seinen Jüngern, sondern um ein Gespräch mit den Juden, in welchem Jesus als Lehrender auftritt.
- Zeitangaben: Sowohl das Abendmahl als auch das Gespräch in Joh 6 ereignen sich im Rahmen des Paschafestes. Es geht aber in Joh 6 noch nicht um das letzte Paschafest Jesu.
- Personenangaben: Nicht die Jünger sind die unmittelbaren Gesprächspartner Jesu in Joh 6,52-59, sondern die Juden. Es geht nicht um eine Mahlgemeinschaft Jesu im engen Kreis seiner Jünger, sondern um ein Gespräch in einem offenen bzw. öffentlichen Kreis in der Synagoge.

Zusammenfassung: Die Situation, in der sich Joh 6,52-59 ereignet, weicht von der Situation des Abendmahls nach den synoptischen Berichten und 1 Kor 11,23-35 deutlich ab.

*Analyse und Vergleich der Handlungen und der direkten Personenreden*

In diesem Abschnitt werden die Handlungen und die direkten Personenreden[546] der behandelten Perikopen mit Hilfe von drei Tabellen analysiert und verglichen. Zugleich wird auch Rücksicht auf die Personen und auf die Kommunikationsstruktur genommen. Die Personenreden, die auf dem KN 1 verlaufen, haben in der Tabelle einen grauen Hintergrund, die vom Erzähler (S2) geschilderten Handlungen auf dem KN 2 und in 1Kor 11,23-25 auf dem KN 3 einen weißen.

(1) Handlungen und Personenreden der synoptischen Berichte (Mk 14,22-25; Mt 26,26-29 und Lk 22,15-20)

| | ERZÄHLTE PERSONEN (S1,E1) | HANDLUNGEN (geschildert vom Erzähler S2 auf dem KN 2) | PERSONENREDEN (auf dem KN 1) |
|---|---|---|---|
| Mk 14,22-25 | die Zwölf<br><br>Jesus | essen (V. 22a)<br>trinken (V. 23b)<br>das Brot nehmen<br>segnen | <br><br>„Nehmet;<br>das ist mein Leib.“ (V. 22c) |

[546] Die Personenreden entsprechen der griech. – dt. Ausgabe von K. ALAND (Hg.), Synopse 284, bzw. der dort verwendeten Lutherübersetzung. Nur in Joh 6,52-59 werden sie aus der in dieser Arbeit vorgelegten Übersetzung zitiert.

| | | | |
|---|---|---|---|
| | | brechen<br>geben (V. 22b)<br>den Becher nehmen<br>danken<br>geben (V. 23a) | <br><br>„Das ist mein Blut des Bundes,<br>das für viele vergossen wird.<br>Wahrlich, ich sage euch,<br>daß ich nicht mehr trinken werde<br>vom Gewächs des Weinstocks<br>bis an den Tag,<br>an dem ich aufs neue davon trinke<br>im Reich Gottes.“ (VV. 24f) |
| Mt 26,26-29 | die Jünger<br>Jesus | essen (V. 26a)<br>das Brot nehmen<br>segnen<br>brechen<br>geben (V. 26b)<br>den Becher nehmen<br>danken<br>geben (V. 27a) | <br>„Nehmet, esset;<br>das ist mein Leib.“ (V. 26c)<br><br><br><br>„Trinket alle daraus;<br>das ist mein Blut des Bundes,<br>das vergossen wird für viele<br>zur Vergebung der Sünden.<br>Ich sage euch:<br>Ich werde von nun an nicht mehr<br>von diesem Gewächs des Wein-<br>stocks trinken<br>bis an den Tag,<br>an dem ich von neuem davon trin-<br>ken werde mit euch in meines Va-<br>ters Reich.“ (VV. 27b-29) |
| Lk 22,15-20 | die Apostel<br>Jesus | <br><br><br><br><br><br><br><br>den Becher nehmen<br>danken (V. 17a)<br><br><br><br><br><br>das Brot nehmen<br>danken<br>brechen<br>geben (V. 19a)<br><br>den Becher<br>(in gleicher Weise)<br>(V. 20a) | <br>„Mich hat herzlich verlangt,<br>dies Passalamm mit euch zu essen,<br>ehe ich leide.<br>Denn ich sage euch,<br>daß ich es nicht mehr essen werde,<br>bis es erfüllt wird im Reich Gottes.“<br>(VV. 15f)<br>„Nehmt ihn und teilt ihn unter<br>euch;<br>denn ich sage euch:<br>Ich werde von nun an nicht trinken<br>von dem Gewächs des Weinstocks,<br>bis das Reich Gottes kommt.“<br>(VV. 17b-18)<br>„Das ist mein Leib,<br>der für euch gegeben wird;<br>das tut zu meinem Gedächtnis.“<br>(V. 19b)<br><br><br>„Dieser Kelch ist der neue Bund in<br>meinem Blut, das für euch vergos-<br>sen wird.“ (V. 20b) |

TABELLE 37

Anhand der Tabelle ergeben sich folgende Beobachtungen:

- Alle drei synoptischen Berichte lassen sich als literarische Erzählungen analysieren.
- Der Sprecher (S1) auf dem KN 1 in allen drei Berichten ist Jesus. Demgegenüber sprechen seine Jünger (E1) kein einziges Wort.
- Gemeinsam auf dem KN 2 ist die Handlung Jesu, was er mit dem Brot und mit dem Becher tut. Nur Mk und Mt erwähnen knapp das Handeln der Jünger. Dagegen wird nach Lk vom Handeln der Apostel auf dem KN 2 nichts erzählt, obwohl auch nach Lk die Apostel beim Abendmahl anwesend sind und Jesus seine Worte an sie richtet und ihnen das Brot und den Becher gibt.
- Jesu Handlung mit dem Brot schildern alle drei Synoptiker einheitlich mit den vier Verben: nehmen – segnen/danken[547] – brechen – geben. Drei Verben (nehmen – danken – geben) schildern nach Mk und Mt das, was Jesus mit dem Becher tut. Die Jünger sind die Adressaten und Empfänger seiner Handlung. Er gibt ihnen das Brot und den Becher. Das Besondere bei Lk ist, daß Jesus 2mal den Becher nimmt und beidemal im Anschluß daran redet.
- Die Personenreden Jesu umfassen nach allen drei Berichten: das Deutewort zum Brot, das Deutewort über den Becher und die Abendmahlsprophetie. Jesus gibt den Jüngern das Brot mit dem Aufruf, es zu nehmen und zu essen. „Mit den Abendmahlsworten deutet Jesus in erster Linie sein kommendes Todesgeschick.“[548] Im Unterschied zu Mk und Mt berichtet Lk vom Auftrag Jesu zur Wiederholung und Fortsetzung des Mahlgeschehens nach seinem Tod.

(2) Handlungen und Personenreden nach 1 Kor 11,23-25

| | PERSONEN | HANDLUNGEN (geschildert von S3) | PERSONENREDEN (auf dem KN 3*) |
|---|---|---|---|
| 1 Kor 1,23-25 | Paulus (S3)<br>die Korinther (E3)<br>der Herr, Jesus | das Brot nehmen<br>danken<br>brechen<br>(VV. 23b-24a)<br>den Becher<br>(in gleicher Weise)<br>(V. 25a) | „Das ist mein Leib,<br>der für euch gegeben wird;<br>das tut zu meinem Gedächtnis.“ (VV. 24b)<br>„Dieser Kelch ist der neue Bund in meinem Blut;<br>das tut,<br>sooft ihr daraus trinkt,<br>zu meinem Gedächtnis.“<br>(V. 25b) |

TABELLE 38

[547] Mk und Mt verwenden das Verb εὐλογέω, Lk das Verb εὐχαριστέω.

[548] M. HASITSCHKA, Christologie des Markusevangeliums 74.

Die Tabelle zeigt:

- 1 Kor 11,23-25 gehört zur Briefliteratur. Im Unterschied zu Mk 14,22-25; Mt 26,26-29; Lk 22,15-20 und Joh 6,52-59 verläuft die Kommunikation in diesem Brief hauptsächlich auf dem KN 3 zwischen Paulus (S3) und den Korinthern (E3).Paulus berichtet in 1 Kor 11,23-25 nur über das Handeln und die Worte Jesu. Über die Jünger wird nicht geredet. Die Worte Jesu übermittelt Paulus als direkte Personenrede (KN 3* – das Zitat auf dem KN 3).[549] Die Adressaten der Worte Jesu kommen nur in der 2.P.Pl. des Personalpronomens und der Verben zum Ausdruck; Sonst bleiben sie ungenannt.
- Paulus schildert Jesu Handlung über das Brot mit drei Verben (nehmen – danken – brechen), die mit den synoptischen Berichten übereinstimmen – besonders mit Lk. Dabei fällt das Verb „geben" (δίδωμι) auf, das in den synoptischen Berichten als letztes in dieser Reihe vorkommt. Ebenso wie Lk berichtet Paulus, daß Jesus nach dem Mahl in gleicher Weise wie mit dem Brot auch mit dem Becher umgeht.
- Die Worte Jesu, die Paulus auf dem KN 3* zitiert, umfassen: das Deutewort zum Brot, das Deutewort über den Becher[550] und den Auftrag Jesu zur Wiederholung und Fortsetzung dieses Mahlgeschehens zu seinem Gedächtnis. Dieser Auftrag wird im Unterschied zu Lk zweimal gegeben. Der erste beinhaltet die Handlung mit dem Brot und der zweite mit dem Becher. Im Unterschied zu allen drei synoptischen Berichten findet sich in 1 Kor 11,23-25 keine Abendmahlsprophetie.

(3) Handlungen und Personenreden in Joh 6,52-59

| | ERZÄHLTE PERSONEN (S1,E1) | HANDLUNGEN (geschildert vom Erzähler S2 auf dem KN 2) | PERSONENREDEN (auf dem KN 1) | |
|---|---|---|---|---|
| Joh 6,52-59 | die Juden | streiten (V. 52a) | 52 c | „Wie kann dieser uns sein Fleisch zu essen geben?" |
| | Jesus | | 53 b | „Amen, amen, ich sage euch: |
| | | | c | Wenn ihr nicht das Fleisch des Sohnes des Menschen eßt |

549 Die Zitate auf dem KN 3 sind in der Tabelle mit * als KN 3* markiert. Im Unterschied zu anderen Berichten handelt es sich hier nicht um eine direkte Personenrede Jesu auf dem KN 1, wo Jesus als erzählte Person der Sprecher (S1) ist. Deshalb findet sich in der Tabelle beim KN 3* kein grauer Hintergrund wie beim KN 1.

550 H.-J. KLAUCK, 1 Kor 83, schreibt, daß der Becher „bei Pls/Lk noch nicht unmittelbar mit dem Blut identifiziert wird, wie das bei Mk/Mt infolge einer immer stärkeren Tendenz zur Angleichung der beiden Deuteworte der Fall ist".

| | | | |
|---|---|---|---|
| | | | d und sein Blut trinkt,<br>e habt ihr Leben nicht in euch.<br>54 a Der Verzehrende mein Fleisch und Trinkende mein Blut hat ewiges Leben,<br>b und ich werde ihn auferstehen lassen am letzten Tag.<br>55 a Denn mein Fleisch ist wahre Speise,<br>b und mein Blut ist wahrer Trank.<br>56 Der Verzehrende mein Fleisch und trinkende mein Blut bleibt in mir und ich in ihm.<br>57 a Wie mich gesandt hat der lebende Vater<br>b und (wie) ich durch den Vater lebe,<br>c (so) auch der mich Verzehrende:<br>d Auch jener wird durch mich leben.<br>58 a Dies ist das Brot,<br>b das von Himmel herabgestiegene,<br>c nicht wie (es) die Väter aßen<br>d und starben;<br>e der Verzehrende dieses Brot wird leben in Ewigkeit.“ |
| | | sagen (V. 59a)<br>lehren (V. 59b) | |

Tabelle 39

Die Beobachtungen zur Tabelle sind:

- Ebenso wie die drei synoptischen Berichte läßt sich auch Joh 6,52-59 als Erzählung analysieren.
- Die Sprecher (S1) auf dem KN 1 sind zuerst die Juden (nur in einer ÄE in V. 52c), danach aber Jesus. Seine Antwort ist viel länger als die Äußerung der Juden. Sie umfaßt insgesamt 6 Verse (VV. 53b-58e). Die Adressaten seiner Worte sind nur in V. 53 die Juden. Danach breitet sich der Kreis seiner Adressaten auf alle, die sein Fleisch/ihn/dieses Brot verzehren und sein Blut trinken, aus.
- Auf dem KN 2 berichtet der Erzähler (S2) am Anfang des 6. GA in V. 52a nur vom Handeln der Juden, nämlich daß sie miteinander streiten (V. 52a), nicht aber von Handeln Jesu. Erst im abschließenden V. 59 erwähnt der Erzähler, daß Jesus in der Synagoge gesprochen und in Kafarnaum gelehrt hat. Die Personenrede Jesu wird durch diese Bemerkung des Erzählers unterstrichen. Das einzeige Handeln Jesu in diesem Abschnitt ist sein Sprechen bzw. seine Lehrtätigkeit.

(4) Vergleich von Joh 6,52-59 mit den anderen Berichten

Als Hilfe für den Vergleich dienen zusätzlich noch zwei Schemen, die einige der wichtigsten Bemerkungen und Ergebnisse dieser Analyse graphisch darstellen: das erste Schema bezieht sich auf Mk 14,22-25; Mt 26,26-29; Lk 22,15-20 und 1 Kor 11,23-25 (vgl. ABBILDUNG 20), das zweite auf Joh 6,52-59 (vgl. ABBILDUNG 21).

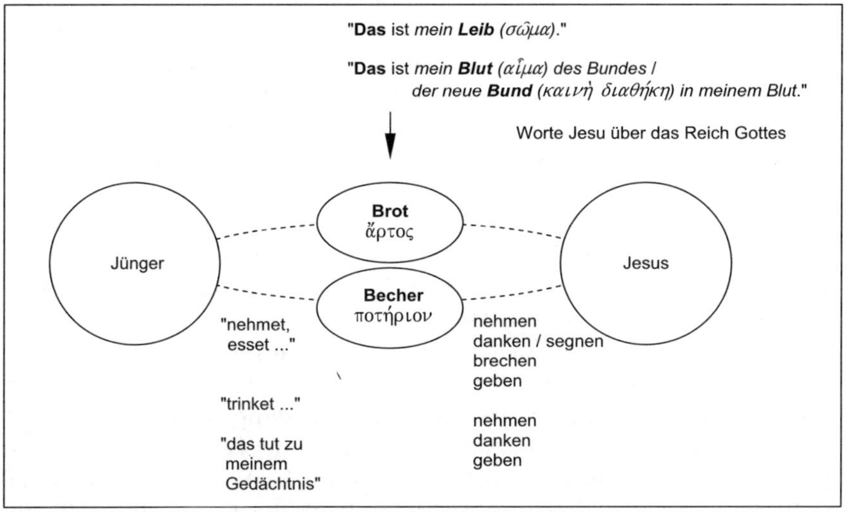


ABBILDUNG 20

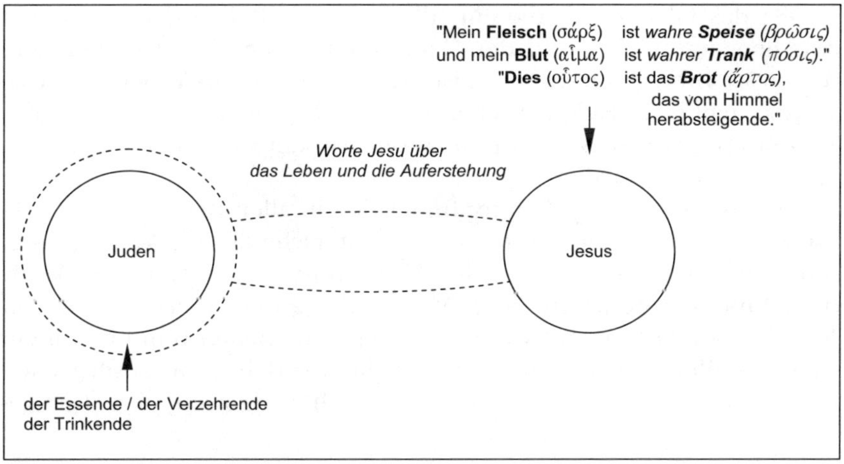


ABBILDUNG 21

Das Verhältnis zwischen den Handlungen und den direkten Personenreden in Joh 6,52-59 unterscheidet sich stark von dem in den synoptischen Berichten und von demjenigen in 1 Kor 11,23-25.

Nach dem joh. Bericht findet in der Synagoge von Kafarnaum kein Mahl im eigentlichen Sinn statt wie beim Abendmahl. Jesus führt weder eine vierteilige Handlung mit dem Brot (nehmen – danken/segnen – brechen – geben) noch mit dem Becher aus, da kein Brot und kein Becher im eigentlichen materiellen Sinn bei diesem Gespräch vorhanden sind. (vgl. ABBILDUNG 21 ohne das Brot und den Becher zwischen Jesus und seinen Adressaten; anders ABBILDUNG 20). Demzufolge können auch die Worte Jesu nicht als Deutung zu seiner Handlung mit dem Brot und Becher verstanden werden, da diese in der Synagoge nicht zustande kommt. Im joh. Bericht liegt der Akzent also ganz auf der Personenrede Jesu, auf seinen Worten, mit welchen er in der Synagoge lehrt und seine Adressaten anspricht.

Das Substantiv ἄρτος wird in allen Berichten verwendet, jedoch nicht immer im gleichen Sinn. Nach den Synoptikern und 1 Kor 11,23-25 ist ἄρτος zuerst im eigentlichen materiellen Sinn vorhanden. Jesus vollzieht mit ihm die vierteilige Handlung (nehmen – segnen/danken – brechen – geben). Es ist aber zugleich ein reales Symbol für den Leib Jesu, das gemeinsam mit der Handlung und den Worten Jesu ein Sinnbild für seine ganze Person und auch für seine Selbsthingabe ist.[551] Im 6. GA des Gesprächs in Joh 6 vollzieht Jesus keine Handlung mit dem Brot. In V. 58 erwähnt er 2mal explizit das Wort ἄρτος, beidemal im bildhaften Sinn.[552] Jesus selbst ist zugleich der Geber dieses Brotes und die Gabe bzw. das Brot. In V. 58a ist ἄρτος das Prädikatsnomen, in V. 58e das Objekt. Mit diesem stilistischen Mittel wird die Identität zwischen dem Geber und der Gabe unterstrichen.[553] An denjenigen, der dieses Brot, das Jesus selbst ist, verzehrt, ergeht in V. 58e die Zusage Jesu, daß er in Ewigkeit leben wird. Nicht nur das Brot, auch „das Verzehren des Brotes", das Jesus selbst ist, kann allein im bildhaften Sinn verstanden werden.

Ebenso wie der Begriff ἄρτος findet sich in allen Berichten das Substantiv αἷμα. Auch hier kommt es zu unterschiedlicher Verwendung. Nach den Synoptikern und 1 Kor 11,23-25 ist das Blut mit dem Motiv des „Bundes" verbunden. Nach Mk und Mt spricht Jesus von „seinem Blut des Bundes", nach Lk und 1 Kor 11 vom „neuen Bund in seinem Blut". In allen drei synoptischen Berichten spricht Jesus ausdrücklich davon, daß sein Blut „für viele"/„für euch" vergossen wird. Demge-

551 Vgl. M. HASITSCHKA, Christologie des Markusevangeliums 74.

552 Vgl. J. G. VAN DER WATT, Family 218-223.

553 Dasselbe gilt für V. 51, wo das Brot 1mal das Prädikatsnomen in V. 58a und 2mal das Objekt in V. 51df ist. Im Sinn der Kontinuität im Hinblick auf den 6. GA interpretiert M. J. J. MENKEN, Eucharist 191, treffend V. 51: „So from v. 51c onward Jesus' flesh and blood are identified with the bread from heaven. That is not, however, a change over against what precedes but an intensification of it: Jesus is the bread from heaven, not just as a human being, but as a human being who dies on the cross."

genüber findet sich αἷμα im 6. GA des Gesprächs in Joh 6 nicht explizit in Verbindung mit dem Motiv des Bundes bzw. des neuen Bundes. Ebenso spricht Jesus nicht ausdrücklich davon, daß sein Blut vergossen wird. Das Blut Jesu ist der wahre, zuverlässige Trank (V. 55b), der gewiß das ewige Leben vermittelt und die Auferstehung am letzten Tag gewährt (V. 54). Ein weiterer Unterschied besteht darin, daß nur Joh 6 vom Trinken des Blutes Jesu spricht und nicht vom Trinken aus dem Becher. Demzufolge ist „das Trinken des Blutes Jesu" nur in einem metaphorischen Sinn[554] möglich. Dieses Trinken ist die Voraussetzung für das ewige Leben. Nur derjenige, der Jesus so wie lebensnotwendige Nahrung und lebensnotwendigen Trank aufnimmt, kann in ihm bleiben und er in ihm, auch über den Tod hinaus (V. 56).

Alle Berichte enthalten die Andeutungen Jesu auf seine mit dem gewaltsamen Tod verbundene Selbsthingabe für die Menschen und auf seine bleibende Verbundenheit mit den Menschen. In den synoptischen Berichten und in 1 Kor 11,23-25 erklärt Jesus dies durch das Deutewort zum Brot und zum Becher, das er im Anschluß an seine Handlung mit dem Brot/mit dem Becher spricht (vgl. der senkrechte Pfeil zwischen den Deuteworten Jesu und dem Brot/dem Becher in der ABBILDUNG 20). Der Ausgangspunkt seiner Deutung sind das Brot und der Becher. Im joh. Bericht erklärt Jesus direkt die Bedeutung seines Fleisches[555] und seines Blutes. Der Ausgangspunkt seiner Deutung ist er selbst (vgl. der senkrechte Pfeil zwischen den Deuteworten Jesu und ihm selbst in der ABBILDUNG 21). Daraus ergibt sich ein weiterer Unterschied: Während die Adressaten nach den Synoptikern und 1 Kor 11,23-25 das Essen des Brotes und das Trinken aus dem Becher im eigentlichen Sinn vollziehen können, ist das Verzehren des Fleisches Jesu und das Trinken seines Blutes in Joh 6 für sie nur im übertragenen Sinn[556] möglich.

Die Abendmahlsprophetie Jesu nach allen drei Synoptikern macht deutlich, daß das gerade gefeierte Mahl das letzte gemeinsame Mahl Jesu vor seinem Tod ist. Ebenso deutlich ist seine Zusage der künftigen Mahlgemeinschaft mit ihm im Reich Gottes: „Die Mahlgemeinschaft mit Jesus wird jedoch im zukünftigen Reich Gottes ihre Fortsetzung finden. Das Mit-ihm-sein, der Bund, wird in der kommenden Basileia Vollendung erlangen."[557] Demgegenüber gibt Jesus seinen Adressaten im 6. GA des Gesprächs in Joh 6 keine Zusage einer zukünftigen

[554] Vgl. M. J. J. MENKEN, Eucharist 185.

[555] Es fällt auf, daß Jesus in seiner Antwort in Joh 6,53-58 über sein „Fleisch" (σάρξ) spricht. Den Begriff „Leib" (σῶμα) verwendet er nicht.

[556] Vgl. M. J. J. MENKEN, Eucharist 185.

[557] M. HASITSCHKA, Christologie des Markusevangeliums 74.

Mahlgemeinschaft mit ihm im Reich Gottes nach seinem Tod, jedoch die Zusage der Gemeinschaft mit ihm (die reziproke Immanenz), die bereits jetzt zustande kommen kann. Außerdem ist der 6. GA stark mit den Zusagen Jesu sowohl für die Gegenwart als auch für die Zukunft geprägt. Die Zusage des ewigen Lebens steht im Vordergrund (VV. 54.57f). Aufgrund des Parallelismus in VV. 54.56 ist das ewige Leben als reziproke Immanenz zwischen Jesus und dem ihn Verzehrenden zu verstehen.

Jesus spricht seine Adressaten in den synoptischen Berichten und in 1 Kor 11 in der 2.P.Pl. an. Durch ihre Teilnahme am Mahl sind sie aktiv an seinem Handeln beteiligt. Nur nach Lk und 1 Kor 11 bekommen sie von Jesus den Auftrag, den Brot- und Becherritus zu wiederholen bzw. fortzusetzen. Das Ziel dieses Gedächtnisses (ἀνάμνησις) an Jesus ist nicht bloß Erinnerung oder Gedenken an ihn, sondern auch seine Vergegenwärtigung.[558] Demgegenüber spricht Jesus im 6. GA nur die Juden in V. 53 in der 2.P.Pl. an, sonst wendet er sich immer an den einzelnen Adressaten in der 3.P.Sg. in VV. 54-58; damit kann grundsätzlich jeder Mensch sein Adressat sein (vgl. der gestrichelte Kreis in der ABBILDUNG 21). Dieser empfängt von Jesus keinen Auftrag, seine Handlung oder seine Worte zu wiederholen. Er wird auch nicht angesprochen, am Mahl mit Jesus teilzunehmen, sondern Jesus selbst als Nahrung anzunehmen. Das Ziel ist nicht das „Gedächtnis" (ἀνάμνησις) an Jesus, sondern der Empfang des ewigen Lebens bzw. das Bleiben in der gegenseitigen Beziehung zu Jesus.

*Ergebnisse*

In allen behandelten Berichten (Joh 6,52-59; Mk 14,22-25; Mt 26,26-29; Lk 22,15-20 und 1 Kor 11,23-25) deutet Jesus das Geheimnis seiner Person, besonders seiner Selbsthingabe für die Menschen, die mit dem gewaltsamen Tod verbunden ist, und seiner bleibenden Verbundenheit mit den Menschen, die auch über den Tod hinaus bleibt und ihre Vollendung findet. Die Art und Weise seiner Deutung (ausschließlich durch Worte nach dem joh. Bericht, durch Handlung und Deuteworte über Brot und Becher nach den anderen Berichten) und auch die Akzente, die er dabei setzt, unterscheiden sich in seiner Antwort in Joh 6,53-58 deutlich von der Eigenart der anderen Berichte. Einige wichtige Unterschiede bestehen sowohl in den Situationsangaben als auch in den Handlungen und den direkten Personenreden.

[558] In diesem Sinn schreibt M. HASITSCHKA, Korintherbriefe 23: „Der in anamnēsis enthaltene Aspekt der Vergegenwärtigung läßt sich in bezug auf Jesus auch so umschreiben: Innewerden des Auferweckten und geheimnisvoll Gegenwärtigen, dessen Gesinnung geprägt ist durch das ‚für euch' (Proexistenz)."

Auch die Begriffe, die allen Texten gemeinsam sind, z.B. ἄρτος und αἷμα, werden in Joh 6,53-58 anders als in den anderen Texten gebraucht. Weiter fällt auf, daß nur in Joh 6,54-58 Jesus den einzelnen Adressaten persönlich anspricht und ihm seine Zusagen des Lebens für die Gegenwart wie auch für die Zukunft gibt, die sich in der Beziehung zu ihm verwirklichen können. Durch das Unterstreichen der persönlichen gegenseitigen Verbundenheit mit Jesus – der reziproken Immanenz – und der Zusagen des ewigen Lebens an den Einzelnen weicht der 6. GA deutlich von den anderen Berichten ab.

Als Folge dieser Unterschiede kann der 6. GA nicht als glatte Parallele zu Mk 14,22-25; Mt 26,26-29; Lk 22,15-20 und 1 Kor 11,23-25 gesehen werden. Ebenso ist er kein Ersatz für die fehlende Handlung Jesu über Brot und Becher während des letzten Abendmahls, wovon das Joh-Ev nichts berichtet. Aufgrund der hier gemachten Textanalyse und des Vergleiches des 6. GA mit den synoptischen Berichten und 1 Kor 11,23-25 erweist sich die Bezeichnung „eucharistischer Abschnitt" für den 6. GA auf der Textebene (KN 1-3) als nicht adäquat.

Weiter finden sich in den hier behandelten ntl. Texten einige ähnliche Worte und Motive. Aufgrund dieser Ähnlichkeiten wird Joh 6 in seiner Wirkungsgeschichte fast in der Regel in einem engen Zusammenhang mit der Eucharistie gesehen.[559] Inwieweit es sich hier um eine absichtliche Intention des Autors des Joh-Ev handelt, darüber kann man nur spekulieren, da zuwenig Beweismaterial über ihn zur Verfügung steht. In jedem Fall ist es klar, daß der joh. Text weder von der „Eucharistie" noch vom „eucharistischen Mahl" direkt redet und daß er sich auch von den synoptischen Einsetzungsberichten des Herrenmahles deutlich unterscheidet. Aus diesem Grund kann m.E. die Wirkungsgeschichte von Joh 6 nicht als Argument gesehen werden, um den 6. GA bereits auf seiner Textebene (KN 1-3) „den eucharistischen Abschnitt" zu nennen. Diese Bezeichnung für den 6. GA kann erst und vor allem im Hinblick auf die Leser (KN 4-5), wo auch die Wirkungsgeschichte dieses Textes ihren adäquaten Platz hat, treffend sein, jedoch nicht auf der Textebene (KN 1-3).[560]

559 Bereits der Großteil der Kirchenväter interpretiert den 6. GA eucharistisch. Zu diesen gehören unter anderen: die Alexandriner Ammonius und Cyrill (Verbindung zwischen Joh 6,54 und dem Einsetzungsbericht); Ignatius von Antiochien und Justin (Joh 6,51-58 als Basis für die Eucharistielehre), Johannes Chrysostomus (sich an Joh 6 anlehnendes stark realistisches Eucharistieverständnis); die lateinischen Väter Ambrosius (Verbindung zwischen Joh 6,53 und der Eucharistie) und Augustinus. Dazu finden sich genauere Ausführungen im Absatz „Die Brotrede im Wandel der Zeiten" in R. SCHNACKENBURG, Joh II 96-102.

560 Obgleich viele Ausleger die KN 4-5 nicht explizit von den KN 1-3 unterscheiden, bringen sie das Thema „Eucharistie" und „eucharistischer Abschnitt" im 6. GA in be-

*c) Zum ζωή-Vokabular*

*Die Verdichtung des ζωή-Vokabulars im 6. GA*

Mit sechs Belegen prägt das ζωή-Vokabular die Antwort Jesu im 6. GA noch stärker als im 5. GA. In der ersten Hälfte seiner Antwort findet sich 2mal das Substantiv ζωή (in V. 53e bzw. ζωὴ αἰώνιος in V. 54a) und in der zweiten Hälfte 4mal das Verb ζῶ (VV. 57abd.58e) (vgl. TABELLE 24). Beim letzten Vorkommen des Verbs ζῶ in V. 58e fällt die anschließende Bestimmung „in Ewigkeit" auf. Ähnlich wie das Substantiv „Leben" mit dem Adjektiv „ewig" genauer bestimmt wird, so wird hier das Verb „leben" durch die Wendung „in Ewigkeit" präzisiert.[561]

*Die Zusagen des Lebens für Gegenwart und Zukunft*

Jesu Zusagen des Lebens finden sich im 6. GA noch häufiger als in den GA 4-5. Zuerst kommen die Zusagen des Lebens für die Gegenwart vor, danach diejenigen für die Zukunft. Außer in V. 53 ist ihr Adressat immer der Einzelne (die 3.P.Sg.).[562] Diese Zusagen sind mit bestimmten Bedingungen verbunden, die in V. 53 in Form eines Bedingungssatzes und in VV. 54-58 durch die Art, wie der Adressat bezeichnet wird, geäußert werden. Der Adressat wird niemals explizit „der Glaubende" genannt wie in VV. 40b.47b, sondern mit Hilfe von Bildern, was die folgende Tabelle zeigt:

| | VORAUSSETZUNG | ZUSAGE |
|---|---|---|
| V. 53c-e | das Fleisch des Menschensohnes essen und sein Blut trinken (implizit) | das Leben in sich nicht haben (Präsens) (implizit)[563] |
| V. 54a-b | das Fleisch Jesu verzehren und sein Blut trinken | das ewige Leben haben (Präsens) + Auferstehung[564] |

zug auf die Leser oder sogar auf den Autor öfters zum Ausdruck. Dadurch verweisen sie indirekt auf die KN 4-5. In diesem Sinn schreiben bereits in den älteren Kommentaren u.a. W. BAUER, Joh 96: „Diese Rede vom Essen und Trinken des Fleisches und Blutes des Herrn mußte in den Lesern des Evangeliums mit Notwendigkeit das Bild des Herrnmahles wachrufen." Mit dem Essen des Fleisches und dem Trinken des Blutes Jesu in Joh 6,53 soll nach R. SCHNACKENBURG, Joh II 91, „für die christlichen Hörer unmißverständlich das eucharistische Mahl angesprochen werden". Diese Linie setzt sich auch in der neuren joh. Forschung fort, u.a. bei L. SCHENKE, Joh 138, nach dessen Meinung „die eucharistische Rede 6,53-58 ... das Geheimnis des eucharistischen Mahles, wie es der Autor und seine Gemeinschaft (seine ersten Leser) begehen", umschreibt.

561 Dieselbe Wendung „leben in Ewigkeit" findet sich auch am Ende des 5. GA in V. 51e.

562 Vgl. GA 4-5: VV. 40.47b.51d-e.

563 Sowohl die Voraussetzung als auch die Zusage in V. 53c-e steht im Text unter negativem Vorzeichen. Die positive Form in der Tabelle ist aus diesem Grund implizit.

564 Zu dieser Zusage schreibt J. FREY, Eschatologie III 394, treffend: „Die auffällige Wiederholung dieser Wendung im Rahmen der Rede von Joh 6 akzentuiert den damit eingeführten Auferweckungsgedanken in besonderer Weise. Wenn – im Kontrast zum Sterben der Väter – vom lebensspendenden Himmelsbrot die Rede ist, das Jesus

| | | |
|---|---|---|
| V. 57c-d | Jesus verzehren | durch Jesus leben (Futur) |
| V. 58e | dieses Brot verzehren | in Ewigkeit leben (Futur) |

TABELLE 40

In der Spalte mit den Voraussetzungen kommt das Verb „trinken" 2mal vor, dessen Objekt das Blut des Menschensohnes/Jesu Blut ist. Nur 1mal erscheint das Verb „essen", dessen Objekt das Fleisch des Menschensohnes ist. Weiter findet sich 3mal das Verb „verzehren" mit den drei Objekten: Jesu Fleisch/Jesus/dieses Brot. Die Kombinationen desselben Verbs mit den verschiedenen Objekten führen zum folgenden Ergebnis: Jesus ist identisch sowohl mit dem Menschensohn als auch mit dem Brot. Der Menschensohn ist im 1. GA das Subjekt, der Geber (V. 27e). In V. 53c-d ist er bzw. sein Fleisch und sein Blut das Objekt, die Gabe. Wie schon in der Auslegung erwähnt, geschieht im Gespräch eine noch intensivere Bewegung mit dem „Brot": vom Objekt zum Subjekt oder zum Prädikatsnomen und umgekehrt.[565] Diese Bewegung zeigt deutlich, daß das Subjekt bzw. das Prädikatsnomen identisch mit dem Objekt ist und umgekehrt. Das bedeutet, daß der Geber zugleich die Gabe ist. Jesus ist der Geber und die Gabe des Lebens selbst.

Weiter ist der Zusammenhang zwischen den Voraussetzungen und den Zusagen des Lebens unter dem zeitlichen Gesichtspunkt zu beachten: Dieselben Bedingungen gelten sowohl für die Zusagen des Lebens für die Gegenwart als auch für die Zukunft. Jesus fordert von den Adressaten seiner Zusagen in beiden Fällen dasselbe und das schon jetzt in der Gegenwart: ihn als Menschensohn, seine ganze Sendung vom Vater und auch seine Hingabe und sein Geschick als lebensnotwendige Nahrung (als Brot) ganz in sich aufzunehmen.

In der Spalte mit den Zusagen Jesu finden sich zuerst die Zusagen des Lebens für die Gegenwart (VV. 53f) und danach diejenigen für die Zukunft (VV. 57f). Die ersten sind mit Hilfe des Substantivs ζωή formuliert, die zweiten mit dem Verb ζῶ.[566] Dadurch wird m.E. die dynamische Dimension des Lebens unterstrichen. Denn das Verb ζῶ stellt

in Person ist und gibt und das gegenwärtige ‚ewiges Leben' verleiht, wird zugleich durch den Hinweis auf die endzeitliche Auferweckung deutlich gemacht, daß das so vermittelte ‚ewige Leben' nicht in der jetzigen Glaubensexistenz aufgeht und erst recht nicht im Sinne einer physischen Unsterblichkeit zu verstehen ist. Vielmehr ist den Jüngern im Falle des leiblichen Todes, der auch sie erwartet, die Auferweckung durch ihren Herrn und damit die Vollendung ihres Heils zugesagt."

565 Siehe oben vor allem in den Ausführungen zu V. 53.

566 Auch in der Antwort Jesu im 5. GA kommt zuerst der Begriff „Leben" als Substantiv in seiner Zusage des Lebens an den Glaubenden für die Gegenwart (V. 47b) und erst im Schlußvers seiner Antwort (V. 51e) kommt das Verb „leben" in der Zusage des Lebens für die Zukunft vor.

zuerst die präsentische Beziehung Jesu zum Vater heraus, da Jesus bereits jetzt durch den Vater lebt (V. 57). Auf diese Weise wird aber auch derjenige, der Jesus verzehrt, durch ihn leben. Die Zusagen des Lebens für die Gegenwart wie auch für die Zukunft sind bereits jetzt in Jesus und durch seine Beziehung zum Vater beispielhaft verwirklicht. Der Mensch kann also in der Beziehung Jesu zum Vater gerade das sehen, was auch er bereits in der Gegenwart, aber vollendet erst in der Zukunft, durch die Beziehung zu Jesus leben kann.

*Die joh. Wendung ζωήν + ἔχω + ἐν ἑαυτῷ*

Wie bereits in der Auslegung zu V. 53 gezeigt wurde, enthält diese Wendung zugleich zwei joh. Stilmerkmale: ἔχω + ἐν ἑαυτῷ und ζωήν + ἔχω. Diese Wendung drückt das Verhältnis zwischen dem Leben und dem Menschen aus. Man kann das Leben haben, aber nicht als einen äußerlichen Besitz. Über das Leben kann man nicht äußerlich verfügen. Wenn der Mensch das Leben hat, dann kann er es nur in sich selbst haben.[567] Aber auch in diesem innerlichen Bereich ist das Leben kein beliebig verfügbares Objekt des Menschen.

Das drückt gerade Jesu Mahnung an die Juden in V. 53 aus. Nämlich, wenn sie das Fleisch des Menschensohnes nicht essen und sein Blut nicht trinken, dann können sie das Leben nicht in sich haben. Durch das Essen des Fleisches des Menschensohnes und durch das Trinken seines Blutes haben sie aber die Möglichkeit dazu. Jesus ruft sie durch diese beiden metaphorischen Wendungen auf, den Menschensohn, der er selbst ist, sein Leben, seine Sendung und auch seine Hingabe als lebensnotwendige Nahrung/Trank anzunehmen. Diese Annahme des Menschensohnes bedeutet zugleich den Empfang des Lebens; und noch mehr, es bedeutet, das Leben in sich zu haben. Die Präposition ἐν und das Personalpronomen (2.P.Pl.Dat.) bilden die Ortsangabe, die das Innere des Menschen bezeichnet. Diese wird in V. 56 wieder aufgenommen, wo die Präposition (ἐν) 1mal mit dem Personalpronomen in der 1.P.Sg.Dat. („in mir") und noch 1mal mit dem Personalpronomen in der 3.P.Sg.Dat. („in ihm") vorkommt; dadurch werden die Ortsangaben für die Ebene von Personen und ihre Beziehungen gebraucht. Es geht um die Bereiche der reziproken Immanenz zwischen Jesus und demjenigen, der sein Fleisch verzehrt und sein Blut trinkt. Das ist der Ort der bleibenden gegenseitigen Verbundenheit zwischen ihnen.

[567] K. SCHOLTISSEK, Sprache 207, stellt fest: „Das ‚Leben' als Heilsgut schlechthin wird zu einer immanenten Wirklichkeit, die die Person als ganze bestimmt."

Die Wendung ζωήν + ἔχω + ἐν ἑαυτῷ findet sich im Joh-Ev noch 2mal in Joh 5,26, auch dort in einer Antwort Jesu an die Juden auf dem KN 1:

| | | | |
|---|---|---|---|
| ὥσπερ γὰρ | ὁ πατὴρ | | ἔχει ζωὴν ἐν ἑαυτῷ, |
| οὕτως καὶ | τῷ υἱῷ | ἔδωκεν | ζωὴν ἔχειν ἐν ἑαυτῷ |

Jesus geht in Joh 5,26 auf seine Vater-Sohn Beziehung ein und spricht über sich selbst in der 3.P.Sg. als Sohn. Beide, der Vater und der Sohn, haben das Leben in sich. Es besteht dabei eine bestimmte Reihenfolge. Der Vater ist derjenige, der zuerst das Leben in sich hat. Das Leben geht auf ihn zurück. Jedoch bleibt es nicht auf ihn allein begrenzt. Der Vater hat dem Sohn gegeben, das Leben in sich zu haben wie er es selbst in sich hat. Für Jesus ist dieses Leben die Gabe seines Vaters (Verb δίδωμι) und die Wirklichkeit seiner Beziehung zu ihm.[568] In Joh 6,53 setzt sich diese Logik fort. Nach Joh 5,26 haben nur der Vater und der Sohn das Leben in sich, nach Joh 6,53 ist diese Möglichkeit auch für die Menschen, in diesem Fall für die Juden, unter bestimmten Voraussetzungen zugänglich, die sie aber nicht erfüllen. Die beiden Stellen weisen darauf hin, daß die Möglichkeit, das Leben in sich haben zu können, für den Menschen in keinem Fall das Ergebnis seiner eigenen Fähigkeiten und Leistungen ist, sondern primär die Gabe Gottes und Jesu an ihn, die er nur annehmen kann.

*Die joh. Wendung ζωήν + ἔχω*

In V. 54a kommt dieses joh. Stilmerkmal[569] zum letzten Mal in Joh 6 vor. Ein Überblick über dieses Merkmal im Gespräch in Joh 6 zeigt die folgende Tabelle:

| | VORAUSSETZUNG | ZUSAGE |
|---|---|---|
| V. 40b | den Sohn sehen und an ihn glauben | das ewige Leben haben (Präsens) + Auferstehung |
| V. 47b | glauben | das ewige Leben haben (Präsens) |
| V. 53c-e | das Fleisch des Menschensohnes essen und sein Blut trinken (implizit) | das Leben in sich haben (Präsens) (implizit) |
| V. 54a-b | das Fleisch Jesu verzehren und sein Blut trinken | das ewige Leben haben (Präsens) + Auferstehung |

TABELLE 41

568 Die Lebenswirklichkeit in der Vater-Sohn Beziehung sieht grundlegend für das Verständnis dieser Relation auch M. M. THOMPSON, Father 20: „The primary understanding of God as Father in John comes to expression in John 5:26: ‚Just as the Father has life in himself, so he has granted the Son also to have life in himself.' In the Gospel of John, Jesus is the Son who receives life from the Father and in turn gives it to others. This fundamental relationship, this ‚kingship' of God and Jesus as Father and Son, becomes the basis for a number of claims made for Jesus."

569 Vgl. E. RUCKSTUHL/P. DSCHULNIGG, Stilkritik 151.

Abgesehen von V. 53 haben diese Voraussetzungen und Zusagen Geltung für jeden einzelnen Menschen (πᾶς in V. 40b). Jesu Zusagen des Lebens unter positivem Vorzeichen sind alle identisch. Das bedeutet, daß „das Sehen des Sohnes" und „das Glauben an Jesus" mit „dem Essen/Verzehren seines Fleisches" und mit „dem Trinken seines Blutes" verbunden ist.[570] Im Grunde stellt Jesus seinen Adressaten nur eine Bedingung: Die lebensnotwendige Verbundenheit mit ihm, in welcher der Einzelne ihn so wie „die lebensnotwendige Nahrung" aufnimmt.[571] Diese Verbundenheit ist aber nicht nur Voraussetzung. Bereits in ihr und durch sie wird das Leben dem Menschen zuteil.[572]

*Das Verb ζῶ*

In der zweiten Hälfte des 6. GA tritt das Verb ζῶ mit seinen vier Vorkommen (als Ptz. in V. 57a und als finites Verb in VV. 57bd.58e) stark in den Vordergrund. Außerhalb des 6. GA wird ζῶ in diesem Gespräch nur noch 2mal am Schluß des 5. GA belegt (als Ptz. in V. 51b und als finites Verb in V. 51e).

Zuerst bezieht sich das Verb ζῶ als Ptz.Präs. in V. 57a auf den Vater. Die Bezeichnung „der lebende Vater" (ὁ ζῶν πατήρ) für Gott ist hier einmalig in der Bibel.[573] Im Unterschied zu Jesus und den Adressaten seiner Zusagen wird für den Vater niemals festgestellt, daß er durch jemanden anderen lebt. Der Vater ist von Anfang an der Lebende. Das

570 Vgl. J. G. VAN DER WATT, Family 223f.

571 B. SCHWANK, Joh 223, schreibt: „Alles kommt für Johannes darauf an, mit Jesus personal in Verbindung zu treten. Nicht ein Geheimmittel, mit dem man ewig leben kann, wird ‚verordnet', vielmehr wird gezeigt, wie weit sich der Menschensohn herabläßt, damit wir an seiner Person und an seinem Leben teilhaben können."

572 In diesem Sinn entwickelt sich der Gedanke aus V. 54 weiter in V. 56, wie in der Auslegung zu V. 56 gezeigt wird (vgl. TABELLE 34). Darüber schreibt auch K. STOCK, Jesus 65: „Von neuem wird auch deutlich, daß ewiges Leben und personale Gemeinschaft mit Jesus identisch sind. Dem, der Jesu Fleisch ißt und sein Blut trinkt, wird zugesagt: ‚er hat das ewige Leben' (6,54) und ‚ er bleibt in mir, und ich bleibe in ihm' (6,56). Das In-einander-Bleiben bedeutet vollen gegenseitigen Austausch und engste personale Verbundenheit."

573 Demgegenüber kommt die Bezeichnung „(der) lebende Gott" ([ὁ] θεός [ὁ] ζῶν) sowohl im AT (LXX) als auch im NT vor: Dtn 4,33; 5,26 (LXX); Jos 3,10 (LXX); 1 Sam 17,36 (LXX); 2 Kön 19,4.16 (LXX); Tob 13,2 (LXX); Est 6,13; 8,12q (LXX); Ps 41,3 (LXX); Ps 83,3 (LXX); Jes 37,4.17 (LXX); Dan 5,23; 6,27 (LXX); Hos 2,1 (LXX); Mt 16,16; 26,63; Apg 14,15; Röm 9,26; 2 Kor 3,3; 6,16; 1 Thess 1,9; 1 Tim 3,15; 4,10; 6,17; Hebr 3,12; 9,14; 10,31; 12,22; Offb 7,2; 15,7. 1 Petr 1,23 ist in der Zuordnung umstritten, da einige Autoren ζῶν auf „Gott" und andere auf „das Wort" beziehen. Vgl. K. ALAND (Hg.), Konkordanz I 484; W. BAUER, Wörterbuch 682. Mit der Bezeichnung „(der) lebende Gott" ([ὁ] θεός [ὁ] ζῶν) befaßt sich auch M. M. THOMPSON, Thinking 233-237. Beachtenswert ist auch die Bezeichnung „der Lebende" (ὁ ζῶν) für Gott, die nur in Offb 4,9.10; 10,6 erscheint.

Leben geht auf ihn zurück.[574] Es gehört von Anfang an zu seinem Wesen, daß er das Leben in sich hat (vgl. Joh 5,26).[575]

Jesus bringt in V. 57a auch die Verbindung zwischen seinem Leben und seiner Sendung zur Sprache. Ebenso wie sein Leben geht auch seine Sendung auf den Vater zurück. Die Sendung gehört für Jesus zum Bereich des Lebens, da er gerade in der Sendung durch (διά)[576] den Vater als sein gesandter Sohn lebt. Das Verb ἀποστέλλω erscheint in V. 57a im Aorist und drückt damit die einmalige Sendung Jesu durch den Vater als Ganzes[577] aus.

Jesu Beziehung zum Vater dient in V. 57 als Vergleich und Begründung für die Beziehung zwischen ihm und dem ihn Verzehrenden.[578] Das Verb ζῶ charakterisiert die beiden Relationen. Wie Jesus durch den Vater lebt, so wird auch der ihn Verzehrende durch ihn leben (ζῶ + διά). Das Verb ζῶ erscheint in bezug auf Jesus im Präsens (V. 57b), in bezug auf den Jesus Verzehrenden aber im Futur (V. 57d). Obwohl diesem Adressaten schon in V. 54a das ewige Leben für die Gegenwart zugesagt wird, bringt die futurisch orientierte Zusage in V. 57d einen neuen Akzent mit sich. Dieser stellt die Lebenswirklichkeit heraus, die zwischen Jesus und dem Vater bereits jetzt besteht, für den Menschen aber erst in der Zukunft ihre Fülle entfalten kann. Dementsprechend wird in V. 57 auch nicht von einer präsentischen Sendung des Adressaten Jesu geredet, wie das für Jesus selbst bereits der Fall ist, sondern vom Verzehren, dessen Objekt Jesus ist.[579] Wie die Sendung durch den Vater für Jesus in V. 57 zu seiner Lebenswirklichkeit gehört, so ist das Leben für den Menschen wesentlich mit der Bereitschaft verbunden, Jesus zu verzehren. Diese metaphorische Wendung bedeutet, Jesus als Menschensohn, seine ganze Sendung vom Vater und auch seine Hingabe und sein Geschick, als lebensnotwendige Nahrung ganz in sich aufzunehmen. Für denjenigen, der auf diese Weise mit Jesus verbunden ist, können Jesu Zusagen des Lebens schon in der Gegenwart und noch intensiver in der Zukunft in Erfüllung gehen. Er wird leben in Ewigkeit (V. 58e).

574 Vgl. J. G. VAN DER WATT, Family 204-206.

575 Vgl. F. MUSSNER, ΖΩΗ 70f.

576 Siehe dazu die Auslegung zu V. 57.

577 F. BLASS/A. DEBRUNNER/F. REHKOPF, Grammatik § 318.

578 Das wird mit Hilfe der joh. Satzkonstruktion καθὼς ..., καί ausgedrückt. Siehe dazu die Auslegung von V. 57.

579 Nach der Satzkonstruktion καθὼς ..., καί spricht Jesus von seiner Sendung durch den Vater und von der Sendung der Seinen durch ihn zum ersten Mal in seinem Gebet in Joh 17,18; vgl. H. RITT, Gebet 241f. Dieselbe Satzkonstruktion καθὼς ..., καί wird für die Sendung der Jünger Jesu erst nach seinem Tod und seiner Auferstehung in Joh 20,21 verwendet.

## 4.3 Der 3. Teil (VV. 60-66): Jesus und die Jünger

### 4.3.1 Übersetzung

60 a Viele nun gehört Habende von seinen Jüngern sagten:
b „Hart[580] ist dieses Wort;
c wer kann es hören?"
61 a Gewußt habend aber Jesus bei sich,
b daß seine Jünger über dieses murren,
c sagte er ihnen:
d „Dies ärgert[581] euch.[582]
62 a Wenn ihr nun den Sohn des Menschen seht,
b hinaufsteigend,
c wo er einst war –[583]
63 a Der Geist ist der lebendig Machende,
b das Fleisch nützt nichts.[584]
c Die Worte,
d die ich (zu) euch geredet habe, –
e Geist sind sie
f und Leben sind sie.
64 a Aber (es) sind unter euch einige,
b die nicht glauben."
c (Es) wußte nämlich Jesus von Anfang an,
d welche die nicht Glaubenden sind
e und wer der ihn übergeben Werdende ist.
65 a Und er sagte:
b „Deswegen habe ich euch gesagt:
c Niemand kann zu mir kommen,
d wenn es ihm nicht vom Vater gegeben ist."

[580] In bezug auf die „Worte" kann das Adjektiv σκληρός mit „hart", „unangenehm" oder „unerträglich" übersetzt werden. Vgl. W. BAUER, Wörterbuch 1510.

[581] Das Verb σκανδαλίζω bedeutet sowohl „zur Sünde verführen" als auch „ärgern", „empören" und „entrüsten". Der zweite Aspekt entspricht besser dem Beleg von σκανδαλίζω in V. 61d. Vgl. W. BAUER, Wörterbuch 1504f.

[582] Das Semikolon in der griech. Textausgabe wird in diesem Fall mit dem Punkt in der Übersetzung wiedergegeben. Dafür sprechen folgende zwei Argumente: (1) Das Semikolon steht im NT nicht nur für die Fragezeichen. Es hat keine eindeutige Bedeutung; vgl. F. BLASS/A. DEBRUNNER/F. REHKOPF, Grammatik § 16. (2) Der allwissende joh. Jesus stellt in V. 61d fest, daß sich seine Jünger ärgern. Der innere Zustand seiner Jünger ist für ihn, der das Innere der Menschen kennt, keine Frage. Dagegen wird V. 61d als Frage u.a. von U. WILCKENS, Joh 109; R. SCHNACKENBURG, Joh II 60f; K. WENGST, Joh I 255, übersetzt. Die Übersetzungsmöglichkeiten werden dabei nicht besprochen und auch ihre eigene nicht.

[583] An dieser Stelle findet sich eine Aposiopese im weiteren Sinn als Weglassung des Nachsatzes zum hypothetischen Vordersatz. Vgl. F. BLASS/A. DEBRUNNER/F. REHKOPF, Grammatik § 481,3.

[584] Im griech. Text ist die Verneinung doppelt und dadurch verstärkt.

66 a Aus diesem (Grund)[585] gingen viele von seinen Jüngern weg, zurück,[586]
b und gingen nicht mehr mit ihm umher.

### 4.3.2 Struktur

VV. 60-66 bilden den 3. Teil des Gesprächs, der im Hinblick auf die Gesprächspartner Jesu sowohl vom 2. Teil als auch vom 4. Teil deutlich abgegrenzt wird. Die unmittelbaren Gesprächspartner Jesu sind im 2. Teil die Juden, im 3. Teil seine Jünger und im 4. Teil die Zwölf. Erst am Beginn des 3. Teiles erfährt der Leser, daß auch die Jünger Jesu die GA 1-6 gehört haben, obwohl sie bisher in diesem Gespräch niemals geredet haben und auch der Erzähler über sie noch keine Information vermittelt hat. Das Gespräch setzt sich fort. Für diese Kontinuität spricht auch die Tatsache, daß am Beginn des 3. Teiles keine neue Orts- und Zeitangabe eingeführt wird.

Der 3. Teil hat eine ähnliche Kommunikationsstruktur wie der 1. und 2. Teil. Das Gespräch verläuft vor allem auf dem KN 1. Ebenso wie im 2. Teil wenden sich die Gesprächspartner Jesu auch im 3. Teil mit keiner direkten Frage an Jesus, obwohl sie untereinander sein Wort in Frage stellen (V. 60b-c). Dadurch zeigt sich eine zunehmende Tendenz zur Distanzierung von Jesus unter seinen Jüngern. Demgegenüber distanziert sich Jesus nicht von den Jüngern, sondern spricht sie direkt (in der 2.P.Pl.) an. Ähnlich wie im 1. und 2. Teil ist seine Antwort im 3. Teil viel länger als die Frage seiner Gesprächspartner.

Der Erzähler (S2) ist an der Kommunikation im 3. Teil stärker als vorher beteiligt. Er leitet nicht nur die direkten Personenreden ein, sondern vermittelt noch viele wichtige Angaben. Diese finden sich am Beginn und am Ende der direkten Personenreden, aber auch zwischen den beiden Teilen der Antwort Jesu (VV. 64c-65a). Der Erzähler erwähnt ausdrücklich „die Jünger" (VV. 60a.61b.66a). Er spricht von ihren Reaktionen auf die Worte Jesu. Er weiß auch das, was Jesus allein

[585] Über die einleitende Wortverbindung ἐκ τούτου gibt es unter den Exegeten verschiedene Meinungen. Für einige hat es eine temporale (vgl. U. SCHNELLE, Joh 137; L. SCHENKE, Joh 140), für andere vor allem eine kausale Bedeutung (vgl. W. BAUER, Wörterbuch 474; R. SCHNACKENBURG, Joh II 109). Im 7. GA verschärft sich die Spannung im Gespräch zwischen Jesus und seinen Jüngern. Dadurch wird das Weggehen vieler Jünger von Jesus begründet. Demzufolge ist m.E. ἐκ τούτου primär kausal zu übersetzen. Die zeitliche Abfolge (Auseinandersetzung → Weggehen der Jünger) wird damit nicht ausgeschlossen. Die adverbiale Wortverbindung ἐκ τούτου findet sich im Joh-Ev nur noch in Joh 19,12, ebenso primär im kausalen Sinn.

[586] Eine noch einfachere Übersetzung von V. 66a ist: „Aus diesem Grund zogen sich viele von seinen Jüngern zurück."

weiß (V. 61a-b) oder was Jesus schon von Anfang an weiß (V. 64c-e).[587] Das Wissen des Erzählers übersteigt das Wissen der Jünger Jesu. Er erzählt davon, was Jesus weiß und auch warum sich die Jünger von Jesus distanzieren. Er erscheint fast als Allwissender in diesem Gespräch.[588]

Die formale Struktur des 3. Teiles bildet nur ein Gesprächsabschnitt, der 7. GA.[589] Auf die indirekte kurze Frage der Jünger folgt eine direkte zweiteilige Antwort Jesu, die durch die Zwischenbemerkungen des Erzählers geteilt wird.

| | | | |
|---|---|---|---|
| 7. GA VV. 60-66: | indirekte Frage der Jünger | → | Antwort Jesu |

ABBILDUNG 22

Im 3. Teil setzt sich das Gespräch nicht nur formal, sondern auch inhaltlich fort. Wie im 1. und 2. Teil ist auch im 3. Teil die thematische Verkettung erkennbar. Weil der 3. Teil nur aus dem 7. GA besteht, hat er nur zwei Überleitungen, wie das folgende Schema zeigt:

| GA | V. | DIE JÜNGER | | JESUS |
|---|---|---|---|---|
| 6. GA | 59a | | | λέγω* |
| | 59b | | | διδάσκω* |
| 7. GA | | | ↙ | |
| | 60a | ἀκούω*<br>(ἐκ τῶν μαθητῶν αὐτοῦ*)<br>+ | | |
| | 60b | σκληρός<br>ὁ λόγος οὗτος | | |

[587] Sein Wissen umfaßt nicht nur die gegenwärtigen, sondern auch die zukünftigen Ereignisse in bezug auf die Erzählwelt. M. THEOBALD, Häresie 219, schreibt: „Allerdings wird noch an einer weiteren exponierten Stelle des Abschnitts ein Ereignis außerhalb des Textes ‚eingespielt', freilich im Unterschied zu dem von V. 66 kein in der Erzählwelt gegenwärtig sich vollziehendes, sondern ein vom Standpunkt der Beteiligten aus noch zukünftiges: die Auslieferung Jesu durch Judas, den Sohn des Simon Iskariot."

[588] Vom allwissenden Erzähler schreiben u.a. R. A. CULPEPPER, Anatomy 21-26; M. THEOBALD, Häresie 219.

[589] Auf diese Weise sieht die formale Struktur auch R. KYSAR, Dismantling 168. Er behandelt das Gespräch in Joh 6, 25-71 als Ganzes, gliedert es in die GA und berücksichtigt dabei auch die unmittelbaren Gesprächspartner Jesu. Mit V. 60 beginnt nach seinem Schema der Gesprächsabschnitt G. Diese Bezeichnung macht deutlich, daß sich auch nach seiner Meinung das Gespräch mit V. 60 fortsetzt und daß es im übrigen Gespräch nicht nur um die Auswirkung des vorherigen Gesprächs geht. Nach M. THEOBALD, Häresie 216, bilden VV. 60-71 den abschließenden Teil des Gesprächs: „Daß unser Abschnitt 6,60ff den Schluß der Rede enthält, läßt sich auch gattungskritisch zeigen." Auch nach seinem Schema setzt sich das Gespräch mit V. 60 fort. M. HASITSCHKA, Zeichen 89, schreibt, daß Jesus gerade in VV. 61-65 „einen Schlüssel" für das Verstehen seiner Worte in den vorherigen GA gibt.

| | | | | |
|---|---|---|---|---|
| | | + | | |
| | 61b | γογγύζω* | | |
| | | | ↘ | |
| | 61d | | | τοῦτο |
| | | | | σκανδαλίζω |
| | | | | + |
| | 63c | | | τὰ ῥήματα |
| | 63d | | | ἃ ἐγὼ λελάληκα ὑμῖν |

ABBILDUNG 23

*Die 1. Überleitung* geschieht sowohl auf dem KN 1 als auch auf dem KN 2. Auf dem KN 2 am Schluß des 6. GA in V. 59 erwähnt der Erzähler, daß Jesus in der Synagoge in Kafarnaum gesprochen und gelehrt hat. Den Verben λέγω und διδάσκω in V. 59 entsprechen am Beginn des 7. GA in V. 60a das Verb ἀκούω und auch sein Subjekt πολλοὶ ἐκ τῶν μαθητῶν αὐτοῦ. Auf dem KN 1 reagieren die Jünger Jesu auf die unmittelbar vorhergehenden Worte Jesu mit der Frage in V. 60b-c: „Hart ist dieses Wort; wer kann es hören?" Das Demonstrativpronomen „dieses" (οὗτος) bzw. die Wortverbindung „dieses Wort" (ὁ λόγος οὗτος) zeigen deutlich, daß der 7. GA in einer direkten Abhängigkeit vom 6. GA anfängt und nur in der Verbindung mit ihm und mit dem bisherigen Gespräch verstanden werden kann.
*Die 2. Überleitung* geschieht durch die Ablehnung der Jünger gegenüber den Worten Jesu, die Jesus am Anfang seiner Antwort aufgreift. Die Jünger Jesu stellen in V. 60b-c fest, daß dieses Wort „hart" (σκληρός) ist und fragen sich, wer es hören kann. Anschließend bemerkt der Erzähler, daß Jesus vom Murren (das Verb γογγύζω) der Jünger weiß. Es folgt die Antwort Jesu, worin er sofort auf diese Reaktion der Jünger eingeht. Er spricht vom Ärgern der Jünger (das Verb σκανδαλίζω), was noch stärker als das Murren ist. Er spricht auch von seinen „Worten" (ῥήματα), die er in diesem Gespräch gesagt hat. Diese Worte, die für die Jünger Jesu der Grund für ihr Ärgernis sind, sind für Jesus Geist und Leben (V. 63c-f).

Die thematischen Schwerpunkte im 3. Teil sind besonders durch die Häufungen des charakteristischen Vokabulars deutlich. Diese stellt die folgende Übersicht dar:

| 7. GA | V. | | | |
|---|---|---|---|---|
| | 60a | πολλοὶ ἐκ τῶν μαθητῶν αὐτοῦ | ἀκούω | |
| | 60b | | σκληρός *ὁ λόγος οὗτος* | |
| | 60c | | ἀκούω + δύναμαι | |
| | 61a | | | οἶδα Ιησοῦς |
| | 61b | οἱ μαθηταὶ αὐτοῦ | γογγύζω | |
| | 61d | | σκανδαλίζω | |
| | 63a | | πνεῦμα | τὸ ζῳοποιοῦν |
| | 63c | | *τὰ ῥήματα* | |
| | 63e | | πνεῦμα | |
| | 63f | | | ζωή |
| | 64a | ἐξ ὑμῶν τινες | | |
| | 64b | | οὐ πιστεύω | |
| | 64c | | | οἶδα Ιησοῦς |
| | 64d | | μὴ πιστεύω | |
| | 65c | | ἔρχομαι πρός με + δύναμαι | δίδωμι + ἐκ τοῦ πατρός |
| | 66a | πολλοὶ [ἐκ] τῶν μαθητῶν αὐτοῦ | ἀπέρχομαι | |
| | 66d | | περιπατέω + οὐκέτι μετ᾽ αὐτοῦ | |

TABELLE 42

Einige Bemerkungen anhand der Tabelle sind:
(1) Die Jünger Jesu, die im 3. Teil die Gesprächspartner Jesu sind, werden 3mal vom Erzähler erwähnt. Das bedeutet eine leichte Zunahme gegenüber dem 2. Teil, wo die Juden nur 2mal vorkommen, und eine noch größere gegenüber dem 1. Teil, wo die Gesprächspartner Jesu niemals vom Erzähler explizit erwähnt werden. Im 7. GA wird 2mal (VV. 60a.66a) über „viele" (πολλοί) Jünger Jesu geredet, aber nicht über alle. Ähnlich berichtet Jesus in V. 64a, daß nicht alle, sondern nur einige von ihnen (ἐξ ὑμῶν τινες – in der 2.P.Pl.) nicht glauben. Das bedeutet, daß hinsichtlich der Person Jesu unter den Jüngern keine einheitliche Haltung besteht. Die Haupttendenz zeigt sich in der Ablehnung gegenüber Jesus.
(2) In der zweiten Spalte fallen die ablehnenden Reaktionen und Worte der Jünger Jesu gegenüber seinem Wort auf. Seine Jünger behaupten, daß „dieses Wort" (ὁ λόγος οὗτος) „hart" (σκληρός) ist. Jesus weiß, daß die Jünger „murren" (γογγύζω) und stellt noch stärker fest, daß sie sich ärgern (das Verb σκανδαλίζω). In bezug auf das „Wort" Jesu erscheint 2mal auch das Verb „hören" (ἀκούω) in V. 60ac. Die Jünger, die selbst das Wort Jesu gehört haben, stellen sich die Frage:

„Wer kann es hören?“ (V. 60c). Sie stellen damit die Möglichkeit, das Wort Jesu als Hörender ganz anzunehmen, in Frage.
(3) Auch Jesus selbst geht in seiner Antwort auf das Problem seiner „Worte“ (ῥήματα) ein. Im Gegensatz zur ablehnenden Haltung seiner Jünger, bedeuten sie für ihn Geist und Leben. Das Wort πνεῦμα kommt 2mal vor, auch 2mal das ζωή-Vokabular (τὸ ζῳοποιοῦν in V. 63a in Verbindung mit dem Geist und ζωή in V. 63e in Verbindung mit den Worten Jesu).
(4) Eine weitere Häufung bildet das verneinte Verb πιστεύω in V. 64ad. Jesus stellt fest, daß unter seinen Jüngern einige sind, die nicht glauben, was der Erzähler bestätigt. Auch vom Wissen Jesu spricht der Erzähler im 7. GA 2mal (VV. 61a.64c).
(5) Die letzte Häufung im 7. GA bilden die Verben der Bewegungen in bezug auf Jesus. Jesus spricht in V. 65c vom Kommen zu ihm (ἔρχομαι πρός με), welches den Einzelnen durch den Vater ermöglicht bzw. gegeben wird. Der Erzähler spricht in V. 66 von den anschließenden Reaktionen vieler Jünger Jesu, die nicht zu ihm kommen. Im Gegenteil, sie gehen weg (ἀπέρχομαι) von ihm und gehen nicht mehr mit ihm umher (περιπατέω).
(6) Im 7. GA findet sich das ζωή-Vokabular nur im ersten Teil der Antwort Jesu (VV. 61d-64b): das substantivierte Partizip des Verbs ζῳοποιέω in V. 63a und das Substantiv ζωή in V. 63f. Wie im 1. und 2. Teil des Gesprächs ist Jesus auch im 3. Teil derjenige, der die Botschaft über das Leben vermittelt.

Einige wichtige Motive im 3. Teil, die weder in den Überleitungen noch in den Häufungen des charakteristischen Vokabulars vorkommen, sind auch diejenigen, die aus den früheren Teilen im 3. Teil nur einmal wieder aufgenommen werden. Beachtenswert sind vor allem die folgenden Wiederaufnahmen: „der Menschensohn“ (ὁ υἱὸς τοῦ ἀνθρώπου) in V. 62a, das „Fleisch“ (σάρξ) in V. 63b und der „Vater“ (πατήρ) als Geber in V. 65d.

#### 4.3.3 Der einzelne Gesprächsabschnitt

*Der 7. Gesprächsabschnitt (VV. 60-66): Der Geist und die Worte Jesu*

*a) Auslegung*

*Die Frage der Jünger (V. 60)*

Der 7. GA fängt auf dem KN 2 mit den Worten des Erzählers in V. 60a an, unter anderem auch mit dem typisch joh. οὖν narrativum.[590] Die Juden sind nicht mehr die unmittelbaren Gesprächspartner Jesu, weder im 7. GA noch bis zum Schluß des Gesprächs. Diese Rolle übernehmen im 7. GA die Jünger Jesu. Obwohl sie innerhalb des Gesprächs erst hier ausdrücklich auftreten, sind die Leser mit ihnen schon aus den Hauptteilen 1 – 3 vertraut. Die Jünger haben die beiden Zeichen Jesu – die wunderbare Speisung (VV. 1-15) und den Seewandel Jesu (VV. 16-21) – gesehen. In VV. 22-24 wurden sie bei ihrer Abfahrt nach Kafarnaum von der Menge beobachtet. Die Menge hat nämlich gesehen, daß Jesus nicht mit ihnen in das Boot gestiegen ist.

Im 7. GA redet der Erzähler nicht mehr über alle Jünger Jesu, sondern über „viele von" (πολλοί ἐκ) ihnen. Die Gruppe der Jünger tritt im Gespräch nicht mehr so einheitlich auf wie bei den beiden Zeichen Jesu. Die Präposition ἐκ ist in diesem Fall ein ἐκ partitivum, das zur Unterscheidung einer gesellschaftlichen Gruppe und eines Teiles daraus dient.[591]

Der Erzähler charakterisiert die Jünger auch mit dem Partizip ἀκούσαντες als „gehört Habende". Diese Bezeichnung setzt deutlich voraus, daß die Jünger Jesu die bisherigen Gesprächsabschnitte gehört haben. Auch die Jünger selbst bestätigen durch ihre Aussage in V. 60b-c, daß sie die Worte Jesu wirklich gehört haben: „Hart ist dieses Wort; wer kann es hören?" Die Wortverbindung ὁ λόγος οὗτος[592] bezieht sich auf die unmittelbar vorausgehenden Worte. Das kann sowohl für den 6. GA als auch für das gesamte bisherige Gespräch gelten, weil der 6. GA nur ein Teil des gesamten Gesprächs ist und nur zusammen mit den anderen Gesprächsabschnitten verständlich ist. In jedem Fall ist

590 Vgl. E. RUCKSTUHL/P. DSCHULNIGG, Stilkritik 63-67.

591 Es geht um ein joh. Stilmerkmal; vgl. E. RUCKSTUHL/P. DSCHULNIGG, Stilkritik 96-99. Die Präposition ἐκ kommt als ἐκ partitivum im Joh-Ev 22mal vor, 7mal als πολλοί ἐκ (Joh 6,60.66; 7,31; 10,20; 11,19.45; 12,42). Bei diesen sieben Belegen geht es um die folgenden Gruppen: Jünger (Joh 6,60.66), die Menge (Joh 7,31), die Juden (Joh 7,31, 10,20, 11,45) und die Oberen (Joh 12,42). Die Wendung πολλοί + ἐκ partitivum zeigt auf die Differenzierung innerhalb der einzelnen Gruppen. Sie entsteht aufgrund der unterschiedlichen Reaktionen gegenüber Jesus und seinen Worten.

592 W. BAUER, Wörterbuch 1206, schreibt über das Demonstrativpronomen οὗτος, daß es auf das Näherliegende hinweist, wie ἐκεῖνος auf das Entferntere.

sichtbar, daß die Jünger Jesu beim bisherigen Gespräch dabei gewesen sind und daß sie es gehört haben. Beachtenswert ist auch, daß die Jünger über das „Wort“ (λόγος) sprechen. Sie könnten auch von den „Worten“ (ῥήματα) im Plural reden. In Joh 6 findet sich λόγος nur hier in V. 60b und ruft andere Vorkommen dieses Begriffes im Joh-Ev in Erinnerung, besonders jene vom präexistenen Logos, der immer bei Gott war und der Fleisch geworden ist (Joh 1,1.14).

Das Verhalten vieler Jünger gegenüber Jesus und seinen Worten unterscheidet sich hier deutlich von ihrem Verhalten in den Hauptteilen 1 – 2. Sie beginnen sich hier von Jesus und seinem Wort zu distanzieren. Dafür sprechen folgende Argumente: (1) Obwohl sie sich gerade über Jesu Wort äußern, wenden sie sich mit ihrer Frage nicht direkt an ihn. (2) Sie behaupten, daß sein Wort σκληρός[593] d.h. „hart, unangenehm, unerträglich“[594] ist. Das Motiv des Unglaubens klingt dabei in dieser Situation mit.[595] (3) Gerade die Jünger, die selbst das Wort Jesu gehört haben (ἀκούω), fragen sich: „Wer kann es hören [ἀκούω + δύναμαι]?“ Die Möglichkeit, das Wort Jesu durch Hören ganz anzunehmen, stellen sie damit in Frage. Ihre Frage berührt gerade das, was die Voraussetzung für sie selbst als Jünger Jesu ist. Denn ohne das Hören auf das Wort Jesu ist es nicht möglich, Jünger Jesu zu sein.[596] Es ist beachtenswert, daß abgesehen von zwei Belegen in V. 60ac das Verb ἀκούω in Joh 6 nur noch in V. 45c vorkommt. Es geht um die Behauptung Jesu, daß jeder, der vom Vater gehört und gelernt hat, zu Jesus kommen wird. Die Aussage der Jünger in V. 60b-c stellt auch diese Behauptung Jesu, daß das Hören und Lernen vom Vater zu Jesus führt, in Frage.

*Der Antwort Jesu (VV. 61-65)*

Der „allwissende“ joh. Erzähler leitet auf dem KN 2 die Antwort Jesu mit drei ÄE (V. 61a-c) ein. Er weiß sogar, was Jesus allein weiß. Dieses Wissen des Erzählers erinnert an V. 6c-d, wo er ebenso den Leser über das Wissen Jesu informiert, nämlich, daß Jesus weiß (οἶδα), was er tun will. Im Unterschied zu V. 6c-d begrenzt sich hier das Wissen Jesu nicht auf seine eigene Person. Er weiß bei sich (οἶδα ἐν ἑαυτῷ)[597], daß

[593] Das Adjektiv σκληρός wird im Joh-Ev nur hier in V. 60b belegt. Außerhalb des Joh-Ev findet es sich noch 4mal im NT (Mt 25,24; Apg 26,14; Jak 3,4; Jud 1,15).

[594] W. BAUER, Wörterbuch 1510.

[595] Vgl. P. FIEDLER, EWNT III 608.

[596] Das bestätigt Jesus auch später in Joh 8,31 in seiner Antwort an die Juden, in welcher er seine Jünger nicht nur mit dem Hören auf sein Wort, sondern sogar mit dem Bleiben in ihm charakterisiert: „Wenn ihr in meinem Wort bleibt, seid ihr wirklich meine Jünger“ (Joh 8,31).

seine Jünger murren, und er kennt auch den Grund ihres Murrens. Das Kennen des Inneren des Menschen ist eine wichtige Dimension des Wissens Jesu.

Das Verb „murren“ (γογγύζω) kommt in V. 61b zum dritten Mal in Joh 6 vor (vgl. VV. 41a.43c) und die typisch joh. Verbindung γογγύζω περί mit Genitiv zum zweiten Mal (vgl. V. 41a).[598] Überraschend für die Leser in V. 61b ist, daß die Jünger Jesu das Subjekt von γογγύζω sind (nur hier im ganzen Joh-Ev), denn sie erwarten von ihnen eine andere Reaktion auf die Worte Jesu als von den Juden. Dennoch reagieren die Jünger Jesu auf die gleiche Weise wie die Juden im 2. Teil des Gespräches, nämlich mit dem Murren.[599]

In V. 61d beginnt die eigentliche Antwort Jesu auf dem KN 1. Er greift die Aussage und Reaktionen der Jünger auf. Seine Aussage in V. 61d macht deutlich, daß die Jünger nicht nur murren, sondern sogar mit Ärger (das Verb σκανδαλίζω)[600] auf seine Worte reagieren. Dieser Ärger steht weiter im Zusammenhang mit ihrem Unglauben, denn noch in der gleichen Antwort in V. 64a-b spricht Jesus von ihrem Unglauben und danach ebenso noch einmal der Erzähler in V. 64c-e.[601]

Die Aussage Jesu in V. 62 ist eine Aposiopese[602], das bedeutet, daß sie nur den Vordersatz enthält: „Wenn ihr nun seht den Sohn des Menschen hinaufsteigend, wo er einst war –“. Obwohl sie unvollständig und offen bleibt, bringt sie eine wichtige Botschaft mit: Der Menschensohn wird nun hinaufsteigen, wo er einst war. Und die Jünger werden ihn „sehen“ (θεωρέω).[603] Das bedeutet, daß sich die Mitteilung

597 Die Verbindung οἶδα ἐν ἑαυτῷ erscheint nur hier im NT.

598 Vgl. E. RUCKSTUHL/P. DSCHULNIGG, Stilkritik 121.

599 Zum Verb γογγύζω siehe auch die Auslegung zu VV. 41.43 in Teil III 4.2.3 (5. GA).

600 Das Verb σκανδαλίζω erscheint in Joh 6 nur an dieser Stelle in V. 61d und im ganzen Joh-Ev nur noch 1mal in den Abschiedsreden Jesu in Joh 16,1, ebenso innerhalb einer direkten Personenrede Jesu: Ταῦτα λελάληκα ὑμῖν ἵνα μὴ σκανδαλισθῆτε. Wenn in Joh 6,61d gerade das Wort Jesu den Ärger seiner Jünger bewirkt, entspricht das der Absicht Jesu nicht. Das läßt sich anhand von Joh 16,1 deuten. In Joh 16,1 erklärt Jesus, daß er mit seinem Reden gerade das Gegenteil erreichen möchte, daß seine Jünger sich nicht ärgern bzw. damit sie keinen Anstoß nehmen.

601 Das Verb σκανδαλίζω erscheint im NT 29mal, davon 26mal in den Evangelien und 3mal in den Paulinischen Schriften. H. GIESEN, EWNT III 592-594, unterstreicht den starken Zusammenhang zwischen σκανδαλίζω und dem Unglauben bzw. dem Glaubensabfall.

602 F. BLASS/A. DEBRUNNER/F. REHKOPF, Grammatik § 482, definieren die Aposiopese im weiteren Sinn „als Weglassung des Nachsatzes zum hypothetischen Vordersatz“.

603 Das Verb θεωρέω kommt in Joh 6 nur 4mal (VV. 2b.19b.40b.62a) in folgenden Relationen vor:

Jesu an seine Jünger noch intensivieren wird. Sie werden nicht nur seine Worte hören, sondern sie werden den Menschensohn bei seinem Aufstieg sehen. Dabei stellt sich die Frage: Wie werden die Jünger auf diese noch stärkere Mitteilung des Menschensohnes reagieren? Werden sie sich noch weiter ärgern wie jetzt wegen seiner Worte oder werden sie anders, mit dem Glauben, reagieren? Im ersten Fall kann sich die bereits bestehende Spannung zwischen Jesus und den Jüngern noch verschärfen. Im zweiten Fall kann sich diese Spannung lösen.[604] Grundsätzlich sind für die Jünger Jesu beide Möglichkeiten offen. Doch Jesus versucht sie durch sein Reden, auch mit Hilfe der Aposiopese, zur zweiten Möglichkeit[605] zu motivieren.[606]

| V. | VERB | SUBJEKT | OBJEKT |
|---|---|---|---|
| 2 | sehen | eine große Menge | die Zeichen Jesu |
| 19 | sehen | die Jünger Jesu | Jesus |
| 40 | sehen | jeder | der Sohn |
| 62 | sehen | die Jünger Jesu | der Menschensohn |

In VV. 2.19 berichtet der Erzähler auf dem KN 2 vom Sehen im Zusammenhang mit den beiden Zeichen. Das Objekt des Sehens sind zuerst in V. 2b-c die Zeichen Jesu, die er an den Kranken getan hat, und danach Jesus selbst (V. 19b). Dabei ist das sehende Subjekt eine große Menge, die ihm aus diesem Grund folgt (V. 2a-c). Am gleichen Tag am Abend sehen seine Jünger Jesus auf dem See, auf dem er umhergeht. Bei diesem Ereignis reagieren sie mit Furcht, da Jesus eine Kraft zeigt, die nur Gott eigen ist. In VV. 40.62 spricht Jesus auf dem KN 1 vom Sehen innerhalb seiner Antwort an die Juden (V. 40) bzw. an die Jünger (V. 62). In V. 40 geht es um seine Zusagen des ewigen Lebens in der Gegenwart und der Auferstehung am letzten Tag. Diese gelten für jeden, der den Sohn sieht und an ihn glaubt.

604 In der Literatur vertreten die erste Möglichkeit u.a. R. BULTMANN, Joh 341; J. H. BERNARD, Joh I 216f; S. SCHULZ, Untersuchungen 117f; und die zweite Möglichkeit u.a. W. BAUER, Joh 101; E. C. HOSKYNS, Joh 300f; H. STRATHMANN, Joh 127; A. SCHLATTER, Joh 181. Nach der Meinung einiger Autoren können beide Möglichkeiten auftreten; u.a. B. F. WESTCOTT, Joh I 247; CH. K. BARRETT, Joh 303.

605 Zur selben Auffassung gelangt L. SCHENKE, Schisma 112, nämlich, daß „Jesu Antwort – richtig verstanden – aus dem Skandalon herausführen könnte". In diesem Sinn schreibt auch R. SCHNACKENBURG, Joh II 104f: „Sofern Jesus Glauben wecken will – und das will er sogar in seiner Antwort an die murrenden Juden (V 44-47) –, soll die Frage, zusammen mit dem folgenden Satz V 63a, eine Verständnishilfe geben, und das ist ihr eigentlicher Zweck ... Er will die ‚Jünger' (ähnlich wie in 8,31) zum Glauben mahnen, in welchem sie das Aufsteigen des Menschensohnes wirklich ‚sehen', geistig erfahren."

606 Jesus selbst verdeutlicht den Zusammenhang zwischen dem ‚Sehen' und dem ‚Glauben' an ihn bereits in V. 40. Er selbst in seiner Person ist ein Zeichen, das zum Glauben führt. Man braucht kein anderes Zeichen mehr, um glauben zu können. Auf diesem Hintergrund kann das Sehen des hinaufsteigenden Menschensohnes in V. 62 auch als deutlicher Hinweis auf den Glauben an Jesus verstanden werden. Dieser Hinweis wird in V. 64b-d bestätigt, wo die Glaubensthematik durch zwei Belege des Verbs πιστεύω unmittelbar erscheint.

In V. 62a wird der „Menschensohn“ bzw. „Sohn des Menschen“ (ὁ υἱὸς τοῦ ἀνθρώπου) zum letzten und dritten Mal in Joh 6 erwähnt (VV. 27e.53c). Er wird vom Vater, Gott, besiegelt (vgl. V. 27e-f). Das bedeutet, daß er mit einem Erkennungszeichen von Gott versehen wird und zu ihm gehört, und daß er auch mit der Kraft Gottes ausgestattet ist, die sich in seinem Wirken zeigt, besonders in den Zeichen. Aus diesem Grund kann und wird der Menschensohn der Geber der ins ewige Leben bleibenden Speise sein (V. 27c-e). Diese Speise ist aber der Menschensohn selbst, sein Fleisch und sein Blut (V. 53c-e). Der Mensch kann das ewige Leben in sich nur dadurch haben, daß er den Menschensohn, sein Fleisch und sein Blut, sein Dasein und sein ganzes Wirken und Lebensgeschick so wie Nahrung aufnimmt. Dazu gehört nicht nur sein Abstieg vom Himmel (vgl. Joh 3,13), sondern auch sein Aufstieg (das Verb ἀναβαίνω) dort, wo er einst war.[607] Auf dem Hintergrund von V. 27c-d ergibt sich die deutliche Richtung seines Aufstiegs: hinauf zum Vater, Gott, von dem er besiegelt wurde. Mit dem Verb ἀναβαίνω löst sich der Spannungsbogen auf, welcher aufgrund der sechs Belege vom Verb καταβαίνω in diesem Gespräch entsteht.[608] In der folgenden Tabelle wird die καταβαίνω-ἀναβαίνω-Dynamik in Joh 6,25-71 zusammen mit den zugehörigen Subjekten und Ortsangaben, auf welche sich das Verb καταβαινῶ/ἀναβαίνω bezieht, dargestellt:

| V. | Subjekt | Verb | Ortsangabe |
|---|---|---|---|
| 33 | ὁ ἄρτος τοῦ θεοῦ | καταβαίνων | ἐκ τοῦ οὐρανοῦ |
| 38a | (Jesus – 1.P.Sg.) | καταβέβηκα | ἀπὸ τοῦ οὐρανοῦ |
| 41c-d | ἐγώ εἰμι ὁ ἄρτος | καταβὰς | ἐκ τοῦ οὐρανοῦ |
| 42f | (Jesus – 1.P.Sg.) | καταβέβηκα | ἐκ τοῦ οὐρανοῦ |
| 50a-b | οὗτός ἐστιν ὁ ἄρτος | καταβαίνων | ἐκ τοῦ οὐρανοῦ |
| 51a-c | ἐγώ εἰμι ὁ ἄρτος ὁ ζῶν | καταβάς | ἐκ τοῦ οὐρανοῦ |
| 62a-c | ὁ υἱὸς τοῦ ἀνθρώπου | ἀναβαίνων | ὅπου ἦν τὸ πρότερον |

Tabelle 43

Einige Bemerkungen anhand dieser Tabelle sind:

(1) Das Subjekt von καταβαίνω ist das Brot, welches auch als Brot Gottes und als Brot des Lebens genauer bestimmt wird. Weiter ist das Subjekt Jesus selbst, was aus den Verben in der 1.P.Sg. deutlich ist. Jesus selbst identifiziert sich mit dem Brot des Lebens. Als Subjekt von

[607] Die Verbindung ὅπου ἦν/ἦσαν ist ein joh. Stilmerkmal. Es hat 8 Belege im Joh-Ev (Joh 1,28; 6.62; 7,42; 10,40; 11,32; 12,1; 18,1; 20,19). Vgl. E. Ruckstuhl/P. Dschulnigg, Stilkritik 137f.

[608] Ähnlich ist in Jes 55,11 vom Aufstieg (das Verb ἀναβαίνω in der LXX bzw. שׁוב im MT) des Wortes Gottes die Rede, der erst nach der Durchführung seiner Sendung erfolgt.

ἀναβαίνων ist weder das Brot noch Jesus genannt, sondern der Menschensohn. Auf dem Hintergrund von Joh 3,13, wo der Herabsteigende vom Himmel mit dem Hinaufsteigenden in den Himmel identisch ist, läßt sich auch hier der Menschensohn mit Jesus selbst identifizieren.

(2) Die Ortsangaben, die den Ausgangsort vom Verb καταβαίνω kennzeichnen, sind in allen sechs Fällen gleich. Es geht um den Abstieg „vom Himmel". Demgegenüber ist die Zielrichtung vom Verb ἀναβαίνω nicht mit dem Himmel angegeben, sondern als Ort, wo der Menschensohn einst war: ὅπου ἦν τὸ πρότερον.[609] Dieser Ort ist beim Vater, Gott, von welchem der Menschensohn besiegelt wurde (V. 27e-f). Auf dem Hintergrund von Joh 3,13 läßt sich dieser Ort dennoch mit dem Himmel selbst identifizieren. Aufgrund der beiden Stellen (Joh 3,13; 6,62) ist der Himmel nicht nur als Ortsangabe zu verstehen, sondern vor allem als Bereich, wo Gott ist und wo Jesus schon einst bei ihm gewesen ist. Noch stärker als Joh 6,62 bringt das Ziel des Aufstiegs Jesu auf der Personenebene Joh 20,17 zum Ausdruck, wo Jesus zum letzten Mal im Joh-Ev das Subjekt von ἀναβαίνω ist. Dieses Ziel ist „mein und euer Vater, mein und euer Gott" (Joh 20,17).[610] Gerade dieser Ort ist für Jesus der Ausgangsort seines Abstiegs und zugleich auch das Ziel seines Aufstiegs. Der gleiche Ausgangs- und Zielort weist weiter darauf hin, daß der Abstieg Jesu eine andere Intention verfolgt als den Himmel bzw. den Vater endgültig zu verlassen.

(3) Der Weg des Menschensohnes besteht aus dem Abstieg und aus dem Aufstieg.[611] Wie die Tabelle zeigt, erscheinen die partizipialen Formen der beiden Verben, καταβαίνω und ἀναβαίνω, im Präsens (VV. 50b.62b).[612] Demgegenüber finden sich die finiten Formen des Verbs

[609] Das Wort πρότερον mit dem Artikel kann adjektivisch oder adverbial verwendet sein. In V. 62c geht es um ein zeitliches Adverb. Vgl. W. BAUER, Wörterbuch 1445.

[610] Vgl. X. LEON-DUFOUR, Joh II 180.

[611] Treffend betont J. BEUTLER, Gott 268, verweisend auf Joh 16,28, daß beide Bewegungen nicht gegensätzlich zu verstehen sind. „Vielmehr bilden Tod Jesu, Auferstehung und Himmelfahrt eine Einheit" (ders., Stunde, 320).

[612] Dadurch besteht die Verbindung mit der Zusage Jesu in Joh 1,51, wo auch die beiden Verben, καταβαίνω und ἀναβαίνω, als Ptz.Präs. erscheinen. Natanaël bekennt Jesus als „Gottes Sohn" und als „König des Israels". Demgegenüber spricht Jesus in seiner anschließenden Antwort an ihn nicht von „Gottes Sohn", sondern vom „Menschensohn". Er verspricht das Sehen des offenen Himmels, wo die Engel Gottes über den „Menschensohn" hinaufsteigend und herabsteigend sind. Wie in Joh 6,62 ist auch in Joh 1,51 vom Menschensohn die Rede. Wie die Engel Gottes in Joh 1,51 über den Menschensohn hinauf- und herabsteigend sind, so macht nach den Worten Jesu in Joh 6 der Menschensohn/das Brot/Jesus selbst diese beiden Bewegungen. Wenn sich die Engel in Joh 1,51 über den Menschensohn nur im himmlischen Bereich bewegen, ist die Bewegung des Menschensohnes in Joh 6 (vgl. Joh 3) nicht mehr nur auf

καταβαίνω im Aorist (VV. 41d.51c) und im Perfekt (VV. 38a.42f). Vor allem die beiden Partizipen erlauben folgende Interpretation: Jesus, das Brot des Lebens, der vom Himmel schon einmal herabgestiegen ist, ist noch immer der Herabsteigende, aber gleichzeitig bereits der hinaufsteigende Menschensohn. Beide Bewegungen sind nicht ganz voneinander zu trennen. Sein Aufstieg beginnt nicht erst, wenn der Abstieg ganz vollendet wird, sondern schon früher. Sein Abstieg zu den Menschen und zu seiner Hingabe ist zugleich ein starker Ausdruck seines Aufstieges, seiner ständigen Verbundenheit mit dem Vater. Die Gleichzeitigkeit der beiden Bewegungen weist auf das hin, was er bis zu den äußersten Grenzen am Kreuz lebt.[613]

Im Anschluß an die Aposiopese über den Aufstieg des Menschensohnes spricht Jesus in V. 63 zum ersten Mal in Joh 6 über den „Geist" (πνεῦμα): „Der Geist ist der lebendig Machende, das Fleisch nützt nichts" (V. 63a-b). Der Geist ist gerade für das Verständnis der Worte Jesu, welche die Jünger Jesu in V. 60b-c in Frage stellen, bedeutungsvoll. Obwohl dieses Motiv neu im Gespräch ist, hebt die Aussage Jesu in V. 63a-b auch drei schon bekannte Themen hervor: (1) Im Gespräch ist mehrmals vom Abstieg Jesu bzw. des Menschensohnes die Rede und in V. 62 von seinem Aufstieg. Mit dem Geist ist in V. 63a gerade derjenige erwähnt, der ebenso wie der Menschensohn vom Himmel herabgestiegen (καταβαίνω) ist (vgl. das Zeugnis Johannes des Täufers in Joh 1,32). Der Geist steigt vom Himmel vom Vater auf Jesus und bleibt auf ihm. Durch den Geist kommt die singuläre Beziehung und die Verbundenheit zwischen dem Vater und Jesus auf besondere Weise zum Ausdruck. (2) Jesus charakterisiert den Geist in V. 63a als denjenigen, der lebendig macht. Mit dem Verb ζῳοποιέω greift er die das Gespräch durchziehende Lebensthematik auf und vertieft sie weiter. Das Verb ζῳοποιέω findet sich im Joh-Ev nur noch in Joh 5,21, wo der Vater und der Sohn seine Subjekte sind, im Zusammenhang mit der Auferweckung der Toten. In V. 63a ist der Geist derjenige, der lebendig macht; das Objekt des Verbs wird dabei nicht ausdrücklich erwähnt. Es kann sich aber auch zurück auf den Menschensohn in V. 62 beziehen, denn dieser kann nur lebendig hinaufsteigen.[614] (3) Jesus

den himmlischen Bereich beschränkt. Er steigt gerade vom Himmel herab, aber er steigt dort auch wieder hinauf.

613 Obwohl das Kreuz der tiefste Punkt des Abstiegs Jesu ist, spricht Jesus in seinem Gebet in Joh 17, das er noch vor diesem Ereignis zum Vater betet, über sein Gehen zu ihm. Aus der Perspektive Jesu schließt sein Aufstieg zum Vater auch seine Hingabe bzw. seinen Abstieg auf dem Kreuz ein.

614 In diesem Sinn schreibt M. HASITSCHKA, Zeichen 92: „Hier betrifft es [das Verbum ‚lebendig machen'] das Wirken des Pneuma an Jesus und durch ihn als Erhöhtem."

stellt den Geist dem „Fleisch" (σάρξ), das auch im vorhergehenden GA ein wichtiges Thema ist, gegenüber. Im Gegensatz zum Geist, der lebendig macht, nützt das Fleisch überhaupt nichts. Die Nutzlosigkeit des Fleisches wird 2mal ausgedrückt und damit stark betont: durch die Partikel οὐ und οὐδείς. Das Fleisch kann aus sich selbst nicht lebendig machen. Daraus ergibt sich die Folge: Die Verbindung mit dem Geist ist für das Fleisch notwendig, denn der Geist ist der, der lebendig macht. Wie der Abstieg des Menschensohnes erst durch und zusammen mit seinem Aufstieg verstanden werden kann, ebenso ist für das Fleisch die Verbindung mit dem Geist entscheidend. Das Fleisch allein und für sich genommen nützt nicht. Jesus gibt damit einen hermeneutischen Schlüssel, wie seine bisherigen Aussagen über sein Fleisch zu verstehen sind.[615] Sein Fleisch kann die zuverlässige Speise sein und das

[615] Auf wen sich σάρξ in V. 63b bezieht, teilt diese ÄE für sich allein nicht mit. In der Literatur wird dies sehr unterschiedlich erklärt. Die zwei am häufigsten vertretenen Deutungen sind: (1) Anthropologische Deutung: σάρξ bezieht sich allgemein auf den Menschen. In den Argumentationen wird innerhalb des Joh-Ev vor allem Joh 3,6-8 als Parallele gesehen und außerhalb des Joh-Ev besonders 1 Kor 2,14-3,3. Nach dieser Deutung bezieht sich V. 63a-b nicht auf die Antwort Jesu im 6. GA bzw. auf seine bisherigen Aussagen über sein Fleisch in Joh 6. Vgl. R. E. BROWN, Joh I 299f, der das Fleisch als „the natural principle in man which can not give eternal life" (ebd. 300) definiert; ähnlich U. WILCKENS, Joh 109; U. SCHNELLE, Joh 139, nach dessen Meinung der σάρξ-πνεῦμα-Dualismus „nicht christologisch, sondern anthropologisch in hermeneutischer Perspektive zu verstehen ist". (2.) Christologische Deutung: σάρξ bezieht sich auf Jesus. In den Argumentationen werden besonders die Zusammenhänge mit anderen Belegen von σάρξ in Joh 6 erwähnt, die sich ebenso auf Jesus selbst beziehen. Ähnliches gilt in V. 63 auch für πνεῦμα und das Verb ζῳοποιέω, denn gerade die Worte Jesu werden noch in demselben Satz mit πνεῦμα und ζωή definiert. Das in V. 62 erwähnte ἀναβαίνω des Menschensohnes bekommt eine Erklärung in V. 63a-b. Das Verb ζῳοποιέω, das sonst nur in Joh 5,21 in der Verbindung mit der Auferweckung der Toten erwähnt wird, kennzeichnet hier das Wirken des Pneuma an Jesus. In diesem Sinn interpretieren u.a. R. SCHNACKENBURG, Joh II 105f; M. HASITSCHKA, Zeichen 92. Nach meiner Meinung berücksichtigt eine rein anthropologische Deutung zuwenig den unmittelbaren Kontext (andere Belege von σάρξ in Joh 6) und die gegenseitigen Bezüge. Bei der christologischen Deutung stellt sich die Frage, in welchem Verhältnis die Aussagen über das Fleisch in Joh 6 zueinander stehen. Wie kann das Fleisch Jesu einerseits der Welt das Leben geben und anderseits als nutzlos gekennzeichnet werden? Gerade V. 63, durch welchen diese Frage klar wird, gibt zugleich die Verständnishilfe zu den anderen σάρξ-Stellen in Joh 6. Der Geist ist es, der lebendig macht. Das bedeutet, daß das Fleisch Jesu und seine Hingabe unbedingt mit dem Geist und der Gabe des Geistes verbunden sind und daß sie nicht isoliert zu betrachten sind. Isoliert vom Geist könnte es der Welt das Leben nicht schenken. Das Geheimnis der Gabe des Fleisches Jesu liegt gerade in der Gabe seines lebendig machenden Geistes. Das bedeutet, daß der 2. Teil des Gesprächs (GA 5-6), wo die übrigen Belege von σάρξ vorkommen, notwendig diese Fortsetzung im 3. Teil braucht.

ewige Leben dem Verzehrenden vermitteln, weil mit ihm zugleich auch der lebendig machende Geist gegeben wird.[616]

Die Berücksichtigung der Zusammenhänge zwischen dem Absteigen und dem Aufsteigen des Menschensohnes und zwischen dem Fleisch und dem Geist ist notwendig, um Jesu Worte aus seiner Perspektive verstehen zu können. Erst durch diesen Zusammenhang kann die Behauptung Jesu in V. 63c-f, daß seine Worte, die er geredet hat, Geist und Leben sind, angenommen werden. Im Gegenteil zur Behauptung der Jünger, daß die Worte Jesu hart sind, stellt Jesus kompromißlos fest, daß seine Worte Geist und Leben sind. Das bedeutet, daß seine Worte viel mehr als gewöhnliche Worte sind.[617] In ihnen und

[616] Der notwendige Zusammenhang zwischen dem Fleisch und dem Geist in bezug auf die Person Jesu unterstreicht auch L. SCHENKE, Schisma 114: „Der ‚Aufstieg' Jesu müßte ihnen jedoch zeigen, daß Jesus als ‚Fleisch' zugleich ‚Pneuma' ist, eben der Logos (1,1-2,14) bzw. der ‚Sohn Gottes' (3,34; 10,30.36; 20,28.31)." K. STOCK, Jesus 69, weist zuerst auf den Prolog hin: „Auch die Worte über sein Fleisch und sein Blut sind Geist und Leben, denn sie sprechen von dem, der nicht nur Fleisch, sondern das fleischgewordene Wort (1,14) ist. Jesus kann nur richtig verstanden werden, wenn beachtet wird, wer er ist und was die Natur seiner Worte ist." Nach dem Zeugnis des Johannes des Täufers in Joh 1,32 kommt der Geist auf Jesus und bleibt auf ihm. Das Wirken und Dasein Jesu ist wesentlich auf die Weitergabe bzw. Übergabe des Geistes ausgerichtet. Beachtenswert ist die Bemerkung des Erzählers in Joh 7,39: „Dies aber sagte er von dem Geist, den die empfangen sollten, die an ihn glaubten; denn noch war der Geist nicht da, weil Jesus noch nicht verherrlicht worden war." Ein großer Teil der Abschiedsreden in Joh 13-17 ist gerade durch die Geistesthematik stark geprägt. Jesus bereitet seine Jünger sowohl auf seine Rückkehr zum Vater als auch auf die Gabe bzw. den Empfang des Geistes, der vor allem als „Beistand" (παράκλητος) genannt wird, vor. Im Zusammenhang mit dem Tod Jesu berichtet der Erzähler in Joh 19,30, daß Jesus das Haupt neigte und den Geist übergab. Nach seiner Auferstehung am ersten Tag der Woche kommt Jesus zu seinen Jüngern, haucht sie an und sagt zu ihnen: „Empfangt den Heiligen Geist!" (Joh 20,22). M. HASITSCHKA, Zeichen 92, schreibt: „Lebendig gemacht aber durch das Wirken des Pneuma, gibt Jesus selbst das lebenschaffende Pneuma weiter."

[617] Joh 6,63c-f erweist die Gemeinsamkeiten mit der direkten Personenrede Jesu in Joh 3,34:

| Joh 3,34 | Joh 6,63c-f |
|---|---|
| a *ὂν γὰρ ἀπέστειλεν ὁ θεὸς* | c τὰ ῥήματα |
| b τὰ ῥήματα τοῦ θεοῦ λαλεῖ, | d ἃ *ἐγὼ* λελάληκα ὑμῖν |
| c οὐ γὰρ ἐκ μέτρου δίδωσιν τὸ πνεῦμα | e πνεῦμά ἐστιν |
| | f καὶ ζωή ἐστιν. |

In beiden Versen erscheint das Verb λαλέω, dessen Subjekt Jesus selbst ist (Joh 3,34a als „der, den Gott gesandt hat" und in Joh 6,63d als ἐγώ ). Beidemal redet er die „Worte", die aber nur in Joh 3,34b genauer als „Worte Gottes" bestimmt sind. Beidemal ist auch vom „Geist" die Rede. In Joh 3,34c wird der Geist als Gabe bezeichnet, die sich nicht nach Maß richtet. Die beiden Stellen, Joh 6,63c-f und Joh 3,34, weisen gemeinsam darauf hin, daß nur die Worte Gottes mit dem Geist und mit dem Leben identisch sein können. Sie sind eine unermeßliche Gabe Gottes, denn Gott gibt sei-

durch sie wirkt der Geist. Sie vermitteln schon jetzt in der Gegenwart nicht nur eine Information, sondern den Geist und das Leben selbst.[618] Das Subjekt des Redens wird in V. 63d 2mal ausgedrückt: durch das Verb „reden" (λαλέω) in der 1.P.Sg. und durch das Personalpronomen ἐγώ, das auch einen Anklang an das „Ich" Gottes und dadurch die singuläre Gottesbeziehung Jesu mitbringt. Weiter behauptet Jesus in V. 63c-d ausdrücklich, daß er seine Worte zu den Jüngern (Personalpronomen in der 2.P.Pl.) geredet hat.[619] Diese Bemerkung Jesu bestätigt noch einmal, daß die Jünger beim bisherigen Gespräch dabei waren und die Worte Jesu gehört haben.

In V. 64a-b geht Jesus auf das Problem einiger seiner Jünger ein. Dieses besteht darin, daß einige von ihnen nicht glauben.[620] Sie nehmen nicht an, daß Jesus vom Himmel herabgestiegen ist und daß er dort, wo er einst war, wieder hinaufsteigt. Ohne diesen Glauben können die Worte Jesu, auch diejenigen, die er gerade in der Synagoge von Kafarnaum gesprochen hat, nicht richtig verstanden werden. Der Geist und das Leben können in ihnen nicht erkannt werden. Diesem Unglauben entspricht die Behauptung vieler Jünger Jesu in V. 60b-c, daß seine Worte hart sind. Ohne den Glauben können auch die Jünger den Geist und das Leben in den Worten Jesu nicht wahrnehmen. In V. 64b kommt das Verb πιστεύω schon zum siebten Mal im Gespräch vor (vgl. VV. 29d.30d.35d.36c.40b.47b). Es betrifft alle Gesprächspartner Jesu, unabhängig davon, zu welcher Gruppe sie gehören. Ähnlich wie bei der Menge, stellt Jesus auch bei einigen Jüngern direkt fest, daß sie nicht glauben (vgl. VV. 36c.64b). Im zweiten Fall zeigt sich

nen Geist nicht nach Maß. Das gleiche gilt für das Leben. Jesus kann die Worte Gottes reden, weil er in einer einzigartigen Beziehung zu ihm steht: er ist der Gesandte Gottes, durch dessen ἐγώ Gott sich selbst offenbart.

618 Die Beziehung Wort – Pneuma – Leben erklärt F. PORSCH, Pneuma 210, zusammenfassend: „Die Worte Jesu sind für den Glaubenden ‚Pneuma und Leben', weil in ihnen – im Unterschied zum gewöhnlichen Menschenwort – das lebensschaffende Pneuma wirksam ist, das diese Worte für den bereiten Hörer aufschließt und ihn so zu(m Glauben an) Jesus und damit zum Leben führt." Treffend ist auch die Interpretation nach M. HASITSCHKA, Zeichen 92f: „Weil der Auferweckte und Erhöhte identisch ist mit dem irdischen Jesus, hat auch sein irdisches Leben (sein Verkünden, Wirken und Verhalten sowie seine freiwillige Lebenshingabe) bleibende Bedeutung. Für ein Leben im Glauben ist es wie Nahrung und ist es wichtig und kostbar wie Brot. 6,63b betont, daß der lebensspendende Geist und das Leben selbst bereits jetzt (anfanghaft) Realität sind, wenn ein Mensch Jesu Wort aufnimmt."

619 λελάληκα ὑμῖν (in der Rede Jesu) in V. 63d ist ein joh. Stilmerkmal mit zehn Belegen im Joh-Ev (Joh 6,63; 8,40; 14,25; 15,3.11; 16,1.4.6.25.33); vgl. E. RUCKSTUHL/P. DSCHULNIGG, Stilkritik 113.

620 In diesem Sinn schreibt K. STOCK, Jesus 68: „Jesus versucht ihnen [den Jüngern] einige Verständnishilfen zu geben, er nennt aber auch den eigentlichen Grund ihres Ärgernisses, den Unglauben."

deutlich, daß die Glaubensentscheidung die Kraft hat, die bestehenden Gruppen in der Beziehung zu Gott und zu Jesus zu prüfen und zu spalten (V. 66). Denn diese Entscheidung betrifft unvermeidlich jeden Einzelnen.

*Der Kommentar des Erzählers (V. 64c-e)*

In V. 64c-e tritt der allwissende joh. Erzähler wieder auf dem KN 2 auf (vgl. VV. 6c-d.61a-c). Er unterstreicht das Wissen Jesu, besonders mit dem Adverb „von Anfang an" (ἐξ ἀρχῆς). Was für ein Anfang gemeint ist, erklärt der Erzähler nicht. Es kann der Anfang des Gesprächs oder der Anfang des Zusammenseins Jesu mit seinen Jüngern sein. In jedem Fall bringt das Adverb ἐξ ἀρχῆς auch einen Anklang an den Johannesprolog mit, wo ἐν ἀρχῇ 2mal vorkommt und den absoluten Anfang noch vor der Erschaffung der Welt kennzeichnet. Von diesem präexistenten Anfang an ist Jesus, das Wort, bei Gott. Dadurch hat er und auch sein Wissen für immer eine besondere Autorität.

In V. 64d betrifft dieses Wissen Jesu zuerst die Jünger und ihren Unglauben. Der Erzähler greift damit deutlich auf die vorhergehenden Worte Jesu in V. 64a-b zurück, aber mit einem neuen Akzent. Jesus weiß nicht nur, daß einige von seinen Jüngern nicht glauben, sondern auch, wer diese Jünger sind (V. 64c-d).

In V. 64e stellt er fest, daß Jesus auch weiß, wer ihn übergeben wird.[621] Darüber hat Jesus in seiner vorausgehenden Antwort nicht gesprochen. Es stellt sich die Frage, warum gerade an dieser Stelle von der Übergabe Jesu (das Verb παραδίδωμι) die Rede ist und das zum ersten Mal im Joh-Ev überhaupt. Dennoch läßt sich leicht ein Zusammenhang zwischen dem schon bekannten Motiv „nicht glauben" und dem neuen Motiv „Jesus übergeben" erkennen. Die Übergabe Jesu kann als Folge des Unglaubens verstanden werden. Wer nicht an Jesus glaubt, nimmt ihn nicht an. Das bedeutet, daß er ihn weiter übergibt. Das schon bestehende Grundproblem ist der Unglaube (οὐ πιστεύω im Präsens), dessen Ausdruck und Folge die Übergabe Jesu (παραδίδωμι im Futur) ist. Es fällt weiter noch folgender Unterschied auf: Diejenigen, die nicht glauben, treten im Plural auf, derjenige, der Jesus übergeben wird, im Singular. Wer er ist, weiß Jesus schon von Anfang an. Für die Leser bleibt das aber noch offen. Er kann durch diese Formulierung des Erzählers noch jeden, der nicht glaubt, als den möglichen Übergeber Jesu sehen. Die Person des Übergebers bleibt hier für die

[621] Die Verbindung von οἶδα mit einer indirekten Frage ist ein joh. Stilmerkmal. In Joh 6 kommt es noch in V. 6c-d vor und im Joh-Ev insgesamt 22mal: in Joh 2,9; 3,8; 4,10; 5,13; 6,6.64; 7,27.28; 8,14 (2mal); 9,21 (2mal).25.29.30; 12,35; 13,18; 14,5; 15,15; 16,18; 20,2.13. Vgl. E. RUCKSTUHL/P. DSCHULNIGG, Stilkritik 145f.

Leser auf dem KN 4-5 noch verhüllt so wie es auch für die Jünger hier und auch beim Abendmahl ist. Das drückt das Verhalten der Jünger beim Abendmahl aus, besonders die Frage in Joh 13,25. Der Erzähler erinnert daran auch im Bericht nach dem Ostereignis in Joh 21,20. Die Jünger Jesu sind stark in das Problemfeld von οὐ πιστεύω und παραδίδωμι Jesu involviert.

*Die Fortsetzung der Antwort Jesu (V. 65)*

In V. 65b setzt Jesus auf dem KN 1 seine Antwort mit der typisch joh. Verbindung διὰ τοῦτο + λέγω + ὅτι fort.[622] Seine Aussage in V. 65c-d ist eine leicht veränderte Wiederaufnahme von V. 44a-d:

| V. 44a-d | | V. 65c-d | |
|---|---|---|---|
| a | οὐδεὶς δύναται ἐλθεῖν πρός με | c | οὐδεὶς δύναται ἐλθεῖν πρός με |
| b | ἐὰν μὴ ὁ πατὴρ | d | ἐὰν μὴ ᾖ *δεδομένον* αὐτῷ ἐκ τοῦ πατρός |
| c | ὁ πέμψας με | | |
| d | *ἑλκύσῃ* αὐτόν | | |

TABELLE 44

Die erste ÄE, οὐδεὶς δύναται ἐλθεῖν πρός με, stimmt in beiden Versen überein. Das Kommen zu Jesus[623] ist eine bildhafte Wendung und bedeutet das Glauben an ihn, was sich aus dem Parallelismus in V. 35c-d erklären läßt.[624] Das Kommen zu Jesus bzw. das Glauben an ihn ist mit einer Bedingung verbunden, welche beidemal mit „wenn nicht" (ἐὰν μή) beginnt.[625] Diese Bedingung besteht im „Ziehen des Vaters" in V. 44d bzw. im „Geben des Vaters" in V. 65d. Das Subjekt ist beidemal der „Vater" (πατήρ). V. 65d bezeichnet dieses Geschehen durch das Verb δίδωμι als Gabe Gottes. Das Kommen zu Jesus bzw. das Glauben an ihn ist nur durch das Mitwirken des Vaters möglich. Wie Jesus der einzige Weg zum Vater ist (vgl. Joh 14,6), so gilt es auch umgekehrt. Der Mensch kann zu Jesus nur durch das Mitwirken des Vaters kommen.

622 Im Joh-Ev ist es 4mal belegt (Joh 6,65; 9,23; 13,11; 16,15); E. RUCKSTUHL/P. DSCHULNIGG, Stilkritik 110, schreiben: „Diese Verbindung ist im NT sonst ohne ὅτι belegt (Mk 11,24; Mt 6,25; 12,31; Lk 11,49; 12,22). Damit liegt auch eine sprachliche Tauschmöglichkeit vor, die so im Joh nie zum Zug kommt. Die im Joh 4mal gleichlautende Redewendung mit ὅτι erweist sich als Eigentümlichkeit dieser Schrift, die im NT nur Mt 21,43 zur Seite hat."

623 Vom Kommen zu Jesus ist auch in VV. 35c.37a-b die Rede.

624 Siehe die Ausführungen zu V. 35 in Teil III 4.1.3 (4. GA).

625 Nach E. RUCKSTUHL/P. DSCHULNIGG, Stilkritik 92f, gehören beide Fälle in diese Gruppe mit der typisch joh. Satzkonstruktion ἐὰν μή ..., οὐ ..., obwohl οὐ als οὐδείς sich noch vor ἐὰν μή findet. Im Joh-Ev hat sie insgesamt 16 Belege: Joh 3,2.3.5.27; 4,48; 5,19; 6,44.53.65; 7,51; 12,47; 13,8; 15,4 (2mal); 16,7, 20,25.

*Die Reaktionen der vielen Jünger Jesu (V. 66)*

Am Ende des 7. GA teilt der Erzähler auf dem KN 2 mit, daß die Worte Jesu die Trennung vieler Jünger von Jesus zur Folge haben. Das wird zuerst durch das Verb „weggehen“ (ἀπέρχομαι) und danach durch die Ortsangabe „in das Hintere“ (εἰς τὰ ὀπίσω) ausgedrückt. Der Ort, von welchem sie weggehen, ist Jesus selbst. Sie gehen nicht mehr mit ihm umher (V. 66b). „Das Sich-Zurückziehen und Aufgeben der Wandergemeinschaft mit Jesus ist ein äußerer Ausdruck für den inneren Abfall, ein Zurückfallen in die Finsternis fern von Jesus (vgl. 8,12; 12,25).“[626] Das zweite Vorkommen der Präposition ἐκ in V. 66 ist wieder ein ἐκ partitivum (zur Unterscheidung einer gesellschaftlichen Gruppe und eines Teiles daraus) wie in V. 60a. Die Gruppe der Jünger reagiert in bezug auf die Person Jesu nicht einheitlich, sondern sie spaltet sich. Die schon in V. 64 angedeutete Spaltung der Jünger Jesu tritt hier in V. 66 tatsächlich ein. Viele gehen von Jesus weg. Das bedeutet, daß nur noch wenige weiter bei ihm bleiben. Das Wort Jesu fordert eine klare Entscheidung[627] auch von jedem einzelnen Jünger Jesu und hat dadurch die Kraft, die schon bestehende Gruppe der Jünger zu prüfen, zu spalten und neu zu formieren.

*b) Zum ζωή-Vokabular*

*Der lebendig machende Geist*

Ein neuer Gesichtspunkt der Lebensthematik stellt das Verb „lebendig machen“ (ζῳοποιέω) in V. 63a dar. Als substantiviertes Ptz.Präs. charakterisiert und definiert es den „Geist“ (πνεῦμα) als denjenigen, der lebendig macht. Das Verb ζῳοποιέω[628] findet sich im Joh-Ev nur noch 2mal in Joh 5,21.

[626] R. SCHNACKENBURG, Joh II 109.

[627] Vgl. H. RITT, EWNT II 885.

[628] Das Verb ζῳοποιέω hat im NT insgesamt 12 Belege. In den Evangelien erscheint es ausschließlich im Joh-Ev (drei Belege: in Joh 5,21[2mal]; 6,63a). Es findet sich 7mal in den paulinischen Schriften (Röm 4,17; 8,11; 1 Kor 15,22.36.45; 2 Kor 3,6; Gal 3,21) und wird aus diesem Grund als „paulinisches Wort“ bezeichnet; so CH. K. BARRETT, Joh 314. Dazu wird es noch in 1 Tim 6,13 und in 1 Petr 3,18 belegt. In den außerjohanneischen Belegen machen lebendig Gott, Geist und Christus (der letzte Adam), nicht aber der erste Mensch – Adam, das Fleisch und das Gesetz bzw. der Buchstabe. Das Verb ζῳοποιέω ist häufig mit der Auferweckung der Toten verbunden. Auch Jesus wird durch Gott bzw. den Geist von den Toten auferweckt (Röm 8,11) und lebendig gemacht (1 Petr 3,18). L. SCHOTTROFF, EWNT II 273, schreibt: „ζ. wird im NT ausschließlich in soteriologischem Sinn verwendet.“ Dabei dienen auch die irdischen Lebensvorgänge als Bild oder Gleichnis (u.a. 1Kor 15,36); vgl. W. BAUER, Wörterbuch 691f. In der LXX erscheint ζῳοποιέω nur 8mal: Ri 21,14 (LXX); 2 Kön 5,7 (LXX); Esr 9,8.9 (LXX); Neh 9,6 (LXX); Ijob 36,6 (LXX); Ps 70,20 (LXX); Koh 7,12 (LXX). Dabei ist sein Subjekt vor allem Gott, aber nie explizit der Geist. In diesem Zusammenhang schreibt F. PORSCH, Pneuma 188f, treffend: „... aber an zahl-

| | | | | | | | |
|---|---|---|---|---|---|---|---|
| Joh 5,21 | a | ὥσπερ γὰρ | ὁ πατὴρ | *ἐγείρει* | τοὺς νεκροὺς | καὶ | *ζῳοποιεῖ*, |
| | b | οὕτως καὶ | ὁ υἱὸς | | οὓς θέλει | | *ζῳοποιεῖ*. |
| Joh 6,63 | a | | τὸ πνεῦμά | | | | *ἐστιν τὸ ζῳοποιοῦν* |

TABELLE 45

Einige Beobachtungen zu dieser Tabelle:
(1) Derjenige, der lebendig macht, ist zuerst der Vater in Joh 5,21a. Er tut das im Zusammenhang mit der Auferweckung der Toten. Danach gilt auch für den Sohn in Joh 5,21b, daß er gleich wie (ὥσπερ ... καί)[629] der Vater lebendig machen kann.[630] Das Wirken des Vaters ist der Maßstab, die Weise und der Grund für das Wirken des Sohnes. In Joh 6,63a ist das Subjekt von ζῳοποιέω der Geist. Sein Wirken bringt das Wirken des Vaters und des Sohnes wieder zum Ausdruck.
(2) In bezug auf den Geist kommt das Verb ζῳοποιέω als substantiviertes Partizip vor und hat die Funktion eines Prädikatsnomens. Dadurch wird nur der Geist „der lebendig Machende" (τὸ ζῳοποιοῦν) genannt.
(3) In allen drei Fällen steht ζῳοποιέω im Präsens. Deswegen darf das Verb „lebendig machen" in keinem Fall nur als futurisches Wirken gesehen werden.[631] Das gegenwärtige Wirken des Vaters und des Sohnes in Joh 5,21 und des Geistes in Joh 6,63a kommt gerade durch ihr ζῳοποιέω zum Ausdruck. An diesem Wirken sind schon jetzt alle drei beteiligt. Dadurch manifestiert ζῳοποιέω und alles, was lebendig gemacht wird, eine tiefe Verbundenheit zwischen dem Vater, dem Sohn und dem Geist.
(4) Joh 5,21 und Joh 6,63 weisen zusammen darauf hin, daß das Leben auf den Vater zurückgeht und vom Himmel bzw. vom Bereich Gottes

reichen Stellen kommt zum Ausdruck, daß Gott gerade durch seine רוּחַ Leben schafft und erhält. Gott ist ‚der Herr des Lebensodems' (Num 16,22; 27,16; vgl. Job 12,10; 2 Makk 14,46). Wenn der Mensch lebt, so verdankt er es nur der Tatsache, daß Gott ihm von seinem Odem eingehaucht hat und dieser in ihm bleibt (vgl. Gen 2,7; 6,3.17; 7,15.22; Ez 37,5f; Job 27,3f; 34,14f; Prd 3,18-21). Nicht nur das menschliche Leben, alles Leben überhaupt verdankt seine Existenz dem Odem Jahwes (vgl. Ps 104,29f; 146,4; 33,6; Jdt 16,14; Job 33,4)."

629 Vgl. W. BAUER, Wörterbuch 1794.

630 Zugleich fällt auf, daß das Verb ἐγείρω in Verbindung mit dem Sohn nicht wiedergegeben wird. Der Akzent liegt ganz auf dem Verb ζῳοποιέω.

631 M. THEOBALD, Häresie 235, schreibt über die Abfolge (Aufstieg des Menschensohnes – Geist – Worte Jesu) in VV. 62f: „Erst der aufsteigende Menschensohn wird nämlich mächtig sein, den lebensschaffenden Geist freizusetzen (vgl. 7,39; 20,22), der dann seinerseits den Jüngern die Tiefe der Worte Jesu in der nachösterlichen Erinnerung erschließen wird (14,25f)." Nach meiner Meinung ist dazu wichtig zu bemerken, daß Jesus in VV. 62f keine Aussage über den Abstieg des Menschensohnes noch über den Geist und seine Worte im Futur formuliert. Seine Aussagen sind präsentisch. Dadurch vermittelt er ihre unmittelbare Nähe und Aktualität noch stärker an seine Gesprächspartner als in der futurischen Form.

kommt. Außer dem Vater, Gott, kann nur der Sohn bzw. der nach Joh 1,32 auf ihm bleibende Geist lebendig machen. Der Sohn und der Geist sind die einzigen, die aus diesem Bereich herabgestiegen sind (καταβαίνω) und dadurch auf besondere Weise mit Gott verbunden sind.

(5) In bezug auf ζῳοποιέω stellt sich weiter die Frage nach dem Objekt. In Joh 5,21a weckt der Vater die Toten auf und macht sie lebendig.[632] Auf diese Weise macht auch der Sohn diejenigen lebendig, welche er will. Gleich wie der Vater entscheidet und handelt er souverän.[633] Wen aber der Geist lebendig macht, wird in Joh 6,63a unmittelbar nicht gesagt. Dieses Schweigen stimmt mit der Souveränität des Vaters und des Sohnes überein und kann als ihr Ausdruck verstanden werden. In seinem Kontext bezieht sich aber das Verb ζῳοποιέω indirekt auch auf den Menschensohn in V. 62a. Denn dieser kann nur lebendig hinaufsteigen. „Lebendig gemacht aber durch das Wirken des Pneumas, gibt Jesus selbst das lebensschaffende Pneuma weiter. 6,63a kann als Vorverweis auf 7,37-39 (Symbolik des ‚lebendigen Wassers') und besonders 20,22 (das Verbum ‚anhauchen' [ἐμφυσάω] führt in die Symbolik von Schöpfung und Neuschöpfung – vgl. Gen 2,7; Weish 15,11; Ez 37,9) gelten."[634] Der lebendig machende Geist ist aber schon früher durch die Person Jesu und auch durch seine Worte wirksam. Darüber spricht Jesus anschließend an V. 63a.

*Der lebendig machende Geist und das Fleisch*

In V. 63b stellt Jesus dem lebendig machenden Geist das nutzlose Fleisch gegenüber. Das Fleisch allein und für sich genommen nützt nicht. Es kann aus sich selbst nicht lebendig machen.[635] Gemeinsam mit dem Geist ist aber das Fleisch des Menschensohnes die zuverlässige Speise, die das ewige Leben an den Verzehrenden weiter vermittelt. Die bisherigen Worte Jesu über sein Fleisch werden nur dann verständlich, wenn der notwendige Zusammenhang von Fleisch und Geist berücksichtig wird. Der Gegensatz zwischen dem nutzlosen Fleisch in V. 63b (7. GA) und dem Fleisch, welches der Welt das Leben gibt (V.

[632] Das Verb ζῳοποιέω hat eine tiefere Bedeutung und zielt auf das ewige Leben hin. Es ist nicht auf die physische Belebung begrenzt. Es bedeutet mehr als ein Synonym zum Verb „auferwecken" (ἐγείρω). Vgl. F. PORSCH, Pneuma 190.

[633] Vgl. F. MUSSNER, ΖΩΗ 51.

[634] M. HASITSCHKA, Zeichen 92.

[635] In diesem Sinn schreibt L. SCHENKE, Schisma 116: „Als ‚bloßer Mensch' kann er das ‚Leben' nicht geben ... Niemand kann geben, was er nicht hat, vermitteln, worüber er nicht verfügt, oder zu etwas machen, was er nicht selbst ist (vgl. 1.12, 16; 3.34; 5.26; 6.45-6,51 u.a.)."

51h und 6. GA), wird durch diesen Zusammenhang erklärt.[636] Diese Interpretation wird durch die Aussage Jesu in V. 63c-f gestützt: „Die Worte, die ich geredet habe (zu) euch, – Geist sind sie und Leben sind sie." Das gilt auch für die Worte, die er in den vorherigen GA über sein Fleisch gesprochen hat. Ohne diesen Interpretationsschlüssel[637] bleiben sie unverständlich und hart.

*Die Worte Jesu – Geist und Leben*

In V. 63c-f findet sich ζωή in Verbindung mit den „Worten" (ῥήματα) Jesu. Dieselben Worte, die für viele Jünger Jesu hart sind, bewertet Jesus selbst ganz anders.[638] Das sprechende Subjekt ist mit dem Personalpronomen ἐγώ betont. Dieses beschränkt sich nicht nur auf Jesus selbst, sondern bringt den Anklang an das „Ich" Gottes und dadurch die singuläre Gottesbeziehung Jesu mit. Aus diesem Grund ist zu erwarten, daß die Worte Jesu ähnliche Eigenschaften haben wie die Worte Gottes selbst.[639] Das geschieht anschließend in V. 63e-f, wo Jesus seine Worte mit Geist und Leben kennzeichnet. Das entspricht dem Verständnis der Worte Gottes im AT, nach welchem sie ein besonderes Verhältnis sowohl zum Geist als auch zum Leben haben.[640] Weiter fällt

[636] Sonst bleibt dieser Gegensatz unerklärt. Gerade das hat eine starke Auswirkung auf den Großteil der Auslegungen von Joh 6, welche die Aussage über das Fleisch in V. 63b und die in VV. 51f-58 getrennt und unabhängig voneinander behandeln. In dieser Richtung, die von meinem Interpretationsversuch deutlich abweicht, deuten V. 63a-b u.a. R. E. BROWN, Joh I 299f; F. PORSCH, Pneuma 165-167; U. WILCKENS, Joh 109; M. LABAHN, Offenbarung 75; U. SCHNELLE, Joh 139.

[637] In diesem Sinn schreibt M. HASITSCHKA, Zeichen 89: „Jesu Antwort (61-65) gibt zugleich einen ‚Schlüssel' für das Verstehen der gesamten Brotrede."

[638] Auch nach J. G. VAN DER WATT, Family 226, sind die Worte Jesu „not simply words, but also include the effects/results of the words as revelation about Jesus". Daß die Worte Jesu nicht nur eine Information bzw. gewöhnliche menschliche Worte sind, ist aus den folgenden Stellen deutlich: a) Joh 6,68: Petrus bekennt, daß Jesus Worte ewigen Lebens hat. b) Joh 12,47f: Das Ablehnen der Worte Jesu führt ins Gericht, zum Richten durch das Wort, am letzten Tag. c) Joh 14,10: In Jesus bleibt der Vater, der auch durch Jesu Reden seine Werke tut. d) Joh 15,7: Das Bleiben in Jesus und das Bleiben seiner Worte in den Jüngern führt zur Erhörung ihrer Bitten. e) Joh 17,8: Das Annehmen der Worte Jesu/Gottes führt zur Erkenntnis, daß Jesus aus dem Vater, Gott, ausgegangen ist und zum Glauben, daß der Vater ihn gesandt hat. Vgl. H. RITT, Gebet 282-284.

[639] Zur Verbindung zwischen Joh 6,63c-f und Joh 3,34, wo Jesus seine Worte als Worte Gottes bezeichnet, siehe die Auslegung zu V. 63. Auch in Joh 14,10 stellt Jesus fest, daß er seine Worte nicht von sich selbst redet; der Vater, der in ihm bleibt, tut seine Werke. Das bestätigt er noch einmal in Joh 17,8: „... die Worte, die du mir gegeben hast, habe ich ihnen gegeben."

[640] Der Zusammenhang sowohl mit dem Geist als auch mit dem Leben charakterisiert das atl. Verständnis vom Wort/den Worten Gottes. Im Anfang ruft Gott die Schöpfung durch sein Wort ins Leben (vgl. Gen 1; Ps 33,6.9; Weish 9,1; Sir 42,15). Seine Worte sind auch in der Tora. Als Gesetz sind sie für das Volk das Leben (vgl. Dtn

auf, daß die beiden Begriffe ohne Artikel sind.[641] „Das Prädikatsnomen hat wie im Klass. dann nicht den Artikel, wenn es nur den abstrakten Begriff einer Eigenschaft bezeichnet, die vom Subjekt ausgesagt wird, dagegen hat es den Artikel, wenn es auf Bekanntes oder Erwähntes hinweist, oder das einzige oder vermeintlich einzige Wesen seiner Art ist."[642] Das bedeutet, daß die artikellosen Substantive πνεῦμα und ζωή die Eigenschaften und das Wesen der Worte Jesu bezeichnen. Sie sind nach ihrem Wesen pneumatisch. In ihnen ist das Wirken des Geistes erfahrbar und sie vermitteln das Leben. Diese beiden Eigenschaften stehen durch die Konjunktion καί nicht nur kopulativ nebeneinander, sondern auch konsekutiv bzw. kausativ. Weil der Geist, der lebendig macht (V. 63a), in den Worten Jesu wirksam ist, können seine Worte wirklich das Leben vermitteln.[643] Das Fehlen des Artikels bei πνεῦμα und ζωή vermeidet aber eine direkte Gleichsetzung bzw. Identifikation der Worte Jesu mit dem Geist und mit dem Leben.[644]

32,47). Gottes Wort ist die Weisung, die Licht auf den Pfaden des Lebens ist (vgl. Ps 119,105). Es erhält den Menschen am Leben, denn „der Mensch lebt nicht von Brot allein. Sondern von allem, was aus dem Mund des Herrn hervorgeht, lebt der Mensch" (Dtn 8,3). Es heilt und rettet aus der Not (vgl. Ps 107,20). Es ist zuverlässig, kehrt nach der erfüllten Sendung zu Gott zurück (vgl. Jes 55,10f) und bleibt in Ewigkeit (vgl. Jes 40,8). Ebenso wie דָּבָר kommt auch Gottes Geist רוּחַ von Gott bzw. aus seinem Mund (vgl. Ps 33,6; Jes 34,16; Jes 55,11). Beide sind bei der Schöpfung wirksam (vgl. Gen 1) und wieder bei der Belebung der vertrockneten Gebeine (vgl. Ez 37,4f). Sie sind den Menschen zuteil, auf eine besondere Weise den Propheten (vgl. Jes 59,21). Vgl. F. PORSCH, Pneuma 192-197; P. N. ANDERSON, Christology 210; G. GERLEMAN, THAT I 433-443; R. ALBERTZ/W. WESTERMANN, THAT II 726-753.

641 In der Literatur gibt es keine ausführliche Untersuchung zu diesem Problem.

642 F. BLASS/A. DEBRUNNER/F. REHKOPF, Grammatik § 273. Das Fehlen des Artikels findet sich schon beim Wort θεός in Joh 1,1: Ἐν ἀρχῇ ἦν ὁ λόγος, καὶ ὁ λόγος ἦν πρὸς τὸν θεόν, καὶ θεὸς ἦν ὁ λόγος. Aufgrund der oben erwähnten Regel geht es in Joh 1,1 nicht um die Gleichsetzung des Wortes mit Gott, sondern um die Eigenschaft des Wortes, daß sein Wesen, seine Natur göttlich ist. Vgl. M. HASITSCHKA, Christologie 3.

643 Vgl. F. PORSCH, Pneuma 203.

644 Die Wortverbindung πνεῦμά ἐστιν (πνεῦμα artikellos) erscheint auch in Joh 3,6, dort parallel zur Wendung σάρξ ἐστιν. Jesus erklärt Nikodemus, daß was aus dem Fleisch geboren ist, nach seinem Wesen fleischlich ist, was aber aus dem Geist geboren ist, nach seinem Wesen geistig ist. Auch hier geht es um die Eigenschaften und nicht um die Definitionen beider Begriffe. Obwohl R. SCHNACKENBURG, Joh II 105-107, das Problem der Artikellosigkeit nicht besonders erörtert, ist er vorsichtig hinsichtlich einer sofortigen Gleichsetzung der Worte Jesu mit dem Leben: „Die Aufnahme der Worte Jesu im Glauben bewirkt nicht aus sich selbst das Leben (das wäre eine magische Auffassung des Wortes Gottes), sondern erfordert, sie gehorsam (vgl. 3,36b) und liebend (14,15.23) zu erfüllen (14,21; 15,10; vgl. 1 Joh 2,3ff; 5,2f)." F. PORSCH, Pneuma 201f, schreibt, daß die Einheit von Wort und Pneuma nicht eine logische bzw. statische Einheit ist, sondern eine dynamische.

## 4.4 Der 4. Teil (VV. 67-71): Jesus und die Zwölf

### 4.4.1 Übersetzung

67 a Da sagte Jesus den Zwölf:
b „Wollt nicht auch ihr weggehen?"
68 a (Es) antwortete ihm Simon Petrus:
b „Herr,
c zu wem sollen[645] wir weggehen?
d Worte ewigen Lebens hast du,
69 a und wir haben geglaubt
b und erkannt:
c Du bist der Heilige Gottes."
70 a (Es) antwortete ihnen Jesus:
b „Habe ich nicht euch, die Zwölf, auserwählt (?)[646]
c Und unter euch ist einer ein Diabolos."
71 a Er redete aber (von) Judas, (dem Sohn) des Simon Iskariot;
b dieser nämlich beabsichtigte[647], ihn zu übergeben,
c einer von den Zwölf.

### 4.4.2 Struktur

VV. 67-71 bilden den abschließenden 4. Teil des Gesprächs.[648] In bezug auf die unmittelbaren Gesprächspartner Jesu ist er deutlich vom 3. Teil abgegrenzt. Nachdem viele Jünger von Jesus weggehen, ist der Kreis um ihn noch kleiner. Seine Gesprächspartner sind nur noch die Zwölf (οἱ δώδεκα). Der 4. Teil bringt keine neuen Orts- und Zeitangaben. In ihm setzt sich das Gespräch aus dem 3. Teil fort.

Die Kommunikationsstruktur umfaßt vor allem das KN 1 ähnlich wie in den Teilen 1 – 3. Im Unterschied zu den Teilen 1 – 3 führt der Erzähler am Beginn des 8. GA die direkte Frage Jesu ein und nicht die direkte/indirekte Frage seiner Gesprächspartner. Auf die Frage Jesu folgt die direkte Antwort des Simon Petrus, die im Unterschied zu immer stärkerer Distanzierung von Jesus seitens seiner Gesprächspartner (besonders in den GA 5-7) eine positive Wende im Gespräch

[645] Das Verb ἀπέρχομαι erscheint als Indikativ Futur und wird modal übersetzt. J. FREY, Eschatologie II 117, schreibt: „Neben der temporalen Bedeutung tragen Formen des Indikativ Futur häufig modalen, z.B. deliberativen, volitiven, imperativen und prohibitiven Sinn."

[646] V. 70b ist eher eine rhetorische Frage, da Jesus anschließend deutlich macht, daß er die Menschen, auch seine Jünger, in ihrem Inneren kennt.

[647] Das Verb μέλλω hat hier die Bedeutung „beabsichtigen", „vorhaben" bzw. „im Sinne haben". Vgl. W. BAUER, Wörterbuch 1015f.

[648] Vgl. R. KYSAR, Dismantling 168.

bringt.[649] Auffällig ist, daß er im Namen der Zwölf (in der 1.P.Pl.) spricht. Im 9. GA folgt auf Jesu Frage und Feststellung kein Wort mehr seitens seiner Gesprächspartner auf dem KN 1, sondern nur die Bemerkung des Erzählers auf dem KN 2.

Der Erzähler (S2) leitet nicht nur die direkten Personenreden ein, sondern auch drei neue Personenangaben: die Zwölf (V. 67a), Simon Petrus (V. 68a) und Judas, den Sohn des Simon Iskariot (V. 71a-c). Als allwissender Erzähler erkennt er, daß sich die letzten Worte Jesu auf Judas beziehen und daß er Jesus übergeben wollte.[650] Das Gespräch und zugleich das ganze sechste Kapitel bleiben am Ende offen, ohne einen erzählerischen Abschluß. Das kann die Leser noch zusätzlich zur weiteren Beschäftigung mit dem Text motivieren.

Die formale Struktur des 4. Teiles bilden zwei Gesprächsabschnitte (GA 8-9), die mit den Worten Jesu an die Zwölf beginnen. Im 8. GA folgt die Antwort des Simon Petrus, demgegenüber sind die Worte Jesu im 9. GA die letzte Personenrede im Gespräch insgesamt.

| | | | |
|---|---|---|---|
| 8. GA VV. 67-69: | direkte Frage Jesu an die Zwölf | → | Antwort Simon Petrus |
| 9. GA VV. 70-71: | direkte rhetorische Frage Jesu und seine Antwort | → | (offener Schluß) |

ABBILDUNG 24

Im 4. Teil setzt sich das Gespräch auch inhaltlich fort, was die letzten drei *Überleitungen* von einer Personenrede zur anderen bestätigen.[651]

| GA | V. | die Zwölf (Simon Petrus) | | Jesus |
|---|---|---|---|---|
| 7. GA | 66a | ἀπέρχομαι* | | |
| | | + | | |
| | 66b | οὐκέτι μετ' αὐτοῦ περιπατέω* | | |
| | | | ↘ | |
| 8. GA | 67b | | | ὑπάγω |
| | | | ↙ | |
| | 68c | ἀπέρχομαι | | |
| | 69a | ἡμεῖς | | |
| | 69c | σύ | | |
| | | | ↘ | |
| 9. GA | 70b | | | ἐγώ ὑμᾶς |

ABBILDUNG 25

[649] Ähnlich X. LEON-DUFOUR, Joh II 188: „Pour la première fois depuis le v. 35, le dialogue s' établit: le Révélateur reçoit une réponse directe: ‚Tu as ... Tu es ...'"

[650] J. FREY, Eschatologie II 162, charakterisiert den Erzähler mit der Omniszienz auch in V. 71, weil dieser Erzähler „die Gedanken und Absichten der handelnden Personen sowie der ‚eigentlichen' Bedeutung der erzählten Worte und Taten mitteilt".

[651] Die Pfeile (↘ und ↙) markieren die Überleitungen und der Stern (*) die Worte, die sich auf dem KN 2 und nicht in den direkten Personenreden auf dem KN 1 finden.

*Die 1. Überleitung* bilden die Verben der Bewegung in bezug auf Jesus. Am Ende des 7. GA in V. 66a beschreiben sie die Distanzierung der Jünger von Jesus: Viele von ihnen gehen von ihm weg (ἀπέρχομαι) und gehen nicht mehr mit ihm umher (περιπατέω). Am Beginn des 8. GA reagiert Jesus darauf und fragt die Zwölf, ob sie auch weggehen wollen (ὑπάγω).
*Die 2. Überleitung* besteht wieder aus den Verben der Bewegung: Dem Verb ὑπάγω in der Frage Jesu (V. 67b) entspricht das Verb ἀπέρχομαι am Beginn der Antwort des Simon Petrus (V. 68b-c): „Herr, zu wem sollen wir weggehen?"
*Die 3. Überleitung* bezieht sich stark auf die Personen. Simon Petrus, der für die Zwölf spricht, verwendet in V. 69 für sie das Personalpronomen „wir" (ἡμεῖς) und für Jesus „du" (σύ). Dementsprechend kommen am Beginn der Antwort Jesu die Personalpronomina ἐγώ und ὑμᾶς vor.

In bezug auf den Inhalt sind weiter auch die Häufungen von charakteristischem Vokabular in GA 8 – 9 relevant.

| GA | V. | | | |
|---|---|---|---|---|
| 8. | 67° | ὁ Ἰησοῦς | οἱ δώδεκα | |
| | 67b | | ὑμεῖς | θέλω + ὑπάγω |
| | 68° | | | Σίμων Πέτρος |
| | 68b | Κύριος | | |
| | 68c | | | ἀπέρχομαι |
| | 69a | | ἡμεῖς | |
| | 69b | | | |
| | 69c | σὺ εἶ<br>ὁ ἅγιος τοῦ θεοῦ | | |
| 9. | 70a | ὁ Ἰησοῦς | | |
| | 70b | ἐγώ | ὑμεῖς<br>οἱ δώδεκα | |
| | 70c | | ἐξ ὑμῶν | ἐξ ὑμῶν εἷς διάβολος |
| | 71a | | | Ἰούδας Σίμωνος Ἰσκαριώτου |
| | 71c | | ἐκ τῶν δώδεκα | εἷς ἐκ τῶν δώδεκα |

TABELLE 46

Abgesehen von den Verben der Bewegung, die sich mit der 2. Überleitung decken, kommt es zu den Häufungen ausschließlich durch die Personenangaben: (1) Jesus: Der Erzähler nennt ihn ὁ Ἰησοῦς (VV. 67a.70a), wie gewöhnlich in diesem Gespräch. Beeindruckend ist weiter die Anrede Jesu durch Simon Petrus. In zwei knappen Versen (VV. 68f) widmet er ihm die Titel κύριος und ὁ ἅγιος τοῦ θεοῦ. Der letzte wird durch die Wortverbindung σὺ εἶ eingeleitet. Dabei ist σύ ebenso wie ἐγώ in der anschließenden rhetorischen Frage Jesu (V. 70b) emphatisch zu verstehen. (2) Simon Petrus: Er ist zugleich der erste Gesprächspartner Jesu in diesem Gespräch, der mit Namen erwähnt wird. (3) Die Zwölf: In den GA 8-9 ist 7mal von ihnen die Rede entweder als οἱ δώδεκα oder durch das Personalpronomen ὑμεῖς/ἡμεῖς. Auffällig ist die Bewegung: ὑμεῖς → ἐξ ὑμῶν (εἷς) bzw. οἱ δώδεκα → (εἷς) ἐκ τῶν δώδεκα. (4) Judas, der Sohn des Simon Iskariot: Die letzten beiden Verse (VV. 70f) beschäftigen sich intensiv mit seiner Person und mit seiner Zugehörigkeit zu den Zwölf (2mal). Der Erzähler nennt ihn mit Namen, Jesus nur als διάβολος.[652]

Aus dem übrigen Gespräch wird in V. 69a das Verb πιστεύω (vgl. VV. 29d.30d.35d.36c.40b.47b.64bd) und in V. 71b das Verb παραδίδωμι (vgl. V. 64e) wiedergegeben. Die Wortverbindung ῥήματα ζωῆς αἰωνίου greift deutlich auf V. 63 zurück.

Das ζωή-Vokabular kommt im 4. Teil noch 1mal direkt vor, in der Antwort des Simon Petrus (8. GA). Er bekennt (V. 68c), daß Jesus, der Herr, Worte ewigen Lebens (ῥήματα ζωῆς αἰωνίου) hat. Hier kommt ζωὴ αἰώνιος zum ersten Mal im Gespräch nicht aus dem Mund Jesu, sondern aus dem des Simon Petrus. Der Spannungsbogen, der seit dem Beginn des Gesprächs hinsichtlich der Lebensthematik vorhanden ist, findet erst hier eine Lösung, in den Worten des Simon Petrus.

#### 4.4.3 Die einzelnen Gesprächsabschnitte

*Der 8. Gesprächsabschnitt (VV. 67-69): Worte ewigen Lebens*

*a) Auslegung VV. 67-69*
*Die Frage Jesu an die Zwölf (V. 67)*
Nach dem Weggang vieler Jünger von Jesus (V. 66) leitet der Erzähler auf dem KN 2 die Frage Jesu in V. 67a ein.[653] Jesus wendet sich an den engsten Kreis seiner Jünger, an „die Zwölf" (οἱ δώδεκα). Sie sind an dieser Stelle zum ersten Mal im Joh-Ev belegt. Im Gegensatz zu den wenigen Belegen von οἱ δώδεκα im Joh-Ev (außerhalb von Joh 6 nur noch in Joh 20,24) verdienen die drei Belege im kurzen Schlußteil von Joh 6 (VV. 67a.70b.71c) besondere Aufmerksamkeit. Die Tatsache, daß der Erzähler keine Erläuterung über οἱ δώδεκα gibt, bedeutet, daß sie für die unmittelbaren Adressaten des Joh-Ev bereits eine bekannte Gruppe sein muß. Aufgrund der Zahl δώδεκα teilt diese Bezeichnung

652 Nach J. FREY, Eschatologie II 166, gehören die Hinweise auf den Verräter in VV. 64e.70c.71a-c zu den repetitiven internen Prolepsen: „Sie weisen schon voraus auf später erzählte Begebenheiten."

653 In V. 67a begegnet man zum letzten Mal in diesem Gespräch dem joh. Stilmerkmal οὖν narrativum Vgl. E. RUCKSTUHL/P. DSCHULNIGG, Stilkritik 63-67.

im eigentlichen Sinn mit, daß zu diesem Kreis zwölf Jünger gehören.[654] In Verbindung mit der wunderbaren Speisung Jesu melden sich zwei von ihnen zu Wort: Philippus in VV. 5d.7a und Andreas in V. 8b, welcher als Bruder des Simon Petrus vorgestellt wird. Die Zwölf haben sowohl die wunderbare Speisung als auch den Wandel Jesu auf dem See erfahren. Im Gespräch selbst befinden sie sich bis zum Schlußteil im Hintergrund. Ob sie überhaupt dabei sind, bleibt für die Leser offen, bis zu V. 67a, wo dieser Spannungsbogen an sein Ende gelangt.[655] Einerseits sind sie Zeugen der Zeichen Jesu und der Begeisterung der Volksmenge, die ihn wegen seiner Zeichen sucht. Andererseits können sie aber bezeugen, wie während des Gesprächs die Begeisterung der Gesprächspartner Jesu umkippt und es zur Distanzierung und zum Weggang von Jesus kommt, auch seitens vieler seiner Jünger.

Wie stehen aber die Zwölf in dieser Situation Jesus gegenüber? Zuerst thematisiert auf dem KN 1 Jesus selbst dieses Problem mit der Frage: „Wollt nicht auch ihr weggehen?" (V. 67b). Diese Reaktion Jesu zeigt, daß er es weder mit dem Schweigen noch mit der Überredung versucht, die Zwölf bei sich zu behalten. Im Gegenteil, er ermutigt sie, daß sie ihm gegenüber eine eigene Entscheidung treffen. Am Beginn seiner Frage findet sich die Verbindung „μὴ (fragend) καί + pron. pers., die im NT nur im Joh-Ev belegt ist. Sie liegt in der Linie der Vorliebe dieser Schrift zur Setzung des Personalpronomens"[656]. In seiner Frage legt Jesus den Nachdruck sowohl auf die Zwölf (durch das Personalpronomen ὑμεῖς) als auch auf ihren freien Willen (das Verb θέλω). Es steht ihnen frei, entweder bei Jesus zu bleiben oder von ihm wegzugehen. Sie können das tun, was sie wollen. Die Frage mit μή verrät aber, daß eine verneinende Antwort erwartet wird.[657]

*Die Antwort des Simon Petrus (VV. 68f)*

In V. 68a führt der Erzähler wieder im joh. Stil[658] die Antwort des Simon Petrus ein. Σίμων Πέτρος[659] ist der erste Gesprächspartner Jesu,

[654] Zwölf als Zahl und nicht als Jüngergruppe findet sich schon in V. 13b. Nach der wunderbaren Speisung füllen die Jünger zwölf Körbe mit Brocken. Zwölf ist eine wichtige atl. Zahl (z.B. zwölf Söhne Jakobs in Gen 35,22, zwölf Stämme Israels in Ex 24,4).

[655] Zu den Entsprechungen zwischen VV. 66-71 und VV. 1-15 siehe J. BEUTLER, Struktur 251-255.

[656] E. RUCKSTUHL/P. DSCHULNIGG, Stilkritik 70. Die übrigen sechs Belege finden sich in Joh 7,47.52; 9,27.40; 18,17.25.

[657] Vgl. F. BLASS/A. DEBRUNNER/F. REHKOPF, Grammatik § 427; X. LÉON-DUFOUR, Joh II 188; K. STOCK, Jesus 69.

[658] E. RUCKSTUHL/P. DSCHULNIGG, Stilkritik 68, schreiben von diesem Stilmerkmal: „Hier sind Einleitungen zur direkten Rede beginnend mit ἀποκρίνομαι in der 3. Person Einzahl oder Mehrzahl (finite Form) ohne ein weiteres verbum dicendi und oh-

der in diesem Gespräch namentlich erwähnt wird. Außerdem kommt sein Name schon in V. 8b bei der erzählerischen Vorstellung seines Bruders Andreas vor.

Mit dem Vokativ „Herr“ beginnt Petrus seine Antwort. Gerade mit dieser Anrede wenden sich in V. 34b die Menschen an Jesus mit ihrer Bitte um das Brot Gottes, das der Welt das Leben geben kann, und auch in V. 23c, nach dem Geschehen beider Zeichen, verwendet der Erzähler diesen Hoheitstitel.[660] Dieser übertrifft weit die drei anderen Bezeichnungen für Jesus in Joh 6, mit welchen die Menschen sich an ihn wenden: „Prophet“ (V. 14d), „Rabbi“ (V. 25c) und „Jesus, der Sohn Josefs“ (V. 42b-c).

Petrus, der im Namen der Zwölf spricht (in der 1.P.Pl.), stellt zuerst eine Gegenfrage auf dem KN 1: „Herr, zu wem sollen wir weggehen?“ (V. 68b-c). Er fragt nicht nach den Ortsangaben („Wohin?“), sondern nach der Person als Ziel des Weggehens („Zu wem?“). Eigentlich ist aber diese Frage für Petrus/die Zwölf nicht problematisch, denn sie halten an Jesus fest und wollen von ihm nicht weggehen. Es gibt für ihn/sie keine Alternative zur Person Jesu. Es stellt sich die Frage, warum die Zwölf völlig anders als die bisherigen Gesprächspartner Jesu reagieren, warum sie bei Jesus bleiben wollen.

In VV. 68d-69c bringt Petrus die Begründung, die zugleich ein starkes Bekenntnis zu Jesus ist. Zuerst greift er die vorherige Aussage Jesu im 7. GA (besonders V. 63) auf und faßt sie in der Feststellung zusammen, daß Jesus Worte ewigen Lebens hat (V. 68d). Es fällt auf, daß Petrus im Unterschied zu Jesus nicht vom Geist spricht. Die Verbundenheit zwischen den Worten und dem Leben, die Petrus zum Ausdruck bringt, setzt aber das Wirken des Geistes als τὸ ζῳοποιοῦν voraus.

Das Bemühen Jesu, seinen Gesprächspartnern das Wesen seiner Person und seiner Worte, die im Dienst des Lebens stehen, zu offenbaren, findet erst in Petrus (Vertreter der Zwölf) einen fruchtbareren

ne ὅτι recitativum zusammengestellt, die allenfalls durch ein pronomen personale im Dativ und/oder ein ausdrückliches Subjekt ergänzt werden. Mit diesen Ergänzungen ist die Abfolge immer Verb-Objekt-Subjekt. Das Merkmal zeugt von einer großen Regelmäßigkeit von 40 Einleitungen zur direkten Rede im Joh, die im übrigen NT keine Entsprechung haben.“ In Joh 6 hat es insgesamt 3 Belege: VV. 7a.68a.70a.

[659] Der Name Σίμων Πέτρος ist typisch für das Joh-Ev. Darüber schreiben E. RUCKSTUHL/P. DSCHULNIGG, Stilkritik 68: „Die Kraft dieses Merkmals wird verstärkt durch die joh. Verwendung der anderen Namen für Σίμων Πέτρος: Σίμων (1,41.42), Κηφᾶς (1,42), Σίμων Ἰωάννου (3mal: 21,15-17) und Πέτρος (17mal) wie auch durch sein seltenes Vorkommen im übrigen NT, wo der Träger des Namens häufig nur Σίμων oder Πέτρος oder Κηφᾶς genannt wird.“ Außerhalb des Joh-Ev wird der Name Σίμων Πέτρος nur in Mt 16,16 und in Lk 5,8 belegt.

[660] Zum Hoheitstitel „Herr“ (κύριος) siehe die Auslegung zu V. 23 in Teil III 3.3.

Boden. Er nimmt den Interpretationsschlüssel Jesu für das Verständnis seiner Worte an. Er bestätigt die Tatsache, daß die Worte Jesu viel mehr als gewöhnliche menschliche Worte sind. Sie können Leben vermitteln – nicht vergängliches, sondern ewiges Leben (αἰώνιος). Petrus erkennt, daß die Worte Jesu Eigenschaften haben, die sonst nur den Worten Gottes zugeschrieben werden.[661]

Der enge Zusammenhang zwischen den Worten Jesu und den Worten Gottes setzt eine einmalige Beziehung zwischen Jesus und Gott voraus. Gerade das bewegt Petrus/die Zwölf.[662] Das Ergebnis teilt Petrus in V. 69 mit: „... und wir haben geglaubt und erkannt: Du bist der Heilige Gottes.“ Die Verben πιστεύω[663] und γινώσκω weisen darauf hin, daß das Bekenntnis zu Jesus als dem Heiligen Gottes zugleich einen Glaubens- und Erkenntnisprozeß zum Ausdruck bringt. Es geht nicht um zwei gegensätzliche Vorgänge, die einander ausschließen. Je tiefer der Glaube an Jesus ist, desto größer ist auch die Erkenntnis seiner Person. Auffallend ist, daß beide Verben im Perfekt erscheinen. „Das Perfektum vereinigt gleichsam Präsens und Aorist in sich, indem es die Dauer des Vollendeten ausdrückt ... Das Pf. ist subjektiver als der Aor., daher bei den Rhetoren häufiger als bei den Historikern, bei Jh wegen des feierlichen, nachdrücklichen Stils mehr als bei den Synoptikern.“[664] Diese Eigenschaften gelten auch für den Glaubens- und Erkenntnisprozeß in V. 69a-b. Die Beweglichkeit und die Dauer und zugleich das Bekenntnis als ein vollendeter Ausdruck dieses Prozesses bringt Petrus mit dem Perfekt zum Ausdruck.[665]

Beide Verben, πιστεύω und γινώσκω, die sich auf die Person Jesu und sein Verhältnis zum Vater beziehen, kommen auch in Joh 10,38 und im Gebet Jesu in Joh 17,8 vor, immer in der direkten Personenrede Jesu. Einmalig in Joh 6,69a-b ist, daß diese beiden Verben nicht von Jesus selbst, sondern aus dem Mund des Petrus (in der 1.P.Pl.) kommen. Petrus legt durch das Personalpronomen ἡμεῖς den Nachdruck auf die Zwölf als Subjekt des Glaubens und des Erkennens. Weiter ist beachtenswert, daß πιστεύω und γινώσκω das anschließende Bekennt-

[661] Siehe dazu die Auslegung zu V. 63c-f in Teil III 4.3.3 (7. GA).

[662] M. HASITSCHKA, Christologie 46, schreibt im Hinblick auf Petrus: „Nicht nur, was Jesus hat und gibt, ist ihm wichtig, sondern wer er ist.“

[663] Obwohl dem Verb πιστεύω erst in V. 69c die Konjunktion ὅτι folgt, gehört dieser Fall nach E. RUCKSTUHL/P. DSCHULNIGG, Stilkritik 149, zum joh. Stilmerkmal πιστεύω ὅτι (dass). Die Hälfte aller ntl. Belege findet sich im Joh-Ev (Joh 4,21; 6,69; 8,24; 9,18; 11,27.42; 13,19; 14,10.11; 16,27.30; 17,8.21; 20,31).

[664] F. BLASS/A. DEBRUNNER/F. REHKOPF, Grammatik § 340.

[665] In diesem Sinn schreibt U. WILCKENS, Joh 179: „Das Perfekt: ‚Ich habe geglaubt‘ spricht die Endgültigkeit und Vollgültigkeit des wahren Glaubens aus.“ Dasselbe gilt auch für das Bekenntnis der Marta in Joh 11,27; vgl. J. KREMER, Lazarus 69.

nis zu Jesus einführen. Kein anderes Bekenntnis zu Jesus im Joh-Ev hat eine so dichte Einführung mit diesen beiden Verben.

Und was beinhalten Glaube und Erkenntnis des Petrus bzw. der Zwölf? Das drückt verdichtet das Petrusbekenntnis[666] in V. 69c aus: σὺ εἶ ὁ ἅγιος τοῦ θεοῦ. Das Personalpronomen σύ, das vor dem Verb εἶ steht, legt den ganzen Nachdruck auf die Person Jesu.[667] Die Verbindung σὺ εἶ bringt den Anklang an Jesu ἐγώ εἰμι-Worte in VV. 20b.35b. 48.51a-c. Sie erinnert aber auch an die erste Begegnung zwischen Jesus und Petrus in Joh 1,42. Jesus sagt, wer Simon ist und wie er heißen wird: σὺ εἶ Σίμων ὁ υἱὸς Ἰωάννου, σὺ κληθήσῃ Κηφᾶς ὃ ἑρμηνεύεται Πέτρος. Das Petrusbekenntnis hat also in Joh 1,42 seine Vorgeschichte. Das Wissen Jesu über Petrus geht dem Wissen des Petrus über die Person Jesu voraus und überbietet es.

Mit dem Hoheitstitel „der Heilige Gottes" (ὁ ἅγιος τοῦ θεοῦ) wird Jesus innerhalb des Joh-Ev nur im Petrusbekenntnis bezeichnet und nach den Synpoptikern nur in Mk 1,24 und parallel in Lk 4,34 (in der Erzählung einer Dämonenaustreibung). Er unterstreicht zweimal Jesu besondere Zugehörigkeit zu Gott selbst und seine Verwandtschaft mit ihm: durch das substantivierte Adjektiv ὁ ἅγιος und durch den Genitiv τοῦ θεοῦ. Das Adjektiv ἅγιος hat im Joh-Ev 5 Belege: 3mal bezeichnet es den Geist als Heiligen Geist (Joh 1,33; 14,26; 20,22), 1mal den Vater als Heiligen Vater (Vokativ im Gebet Jesu in Joh 17,11) und in Joh 6,69c Jesus (nur hier substantiviert). Ähnlich wie sich das Verb ζῳοποιέω im Joh-Ev nur auf den Vater, Jesus und den Geist als Subjekt beschränkt, verhält es sich auch mit dem Adjektiv ἅγιος.

[666] Das Petrusbekenntnis findet sich auch in den synoptischen Evangelien. K. ALAND (Hg.), Synopse 149f, stellt folgende Perikopen nebeneinander: Mt 16,13-20; Mk 8,27-30; Lk 9,18-21 und Joh 6,67-71. Die drei synoptischen Berichte zeigen untereinander viele Gemeinsamkeiten, die zugleich von Joh 6,67-71 abweichen. Nach allen drei synoptischen Überlieferungen stellt Jesus 2mal die Frage nach seiner Identität. Zuerst fragt er die Jünger nach der Meinung der Leute und danach noch nach ihrer eigenen Meinung. Die Leute sehen in ihm entweder Johannes den Täufer oder Elija oder einen der Propheten. Petrus bekennt sich zu Jesus als Christus (Messias) (auch als „Sohn des lebendigen Gottes" in Mt 16,16 bzw. als „Messias Gottes" in Lk 9,20). Jesus verbietet den Jüngern, dies weiter zu erzählen. In Joh 6,67-71 stellt Jesus keine direkte Frage nach seiner Identität, Petrus bezeichnet ihn nicht als Christus und es folgt kein Schweigeverbot. Auch die Ortsangabe Cäsarea Philippi (Mt 16,13; Mk 8,27) fehlt im joh. Bericht. M. THEOBALD, Häresie 230, unterstreicht als Ergebnis aus dem Vergleich mit den synoptischen Berichten das eindeutig joh. Profil des Petrusbekenntnisses und seine Verbindung mit der Erwähnung des Judas.

[667] Die Verbindung σὺ εἶ findet sich noch in zwei Bekenntnissen: in Joh 1,49 (Natanaël) und in Joh 11,27 (Marta). Eindrucksvoll erscheint sie in den Worten des Pilatus (Joh 18,33), die sowohl als Frage als auch als Aussage verstanden werden können.

Obwohl bereits ὁ ἅγιος deutlich die besondere Verbundenheit Jesu mit Gott ausdrückt, wird diese noch mit dem Genitiv τοῦ θεοῦ unterstrichen. Jesus selbst offenbart in Joh 6 mehrfach sowohl durch Zeichen als auch durch seine Aussagen im Gespräch seine göttliche Herkunft und seine singuläre Beziehung zum Vater, Gott.[668] Die Offenbarungsworte Jesu werden von den Menschen und sogar von seinen Jüngern mißverstanden und immer stärker abgelehnt. In diesem Kontext finden die Zeichen und die Worte Jesu erst im Petrusbekenntnis eine adäquate Antwort. V. 68b-c[669] In einer fast hoffnungslosen Situation, in welcher sich die Spannung zwischen Jesus und seinen Gesprächspartnern bis zum Weggehen der vielen verschärft hat, wird die Botschaft Jesu auf einmal in ihrer Tiefe im Glauben und Erkennen angenommen – ohne Mißverständnisse, ohne Zweifel, ohne Murren und Streit, ohne Spannung. Im Petrusbekenntnis werden die Zeichen und die Worte Jesu fruchtbar.

*b) Zum Begriff ζωή*
*Worte ewigen Lebens*

Die Aussage Jesu, daß seine Worte Geist und Leben sind (V. 63c-f), erfährt in V. 68d eine zusammenfassende Wiederaufnahme. Es geht um die ῥήματα ζωῆς αἰωνίου. In dieser Wortverbindung kommt der Geist nicht mehr vor, obwohl sein lebendig machendes Wirken für den Zusammenhang zwischen den Worten Jesu und dem Leben vorausgesetzt wird. Der Nachdruck bei der Bezeichnung der Worte Jesu liegt ganz auf dem Begriff „Leben", der im Unterschied zu V. 63f noch mit dem Adjektiv αἰώνιος erweitert und verstärkt ist.[670] Die Worte Jesu sind auf das ewige Leben ausgerichtet; sie können es auch vermitteln. Diese Eigenschaft gilt sonst nur für die Worte Gottes[671] und weist auf das Geheimnis der Person Jesu hin, auf seine singuläre Beziehung zum Vater.[672] In diesem Sinn überrascht es nicht, daß gerade Petrus, der

668 K. STOCK, Jesus 70, stellt fest: „Heilig ist das, was zu Gott gehört. Wenn Jesus der Heilige Gottes ist, dann heißt das, daß er ganz und gar zu Gott gehört, ganz und gar mit Gott verbunden ist."

669 D. A. CARSON, Joh 304, schreibt, daß die Zwölf in Jesus „one who was greater than a prophet, greater than Moses, none less than ‚the Holy One of God'" sehen.

670 H. WEDER, Menschwerdung 387, erkennt hier aus der Perspektive des Menschen eine grundlegende Asymmetrie: „... der Mensch kann sich das Leben niemals geben, sondern immer nur nehmen."

671 Siehe dazu die Auslegung zu V. 63c-f in Teil III 4.3 (7. GA).

672 In diesem Sinn schreibt K. STOCK, Jesus 70: „In seinem Bekenntnis hebt Petrus das grundlegend Entscheidende hervor: das Verhältnis Jesu zu Gott, seine totale Zugehörigkeit zu Gott. Deshalb hat er Worte des ewigen Lebens und deshalb ist es unsinnig, von ihm wegzulaufen."

Jesus Worte ewigen Lebens zuschreibt, ihn als Heiligen Gottes bekennt.

Wie schon oben erwähnt, kommt der Begriff ζωή in V. 68d zum ersten Mal in diesem Gespräch aus dem Mund eines der Gesprächspartner Jesu und nicht von Jesus selbst.[673] Gerade in der Situation, in welcher die Worte Jesu auf das verschärfte Mißverständnis bis zum Weggehen vieler Jünger Jesu stoßen, finden sie in Petrus bzw. den Zwölf Aufnahme, Verständnis und Glauben.[674] Die Worte Jesu finden in Petrus fruchtbaren Boden. Die Kommunikation bzw. das gesamte Gespräch in Joh 6, erweist sich als konstruktiv.

*Der 9. Gesprächsabschnitt (VV. 70f): Einer von den Zwölf*

*a) Auslegung*

*Die rhetorische Frage und die Antwort Jesu (V. 70)*

Im gleichen Stil wie in V. 68a führt der Erzähler auch in V. 70a die letzte direkte Personenrede Jesu in Joh 6 auf dem KN 2 ein.

Die Reaktion Jesu auf das Petrusbekenntnis ist weder die Seligpreisung und Zusage an Petrus wie in Mt 16,17-19 noch das Schweigeverbot wie in Mt 16,20; Mk 8,30 und Lk 9,21. Als eine Selbstverständlichkeit nimmt Jesus das Bekenntnis des Petrus an. Den ihm durch Petrus zugeschriebenen Hoheitstitel bestätigt er auf dem KN 1 in seiner Antwort, indem er für sich selbst emphatisches ἐγώ verwendet, welches den Anklang an das ἐγώ Gottes mit sich bringt. Weiter fällt in den abschließenden Worten Jesu auf, daß er sich mit dem engsten Kreis seiner Jünger, mit den Zwölf, befaßt.

Petrus, der im Namen der Zwölf (in der 1.P.Pl.) in VV. 68f gesprochen hat, hat ein einheitliches und in sich konfliktloses Bild des Zwölferkreises, was das Verhältnis der Zwölf zu Jesus betrifft, vermittelt. Jesus lehnt dieses Bild entschieden ab. Zuerst erinnert er die Zwölf an das, was ihnen wirklich gemeinsam ist: ihre Auserwählung durch Jesus. Diese kommt aus dem Verhältnis Jesu zu ihnen und nicht umgekehrt. Er kennt jeden von den Zwölf auch in seinem Inneren, wie Petrus sie nicht kennen kann. Er sieht, wie jeder von den Zwölf zu ihm steht, und weiß, daß ihr Verhalten zu ihm nicht einheitlich ist. Die Dynamik in VV. 70f ist: ὑμεῖς → ἐξ ὑμῶν (εἷς) bzw. οἱ δώδεκα → (εἷς) ἐκ τῶν δώδεκα

673 K. STOCK, Jesus 70, schreibt: „Er [Petrus] hat erkannt, daß die entscheidende Gabe Jesu das ewige Leben ist, und er anerkennt, daß Jesus in gültiger und verbindlicher Weise davon spricht. Jesus macht nicht Worte darüber, sondern er bringt die zuverlässige Botschaft vom ewigen Leben und erschließt den Zugang zu ihm."

674 J. BECKER, Joh I 218, schreibt von der Abfolge Wort – Glaube – Leben, daß sie „als konstituierender Grundzug der Offenbarung im Bekenntnis als Erfahrung mit Jesu Wort anerkannt ist".

(vgl. TABELLE 46). Jesus stellt fest, daß einer der Zwölf διάβολος ist. Da er aber nicht den Namen angibt, löst er eine Spannung und Ungewißheit im Zwölferkreis aus. In der Literatur finden sich unterschiedliche Übersetzungen und Interpretationen von διάβολος.[675] Nach meiner Meinung ist beachtenswert, daß διάβολος in V. 70c artikellos erscheint. Aus diesem Grund ist es eher als Wesenseigenschaft des Betroffenen zu verstehen. Er ist diabolisch – das bedeutet verleumderisch, er bringt die Sache durch- und auseinander. In diesem Fall stellt Jesus das Verhalten dieser diabolischen Person der Aussage des Petrus gegenüber.

*Der Kommentar des Erzählers (V. 71)*

Anschließend in V. 71 gibt der Erzähler auf dem KN 2 genauer an, von wem Jesus redet.[676] Damit entschärft er die Spannung und die Ungewißheit für die Leser auf den KN 4-5 (aber nicht für die Zwölf), wer διάβολος ist.[677] Er erwähnt seinen Namen, Ἰούδας Σίμωνος Ἰσκαριώτου, in V. 71a.[678] Er charakterisiert ihn weiter in V. 71b als denjenigen, der

675 Einige Auslegungen, wie Judas als διάβολος zu verstehen ist, sind: der Teufel im metaphorischen Sinn nach U. SCHNELLE, Joh 213; das Werkzeug des Teufels nach J. BECKER, Joh I 385; nicht nur das Werkzeug des Satans, sondern auch der Gesinnungsgenosse des Menschenmörders und Lügners von Anbeginn (vgl. Joh 8,44) nach R. SCHNACKENBURG, Joh II 113; der Unter-Teufel nach CH. K. BARRETT, Joh 317; der Verräter, ein Teufel nach L. SCHENKE, Schisma 119. CH. NIEMAND, Funktion 99, beendet seinen Artikel mit der Überlegung zu diesem Problem vom phänomenologischen Gesichtspunkt aus: „Als solche war sie [die Rede vom Teufel] dazu da, um die konkreten Erfahrungen mit dem irrationalen Überhang von Unrecht, Bosheit und Verstrickung ins Wort und ins Bild zu bringen. Nicht eignet sich die Rede vom Teufel und den Dämonen aber dazu, konkrete Menschen aus Fleisch und Blut als Teufel oder Dämonen zu bezeichnen ... Gerade dies aber scheint mit dem ‚ehemaligen Jesusjünger' Judas geschehen zu sein."

676 K. BECKMANN, Funktion 187, schreibt über Judas: „Die Figur wird in Kapitel 6 eingeführt, anonym in V. 64, namentlich in V. 71." Vgl. W. KLASSEN, Judas 139. Nach J. BROWNSON, Neutralizing 51, tritt Judas im Joh-Ev zuerst als „an unbelieving insider" in V. 64 auf, ähnlich nach H.-J. KLAUCK, Judas 728, als „Exponent des Unglaubens".

677 Zutreffend schreibt L. SCHENKE, Joh 118: „Wie der Text durchsetzt ist mit Erinnerungen an Vorausgegangenes, so bereitet er die Leser auch auf das noch Kommende vor. Das geschieht zunächst auf sehr direkte Weise durch den Autor selbst, der die Leser in die Lage versetzt, mehr zu wissen als die Jünger in Jesus Gefolgschaft. Am auffälligsten sind in dieser Hinsicht die Hinweise auf den Verräter 6,64.71, der mit Namen genannt und als einer aus den Zwölfen gekennzeichnet wird. Die Jünger in der Szene hingegen wissen nur, daß einer im Kreis der bei Jesus verbleibenden Zwölf ein Teufel ist (6,70), nicht aber, wer es ist und worin seine ‚Teufelei' besteht."

678 Diese zweifache Näherbestimmung zu Judas findet sich im NT nur 3mal im Joh-Ev (außer hier in V. 71a, noch in Joh 13,2.26). E. RUCKSTUHL/P. DSCHULNIGG, Stilkritik 125, schreiben dazu: „Verbreitet ist eine einfache mit Ἰσκαριώθ/Ἰσκαριώτης (Joh 12,4; Mk 3,19; 14,10; Mt 10,4; 26,14; Lk 6,16; 22,3) oder die Wendung Ιούδας ὁ παραδιδοὺς αὐτόν (Joh 18,2.5; Mt 26,25; 27,3), Ιούδας εἷς τῶν δώδεκα (Mk 14,43; Mt 26,47; Lk 22,47). Diese verschiedenen Möglichkeiten verdeutlichen und gewichten die oben herausgestellte Eigentümlichkeit des Joh."

Jesus übergeben will (das Verb παραδίδωμι). Es zeigt sich der folgende Zusammenhang zwischen διάβολος und παραδίδωμι: Judas ist diabolisch, weil er Jesus übergeben will. Seine Zugehörigkeit zu den Zwölf, die Tatsache, daß Jesus ihn auserwählt hat, bedeutet nicht, daß auch er zu Jesus steht, an ihn glaubt und sich zu ihm bekennt. Im Gegenteil, er will ihn übergeben. Der Glaube an Jesus ist also nicht mit der Zugehörigkeit zu einer Gruppe gesichert, auch nicht mit der zu den Zwölf. Der Fall des Judas zeigt, daß gerade im nächsten Kreis um Jesus die größten Distanzen bis zur Übergabe[679] geschehen können.[680]

Mit der Spannung zwischen der Aussage des Petrus und der anschließenden Reaktion Jesu endet das Gespräch in Joh 6 und auch das gesamte Kapitel. Die Zwölf, aber auch die Leser werden mit der Tatsache konfrontiert, daß die Zugehörigkeit zu einer Gruppe, auch zum Zwölferkreis, die persönliche Entscheidung Jesus gegenüber nicht ersetzen kann.[681] Der Mensch kann die von Jesus gegebene Beziehung zu ihm und zum Vater annehmen oder ablehnen. Die Leser werden dadurch motiviert, ihre eigene Entscheidung Jesus gegenüber zu treffen.

*b) Zur Lebensthematik*

Im 9. GA entsteht durch den Verweis Jesu auf denjenigen unter den Zwölf, der ihn übergeben wird, eine Spannung zum vorausgehenden Bekenntnis des Petrus und damit auch zum Thema „Leben". Jesus macht darauf aufmerksam, daß die Zugehörigkeit zu einer Gruppe, auch zum Zwölferkreis, die persönliche Entscheidung ihm gegenüber nicht ersetzen kann. Die Frage des Lebens ist die Frage dieser Entscheidung Jesus bzw. dem „Brot Gottes" gegenüber.

[679] Vgl. Joh 10,1-18: Der Lohnknecht ist auch eine Figur aus dem engsten Kreis, denn er gehört zu den Schafen und soll für sie sorgen. Das tut er aber nicht – er flieht aufgrund der Gefahr von außen (Joh 10,12f). Vgl. B. KOWALSKI, Hirtenrede 137f.

[680] Über die Gestalten des Petrus und des Judas schreibt U. SCHNELLE, Joh 140: „Petrus und Judas fungieren als Prototypen eines Verhaltens gegenüber Jesus, das der Evangelist in seiner Zeit als Treue bzw. Verrat wiedererkennt."

[681] In diesem Sinn schreibt J. BEUTLER, Struktur 260: „Gerade die Verse 60-71 zeigen, daß die Kontroverse nicht nur die ‚jüdischen' Zuhörer Jesu vor die Entscheidung stellt, sondern auch und gerade den Jüngerkreis." Nach M. LABAHN, Offenbarung 286-288, wird hier die Jüngerschaft als eine gefährdete Größe angesprochen. Die Absicht Jesu ist vor allem die Ermahnung der Gemeinde. Er verbindet diesen Text mit der zeitgenössischen Wirklichkeit der joh. Gemeinde: „Die Perspektive der Bedrohung des Glaubens zeigt zugleich, daß der Glaube im Leben zu bewähren ist: Glauben und das daraus entspringende Bekenntnis sind durch das Bleiben ‚in Christus' zu bewähren. Glauben bedeutet somit die Bereitschaft zum Bekenntnis und zur Bewährung des Bekenntnisses auch in Bedrängnis und Todesgefahr" (ebd. 287). Nach L. SCHENKE, Schisma 117-119, weisen VV. 67-71 auf das Schisma der Gemeinde hin.

# Teil IV
# Die Lebensthematik in Joh 6

Die Lebensthematik zieht sich wie ein „roter Faden" durch das gesamte sechste Kapitel des Joh-Ev. Eine deutliche joh. Intention zeigt sich zuerst darin, daß die beiden Zeichen in Joh 6 gerade hinsichtlich der Lebensthematik einen Spannungsbogen bilden: Im ersten Zeichen („die wunderbare Speisung" in VV. 1-15) versorgt Jesus die Menschen mit der lebensspendenden Speise, im zweiten Zeichen („der Gang Jesu auf dem See" in VV. 16-21) rettet der theophan erscheinende Jesus seine Jünger aus der lebensbedrohlichen Situation auf dem See durch sein Wort. Das lebensspendende Wirken Jesu sowohl durch sein Handeln als auch durch sein Wort offenbart die einmalige Beziehung Jesu zu Gott und hat in ihr seinen tiefsten Grund.

Die joh. Intention bezüglich der Lebensthematik in Joh 6 wird jedoch mit der Darstellung der Bewegung von lebensnotwendiger Nahrung (Brot) im ersten Zeichen zum lebensspendenden Wort Jesu im zweiten Zeichen nicht beendet. Gerade dieser Spannungsbogen ist die Grundlage für das Gespräch in der Synagoge von Kafarnaum (VV. 25-71), wo er noch einmal stärker ausgefaltet und mit Hilfe des ζωή-Vokabulars verbalisiert wird.

Mit den beiden Zeichen Jesu in Joh 6 und ihrem Verhältnis in bezug auf die Lebensthematik beschäftigt sich bereits der dritte Teil dieser Studie. Die Ausführungen und die Ergebnisse können dort (vgl. Teil III 1.6, 2.4, 2.6, 3.5) nachgelesen werden; sie werden hier nicht mehr wiederholt. Die Untersuchung der Lebensthematik in Joh 6 wird hier im vierten Teil fortgesetzt. Unter die Lupe wird das Gespräch mit Jesus in Kafarnaum (VV. 25-71) genommen. Dabei wird zunächst auf das ζωή-Vokabular geachtet (vgl. Teil IV 1), danach wird auf die Frage nach dem Spannungsbogen über das ζωή-Vokabular ausführlich eingegangen (vgl. Teil IV 2). Weiter werden Jesu Zusagen des Lebens mit denjenigen der Auferstehung verglichen (vgl. Teil IV 3). Anschließend kommen ins Blickfeld der Untersuchung noch die Adressaten der Lebenszusagen Jesu und ihre Entscheidungen Jesus und dem Leben gegenüber sowohl auf den KN 1-3 als auch auf den KN 4-5 (vgl. Teil IV 4).

## 1. DAS ZΩH-VOKABULAR IN JOH 6

In keinem anderen Kapitel des Joh-Ev verdichtet sich das ζωή-Vokabular so stark wie gerade in Joh 6.[1] Mit insgesamt 18 Belegen (11mal ζωή – davon 5mal ζωὴ αἰώνιος, 6mal ζῶ und 1mal ζῳοποιέω) übertrifft Joh 6 mehrfach die Zahl der Vorkommen in den meisten anderen Kapiteln (vgl. TABELLE 1).

Obwohl die Lebensthematik schon von Anfang an in Joh 6 stark präsent ist, finden sich die Wörter ζωή, ζωὴ αἰώνιος, ζῶ und ζῳοποιέω erst innerhalb des Gesprächs mit Jesus im umfangreichsten 4. Hauptteil (VV. 25-71). Das ζωή-Vokabular zieht sich durch alle Teile des Gesprächs hindurch (von seinem ersten Vorkommen in V. 27d bis zum letzten Beleg in V. 68d)[2] und bildet somit einen großen thematischen Bogen.[3] Neben der hohen Zahl der Vorkommen ist auch die Stellung dieser Wörter in den meisten Gesprächsabschnitten auffällig, besonders in den Anfangs- und Schlußpositionen.[4] Sie erscheinen auch in der Verbindung mit einigen Überleitungen von einem zum anderen GA, obwohl sie diese nicht direkt bilden.[5] Weiterhin sind auch die Häufungen im Gespräch zu beachten, wo sich das ζωή-Vokabular verdichtet.[6]

Während sich das Nomen ζωή bzw. ζωὴ αἰώνιος im Gespräch von V. 27d bis zu V. 68d verteilt, finden sich die Verben ζῶ und ζῳοποιέω erst ab V. 51b (ζῶ) bzw. in V. 63a (ζῳοποιέω). Syntaktisch haben die Nomina ζωή bzw. ζωὴ αἰώνιος und die Partizipien der Verben ζῶ und ζῳο-

[1] Obwohl der Großteil der Ausleger die Bedeutung des ζωή-Vokabulars im Joh-Ev anerkennt, erwähnen nur wenige von ihnen wie z.B. P.-M. JERUMANIS, Communion 263 und J. G. VAN DER WATT, Family 219, daß Joh 6 die höchste Zahl seiner Belege enthält und demzufolge eine Untersuchung von Joh 6 unter diesem Gesichtspunkt wichtig ist.

[2] Ähnlich sieht es auch U. SCHNELLE, Joh 129: „Im ζωή -Begriff liegt der Schlüssel zum Verständnis der Lebensbrotrede. Er ist terminologisch (V. 33.35.40.48.51) und inhaltlich gleichermaßen bestimmend." Doch bricht er den Spannungsbogen über das ζωή-Vokabular mit V. 51 ab, wo nach seiner Meinung die Lebensbrotrede (Joh 6,30-51e) ihr Ende hat und der eucharistische Abschnitt (Joh 6,51f-58) als neue literarische Schicht folgt; vgl. U. SCHNELLE, Joh 121f.130f. Aus dem gleichen Grund ist auch F. MUSSNER, ZΩH 128-136, problematisch.

[3] Vgl. Gesamtgestalt und Gliederung in Teil III 4. Ähnliches sieht auch P.-M. JERUMANIS, Communion 264, der das ζωή-Vokabular durchgehend bis zum letzten Beleg in V. 68 untersucht. Beachtenswert ist weiter auch die tabellarische Darstellung von J. G. VAN DER WATT, Family 219.

[4] Das ζωή-Vokabular findet sich am Beginn des 4. GA, des 6. GA, des 7. GA und des 8. GA. Es findet sich am Schluß des 1. GA , des 3. GA, des 4. GA, des 5. GA und des 6. GA.

[5] 3mal in VV. 25-40 und 2mal in VV. 41-59.

[6] Die Häufungen des ζωή-Vokabulars finden sich im 5. GA, im 6. GA und im 7. GA.

ποιέω in Joh 6 vor allem zwei Funktionen: In einigen Sätzen kommen sie als Objekt (VV. 40b.47b.53e.54a) oder als Prädikatsnomen (V. 63af) vor, in anderen Sätzen als genauere Bestimmung zum Subjekt (V. 57a), zum Objekt (VV. 27d.68d) oder zum Prädikatsnomen (VV. 33.35b.48.51be).

Joh 6 ist das einzige Kapitel des Joh-Ev, wo sich alle Wortverbindungen und Wendungen (außer ὕδωρ ζῶν) finden, die ζωή und ζῶ im Joh-Ev eingehen.[7] Die Wendungen ζωήν + δίδωμι und ζωήν + ἔχω bzw. ζωήν + ἔχω + ἐν ἑαυτῷ/ἑαυτοῖς gehören gleichzeitig zu den joh. Stilmerkmalen.[8] Zu diesen zählt auch die Wiederaufnahme des Verbs ζῶ in V. 57bd.

Weiter fällt der zeitliche Aspekt auf. Während in Joh 6 die Verben in den oben erwähnten Wendungen mit dem Nomen ζωή im Präsens stehen, hat das Verb ζῶ sowohl präsentische als auch futurische Formen. Das Verb ζῳοποιέω ist in V. 63f ein präsentisches Partizip.

Wer ist das Subjekt der Verben ζῶ und ζῳοποιέω in Joh 6? Dieses ist 2mal Jesus (VV. 51a [als Brot im Ich-bin-Wort Jesu].57b) und 3mal der Mensch (VV. 51e.57d.58e), 1mal der Vater als ζῶν (V. 57a) und 1mal der Geist als ζῳοποιοῦν (V. 63a). Demgegenüber hat die Wendung ζωήν + ἔχω in allen 4 Fällen (VV. 40b.47b.53e.54a) dasselbe Subjekt, den Menschen bzw. die Menschen. Die Wendung ζωήν + δίδωμι in V. 33 charakterisiert das Brot Gottes als Subjekt.

Ebenso wie im ganzen Joh-Ev erweist sich das ζωή-Vokabular auch in Joh 6 als Vokabular Jesu. 17 von insgesamt 18 Belegen kommen in der direkten Personenrede Jesu (auf dem KN 1) vor. Nur der letzte Beleg am Ende des Gesprächs in V. 68d, der sich auch in der direkten Personenrede (auf dem KN 1) findet, hat einen anderen Sprecher. Dieser ist Simon Petrus, der die Worte Jesu als Worte ewigen Lebens charakterisiert.

7 Siehe die Auflistung der Wortverbindungen und Wendungen in Teil I 1.

8 Vgl. E. RUCKSTUHL/P. DSCHULNIGG, Stilkritik 148f.151.

## 2. SPANNUNGSBOGEN ÜBER DAS ΖΩΗ-VOKABULAR IN JOH 6: VON DER SPEISE BIS ZUM GEIST UND ZU DEN WORTEN JESU

### *2.1 Darstellung des Spannungsbogens über das ζωή-Vokabular*

Das ζωή-Vokabular (ζωή, ζωὴ αἰώνιος, ζῶ oder ζῳοποιέω) zieht sich durch das ganze Gespräch (VV. 25-71) und bildet einen Spannungsbogen, in dem die Lebensthematik ihre Entwicklung, Vertiefung und Deutung findet.[9]

Wem das Leben eigen ist und wie es weiter vermittelt wird, aber auch wer am Leben Anteil haben kann und auf welche Art und Weise, teilt Jesus mehrfach im Verlauf des Gesprächs in seinen direkten Personenreden auf dem KN 1 mit. Das ständige Aufgreifen der Lebensthematik vom Anfang bis zum Ende des Gesprächs (VV. 25-71) macht deutlich, daß sie für Jesus ein starkes Anliegen in diesem Gespräch ist.

Der Spannungsbogen über das ζωή-Vokabular in Joh 6,25-71 wird im folgenden tabellarisch dargestellt. Die Tabelle umfaßt:
(1) alle Worte, auf welche sich das ζωή-Vokabular (ζωή, ζωὴ αἰώνιος, ζῶ oder ζῳοποιέω) direkt bezieht (Kursivschrift);
(2) die Lebenswirklichkeit und ihre Adressaten in der Reihenfolge entsprechend dem Verlauf des Gesprächs. Die Adressaten werden auch mit den grammatikalischen Angaben der Person und der Zahl versehen. Ob eine Zusage präsentisch oder futurisch forumuliert wird, wird in Klammern angegeben.

| GESPRÄCS-TEIL | GA | V.[10] | LEBENSWIRKLICHKEIT | UND IHRE ADRESSATEN | |
|---|---|---|---|---|---|
| 1. JESUS UND DIE MENGE | 1. | 27d | *die Speise* (die Gabe des von Gott besiegelten Menschensohnes) | die Menschen | (2.P.Pl.) |
| | 3. | 33 | *das Brot Gottes* | *die Welt* | (3.P.Sg.) |
| | 4. | 35b | *Jesus als Brot des Lebens* (ἐγώ εἰμι ὁ ἄρτος τῆς ζωῆς) | der zu Jesus Kommende<br>der an Jesus Glaubende | (3.P.Sg.)<br>(3.P.Sg.) |
| | | 40b | der Sohn | *jeder den Sohn Sehende und an ihn Glaubende* (präsentische Zusage) | (3.P.Sg.) |

[9] Unter den wenigen Auslegern untersucht alle Belege des ζωή-Vokabulars in Joh 6 P.-M. JERUMANIS, Communion 263-279, während J. G. VAN DER WATT, Family 219, sie tabellarisch darstellt.

[10] Es wird immer die Stelle, an der die einzelnen Worte aus dem ζωή-Vokabular (ζωή, ζωὴ αἰώνιος, ζῶ oder ζῳοποιέω) vorkommen, angegeben.

| | | | | | |
|---|---|---|---|---|---|
| 2. JESUS UND DIE JUDEN | 5. | 47b | | *der Glaubende*<br>(präsentische Zusage) | (3.P.Sg.) |
| | | 48 | *Jesus als Brot des Lebens*<br>(ἐγώ εἰμι ὁ ἄρτος τῆς ζωῆς) | | |
| | | 51a-c | *Jesus als Brot des Lebens*<br>(ἐγώ εἰμι ὁ ἄρτος ὁ ζῶν ὁ ἐκ τοῦ οὐρανοῦ καταβάς) | | |
| | | 51d | dieses Brot | *jemand, der von diesem Brot ißt*<br>(futurische Zusage) | (3.P.Sg.) |
| | | 51h | *Jesu Fleisch* (= das von Jesus zukünftig gegebene Brot) | *die Welt* | (3.P.Sg.) |
| | 6. | 53e | Fleisch und Blut<br>des Menschensohnes | *die Juden*<br>(nicht essen und nicht trinken)<br>(negative präsentische Zusage) | (2.P.Pl.) |
| | | 54a | Fleisch und Blut Jesu | *der das Fleisch Jesu Verzehrende und der sein Blut Trinkende*<br>(präsentische Zusage) | (3.P.Sg.) |
| | | 57a | *der Vater* (Gott) | | |
| | | 57b | *der Vater* | *Jesus* | (1.P.Sg.) |
| | | 57d | *Jesus* | *der Jesus Verzehrende*<br>(futurische Zusage) | (3.P.Sg.) |
| | | 58e | *dieses Brot* | *der dieses Brot Verzehrende*<br>(futurische Zusage) | (3.P.Sg.) |
| 3. JESUS UND DIE JÜNGER | 7. | 63a | *der Geist* | | |
| | | 63f | *die Worte Jesu* | die Jünger Jesu | (2.P.Pl.) |
| 4. JESUS UND DIE ZWÖLF | 8. | 68d | *die Worte Jesu* | die Zwölf/Simon Petrus | (1.P.Pl.) |

TABELLE 47

Aus der Tabelle läßt sich der Spannungsbogen über das ζωή-Vokabular leicht erkennen. Am Beginn wird das ζωή-Vokabular mit der Speise verbunden, am Ende mit den Worten Jesu, ständig aber mit seinen Adressaten. Die wichtigsten Elemente dieses Spannungsbogens sind: die Speise (vgl. 2.1.1), Jesus (vgl. 2.1.2), der Vater (vgl. 2.1.3), der Geist (vgl. 2.1.4), die Worte Jesu (vgl. 2.1.5) und die Adressaten (vgl. 2.1.6). Diese werden in den folgenden Abschnitten weiter analysiert und bewertet, besonders im Hinblick auf ihre Rolle im hier behandelten Spannungsbogen.

### 2.1.1 Die ins ewige Leben bleibende Speise

Der joh. Jesus beginnt den Spannungsbogen über das ζωή-Vokabular durch die Anknüpfung und die Verbindung der Lebens- und der Nahrungsthematik auf dem KN 1. In V. 27 ruft er die Menschen auf, nicht für die vergehende Speise zu wirken, sondern für τὴν βρῶσιν τὴν μένουσαν εἰς ζωὴν αἰώνιον, die der Menschensohn ihnen geben wird. Auch der zweite Beleg von ζωή in V. 33 setzt mit der Nahrungsthematik fort. Sein Subjekt bzw. sein Geber ist ὁ ἄρτος τοῦ θεοῦ.

Mit der Anknüpfung an die Nahrungsthematik werden die Gesprächspartner Jesu direkt auf dem KN 1 angesprochen, besonders in bezug auf folgende drei Aspekte: (1) In bezug auf ihre aktuelle Situation: Das Gespräch greift am Anfang die vorausgehenden Ereignisse auf, nämlich die wunderbare Speisung (VV. 1-15) und das Suchen der Menge nach Jesus (VV. 22-24). Nach der Aussage Jesu in V. 26f ist der eigentliche Grund, warum die Menschen Jesus suchen, Nahrung – sie haben von den Broten gegessen. (2) In bezug zu ihren allgemein menschlichen Alltagserfahrungen und Bedürfnissen:[11] Die Nahrungsproblematik gehört zur konkreten Welt der Menschen, die für sie gut vorstellbar ist und die sie jeden Tag zu bewältigen haben. Dieser Aspekt wird bereits mit der Frage Jesu in V. 5e-f deutlich: „Woher sollen wir Brote kaufen, damit diese essen können?“ (3) In ihrer Glaubenstradition: Um an Jesus glauben zu können, verlangen seine Gesprächspartner von ihm ein Zeichen. Die Erfahrung ihrer Väter[12] in der Wüste mit dem Manna, die ihnen auch durch die Schrift vermittelt wird, ist für sie maßgeblich (VV. 30b-31c).[13] Der Anfang des Spannungsbogens über das ζωή-Vokabular zeigt die Weise Jesu, wie er über das Leben zu sprechen beginnt. Er kommt seinen Gesprächspartnern in ihrer aktuellen Situation, in ihren allgemeinen menschlichen Bedürfnissen, aber auch in ihrer Glaubenstradition entgegen.[14]

[11] Diesen Gesichtspunkt bespricht auch M. LABAHN, Jesus 303: „Die Brotrede spricht den Menschen im Rückgriff auf die Speisung in seiner Lebensbedürftigkeit an; als Reaktion auf diese Bedürftigkeit kommt ihm Gott in der Gabe des Lebensbrotes selbst zum Leben nahe.“ Den kulturellen Kontext unterstreicht C. R. KOESTER, Spectrum 8: „Jesus' claim to be ‚the bread of life‘ must be understood in the appropriate cultural context: he was not claiming to be an imported luxury item but something essential for life.“ Vgl. M. DAVIES, Rhetoric 197; J.-A. SHELTON, Romans 6f; J. G. VAN DER WATT, Family 220.

[12] Siehe dazu die Ausführungen in Teil III 4.1.3 (3. GA). Vgl. K. SCHOLTISSEK, Brotrede 49.

[13] Die Verbindung zwischen der Glaubenstradition und dem Lebensmotiv findet sich bereits im Gespräch Jesu mit Nikodemus in Joh 3,14-16. Die Erhöhung der ehernen Schlange in der Wüste durch Mose dient als Vergleich und als Vorstellung für die angekündigte Erhöhung des Menschensohnes. Diese Erhöhung wird vorausgesetzt, damit jeder, der an den Menschensohn glaubt, das ewige Leben haben kann.

[14] Die Vorgangsweise Jesu und sein Auftakt zur ζωή-Thematik in Joh 6 ist mit seinem Gespräch mit der Samariterin in Joh 4 gerade in diesen drei Aspekten verwandt: a) Aktuelle Situation: Das Wasser (ὕδωρ) ist der Grund, warum die Samariterin zum Jakobsbrunnen kommt (Joh 4,7a). Das Wasser ist auch das Thema der Bitte Jesu, mit dem er das Gespräch mit der Frau eröffnet (Joh 4,7b). Im Unterschied zu Joh 6, wo

Der joh. Jesus beginnt den Spannungsbogen über das ζωή-Vokabular auch durch die Gegenüberstellung in bezug auf die „Speise" (βρῶσις)[15] zu bilden. In V. 27a-d stellt er die vergehende Speise der ins ewige Leben bleibenden Speise gegenüber:

die vergehende Speise ⇔ die ins ewige Leben bleibende Speise

Die letzte hat eine ganz andere Qualität. Sie ist eine bleibende Speise, die nicht vergeht und die wirksam bleibt. Ihre Dauer und Wirksamkeit[16] ist mit dem „ewigen Leben" bestimmt.[17] In ihr treffen sich zwei Handlungen: das Wirken der Menschen und das Geben des Menschensohnes. Von Anfang an teilt Jesus seinen Gesprächspartner mit, daß das Leben mehr als die vergängliche Speise ist und daß ihr Bemühen der ins ewige Leben bleibenden Speise gelten soll. Von Anfang an öffnet Jesus ihnen seine Sichtweise auf das Leben. Sie sind damit mit seiner Sichtweise konfrontiert und dazu motiviert, sich mit ihrer eigenen Sichtweise bezüglich der ζωή-Problematik auseinanderzusetzen.

die Menschen von Jesus das Brot erwarten, erscheint Jesus am Anfang von Joh 4 als derjenige, der Bedürfnis nach Wasser hat. b) Allgemein menschliche Alltagserfahrungen: Ohne das Wasser kann der Mensch nicht leben. Wie Nahrung in Joh 6 gehört auch das Wasser in Joh 4 zu den universalen anthropologischen Bedürfnissen, die jeden Tag gewährleistet sein müssen. Das gilt für alle Menschen, unabhängig von Zeit und Raum. c) Glaubenstradition: Joh 4 spiegelt wider, daß das Wasser auch in der Glaubenstradition der Samariterin gerade an diesem Ort eine wichtige Rolle spielt. Mit ihrer Frage konfrontiert sie Jesus und sein Angebot mit dem Vater Jakob, dessen Gabe der Brunnen ist (Joh 4,12). In der Antwort Jesu kommt das Besondere seiner Gabe deutlich zum Ausdruck: Der Trinkende vom Wasser, das er geben wird, wird in Ewigkeit nicht dürsten, sondern es wird in ihm zur Quelle des ins ewige Leben sprudelnden Wassers werden (Joh 4,14).

15 Zum Begriff βρῶσις und zu den Gegenüberstellungen in V. 27a-d siehe die Ausführungen in Teil III 4.1.3 (1. GA).

16 Zur Wendung εἰς ζωὴν αἰώνιον in Joh 4,24 und Joh 6,27 bemerkt zutreffend schon J. WELLHAUSEN, Joh 22: „Sie gibt nicht die Mündung, sondern die Wirkung an." In diesem Sinn vgl. auch R. SCHNACKENBURG, Joh II 48; B. SCHWANK, Joh 208. Im Joh-Ev hat diese Wendung 4 Belege (Joh 4,14.36; 6,27d; 12,25). Siehe die Ausführungen zum Begriff ζωή in Teil III 4.1.3 (1. GA).

17 Eine ähnliche Gegenüberstellung findet sich in Joh 4,13f unter dem Gesichtspunkt „das Trinken vom Wasser" (ὕδωρ):

| | | |
|---|---|---|
| das Trinken vom Wasser aus dem Jakobusbrunnen | ↔ | das Trinken vom Wasser, das Jesus geben wird |
| ↓ | | ↓ |
| wieder dürsten | | in Ewigkeit nicht dürsten, die Quelle des ins ewige Leben sprudelnden Wassers im Trinkenden |

Weiter ist mit Nahrung die Bewegung von der Gabe zum Geber verbunden und dadurch sogar die Gleichsetzung der Gabe mit dem Geber. Schon im 1. Teil des Gesprächs geschieht eine zweifache Bewegung in bezug auf die Gabe/ den Geber. Folgende Tabelle zeigt beide Bewegungen:

| | | |
|---|---|---|
| τὴν βρῶσιν τὴν μένουσαν εἰς ζωὴν αἰώνιον (V. 27d)<br>ὁ ἄρτος τοῦ θεοῦ (V. 33)<br>ἐγώ εἰμι ὁ ἄρτος τῆς ζωῆς (V. 35b) | Objekt<br>Subjekt<br>Prädikatsnomen | Sache<br>Sache[18]/Person[19]<br>Person (=Jesus) |
| | OBJEKT → SUBJEKT/ PRÄDIKATSNOMEN | SACHE→ PERSON |

TABELLE 48

In beiden Fällen geschieht eine inhaltliche Bewegung von der Gabe des Lebens zu ihrem Geber (Gabe → Geber) und ihre Gleichsetzung (Gabe = Geber). Der Geber bleibt nicht eine unbestimmte Person. Dieser ist Jesus selbst, was seine Selbstprädikation (ἐγώ εἰμι ὁ ἄρτος τῆς ζωῆς) zum ersten Mal in V. 35b hervorhebt. Sie bringt aber auch einen Anklang an das absolute ἐγώ εἰμι Gottes mit sich und vertieft dadurch die Relation zum Geber und zur Gabe noch einmal.[20] Diese Bewegungen im 1. Teil des Gesprächs zeigen, wie Jesus seinen Gesprächspartnern entgegenkommt und ihnen allmählich, Schritt für Schritt – von der Speise zu ihm selbst –, das Wesen des Lebens und damit auch seiner Person immer tiefer erschließt. Hier wird schon das nächste Element des Spannungsbogens über das ζωή-Vokabular angesprochen, das Jesus selbst ist.

[18] Es geht von Anfang an um eine ungewöhnliche Sache, was bereits die gerade oben behandelten Gegenüberstellungen („die vergehende Speise" ↔ „die ins ewige Leben bleibende Speise", „das Manna" ↔ „das wahre Brot") deutlich machen. P.-M. JERUMANIS, Communion 272, spricht von „la qualité exceptionnelle du pain de vie". Er hebt hervor, daß schon das Manna himmlische Nahrung war. Nach J. G. VAN DER WATT, Family 221, ist es „the symbol of God's care".

[19] „Das Brot Gottes" (ὁ ἄρτος τοῦ θεοῦ) wird in V. 33 sowohl als Sache als auch als Person charakterisiert: a) Es ist als Brot, das bedeutet als eine Sache, dargestellt. b) Diesem Brot werden aber gleichzeitig die Eigenschaften einer Person zugeschrieben: Als aktives Subjekt steigt es selbständig vom Himmel herab und gibt der Welt das Leben. Einen deutlichen Hinweis für das personale Verständnis des Brotes gibt auch die Wendung ζωήν + δίδωμι, die sonst im Joh-Ev nur für Jesus als Subjekt verwendet wird: Jesus gibt seinen Schafen ewiges Leben (Joh 10,28). Der Vater hat ihm die Macht über alle Menschen gegeben, damit er allen das ewige Leben gibt (Joh 17,2). Vgl. U. SCHNELLE, Joh 123.

[20] Damit wird im 1. Teil des Gesprächs sowohl der Höhepunkt als auch ein wichtiger Wendepunkt erreicht. Vgl. M. HASITSCHKA, Christologie 39; U. SCHNELLE, Joh 123; J. PAINTER, Jesus 92.

### 2.1.2 Jesus – der Geber, die Gabe und der Empfänger des Lebens

Im 2. Teil des Gesprächs (VV. 41-59) auf dem KN 1 verdichtet sich der Spannungsbogen über das ζωή-Vokabular um die Person Jesu. Diese Verdichtung kommt zum Ausdruck durch: (1) die doppelte Wiederaufnahme der Selbstprädikation Jesu als Brot des Lebens aus V. 35b in VV. 48.51a-c und durch zwei Vorkommen des Begriffs „dieses Brot" in VV. 51d.58e. Aufgrund der vorausgehenden Selbstprädikation Jesu ist auch „dieses Brot" als Bild für die Person Jesu zu verstehen. (2) Jesu Fleisch (V. 51h) als von Jesus zukünftig gegebenes Brot für das Leben der Welt und Fleisch und Blut Jesu (2 Belege in VV. 53e.54a), deren Essen/Verzehren und Trinken für das ewige Leben vorausgesetzt wird.

Die Selbstprädikation Jesu als Brot des Lebens[21] mit ihrer doppelten Wiederaufnahme, wo die beiden Zeichen (die wunderbare Speisung VV. 1-15 und der Wandel Jesu auf dem See VV. 16-21) aufgegriffen werden, hebt deutlich hervor, daß Jesus sowohl Gabe als auch Geber des Lebens ist. Die letzte Wiederaufnahme in V. 51a-c, ἐγώ εἰμι ὁ ἄρτος ὁ ζῶν ὁ ἐκ τοῦ οὐρανοῦ καταβάς, bringt zusätzlich noch zwei andere Aspekte mit: Erstens ist Jesus nicht nur das Brot, welches das Leben vermittelt, sondern er ist das Brot, das auch selbst lebt bzw. dauernd lebendig ist (das Verb ζῶ als Ptz.Präs. und nicht mehr das Substantiv ζωή wie in VV. 35b.48).[22] Dieser Gedanke wird in V. 57b weiter entwikkelt. Zweitens ist Jesus als lebendes Brot vom Himmel herabgestiegen (die Erweiterung der Selbstprädikation mit ὁ ἐκ τοῦ οὐρανοῦ καταβάς). Die Herkunft Jesu ist der Himmel, der Bereich Gottes. Seinen Abstieg vom Himmel vollzieht er als aktives und souveränes Subjekt. Unter diesem Gesichtspunkt zeigt der Spannungsbogen über das ζωή-Vokabular im 2. Teil nicht nur, wer Jesus in bezug auf das Leben ist, sondern auch wie er es ist.

*Exkurs: Die Ich-bin-Worte Jesu und das Leben*

Die Selbtprädikation Jesu als Brot des Lebens ist die erste von den sieben verschiedenen bildhaften Ich-bin-Worten Jesu im Joh-Ev.[23] Mit

[21] Die Selbstprädikation Jesu als Brot des Lebens aus V. 35b wird im 5. GA 3mal wiedergegeben: 1mal von den Juden auf dem KN 2 in V. 41c-d und 2mal von Jesus selbst auf dem KN 1 in VV. 48.51a-c. Siehe den Vergleich und die tabellarische Darstellung in Teil III 4.2.3 (5. GA: Zum ζωή-Vokabular). Zum ἐγώ εἰμι-Wort siehe Teil III 2.3.

[22] Auf das Verb ζῶ in V. 51b machen aufmerksam auch L. SCHENKE, Struktur 29 und J. FREY, Bild 356. Anderer Meinung ist R. BULTMANN, Joh 168, nämlich daß die partizipiale Form in der Wortverbindung ὁ ἄρτος ὁ ζῶν keinen neuen Akzent mitbringt.

[23] A. WIKENHAUSER, Joh 136, verweist auf die im Jahre 1938 erschienene Untersuchung von E. Schweizer und ihr Ergebnis, daß die Ich-bin-Formel im klassischen Griechentum fehlt, nicht aber im semitisch-orientalischen Kulturkreis und bei einigen anderen Völkern.

Hilfe folgender Tabelle werden ihre Bezüge zur ζωή-Thematik dargestellt:

| JOH | ICH-BIN-WORTE JESU MIT DEN ANSCHLIEßENDEN ZUSAGEN |
|---|---|
| 6,35b-d<br><br><br>6,48<br>6,51a-h | Ἐγώ εἰμι ὁ ἄρτος τῆς ζωῆς·<br>ὁ ἐρχόμενος πρός ἐμὲ *οὐ μὴ πεινάσῃ,*<br>καὶ ὁ πιστεύων εἰς ἐμὲ *οὐ μὴ διψήσει πώποτε.*<br>Ἐγώ εἰμι ὁ ἄρτος τῆς ζωῆς.<br>Ἐγώ εἰμι ὁ ἄρτος ὁ ζῶν ὁ ἐκ τοῦ οὐρανοῦ καταβάς·<br>ἐάν τις φάγῃ ἐκ τούτου τοῦ ἄρτου *ζήσει εἰς τὸν αἰῶνα,*<br>καὶ ὁ ἄρτος δὲ ὃν ἐγὼ δώσω ἡ σάρξ μού ἐστιν *ὑπὲρ τῆς τοῦ κόσμου ζωῆς.* |
| 8,12 | Ἐγώ εἰμι τὸ φῶς τοῦ κόσμου·<br>ὁ ἀκολουθῶν ἐμοὶ *οὐ μὴ περιπατήσῃ ἐν τῇ σκοτίᾳ,*<br>*ἀλλ᾽ ἕξει τὸ φῶς τῆς ζωῆς.* |
| 10,7f<br><br><br>10,9.10b | Ἐγώ εἰμι ἡ θύρα τῶν προβάτων<br>πάντες ὅσοι ἦλθον [πρὸ ἐμοῦ] κλέπται εἰσὶν καὶ λησταί,<br>ἀλλ᾽ οὐκ ἤκουσαν αὐτῶν τὰ πρόβατα.<br>Ἐγώ εἰμι ἡ θύρα·<br>δι᾽ ἐμοῦ ἐάν τις εἰσέλθῃ *σωθήσεται*<br>καὶ *εἰσελεύσεται καὶ ἐξελεύσεται καὶ νομὴν εὑρήσει*<br>... ἐγὼ ἦλθον *ἵνα ζωὴν ἔχωσιν καὶ περισσὸν ἔχωσιν.* |
| 10,11<br><br><br>10,14 | Ἐγώ εἰμι ὁ ποιμὴν ὁ καλός·<br>ὁ ποιμὴν ὁ καλὸς *τὴν ψυχὴν αὐτοῦ τίθησιν ὑπὲρ τῶν προβάτων*<br>Ἐγώ εἰμι ὁ ποιμὴν ὁ καλός<br>καὶ γινώσκω τὰ ἐμὰ *καὶ γινώσκουσί με τὰ ἐμά.* |
| 11,25f | Ἐγώ εἰμι ἡ ἀνάστασις καὶ ἡ ζωή·<br>ὁ πιστεύων εἰς ἐμὲ *κἂν ἀποθάνῃ ζήσεται,*<br>καὶ πᾶς ὁ ζῶν καὶ πιστεύων εἰς ἐμὲ *οὐ μὴ ἀποθάνῃ εἰς τὸν αἰῶνα·* |
| 14,6 | Ἐγώ εἰμι ἡ ὁδὸς καὶ ἡ ἀλήθεια καὶ ἡ ζωή·<br>*οὐδεὶς ἔρχεται πρὸς τὸν πατέρα εἰ μὴ δι᾽ ἐμοῦ.* |
| 15,1<br><br>15,5 | Ἐγώ εἰμι ἡ ἄμπελος ἡ ἀληθινή, καὶ ὁ πατήρ μου ὁ γεωργός ἐστιν.<br><br>Ἐγώ εἰμι ἡ ἄμπελος, ὑμεῖς τὰ κλήματα.<br>ὁ μένων ἐν ἐμοὶ κἀγὼ ἐν αὐτῷ οὗτος *φέρει καρπὸν πολύν,*<br>ὅτι χωρὶς ἐμοῦ οὐ δύνασθε ποιεῖν οὐδέν. |

TABELLE 49

Anhand der Tabelle lassen sich im Hinblick auf das Verhältnis zwischen den Ich-bin-Worten Jesu und der Lebensthematik folgende Aspekte erkennen:

(1) Der joh. Jesus verwendet ζωή bzw. ζῶ in drei unterschiedlichen Ich-bin-Worten: Zuerst in Joh 6,35a.48.51b, wo ζωή bzw. ζῶ das Bild, nämlich das Brot, genauer charakterisieren.[24] Dann in Joh 11,25 und

[24] M. W. NEWHEART, Reading 52, stellt fest, daß die Bilder, die in den Ich-bin-Worten Jesu verwendet sind, den Leser emotionell an Jesus binden: „Through the images he speaks, Jesus draws the reader into his bosom. First, in his speech Jesus uses various

in Joh 14,6, wo folgende Bewegung deutlich ist: Bild → Begriff. Nicht mehr ein Bild wird durch das Substantiv ζωή genauer bestimmt, sondern Jesus selbst identifiziert sich direkt mit ihm. In beiden Aussagen hat ζωή die wichtige Endposition: nach der „Auferstehung" in Joh 11,25 bzw. nach dem „Weg" und der „Wahrheit" in Joh 14,6). Außer mit ζωή identifiziert sich Jesus in den Ich-bin-Worten mit keinem anderen Begriff 2mal. Dazu ist noch zu beachten, daß auch alle anderen Bilder und Begriffe der Ich-bin-Worte Jesu in ihrem Kontext eng mit der Lebensthematik verbunden sind.[25] Zusammenfassend läßt sich sagen: Die Ich-bin-Worte Jesu offenbaren das Wesen seiner Person vor allem als ζωή. Jesus verkörpert das Leben, die Gabe Gottes, in seiner Person.

(2) An die Ich-bin-Worte Jesu schließen sich seine Zusagen an.[26] Das personale Verständnis des Lebens wird auch in diesen Zusagen weiter entfaltet. Die Ich-bin-Worte Jesu mit den anschließenden Zusagen thematisieren in Grunde das Ziel seines Kommens in Einklang mit Joh 10,10: ἐγὼ ἦλθον ἵνα ζωὴν ἔχωσιν καὶ περισσὸν ἔχωσιν. Wer ist der Adressat bzw. wer kann der eventuelle Empfänger seiner Zusagen des Lebens sein? Dieser wird mit einer universalen und mit einer exklusiven Dimension bestimmt. Jeder Mensch (universale Dimension) kann das Leben empfangen, wenn er in Beziehung zu Jesus steht (exklusive Dimension). Seine persönliche Entscheidung ist maßgebend, ob aus dem Adressat auch der tatsächliche Empfänger des Lebens wird.[27] Wie

sensory images, such as bread, water, light, and vine. These images have positive associations for the reader through experience in the world: Bread and water satisfy hunger and thirst (see 4:13-14; 6:35; 7:37-38), light gives guidance (see 8:12; 12:46), and vine emphasizes connectedness (see 15:1-11). Furthermore, the reader is aware that these images are associated in the Jewish tradition with God's relationship to the people of God (see e.g. Isa 42:6-7; 55:1-2; Ps 80:8-18). They, therefore, are already emotionally charged for the reader; they evoke warm feelings and help facilitate the reader's identification with God as symbol of the Self. In his speech Jesus applies these images to himself, often through ‚I am' sayings, and the emotion projected onto theses images is now projected onto Jesus, with the result that the bond between him and the reader is cemented."

25 Vgl. H. RITT, Gebet 346.

26 In diesem Sinn spricht CH. DIETZFELBINGER, Joh I 102, von der Zweiteilung der Ich-bin-Worte: „Sie setzen sich aus einer Selbstvorstellung und einem einladenden Verheißungswort zusammen, das auch zum warnenden Wort werden kann."

27 Auf die Entscheidung und die Zusage des Lebens im Zusammenhang mit den Ich-bin-Aussagen Jesu macht J. BECKER, Auferstehung 150, aufmerksam: „Das Grundschema ist immer dasselbe: Eingangs steht die Selbstprädikation, deren Funktion bei der Darstellung des Gesandteninstituts benannt wurde. Ihr folgt, nachgeordnet, der Ruf zur Entscheidung, bei dem die Einladung und die Heilszusicherung, die im Johannesevangelium immer auf die Gabe des ewigen Lebens zuläuft, den entscheidenden Akzent trägt."

in Joh 6 wird die Beziehung zu Jesus auch im Kontext der anderen Ich-bin-Worte Jesu mit Bildern oder im eigentlichen Sinn angegeben: „Jesus nachfolgen“ (Joh 8,12), „durch Jesus hineingehen“ (Joh 10,9), „an Jesus glauben“ (Joh 11,25.26), „nur durch Jesus zum Vater kommen“ (Joh 14,6), „in Jesus bleiben“ (Joh 15,5). Es geht um eine Bewegung und Vertiefung der Beziehung zwischen Jesus und dem an ihn Glaubenden zur gegenseitigen bleibenden Verbundenheit, zur reziproken Immanenz (Joh 15,5), die auf der Einheit und gegenseitigen Verbundenheit zwischen dem Vater und Jesus beruht.[28] Auch die übrigen Zusagen Jesu finden in dieser bleibenden Verbundenheit einen konkreten Ort ihrer Verwirklichung. Die Mangelzustände haben in ihr keine bleibende Kraft mehr, sondern das Leben, das über den Tod hinausgeht, kann sich in ihr voll verwirklichen.
(3) Erst die letzten zwei Ich-bin-Worte Jesu thematisieren direkt die Beziehung zum Vater, Gott. Die Beziehung zu Jesus führt zum Vater (vgl. Joh 14,6). Die bleibende Verbundenheit zwischen Jesus und dem an ihm Glaubenden hat nur durch das Mitwirken des Vaters Bestand. Denn der Vater sorgt für sie so wie ein Weingärtner für den Weinstock und seine Rebzweige. Die beiden, der Weinstock und die Rebzweige, leben letzt von ihm (vgl. Joh 15,5).

*Ende des Exkurses*

Auf welche Art und Weise Jesus die Gabe und der Geber des Lebens für die Welt ist, deutet der joh. Jesus im Gespräch auf dem KN 1 weiter, indem er von seinem „Fleisch“ (σάρξ) zu reden beginnt (V. 51h). Auf dem Hintergrund von Joh 1,14 ist dies ein deutlicher Verweis auf seinen Abstieg vom Himmel, auf seine Inkarnation. Als seine künftige Gabe zielt dieses Reden zugleich auf seine ganzheitliche Hingabe des Lebens und auch auf seinen Tod, dem er als Beauftragter Gottes bewußt und souverän entgegen geht, ab.[29] Dieser Gedankengang wird mit den zwei Belegen von Jesu „Fleisch“ und „Blut“ (σάρξ und αἷμα)[30] in Verbindung mit der Lebenszusage (VV. 53e.54a) betont und wei-

[28] Zu diesem Ergebnis kommt auch K. SCHOLTISSEK, Sprache 324: „Als Spitzenaussagen innerhalb der joh Christologie stehen die ‚ICH-bin‘-Worte Jesu neben den auf Vater und Sohn bezogenen Einheits- und Immanenz-Ausagen.“

[29] Zur selben Auffassung gelangen u.a. F. J. MOLONEY, Joh 219; CH. K. BARRETT, Joh 308f; X. LÉON-DUFOUR, Joh II (it.) 203f; K. WENGST, Joh I 252; P. N. ANDERSON, Christology 207.

[30] Die beiden Begriffe, σάρξ und αἷμα, kommen in VV. 53-56 insgesamt 4mal vor. Nirgendwo in der Bibel werden sie so oft wiedergegeben. An keiner anderen Stelle im NT ist so wie hier gleichzeitig vom Fleisch und Blut Jesu bzw. des Menschensohnes die Rede. Auch Jesus selbst spricht in keiner seiner Personenreden auf dem KN 1 mehr darüber. Weitere Ausführungen finden sich in Teil III 4.2.3 (6. GA).

tergeführt.[31] Zusammenfassend läßt sich sagen, daß die ganze Sendung Jesu einschließlich seines Todes im Dienst des Lebens ist.[32] Seitens der Menschen bedarf es aber der Aufnahme wie bei Nahrung, damit sie in ihnen wirksam sein kann. Ohne die Verbindung mit V. 63, wo deutlich wird, daß der Geist auch den bis zum Tod abgestiegenen Menschensohn lebendig machen kann (vgl. 2.1.4), ist diese Aufnahme unmöglich und können die Worte Jesu nicht als Worte ewigen Lebens (vgl. 2.1.5) erkannt werden.[33]

Der Spannungsbogen über das ζωή-Vokabular in bezug auf die Person Jesu im 2. Teil bringt noch einen weiteren wichtigen Aspekt. Dieser ist anfänglich in der Selbstprädikation Jesu in V. 51a-b bildhaft als ὁ ἄρτος ὁ ζῶν (ζῶ als Ptz. Präs.) thematisiert. In V. 57b wird der Gedankengang direkt fortgesetzt. Jesus selbst lebt. Sein Leben vollzieht sich „durch" (διά)[34] den Vater (V. 57b). Auch er ist der Adressat und der Empfänger des Lebens.[35] Die Einmaligkeit seiner Person besteht gerade darin, daß er sowohl Geber und Gabe als auch der Adressat und der Empfänger des Lebens ist.[36] Das Fundament seines Lebens besteht in seiner singulären Beziehung zum Vater (vgl. 2.1.3). Seine Sendung ist von diesem Fundament wesentlich abhängig. Weil er durch den Vater lebt, kann er seine ihm vom Vater beauftragte Sendung erfüllen. Und die Weise, wie er seine Sendung erfüllt, macht sichtbar, wie er durch den Vater lebt.[37] Daran knüpft er eine futurische Zusage an, daß auf diese Weise auch derjenige, der ihn verzehrt, durch ihn leben wird (V. 58e).

Die Worte Jesu im 2. Teil des Gesprächs, mit denen er die Lebensthematik wesentlich mit seiner Person verbindet, bleiben von seinen Gesprächspartnern mißverstanden. Sie müssen noch weiter erklärt

31 P.-M. JERUMANIS, Communion 269, deutet an, daß das Binom „Fleisch und Blut" auf die Lage der Unsicherheit und Verwundbarkeit hinweist (vgl. Mt 16,17; 1 Kor 15,50, Gal 1,16; Eph 6,12; Hebr 2,14), die hier für Jesus selbst gilt.

32 Dies drückt Jesus kurz und bündig in Joh 10,10 aus. Daß Jesus die Hingabe seines Lebens einschließlich seines Todes im Dienst des Lebens sieht, wird auch in Joh 3,14f; 7,37-39; 10,11.15.17f; 17,1f thematisiert.

33 Zum selben Ergebnis kommt auch P.-M. JERUMANIS, Communion 270.

34 Zur Präposition διά siehe die Auslegung zu V. 57 in Teil III 4.2.3.

35 M. M. THOMPSON, Father 25, interpretiert: „Jesus is not a second deity, not a second source of life, standing alongside the Father. Rather, the Son confers the Father's life, which he has in himself." Vgl. H. N. RIDDERBOS, Joh 198.

36 Zu Joh 6,57 und Joh 5,26 sieht treffend M. M. THOMPSON, Father 25: „These two verses make it clear that Jesus confers the life he has from the Father on others."

37 Die Relation zwischen „life language" und „family (Father/Son) language" im Joh-Ev stellt J. G. VAN DER WATT, Family 203f, tabellarisch dar. Die Tabelle umfaßt folgende Stellen: Joh 3,36; 5,21.26.39f; 6,27.33.40.47.57; 8,12; 10,28; 12,25.50; 14,6.19; 17,2f; 20,31.

werden. Das geschieht im 3. Teil des Gesprächs, wo Jesus seinen Aufstieg zum Vater mit dem Wirken des lebendig machenden Geistes (vgl. 2.1.4) verbindet. Erst im 4. Teil werden seine Worte zum ersten Mal in diesem Gespräch als Worte ewigen Lebens von Simon Petrus gekennzeichnet (vgl. 2.1.5). Die Folgen dieses Geschehens lassen sich theologisch folgendermaßen formulieren: Das richtige Verständnis der ζωή-Zusagen Jesu setzt die notwendige Verbindung der christologischen, theologischen, pneumatologischen und soteriologischen Dimensionen der Lebenswirklichkeit voraus. Jede Trennung und Isolation führt gewiß zu Mißverständnissen.

### 2.1.3 Der lebende Vater[38]

In Joh 6 schließt Jesus den Spannungsbogen über das ζωή-Vokabular nicht bei seiner eigenen Person ab, sondern zieht ihn weiter. In V. 57b bekennt er, daß er „durch" den Vater lebt: κἀγὼ ζῶ διὰ τὸν πατέρα. Das Leben geht für ihn eindeutig auf den Vater, Gott, zurück. Er nennt Gott ὁ ζῶν πατήρ.[39] Diese Bezeichnung für Gott in V. 57a ist singulär in der ganzen Bibel.[40] Im Unterschied zu Jesus und den Menschen lebt der Vater nicht durch jemanden anderen.[41] Er hat von Anfang an das Leben in sich (ἔχει ζωὴν ἐν ἑαυτῷ – Joh 5,26a). Er ist der Ursprung des Lebens.[42]

[38] Zu dieser Thematik siehe auch die Auslegung zu V. 57 und zum ζωή-Vokabular in Teil III 4.2.3 (6. GA).

[39] M. M. THOMPSON, Father 19, sieht die Bezeichnung ὁ ζῶν πατήρ entsprechend der joh. Denkweise, die wesentlich von der Lebensthematik geprägt ist: „The view of God as the Father of Jesus also goes a long way towards accounting for the Johannine emphasis on ‚life'."

[40] Demgegenüber wird Gott im Joh-Ev niemals „lebender Gott" genannt. Zu Bezeichnungen (ὁ) θεός (ὁ) ζῶν und ὁ ζῶν siehe die Ausführungen in Teil III 4.2.3. Treffend zum Vergleich („der lebende Vater" – „der lebende Gott") und zum besonderen Aspekt der ersten Bezeichnung schreibt M. M. THOMPSON, Father 23: „‚The living Father' does occur ... not simply an incidental variant ... God alone is the source of all life. But since life is bestowed by the Father though the Son, the life-giving aspect of God's activity is illumined by an image drawn from the human sphere of paternal relationship. The affirmation that God is ‚Father' cannot be separated from the affirmation that God is the source of life." Vgl. B. OLSSON, Deus 170.

[41] Vgl. J. G. VAN DER WATT, Family 204f. Nach seiner Meinung spiegelt V. 57 die Familienstruktur zur Zeit Jesu wider. Mehr zu dieser Thematik siehe in G. SCHROT, Familia 512; B. RAWSON, Family 7; S. DIXON, Family 131.138; M. GIELEN, Tradition 135; E. M. LASSEN, Family 248.254f.258f.

[42] Das gilt für das ganze Joh-Ev wie J. L. FRADUA, Leben 27, schreibt: „Auch für diesen Text geht der Ursprung des ewigen Lebens auf Gott den Vater zurück." Vgl. F. MUSSNER, ΖΩΗ 70f; T. LARSSON, God 248f.

Der Vater ist auch der Geber des Lebens. Er hat das Leben nicht nur für sich allein.[43] Das Leben zu schenken, kennzeichnet sein Wesen.[44] Das Leben ist zuerst seine Gabe an Jesus und durch ihn an die Menschen. Jesus lebt durch den Vater (V. 57b; vgl. Joh 5,26: ὥσπερ γὰρ ὁ πατὴρ ἔχει ζωὴν ἐν ἑαυτῷ, οὕτως καὶ τῷ υἱῷ ἔδωκεν ζωὴν ἔχειν ἐν ἑαυτῷ).[45]

Hinsichtlich des Vaters bringt Jesus in V. 57b (κἀγὼ ζῶ διὰ τὸν πατέρα) auch folgende Aspekte des Lebens zum Ausdruck: a) Durch das Verb ζῶ wird der dynamische und dauerhafte Charakter des Lebens unterstrichen. Das bedeutet, daß das Leben für Jesus nicht eine Gabe ist, die er ein für allemal vom Vater empfangen hätte. Das Leben ist nicht isoliert, momentan und statisch. b) Jesus bekennt nicht nur, daß er lebt, sondern daß er durch den Vater lebt (ζῶ + διά).[46] Das Leben ist für ihn die Wirklichkeit seiner Beziehung zum Vater. Es verwirklicht sich in der dauernden gegenseitigen Verbundenheit zwischen ihm und dem Vater. Die Verbundenheit mit dem Vater ist für Jesus der Grund des Lebens und das Leben selbst. Nicht nur Jesus bleibt in dieser Beziehung, sondern auch der Vater, der durch seine ständige Verbundenheit das Leben ermöglicht und gibt. Die Lebenswirklichkeit zwischen dem Vater und Jesus ist das Vorbild und der Grund[47] für das Leben der Menschen durch Jesus (V. 57b-d).[48]

43 Vgl. H. WEDER, Menschwerdung 389.

44 Vgl. K. STOCK, Jesus 66.

45 Dies erkennt in V. 57 auch M. M. THOMPSON, Father 25: „Here again the Father is described as the one who gives life, and the Son is the one who receives it." Zu Joh 5,26 siehe Teil III 4.2.3 (6. GA: Zum ζωή-Vokabular).

46 Die Präposition διά + Akk. zeigt die „effiziente Ursache" (la cause efficiente) an. In diesem Sinn interpretieren u.a. P.-M. JERUMANIS, Communion 276; W. BAUER, Wörterbuch 363; F. BLASS/A. DEBRUNNER/F. REHKOPF, Grammatik § 222; R. SCHNACKENBURG, Joh II 95. Siehe auch die Auslegung zu V. 57 in Teil III 4.2.3.

47 Dazu dient die Satzkonstrunktion καθὼς ..., καί; vgl. E. RUCKSTUHL/P. DSCHULNIGG, Stilkritik 73.

48 Das ewige Leben kann nur aufgrund der Beziehung zwischen dem Vater und Jesus verstanden werden. Diesem entspricht auch die Definition „des ewigen Lebens" in Joh 17,3: αὕτη δέ ἐστιν ἡ αἰώνιος ζωή ἵνα γινώσκωσιν σὲ τὸν μόνον ἀληθινὸν θεὸν καὶ ὃν ἀπέστειλας Ἰησοῦν Χριστόν. Die wahre Erkenntnis Jesu führt zur Erkenntnis des Vaters (vgl. Joh 14,6) und umgekehrt (vgl. Joh 6,44a-d.65b-d). Das ewige Leben für die Menschen beruht auf der gegenseitigen Relation zwischen dem Vater und Jesus. Es verwirklicht sich in der bleibenden reziproken Immanenz und Einheit zwischen beiden, die sich auch den Menschen erschließt und sie einbezieht (vgl. Joh 17,21-23); vgl. H. RITT, Gebet 345-353. An der bleibenden Lebenswirklichkeit der Menschen sind beide, der Vater und Jesus, auch in Joh 10,28-30 beteiligt. Jesus gibt seinen Schafen das ewige Leben (Joh 10,28). Die Folge ist: Sie werden niemals zugrunde gehen und niemand wird sie aus der Hand Jesu noch aus der Hand des Vaters entreißen. Der Parallelismus in VV. 28c.29b ist auffällig:
καὶ οὐχ ἁρπάσει τις αὐτὰ ἐκ τῆς χειρός μου //
καὶ οὐδεὶς δύναται ἁρπάζειν ἐκ τῆς χειρὸς τοῦ πατρός.

Durch den Vater sind das Leben und die Sendung Jesu in V. 57a-b verbunden. Ebenso wie das Leben geht auch die Sendung Jesu auf den Vater zurück.[49] Der Vater ist der Sender und zugleich derjenige, durch den sein gesandter Sohn lebt (ζῶ + διά). Das bedeutet, daß eine Gottesvorstellung, die Gott nur als Sender sieht, viel zu eng ist, wenn sie nicht von der Lebenswirklichkeit getragen ist.[50] Gott sorgt als Vater für das Leben seines Sohnes, der durch ihn leben kann, auch in seiner Sendung. Die Sendung Jesu bezeugt permanent, wie Jesus durch Gott, durch den ihn sendenden Vater, lebt und für immer am Leben bleibt, letztendlich auch über den Tod hinaus.

Die ausschlagsgebende Rolle und das Mitwirken des Vaters in bezug auf die Lebenswirklichkeit thematisiert Jesus im Gespräch in Joh 6 außer in V. 57 auch durch folgende Gesichtspunkte: a) Die ins ewige Leben bleibende Speise ist die künftige Gabe des Menschensohnes, den der Vater, Gott, besiegelt hat (V. 27c-f). b) Der Vater gibt das wahre Brot vom Himmel, das Brot Gottes (VV. 32b-33). Dieses gibt der Welt das Leben (V. 33). Jesus korrigiert seine Gesprächspartner, die das Brot vom Himmel mit dem Manna gleichsetzen (V. 31). Nur „das Essen/das Verzehren des Brotes Gottes", das Jesus ist, kann Leben in Ewigkeit gewähren (VV. 49f.58). c) Das Kommen zu Jesus, das für das ewige Leben vorausgesetzt wird, ist von der Mitwirkung des Vaters geprägt. Alles, was der Vater Jesus gibt, wird zu Jesus kommen (V. 37a), denn der Wille des Vaters ist, daß er nichts davon verliert, sondern es auferstehen lasse am letzten Tag (V. 39) und daß jeder, der den Sohn sieht und an ihn glaubt, das ewige Leben hat (V. 40a-b). Für das Kom-

[49] Die Charakterisierung des Vaters als denjenigen, der Jesus „sendet" (die Verben πέμπω und ἀποστέλλω), gehört zu den wichtigsten Gottesvorstellungen im Joh-Ev. Die Verbindung zwischen der Sendungsthematik und der ζωή-Thematik innerhalb des Gottesvorstellung findet sich im Joh-Ev außer in Joh 6,57 noch: a) In Joh 3,16f: Gott gibt und sendet (ἀποστέλλω) den Sohn, damit die Welt durch ihn gerettet wird und jeder, der an ihn glaubt, das ewige Leben (ζωὴ αἰώνιος) hat. Das ewige Leben für die Menschen bzw. für die Welt ist hier das Grundanliegen Gottes für die Sendung Jesu. b) In Joh 12,49-50a – Jesus, den der Vater gesandt hat (πέμπω), spricht nicht aus sich selbst, sondern nur das, was ihm der Vater aufgetragen hat. Der Auftrag des Vaters ist ζωὴ αἰώνιος. Siehe dazu J. L. FRADUA, Leben 30f. c) In Joh 17,3 – ζωὴ αἰώνιος besteht darin, den Vater, den einzigen wahren Gott, und den Sohn, Jesus Christus, den der Vater gesandt hat (ἀποστέλλω), zu erkennen. Im Unterschied zu diesen drei Stellen ist das Besondere in Joh 6,57, daß im Anschluß an die Sendung Jesu durch den Vater nicht zuerst das Leben für die Menschen als Auftrag der Sendung Jesu thematisiert wird, sondern die eigene Lebenswirklichkeit Jesu. Er selbst lebt nämlich durch den Vater.

[50] Ähnlich verweist CH. DIETZFELBINGER, Joh II 197, auf diese Relation zwischen dem ‚Geben' und ‚Senden' in der Vater-Sohn Beziehung: „Im Geben des Vaters aktualisiert sich das Gesendetsein des Sohnes (vgl. noch 5,22.26.27.30; 6,37.39; 10,29; 11,22; 13,3)."

men zu Jesus ist sogar „das Ziehen“ des Vaters die notwendige Voraussetzung. Der Vater als Lehrer „zieht“ seine Schüler zu Jesus, jeden, der von ihm gehört und gelernt hat (V. 44f). Niemand kann zu Jesus kommen, wenn es ihm nicht vom Vater gegeben ist (V. 65b-d).

Nachdem Jesus im 6. GA den Vater und seine Beziehung zu ihm als Voraussetzung für sein eigenes Leben darstellt, spricht er noch einmal vom Brot (V. 58ae), das er selbst ist. Diese Reihenfolge (Vater → Jesus → Brot) macht deutlich, daß die Fähigkeit dieses Brotes, jenem, der es verzehrt, das Leben zu ermöglichen, letztlich in der Verbundenheit zwischen Jesus und dem Vater besteht. Diese Verbundenheit zwischen dem Vater und Jesus im Hinblick auf die Lebensthematik spielt eine entscheidende Rolle auch in den vorausgehenden Ereignissen: a) In der wunderbaren Speisung: In V. 11 ist nicht nur davon die Rede, daß Jesus die Brote bzw. die Fische nimmt und verteilt, sondern daß er sich auch mit seiner Danksagung (εὐχαριστέω) an den Vater wendet.[51] b) Beim Wandel Jesu auf dem See: Jesus offenbart in Wort (ἐγώ εἰμι, μὴ φοβεῖσθε in V. 20b) und Tat seine göttliche Macht und damit auch seine Verbundenheit mit dem Vater.[52]

### 2.1.4 Der lebendig machende Geist[53]

Trotz des Mißverständnisses auch seitens seiner Jünger zieht der joh. Jesus den Spannungsbogen über das ζωή-Vokabular in den 7. GA (VV. 60-66) weiter. Mit seiner Feststellung in V. 61d geht er auf den Ärger der Jünger ein und mit der Aposiopese kündet er den Aufstieg des Menschensohnes zu seinem ursprünglichen Ort an, der sich nun vollziehen wird (V. 62a-c).[54] Wie es typisch für die Aposiopese ist, wird der Nachsatz weggelassen. Im Anschluß an die Aposiopese charakterisiert er den Geist als denjenigen, der lebendig macht. In dieser Sequenz zeigt sich m.E. das Anliegen Jesu, sofort zur Lebensthematik zurückzugehen, die der Grund für die Thematisierung des Aufstiegs des Men-

[51] Siehe die Auslegung zu V. 11 in Teil III 1.3 und 1.6. Ähnlich geht der Auferweckung des Lazarus das Dankgebet Jesu zum Vater (Joh 11,41f) voraus. Am Ende der Abschiedsreden unmittelbar vor der Passion steht das längste Gebet im Joh-Ev, das ein ganzes Kapitel (Joh 17) umfaßt. Sowohl das Gebet selbst als auch sein Inhalt und seine Länge unterstreichen die entscheidende Rolle des Vaters für Jesus und dessen Sendung für das Leben der Welt.

[52] Siehe Teil III 2.3 und 2.6.

[53] Zu dieser Thematik siehe auch die Ausführungen zu V. 63 und zum ζωή-Vokabular in Teil III 4.3.3.

[54] Der Aufstieg des Menschensohnes in den Himmel, seine Erhöhung, die mit der Erhöhung der Schlange in der Wüste durch Mose verglichen wird, und die Notwendigkeit dieses Weges im Dienst des Lebens werden bereits in Joh 3,13-15 angekündet.

schensohnes an dieser Stelle ist. Er stellt fest, daß der Geist „der lebendig Machende" (ζῳοποιοῦν)[55] ist und daß das Fleisch nutzlos ist. Das bedeutet, daß gerade dieses Wirken des Geistes nun am hinaufsteigenden Menschensohn[56] sichtbar wird. Auf dem Hintergrund von Joh 5,21, wo sich die übrigen zwei Belege von ζῳοποιέω im Joh-Ev finden, beide Male im Zusammenhang mit der Auferweckung der Toten, läßt sich dasselbe Wirken für den Geist als aktives Subjekt annehmen.[57] Der Geist ist fähig, den Menschensohn von den Toten aufzuerwecken und lebendig zu machen. Auf diese Weise läßt sich in der Erwähnung des Menschensohnes und des lebendig machenden Geistes bereits ein deutlicher Hinweis auf den kommenden Tod und die durch den Geist bewirkte Auferstehung Jesu erkennen. Der Menschensohn kann nur lebendig dort hinaufsteigen, wo er einst war. Das bedeutet, daß das Kreuz und der Tod nicht das letzte Wort über den Menschensohn haben, sondern der lebendig machende Geist. Die Rückkehr Jesu zum Vater setzt seine Auferstehung durch den lebendig machenden Geist und auch seine Erhöhung voraus.

Weiter stellt sich die Frage nach dem Verhältnis zwischen dem lebendig machenden Geist und dem Fleisch in Joh 6. Im Anschluß an die Charakterisierung des Geistes (πνεῦμα) als derjenige, der lebendig macht (V. 63a), stellt Jesus fest, daß das Fleisch (σάρξ) nicht nützt (V. 63b). Läßt sich diese Aussage mit denjenigen in den GA 5-6 vereinbaren, wo gerade das Fleisch Jesu und die Anteilnahme an ihm für das Leben notwendig vorausgesetzt werden?[58] Nach meiner Meinung machen beide Äußerungen Jesu über das Fleisch deutlich, daß das Fleisch nur verbunden mit dem Geist das Leben schenken kann. Sonst bleibt es nutzlos. Auch das Fleisch des Menschensohnes, das bedeutet sein ganzer Lebensweg, sein Geschick und seine Hingabe sind ohne das Wirken des Geistes sinnlos.[59] Isoliert vom Geist kann sein Fleisch der

[55] Zum Verb ζῳοποιέω im AT und im NT siehe die Ausführungen zum ζωή-Vokabular in Teil III 4.3.3 (8. GA). Obwohl das Verb ζῳοποιέω erst in V. 63a und nur an dieser Stelle innerhalb des Joh-Ev den Geist als Subjekt hat, wird diese Eigenschaft des Geistes auch an einigen anderen Stellen schon in den vorausgehenden Kapiteln sichtbar, vor allem in Joh 3,4f.8 (Geburt aus dem Geist) und in Joh 4,23f (Bild des lebenden Wassers für den Geist, das in Joh 7,38f bestätigt wird). Vgl. CH. K. BARRETT, Joh 314; X. LÉON-DUFOUR, Joh II 182; P.-M. JERUMANIS, Communion 270.

[56] Vgl. M. HASITSCHKA, Zeichen 92.

[57] Zum Vergleich zwischen Joh 5,21a-b und Joh 6,63a siehe die Ausführungen zum ζωή-Vokabular in Teil III 4.3.3 (7. GA).

[58] Diese Frage, ihre Lösungsversuche und meine Position siehe in Teil III 4.3.3 (die Auslegung zu V. 63 und unter ζωή-Vokabular).

[59] Das Herabsteigen des Geistes vom Himmel und sein Bleiben auf Jesus thematisiert bereits Johannes der Täufer in seinem Zeugnis in Joh 1,32f. Zutreffend bemerkt P.-M. JERUMANIS, Communion 273, daß Jesus jener ist, auf dem der Geist ruht („repo-

Welt das Leben nicht schenken. Das Geheimnis der Gabe des Fleisches Jesu liegt gerade in der Gabe seines lebendig machenden Geistes. Erst der Geist, der lebendig macht, der auch an der Auferstehung des Menschensohnes wesentlich beteiligt ist, gibt und vollendet den Sinn seines Herab- und Hinaufsteigens (vgl. TABELLE 42), den Sinn seiner Sendung.[60]

Mit der Charakterisierung des Geistes als derjenige, der lebendig macht, gibt Jesus in V. 63a einen hermeneutischen Schlüssel für das Verständnis seiner kommenden Rückkehr zum Vater, der durch seinen Tod und seine Auferstehung führt. Damit zeigt er, daß er seinem Tod bewußt entgegen geht mit der Gewißheit, daß der Geist ihn lebendig machen wird und daß mit dem Tod das wahre Leben nicht zu Ende geht.[61] Er gibt auch einen hermeneutischen Schlüssel für das Verständnis seiner bisherigen Aussagen über das Leben in diesem Gespräch und deutet an, wie sein Fleisch und sein Blut das Leben schenken können. Dies kann nur in der Verbindung mit dem Geist geschehen.[62] Der lebendig machende Geist ist im Geber bzw. in der Gabe des Lebens präsent, damit dieser/diese im Dienst des Lebens wirksam sein kann. Ebenso gegenwärtig ist das mit dem Leben verbundene Wirken des Geistes in den Worten Jesu selbst.

se") und daß er ebenso jener ist, der ihn mitteilt („communique"). Auch das Fleisch des Menschensohnes, das Brot des Lebens, ist der Ort der Mitteilung („communication") des belebenden Geistes. Dieses Fleisch in sich aufzunehmen, bedeutet, effektiv den Geist zu empfangen.

60 Zu ähnlichen Lösungen kommen auch H. N. RIDDERBOS, Joh 246; K. STOCK, Jesus 69 (in bezug auf den Prolog); L. SCHENKE, Schisma 114; M. THEOBALD, Häresie 235; M. HASITSCHKA, Zeichen 92; P.-M. JERUMANIS, Communion 270. Anderer Meinung ist der Großteil der Ausleger, welche die Aussage über das Fleisch in V. 63b und die in VV. 51f-58 getrennt und unabhängig voneinander behandeln und als solche unvereinbar sehen; so z.B. R. E. BROWN, Joh I 299f; U. WILCKENS, Joh 109; U. SCHNELLE, Joh 139; F. PORSCH, Pneuma 165-167; M. LABAHN, Offenbarung 75.

61 Dafür sprechen auch die Zusammenhänge mit einigen Stellen im Joh-Ev: Die Vorstellung des Geistes, der lebendig macht, entspricht dem Bild der künftigen Gabe Jesu, dem lebenden Wasser in Joh 4,10.11; 7,38. Im Trinkenden wird es zur Quelle des ins ewige Leben sprudelnden Wassers (Joh 4,14). In Joh 7,39 bringt der allwissende joh. Erzähler zwei wichtige Erklärungen: Erstens identifiziert er die Gabe Jesu, die aus seinem Inneren kommt, mit dem Geist. Zweitens können die an Jesus Glaubenden den Geist erst nach der Verherrlichung Jesu empfangen. Jesu Tod, Auferstehung und Erhöhung werden damit vorausgesetzt. Sie gehören zusammen – sie „bilden eine Einheit" (J. BEUTLER, Stunde 320). Die Passions- und Osterberichte bestätigen diesen Hinweis. Der Tod Jesu wird gerade mit der Übergabe des Geistes charakterisiert (Joh 19,30) und die Erscheinung des Auferstandenen vor den Jüngern wird mit ihrer Sendung und der Gabe des Geistes an sie (Joh 20,20) verbunden.

62 Zu dieser Verbindung kommt unter wenigen Auslegern P.-M. JERUMANIS, Communion 270, der im Fleisch Jesu die Quelle des Lebens sieht, insofern das Fleisch durch den Geist lebendig gemacht ist („en tant que vivifiée par l'Esprit").

### 2.1.5 Worte Jesu – Worte ewigen Lebens[63]

Jesus zieht den Spannungsbogen über das ζωή-Vokabular innerhalb von V. 63 noch einmal weiter. Mit dem Leben verbindet er seine „Worte" (ῥήματα), die er gerade gesprochen hat. Jesus kennzeichnet sie mit „Geist" und „Leben" (πνεῦμα und ζωή).[64] Diese Aussage Jesu läßt sich folgendermaßen interpretieren: Seine Worte vermitteln nicht nur Information, sondern der lebendig machende Geist ist in ihnen selbst wirksam[65] und demzufolge können sie das Leben vermitteln.[66] In dieser Eigenschaft sind die Worte Jesu nur mit den Worten Gottes verwandt.[67]

[63] Siehe dazu die Ausführungen zu V. 63 und zum ζωή-Vokabular in Teil III 4.3.3 und die Auslegung zum V. 68 und zum Begriff ζωη in Teil III 4.4.3.

[64] Aufgrund der Artikellosigkeit sind πνεῦμα und ζωή eher als Eigenschaften und Wesen der Worte Jesu zu interpretieren und nicht als ihre direkte Identifikation bzw. Gleichsetzung. Vorsichtig bezüglich einer Gleichsetzung ist auch R. SCHNACKENBURG, Joh II 105-107. Die Konjunktion καί zwischen πνεῦμα und ζωή ist nicht nur kopulativ zu verstehen, sondern auch konsekutiv bzw. kausativ. Weil der Geist, der lebendig macht (V. 63a), in den Worten Jesu wirksam ist, können seine Worte wirklich das Leben vermitteln. Vgl. F. PORSCH, Pneuma 201f, der die Einheit von Wort und Pneuma als „eine dynamische Einheit" sieht. Vgl. auch Teil III 4.3.3 (zum ζωή-Vokabular).

[65] Johannes der Täufer bezeugt in Joh 3,34, daß Jesus Worte Gottes (ῥήματα τοῦ θεοῦ) spricht. Er stellt weiter fest, daß Gott durch diese Art den Geist ohne Maß gibt (οὐ γὰρ ἐκ μέτρου δίδωσιν τὸ πνεῦμα).

[66] Vgl. u.a. F. PORSCH, Pneuma 210 und J. G. VAN DER WATT, Family 226. Den Zusammenhang zwischen den Worten Jesu und dem Leben thematisieren ausführlich auch: a) Joh 5,24-29: Jesus gibt zwei Zusagen, die das Hören auf sein Wort voraussetzen: die Zusage des ewigen Lebens und die des Überganges aus dem Tod ins Leben (Joh 5,24). Das Hören auf die Stimme Jesu gilt auch für die Toten. Dadurch werden sie leben (Joh 5,25) bzw. aus den Gräbern herauskommen – entweder zur Auferstehung des Lebens oder zum Gericht gemäß ihrem Tun – (Joh 5,25-29). Diesen Zusammenhang in Joh 5,24 sieht ähnlich auch U. SCHNELLE, Joh 107, und bewertet ihn theologisch mit dem Heilsbegriff: „In der Begegnung mit dem Wort Jesu Christi entscheidet sich das Heil, denn es ist ein lebensspendendes Wort. Im Hören des Wortes und im Glauben an den von Gott gesandten Sohn vollzieht sich der Schritt vom Tod zum Leben, ist das Heilsgut des ewigen Lebens bereits gegenwärtig." b) Joh 12,47-50: Der Auftrag des Vaters, den Jesus verkündet, ist das ewige Leben. Dementsprechend führt die gegenwärtige Ablehnung Jesu und seiner Worte zum Gericht am letzten Tag. Der Richter ist das Wort, das Jesus seinen Gesprächspartnern bereits in der Gegenwart gesprochen hat. In beiden Fällen ist das gegenwärtige Verhältnis zu den Worten Jesu entscheidend: Die Aufnahme der Worte hat das ewige Leben zur Folge, die Ablehnung das Gericht.

[67] Dieses Verhältnis zwischen den Worten Jesu und den Worten Gottes entspricht: a) der schon erwähnten Aussage des Johannes des Täufers in Joh 3,34, daß Jesus als Gesandter Gottes die Worte Gottes redete (siehe Vergleich mit Joh 6,63c-f in der Auslegung zu V. 63 in Teil III 4.3.3); b) den Aussagen Jesu in Joh 12,49 und in Joh 14,10, daß Jesus nicht aus sich spricht, sondern gemäß dem Auftrag des Vaters; c) der Aussage Jesu in Joh 14,24, daß die Jünger nicht sein Wort hören, sondern das des Vaters, der ihn gesandt hat. Aufgrund dieser Stellen (auch Joh 6,63) behaupten einige Ausleger des Joh-Ev so wie CH. K. BARRETT, Joh 314, daß die Worte Jesu Worte Gottes

Nicht zufällig hebt sich der joh. Jesus als sprechendes Subjekt in V. 63d mit dem Personalpronomen ἐγώ hervor, in welchem das „Ich“ Gottes und die singuläre Gottesbeziehung Jesu einen deutlichen Anklang finden.

Die Aussage Jesu in V. 63c-f weist bereits auf die gegenwärtige Wirksamkeit des Geistes in den Worten Jesu hin. Die Botschaft der Worte Jesu steht ganz im Dienst des Lebens. Jesus offenbart in seinen Worten, wer er es ist, woher und warum er kommt und wohin, wie und warum er geht. Er stellt den Willen des Vaters und auch seine Sendung, vom Abstieg bis zur Rückkehr zum Vater, im Dienst des Lebens für die Welt dar. Auf diese Weise geht er bewußt seinem Tod entgegen mit der Ankündigung, daß er aufgrund des Wirkens des Geistes von den Toten auferstehen und lebendig gemacht wird und als solcher zum Vater hinaufsteigen wird. Zu seinen Worten in diesem Gespräch gehören auch die zahlreichen Zusagen des Lebens. Einige von ihnen gelten bereits für die Gegenwart unter bestimmten Voraussetzungen, die das Verhältnis zu Jesus thematisieren. Zusammenfassend läßt sich sagen: Durch die Aufnahme der Worte Jesu, die ganz im Dienst des Lebens stehen und die schon für die Gegenwart das ewige Leben den Menschen unter bestimmten Voraussetzungen zusagen, können die Menschen in ihnen und durch sie bereits jetzt anfänglich den Geist und das Leben empfangen.[68]

Im 8. GA (VV. 67-69), der schon zum letzten Teil des Gesprächs gehört, wird das ζωή-Vokabular zum ersten Mal von den Gesprächspartnern Jesu auf dem KN 1 aufgegriffen. Gerade Worte ewigen Lebens, die Jesus hat, erwähnt Simon Petrus als ersten Grund für das Bleiben der Zwölf bei Jesus. Im Unterschied zur Aussage Jesu in V. 63 spricht Petrus nicht mehr vom Geist. Doch die Verbundenheit zwischen den Worten und dem Leben, die er in der Wendug ῥήματα ζωῆς αἰωνίου zum Ausdruck bringt, setzt das Wirken des Geistes als τὸ ζῳοποιοῦν voraus. Mit der Antwort des Simon Petrus schließt der Spannungsbogen über das ζωή-Vokabular in Joh 6 ab. Jesus zieht ihn in diesem Gespräch nicht mehr weiter. Das kann als Hinweis gesehen werden, daß mit der Antwort des Petrus die Worte Jesu in diesem Gespräch nach der kräftigen Ablehnung zum ersten Mal positiv entsprechend den Erwartun-

sind; ähnlich K. STOCK, Jesus 70. Zum atl. Verständnis des Wortes/der Worte Gottes und seiner/ihrer Verbundenheit sowohl mit dem Geist als auch mit dem Leben siehe die Ausführungen zum ζωή-Vokabular in Teil III 4.4.3 (8. GA).

68 Zu ähnlicher Auffassung der Worte Jesu kommt auch J. BLANK, Joh Ia 384: „Die Worte Jesus sind ‚Worte ewigen Lebens‘, weil sie dem Glaubenden Anteil am Lebenswort Gottes selbst verleihen, das dem Menschen in der Geschichte in der Person Jesu selber begegnet.“

gen Jesu angenommen werden. Das Bemühen Jesu, seinen Gesprächspartnern das Wesen seiner Person und seiner Worte, die im Dienst des Lebens stehen, zu offenbaren, findet erst in Petrus (der Vertreter der Zwölf) einen fruchtbaren Boden. Petrus, der Jesus in seiner Antwort mit dem Hoheitstitel „Herr" (κύριε)[69] anredet, nimmt den Interpretationsschlüssel Jesu für das Verständnis seiner Worte an. Er bestätigt die Tatsache, daß die Worte Jesu viel mehr als gewöhnliche menschliche Worte sind. Sie können das Leben vermitteln – nicht vergängliches, sondern ewiges (αἰώνιος) Leben. Petrus erkennt, daß die Worte Jesu die Eigenschaften haben, die sonst nur den Worten Gottes zugeschrieben werden. Er hat etwas vom Geheimnis der Person Jesu und von der ζωὴ αἰώνιος im wahren Sinn des Wortes erkannt. Damit wird in Joh 6 eine Spannung aufgelöst und der Spannungsbogen über das ζωή-Vokabular beendet.

### 2.1.6 Die Adressaten der Lebenszusagen

Neben den gerade behandelten Elementen (2.1.1 – 2.1.5) bildet noch ein Element den Spannungsbogen über das ζωή-Vokabular in Joh 6. Es handelt sich um die Adressaten der Lebenszusagen Jesu. Ihre Besonderheit ist aus der tabellarischen Darstellung (vgl. TABELLE 47) leicht erkennbar: Vom Anfang bis zum Ende des Gesprächs richtet Jesus die Lebenszusagen an sie. Sie sind ein wichtiges Kontinuum in diesem Gespräch.

Im Hinblick auf die die Adressaten betreffenden Zusagen des Lebens zeigt der Spannungsbogen über das ζωή-Vokabular folgende zwei Eigenschaften: (1) Die außergewöhnliche Häufigkeit der Lebenszusagen: In keinem anderen Gespräch im Joh-Ev finden sich Jesu Zusagen des Lebens so häufig wie gerade in Joh 6,25-71. Sie sind ein starkes Anliegen in diesem Gespräch. Die Lebenswirklichkeit beschränkt sich nicht nur auf den Vater (Gott), Jesus und den Geist; sie betrifft auch die Menschen und ist für sie zugänglich. (2) Die Zusagen des Lebens für Gegenwart und für Zukunft: Einige Zusagen des Lebens gelten bereits für die Gegenwart, andere erst für die Zukunft (vgl. Angaben in der Klammer in der rechten Spalte in der TABELLE 47).[70] Das bedeutet,

[69] Dieser Titel übertrifft die anderen drei Bezeichnungen für Jesus in Joh 6, die ihm die Menschen geben, weit: „der Prophet" (V. 14d), „Rabbi" (V. 25c) und „Jesus, der Sohn Josefs" (V. 42b-c). Zum Hoheitstitel κύριος siehe die Auslegung zu V. 23. Teil III 3.2.

[70] Das Miteinander von Gegenwart und Zukunft findet sich in bezug auf das ζωή-Vokabular auch in Joh 3,36 (ἔχει ζωὴν αἰώνιον – οὐκ ὄψεται ζωήν); Joh 5,24f.29 (ἔχει ζωὴν αἰώνιον – ζήσουσιν, ἐκπορεύσονται εἰς ἀνάστασιν ζωῆς); Joh 11,25f (ζήσεται – ζῶν), Joh 14,19 (ζῶ – ζήσετε).

daß das Leben sich weder allein auf die Gegenwart noch auf die Zukunft beschränken läßt. Es ist schon jetzt und wird auch in der Zukunft zugänglich sein. Auf diese Weise bringt das ewige Leben eine Verbindung und eine gewisse Gemeinsamkeit und Kontinuität zwischen der Gegenwart und der Zukunft mit sich. Dennoch besteht zugleich auch eine bestimmte Dynamik und Spannung zwischen der Gegenwart und der Zukunft für die Menschen hinsichtlich ihrer Lebenswirklichkeit.[71] Diese Dynamik bringt in Joh 6 vor allem das Verb ζῶ zum Ausdruck, das für die Menschen nur in den futurischen Formen als Zusage für die Zukunft verwendet wird (VV. 57d.58e). Die präsentischen Formen vom Verb ζῶ haben Jesus als Subjekt (V. 57b) oder den Vater (V. 57a) und die präsentische Form vom Verb ζῳοποιέω den Geist.[72] Durch die Satzkonstruktion καθὼς ..., καί in V. 57 wird aber eine bestimmte Verbindung hergestellt, auch zwischen der Gegenwart und der Zukunft. Was dieses „Mehr" am Leben ist, das dem Jesus Verzehrenden erst für die Zukunft zugesagt ist, offenbart sich bereits jetzt in der Weise, wie Jesus durch den Vater lebt. Das Leben Jesu durch den Vater ist schon jetzt die sichtbare Vorstellung der Lebensweise, die für die Menschen anfänglich da ist und deren ganze Fülle durch Jesus zugänglich wird.[73]

71 Dementsprechend betont mit Recht A. T. LINCOLN, Resurrection 128: „Eternal life in the Fourth Gospel signifies not simply duration."

72 Diese Dynamik besteht auch in Joh 14,19, wo die präsentische Form vom Verb ζῶ für Jesus gilt und die futurische für die Menschen (die Jünger). Das lebendige Wasser, das eine Bezeichnung für den Geist ist (Joh 7,38f), enthält die partizipiale Form von ζῶ im Präsens (Joh 4,10.11; 7,38). Auf die Menschen (die Toten) bezieht sich aber die futurische Form von ζῶ (Joh 5,25). Von dieser Dynamik weichen die Stellen in Joh 4,50.51.53 und Joh 11,25 ab, wo die präsentische Form vom Verb ζῶ für die Menschen gilt. Doch handelt es sich um zwei besondere Situationen – zwei Zeichen Jesu (die Heilung des Sohnes eines königlichen Beamten und die Auferweckung des Lazarus). Aus diesem Grund ist die präsentisch verwendete Form von ζῶ für die Menschen hier verständlich, weil sie einen zeichenhaften Charakter hat. Ebenso wird hier der Mensch in bezug auf ζῶ nicht mit dem Vater und Jesus und ihrer Lebenswirklichkeit verglichen wie in Joh 6,57.

73 Das Verhältnis in Joh 6 zwischen den Lebenszusagen für die Gegenwart und den für das Futur bringt das typisch joh. Verhältnis zwischen der präsentischen und der futurischen Eschatologie im Joh-Ev zum Ausdruck. Zur joh. Eschatologie und zu den verschiedenen Positionen in der Forschung siehe grundlegend J. FREY, Eschatologie I-III. Die umfassende und kritisch aufgearbeitete Forschungsgeschichte in Bd. I und die sprachlichen Ausführungen zum joh. Zeitverständnis in Bd. II bilden die solide Grundlage, auf welcher J. Frey in Bd. III die joh. Eschatologie neu darstellt. Eines der wichtigsten Ergebnisse seiner Untersuchung ist, daß die besonders von R. Bultmann verbreitete Gegenüberstellung von präsentischer und futurischer joh. Eschatologie (unter vielen anderen auch bei E. KÄSEMANN, Wille 42; L. SCHOTTROFF, Glaubende 294; G. BORNKAMM, Misericordias 223; R. SCHNACKENBURG, Joh II, 536.539; M.-É. BOISMARD, Évolution 523; M.-É. BOISMARD/A. LAMOUILLE, Synopse 59f.491-514; J.

Die Adressaten der Lebenszusagen Jesu in Joh 6 sind:
(1) Die Adressaten (in der 2.P.Pl.) bzw. die Gesprächspartner Jesu
Es gibt nur 3 Stellen, wo Jesus seine Gesprächspartner in bezug auf die Lebensthematik direkt in der 2.P.Pl. auf dem KN 1 anspricht:

a) In V. 27 wendet er sich mit einem ermahnenden Aufruf an die Menschen (in der 2.P.Pl.), die ihn in Kafarnaum gefunden haben: „Wirkt nicht für die vergehende Speise, sondern für die ins ewige Leben bleibende Speise, die der Sohn des Menschen euch geben wird ...“
b) In V. 53c-e gilt die präsentische Zusage des Lebens für die Juden (in der 2.P.Pl.), die aber im negativen Sinn formuliert ist: „Wenn ihr nicht ..., dann habt ihr das Leben nicht in euch.“
c) In V. 63c-f bemerkt der joh. Jesus, daß die Worte, die er gerade auch zu seinen Jüngern (in der 2.P.Pl) geredet hat, Geist und Leben sind. Demgegenüber stellt er in V. 64 fest, daß einige von den Jüngern (in der 2.P.Pl.) trotzdem nicht glauben.

Gemeinsam ist diesen drei Stellen (a-c) die Kritik bzw. der ermahnende Charakter der Aussagen Jesu. Er ruft seine Gesprächspartner zu einem anderen Wirken und zu einer anderen Beziehung zu ihm auf, vor allem zum Glauben, damit sie fähig werden, das Leben in sich zu haben. Diese direkte in der 2.P.Pl. formulierte Kritik Jesu auf dem KN 1 gilt sowohl für die Menge und die Juden als auch für seine Jünger.[74]

BECKER, Joh I 296 [rein präsentisch]; G. RICHTER, Studien 371 [rein präsentisch]; A. STIMPFLE, Blinde 146.244; H. KÖSTER, Einführung 629-631) aus methodischen und inhaltlichen Gründen nicht tragbar ist. Auch die Art der Terminologie stellt er in Frage: „Was heißt überhaupt ‚präsentische Eschatologie‘?“ (J. FREY, Eschatologie I 409). Demgegenüber plädiert J. Frey auch m.E. treffend für eine bewußt beabsichtige Zuordnung beider Aussagereihen. In dieser Richtung finden sich einige Verweise und Impulse nur bei wenigen Auslegern wie bei P. RICCA, Eschatologie 146; T. ONUKI, Gemeinde 115.160f; H. THYEN, TRE 17 218; I. BROER, Auferstehung 74 und auch bei U. SCHNELLE, Joh 110, der schreibt: „Präsentische und futurische Eschatologie bei Johannes sind keine Gegensätze, sondern sie ergänzen einander. Eine bewußte Zuordnung der Zeitebenen findet sich auch in Joh. 3,36; 6,54.57; 11,24-27; 12,48; 14,2-6.15-24; 16,16-33; es handelt sich dabei um einen genuin joh. Gedanken und nicht um ein Überarbeitungsphänomen: Was in der Gegenwart festgeschrieben wurde, hat auch in der Zukunft Bestand.“ Weiter verweist U. Schnelle auf die Parallelen für das Ineinander von beiden Aussagereihen auch in Röm 6,3-11; 1 Joh 2,28-3,3; 4,17; 5,11. J. FREY, Eschatologie I 409-412, belegt dieses Ineinander in Kol 2,12f; Eph 2,4ff und antiken Texten (Qumranschriften, Schriften des hellenistischen Diaspora-Judentums, Mysterienreligionen und gnostische Texte).

74 Dieses Merkmal läßt sich wie in Joh 6 auch im gesamten Joh-Ev erkennen. Nur wenige Male sind die Gesprächspartner Jesu ausschließlich die expliziten Adressaten seiner Lebenszusagen. Dabei ist aber folgende Tendenz deutlich: a) Zuerst steht wie in Joh 6 die kritische und ermahnende Stimme Jesu und sein Aufruf zur Änderung im

(2) Der Adressat (in der 3.P.Sg.)
Die Zusage des Lebens richtet Jesus fast immer an den Adressaten (in der 3.P.Sg.) und nur wenige Male ausschließlich an seine unmittelbaren Gesprächspartner (in der 2.P.Pl.). Dieser Adressat (in der 3.P.Sg.) ist:

a) 8mal ist er eine einzelne Person.[75] Er wird mit Hilfe der partizipialen Wortverbindungen (außer in V. 51e) dargestellt.

| V. | Adressat der ζωή-Zusagen | | | |
|---|---|---|---|---|
| 35c<br>35d | der<br>der | zu Jesus<br>an Jesus | Kommende<br>Glaubende | |
| 40b | *jeder* | *den Sohn*<br>*an ihn* | *Sehende*<br>*Glaubende* | *und* |
| 47b | *der* | | *Glaubende* | |
| 51d | *jemand,* | *der von diesem Brot* | *ißt* | |
| 54a | *der*<br>*der* | *das Fleisch Jesu*<br>*sein Blut* | *Verzehrende*<br>*Trinkende* | *und* |
| 57c | *der* | *Jesus Verzehrende* | | |
| 58e | *der* | *dieses Brot* | *Verzehrende* | |

Tabelle 50

Einige Bemerkungen zu dieser Tabelle:

- Die partizipialen Wortverbindungen drücken die Bedingungen für das Leben aus.[76] Aufgrund ihrer partizipialen Form haben sie einen dauerhaften Charakter. Das bedeutet, daß das Kommen zu Jesus, das Glauben an ihn, das Verzehren seines Fleisches und das

Vordergrund. So wird z.B. in Joh 4,10 die Samariterin zum Erkennen der Gabe Gottes und der Person Jesu ermutigt, damit sie das lebende Wasser von ihm empfangen kann. In Joh 5,39f kritisiert Jesus die Juden, die einerseits die Schriften erforschen, andererseits aber nicht zu Jesus kommen, um das Leben zu haben, obwohl die Schriften das Zeugnis über ihn ablegen. b) Danach kommt aber die bejahende Stimme Jesu zum Ausdruck. In Joh 14,19 stellt Jesus fest, daß die Jünger ihn sehen und daß sie auch leben werden. Noch einen Schritt weiter geht der letzte Beleg dieser Konstellation in Joh 20,31, wo der Erzähler die Adressaten des Evangeliums direkt in der 2.P.Pl. anspricht. Sie können schon aufgrund der Berichte über Jesus und seine Zeichen zum Glauben an ihn und zum Leben kommen. Das Sehen Jesu ist für sie nicht mehr notwendig.

75 Den joh. Lebensgedanken sieht auch R. Schnackenburg, Joh II 445, „in den Fragehorizont des einzelnen Menschen gerückt" und bezieht sich dabei auf „die vorherrschenden Formulierungen in der Einzahl". In diesem Sinn auch I. Broer, Auferstehung 92.

76 Die Lebenszusage wird in V. 35c-d in den Bildern als Zusicherung ausgedrückt, so daß der an Jesus Glaubende gewiß niemals mehr hungern und dürsten wird. In allen anderen Fällen kommt das ζωή-Vokabular in der Zusage selbst vor (kursive Schrift).

Trinken seines Blutes usw. nicht nur einmal, sondern dauerhaft vom Einzelnen verlangt wird.[77]

- Die formale Zugehörigkeit zu einer konkreten Personengruppe wird nicht als Bedingung für das Leben angegeben. In allen Fällen (außer in V. 47b) liegt der Akzent auf der Beziehung des Einzelnen zu Jesus. Die aktive Anteilnahme an dieser Beziehung ist zugleich die Voraussetzung für das Leben.[78]
- Alle Voraussetzungen gelten bereits jetzt in der Gegenwart (alle Ptz.Präs.) im Unterschied zu den Zusagen des Lebens, von welchen einige die Gegenwart und andere die Zukunft betreffen.
- Die Bedingungen für das Leben vermittelt Jesus teilweise direkt und teilweise in Bildern. Er setzt vom Einzelnen im eigentlichen Sinn den Glauben bzw. den Glauben an ihn voraus.[79] Was dieser Glaube[80] bzw. die Beziehung zu ihm bedeutet, drücken die Bilder

[77] Ähnlich schreibt H. N. RIDDERBOS, Joh 238: „Believers live ‚because of him'; ‚having eternal life in oneself' is not automatic. It is remaining in him, the living Lord, that here, in close association with vs. 50, is called ‚eating me'. It is not only directed to the one-time act of his self-offering into death (‚eat my flesh' etc.) but to himself, the one who once performed this act (‚eating me')."

[78] R. SCHNACKENBURG, Joh II 444, spricht aufgrund dieser Beziehung über die Unverfügbarkeit des Lebens, denn der Mensch kann sich selbst das Leben nicht geben.

[79] Die Konstellation zwischen dem Glauben und dem Leben ist kennzeichnend und grundlegend für das ganze Joh-Ev; vgl. unter vielen Auslegern F. HAHN, Glaubensverständnis 61; J. BEUTLER, Johannesevangelium 243. In dieser Richtung ist zutreffend die Bemerkung von J. BEUTLER, Glaube 11, daß im Joh-Ev für die Aufforderung zum Glauben Gründe angegeben werden; z.B. auch durch πιστεύω + ὅτι im Sinne „glauben, weil ..." (Joh 1,50), πιστεύω + kausales διά, „wegen" (Joh 4,39.42). Dementsprechend schreibt in bezug auf Joh 20,30f schon R. BULTMANN, Joh 541: „Der Sinn des Glaubens aber ist: in Seinem ‚Namen' das Leben zu haben." Auf diese Stelle macht auch TH. SÖDING, Schrift 344, zu Recht noch stärker aufmerksam, denn neben dem lk. Proömium bietet nur der joh. Epilog (20,30f) ein Beispiel, daß ein Evangelist ausdrücklich das Ziel nennt, das er mit seinem Werk verfolgt. „Nicht neutrale Berichterstattung über die vita Jesu ist sein Ziel, sondern die Arbeit an der Realisierung jenes Zieles, das Jesus selbst in seiner Sendung verfolgt hat: den Glauben an seine Person als Voraussetzung der Anteilhabe am ewigen Leben zu begründen" (ebd. 360).

[80] Es geht um einen Leitfaden des Joh-Ev. Nach R. A. CULPEPPER, Gospel 107, ist das Joh-Ev „a document of faith". Dabei fällt auf, daß im ganzen Joh-Ev nur das Verb πιστεύω und niemals das Substantiv πίστις verwendet wird. Dazu interpretiert treffend F. HAHN, Glaubensverständnis 68: „Dem Evangelisten geht es um die im Verbum zum Ausdruck kommende lebendige Beziehung des Glaubenden auf Gott bzw. auf Jesus Christus. Sicher kann man ein Substantiv auch im Sinne eines nomen actionis verwenden, aber der Sachverhalt eines unablässigen, stets sich erneuernden Aufeinander-Bezogenseins tritt bei dem Verbum in einer wesentlich deutlicheren Weise hervor. Daß dabei das Element des Beständigen und des Beharrens nicht ausgeschlossen ist, zeigt die für die johanneische Verkündigung so bezeichnende Korrespondenz mit dem Motiv des ‚Bleibens'."

noch stärker aus.[81] Dabei geschieht eine Bewegung und Steigerung bzw. Vertiefung:[82]

zu Jesus kommen

↓

Jesus als Sohn sehen

↓

Jesus als Brot essen / verzehren bzw.
das Fleisch Jesu essen und sein Blut trinken

ABBILDUNG 26

Die Beziehung zu Jesus bzw. die Verbundenheit mit ihm läßt sich in drei Schritten erkennen: vom Kommen zu Jesus über das Sehen hin zum Verzehren seines Fleisches und zum Trinken seines Blutes. Mit jedem Schritt wird die Beziehung zu Jesus vertieft. Noch tiefer als Kommen und Sehen[83] ist die Aufnahme Jesu, wenn er – bildlich ausgedrückt – wie Nahrung verzehrt wird. Jesus fordert bereits jetzt eine so tiefe Verbundenheit mit ihm vom Einzelnen, damit dieser dadurch das ewige Leben haben kann. Diese Beziehung zu Jesus ist aber nicht nur die Voraussetzung für das ewige Leben; es vollzieht sich gerade in ihr und durch sie. Das ewige Leben ist eine Beziehungsgröße.[84]

81 Beide Sprachgebräuche erwähnt bereits R. BULTMANN, Joh 168, z.B. bezüglich Joh 6,35: „Wer das Leben von ihm [Jesus] empfangen will, muß also an ihn glauben, – oder wie es in bildlicher Wendung heißt ‚zu ihm kommen'." R. SCHNACKENBURG, Joh I 516, behandelt „das Sprachfeld vom ‚Glauben'" und spricht von „der Eigenart joh. Glaubens".

82 Die Tendenz der Festigung und der Vertiefung des Glaubens, die auch für das ganze Joh-Ev typisch ist, sehen auch R. SCHNACKENBURG, Joh I 519; J. ZUMSTEIN, Johannesevangelium 38; W. A. MEEKS, Funktion 261. Diese Absicht im Joh-Ev sieht im Blick auf den Leser (KN 4-5) treffend TH. SÖDING, Schrift 370: „Wer das von Johannes geschriebene ‚Buch' aufmerksam liest, wird nicht nur dessen inne, was er glauben und wie er glauben kann; er gewinnt dadurch auch ein Motiv, den Glauben an Jesus zu stärken, zu läutern und zu vertiefen."

83 In der nachösterlichen Erzählung in Joh 20,29 wird diese Konstellation (sehen – Jesus) wieder thematisiert und weiter entwickelt:

| | | |
|---|---|---|
| Ὅτι | ἑώρακάς με | πεπίστευκας; |
| μακάριοι | οἱ μὴ ἰδόντες | καὶ πιστεύσαντες. |

Thomas glaubt, weil er Jesus gesehen hat (Joh 20,29a). Demgegenüber preist Jesus diejenigen, die nicht sehend und doch glaubend sind (Joh 20,29b). Das Sehen kann ein Weg zur vertieften Beziehung zu Jesus bzw. zu einem so tiefen Glauben sein, der letzlich das äußere Sehen nicht mehr braucht, da ein inneres Sehen ermöglicht ist.

84 Zum gleichen Ergebnis kommt auch R. SCHNACKENBURG, Joh II 438, mit einer wichtigen Bemerkung: „Die Kategorie der personalen Relation und Partizipation ist trotz der vorherrschenden Redeweise vom ‚Geben' und ‚Haben' des Lebens der adäquate

- Weiter stellt sich die Frage, wer sich mit diesem Adressat (in der 3.P.Sg.) identifizieren kann, für wen Jesu Zusagen des ewigen Lebens gelten. Die mit Hilfe der Partizipien erwähnten Voraussetzungen sind grundsätzlich für jeden Einzelnen offen. Das bedeutet, daß der Zugang zum ewigen Leben nach Joh 6 für jeden Einzelnen und für alle Menschen unter diesen Voraussetzungen offen ist.[85] Hier liegt die gewaltige Aussagekraft der Lebenszusagen Jesu. Aufgrund ihrer allgemeinen Formulierungen gelten sie nicht nur für die unmittelbaren Gesprächspartner Jesu auf den KN 1-2, sondern ebenso stark für die Einzelnen auf den anderen KN. Sie sprechen direkt auch den Leser auf den KN 4-5 an und können für ihn damit aktuell und wirksam sein.[86] Zusammenfassend läßt sich sagen, daß der Adressatenkreis der Lebenszusagen Jesu in Joh 6 im Hinblick auf das KN unbeschränkt bzw. universal zu verstehen ist.

b) Der Adressat (in der 3.P.Sg.) der Lebenszusagen ist 2mal die „Welt" (κόσμος) (VV. 33.51h). Die Lebenszusagen in Joh 6 gelten nicht nur

Ausdruck für die neue Existenz, in die der Glaubende eingetreten ist." Ähnlich H. N. RIDDERBOS, Joh 243; J. FREY, Eschatologie III 282; F. HAHN, Glaubensverständnis 62.

85 Daß das Leben unter diesen Voraussetzungen allen geschenkt wird, sieht auch R. SCHNACKENBURG, Joh II 438.

86 Auch im übrigen Joh-Ev gelten für den Adressaten der ζωή-Zusagen ähnliche Eigenschaften wie in Joh 6.

| | Adressat der ζωή-Zusagen | | |
|---|---|---|---|
| Joh 3,15<br>Joh 3,16 | jeder<br>jeder | an den Menschensohn<br>an den Menschensohn | Glaubende<br>Glaubende |
| Joh 3,36 | der | an Sohn | Glaubende |
| Joh 5,24 | der<br>der | das Wort Jesu<br>dem, der Jesus gesandt hat, | Hörenden und<br>Glaubende |
| (Joh 5,25) | die | die Stimme des Sohnes Gottes | Hörenden |
| (Joh 8,12) | der | Jesus | Nachfolgende |
| Joh 11,25<br>(Joh 11,26) | der<br>jeder | an Jesus | Glaubende<br>Lebende und Glaubende |
| Joh 20,31 | (die) | | Glaubenden |

Der Adressat der ζωή-Zusagen wird hauptsächlich als Einzelner (3.P.Sg.) angesprochen (3.P.Pl. in Joh 5,25; 2.P.Pl. in Joh 20,31), nicht nur auf dem KN 1, sondern auch auf den übrigen KN (auch auf den KN 4-5). Ebenso wie in Joh 6 sind die präsentischen partizipialen Formen der Verben (außer in Joh 5,25 Ptz.Fut. und Ptz.Aor.) auffällig, welche die dauerhaften Voraussetzungen für den Anteil am Leben beinhalten. Es steht wieder die Beziehung zu Jesus im Vordergrund: vor allem der Glaube an ihn (außer in Joh 5,24 [Glaube an den, der Jesus gesandt hat] und in Joh 11,26; 20,30b [Glaube ohne Objekt]), aber auch das Hören auf sein Wort bzw. seine Stimme (Joh 5,24f) und seine Nachfolge (Joh 8,12). Wie in Joh 6,35cd werden die ζωή-Zusagen in Joh 8,12 und in Joh 11,26 mit Hilfe der bildhaften Sprache vermittelt: „das Licht des Lebens haben" (Joh 8,12) und „nicht sterben" (Joh 11,26).

für einen beschränkten Personenkreis. Sie lassen sich weder auf die Juden noch auf den Jüngerkreis noch auf die Zwölf reduzieren. Ihr Adressat ist die Welt, die ganze Menschheit. Niemand ist von den Lebenszusagen ausgeschlossen.[87] Durch die Erwähnung der „Welt" (κόσμος) wird hier noch einmal das oben erwähnte Ergebnis (vgl. oben Punkt a)) bestätigt: Mit dem Blick auf die Adressaten sind Jesu Zusagen des Lebens universal, allumfassend zu verstehen. Sie gehören zu seinen hoffnungsvollsten Worten für die Welt.[88]

c) Der Adressat (in der 3.P.Sg.) ist 1mal Jesus selbst (V. 57b).
Jesus ist die einzige Person, die sowohl Geber/Gabe als auch Empfänger des Lebens ist. Das Geheimnis seines Lebens geht auf die Beziehung zum Vater, Gott, zurück.[89] Die Weise, wie er durch den Vater lebt, ist Vorbild für die Menschen, wie sich auch ihr Leben durch Jesus vollenden kann. Als gelebtes Beispiel bleibt es ständige Motivation für die Menschen, um ihre Beziehung zu Jesus und damit auch zum Vater, Gott, zu vertiefen.[90]

87 Ebenso J. BEUTLER, Gott 273.

88 Im übrigen Joh-Ev ist die Welt bzw. die ganze Menschheit der ζωή-Adressat noch an folgenden Stellen: in Joh 1,4 (das Leben als Licht der Menschen), in Joh 3,14-17 (die Welt, jeder an den Menschensohn Glaubende), in Joh 8,12 (das Licht der Welt – das Licht des Lebens), in Joh 11,26 (jeder) und in Joh 17,2 (alle Menschen – alle, die der Vater Jesus gegeben hat). Die universale Offenheit in bezug auf die ζωή-Adressaten einerseits und die exklusiven Voraussetzungen andererseits gelten für die Lebenswirklichkeit im ganzen Joh-Ev. Anders behauptet R. SCHNACKENBURG, Joh II 445, daß der joh. Lebensgedanke keinen unmittelbaren Bezug zum gesellschaftlichen Leben und zur Zukunft der Menschheit hat.

89 Der Gedanke, daß die Lebenswirklichkeit für Jesus zuerst Gabe des Vaters ist, bringt bereits Joh 5,26 zum Ausdruck, wo das Verb δίδωμι als Subjekt den Vater und als personales Objekt den Sohn hat.

90 Die Definition des ewigen Lebens in Joh 17,3 beinhaltet gerade die Erkenntnis sowohl des Vaters als auch des Sohnes und ihrer Beziehung. R. SCHNACKENBURG, Joh II 444, betont zu Recht: „Das γινώσκειν darf keinesfalls in einem rationalen oder theoretischen Sinn verstanden werden, sondern bezeichnet in atl. semitischer Weise ein innerliches Erfassen und Teilhaben, letztlich die Gemeinschaft (vgl. 10,14f)."

*Exkurs: Die Bezüge des Spannungsbogens über das ζωή-Vokabular in Joh 6 zu Dtn 8,3; Weish 16 und Jes 55*

Am Schluß der Darstellung des Spannungsbogens über das ζωή-Vokabular in Joh 6 und dessen Einzelelemente (vgl. 2.1.1 – 2.1.6) stellt sich die Frage, ob ähnliche Bewegungen und Elemente in bezug auf das ζωή-Vokabular bereits im AT vorhanden sind. Im folgenden Exkurs wird versucht, diese Frage anhand der drei Stellen bzw. Texte (Dtn 8,3; Weish 16 und Jes 55), in welchen das ζωή-Vokabular eine wichtige Rolle hat, zu beantworten.

*Dtn 8,3*

Da der Vergleich vor allem Dtn 8,3[91] betrifft, wird dieser Vers in seinen ÄE angegeben:

| ÄE | Dtn 8,3 (MT) | Dtn 8,3 (LXX) |
|---|---|---|
| a | וַיְעַנְּךָ | καὶ ἐκάκωσέν σε |
| b | וַיַּרְעִבֶךָ | καὶ ἐλιμαγχόνησέν σε |
| c | וַיַּאֲכִלְךָ אֶת־הַמָּן | καὶ ἐψώμισέν σε τὸ μαννα |
| d | אֲשֶׁר לֹא־יָדַעְתָּ | |
| e | וְלֹא יָדְעוּן אֲבֹתֶיךָ | ὃ οὐκ εἴδησαν οἱ πατέρες σου |
| f | לְמַעַן הוֹדִעֲךָ | ἵνα ἀναγγείλῃ σοι |
| g | כִּי לֹא עַל־הַלֶּחֶם לְבַדּוֹ יִחְיֶה הָאָדָם | ὅτι οὐκ ἐπ' ἄρτῳ μόνῳ ζήσεται ὁ ἄνθρωπος |
| h | כִּי עַל־כָּל־מוֹצָא פִי־יְהוָה יִחְיֶה הָאָדָם | ἀλλ' ἐπὶ παντὶ ῥήματι τῷ ἐκπορευομένῳ |
| | | διὰ στόματος θεοῦ ζήσεται ὁ ἄνθρωπος |

TABELLE 51

Hinsichtlich der Lebensthematik lassen sich zwischen Dtn 8,3 und Joh 6 folgende Berührungen erkennen, wobei gleichzeitig mit Unterschieden zu rechnen ist:

(1) Verbindung des ζωή-Vokabulars mit „Brot" (im eigentlichen Sinn in Dtn 8,3g; im bildhaften Sinn in Joh 6,33.35b.48.51d-e) und mit „Worten" („Gottes Worte"[92] in Dtn 8,3h; „Jesu Worte" in Joh 6,63cdf. 68d).

(2) Entwicklung und Vertiefung der Lebensthematik von der konkreten Nahrung („das Brot" in Dtn 8,3g; „die vergehende Speise" in Joh 6,27a-b) bis zu den „Worten": Das, was Dtn 8,3g-h kurz in einem Vers ausdrückt, erweitert Joh 6,25-71 mit siebenundvierzig Versen.

[91] Dtn 8,3 wird im NT 2mal zitiert, beidemal innerhalb der direkten Personenrede Jesu in seiner Antwort auf die Frage des Versuchers: in Mt 4,4 (zugleich die ersten Worte des mt. Jesus) und in Lk 4,4.

[92] In Dtn 5,26 wird Gott selbst als „lebendig" (חַי/ζῶ als Ptz.) charakterisiert. Dementsprechend kommt diese Eigenschaft Gottes auch in seinen Worten zum Ausdruck (vgl. Dtn 8,3).

(3) Reflexion und Vergegenwärtigung[93] der Erfahrung der Väter mit dem Manna in der Wüste (Dtn 8,3c und Joh 6,31a.49a): Obwohl es sich um ein vergangenes Ereignis handelt, werden sowohl die unmittelbaren Adressaten des Mose in Dtn 8,3 als auch die Gesprächspartner Jesu in Joh 6,32 so angesprochen, als hätten sie selbst wie ihre Väter dieses Ereignis erlebt. Weiter fällt die unterschiedliche Beziehung zum Manna auf: a) In Dtn 8,3d-e wird zuerst das Nicht-Kennen des Mannas unterstrichen (2mal im MT, 1mal in der LXX). Die Speisung mit dem Manna[94] wird als Voraussetzung der wahren Erkenntnis dessen, wovon der Mensch lebt, gesehen.[95] b) In Joh 6,30f ist das Manna zuerst der Maßstab der Gesprächspartner Jesu für das geforderte Zeichen. Aus der Perspektive Jesu ist das Manna kein Mittel gegen Sterblichkeit und unterscheidet sich vom wahren Brot vom Himmel, das nur Jesus selbst ist.

(4) Die Adressaten des Lebens/der Lebenszusagen werden als einzelne Personen, zugleich aber universal charakterisiert (zu den Adressaten in Joh 6 siehe 2.1.6, 2.2.3). In Dtn 8,3g-h ist „der Mensch" (אָדָם/ἄνθρωπος in der LXX) 2mal das Subjekt des Verbs „leben", wobei ein steigender Parallelismus entsteht. Obwohl Dtn 8,3 innerhalb der direkten Rede an Israel vorkommt, hat dieser Vers aufgrund seiner allgemeinen Formulierung eine Aussagekraft, die für jeden einzelnen Menschen (auch auf den KN 4-5) von Bedeutung sein kann.[96]

93 In diesem Sinn bemerkt L. PERLITT, Mensch 81, daß „der Verfasser von Dtn 8 seine poetische Potenz nicht auf das Manna von Gestern, sondern auf das schöne Land von Morgen (=Heute) lenkt". C. WESTERMANN, Mahnung 55, stellt fest, daß bei den Mahnungen zum Gedenken und Erkennen (z.B. in Dtn 4,9f; 8,2.18) der Nachdruck gerade auf dem Vergegenwärtigen der Geschichte liegt.

94 T. VEIJOLA, Mensch 106, schreibt treffend, daß die Sättigung mit dem Manna der Lehre einer geistlichen Wahrheit diente. Bei dieser Wahrheit geht es „erstens um den Menschen ... nicht nur um Israel oder dessen einzelne Glieder, ... zweitens ... um sein [des Menschen] Leben ... Drittens und vor allem geht es darum, wovon der Mensch denn letztlich lebt" (ebd. 106).

95 Die Verbindung חיה + על gehört nach L. PERLITT, Mensch 89, zu „einer theologisch reflektierten Terminologie, die sich die Grundbedeutung der Präposition zunutze macht".

96 Das im Deuteronomiumbuch nicht sehr häufig (7mal) verwendete Wort אָדָם findet sich in Dtn 8,3 2mal. Die Verbindung mit dem Verb „leben" und der Parallelismus sind weitere Signale, die auf diese Stelle und ihre Relevanz aufmerksam machen. Auf den Menschen als Subjekt in Dtn 8,3f-h macht L. PERLITT, Mensch 84f, aufmerksam und stellt aus diesem Grund fest, daß Dtn 8,3f-h das Gefüge des Kontextes übersteigt: „Das im Kontext angeredete ‚du' erscheint nun gleichsam als Spezialfall dessen, was in v. 3b vom Menschen gesagt wird. So hat Dtn 8 durch diese Anreicherung einen Nebenakzent bekommen, der in der Wirkungsgeschichte des Textes geradezu zum Hauptakzent wurde. Tatsächlich heißt durch diese Akzentverschiebung die Frage

(5) Das Leben als Mitteilung Gottes: Die Begründung in Dtn 8,3g-h, daß das Leben dem Menschen nicht nur durch das Brot, sondern durch jedes Wort Gottes ermöglicht wird, weist darauf hin, daß der Mensch wesentlich durch die Mitteilung Gottes lebt. Die Lebenswirklichkeit ist dadurch ein Kommunikations- bzw. Beziehungsgeschehen zwischen Gott und dem Menschen. Der Mensch kann sich selbst das Leben nicht geben. Er bleibt auf die Mitteilung Gottes angewiesen (vgl. ähnliche Ergebnisse in Joh 6 in 2.1.2 – 2.1.6, 2.2.1).

Zur Berührungen zwischen beiden Texten kommt auch in bezug auf den (weiteren) Kontext. In diesem Zusammenhang sind vor allem folgende zwei Aspekte zu erwähnen:
(1) Didaktik und Lebensthematik
a) Paränese: Dtn 8,3 findet sich innerhalb eines großen Teiles des Deuteronomiumbuches (Dtn 6-11), dessen Charakteristikum die Paränesen sind. Dtn 8 ist die dritte von den insgesamt fünf Paränesen in diesem Teil, mit dem zentralen Thema, nicht im Wohlstand Gott zu vergessen (vgl. Dtn 8,11). Diese Paränese betrifft direkt die Lebenswirklichkeit ihrer Adressaten, was auch aufgrund der Verbindungen zwischen Dtn 8,11 mit Dtn 8,1.3 deutlich ist.[97] Denn nur dann, wenn die Beziehung zu Gott besteht, die hier im Halten seines ganzen Gebotes zum Ausdruck kommt, können Gottes Zusagen des Lebens, der Nachkommenschaft und des Landes in Erfüllung gehen (Dtn 8,1).[98] Ähnlich wie es sich in Dtn 8,3 um eine mit der Lebensthematik verbundenen Paränese handelt, finden sich in Joh 6 zahlreiche Zusagen des Lebens und mih ihren Aufforderungen wie auch ein didaktisch aufgebauter Spannungsbogen über das ζωή-Vokabular (vgl. 2.2.2).

nicht mehr, ob, wann und unter welchen Bedingungen Israel vom Manna lebte, sondern – unter dem Zwang von האדם – wovon der Mensch überhaupt lebt."

97 In Dtn 8 (MT)/Dtn 8 (LXX) findet sich das Verb „leben" ( חיה/ζῶ) nur in VV. 1.3 (2mal ).

98 Die Zusage des Lebens „damit ihr lebt"/„damit du lebst" ( חיה + לְמַעַן/ἵνα ζῆτε) findet sich zusammen mit der Zusage der Inbesitznahme des Landes auch in Dtn 4,1; 5,33 (nur im MT); 8,1; 11,8 (nur in der LXX); 16,20; 30,16 (ohne „damit", aber mit ו /καί). Auffällig an diesen Stellen ist, daß die Zusage des Lebens immer als erste vorkommt, obwohl das Land eines der wichtigsten Motive im ganzen Buch ist. Nach meiner Ansicht ist diese Priorität des Lebens vor dem Land bewußt gesetzt, denn ohne das Leben bleibt die Zusage des Landes sinnlos. Diese Anordnung der Zusagen wurde bislang in der Literatur nicht viel beachtet, auch innerhalb der Auslegung von Dtn 8,3 nicht; vgl. G. BRAULIK, Dtn I 68f; D. L. CHRISTENSEN, Dtn I 175; M. ROSE, Dtn II 458f; E. NIELSEN, Dtn 105. L. PERLITT, Mensch 82, weist darauf hin, daß im Deuteronomiumbuch auf לְמַעַן als Zweckbestimmungen vor allem zwei Möglichkeiten folgen: a) das Verb „leben" (חיה); b) verschiedene Verben der Erkenntnis wie למד und ידע.

b) Didaktisches Wortfeld und didaktische Motive: (a) „Prüfen“: In Dtn 8,3 wird die vierzigjährige Erfahrung Israels in der Wüste auch als Prüfung durch Gott verstanden (vgl. Dtn 8,2.16).[99] Die Frage Jesu an seine Jünger (Joh 6,6e-f) leitet der Erzähler als Prüfen (Joh 6,6b) ein, wobei die entsprechende Antwort erst von Petrus (Joh 6,68b-69c) erfolgt. Die Absicht dieses Prüfens in beiden Texten ist vor allem eine tiefere Erkenntnis der Lebenswirklichkeit. (b) Gott als „Erzieher“ bzw. „Lehrer“: Das Motiv in Dtn 8,5, daß Gott selbst Israel (in der 2.P.Sg.) wie einen Sohn erzieht[100], erinnert an die Zusage in Joh 6,45b (Zitat aus Jes 54,13a), daß alle von Gott selbst gelehrt werden. (c) „Das Hören auf Gott/die Stimme Gottes“ wird sowohl in Dtn 8,20 (als Negation) als auch in Joh 6,45c thematisiert. (d) Der Aufruf in Dtn 8,1, das Gebot zu tun, erinnert an die Frage der Menschen in Joh 6,28b-c: „Was sollen wir tun, damit wir die Werke Gottes wirken?“

(2) Entscheidung und Leben

Hinsichtlich der Lebensthematik fällt im Deuteronomiumbuch die folgende Bewegung auf: Mose gibt seinen Adressaten nicht nur die Zusage des Lebens (wie in Dtn 8,1), sondern er legt ihnen das Leben und den Tod vor und stellt sie (in der 2.P.Sg.)[101] unmittelbar vor die Entscheidung (Dtn 30,15.19).[102] Dabei fordert er sie auf, das Leben zu wählen.[103] Ähnlich stellt auch Joh 6 seine Adressaten vor die das Leben betreffende Entscheidung (vgl. 4).

*Weish 16*

Zwischen Weish 16 und dem Joh-Ev besteht eine außergewöhnliche Gemeinsamkeit. In beiden Texten werden nämlich folgende zwei Motive aus der Wüstenwanderung Israels aufgegriffen: „die eherne Schlange“ (Num 21,4-9; vgl. Weish 16,6-8; Joh 3,14) und „das Manna“

[99] T. VEIJOLA, Mensch 100, spricht von der „göttlichen Pädagogik“.

[100] G. BRAULIK, Dtn I 67, bezeichnet Gott als „väterlichen Erzieher“. Weiter bemerkt er: „Immer aber erzieht Gott sein Volk in der Geschichte, während ‚lehren‘ und ‚lernen‘ im Dtn ausschließlich den Menschen vorbehalten bleiben und Jahwefurcht bzw. das Gesetz vermitteln“ (ebd. 70).

[101] Das dreifache Vorkommen des emphatischen Personalpronomens אתה in Dtn 30,16.18f deutet nach T. A. LENCHAK, Life 202, an, daß die Entscheidung von jeder einzelnen Person verlangt wird: „It is up to every individual in the audience to make this choice.“

[102] Betreffend die Zusagen des Lebens wird der Mensch/werden die Menschen nach L. PERLITT, Mensch 82, zum Hören, Bewahren und Befolgen der Satzungen Gottes (Dtn 4,1; 8,1), zur Liebe zu ihm (Dtn 30,6) und zum Wählen des Lebens (Dtn 30,19) aufgefordert.

[103] Nach E. NIELSEN, Dtn 272, wird damit „die Wahlmöglichkeit nicht in objektiver Neutralität vorgebracht“.

bzw. „das Brot vom Himmel“[104] (Ex 16,4; Num 11,6.7.9; vgl. Weish 16,20f. 25f; Joh 6,31-33.41c-d.49f.58).[105] Im zweiten Fall lassen sich im Hinblick auf die Lebensthematik zwischen Weish 16 und Joh 6 neben zahlreichen Unterschieden vor allem folgende Gemeinsamkeiten und Berührungen erkennen:

(1) Beide Texte reflektieren die Erfahrung mit dem Manna. In Weish 16,20 wird das Wort μάννα nicht verwendet, jedoch ἄρτος ἀπ' οὐρανοῦ, das zum ersten Mal in Ex 16,4 als ἄρτος ἐκ τοῦ οὐρανοῦ vorkommt. „Brot vom Himmel“ ist auch in Joh 6 einer der zentralen Begriffe, der auch in der Selbstprädikation Jesu vorkommt. In ihren Reflexionen stellen beide Texte heraus, daß Gott (in der 2.P.Sg. in Weish 16 und in der 3.P.Sg. in Joh 6,32d) der Geber dieses Brotes ist. Das Besondere in Weish 16,20f ist die umfangreiche Beschreibung der Nahrung: Dieses Brot ist die Speise der Engel.[106] Gott engagiert sich unermüdlich, um sein Volk mit diesem Brot zu versorgen. Es ist fertiges Brot vom Himmel und kann sich an den Genuß jedes Einzelnen anpassen und sein Verlangen erfüllen. Durch dieses Brot offenbart Gott seine „Süßigkeit“ seinen Kindern. Es hat auch eine Lehrfunktion, die sich gerade der Lebensthematik widmet (Weish 16,26).

(2) Die Lebensthematik wird in beiden Texten vertieft, in Weish 16,26 kurz und prägnant (vgl. Dtn 8,3) im Unterschied zu Joh 6. Nicht die verschiedenartigen Früchte ernähren den Menschen, sondern das Wort Gottes erhält alle, die ihm vertrauen. Nur Gott hat Gewalt über Leben und Tod (Weish 16,13; vgl. Dtn 32,39; 1 Sam 2,6).[107] Demgegenüber kann der Mensch nur töten, nicht aber lebendig machen (Weish 16,14). Das Leben geht auf Gott zurück (vgl. Joh 6,57a-b).[108] Mit dem Vokativ κύριε wird in Weish 16,12.26 Gott angeredet, in Joh 6,34b.68b Jesus.

[104] Dieser Thematik widmet sich ausführlich die Arbeit von P. DUMOULIN, Manne. Sein Vergleich mit Joh 6 ist m.E. insofern fraglich, als er die eucharistische Deutung dieses Textes als Basis nimmt (ebd. 157).

[105] G. SCARPAT, Weish III 177, macht aufmerksam, daß in Weish 16 sowie im ganzen Weisheitsbuch der Name Μωϋσῆς fehlt.

[106] Diese Bezeichnung meint nach H. ENGEL, Weish 252, nicht, daß Engel Nahrung zu sich nehmen, sondern bezeichnet vielmehr den Herkunftsbereich des Mannas.

[107] Vgl. H. HÜBNER, Weish 194; G. SCARPAT, Weish III 184; D. WINSTON, Weish 300; U. SCHWENK-BRESSLER, Sapientia 187f.

[108] Ähnlich wie die Reflexion über das Manna führt auch das Nachdenken über die eherne Schlange zur theologischen Vertiefung. Sie wird zugleich von den (magischen) Mißverständnissen geschützt. Derjenige, der rettet, ist nicht das σύμβολον σωτηρίας, sondern Gott selbst in Weish 16,6f. Gott wird „Retter aller“ (Weish 16,7) genannt. Seinem Wort wird heilende Kraft zugeschrieben (Weish 16,12). Vgl. H. ENGEL, Weish 244; H. HÜBNER, Weish 192; U. SCHWENK-BRESSLER, Sapientia 178.

(3) Die Aussagen über das Leben haben einen universalen Charakter (Gott als Retter „aller" in Weish 16,7, sein Wort[109] als heilende Kraft[110] für „alle" in Weish 16,12, das Geschenk Gottes als Nahrung für „alle" in Weish 16,25, „der Mensch" [ἄνθρωπος] in Weish 16,26 [vgl. Dtn 8,3]), zugleich haben sie aber auch den Menschen als einzelne Person in seiner Einzigartigkeit im Blick („jeden Genuß und jeden Geschmack" in Weih 16,20, „das Verlangen und der Wille jedes Einzelnen" in Weish 16,21, „der Mensch" im Sg. in Weish 16,26). Die Berührungen mit Joh 6 sind vor allem in den Ausführungen im Abschnitt über die Adressaten (vgl. 2.1.6, 2.2.3) erkennbar.
(4) Nach Weish 16 kommt in beiden Ereignissen in der Wüste (mit der ehernen Schlange und mit dem Manna) Gottes Didaktik zum Ausdruck, wobei sowohl die Feinde Israels als auch diejenigen, die auf Gott vertrauen, betroffen sind.[111] Einige der wichtigsten Ziele dieser Lehre Gottes[112] sind: die Gottesvorstellung, daß Gott derjenige ist, der aus allem Übel erlöst, das Erinnern an die Worte Gottes (Weish 16,11) und ihre für das Leben entscheidende Rolle (Weish 16,26) sowie die Ermahnung vor dem Vergessen (Weish 16,11; vgl. Dtn 8,11). (Zur Didaktik in Joh 6 siehe 2.2.2).
(5) Die Eigenschaft des Wortes Gottes, wirksam zu heilen und am Leben zu erhalten (Weish 16,12.26)[113] zeigt, daß sowohl die Rettung bzw. das Heil als auch die Lebenswirklichkeit des Menschen ein Beziehungs- und Kommunikationsgeschehen ist, wobei Gott selbst sich dem Menschen mitteilt.[114] In diesem Geschehen wird der Mensch zum Vertrauen auf Gott aufgefordert (Weish 16,26), damit er zur Wahrnehmung seines Wortes fähig wird.

[109] Aufgrund dieser Bezeichnungen Gottes und seines Wortes spricht H. HÜBNER, Weish 192f, von „Theologie" und „Wort-Theologie".

[110] In Ex 15,26 nennt Gott sich selbst „Arzt Israels"; vgl. U. SCHWENK-BRESSLER, Sapientia 185.

[111] H. ENGEL, Weish 244, hebt hervor, daß die Rettungs- und Wohltaten Gottes an seinem Volk auch den Feinden Möglichkeit der Gotteserkenntnis gewähren.

[112] Zur Pädagogik Gottes siehe U. SCHWENK-BRESSLER, Sapientia 223-226.

[113] H. ENGEL, Weish 247, schreibt: „Wie die ‚Weisheit' (vgl. 7,12.22a) ist auch das ‚Wort' Gottes eine literarische Personifikation, nicht eine selbständige personhafte Gestalt ‚neben' oder gar außerhalb von Gott."

[114] Im Licht dieses Kommunikationsgeschehens behauptet H. HÜBNER, Weish 194, daß der Mensch ohne Gott hoffnungs- und sinnlos bleibt und in diesem Zusammenhang kommt er zum folgenden Gedanken: „Das den Menschen anredende Wort Gottes bringt ihn [den Menschen] zu seinem Selbstverständnis von Gott her."

*Jes 55*

Ein weiterer atl. Text, mit dem Joh 6 einige bemerkenswerte Gemeinsamkeiten auch in bezug auf die Lebensthematik enthält, ist Jes 55. Zu diesen Gemeinsamkeiten gehören vor allem:

(1) Das Wortfeld „Essen und Trinken“, wobei das folgende Vokabular in beiden Texten vorkommt:[115]

| WORT | JES 55 | JOH 6 |
|---|---|---|
| ἄρτος (לֶחֶם) | V. 10 | VV.5e.7b.9b.11a.13b.23b.26f.31c.32cd.33.34c.35b.41c.48.50a.51adf58ae |
| βρῶσις[116] | V. 10 | VV. 27ac.55a |
| ἐσθίω (אכל) | V. 2 | VV. 26f.31ac.49a.50c.51d.52c.53c.58c |
| διψάω (צמא) | V. 1 | V. 35d |
| πίνω[117] | V. 1 | VV. 53d.54a.56 |

TABELLE 52

Dieses Wortfeld und damit die Bedürfnisse der Menschen nach Nahrung und ihre Sättigung werden in beiden Texten nicht nur im eigentlichen, sondern auch im bildhaften Sinn verwendet.[118]

(2) Die Adressaten werden zuerst in ihren Bedürfnissen dargestellt: „durstig“ und „ohne Geld“ (Jes 55,1)[119], völlig mangelhaft versorgt mit Nahrung (nur „fünf Brote und zwei Fische“) und Geld („zweihundert Denare“) (Joh 6,5-9). Sie werden mit Hilfe einer rhetorischen Frage (Jes 55,2)/eines Aufrufs (Joh 6,27) in ihrem Verhalten ermahnt, sich nicht für die vergängliche Nahrung („für das, was kein Brot ist und was nicht sättigt“ Jes 55,2; „für die vergehende Speise“ Joh 27a-b) zu

[115] Zu diesem Wortfeld gehören in Jes 55 noch folgende Worte und Wortverbindungen: „Wasser“, „Wein“, „Milch“ bzw. in der LXX στέαρ („Fett“), „Sättigung“, „Gutes essen“, „die Seele an Fett laben“, indirekt auch „Samen“ und „Säender“.

[116] Im Unterschied zum MT wird Jes 55,10 (LXX) mit dem Wort βρῶσις erweitert.

[117] Im MT findet sich an dieser Stelle das Verb אכל.

[118] W. GRIMM/K. DITTERT, Jes 463, machen auf die chiastische Anordnung der Lebensmittel (Wasser, Wein, Milch, Brot) in Jes 55,1f aufmerksam, wobei die elementaren (Wasser, Brot) und die festlichen (Wein, Milch) Lebensmittel Paare bilden. Dementsprechend bemerken sie, daß „das wahrhaft sich erfüllende Leben nicht nur auf dem täglichen Erhalt der ‚existentiellen Habe‘, des Existenzminimums, basiert (Symbole: Brot und Wasser), sondern auf ein Plus an Freude und Festlichkeit angewiesen ist (Symbole: Milch und Wein)“.

[119] Nach W. GRIMM/K. DITTERT, Jes 462, richten sich die Imperative in Jes 55,1-3 an die Menschen, die ganz נפש sind. In diesem Sinn ist der Mensch „ein allezeit bedürftiges und angewiesenes Wesen, das eine unauslöschliche, vitale Sehnsucht nach Leben in sich trägt, ein Wesen, das nach den Lebensmitteln lechzt, die es nicht an sich und in sich hat, sondern im letzten nur empfangen kann“ (ebd. 462). Präzise Ausführungen zu den Adressaten in Jes 55 siehe bei S. PAGANINI, Weg 44-53.

bemühen.[120] Weiter werden sie eingeladen bzw. aufgefordert, das zu befolgen, was ihnen das Leben im tieferen Sinn („das Laben der Seele am Fetten" Jes 55,2 bzw. „das Leben der Seele" Jes 55,3; vgl. die Zusagen des Lebens in Joh 6 in 2.1.6) ermöglicht bzw. schenkt.
(3) Das Leben zeigt sich als Beziehungs- und Kommunikationsgeschehen. „Das Leben der Seele" (Jes 55,1-3) ist nicht ein Ergebnis des Handelns und der Leistung der Adressaten. Es ist für alle ohne Geld zugänglich.[121] Das einzige, was von den Adressaten erwartet wird, ist, daß sie in das angebotene Beziehungs- und Kommunikationsgeschehen mit dem zu ihnen Sprechenden eintreten und an diesem Geschehen teilnehmen. Das zeigt sich in den mehrfachen Aufrufen zum Hören und zum Gehen/Kommen:[122]

| AUFRUF | JES 55 | MT | LXX |
|---|---|---|---|
| zum Hören | V. 2 | שִׁמְעוּ שָׁמוֹעַ אֵלַי | ἀκούσατέ μου |
| | V. 3 | הַטּוּ אָזְנְכֶם | προσέχετε τοῖς ὠτίοις ὑμῶν |
| | V. 3 | שִׁמְעוּ | ἐπακούσατέ μου |
| zum Gehen/ Kommen | V. 1 | לְכוּ לַמַּיִם | πορεύεσθε ἐφ' ὕδωρ |
| | V. 1 | לְכוּ | βαδίσαντες |
| | V. 3 | לְכוּ אֵלַי | ἐπακολουθήσατε ταῖς ὁδοῖς μου |

TABELLE 53

Das Personalsuffix in der 1.P.Sg (Jes 55,2f) bestimmt die Richtung des Hörens bzw. Gehens. Beim Aufruf zum Gehen/Kommen fällt die Verschiebung von den Wassern (MT)/Wasser (LXX) zum „Ich" des Sprechers (1.P.Sg) auf.[123] Dieser Aspekt des Lebens wird im Gespräch in Joh 6 vertieft und mit neuen Elementen, vor allem mit den christologischen, erweitert. Für denjenigen, der zu Jesus kommt, gelten seine Zusagen in Joh 6,35c.37b.44e. Am Kommen zu Jesus ist der Vater wesentlich beteiligt, denn nur derjenige kann zu Jesus kommen, den der Vater ihm gegeben hat (Joh 6,37a)/den der Vater zu Jesus zieht (Joh 6,44.65c-d)/der der Schüler des Vaters ist (Joh 6,45c). Noch stärker werden dieses Beziehungs- und Kommunikationsgeschehen und auch die Lebenszusagen auf bildhafte Weise mit den Aufrufen Jesu zum Essen und Trinken (vor allem in Joh 6,53-58) ausgedrückt.

[120] Vgl. R. E. BROWN, Joh I 264; V. MANNUCCI, Joh 114.
[121] Die universale Offenheit hinsichtlich der Adressaten unterstreichen auch J. D. W. WATTS, Jes II 246.250; U. BERGES, Buch 136.
[122] Siehe die Ausführungen zu den Imperativen in Jes 55,1-3 bei S. PAGANINI, Weg 86-99, innerhalb seiner Analyse der sprachlichen und poetischen Feingestaltung von Jes 55.
[123] Zur Prolblematik des Sprechers in Jes 55 siehe S. PAGANINI, Weg 35f.

(4) Die Bewegung von der Nahrung zum Wort:[124] Zuerst geschieht diese Bewegung in Jes 55,1-3. Obwohl von „Worten" nicht explizit die Rede ist, sind sie aufgrund der mehrfachen Aufrufe zum „Hören" vorauszusetzen.[125] Durch das Hören ist das Leben für die Adressaten zugänglich.[126] Beachtenswert ist, daß noch in demselben Kapitel „Gottes Wort" und seine verläßliche Wirksamkeit ein wichtiges Thema ist (Jes 55,10f), das mit den Bildern aus der Natur – Regen und Schnee und ihrem Wirken – verglichen wird. Die Gemeinsamkeiten zwischen dem „Wort Gottes" in Jes 55 und Jesus (dem Bild vom „Brot") und seinen Worten in Joh 6 sind: der Himmel als Ort der Herkunft und der Rückkehr, die Zugehörigkeit zu Gott, die Sendung durch Gott und die verläßliche Ausführung des Auftrages Gottes.

*Ergebnis:* Obwohl der Spannungsbogen über das ζωή-Vokabular in Joh 6 in seiner Komplexität und Länge einmalig ist, ist er nicht ein absolutes Novum in der Bibel. Einige ähnliche Konstellationen, in denen das ζωή-Vokabular mit den verschiedenen Elementen (z.B. Nahrung, Brot, das Wort Gottes) zusammen vorkommt und dabei eine Bewegung bzw. einen Spannungsbogen bildet, finden sich bereits in einigen atl. Texten. Unter ihnen sind vor allem Dtn 8,3 und Weish 16 relevant, weil sie ebenso wie Joh 6 die Erfahrung der Väter in der Wüste mit dem Brot vom Himmel bzw. dem Manna (Ex 16; Num 11) aufgreifen, reflektieren und aktualisieren.[127] Außerdem fallen zahlreiche Bezüge hinsichtlich der Lebensthematik auch zwischen Joh 6 und Jes 55 auf. Alle drei erwähnten atl. Texte verbinden die Lebensthematik zuerst mit Nahrung und danach mit den Worten Gottes. Gerade eine solche Bewegung, von der Nahrung als Ausgangselement zu den Worten Jesu als letztem Element, vollzieht sich im Spannungsbogen in Joh 6.

*Ende des Exkurses*

[124] Diese Bewegung in Jes 55 sieht auch D. M. SWANCUTT, Hungers 239.

[125] Diesen Zusammenhang erkennen auch U. BERGES, Buch 398; W. GRIMM/K. DITTERT, Jes 463; M. C. A. KORPEL, Metaphors 49.

[126] Die Relevanz der Lebensthematik in Jes 55,1-3 unterstreicht S. PAGANINI, Weg 67f, der das ausschlaggebende Sprachfeld in diesen Versen „Leben in Fülle für bedürftige Menschen" nennt und mit Hilfe einer Tabelle darstellt. Ebenso erkennt er eine bestimmte Bewegung in Jes 55,1-3, nämlich daß „angesichts der Situation der Adressaten die erlösende und befreiende Botschaft mehrere Male vereinfacht wird, bis sie nur noch aus zwei Worten besteht (ותחי נפשכם) ... Brot für den Essenden wird es dann geben, wenn das Hören auf das Wort Gottes ausgerichtet ist" (ebd. 67f).

[127] PÄPSTLICHE BIBELKOMMISSION, Volk 38, erwähnt Dtn 8,2f als Beispiel einer „Wiederaufnahme" bzw. eines „Wiederlesens" (relecture) innerhalb des AT: „So las man etwa die Geschichte vom Manna neu; man leugnete nicht die ursprüngliche Vorgabe, doch vertiefte man den Sinn, indem man im Manna das Sinnbild des Wortes erblickte, mit dem Gott beständig sein Volk ernährt (vgl. Dtn 8,2-3)."

### *2.2 Bedeutung des Spannungsbogens über das ζωή-Vokabular*

Im vorherigen Abschnitt (vgl. 2.1) wurde der Spannungsbogen, den das ζωή-Vokabular in Joh 6 bildet, zuerst mit Hilfe einer Tabelle dargestellt und danach in seinen einzelnen Elementen: die Speise (vgl. 2.1.1), Jesus (vgl. 2.1.2), der Vater (vgl. 2.1.3), der Geist (vgl. 2.1.4), die Worte Jesu (vgl. 2.1.5) und die Adressaten (vgl. 2.1.6). In diesem Abschnitt wird versucht, die Frage zu beantworten, welche Bedeutung der Spannungsbogen über das ζωή-Vokabular in Joh 6 als Ganzes hat.

#### 2.2.1 Komplexität der Lebenswirklichkeit

Wie die tabellarische Darstellung des Spannungsbogens über das ζωή-Vokabular in Joh 6,25-71 (vgl. TABELLE 45) zeigt, wird die Lebenswirklichkeit in Joh 6,25-71 zuerst indirekt in den Bildern der Nahrung (Speise, Brot) ausgedrückt, im Verlauf des Gesprächs aber immer deutlicher unmittelbar auf die Personen (Jesus, auch sein Fleisch und Blut und seine Worte, den Vater, den Geist und die Adressaten) bezogen.

Im ganzen Joh-Ev werden nur in diesem Gespräch in Joh 6 der Vater, Jesus und der Geist innerhalb derselben Texteinheit direkt mit dem ζωή-Vokabular als Geber/Gabe des Lebens charakterisiert und als solche auch miteinander in Verbindung gebracht. Diese Tatsache ist wichtig sowohl für das ζωή-Verständnis als auch für die biblische Theologie des gesamten Joh-Ev. Obwohl sich der Großteil des ζωή-Vokabulars um die Person Jesu verdichtet, ist es zu wenig, das Leben nur auf diese bedeutsame christologische Dimension zu reduzieren. Jesus selbst unterstreicht sowohl die theologische Dimension des Lebens als auch die pneumatologische. Die theologische Dimension hat für Jesus ein unersetzbares Gewicht, weil sein eigenes Leben ohne den Vater unvorstellbar bleibt. Denn er lebt durch den Vater (V. 57b), durch die ständige Verbundenheit mit ihm. Ebenso bleibt sein Aufstieg zum Vater, der auch durch die Auferstehung von den Toten führt, ohne das Wirken des lebendig machenden Geistes unmöglich (VV. 62-63b). Ähnliches gilt auch für seine Worte (V. 63c-f). Ihre Kraft, Leben zu vermitteln, ist der Wirkung des Geistes in ihnen zu verdanken.

Das Mitwirken des Vaters, des Sohnes und des Geistes geschieht für das Leben der Welt. Die soteriologische Dimension des Lebens ist ein ständiges Anliegen Jesu in diesem Gespräch. Durch die zahlreichen Zusagen des Lebens und die mit ihnen verbundenen Voraussetzungen wird der Einzelne, aber auch die ganze Welt – die ganze Menschheit – in das ζωή-Geschehen eingeschlossen. Auf diese Weise enthält Joh 6 einige der hoffnungsvollsten Aussagen Jesu für die Welt innerhalb des Joh-Ev.

Jesus ist der einzige, der nicht nur Geber/Gabe des Lebens ist, sondern auch sein Empfänger (V. 57b). Das Leben Jesu „durch" den Vater ist der Grund, das Vorbild und das Ziel für das Leben der Menschen „durch" Jesus.

Zusammenfassend läßt sich sagen: Der Spannungsbogen über das ζωή-Vokabular in Joh 6 führt zu einem ζωή-Verständnis, das eine komplexe Verbindung der christologischen, theologischen, pneumatologischen und soteriologischen Dimension der Lebenswirklichkeit beinhaltet. Diese Komplexität und Verdichtung der Lebensthematik in Joh 6 ist im ganzen Joh-Ev einmalig und dient als hermeneutische Hilfe zu diesem Thema im gesamten Evangelium.

### 2.2.2 Didaktischer Aufbau des Spannungsbogens über das ζωή-Vokabular

Der Spannungsbogen über das ζωή-Vokabular in Joh 6 hat einen gut durchdachten didaktischen Aufbau[128], den folgende seiner Eigenschaften zum Ausdruck bringen:
(1) Die Bewegung der Lebensthematik von der Speise bis zum Geist und zu den Worten Jesu: Am Anfang des Gesprächs verbindet der joh. Jesus die Lebensthematik mit der Speise, am Ende mit dem Geist und seinen Worten. Damit knüpft er zuerst das Thema Leben an die aktuelle Situation seiner Gesprächspartner, an ihre allgemein menschlichen Erfahrungen und auch an ihre Glaubenstradition. Dadurch macht er die Adressaten aufmerksam und hellhörig für seine Worte.

[128] Ähnlich sieht M. LABAHN, Jesus 302, in Joh 6 eine „Paraklese im Dreifachsinn" (zum Trost, zur Ermunterung und zur Ermahnung der Gemeinde). Im zweiten Punkt (Ermunterung der Gemeinde) verbindet M. Labahn die Paraklese mit der Lebensthematik: einerseits mit der lebensspendenden Bedeutung der Sendung Jesu und andererseits mit der Anteilnahme der Gemeinde an ihr. Dadurch unterstreicht er aber nur einige Elemente des Spannungsbogens über das ζωή-Vokabular in Joh 6. Weiter ist auffällig, daß der Adressat der gesamten Paraklese nach M. Labahn nur die Gemeinde ist. Warum Jesus seinen Adressaten hauptsächlich in der 3.P.Sg. und auch auf den verschiedenen KN anspricht, beantwortet seine Auffassung der Paraklese in Joh 6 nicht. Auch im Blick auf das gesamte Joh-Ev ist eine didaktische Absicht des Autors erkennbar. Dazu schreibt u.a. L. SCHENKE, Joh 400: „Ihm [dem Autor] liegt daran, daß sie [die Leser] Jesu Wirken und Worte richtig und in ihrer tiefen Bedeutung verstehen. Sie sollen durch das Lesen des Werkes etwas lernen." Ähnlich sieht auch J. ZUMSTEIN, Johannesevangelium 38, im Joh-Ev die Absicht, „den Leser von einem elementaren Glauben zu einem nach joh Verständnis vertieften Glauben zu führen". Dieses Phänomen bezeichnet W. A. MEEKS, Funktion 261, als „eine didaktische Spirale".

Anschließend entwickelt und vertieft er die Lebensthematik Schritt für Schritt bis zu ihren letzten Verbindungen mit dem Geist und mit seinen Worten. Auf diese Weise kommt er seinen Gesprächspartnern und auch den Lesern entgegen, da er ihnen das Wesen des Lebens schrittweise immer tiefer offenbart.

(2) Die mehrfachen Zusagen des Lebens: Den Spannungsbogen über das ζωή-Vokabular bilden nicht nur der Geber/die Gabe des Lebens, sondern auch die Adressaten der Lebenszusagen. Sie werden ständig im Verlauf des Gesprächs direkt angesprochen, meistens als einzelne Personen (in der 3.P.Sg.). Dadurch kann sich auch der Leser auf den KN 4-5 als Adressat der Lebenszusagen erkennen. Er kann erfahren, wie das ewige Leben für ihn zugänglich ist. Die Zusagen des Lebens klingen im Gespräch wie ein Refrain mit verschiedenen Variationen. Ihre Adressaten, zu denen auch der Leser gehört, werden dadurch motiviert und zur Entscheidung aufgefordert, die Worte Jesu und damit auch seine Lebenszusagen und ihre Voraussetzungen anzunehmen.[129]

### 2.2.3 Offenheit der Lebenswirklichkeit für jeden Einzelnen bzw. für den universalen Kreis der Adressaten

Die Lebenszusagen Jesu in Joh 6 gewinnen durch die Offenheit hinsichtlich der Adressaten stark an ihrer Aussagekraft und Aktualität. Dafür sprechen folgende Aspekte[130]:

(1) Der Adressat der Lebenszusagen Jesu ist fast ausschließlich der Einzelne (VV. 35cd.40b.47b.51d.54a.57.58). Nicht die formale Zugehörigkeit zu einer konkreten Personengruppe (z.B. die Juden, die Jünger Jesu oder die Zwölf) ist die Bedingung für die Aufnahme des

[129] Vgl. F. MUSSNER, Achse 247-251. Zu einem ähnlichen Ergebnis kommt in der Untersuchung zu Joh 11 J. KREMER, Lazarus 69: „Durch die allgemeingültige Formulierung kommt diesem Spruch von VV. 25b.26a, ähnlich wie den Worten Jesu in VV. 9f.15, ein paränetischer (appellativer) Charakter zu: Er fordert zum Glauben an Jesus Christus auf. Dies wird durch die abschließende Frage ‚glaubst du das?' unterstrichen." Dieser Appell gilt auch für die Leser wie ders., Zukunft 68, schreibt: „Die Art und Weise der Darstellung verrät schließlich das große Interesse daran, den Leser persönlich anzusprechen. Diesem Ziel dient der gewählte Stil des Dialogs; denn dieser zieht die Leser in den Bann, zumal die Frauen, Jünger und Juden das aussprechen, was die Leser selbst empfinden. Unbewußt identifizieren sie sich daher mit den einzelnen Personen und werden zu einer Stellungnahme herausgefordert. Die schon erwähnten appellativen Signale am Ende einzelner Abschnitte (VV. 16.26f.36f.44.45f.) zeigen ebenfalls, wie sehr der Schriftsteller die Leser zum Handeln motivieren möchte."

[130] Ausführlicher zu diesen Aspekten siehe in 2.1.6.

Lebens, sondern die im Glauben vertiefte Beziehung des Einzelnen zu Jesus (dauerhafter Charakter durch die partizipialen Formen).[131]
(2) Aufgrund der allgemeinen Formulierungen (z.B. „jeder den Sohn Sehende und an ihn Glaubende" in V. 40b, „der dieses Brot Verzehrende" in V. 58)[132] gelten die Zusagen Jesu nicht nur für seine unmittelbaren Gesprächspartner, sondern ebenso stark für die Einzelnen auf anderen KN. Jesus spricht direkt auch die Leser auf den KN 4-5 an und motiviert sie zur Aufnahme des Lebens. Aus diesem Grund sind seine Zusagen wie damals auch heute und in allen Zeiten aktuell und universal.[133]
(3) Der Adressat der Lebenszusagen ist 2mal die „Welt" (κόσμος) (VV. 33.51h), das bedeutet die ganze Menschheit. Auf diese Weise wird hier noch einmal ausgedrückt, daß die Lebenszusagen Jesu, was ihre Adressaten betrifft, universal bzw. allumfassend zu verstehen sind. Niemand ist von den Lebenszusagen ausgeschlossen, sogar die im Joh-Ev oft kritisierte „Welt" nicht.

## 3. DIE ZUSAGEN DES LEBENS UND DIE ZUSAGEN DER AUFERSTEHUNG

Ein weiteres Merkmal des Gesprächs in Joh 6 ist, daß sich in ihm neben Jesu Zusagen des Lebens auch seine Zusagen der Auferstehung (VV. 39c.40c.44e.54b) finden. Das Verb ἀνίστημι gehört streng philologisch nicht direkt zum ζωή-Vokabular, jedoch zu seinem Wortfeld als eines seiner wesentlichen Elemente.[134] Jesu Zusagen der Auferstehung in Joh 6 (alle auf dem KN 1) stellt folgende Tabelle dar:

[131] Vgl. R. SCHNACKENBURG, Joh II 445.

[132] Siehe die Ausführungen zur TABELLE 50, wo die Adressaten der ζωή-Zusagen mit Hilfe der partizipialen Wortverbindungen (außer in V. 51d) zum Ausdruck kommen.

[133] In dieser Eigenschaft unterscheidet sich die Kommunikationsstruktur des Joh-Ev, besonders die direkte Personenrede Jesu, deutlich von den synoptischen Evangelien bzw. den Aussagen Jesu in ihnen. Treffend sieht U. WILCKENS, Joh 4, daß im Joh-Ev „die ständige Kommunikation mit seinen Lesern ein wesentliches Mittel ist" und daß „der Joh.evangelist ein hohes Maß wacher Mitbeteiligung seiner Leser verlangt". In bezug auf die Lebensthematik in Joh 17 kommt H. RITT, Gebet 353, zu einem ähnlichen Ergebnis: „... so appelliert [der Text] auch an seine Leser bzw. Hörer, sich vorbehaltlos Gott und seinem gesandten Sohn Jesus Christus anzuvertrauen."

[134] Das Verb ἀνίστημι hat im Joh-Ev 8 Belege: Joh 6,39c.40c.44e.54b; 11,23.24.31; 20,9. Dabei fällt Joh 6 aus zwei Gründen auf: Erstens kommt das Verb ἀνίστημι in ihm zum ersten Mal innerhalb des Joh-Ev vor. Zweitens findet sich die Hälfte der Belege gerade in diesem Kapitel. Demgegenüber wird das Substantiv ἀνάστασις in Joh 6 nicht belegt. Dieses hat sonst im Joh-Ev 4 Vorkommen (Joh 5,29[2mal]; 11,24.25).

| V. | Zusage der Auferstehung | | | | |
|---|---|---|---|---|---|
| 39c | | ἀναστήσω | αὐτὸ | | [ἐν] τῇ ἐσχάτῃ ἡμέρᾳ |
| 40c | | ἀναστήσω | αὐτὸν | ἐγὼ | [ἐν] τῇ ἐσχάτῃ ἡμέρᾳ |
| 44e | κἀγὼ | ἀναστήσω | αὐτὸν | | ἐν τῇ ἐσχάτῃ ἡμέρᾳ |
| 54b | κἀγὼ | ἀναστήσω | αὐτὸν | | τῇ ἐσχάτῃ ἡμέρᾳ |

Tabelle 54

In allen vier Fällen ist Jesu Zusage der Auferstehung als eine lange Wendung formuliert, die fast wortgetreu wiedergegeben wird. Gemeinsame Elemente sind: das Verb ἀναστήσω (Ind.Fut.Akt.1.P.Sg.), dessen aktives Subjekt Jesus ist; das Objekt als Personalpronomen αὐτόν (m.3.P.Sg.) außer in V. 39c, wo es als αὐτό (n.3.P.Sg.) vorkommt; die zusätzliche Betonung des Subjektes mit dem Personalpronomen ἐγώ außer in V. 39c; die zeitliche Adverbialbestimmung (ἐν) τῇ ἐσχάτῃ ἡμέρᾳ, die bereits für sich eine Wendung innerhalb dieser langen Wendung bildet. Aufgrund ihres viermaligen Vorkommens und der hier erwähnten Gemeinsamkeiten wird Jesu Zusage der Auferstehung in Joh 6 stark herausgehoben und klingt im Gespräch wie ein Refrain.

Zwischen den Zusagen des Lebens und den Zusagen der Auferstehung in Joh 6 bestehen einerseits Unterschiede, andererseits aber vor allem zahlreiche Gemeinsamkeiten.

*a) Unterschiede*

(1) Die Zusagen der Auferstehung beziehen sich nur auf die Zukunft (ἀνίστημι im Futur), die des Lebens sowohl auf die Gegenwart als auch auf die Zukunft.

(2) Bei der Auferstehung ist die zeitliche Dimension genau mit „dem letzten Tag“ (ἐν τῇ ἐσχάτῃ ἡμέρᾳ) bestimmt und damit auch begrenzt.[135] Demgegenüber ist das Leben als „ewig“ (αἰώνιος) charakterisiert. Für

[135] In Joh 6 findet sich die Wendung (ἐν) τῇ ἐσχάτῃ ἡμέρᾳ 4mal (VV. 39c.40c.44e.54b), immer am Schluß des Satzes. Im Joh-Ev hat sie insgesamt 7 Belege (abgesehen von denen in Joh 6 noch in Joh 7,37; 11,24; 12,48) und ist eines seiner Stilmerkmale. Dafür spricht die Tatsache, daß „der letzte Tag“ als Singular sonst in der ganzen Bibel nur noch in Neh 8,18 vorkommt. Über die joh. Wendung (ἐν) τῇ ἐσχάτῃ ἡμέρᾳ schreiben E. Ruckstuhl/P. Dschulnigg, Stilkritik 135: „Die Wendung wird hier in der Mehrzahl der Fälle für den eschatologischen Tag verwendet, und zwar mit Ausnahme von 12,48 immer in der Verbindung mit ἀνίστημι. Nur 1mal bezeichnet die Wendung den letzten Tag des Laubhüttenfestes (7,37).“ Weiterhin erkennt B. Schwank, Joh 217, die Gemeinsamkeit zwischen Joh 7,37 und Neh 8,18, denn nur an diesen beiden Stellen gilt (ἐν) τῇ ἐσχάτῃ ἡμέρα für den letzten Tag des Festes und nicht wie sonst für den letzten Tag im eschatologischen Sinn. Nach seiner Meinung bleiben aber diese beiden Stellen nicht bedeutungslos für die anderen Belege, die den letzten Tag im eschatologischen Sinn meinen: „Johannes scheint für den ‚Tag des Herrn‘ eine Bezeichnung gewählt zu haben, die sonst beim Höhepunkt einer Festzeit gebraucht wird. Denn bei Johannes ist ‚der Letzte Tag‘ der Tag des endgültigen Sieges für den österlichen Herrn und für die Menschen, die an ihn glauben“ (ebd. 217).

den Glaubenden beginnt es schon jetzt in der Gegenwart und nicht erst nach dem Tod.[136] Es ist nicht mehr durch die Zeitdimension begrenzt und damit auch nicht von ihr abhängig.[137] Es bleibt immer, auch über die Zeit hinaus.[138] Dabei entspricht das ewige Leben gemäß den Worten Jesu nicht bloß der Vorstellung einer unbegrenzten zeitlichen Fortsetzung, sondern einer dynamischen Wirklichkeit, die sich für den Glaubenden innerhalb der Beziehung zu Jesus und zum Vater verwirklicht.[139] Das folgende Schema versucht die Relation zwischen dem Leben und der Auferstehung in Joh 6 graphisch darzustellen:

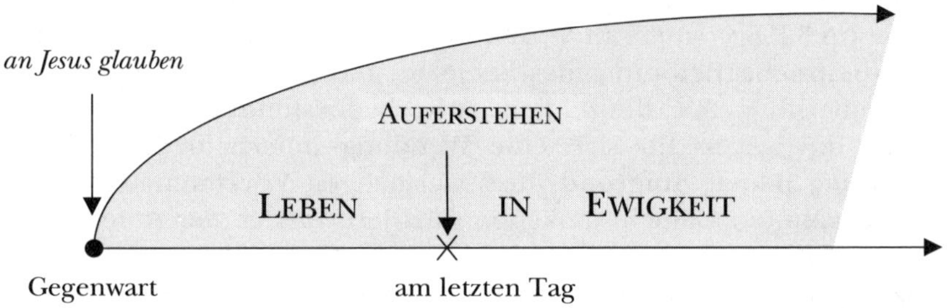


ABBILDUNG 27

[136] Zutreffend formuliert U. SCHNELLE, Joh 82: „Der Glaube ist der Anfang des ewigen Lebens."

[137] In diesem Sinn hat das gegenwärtige Leben im Joh-Ev nach R. SCHNACKENBURG, Joh II 436: „eine ‚offene' Zukunft, wie auch die häufige, allerdings schon formelhafte Wendung εἰς τὸν αἰῶνα nahelegt (6,51.58; 8,51.52; 11,26; vgl. 4,14; 10,28)." Vgl. J. BECKER, Hoffnung 205; J. KREMER, Lazarus 361.

[138] Aus diesem Grund ist m.E. die Behauptung U. WILCKENS, Joh 103, daß „die Gabe ewigen Lebens in der Gegenwart und die zukünftige Totenauferweckung zusammenfallen" nicht ausreichend, da er mit dieser Feststellung den unterschiedlichen und komplementären Eigenschaften der beiden Gaben (des Lebens und der Auferstehung) zu wenig Platz gibt.

[139] Zur selben Auffassung des ewigen Lebens gelangt auch K. STOCK, Jesus 61: „Das ewige Leben ist nicht eine leere Dauer, bei der wir unbegrenzt da sind und dann sehen müssen, was wir mit dieser Dauer und diesem Dasein anfangen. Es ist in sich und von vornherein Gemeinschaft mit Jesus und durch ihn mit dem Vater und mit allen Menschen. Daher beginnt es mit dem Glauben an Jesus." Ähnlich schreibt A. T. LINCOLN, Resurrection 128: „Eternal life in the Fourth Gospel signifies not simply duration." Vor allem die qualitative Bestimmung erkennt U. SCHNELLE, Joh 74, als wichtig für das Verständnis des ewigen Lebens im Joh-Ev: „Das ewige Leben tritt nicht einfach an die Stelle des bisherigen Lebens, vielmehr gelangt nun das Leben zu seiner eigentlichen Bestimmung, indem es von dem geprägt wird, der das Leben ist (vgl. Joh. 1,4)." „Das ewige Leben besitzt eine völlig andere Qualität als das dem Tod verfallene natürliche Leben ... Das ewige Leben ergreift das ganze menschliche Dasein und verleiht ihm über den Tod hinaus eine neue Richtung und einen neuen Sinn" (ebd. 88). „Die Neudefinition von Leben und Tod in der joh. Theologie basiert auf der Überzeugung, daß einzig der Glaube an Jesus Christus und die Gemeinschaft mit ihm das Leben im Vollsinn gewähren" (ebd.190).

*b) Gemeinsamkeiten*

(1) Beide Arten der Zusagen kommen in der direkten Personenrede Jesu auf dem KN 1 vor und verdichten sich am Ende einiger Antworten Jesu. Sie schließen manche Gesprächsabschnitte oder sogar einige Teile des Gespräches ab. In diesen Fällen gehört ihre Stellung zu den privilegierten Positionen im Gespräch.

(2) Beide gehören zu den Spitzenzusagen Jesu in Joh 6, zu denen in diesem Text nur noch die Zusage der reziproken Immanenz in V. 56 (ὁ τρώγων μου τὴν σάρκα καὶ πίνων μου τὸ αἷμα ἐν ἐμοὶ μένει κἀγὼ ἐν αὐτῷ) zählt. Dafür sprechen drei Argumente: Erstens haben diese Zusagen die herausgehobene Stellung. Zweitens thematisiert Jesus keine andere Zusage in diesem Gespräch so häufig wie gerade die Zusagen des Lebens und die der Auferstehung. Drittens gehören sie zu den positiv formulierten Zusagen, die in ihrer Unmittelbarkeit stärker als die negativ formulierten Zusagen (z.B. nicht hungern, nicht dürsten usw.) sind. Im 1. Teil des Gesprächs kommen sie erst nach den vier negativ gebildeten Zusagen vor. Das zeigt die folgende Tabelle:

| V. | Zusage | Form |
|---|---|---|
| 35c | gewiß nicht hungern | Negation |
| 35d | gewiß nicht dürsten jemals | |
| 37b | gewiß nicht hinauswerfen | |
| 39b | nichts davon verlieren | |
| 39c | auferstehen lassen am letzten Tag | Affirmation |
| 40b | ewiges Leben haben | |
| 40c | auferstehen lassen am letzten Tag | |

Tabelle 55

Die ersten vier Zusagen im 2. Teil des Gesprächs thematisieren vor allem bildhaft als Negationen die Aufhebung der verschiedenen lebensbedrohlichen Mangelzustände[140] und die letzten drei als Affirma-

[140] Die ζωή-Zusagen werden auch im übrigen Joh-Ev von negativ formulierten Zusagen begleitet, welche die Aufhebung der lebensbedrohlichen Mangelzustände ankünden.

| Stelle | Die negativ formulierte Zusage |
|---|---|
| Joh 3,16 | nicht zugrundegehen |
| Joh 4,14 | nicht dürsten in Ewigkeit |
| Joh 5,24 | nicht ins Gericht kommen |
| Joh 8,12 | nicht in der Finsternis herumgehen |
| Joh 10,28 | nicht zugrundegehen in Ewigkeit |
| Joh 10,29 | aus der Hand Jesu nicht entreißen |
| | aus der Hand seines Vaters nicht entreißen |
| Joh 11,26 | nicht sterben in Ewigkeit |
| Joh 12,45 | nicht in der Finsternis bleiben |
| Joh 14,18 | nicht als Weisen zurücklassen |

tionen das zugesagte ewige Leben und die Auferstehung. Die Reihenfolge der Zusagen kann auf folgende Weise interpretiert werden: Dort, wo sich das ewige Leben und die Auferstehung verwirklichen, sind Mangelzustände wirkungslos.[141] Im 2. Teil des Gesprächs kommt es zur Fortsetzung und Steigerung dieser Zusagen Jesu:

| V. | Zusage | Form |
|---|---|---|
| 50d<br>58c-d | nicht sterben<br>nicht wie die Väter<br>(essen und sterben) | Negation |
| 44e<br>47b<br>51e<br>54a<br>54b<br>57d<br>58e | auferstehen lassen am letzten Tag<br>ewiges Leben haben<br>leben in Ewigkeit<br>ewiges Leben haben<br>auferstehen lassen am letzten Tag<br>durch Jesus leben<br>leben in Ewigkeit | Affirmation |

Tabelle 56

Aus der Steigerung der Zusagen lassen sich folgende zwei Aspekte erkennen: Erstens kommt zur Gruppe der als Negation formulierten Zusagen die wesentliche Zusage Jesu hinzu, im Unterschied zu den Vätern, die das Manna in der Wüste aßen und starben (VV. 49f.58), nicht zu sterben (μή + ἀποθνῄσκω). Beachtenswert ist, daß das Verb ἀποθνῄσκω innerhalb der Zusage in V. 50d bildhaft zu verstehen ist, in bezug auf die Väter in VV. 49b.58d aber im eigentlichen Sinn.[142] Das bedeutet, daß die Zusage in keinem Fall den irdischen Tod vermeidet, sondern eher deutlich macht, daß „durch den Glauben vermitteltes Leben nie durch den Tod bedroht werden wird“[143]. Zweitens erscheinen neben den beiden Zusagen der Auferstehung (VV. 44e.54b) die

[141] Dementsprechend sieht treffend U. Schnelle, Joh 182, daß das ewige Leben „eine bleibende Wirkung“ hat.

[142] Die Bewegung in der Verwendung des Verbs ἀποθνῄσκω vom eigentlichen zum bildhaften Sinn geschieht auch in Joh 11,25f. Auf beide Bedeutungen vom ἀποθνῄσκω in Joh 11,25f machen aufmerksam auch F. Mussner, ΖΩΗ 61; A. Wikenhauser, Joh 179; I. Broer, Auferstehung 78; J. Kremer, Zukunft 65; U. Wilckens, Joh 179-181. Ähnliches gilt in Joh 6 z.B. auch für das Verb „essen“ oder für das Nomen „Brot“. J. Frey, Bild 360, der das Bild als Wirkungspotenzial sieht, beschreibt diese Eigenschaft am Ende seiner Analyse über „das Brot“ in Joh 6: „Die Brotmetapher bleibt im Verlauf des Textes immer in Bewegung, sie wendet sich hin und her und vereint spannungsreich unterschiedliche Bezüge.“

[143] J. Kremer, Lazarus 69; ähnlich R. Schnackenburg, Joh II 444f; U. Schnelle, Joh 190; K. Wengst, Joh I 247.

des Lebens noch häufiger (5mal). Insgesamt 7 positiv formulierte Zusagen im 2. Teil bedeuten eine deutliche Steigerung zu den drei Zusagen dieser Art im 1. Teil.[144]
(3) Das ewige Leben und die Auferstehung sind in Joh 6 an dieselben Voraussetzungen gebunden, die bereits für die Gegenwart gelten.[145] Weiter bedeutet das, daß sich unter diesen Bedingungen beide verwirklichen können. Wenn das ewige Leben zugesagt wird, dann schließt es auch die Auferstehung ein. Ähnliches gilt auch für die Zusage der Auferstehung, denn diese ist nur dort sinnvoll, wenn zugleich auch das ewige Leben zugänglich ist. Zusammenfassend läßt sich sagen: Das ewige Leben und die Auferstehung schließen sich nach Joh 6 nicht aus, sondern sind notwendig miteinander verbunden.[146]
(4) Joh 6 unterstreicht weiter, daß sowohl das Leben als auch die Auferstehung ganz bestimmte personale Beziehungen voraussetzen und sich nur innerhalb dieser Relationen verwirklichen können.[147] Kein Mensch kann von sich aus weder ewig leben noch auferstehen. Beide,

[144] Die Tendenz zur Steigerung hinsichtlich der Zusagen Jesu zeigt sich noch unter den zwei folgenden Aspekten: (1) Die Reihenfolge der positiven Zusagen läßt eine Steigerung erkennen: Die letzten zwei Zusagen Jesu sind mit Hilfe des Verbs ζῶ formuliert, das stärker als das Nomen ζωὴ αἰώνιος den dynamischen und relationalen Aspekt der zugesagten Lebenswirklichkeit ausdrückt. (2) Der klimaktische Parallelismus der Zusagen in VV. 50f („nicht sterben" // „leben in Ewigkeit"), der antithetisch zum Sterben der Väter in der Wüste in V. 49 steht, weist auch eine Steigerung auf. Ausführlicher dazu siehe in Teil III 4.2.3 (5. GA).

[145] Gerade darin liegt nach U. SCHNELLE, Joh 83, der Grundgedanke joh. Eschatologie: „Gottes Handeln im Sohn eröffnet eine Zukunft, die sich in der Gegenwart entscheidet."

[146] Dieser Zusammenhang zwischen dem ewigen Leben und der Auferstehung in Joh 6 wird nur von einigen Auslegern gesehen, aber zugleich – wie es die folgenden Beispiele zeigen – unterschiedlich interpretiert. Nach U. WILCKENS, Joh 103, „fallen die Gabe ewigen Lebens in der Gegenwart und die zukünftige Totenauferweckung zusammen"; nach D. A. CARSON, Joh 292, ist die Auferstehung „culmination of the eternal life"; nach CH. K. BARRETT, Joh 305, was auch eine m.E. treffende Interpretation ist, sind beide Aspekte „gleichgewichtig: gegenwärtiger Besitz und zukünftige Hoffnung; und es gibt keinen Hinweis darauf, daß Joh eines für wichtiger hält als das andere." Vgl. J. BLANK, Joh Ia 365. Demgegenüber steht die lange Zeit unter den Auslegern dominierende These, daß die Wendung (ἐν) τῇ ἐσχάτῃ ἡμέρᾳ in VV. 39c.40c.44e.54b sekundär sei; vgl. R. BULTMANN, Joh 162; H. CONZELMANN, Grundriß 388; PH. VIELHAUER, Geschichte 444; G. KLEIN, Licht 296; G. BORNKAMM, Tradition 63f; P. HOFFMANN, TRE 4 459-461; R. SCHNACKENBURG, Joh II 528; J. BECKER, Joh I 211.213.221; CH. DIETZFELBINGER, Joh I 205; K. KOENEN/R. KÜHSCHELM, Zeitenwende 100 usw.

[147] Daß das Joh-Ev die Auferstehung und das Leben gerade in der Kategorie der personalen Relation und Partizipation thematisiert, sehen unter anderen Auslegern auch F. MUSSNER, ZΩH 157f; R. SCHNACKENBURG, Joh II 438; J. BECKER, Auferstehung 142; I. BROER, Auferstehung 91; F. HAHN, Glaubensverständnis 62; K. STOCK, Jesus 61; H. N. RIDDERBOS, Joh 243; J. FREY, Eschatologie III 282.

das ewige Leben und die Auferstehung, sind zuerst als Wille (θέλημα) des Vaters zu verstehen (VV. 37-40).[148] Damit der Einzelne die notwendigen Voraussetzungen für das Leben und die Auferstehung erfüllen kann, ist das Mitwirken Gottes, des Vaters, notwendig, wie das bereits für das Kommen zu Jesus gilt (VV. 37b.44a-d.45c.65c-d). Weiter ist auch das Mitwirken Jesu und die Verbundenheit mit ihm notwendig. Das Leben verwirklicht sich für den Glaubenden durch Jesus in der Weise, wie Jesus durch den Vater lebt (V. 57b-c). Bei der Auferstehung ist Jesus derjenige, der den Einzelnen am letzten Tag auferstehen lassen wird. In bezug auf das Subjekt des Verbs ἀνίστημι fällt in Jesu Zusagen der Auferstehung in Joh 6 (außer in V. 39c) auf, daß dieses Subjekt zusätzlich noch mit dem Personalpronomen ἐγώ ausgedrückt wird (vgl. TABELLE 54). Ähnlich wie in den ἐγώ εἰμι-Worten Jesu (VV. 20b.35b. 41c-d.48.51a-c) ist ἐγώ auch hier ein deutlicher Anklang an die Selbstoffenbarung Gottes. Das bedeutet, daß sich in Jesus und seinem Wirken nicht nur in der Gegenwart, sondern auch in der Zukunft und auch am letzten Tag, Gott selbst mit seiner zum Leben auferweckenden Kraft offenbaren wird.[149] Die Verbundenheit Jesu mit dem Vater und das Mitwirken der beiden in der Auferstehungstat am letzten Tag wird hier zugesagt.[150] Als letzter wird in Joh 6 der Geist als mitwirkendes Subjekt bei der Auferstehung von den Toten implizit erwähnt. Das geschieht aufgrund seiner Charakterisierung als ζῳοποιοῦν, die nur noch in Joh 5,21 für den Vater und Jesus verwendet wird und das eindeutig in Verbindung mit der Auferweckung der Toten (das Verb ἐγείρω). Dieser Geist wird zuerst den Menschensohn selbst lebendig machen, was sich aus der Aposiopese und ihren Kontext in VV. 62f nachvollziehen läßt.

(5) Joh 6 zeigt die besondere Stellung Jesu sowohl hinsichtlich des Lebens als auch der Auferstehung auf. Wie nur Jesus der Geber, die Gabe und auch der Empfänger des Lebens ist, so ist er auch der einzige, der die Menschen von den Toten auferstehen lassen wird, der aber zugleich selbst als erster durch das Wirken des Geistes von den Toten lebendig gemacht wird.[151]

[148] Siehe dazu die Ausführungen zu VV. 39f in Teil III 4.1.3; M. LIMBECK, EWNT II 339.

[149] Hinsichtlich der Zeit kommt zu einem ähnlichen Ergebnis M. M. THOMPSON, Father 26: „The life-giving work of the Father in the Son does not refer to a single event but to the all-encompassing creative and sustaining work of God, which has past, present, and future reference points." In diesem Sinn auch R. FABRIS, Joh 410.

[150] Siehe die Ausführungen zum ζωή-Vokabular in Teil III 4.2.3 (5. GA).

[151] Über die Auferstehung bzw. Auferweckung Jesu von den Toten erzählen nicht erst die Osterberichte in Joh 20f. Ein wichtiger Hinweis auf seine Auferstehung findet sich bereits in Joh 2,18-22. Beachtenswert ist ein Vergleich zwischen dem Erzählerkommentar in Joh 2,22 mit dem in Joh 20,9.

(6) Gemeinsamkeit zwischen den Zusagen des Lebens und der Auferstehung zeigt sich auch hinsichtlich der Adressaten: a) In VV. 40.54 folgt der Zusage des Lebens die der Auferstehung, wobei beide Zusagen denselben Adressaten haben: jeden den Sohn Sehenden und an ihn Glaubenden (V. 40b) und den das Fleisch Jesu Verzehrenden und den das Blut Jesu Trinkenden (V. 54a). Sie gelten für den Einzelnen und sind auf allen KN relevant. Wie die partizipialen Konstruktionen zeigen, werden von diesen Adressaten sowohl im Hinblick auf das Leben als auch auf die Auferstehung dieselben Grundhaltungen erwar-

| Joh 2,22 | Joh 20,9 |
|---|---|
| ὅτε οὖν *ἠγέρθη ἐκ νεκρῶν*,<br>ἐμνήσθησαν οἱ μαθηταὶ αὐτοῦ<br>ὅτι τοῦτο ἔλεγεν,<br>καὶ ἐπίστευσαν <u>τῇ γραφῇ</u><br>καὶ τῷ λόγῳ ὃν εἶπεν ὁ Ἰησοῦς. | οὐδέπω γὰρ ᾔδεισαν <u>τὴν γραφὴν</u><br>ὅτι *δεῖ αὐτὸν ἐκ νεκρῶν ἀναστῆναι*. |

In Joh 2,22 berichtet der Erzähler über die Erinnerung der Jünger an die Worte Jesu nach seiner Auferweckung von den Toten (das Verb ἐγείρω). Demzufolge glauben sie der Schrift und den Worten Jesu. In Joh 20,9 stellt er fest, daß die Jünger die Schrift noch nicht kennen, nämlich gerade die Notwendigkeit, daß Jesus von den Toten auferstehen muß (δεῖ + ἀνίστημι). An beiden Stellen ist von der Auferweckung bzw. Auferstehung Jesu die Rede (in Joh 2,22 als tatsächliches Ereignis, in Joh 20,9 als das in der Schrift vorausgesagte Ereignis). Ebenso ist beide Male der Bezug zur Schrift auffällig. Beide Stellen zusammen drücken eine gegenseitige Relation zwischen der Schrift und der Auferstehung Jesu aus, die wie eine Spirale zu einem tieferen Verständnis beider Elemente führt:

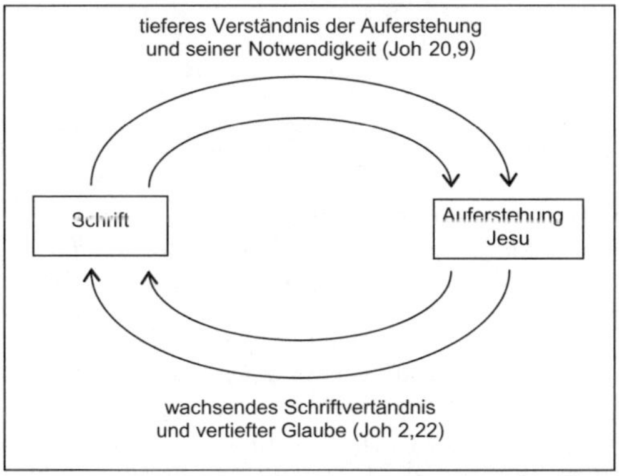


Weiterhin ist zu beachten, daß Joh 20,9 die einzige Stelle im Joh-Ev ist, welche die Notwendigkeit der Auferstehung Jesu direkt zum Ausdruck bringt, in dem das Verb ἀνίστημι zusammen mit dem Modalverb δεῖ vorkommt. Vorher wird durch δεῖ 2mal die Notwendigkeit seiner Erhöhung bzw. der Erhöhung des Menschensohnes (Joh 3,14; 12,34) unterstrichen. Demzufolge sind beide Elemente (die Erhöhung und die Auferstehung) unersetzliche Elemente des Weges Jesu. Ohne sie kann seine Person und die Bedeutung seiner Sendung nie richtig verstanden werden.

tet.[152] b) In V. 39c ist das Objekt der Auferstehung „alles, was der Vater Jesus gegeben hat" (deswegen ἀνίστημι mit dem Objekt αὐτό [Akk.n.3.P.Sg.]), in VV. 40c.44e.54b der Einzelne (ἀνίστημι mit dem Objekt αὐτόν [Akk.m.3.P.Sg.]). Ein personales Geschehen, aber zugleich mit den allumfassenden universalen Dimensionen, die für jeden zugänglich sind, wird in Joh 6 sowohl für die Lebenswirklichkeit als auch für die Auferstehung zugesagt.

## 4. DAS LEBEN UND DIE ENTSCHEIDUNG DES EINZELNEN

Wie im schematisch dargestellten Spannungsbogen über das ζωή-Vokabular in Joh 6 (vgl. 2.1) deutlich geworden ist, durchdringen die Lebenszusagen Jesu das ganze Gespräch. Das bedeutet aber noch nicht, daß ihre Adressaten tatsächlich auch die Empfänger des Lebens sind bzw. werden. Vielmehr werden sie von Jesus angesichts seines Angebotes aufgefordert, ihre Entscheidung[153] zu treffen und damit das Leben anzunehmen oder abzulehnen.[154]

Hinsichtlich dieses Entscheidungsprozesses, zu welchem Jesus die Adressaten des Gesprächs ständig motiviert und aufruft, kristallisiert sich heraus, daß sein Subjekt die einzelne Person und nicht eine Gruppe ist. Das zeigen folgende Aspekte:

(1) Die Form der Lebenszusagen Jesu: Sie werden fast ausschließlich mit Hilfe der partizipialen Wortverbindungen in der 3.P.Sg. formuliert

[152] Ähnliches gilt für das Subjekt bzw. den Adressaten in Joh 11,25f wie J. KREMER, Lazarus 68, erklärt: „Der anschließende Doppelspruch, der die Form eines synonymen Parallelismus aufweist, ist eine Erläuterung der Selbstoffenbarung von V. 25b. Dabei scheint sich der erste Satz (V. 25c) auf ‚die Auferstehung' und der zweite Satz (V. 26) auf ‚das Leben' zu beziehen. Subjekt der beiden Hauptsätze ist jeweils der bzw. jeder an Jesus Glaubende."

[153] Obwohl der Begriff „die Entscheidung" in Joh 6 nicht vorkommt, stellt Jesus die Adressaten seiner Zusagen gerade vor diesen Prozeß. Ähnlich erkennt J. BEUTLER, Struktur 260, das pragmatische Interesse des Verfassers gerade in der Hinführung zu dieser Entscheidung. Er nennt sie „Glaubensentscheidung" und zeigt, daß sie besonders die Jünger Jesu betrifft. Vgl. M. THEOBALD, Häresie 223; M. LABAHN, Jesus 302; ders., Revelation, 176. Auch B. SCHWANK, Joh 231, schreibt über „die Entscheidung", vor allem hinsichtlich VV. 60-71: „Der ganze Schlußteil 6,60-71 handelt von der Entscheidung für oder gegen Jesus, der sich als das Wort, als das Brot vom Himmel persönlich den Menschen schenkt."

[154] Anders behauptet V. HASLER, Glauben 293, daß „in der johanneischen Anthropologie der Mensch keine Wahlfreiheit kennt" und demzufolge auch keine Entscheidung das Leben betreffend.

(vgl. 2.1.6). Wer ist der Adressat der Lebenszusagen Jesu? Grundsätzlich spricht Jesus jeden Einzelnen an.[155] Das gilt für alle KN. Seine Zusagen des Lebens gelten sowohl für jeden seiner unmittelbaren Gesprächspartner auf dem KN 1 als auch für jeden Leser auf den KN 4-5. Er schließt niemanden davon aus. Aus diesem Grund sind seine Zusagen des Lebens universal zu verstehen. Ob der einzelne Adressat tatsächlich der Empfänger des Lebens ist bzw. wird, hängt letztlich von seiner persönlichen Entscheidung gegenüber der Person und den Worten Jesu ab.

(2) Die uneinheitlichen Meinungen und Reaktionen der Gesprächspartner Jesu: Die Worte Jesu und seine Zusagen des Lebens stoßen bei seinen Gesprächspartnern vor allem auf Mißverständnis und auf uneinheitliche Meinungen und Reaktionen, auch innerhalb der einzelnen Gruppen (bei den Juden, bei den Jüngern und auch im Zwölferkreis). Die ausgezeichnete Didaktik (vgl. 2.2.2), mit welcher Jesus den Spannungsbogen über das ζωή-Vokabular in diesem Gespräch aufbaut, um die Lebenswirklichkeit seinen Adressaten nahezubringen, scheint aufgrund ihrer Reaktionen fast völlig erfolglos zu sein. Die Hinweise aus dem Text auf die Uneinheitlichkeit in der einzelnen Gruppe (hauptsächlich vom Erzähler[156] auf dem KN 2) zeigt folgende Tabelle:

| | V./VV. | Uneinheitlichkeit in der einzelnen Gruppe | |
|---|---|---|---|
| Juden | 43c | | untereinander murren[157] |
| | 52a | | miteinander streiten |
| Jünger | 60-61b | viele: | murren |
| | 61d | | sich ärgern |
| | 64a-d | einige: | nicht glauben (2mal) |
| | 66a-b | viele: | weggehen und nicht mehr mit Jesus umhergehen |
| Zwölf | 68d-69 | Petrus: | das Bekenntnis zu Jesus |
| | 64e.70c-71 | Judas, der Sohn des Simon Iskariot: | |
| | | | die Absicht des Übergebens Jesu (2mal) |

Tabelle 57

[155] In diesem Sinn stellt I. Broer, Auferstehung 92, in bezug auf „das Heil bei Johannes" heraus, daß „alle Menschen, aber als einzelne, zum Glauben aufgefordert sind".

[156] Obwohl der Erzähler in VV. 25-71 nur wenige Male zu Wort kommt, sind seine Mitteilungen und Kommentare für das richtige Verständnis des Textes unersetzbar. So kann das hier behandelte Problem der Uneinheitlichkeit in der einzelnen Gruppe nur dank dem Erzähler mit einer so großen Deutlichkeit gesehen werden.

[157] Das Murren der Juden wird 2mal erwähnt (VV. 41a.43c), jeweils mit unterschiedlichem Akzent. Der Erzähler stellt in V. 41a heraus, daß die Juden über Jesus murren. In der Ermahnung Jesu in V. 43c kommt deutlich hervor, daß sie untereinander murren. Das ist ein Hinweis, daß sie untereinander nicht mehr einheitlich sind. Ihre Diskrepanz nimmt im Verlauf des Gesprächs noch weiter zu, bis zum Streiten in V. 52a.

Weder die Juden noch die Jünger und die Zwölf sind untereinander Jesus gegenüber einheitlich.[158] Die Worte Jesu haben die Kraft, die bestehenden Gruppen in Bewegung zu bringen und das bis zur Spaltung:[159]

- Die Juden beginnen zuerst untereinander zu „murren“ (γογγύζω) und danach zu „streiten“ (μάχομαι).
- Noch stärker ist die Uneinheitlichkeit bei den Jüngern.[160] Diejenigen Jünger, die murren und „sich ärgern“ (σκανδαλίζω), weil sie Jesus „nicht glauben“ (οὐ πιστεύω), trennen sich von den übrigen Jüngern und von Jesus, wie der Erzähler in V. 66 berichtet: ἀπῆλθον εἰς τὰ ὀπίσω καὶ οὐκέτι μετ' αὐτοῦ περιεπάτουν.[161]
- Die äußerste Uneinheitlichkeit besteht im Zwölferkreis. Sie wird durch zwei seiner Angehörigen verdeutlicht, einerseits durch Petrus und andererseits durch Judas, den Sohn des Simon Iskariot. Nach einer Reihe von Mißverständnissen und den Jesus gegenüber ablehnenden Reaktionen kommt es in der Antwort des Petrus zum ersten Mal zu einer positiven Reaktion seitens der Gesprächspartner Jesu. Petrus bekennt, wer Jesus ist. Er ist für ihn zuerst derjenige, der Worte ewigen Lebens (ῥήματα ζωῆς αἰωνίου) hat. Danach bekennt er im Namen der Zwölf (in 1.P.Pl.), daß sie geglaubt und erkannt haben: σὺ εἶ ὁ ἅγιος τοῦ θεοῦ (V. 69c). Diesem einheitlichen Bild der Zwölf stellt Jesus die Gestalt des Diabolos als einen, der unter ihnen ist, gegenüber. Dadurch wird das einheitliche Bild des Zwölferkreises aus der Perspektive Jesu stark in Frage gestellt.[162] Diese Sichtweise Jesu wird zusätzlich vom Erzähler verstärkt. Er verdeutlicht, daß Jesus über Judas, den Sohn des Simon Iskariot redet und daß jener beabsichtigt, Jesus zu übergeben. Die Absicht des Judas, die in Joh 6 im Zwölferkreis noch verborgen bleibt, wird später tat-

[158] Vgl. V. HASLER, Glauben 292. Anders sieht M. W. NEWHEART, Reading 57, die Juden als „a collective shadow figure“.

[159] Daß die Worte Jesu die Kraft haben, eine Scheidung auch unter seinen Jüngern zu bewirken, unterstreicht auch U. SCHNELLE, Joh 120. Treffend stellt E. TOBLER, Missverstehen 136, fest: „In der Brotrede findet die Unfähigkeit, Jesu Wort zu verstehen, eine mehrfache Steigerung.“

[160] Treffend schreibt H. N. RIDDERBOS, Joh 244: „The point, rather, is to make it clear that this discourse was not only misunderstood by ‚the Jews‘ (vss. 41,52) but also forms a turning point for many of Jesus' followers.“ Vgl. I. DUNDERBERG, Johannes 131; M. LABAHN, Relevation 172.

[161] In diesem Sinn schreibt U. SCHNELLE, Joh 427, über das Schisma im Jüngerkreis, „das durch Jesu Anspruch ausgelöst wird und bei dem ‚viele Jünger‘ von Jesus und seinen ‚Worten ewigen Lebens‘ (6,68) abfallen“. Ähnlich CH. K. BARRETT, Joh 315.

[162] Das uneinheitliche Bild des Zwölferkreises sieht treffend J. BLANK, Joh Ia 385, als „das harte Nebeneinander von Bekenntnis und Verrat“.

sächlich verwirklicht (vgl. Joh 18,2.5), und damit wird die Uneinheitlichkeit und der Abfall von Jesus auch unter den Zwölf bestätigt. (3) Der Abschluß des Spannungsbogens über das ζωή-Vokabular und das Ende des Gesprächs: Mit der Antwort des Petrus auf dem KN 1 erreicht zuerst der Spannungsbogen über das ζωή-Vokabular sein Ende und mit der anschließenden Kritik Jesu am Zwölferkreis bezüglich Judas auch das gesamte Gespräch in Joh 6. Dabei stellt sich die Frage, warum das Gespräch gerade hier beendet wird. Eine mögliche Lösung kann in der Antwort des Petrus gesehen werden. Als erster der Gesprächspartner Jesu verwendet er das ζωή-Vokabular, das vorher in Joh 6 nur Jesus eigen ist. Noch wichtiger ist, daß Petrus zuerst die notwendige und unersetzbare Verbindung zwischen ζωή und Jesus bzw. seinen Worten erkennt. Anschließend bekennt er Jesus im Namen der Zwölf (in der 1.P.Pl.) als den Heiligen Gottes.[163] Das bedeutet, daß sein Bekenntnis in diesem Erkennen verwurzelt ist. Nach einer Reihe gescheiterter Reaktionen zeigt die Antwort des Petrus exemplarisch das, was Jesus von seinen Gesprächspartnern und von jedem einzelnen Adressaten seiner Worte, erwartet. Damit kann der Spannungsbogen über das ζωή-Vokabular und auch das Gespräch beendet werden. Die letzte Kritik Jesu am Zwölferkreis bezüglich Judas bestätigt noch einmal, daß das Leben die persönliche Entscheidung des Einzelnen gegenüber der Person Jesu bedarf. Denn Judas Absicht gegen Jesus weicht vom Bekenntnis, das Petrus auch für ihn in der 1.P.Pl. spricht, deutlich ab.[164]

Die hier erwähnten Aspekte in Joh 6 zeigen, daß die Frage nach dem Leben jeden einzelnen Adressaten Jesu und seine Beziehung zu Jesus betrifft und daß sie in keinem Fall nur als eine gemeinsame Gruppen-

[163] Das Petrusbekenntnis mit seinem Kontext verbindet die Lebenswirklichkeit mit der Person Jesu und durch ihn mit dem Vater. Noch deutlicher kommt diese Verbindung in der sogenannten Definition des Lebens in Joh 17,3 vor, wo ζωὴ αἰώνιος für die Menschen gerade im Erkennen des Vaters und Jesu besteht. Dazu schreibt treffend CH. DIETZFELBINGER, Joh II 198: „Es werden nicht zwei Glaubensinhalte addiert, das Erkennen Gottes und das Erkennen Christi als des von Gott Gesendeten. Vielmehr handelt es sich um einen Erkennensvorgang: Gott wird dort erkannt, wo Jesus als der von ihm Gesendete erkannt wird, und im Erfahren Jesu als des von Gott Gesendeten erfährt der Mensch Gott als den, der Leben gibt." Als Folge von Joh 17,3 ist zu erwarten, daß die Bekenntnisse der Menschen über ihr Erkennen Gottes und Jesu gleichzeitig ein Zeichen des Lebens bzw. der Lebenswirklichkeit sind.

[164] Das in der 1.P.Pl. formulierte Bekenntnis des Petrus mit der anschließenden Korrektur Jesu durch den Verweis an den Übergeber erfährt eine Vertiefung in Joh 21,15-19, wo Petrus von Jesus 3mal nach der Liebe zu ihm gefragt wird. Alle drei Antworten des Petrus stehen in der singulären Ich-Form (in der 1.P.Sg.). Erst hier, wo Petrus seine persönliche Liebe zu Jesus bekennt, wird ihm die Hirtenaufgabe anvertraut. Er wird von Jesus aufgerufen, ihm nachzufolgen bis zum Tod, der seinem ähnlich sein wird.

entscheidung gelöst werden kann.[165] Die bloße Zugehörigkeit zu einer bestimmten Gruppe kann das Leben nicht a priori garantieren, auch wenn es um die Gruppe der Jünger Jesu oder um den Zwölferkreis geht.[166] Denn die Worte Jesu haben die Kraft, die bestehenden Gruppen in Bewegung zu bringen und das bis zur Spaltung, was in Joh 6 auch mit den Jüngern Jesu geschieht (V. 66a-b). Diese Worte fordern jeden Einzelnen heraus, seine eigene Entscheidung angesichts der Person Jesu und der Lebenswirklichkeit zu treffen. Aufgrund ihrer allgemeinen Formulierungen ist ihr Adressat bzw. das Subjekt der Entscheidung nicht nur jeder der unmittelbaren Gesprächspartner Jesu (die Juden, die Jünger und die Zwölf), sondern auch jeder Leser auf den KN 4-5. Der letztere wird zu dieser Entscheidung auch durch den ganzen Text motiviert, durch viele seiner formalen und inhaltlichen Elemente, durch die Bewegungen im Text (z.B. die uneinheitliche Reaktion der Gesprächspartner Jesu bis zur extremen Diskrepanz am offenen Abschluß des Gesprächs)[167] und seine Kommunikationsstruktur.[168] Eine fruchtbare Entscheidung setzt vom Leser ein solides Fundament voraus, indem er so wie Petrus zuerst die notwendige Verbindung zwischen ζωή und Jesus bzw. seinen Worten erkennt. Dadurch wird der Blick für die Lebenswirklichkeit geöffnet. Der Glaube und die Beziehung zu Jesus sowie zum Vater, Gott, bekommen damit Raum für

[165] J. BLANK, Joh Ia 383, sieht treffend, daß diese Entscheidung „von Jesus keinem abgenommen wird, auch den Jüngern nicht. Der ‚Massenabfall' ist daher kein Grund für Jesus, von dem Gesagten etwas zurückzunehmen, oder sonst die Entscheidung zu erleichtern."

[166] So stellt U. SCHNELLE, Joh 143, deutlich heraus, daß auch die Zwölf „von Glaubensabfall nicht verschont bleiben". Anregend interpretiert auch E. HAENCHEN, Joh 340f: „Der Evangelist hat die Zwölf ... hier eingeführt, um an ihnen zu verdeutlichen, wie wenig sich ein Mensch, und wäre er von Jesus selbst auserwählt, dessen rühmen und sich daraufhin in Sicherheit fühlen darf ... Das Jünger-Sein gibt noch keine Sicherheit." Dementsprechend schreibt R. SCHNACKENBURG, Joh II 520, daß „Glaube zutiefst personale Bindung an den Offenbarer ist und sich an seine Worte hält".

[167] J. ZUMSTEIN, Johannesevangelium 42, bewertet das joh. Mißverständnis als „ein in hohem Masse pädagogisches Verfahren".

[168] Wie der Leser auf den KN 4-5 durch den Text zu dieser Entscheidung aufgefordert wird, findet in der Literatur zu Joh 6 bislang keine spezielle Untersuchung. Dieser Aspekt von Joh 6 wird nur von einigen wenigen Auslegern (u.a. von M. LABAHN, Revelation 176) erwähnt. Im Hinblick auf das gesamte Joh-Ev kommt J. BEUTLER, Johannesevangelium 246, zur Auffassung, daß das Joh-Ev vor allem „zur Antwort des Lesers führen soll" mit der treffenden Bemerkung, daß „theologisch gesehen die Antwort selbst noch einmal Gottes Geschenk bleibt und nicht menschliche Leistung: ‚Niemand kann zu mir kommen, wenn nicht der Vater, der mich gesandt hat, ihn zu mir führt' (Joh 6,44)." Eine fruchtbare Entscheidung setzt vom Leser den vertieften persönlichen Glauben an Jesus und den Vater bzw. die persönliche Beziehung zu ihnen voraus.

ihre Vertiefung.[169] Erst auf dieser Basis kann der Leser zu seinem persönlichen Bekenntnis zu Jesus und zum Vater, Gott, gelangen und ebenso zu Bereitschaft und Mut, dieses offen mit Worten und mit dem eigenen Leben zu bezeugen. Damit wird er ein Zeichen und ein Zeuge des Lebens für die Welt sein, auch in einer Situation der Uneinheitlichkeit und des Scheiterns gegenüber der Person Jesu und seinen Worten.[170]

[169] Gemäß dem ersten Epilog in Joh 20,30f wird vor allem der Glaube bzw. seine Vertiefung häufig als Absicht des Joh-Ev mit Blick auf den Leser gesehen. Vgl. R. SCHNACKENBURG, Joh I 135f; L. SCHENKE, Joh 415-417; W. A. MEEKS, Funktion 261; TH. SÖDING, Schrift 370; G. ROUILLER, Leben 59; R. KIEFFER, Reader 50. In diesem Sinn schreibt J. ZUMSTEIN, Johannesevangelium 38: „Die narrative Organisation des Evangeliums zeugt von dessen Absicht, den Leser von einem elementaren Glauben zu einem nach joh Verständnis vertieften Glauben zu führen." Nach J. BEUTLER, Faith 1, ist diese These hauptsächlich unter den deutschsprachigen Auslegern vertreten. Anders sieht J. Beutler die Tendenz bei den englischsprachigen Auslegern, welche versuchen, die Absicht des Joh-Ev aus der Situation der joh. Gemeinde, die auch durch Konflikte und Verfolgung gekennzeichnet ist, zu lesen.

[170] Der Aspekt des Bekenntnisses bzw. der Bereitschaft dazu gehört nach J. BEUTLER, Faith 2, mit Recht zur joh. Auffassung des Glaubens: „... that for John faith is lived fully only together with the readiness to confess it publicly and to bear the consequences of such a confession in a hostile context." Demzufolge ist dieser Aspekt zugleich eine der Absichten des gesamten Joh-Ev hinsichtlich seiner Leser: „John wrote his gospel in order to strengthen his readers in their faith and to encourage them to face even the most serious consequence in the confession of this faith" (ebd. 2). Meine Untersuchung zu Joh 6 bestätigt, daß dieses Ziel des Joh-Ev sich für jeden seiner Adressaten, auch für jeden Leser, verwirklichen kann, da jeder Mensch die Möglichkeit hat, in der Gemeinschaft mit Jesus und dem Vater zu bleiben und am Leben, das nicht mehr durch den Tod zerstört werden kann, teilzuhaben.

# Teil V
# Schlußfolgerungen und Ausblick

*(1) Erzähl- und Kommunikationsanalyse als hilfreiche Methoden für die Untersuchung der Lebensthematik in Joh 6*

Das Hauptanliegen dieser Arbeit, die Untersuchung der Lebensthematik in Joh 6, erfolgte am Text in seiner Endgestalt ($NA^{27}$). Entsprechend diesem Ziel wurden hauptsächlich synchrone Zugangsweisen zum Text gewählt, vor allem die Erzählanalyse. Nach der Abgrenzung und der Gliederung des Textes, wurden für jeden Hauptteil und dessen Unterteile folgende Arbeitsschritte vollzogen: Übersetzung, Gliederung, Auslegung, intertextuelle Bezüge und Analyse des ζωή-Vokabulars und der Lebensthematik (vgl. Arbeitsmethode in Teil I 3).

Bei der Untersuchung der Lebensthematik in Joh 6 hat besonders die Kommunikationsanalyse mit Hilfe des Modells (vgl. ABBILDUNG 2) zu einigen wichtigen Ergebnissen geführt:

a) Die Lebensthematik wird in beiden Zeichen (VV. 1-15 und VV. 16-21) hauptsächlich durch das Handeln Jesu und nur durch einige wenige seiner Worte vermittelt, demgegenüber im anschließenden Gespräch (VV. 25-71) fast ausnahmslos mittels der direkten Personenreden Jesu.

b) Der joh. Jesus erweist sich in Joh 6 maßgeblich als Sender der Lebensbotschaft (S1). Denn ähnlich wie und sogar noch intensiver als im ganzen Joh-Ev zeigt sich in Joh 6, daß das ζωή-Vokabular das Vokabular des joh. Jesus ist. 17 von insgesamt 18 Belegen kommen nämlich in den direkten Personenrede Jesu auf dem KN 1 vor.

c) Der Spannungsbogen über das ζωή-Vokabular in Joh 6,25-71 wird erst in V. 68d aufgelöst, wo zum ersten Mal in diesem Gespräch das Wort ζωή von den Gesprächspartnern Jesu aufgegriffen wird, in diesem Fall von Petrus (S1).

d) Die Adressaten der Lebenszusagen Jesu sind nur wenige Male seine unmittelbaren Gesprächspartner (die 2.P.Pl.) auf dem KN 1. Seine Zusagen gelten fast immer für eine generalisierte einzelne Person (die 3.P.Sg.), die sich auf jedem KN finden läßt – sowohl im textinternen (KN 1-3) als auch im textexternen Bereich (KN 4-5).

e) Auch der Leser auf den KN 4-5 wird als Adressat der Lebenszusagen Jesu angesprochen und vor den persönlichen Entscheidungsprozeß gestellt – bezüglich der Person Jesu und des Lebens.
f) Der joh. Jesus offenbart die Lebenswirklichkeit als ein komplexes Beziehungs- und Kommunikationsgeschehen, an dem er selbst, der Vater bzw. Gott, der Geist und die Menschen beteiligt sind. Die Kommunikationsanalyse hilft, den Blick für diese Komplexität der Lebenswirklichkeit zu öffnen. Dadurch können einzelne Elemente nur in bezug auf die Gesamtheit und auf die anderen Elemente wahrgenommen, bewertet und interpretiert werden – und nicht getrennt voneinander.

Die Beziehungen und die Kommunikation zwischen den Personen, die auch im ganzen Joh-Ev – und nicht nur in Joh 6 – auf der literarischen, stilistischen und inhaltlichen Ebene immer wieder in den Vordergrund gestellt werden, brauchen eine entsprechende Methode, damit sie wahrgenommen, analysiert und passend interpretiert werden können. Die Kommunikationsanalyse, die sich in dieser Arbeit für Joh 6 als fruchtbar erwiesen hat, ist eine methodologische Möglichkeit für die joh. Forschung insgesamt, um dem Beziehungs- und Kommunikationsgeschehen im Joh-Ev näher zu kommen.

*(2) Die Lebensthematik und ihr doppelter Spannungsbogen in den beiden Zeichen und in den Worten Jesu in Joh 6*

Die Lebensthematik durchdringt das gesamte sechste Kapitel – sowohl seine beiden Zeichen als auch das anschließende Gespräch. In Joh 6 gehen beide Zeichen dem Gespräch voraus und stehen wie die übrigen Zeichen Jesu im Joh-Ev im Dienst des Lebens (vgl. Teil III 4.1.3, 3. GA). Im Rahmen der wunderbaren Speisung, des ersten Zeichens in Joh 6, offenbart sich Jesus als diejenige Person, von der die Initiative zum Leben ausgeht. Als erster nimmt er die mangelhafte Versorgung der Menge mit Nahrung wahr (V. 5) und sättigt sie auf wunderbare Weise mit Brot und Fischen (V. 11). Die übriggebliebene Speise (V. 13) zeigt die Fülle der Gabe an. Die Versorgung der Menge ist aber nicht die einzige Absicht Jesu für sein Zeichen. Er möchte auch eine tiefere Dimension der Lebenswirklichkeit offenbaren, nämlich diejenige, die in seiner Beziehung zum Vater besteht. Seine Danksagung an den Vater (V. 11b), die zu den wesentlichen Elementen dieses Zeichens gehört, weist darauf hin, daß seine Souveränität und Vollmacht, Leben zu vermitteln, gerade Ausdruck seiner einzigartigen Beziehung zum Vater ist und ohne sie undenkbar bleibent. Die zuletzt erwähnte Absicht zeigt sich noch stärker beim zweiten Zeichen in Joh 6. Alle drei Elemente dieses Zeichens (der Gang Jesu auf dem See in V. 19, die Worte Jesu ἐγώ εἰμι, μὴ φοβεῖσθε in V. 20b-c und die veränderte Situation der Jünger in V. 21) manifestieren die Macht über die lebensbedrohlichen Chaos- und Todesmächte, die im AT nur Gott gehört (vgl. Ijob 9,8b), hier aber auch Jesus. Jesus offenbart sich als derjenige, der in einmaliger Beziehung zu Gott steht, der ihn durch seine Person offenbart und der über göttliche Macht verfügt.

Abgesehen von der Selbständigkeit, die jedes joh. Zeichen für sich enthält, erweist sich die Reihenfolge beider Zeichen in Joh 6 („die wunderbare Speisung“ in VV. 1-15 → „der Gang Jesu auf dem See“ in VV. 16-21) als gut überlegt. Es zeigt sich eine deutliche joh. Intention darin, daß die beiden Zeichen gerade in bezug auf die Lebensthematik einen Spannungsbogen bilden: Jesus offenbart sich im ersten Zeichen (VV. 1-15) als Geber der lebensspendenden Gaben und erst danach im zweiten Zeichen (VV. 16-21) als theophan Sprechender bzw. Erscheinender, als derjenige, der aufgrund seiner einmaligen Beziehung zu Gott durch sein Wort mit dessen Macht über die Naturkräfte, über den Tod und das Leben verfügen kann. Die Bewegung von lebensnotwendiger Nahrung (Brot) im ersten Zeichen zum lebensspendenden Wort Jesu im zweiten Zeichen ist dabei offensichtlich. Zugleich fällt auf, daß Jesus zuerst ein Zeichen wirkt, an dem eine große Menge teilhat, und erst danach ein Zeichen, dessen Zeuge nur der engste Kreis seiner Jünger ist.

Ebenso gut erwogen in Joh 6 ist m.E. auch die Abfolge von den beiden Zeichen und dem anschließenden Gespräch in der Synagoge von Kafarnaum (VV. 25-71), die darauf hinweist, daß die beiden Zeichen und ihre Verbindung eine Deutung vom joh. Jesus selbst brauchen. Der Spannungsbogen über die beiden Zeichen in bezug auf die Lebensthematik bildet dabei die Grundlage für das anschließende Gespräch wo er noch einmal ausgefaltet und mit Hilfe des ζωή-Vokabulars verbalisiert wird.

Nach der wunderbaren Speisung stimmt die Sichtweise der Menschen mit der Perspektive Jesu nicht überein. So halten die Menschen ihn für den in die Welt kommenden Propheten und möchten ihn zum König machen. Demgegenüber zieht er sich auf den Berg zurück (VV. 14f). Am Anfang des Gesprächs stellt Jesus beide Sichtweisen gegenüber (V. 26c-g). Im Verlauf des Gesprächs erklärt er ausführlich seine Perspektive – wesentlich durch die Entfaltung der Lebensthematik. Seine Adressaten werden aufgerufen, sich mit dieser Perspektive Jesu auseinanderzusetzen und ihre Entscheidung hinsichtlich Jesus zu treffen. Auf der Ebene der Erzählung zeigt sich dieser Prozeß auch in den Bewegungen der Gesprächspartner Jesu ihm gegenüber, in der Dynamik von Nähe und Distanz zu ihm, im Suchen und Weggehen sowie im Bleiben bei ihm.

Weiter finden sich im längsten Gespräch über das Leben im Joh-Ev (VV. 25-71) von Anfang an zahlreiche formelhafte und inhaltliche Bezüge zu beiden vorausgehenden Zeichen (vgl. TABELLE 14). Deswegen kann dieses Gespräch nur in Verbindung mit ihnen sinngemäß interpretiert werden. Diese Verbindungen sind auch für das Verständnis der Lebensthematik in Joh 6 von Bedeutung. Dazu scheint mir wichtig, zwei von ihnen hier noch einmal zu erwähnen: a) Bereits am Anfang des Gesprächs in seiner ersten Antwort (VV. 26c-27) greift Jesus mehrfach die wunderbare Speisung und anschließende Reaktionen der Menschen auf (u.a. die zwei Motive „Essen von den Broten" und „Satt-Sein", die Bezeichnung des Geschehens als σημεῖον und die suchende Haltung der Menschen [ζητέω]). Gerade das ἄρτος-Motiv und das Wortfeld „Essen und Trinken" sind im Gespräch der Ausgangspunkt des Spannungsbogens über das ζωή-Vokabular und werden in seinem Verlauf intensiv weiter entwickelt und vertieft (z.B. ἄρτος als ein wesentlicher Teil der Ich-bin-Worte Jesu in VV. 35b.48.51a-c; „Essen von diesem Brot" in V. 51d als bildhafte Wortverbindung für die Partizipation der Menschen an der Lebenswirklichkeit). b) Jesu Zusagen des ewigen Lebens und besonders diejenigen der Auferstehung am letzten Tag (VV. 39c.40c.44e.54b) nehmen engen Bezug auf den Seewandel Jesu. Jesus kann den Menschen das ewige Leben und die Auferstehung nur dann versprechen und diese Zusagen verwirklichen, wenn er Anteil an Gottes Macht über Leben und den Tod hat. Der Seewandel Jesu, der gerade diese Macht Jesu offenbart, verstärkt die Glaubwürdigkeit seiner Zusagen im Gespräch. Gleichzeitig scheint mir wichtig zu sehen, daß die Zusagen Jesu nur dann in Erfüllung gehen können, wenn sich in Jesus und seinem Wirken Gott selbst mit seiner zum Leben auferweckenden Kraft auch in der Zukunft und auch am letzten Tag offenbaren wird. Auf diese Weise gewährleisten die Zusagen Jesu den weiteren Bestand der singulären und den Menschen gewidmeten Beziehung zwischen ihm und dem Vater über den letzten Tag hinaus.

*(3) Der Spannungsbogen über das ζωή-Vokabular in Joh 6,25-71: Von der Speise bis zum Geist und zu den Worten Jesu*

In formaler Hinsicht fällt auf, daß die Lebensthematik im Zusammenhang mit der wunderbaren Speisung (VV. 1-15) und dem Gang Jesu auf dem See (VV. 16-21) durch das Geschehen des Zeichens selbst zum Ausdruck kommt ohne eine explizite Verwendung des ζωή-Vokabulars (vgl. Teil III 1.6 und 2.6). Demgegenüber wird sie im Gespräch (VV. 25-71) durch das Reden und durch eine direkte und häufige

Verwendung des ζωή-Vokabulars ausgedrückt. Dabei zeigt sich eine deutliche joh. Intention darin, daß das ζωή-Vokabular in Joh 6,25-71 einen Spannungsbogen (vgl. TABELLE 45) bildet, der folgende Elemente miteinander in Verbindung bringt: die Speise, Jesus, den Vater, den Geist, die Worte Jesu und die Adressaten (vgl. Teil IV 2.1.1 – 2.1.6).

Der Vater, Jesus und der Geist werden nur in diesem Text des Joh-Ev gemeinsam mit dem ζωή-Vokabular charakterisiert und als solche auch miteinander in Verbindung gebracht. Aus diesem Grund genügt es nicht, die Lebenswirklichkeit im Joh-Ev nur auf ihre bedeutsame christologische Dimension zu reduzieren, obwohl sich der Großteil des ζωή-Vokabulars um die Person Jesu verdichtet. Die theologische Dimension hat für Jesus ein unersetzbares Gewicht, weil sein eigenes Leben ohne den Vater unvorstellbar bleibt. Er lebt durch den Vater (V. 57b), durch die ständige Verbundenheit mit ihm. Ebenso ist sein Aufstieg zum Vater, der auch durch die Auferstehung von den Toten führt, nur durch das Wirken des lebendig machenden Geistes möglich (VV. 62-63b). Ähnliches gilt auch für die Worte Jesu (V. 63c-f). Ihre Kraft, Leben zu vermitteln, ist der Wirkung des Geistes in ihnen zu verdanken. Das Mitwirken des Vaters, des Sohnes und des Geistes geschieht für das Leben der Welt. Die soteriologische Dimension des Lebens ist ein ständiges Anliegen Jesu in diesem Gespräch.

Die Komplexität der Lebensthematik in Joh 6 (vgl. Teil IV 2.2.1), die sich in christologischen, theologischen, pneumatologischen und soteriologischen Aspekten zeigt und verdichtet, ist im ganzen Joh-Ev einmalig und dient als hermeneutische Hilfe zum Lebensverständnis im gesamten Evangelium. Alle anderen Vorkommen des ζωή-Vokabulars im Joh-Ev können durch die Bezüge zu Joh 6 besser interpretiert werden. Es gilt aber auch umgekehrt: Für die Analyse und Interpretation der Lebensthematik in Joh 6 haben sich ihre Bezüge zu den übrigen Belegen des ζωή-Vokabulars im Joh-Ev als hilfreich erwiesen.

Den Spannungsbogen über das ζωή-Vokabular in Joh 6,25-71 zeichnet ein gut durchdachter didaktischer Aufbau aus (vgl. Teil IV 2.2.2). Diesen bringen folgende Elemente zum Ausdruck:

a) Bewegung der Lebensthematik von der Speise bis zum Geist und zu den Worten Jesu: Der Ausgangspunkt ist die aktuelle Situation der Gesprächspartner Jesu, ihre allgemein menschliche Erfahrung und ihre Glaubenstradition. Dadurch wird die Aufmerksamkeit der Gesprächspartner Jesu für seine Aussagen geweckt. Erst danach vertieft Jesus schrittweise die Lebensthematik von den Elementen, mit denen seine Gesprächspartner gut vertraut sind, zu denen, die für sie neu sind.

b) Bewegung von der sachlichen Ebene zur Ebene der Personen: Die Lebenswirklichkeit wird zuerst auf der sachlichen Ebene durch die Nahrungsthematik (Speise, Brot) ausgedrückt, im Verlauf des Gesprächs immer stärker auf der Ebene der Personen und ihrer Relationen (Jesus und seine Worte, der Vater, der Geist und die Adressaten).
c) Zahlreiche Bilder und bildhafte Wortverbindungen (z.B. „das Brot des Lebens“, „zu Jesus kommen“, „das Fleisch Jesu verzehren“, „das Blut Jesu trinken“).
d) Mehrfache Zusagen des Lebens im Verlauf des Gesprächs: Sie klingen wie ein Refrain mit verschiedenen Variationen. Ihre Adressaten (meistens in der 3.P.Sg.), zu denen auch der Leser gehört, werden dadurch aktiv ins Gespräch involviert, motiviert und zur Entscheidung aufgefordert, die Worte Jesu und damit auch seine Lebenszusagen und ihre Voraussetzungen anzunehmen.

Obwohl der Spannungsbogen über das ζωή-Vokabular in Joh 6,25-71 in seiner Komplexität und Länge einmalig ist, stellt er nicht ein absolutes Novum in der Bibel dar. Ähnliche Konstellationen finden sich bereits in einigen atl. Texten (vgl. Exkurs in Teil IV 2). Unter ihnen sind vor allem Dtn 8,3 und Weish 16 relevant, weil sie ebenso wie Joh 6 die Erfahrung der Väter in der Wüste mit dem Brot vom Himmel bzw. dem Manna (Ex 16; Num 11) aufgreifen, reflektieren und aktualisieren. Zahlreiche Bezüge hinsichtlich der Lebensthematik fallen auch zwischen Joh 6 und Jes 55 auf. Alle drei atl. Texte verbinden die Lebensthematik zuerst mit Nahrung und danach mit Worten Gottes.

*(4) Joh 6 als literarische Einheit*

Die gut überlegte Abfolge in Joh 6 (1. Zeichen → 2. Zeichen → Gespräch) und zahlreiche sprachliche, formale und inhaltliche Verbindungen zwischen beiden Zeichen und dem Gespräch, auch in bezug auf die Lebensthematik (der doppelte Spannungsbogen), sprechen stark für die literarische Einheit des gesamten sechsten Kapitels. Sie stellen damit diejenigen Modelle und Thesen zu Joh 6 in Frage, die den Endtext bzw. dessen Teile verändern, umstellen oder ihn nur aufgelöst in die einzelnen Schichten betrachten.

Insbesondere der Spannungsbogen über das ζωή-Vokabular, der sich vom Anfang bis zum Ende des Gesprächs (VV. 25-71) zieht, kann nur dann wahrgenommen und passend analysiert und interpretiert werden, wenn das Gespräch als ein zusammengehörender Text gesehen wird. Aus diesem Grund sind m.E. zahlreiche Vorschläge aus der Literatur, besonders diejenigen, die das Gespräch vor V. 71 abschließen und den Rest sogar von Joh 6 abtrennen, nicht haltbar (vgl. Teil

III 4, Allgemeine Einführung, Punkt a). Weiter hat sich in dieser Untersuchung auch die Gliederung des in sich kohärenten Gespräches nach formalen Kriterien in vier Hauptteile (nach den Gesprächspartnern Jesu) und in neun Gesprächsabschnitte (nach dem Schema: Frage → Antwort) als hilfreich erwiesen (vgl. Teil III 4, Allgemeine Einführung, Punkt c). Demgegenüber verletzen manche noch in der neueren joh. Forschung oft vertretenen Hypothesen (z.B. der sogenannte „eucharistische Abschnitt“ VV. 51f-58 als spätere Zufügung) die formale Struktur des Gesprächs (z.B. wenn eine Personenrede oder ein Vers zwei unterschiedlichen Teilen des Gesprächs oder sogar zwei literarischen Schichten zugeschrieben wird) und unterbrechen zugleich den Spannungsbogen über das ζωή-Vokabular.

Einer der Hauptgründe für das Übersehen des doppelten Spannungsbogens über die Lebensthematik in Joh 6 (zuerst in den beiden Zeichen und danach im Gespräch in VV. 25-71) liegt m.E. gerade darin, daß Joh 6 und vor allem VV. 25-71 zu häufig mit dem literarkritischen Messer seziert werden.

*(5) Der johanneische Jesus und sein Adressat*

Auf die Art und Weise, in der der joh. Jesus seine Zusagen des Lebens und der Auferstehung in Joh 6 formuliert, wurde in dieser Untersuchung öfters aufmerksam gemacht (vgl. vor allem in Teil IV 2.1.2; 2.1.6; 2.2.3; 3; 4). Es scheint mir wichtig, dieses Charakteristikum des joh. Jesus am Schluß meiner Arbeit noch einmal zu unterstreichen und auf seine hermeneutische Bedeutung hinzuweisen.

In Joh 6 wendet sich Jesus mit seinen Zusagen des Lebens und der Auferstehung am häufigsten an die einzelne Person in der 3.P.Sg. (VV. 35c-d.40b-c.44e.47b.51d.54.57.58). Das Lebensangebot Jesu und die mit ihm verbundenen Entscheidungsprozesse betreffen den Einzelnen. Demzufolge ist keine Gruppe in der Lage, an Stelle der einzelnen Person dieses Angebot zu beantworten. In Joh 6,25-71 kommt es in allen Gruppen der Gesprächspartner Jesu (die Juden, die Jünger und die Zwölf) zu uneinheitlichen Reaktionen angesichts der Aussagen Jesu über das Leben und die Auferstehung (vgl. TABELLE 55). Die bloße Zugehörigkeit zu einer bestimmten Gruppe kann das Leben nicht a priori garantieren, auch wenn es um die Gruppe der Jünger Jesu oder um den Zwölferkreis geht. Der Entscheidungsträger bleibt der Einzelne.

Aufgrund der Hervorhebung des Einzelnen stellt sich weiter mit Recht die Frage nach der Bedeutung der Gemeinde im Joh-Ev hinsichtlich der Lebenswirklichkeit. Nach meiner Meinung wird ihre Stellung dadurch nicht abgewertet. Vielmehr möchte das Joh-Ev betonen, daß die Entscheidung Jesus und seinem Lebensangebot gegenüber zuerst jeden Einzelnen betrifft und dementsprechend auch Folgen für die Gruppe, zu welcher der Einzelne gehört, hat. Einerseits kann diese Entscheidung zu Trennungsprozessen führen, andererseits kann die Gemeinde um Jesus dadurch geläutert und gefestigt werden. Als Ausdruck einer solchen Gemeinde, die sich zu Jesus bekennt, lassen sich die Wir-Aussagen im Johannesprolog (Joh 1,14-18) interpretieren – als Stimmen derjenigen, die die Herrlichkeit Jesu gesehen haben und bereit sind, für ihn Zeugnis abzulegen. Weiter kann unter dieser Perspektive auch der Zwölferkreis im Joh-Ev gesehen werden, wo die Schritte des Einzelnen Einfluß haben auf den ganzen Kreis. Es ist kein Zufall, daß gerade das Joh-Ev den Abschiedsgesprächen Jesu einen beachtlichen Raum widmet (Joh 13-17) und damit unterschiedlichen Meinungen, dem Fragen und Ringen der einzelnen Jünger um das Verständnis der Person Jesu und seiner Worte Platz gibt.

Der joh. Jesus wendet sich mit Hilfe partizipialer Wortverbindungen an seine Adressaten (vgl. TABELLE 48), die die Bedingungen für das Leben ausdrücken – häufig auch als bildhafte Wendungen wie z.B. „das Kommen zu Jesus", „das Verzehren seines Fleisches" und „das Trinken seines Blutes". Der Akzent liegt auf der Beziehung des Einzelnen zu Jesus. Die aktive Anteilnahme an dieser Beziehung ist zugleich die Voraussetzung für das Leben. Die partizipiale Form weist auf den dauerhaften Charakter dieser Anteilnahme hin. Es geht um eine Bewegung und Vertiefung der Beziehung zwischen Jesus und dem an ihn Glaubenden zur gegenseitigen bleibenden Verbundenheit, zur reziproken Immanenz (V. 56), die auf der Einheit und gegenseitigen Verbundenheit zwischen dem Vater und Jesus beruht. Jesu Zusagen des Lebens und der Auferstehung finden in dieser bleibenden Verbundenheit einen konkreten Ort ihrer Verwirklichung. Die Mangelzustände haben in ihr keine bleibende Kraft mehr, vielmehr kann sich das Leben, das über den Tod hinausgeht, in ihr voll verwirklichen.

Die 3.P.Sg. und die partizipiale Form sind zwei wichtige Stilmittel des joh. Jesus, mit denen er seine Zusagen des Lebens und der Auferstehung einem generalisierten Adressaten gibt. Aufgrund dieser allgemeinen Formulierungen spricht er jede einzelne Person an, nicht nur im textinternen Bereich auf den KN 1-3, sondern sogar jeden Leser im textexternen Bereich auf den KN 4-5. Das bedeutet, daß der Zugang zum ewigen Leben universal – für jeden Einzelnen und für alle Menschen – offen ist. Es ist kein Zufall, daß der Adressat der Lebenszusagen in Joh 6 zweimal „die Welt" (VV. 33.51h) ist. Die Lebenszusagen in Joh 6 gelten nicht nur für einen beschränkten Personenkreis. Sie lassen sich weder auf die Juden noch auf den Jüngerkreis noch auf die

Zwölf reduzieren. Ihr Adressat ist jede einzelne Person, das bedeutet „die Welt" bzw. die ganze Menschheit. Niemand ist von den Lebenszusagen ausgeschlossen, auch der heutige Leser nicht. Mit dem Blick auf die Adressaten sind Jesu Zusagen des Lebens universal, allumfassend zu verstehen. Sie gehören zu seinen hoffnungsvollsten Worten für die Welt, für jeden Menschen zu allen Zeiten.

* * *

Der joh. Jesus ist der Hauptakteur in Joh 6. Sein zeichenhaftes Handeln und seine Worte stehen ganz im Vordergrund. Er bemüht sich kontinuierlich, seinen Adressaten die Lebenswirklichkeit zu offenbaren und zu verdeutlichen. Er ist der ständige Verkünder der Lebensbotschaft (S1). In Joh 6 zeigt sich exemplarisch das Wesen der Sendung des joh. Jesus. Denn seine eigene Auffassung von dieser Sendung ist ganz auf das Leben ausgerichtet: „Ich bin gekommen, damit sie das Leben haben und es in Fülle haben" (Joh 10,10).

Der joh. Jesus erweist sich in Joh 6 als ausgezeichneter Didaktiker. Er kann seine Adressaten zutiefst ansprechen in ihrer konkreten Situation, ihren allgemein menschlichen Erfahrungen und ihrer Tradition. Er greift ihre Vorstellungen bezüglich des Lebens auf, um sie in Bewegung zu bringen und zu vertiefen. Durch die beiden Zeichen und seine Worte offenbart er schrittweise die Lebenswirklichkeit. Der Blick seiner Adressaten wird zuerst von der Nahrung zum Brot des Lebens, das Jesus selbst ist, gelenkt, danach zum Vater, weiter zum Geist und schließlich zu den Worten Jesu. In diesem Prozeß können seine Adressaten wie Petrus allmählich erkennen: Nicht durch das Kaufen der Brote wird das Leben ermöglicht, sondern nur durch die gegenseitige und bleibende Verbundenheit mit Jesus und dem Vater.

Zu dieser Bewegung möchte der joh. Jesus alle seine Adressaten bringen – unabhängig davon, zu welcher Gruppe sie gehören (zu der Menge, den Juden, den Jüngern oder zu den Zwölf). Mit seinen Zusagen des Lebens und der Auferstehung richtet er sich an alle, an jede einzelne Person. Er schließt niemanden von seinen Verheißungen aus. Der Kreis seiner Adressaten bleibt unbegrenzt, er wird sogar auf die Menschen außerhalb des Textes erweitert. Universal und zugleich ganz persönlich vermag der joh. Jesus die/den Menschen anzureden. Demzufolge bewirken seine Worte heftige Auseinandersetzungen, Streit und Trennungen in den einzelnen Gruppen. Im textexternen Bereich führt dieser Text zu einer der bewegendsten Diskussionen unter den joh. Exegeten.

Die Stellung der Jünger Jesu scheint im Text manchmal privilegiert zu sein: Sie sind von Anfang an mit Jesus. Das zweite Zeichen, den Gang Jesu auf dem See in VV. 16-21, können nur sie erfahren. Nur einige von ihnen werden namentlich erwähnt und sonst kein anderer Gesprächspartner Jesu. Philippus, Andreas und Petrus kommen sogar zu Wort. Dennoch zeigen zwei Gestalten, Petrus und Judas, daß auch die Zugehörigkeit zum Zwölferkreis das Leben nicht a priori garantieren kann. Wer die ersten Adressaten dieses Textes gewesen sind, vermittelt der Text nicht. Eine ermahnende Botschaft an die joh. Gemeinde läßt sich aus dieser Dynamik in Joh 6 jedoch indirekt erkennen.

Noch stärker als die Jünger sind die Leser des Joh-Ev privilegiert. Sie haben einen Einblick in das gesamte Geschehen. Sie bekommen wichtige Informationen vom allwissenden joh. Erzähler. Sie werden vom joh. Jesus ebenso wie seine Gesprächspartner direkt angesprochen, obwohl sie keine Erzählfiguren im eigentlichen Sinn sind. Die Leserlenkung in Joh 6 wird mit einem offenen Schluß beendet. Der Leser wird einerseits mit dem Bekenntnis des Petrus konfrontiert, der bei Jesus und seinen Worten ewigen Lebens bleiben möchte. Andererseits wird Judas erwähnt, der beabsichtigt, Jesus zu übergeben. Sein weiteres Handeln im Joh-Ev ist von diesem Übergeben gekennzeichnet (vgl. Joh 12,4; 13,2; 18,2.5).

Das Leben, an dem die Mangelzustände einschließlich des Todes wirkungslos bleiben, kann sich nur in der bleibenden Verbundenheit mit Jesus und dem Vater verwirklichen. Wie Jesus durch den Vater lebt, so wird auch derjenige, der ihn so wie Nahrung annimmt, durch ihn leben (V. 57). Joh 6 ruft auch den heutigen Leser zur Option für diese Beziehung, Kommunikation und Verbundenheit auf, zu seiner persönlichen Entscheidung für das Leben „durch ihn“ – für das Brot Gottes.

# Verzeichnisse

## 1. ABKÜRZUNGSVERZEICHNIS

Die Abkürzungen der verwendeten Literatur erfolgen nach S. M. SCHWERTNER, Internationales Abkürzungsverzeichnis für Theologie und Grenzgebiete. Zeitschriften, Serien, Lexika, Quellenwerke mit bibliographischen Angaben, Berlin $^{2}$1992 (= IATG$^{2}$). Alle eigenständigen Werke und Bände werden kursiv geschrieben. Darüber hinaus finden sich in dieser Arbeit folgende Abkürzungen:

| | |
|---|---|
| ÄE | Äußerungseinheit |
| Akk. | Akkusativ |
| Akt. | Aktiv |
| ao. | altorientalisch |
| Aor. | Aorist |
| AT | Altes Testament |
| atl. | alttestamentlich |
| BBR | Bulletin for Biblical Research |
| Bd. | Band/Bände |
| BHS | Biblia Hebraica Stuttgartensia |
| ders. | derselbe |
| dt. | deutsch |
| E | Empfänger |
| ebd. | ebenda |
| f | folgend |
| Fut. | Futur |
| GA | Gesprächsabschnitt |
| griech. | griechisch |
| hebr. | hebräisch |
| hg. | herausgegeben |
| Hg./Hgg. | Herausgeber (Sg.)/ Herausgeber (Pl.) |
| HThK.AT | Herders theologischer Kommentar zum Alten Testament |
| it. | italienisch |
| joh. | johanneisch |
| Joh-Ev | Johannesevangelium |
| KN | Kommunikationsniveau |
| lk. | lukanisch |
| Lk-Ev | Lukasevangelium |
| LXX | Septuaginta |
| m. | maskulin |
| m.E. | meines Erachtens |
| mk. | markinisch |
| Mk-Ev | Markusevangelium |
| MT | Masoretischer Text |
| mt. | matthäisch |
| Mt-Ev | Matthäusevangelium |
| n. | neutrum |
| NA$^{27}$ | Novum Testamentum Graece (Nestle-Aland, 27. Auflage) |
| NT | Neues Testament |
| ntl. | neutestamentlich |
| P. | Person |
| par | parallel |
| Pass. | Passiv |
| Pl. | Plural |
| Präs. | Präsens |
| Ptz. | Partizip |
| PzB | Protokolle zur Bibel |
| S | Sender |
| S. | Seite |
| s. | siehe |
| Sg. | Singular |
| ThK.NT | Theologischer Kommentar zum Neuen Testament |
| u.a. | unter anderem/anderen |
| u. a. | und andere/anderes |
| usw. | und so weiter |
| V./VV. | Vers/Verse |
| vgl. | vergleiche |
| WBC | Word Biblical Commentary |
| z.B. | zum Beispiel |

# 2. LITERATURVERZEICHNIS

## *Textausgaben*

Biblia Hebraica Stuttgartensia, hg. von K. ELLIGER / W. RUDOLPH, Stuttgart [4]1990.

Einheitsübersetzung der Heiligen Schrift. Die Bibel, Stuttgart 1980.

Die Heilige Schrift aus dem Grundtext übersetzt. Elberfelder Bibel revidierte Fassung, Wuppertal [4]1995.

Novum Testamentum Graece. Nestle-Aland, hg. von B. ALAND / K. ALAND u. a., Stuttgart [27]1993.

Septuaginta. Id est Vetus Testamentum graece iuxta LXX interpretes. Duo volumina in uno, hg. von A. RAHLFS, Stuttgart 1979.

Synopse der vier Evangelien. Griechisch-Deutsche Ausgabe der Synopsis Quattuor Evangeliorum. Auf der Grundlage des Novum Testamentum Graece von Nestle-Aland, 26. Auflage, und des Greek New Testament, 3rd Edition, sowie der Lutherbibel, revidierter Text 1984, und der Einheitsübersetzung 1979, hg. von K. ALAND, Stuttgart 1989.

Synopsis Quattuor Evangeliorum. Locis parallelis evangeliorum apocryphorum et patrum adhibitis, hg. von K. ALAND, Stuttgart [15]1996.

## *Hilfsmittel*

ALAND, K. / ALAND, B., Der Text des Neuen Testaments. Einführung in die wissenschaftlichen Ausgaben sowie in Theorie und Praxis der modernen Textkritik, Stuttgart [2]1989.

ALAND, K. (Hg.), Vollständige Konkordanz zum griechischen Neuen Testament unter Zugrundelegung aller modernen kritischen Textausgaben und des Textus Receptus, 2 Bände (ANTT 4/ 1–2), Berlin 1978-1983.

BALZ, H. / SCHNEIDER, G. (Hgg.), Exegetisches Wörterbuch zum Neuen Testament, 3 Bände, Stuttgart 1980-1983.

BAUER, J. B. / MARBÖCK, J. / WOSCHITZ, K. M. (Hgg.), Bibeltheologisches Wörterbuch. Vierte, völlig neu bearbeitete Auflage, Graz [4]1994.

BAUER, W., Griechisch-deutsches Wörterbuch zu den Schriften des Neuen Testaments und der frühchristlichen Literatur, völlig neu bearbeitet und hg. von K. ALAND / B. ALAND, Berlin [6]1988.

BibleWorks™ for Windows™. Version 3.5, distributed by Hermeneutica™ Computer Bible Research Software, Big Fork, Montana, copyright 1997, Michael S. Bushell.

BLASS, F. / DEBRUNNER, A. / REHKOPF, F., Grammatik des neutestamentlichen Griechisch, Göttingen [17]1990.

BOTTERWECK, G. J. / RINGGREN, H. / FABRY, H.-J. (Hgg.), Theologisches Wörterbuch zum Alten Testament, 8 Bände, Stuttgart 1973–1995.

COENEN, L. / HAACKER, K. (Hgg.), Theologisches Begriffslexikon zum Neuen Testament, 2 Bände, Wuppertal 1997-2000.

Computer-Konkordanz zum Novum Testamentum Graece von Nestle-Aland, 26. Aufl., und zum Greek New Testament, 3rd Edition, hg. vom Institut für Neutestamentliche Textforschung und vom Rechenzentrum der Universität Münster unter besonderer Mitwirkung von H. BACHMANN und W. A. SLABY, Berlin 1980.

EVEN-SHOSHAN, A. (Hg.), A New Concordance of the Bible. Thesaurus of the Language of the Bible. Hebrew and Aramaic Roots, Words, Proper Names, Phrases and Synonyms, Jerusalem 1990.

GÖRG, M. / LANG, B. (Hgg.), Neues Bibel-Lexikon, 3 Bände, Zürich 1991-2001.
HAUBECK, W. / SIEBENTHAL, H. V., Neuer sprachlicher Schlüssel zum griechischen Neuen Testament. Bd. 1: Matthäus bis Apostelgeschichte, Gießen 1997.
HAUBECK, W. / SIEBENTHAL, H. V., Neuer sprachlicher Schlüssel zum griechischen Neuen Testament. Bd. 2: Römer bis Offenbarung, Gießen 1994.
JENNI, E. / WESTERMANN, C. (Hgg.), Theologisches Handwörterbuch zum Alten Testament, 2 Bände, München I [5]1994, II [4]1993.
KITTEL, G. / FRIEDRICH, G. (Hgg.), Theologisches Wörterbuch zum Neuen Testament, 10 Bände, Stuttgart 1933–1979.
KOEHLER, L. / BAUMGARTNER, W., Hebräisches und aramäisches Lexikon zum Alten Testament, 5 Bände, Leiden [3]1967-1996.
KRAUSE, G. (Hg.), Theologische Realenzyklopädie. Teil 1. Bd. 1-12, Berlin 1977-1984.
LEWANDOWSKI, TH., Linguistisches Wörterbuch. 3. S – Z (UTB 1518), Heidelberg [5]1990.
METZGER, B. M., A Textual Commentary on the Greek New Testament. A Companion Volume to the United Bible Societies' Greek New Testament, Stuttgart [4]1994.
MÜLLER, G. (Hg.), Theologische Realenzyklopädie. Teil 2. Bd. 13-33, Berlin 1984-2002.
RUCKSTUHL, E. / DSCHULNIGG, P., Stilkritik und Verfasserfrage im Johannesevangelium. Die johanneischen Sprachmerkmale auf dem Hintergrund des Neuen Testaments und des zeitgenössischen hellenistischen Schrifttums (NTOA 17), Freiburg i. Ue. 1991.
SCHWERTNER, S. M., Internationales Abkürzungsverzeichnis für Theologie und Grenzgebiete. Zeitschriften, Serien, Lexika, Quellenwerke mit bibliographischen Angaben, Berlin [2]1992 (= IATG[2]).
ZIEGLER, K. / SONTHEIMER, W. (Hgg.), Der Kleine Pauly. Lexikon der Antike II, München 1979.

## *Kommentare zum Johannesevangelium*

BARRETT, CH. K., Das Evangelium nach Johannes (KEK.S), Göttingen 1990.
BAUER, W., Das Johannesevangelium (HNT 6), Tübingen [2]1925.
BEASLEY-MURRAY, G. R., John (WBC 36), Waco 1987.
BECKER, J., Das Evangelium nach Johannes I-II (ÖTBK 4/1-2), Gütersloh 1979-1981.
BERNARD, J. H., A Critical and Exegetical Commentary on the Gospel according to St. John I-II (ICC 29), Edinburgh 1928.
BLANK J., Das Evangelium nach Johannes (GSL.NT 4/1ab.2-3), Düsseldorf 1977-1981.
BRODIE, TH. L., The Gospel according to John. A Literary and Theological Commentary, Oxford 1993.
BROWN, R. E., The Gospel according to John. Introduction, Translation and Notes I-II (AncB 29 /29A), New York I [2]1986, II 1985.
BULTMANN, R., Das Evangelium des Johannes (KEK 2), Göttingen [21]1986.
CARSON, D. A., The Gospel according to John, Leicester [2]1994.
DIETZFELBINGER, CH., Das Evangelium nach Johannes I-II (ZBK.NT 4,1-2), Zürich 2001.
ELLIS, P. F., The Genius of John. A Composition-Critical Commentary on the Fourth Gospel, Collegeville 1984.
FABRIS, R., Giovanni (Commenti biblici), Rom 1992.
GNILKA J., Johannesevangelium (NEB.NT 4), Würzburg 1985.
HAENCHEN, E., Das Johannesevangelium. Ein Kommentar, hg. von U. BUSSE, Tübingen 1980.
HOSKYNS, E. C., The Fourth Gospel, hg. von F. N. DAVEY, London [2]1947, Repr. 1950.

KEIL, G., Das Johannesevangelium. Ein philosophischer und theologischer Kommentar, Göttingen 1997.
LEON-DUFOUR, X., Lecture de l'Evangile selon Jean I-IV (Parole de Dieu 26.29.31.34), Paris 1988-1996.
LEON-DUFOUR, X., Lettura dell'Evangelo secondo Giovanni I-IV (Parola die Dio), Milano 1990-1998.
LINDARS, B., The Gospel of John (NCeB), London 1972.
MANNUCCI, V., Giovanni. Il vangelo per ogni uomo, Brescia 1995.
MOLONEY, F. J., The Gospel of John (Sacra Pagina 4), Collegeville 1998.
MORRIS, L., The Gospel according to John. The English Text with Introduction, Exposition and Notes (NIC), Grand Rapids 1987.
PORSCH, F., Johannes-Evangelium (SKK.NT 4), Stuttgart 1988.
RIDDERBOS, H. N., The Gospel according to John. A Theological Commentary, Grand Rapids 1997.
SCHENKE, L., Johannes. Kommentar (Kommentare zu den Evangelien), Düsseldorf 1998.
SCHLATTER, A., Der Evangelist Johannes. Wie er spricht, denkt und glaubt. Ein Kommentar zum vierten Evangelium, Stuttgart, 1930.
SCHNACKENBURG, R., Das Johannesevangelium I-IV (HThK IV/1-4), Freiburg i. Br. I 1965, II $^{4}$1985, III $^{6}$1992, IV 1984.
SCHNEIDER, J., Das Evangelium nach Johannes (ThHK Sonderbd.), hg. von E. FASCHER, Berlin $^{2}$1978.
SCHNELLE, U., Das Evangelium nach Johannes (ThHK 4), Leipzig 1998.
SCHULZ, S., Das Evangelium nach Johannes (NTD 4), Göttingen 1987.
SCHWANK, B., Evangelium nach Johannes, St. Ottilien 1996.
SMITH, D. M., John (Abingdon New Testament Commentaries), Nashville 1999.
STIBBE, M. W.G., John (Readings: A New Biblical Commentary), Sheffield 1993.
STRATHMANN, H., Das Evangelium nach Johannes (NTD 4), Göttingen 1951.
WELLHAUSEN, J., Das Evangelium Johannis, Berlin 1908.
WENGST, K., Das Johannesevangelium I-II (ThK.NT 4,1-2), Stuttgart 2000-2001.
WESTCOTT, B. F., The Gospel according to St. John. The Greek Text with Introduction and Notes I-II, London 1908.
WIKENHAUSER, A., Das Evangelium nach Johannes (RNT 4), Regensburg $^{3}$1961.
WILCKENS, U., Das Evangelium nach Johannes (NTD 4). Göttingen $^{17(=1)}$1998.

## *Monographien und Artikel*

ALBERTZ, R. / WESTERMANN, C., Art. רוח, in: THAT II 726-753.
ANDERSON, P. N., The Christology of the Fourth Gospel. Its Unity and Disunity in the Light of John 6, Valley Forge 1997.
ANDERSON, P. N., The Sitz im Leben of the Johannine Bread of Life Discourse and its Evolving Context, in: R. A. CULPEPPER (Hg.), Critical Readings of John 6 (Biblical Interpretation Series 22), Leiden 1997, 1-59.
BALZ, H., Art. αἰώνιος, in: EWNT I 111-115.
BALZ, H., Art. κόσμος, in: EWNT II 765-773.
BALZ, H. / SCHNEIDER, G., Art. Γεννησαρέτ, in: EWNT I 586.
BALZ, H. / SCHNEIDER, G., Art. Καφαρναούμ, in: EWNT II 690-691.
BALZ, H. / SCHNEIDER, G., Art. μάννα, in: EWNT II 946-947.
BALZ, H. / SCHNEIDER, G., Art. πέντε, in: EWNT III 164-165.
BALZ, H. / SCHNEIDER, G., Art. Τιβεριάς, in: EWNT III 851-852.

BAUKS, M., Die Welt am Anfang. Zum Verhältnis von Vorwelt und Weltentstehung in Gen 1 und in der altorientalischen Literatur (WMANT 74), Neukirchen-Vluyn 1997.

BECKER, J., Die Hoffnung auf ewiges Leben im Johannesevangelium, in: ZNW 91/3-4 (2000) 192-211.

BECKER, J., Ich bin die Auferstehung und das Leben. Eine Skizze der johanneischen Christologie, in: ThZ 39 (1983) 138-151.

BECKMANN, K., Funktion und Gestalt des Judas Iskarioth im Johannesevangelium, in: BThZ 11 (1994) 181-200.

BERG, W., Die Rezeption alttestamentlicher Motive im Neuen Testament, dargestellt an den Seewandelerzählungen, Freiburg i. Br. 1979.

BERGES, U., Das Buch Jesaja. Komposition und Endgestalt (Herders biblische Studien 16), Freiburg i. Br. 1998.

BETZ, O., Art. σημεῖον, in: EWNT III 569-575.

BEUTLER, J., Die Stunde Jesu im Johannesevangelium, in: ders., Studien zu den johanneischen Schriften (SBAB 25), Stuttgart 1998, 317-322.

BEUTLER, J., Faith and Confession. The Purpose of John, masch. Artikel Rom 2002.

BEUTLER, J., Glaube und Zeugnis im Johannesevangelium, in: ders., Studien zu den johanneischen Schriften (SBAB 25), Stuttgart 1998, 9-19.

BEUTLER, J., Johannesevangelium und Rhetorikkritik. Zu einem neueren Buch, in: ders., Studien zu den johanneischen Schriften (SBAB 25), Stuttgart 1998, 233-246.

BEUTLER, J., „So sehr hat Gott die Welt geliebt" (Joh 3,16). Zum Heilsuniversalismus im Johannesevangelium, in: ders., Studien zu den johanneischen Schriften (SBAB 25), Stuttgart 1998, 263-274.

BEUTLER, J., Studien zu den johanneischen Schriften (SBAB 25), Stuttgart 1998.

BEUTLER, J., Zur Struktur von Johannes 6, in: ders., Studien zu den johanneischen Schriften (SBAB 25), Stuttgart 1998, 247-262.

BIERINGER, R. / POLLEFEYT, D. / VANDECASTEELE-VANNEUVILLE, F., Wrestling with Johannine Anti-Judaism. A Hermeneutical Framework for the Analysis of the Current Debate, in: ders. (Hg.), Anti-Judaism and the Fourth Gospel. Papers of the Leuven Colloquium, 2000 (Jewish and Christian Heritage Series 1), Assen 2001, 3-44.

BLINZLER, J., Johannes und die Synoptiker. Ein Forschungsbericht (SBS 5), Stuttgart 1965.

BOISMARD, M.-É., L'évolution du thème eschatologique dans les traditions johanniques, in: RB 68 (1961) 507-524.

BOISMARD, M.-É. / LAMOUILLE, A., Synopse des quatre évangiles en français III: L'evangile de Jean, Paris 1977.

BORGEN P., Bread from Heaven. An Exegetical Study of the Concept of Manna in the Gospel of John and the Writings of Philo (NT.S 10), Leiden 1965.

BORGEN, P., John 6: Tradition, Interpretation and Composition, in: R. A. CULPEPPER (Hg.), Critical Readings of John 6 (Biblical Interpretation Series 22), Leiden 1997, 95-114.

BORNKAMM, G., Misericordias Domini Johannes 14,1-6, in: G. EICHHOLZ (Hg.), Herr, tue meine Lippen auf III, Wuppertal-Barmen [2]1957, 217-223.

BORNKAMM, G., Vorjohanneische Tradition oder nachjohanneische Bearbeitung in der eucharistischen Rede Johannes 6, in: ders., Geschichte und Glaube II,4 (BEvTh 53), München 1971, 51-64.

BRAULIK, G., Deuteronomium 1 - 16,17 (NEB.AT 15), Würzburg 1986.

BRINKER, K., Linguistische Textanalyse. Eine Einführung in Grundbegriffe und Methoden (GGerm 29), Berlin [4]1997.

BROER, I., Auferstehung und ewiges Leben im Johannesevangelium, in: ders. / J. WERBICK (Hgg.), „Auf Hoffnung hin sind wir erlöst" (Röm 8,24). Biblische und systematische Beiträge zum Erlösungsverständnis heute (SBS 128), Stuttgart 1987,

67-94.
BROWN, R. E., An Introduction to the New Testament (The Anchor Bible Reference Library), New York 1997.
BROWNSON, J., Neutralizing the Intimate Enemy. The Portrayal of Judas in the Fourth Gospel, in: Society of Biblical Literature. Annual Meeting, November 21 - 24, 1992 (SBL.SP 31), Atlanta 1992, 49-60.
BULTMANN, R. / RAD, G. V. / BERTRAM, G., Art. ζάω κτλ., in: ThWNT II 833-877.
CEBULJ, CH., Ich bin es. Studien zur Identitätsbildung im Johannesevangelium (SBB 44), Stuttgart 2000.
CHRISTENSEN, D. L., Deuteronomy 1 - 11 (WBC 6A), Waco 1991.
CLINES, D. J. A., Job 1 - 20 (WBC 17), Waco 1989.
COGAN, M. / TADMOR, H., II Kings. A New Translation with Introduction and Commentary (AncB 11), Garden City 1988.
CONZELMANN, H., Grundriß der Theologie des Neuen Testaments (EETh 2), München [2]1967.
CROSSAN, J. D., It is Written: A Structuralist Analysis of John 6, in: M. W. G. STIBBE (Hg.), The Gospel of John as Literature. An Anthology of Twentieth-Century Perspectives (NTTS 17), Leiden 1993, 145-164.
CULPEPPER, R.A., Anatomy of the Fourth Gospel. A Study in Literary Design (Foundations and Facets: New Testament), Philadelphia 1983.
CULPEPPER, R. A. (Hg.), Critical Readings of John 6 (Biblical Interpretation Series 22), Leiden 1997.
CULPEPPER, R. A., The Gospel of John as a Document of Faith in a Pluralistic Culture, in: F. F. SEGOVIA (Hg.), „What is John?“ Readers and Readings of the Fourth Gospel (SBL.Symposium Series 3), Atlanta 1996, 107-127.
DALY-DENTON, M., David in the Fourth Gospel. The Johannine Reception of the Psalms (AGJU 47), Leiden 2000.
DAUTZENBERG, G., Art. Leben, in: TRE 20 526-530.
DAVIES, M., Rhetoric and Reference in the Fourth Gospel (JSNT.S 69), Sheffield 1992.
DETTWILER, A., Le prologue johannique (Jean 1,1-18), in: J.-D. KAESTLI / M. POFFET / J. ZUMSTEIN (Hgg.), La communauté johannique et son histoire. La trajectoire de l'évangile de Jean aux deux premiers siècles (MoBi), Geneve 1990, 185-203.
DIXON, S., The Roman family (Ancient Society and History ), Baltimore 1992.
DODD, CH. H., Eternal Life, in: ders., New Testament Studies, Manchester [2]1954, 160-173.
DODD, CH. H., New Testament Studies, Manchester [2]1954.
DODD, CH. H., The Interpretation of the Fourth Gospel, Cambridge 1953.
DORMEYER, D., Art. ἐγγύς, in: EWNT I 897-899.
DUMOULIN, P., Entre la manne et l'eucharistie. Étude de Sg 16,15 - 17,1a. La manne dans le Livre de la Sagesse, synthèse de traditions et préparation au mystère eucharistique (AnBib 132), Rom 1994.
DUNDERBERG, I., Johannes und die Synoptiker. Studien zu Joh 1-9 (AASF.DHL 69), Helsinki 1994.
DUPONT, J., Essais sur la Christologie de Saint Jean. Le Christ, parole, lumière et vie. La gloire du Christ, Bruges 1951.
DURHAM, J. J., Exodus (WBC 3), Waco 1987.
EBACH, J., Streiten mit Gott - Hiob. 1. Hiob 1 - 20 (Kleine Biblische Bibliothek), Neukirchen-Vluyn 1995.
EGGER, W., Methodenlehre zum Neuen Testament. Einführung in linguistische und historisch-kritische Methode, Freiburg i. Br. 1987.
ELLIGER, W., Art. ἐν, in: EWNT I 1093-1096.

ENGEL, H., Das Buch der Weisheit (Neuer Stuttgarter Kommentar. Altes Testament 16), Stuttgart 1998.

FABRY, H.-J. / RINGGREN, H., Art. הוא, in: ThWAT II 363-375.

FIEDLER, P., Art. σκληροκαρδία κτλ., in: EWNT III 606-608.

FILSON, F. V., The Gospel of Life, in: W. KLASSEN (Hg.), Current Issues in New Testament Interpretation (FS Otto A. Pipe), London 1962, 111-123.

FISCHER, G., Wege in die Bibel. Leitfaden zur Auslegung, Stuttgart 2000.

FITZMYER, J. A., Art. κύριος κτλ., in: EWNT II 811-820.

FRADUA, J. L., Das Ewige Leben in den Johanneischen Schriften, in: IKaZ 20 (1991) 23-32.

FRANKEMÖLLE, H., Matthäus II, Düsseldorf 1997.

FREY, J., Das Bild als Wirkungspotenzial. Ein rezeptionsästhetischer Versuch zur Funktion der Brot-Metapher in Johannes 6, in: R. ZIMMERMANN (Hg.), Bildersprache verstehen. Zur Hermeneutik der Metapher und anderer bildlicher Sprachformen (Übergänge 38), München 2000, 331-361.

FREY, J., Die johanneische Eschatologie. Bd. I: Ihre Probleme im Spiegel der Forschung seit Reimarus (WUNT 96), Tübingen 1997.

FREY, J., Die johanneische Eschatologie. Bd. II: Das johanneische Zeitverständnis (WUNT 110), Tübingen 1998.

FREY, J., Die johanneische Eschatologie. Bd. III: Die eschatologische Verkündigung in den johanneischen Texten (WUNT 117), Tübingen 2000.

FREY, J.-B., Le concept de ‚Vie' dans l'Évangile de St. Jean, in: Bib. 1 (1920) 37-58.211-239.

FUHS, H. F., Art. ירא, in: ThWAT III 869-893.

GEIGER, G., Aufruf an Rückkehrende. Zum Sinn des Zitats von Ps 78,24b in Joh 6,31, in: Bib 65 (1984) 449-464.

GERLEMAN, G., Art. דבר, in: THAT I 433-443.

GIELEN, M., Tradition und Theologie neutestamentlicher Haustafelethik. Ein Beitrag zur Frage einer christlichen Auseinandersetzung mit gesellschaftlichen Normen (BBB 75), Frankfurt a. M. 1990.

GIESEN, H., Art. σκανδαλίζω, in: EWNT III 592-594.

GILLMAYR-BUCHER, S., Die Psalmen im Spiegel der Lyrik Thomas Bernhards (SBB 48), Stuttgart 2002.

GNILKA, J., Das Evangelium nach Markus. Teilbd. 1. Mk 1 – 8,26 (EKK 2/1), Zürich 1978.

GNILKA, J., Das Matthäusevangelium. II. Teil: Kommentar zu Kap. 14,1 - 28,20 und Einlei-tungsfragen (HThK I/2), Freiburg i. Br. 1988.

GNILKA, J., Theologie des Neuen Testaments (HThK.S 5), Freiburg i. Br. 1994.

GRIMM, W. / DITTERT, K., Deuterojesaja. Deutung, Wirkung, Gegenwart. Ein Kommentar zu Jesaja 40 – 55 (Calwer Bibelkommentare), Stuttgart 1990.

GUELICH, R. A., Mark 1 - 8:26 (WBC 34A), Dallas 1989.

HABEL, N. C., The Book of Job. A Commentary (OTL), Philadelphia 1985.

HAGNER, D. A., Matthew 14 - 28 (WBC 33B), Dallas 1995.

HAHN, F., Das Glaubensverständnis im Johannesevangelium, in: E. GRÄSSER / O. MERK (Hgg.), Glaube und Eschatologie (FS Werner Georg Kümmel), Tübingen 1985, 51-69.

HAHN, F., „Die Juden" im Johannesevangelium, in: P.-G. MÜLLER / W. STENGER (Hgg.), Kontinuität und Einheit (FS Franz Mußner), Freiburg i. Br. 1981, 430-438.

HASITSCHKA, M., Befreiung von Sünde nach dem Johannesevangelium. Eine bibeltheologische Untersuchung (IThS 27), Innsbruck 1989.

HASITSCHKA, M., Die beiden „Zeichen" am See von Tiberias. Interpretation von Joh 6 in Verbindung mit Joh 21,1-14, in: SNTU.A 24 (1999) 85-102.

HASITSCHKA, M., Die Korintherbriefe des Paulus, masch. Skriptum Innsbruck 1999.

HASITSCHKA, M., Christologie des Johannesevangeliums, masch. Skriptum Innsbruck 1995.

HASITSCHKA, M., Christologie des Markusevangeliums, masch. Skriptum Innsbruck 1994.

HASITSCHKA, M., Passions- und Osterberichte nach Johannes, masch. Skriptum Innsbruck 1997.

HASLER, V., Glauben und Erkennen im Johannesevangelium. Strukturale und hermeneutische Überlegungen, in: EvTh 50 (1990) 279-296.

HEIL, J. P., Jesus Walking on the Sea. Meaning and Gospel Functions of Matt 14:22-33, Mark 6:45-52 and John 6:15b-21 (AnBib 87), Rom 1981.

HELFMEYER, F. J., Art. אות, in: ThWAT I 182-205.

HENTSCHEL, G., 2 Könige (NEB.AT 11), Würzburg 1985.

HESS, A. J., Art. γογγύζω in: EWNT I 618-619.

HESS, A. J., Art. διά, in: EWNT I 712-713.

HESSE, F., Hiob (ZBK.AT 14), Zürich 1978.

HOBBS, T. R., 2 Kings (WBC 13), Waco 1985.

HOFFMANN, P., Art. Auferstehung I/3, in: TRE 4 450-467.

HORSTMANN, A., Art. οἶδα, in: EWNT II 1206-1209.

HOSSFELD, F.-L. / ZENGER, E., Psalmen 51-100 (HThK.AT), Freiburg i. Br. 2000.

HÜBNER, H., Art. ἀλήθεια κτλ., in: EWNT I 138-145.

HÜBNER, H., Apokryphen. Bd. 4: Die Weisheit Salomons, Göttingen 1999.

JACOB, B., Das Buch Genesis, Stuttgart [2]2000.

JEREMIAS, J., Abba. Studien zur neutestamentlichen Theologie und Zeitgeschichte, Göttingen 1966.

JERUMANIS, P.-M., Réaliser la communion avec Dieu. Croire, vivre et demeurer dans l'évangile selon S. Jean (EtB 32), Paris 1996.

KAHRMANN, C. / REISS, G. / SCHLUCHTER, M., Erzähltextanalyse. Eine Einführung. Mit Studien- und Übungstexten (Athenäum Taschenbücher. Literaturwissenschaft 2184), König-stein [2]1991.

KAMPLING, R., Art. Blut, in: BThW 82-55.

KÄSEMANN, E., Jesu letzter Wille nach Johannes 17, Tübingen [4]1980.

KEEL, O., Die Welt der altorientalischen Bildsymbolik und das Alte Testament. Am Beispiel der Psalmen, Zürich [3]1980.

KERTELGE, K., Markusevangelium (NEB.NT 2), Würzburg 1994.

KLASSEN, W., Judas. Betrayer or Friend of Jesus?, Minneapolis 1996.

KLAUCK, H.-J., Judas der „Verräter“? Eine exegetische und wirkungsgeschichtliche Studie, in: W. HAASE (Hg.), Religion (vorkonstantinisches Christentum: Neues Testament [Sachthemen]) (ANRW II/ 26,1), Berlin 1992, 717-740.

KLAUCK, H.-J., 1. Korintherbrief (NEB.NT 7), Würzburg 1992.

KLEIN, G., „Das wahre Licht scheint schon“. Beobachtungen zur Zeit- und Geschichtserfahrung einer urchristlichen Schule, in: ZThK 68 (1971) 261-326.

KLEIN, R. W., 1 Samuel (WBC 10), Waco 1983.

KLEMENT, H. H., II Samuel 21 - 24. Context, Structure and Meaning in the Samuel Conclusion (EHS.T 682), Frankfurt a. M. 2000.

KOCH, CH., Der Abschied des Liebenden. Narrative Analyse zu Joh 13,1-17,26, masch. Diss. Innsbruck 1996.

KOENEN, K. / KÜHSCHELM, R., Zeitenwende (Die neue Echter Bibel. Themen 2), Würzburg 1999.

KOESTER, C. R., The Spectrum of Johannine Readers, in: F. F. SEGOVIA (Hg.), „What is John?“ Readers and Readings of the Fourth Gospel (SBL.Symposium Series 3), Atlanta 1996, 5-19.

KORPEL, M. C. A., Metaphors in Isaiah LV, in: VT 46/1 (1996) 43-55.

KÖSTER, H., Einführung in das Neue Testament im Rahmen der Religionsgeschichte und Kulturgeschichte der hellenistischen und römischen Zeit (GLB), Berlin 1980.

KOWALSKI, B., Die Hirtenrede (Joh 10,1-18) im Kontext des Johannesevangeliums (SBB 31), Stuttgart 1996.

KREMER, J., Die Zukunft der Toten. Hoffnung auf persönliche Auferstehung im Wandel der Zeiten, Stuttgart 1988.

KREMER, J., Lazarus. Die Geschichte einer Auferstehung. Text, Wirkungsgeschichte und Botschaft von Joh 11,1-46, Stuttgart 1985.

KREUZER, S., Art. Zahl, in: NBL III 1155-1169.

KUHN, H.-W., Art. ἀμήν, in: EWNT I 166-168.

KYSAR, R., The Dismantling of Decisional Faith: A Reading of John 6:25-71, in: R. A. CULPEPPER (Hg.), Critical Readings of John 6 (Biblical Interpretation Series 22), Leiden 1997, 161-181.

LABAHN, M., Controversial Relevation in Deed and Word. The Feeding of the Five Thousand and Jesus' Crossing of the Sea as a „Prelude" to the Johannine Bread of Life Discourse, in: IBSt 22/4 (2000) 146-181.

LABAHN, M., Jesus als Lebensspender. Untersuchungen zu einer Geschichte der johanneischen Tradition anhand ihrer Wundergeschichten (BZNW 98), Berlin 1999.

LABAHN, M., Offenbarung in Zeichen und Wort. Untersuchungen zur Vorgeschichte von Joh 6,1-25a und seiner Rezeption in der Brotrede (WUNT II 117), Tübingen 2000.

LÄMMERT, E., Bauformen des Erzählens, Stuttgart $^{6}$1975.

LANG, B. / WOSCHITZ, K., Art. Leben nach dem Tod, in: NBL II 599-602.

LARSSON, T., God in the Fourth Gospel. A Hermeneutical Study of the History of Interpretations (CB.NT 35), Stockholm 2001.

LASSEN, E. M., Family as Metaphor. Family Images at the Time of the Old Testament and Early Judaism, in: SJOT 6 (1992) 247-262.

LENCHAK, T. A., ‚Choose life!'. A Rhetoricalcritical Investigation of Deuteronomy 28,69 - 30,20 (AnBib 129), Rom 1993.

LIMBECK, M., Art. θέλημα, in: EWNT II 338-340.

LINCOLN, A. T., „I Am the Resurrection and the Life". The Resurrection Message of the Fourth Gospel, in: R. N. LONGENECKER (Hg.), Life in the Face of Death. The Resurrection Message of the New Testament (McMaster New Testament studies), Grand Rapids 1998, 122-144.

LINDBLOM, J., Das ewige Leben. Eine Studie über die Entstehung der religiösen Lebensidee im Neuen Testament, Uppsala 1914.

LINK, H.-G., Art. Leben / Tod, in: TBLNT II 1227-1255.

LOEPP, D., Johannine Literary Themes and Vocabulary, in: http://bellarmine.lmu.edu/~fjust/John/Vocab-Life.html.

LONA, H. E., Glaube und Sprache des Glaubens im Johannesevangelium, in: BZ 28 (1984) 168-184.

LONG, B. O., 2 Kings (FOTL 10), Grand Rapids 1991.

LUZ, U., Das Evangelium nach Matthäus. 2. Teilband: Mt 8-17 (EKK 1/2), Zürich 1990.

MADDEN, P. J., Jesus' Walking on the Sea. An Investigation of the Origin of the Narrative Account (BZNW 81), Berlin 1997.

MARBÖCK, J., Art. Leben, in: BThW 392-395.

MATJAŽ, M., Furcht und Gotteserfahrung. Die Bedeutung des Furchtmotivs für die Christologie des Markus (fzb 91), Würzburg 1999.

MEEKS, W. A., Die Funktion des vom Himmel herabgestiegenen Offenbarers für das Selbstverständnis der joh Gemeinde, in: ders., Zur Soziologie des Urchristentums. Ausgewählte Beiträge zum frühgeschichtlichen Gemeinschaftsleben in seiner gesellschaftlichen Umwelt (TB 62), München 1979, 261-280.

MENKEN, M. J. J., John 6:51c-58: Eucharist or Christology?, in: R. A. CULPEPPER (Hg.), Critical Readings of John 6 (Biblical Interpretation Series 22), Leiden 1997, 183-204.

MENKEN, M. J. J., Old Testament Quotations in the Fourth Gospel. Studies in Textual Form (Contributions to Biblical Exegesis and Theology 15), Kampen 1996.

MEYER, H. B., Eucharistie. Geschichte, Theologie, Pastoral. Zum Gedenken an den 100. Geburtstag von Josef Andreas Jungmann SJ am 16. Nov. 1989. Mit einem Beitrag von I. Pahl (GDK 4), Regensburg 1989.

MEYER, P. W., „The Father". The Presentation of God in the Fourth Gospel, in: R. A. CULPEPPER / C. C. BLACK (Hgg.), Exploring the Gospel of John (FS D. Moody Smith), Louisville 1996, 255-273.

MICHEL, O., Art. πατήρ, in: EWNT III 125-135.

MINDE, H.-J. VAN DER, Art. βρῶσις, in: EWNT I 550-552.

MITCHEL, L. / LUTZMANN, H. / GERATY, L. T. / RINGGREN, H., Art. חשך, in: ThWAT III 261-277.

MLAKUZHYIL, G., The Christocentric Literary Structure of the Fourth Gospel (AnBib 117), Rom 1987.

MOLONEY, F. J., Signs and Shadows. Reading John 5-12, Minneapolis 1996.

MUSSNER, F., ΖΩΗ. Die Anschauung vom „Leben" im vierten Evangelium unter Berücksichtigung der Johannesbriefe (MThS.H 5), München 1952.

MUSSNER, F., Die „semantische Achse" des Johannesevangeliums. Ein Versuch, in: H. FRANKEMÖLLE (Hg.), Vom Urchristentum zu Jesus (FS Joachim Gnilka), Freiburg i. Br. 1989, 246-255.

NEWHEART, M. W., Toward a Psycho-Literary Reading of the Fourth Gospel, in: F. F. SEGOVIA (Hg.), „What is John?" Readers and Readings of the Fourth Gospel (SBL.Symposium Series 3), Atlanta 1996, 43-58.

NICKLAS, T., Ablösung und Verstrickung. „Juden" und Jüngergestalten als Charaktere der erzählten Welt des Joahnnesevangeliums und ihre Wirkung auf den implizierten Leser (RSTh 60), Frankfurt a. M. 2001.

NIELSEN, E., Deuteronomium (HAT 6), Tübingen 1995.

NIELSEN, H. K., John's Understanding of the Death of Jesus, in: J. NISSEN / S. PEDERSEN (Hgg.), New Readings in John. Literary and Theological Perspectives. Essays from the Scandinavian Conference on the Fourth Gospel, Århus 1997 (JSNT.S 182), Sheffield 1999, 232-254.

NIEMAND, CH., Zur Funktion der Judasgestalt in den Evangelien. Materialien und Anregungen zur Diskussion eines problematischen Befundes, in: PzB 1 (1992) 85-99.

OBERFORCHER, R., Christologie im gesamtbiblischen Horizont, masch. Skriptum Innsbruck 1999.

OBERMANN, A., Die christologische Erfüllung der Schrift im Johannesevangelium. Eine Untersuchung zur johanneischen Hermeneutik anhand der Schriftzitate (WUNT II 83), Tübingen 1996.

O'DAY, G. R., John 6:15-21: Jesus Walking on Water as Narrative Embodiment of Johannine Christology, in: R. A. CULPEPPER (Hg.), Critical Readings of John 6 (Biblical Interpretation Series 22), Leiden 1997, 149-159.

OLSSON, B., Deus semper maior? On God in the Johannine Writings, in: J. NISSEN / S. PEDERSEN (Hgg.), New Readings in John. Literary and Theological Perspectives. Essays from the Scandinavian Conference on the Fourth Gospel, Århus 1997 (JSNT.S 182), Sheffield 1999, 143-171.

ONUKI, T., Gemeinde und Welt im Johannesevangelium. Ein Beitrag zur Frage nach der theologischen und pragmatischen Funktion des johanneischen „Dualismus" (WMANT 56), Neukirchen-Vluyn 1984.

PAGANINI, S., Der Weg zur Frau Zion, Ziel unserer Hoffnung. Aufbau, Kontext, Sprache, Kommunikationsstruktur und theologische Motive in Jes 55,1-13 (SBB 49), Stuttgart 2002.
PAINTER, J., Jesus and the Quest for Eternal Life, in: R. A. CULPEPPER (Hg.), Critical Readings of John 6 (Biblical Interpretation Series 22), Leiden 1997, 61-94.
PÄPSTLICHE BIBELKOMMISSION, Das jüdische Volk und seine Heilige Schrift in der christlichen Bibel (VApS 152), Bonn 2001.
PÄPSTLICHE BIBELKOMMISSION, Die Interpretation der Bibel in der Kirche (VApS 115), Bonn 1993.
PATSCH, H., Art. ὑπέρ, in: EWNT III 948-951.
PERCY E., Untersuchungen über den Ursprung der johanneischen Theologie. Zugleich ein Beitrag zur Frage nach der Entstehung des Gnostizismus, Lund 1939.
PERLITT, L., Wovon der Mensch lebt (Dtn 8,3b), in: ders. (Hg.), Deuteronomium-Studien (FAT 8), Tübingen 1994, 74-96.
PESCH, R., Das Markusevangelium. I. Teil: Einleitung und Kommentar zu Kap.1,1-8,26 (HThK II/1), Freiburg i. Br. 1976.
POPKES, W., Art. πειράζω, in: EWNT III 151-158.
PORSCH, F., Pneuma und Wort. Ein exegetischer Beitrag zur Pneumatologie des Johannesevangeliums (FTS 16), Frankfurt a. M. 1974.
PRIBNOW, H., Die johanneische Anschauung vom „Leben" (GThF 4), Greifswald 1934.
QUAST, K., Reading the Gospel of John. An Introduction, New York 1991.
QUELL, G. / FOERSTER, W., Art. κύριος κτλ., in: ThWNT III 1038-1098.
RAWSON, B., The Roman Family, in: ders. (Hg.), The Family in Ancient Rome. New Perspectives, London 1992, 1-57.
RICCA, P., Die Eschatologie des vierten Evangeliums, Zürich 1966.
RICHTER, G., Studien zum Johannesevangelium (BU 13), Regensburg 1977.
RITT, H., Das Gebet zum Vater. Zur Interpretation von Joh 17 (fzb 36), Würzburg 1979.
RITT, H., Art. λόγος, in: EWNT II 880-887.
ROSE, M., 5. Mose. Teilbd. 2. Rahmenstücke zum Gesetzeskorpus. 1 - 11 und 26 – 34 (ZBK.AT 5), Zürich 1994.
RUCKSTUHL, E., Die Speisung des Volkes durch Jesus und die Seeüberfahrt der Jünger nach Joh 6,1-25 im Vergleich zu den synoptischen Parallelen in: F. V. SEGBROECK (Hg.), The Four Gospels 1992 (FS Frans Neirynck) (BEThL 100) III, Leuven 1992, 2001-2019.
RUPPERT, L., Genesis. 1. Teilband. Gen 1,1 - 11,26 (fzb 70), Würzburg 1992.
SARNA, N. M., Genesis. The Traditional Hebrew Text with the New JPS Translation (JPSTC), Philadelphia 1989.
SASSE, H., Art. αἰών κτλ., in: ThWNT I 197-209.
SCARPAT, G., Libro della sapienza. Testo, traduzione, introduzione e commento. Vol.3 (Biblica 6), Brescia 1999.
SCHARBERT, J., Genesis 1 - 11 (NEB.AT 5), Würzburg1990.
SCHENKE, L., Das johanneische Schisma und die ‚Zwölf' (Johannes 6.60-71), in: NTS 38 (1992) 105-121.
SCHENKE, L., Die formale und gedankliche Struktur von Joh 6,26-58, in: BZ 24 (1980) 21-41.
SCHENKE, L., Die literarische Vorgeschichte von Joh 6,26-58, in: BZ 29 (1985) 68-89.
SCHNACKENBURG, R., Matthäusevangelium 1,1 - 16,20 (NEB.NT 1/1), Würzburg [2]1991.
SCHNACKENBURG, R., „Der Vater, der mich gesandt hat". Zur johanneischen Christologie, in: C. BREYTENBACH / H. PAULSEN (Hgg.), Anfänge der Christologie (FS Ferdinand Hahn), Göttingen 1991, 275-291.
SCHNACKENBURG, R., Zur Rede vom Brot aus dem Himmel. Eine Beobachtung zu Joh 6,52, in: BZ 12 (1968) 248-252.

SCHNEIDER, G., Art. πῶς, in: EWNT III 489-492.

SCHNEIDER, G., Art. ῥαββί, in: EWNT III 493-495.

SCHNELLE, U., Antidoketische Christologie im Johannesevangelium. Eine Untersuchung zur Stellung des vierten Evangeliums in der johanneischen Schule (FRLANT 144), Göttingen 1987.

SCHNELLE, U., Die Juden im Johannesevangelium, in: CH. KÄHLER / M. BÖHM / CH. BÖTTRICH (Hgg.), Gedenkt an das Wort (FS Werner Vogler), Leipzig 1999, 217-230.

SCHNELLE, U., Einleitung in das Neue Testament (UTB 1830), Göttingen [3]1999.

SCHNIDER, F. / STENGER, W., Johannes und die Synoptiker. Vergleich ihrer Parallelen (BiH 9), München 1971.

SCHOLTISSEK, K., Antijudaismus im Johannesevangelium? Ein Gesprächsbeitrag, in: R. KAMPLING (Hg.), „Nun steht aber diese Sache im Evangelium ..." Zur Frage nach den Anfängen des christlichen Antijudaismus, Paderborn 1999, 151-181.

SCHOLTISSEK, K., Die Brotrede Jesu in Joh 6,1-71. Exegetische Beobachtungen zu ihrem Johanneischen Profil, in: ZKTh 123/1 (2001) 35-55.

SCHOLTISSEK, K., In ihm sein und bleiben. Die Sprache der Immanenz in den Johanneischen Schriften (Herders biblische Studien 21), Freiburg i. Br. 2000.

SCHOTTROFF, L., Der Glaubende und die feindliche Welt. Beobachtungen zum gnostischen Dualismus und seiner Bedeutung für Paulus und das Johannesevangelium (WMANT 37), Neukirchen-Vluyn 1970.

SCHOTTROFF, L., Art. ζωοποιέω, in: EWNT II 273-274.

SCHRENCK, E. V., Die johanneische Anschauung vom „Leben" mit Berücksichtigung ihrer Vorgeschichte, Leipzig 1898.

SCHROER, S., Die Samuelbücher (Neuer Stuttgarter Kommentar Altes Testament 7), Stuttgart 1992.

SCHROT, G., Art. Familia, in: KP II 511-512.

SCHUCHARD, B. G., Scripture within Scripture. The Interrelationship of Form and Function in the Explicit Old Testament Citations in the Gospels of John (SBL.DS 133), Atlanta 1992.

SCHULZ, S., Untersuchungen zur Menschensohn-Christologie im Johannesevangelium. Zugleich ein Beitrag zur Methodengeschichte der Auslegung des 4. Evangeliums, Göttingen 1957.

SCHÜRMANN, H., Joh 6,51c - ein Schlüssel zur großen johanneischen Brotrede, in: BZ 2 (1958) 244-262.

SCHWANK, B., Art. δηνάριον, in: EWNT I 711.

SCHWEIZER, H., Biblische Texte verstehen. Arbeitsbuch zur Hermeneutik und Methodik der Bibelinterpretation, Stuttgart 1986.

SCHWEIZER, H., Die Josefsgeschichte. Konstituierung des Textes. Teil I. Argumentation (Textwissenschaft, Theologie, Hermeneutik, Linguistik, Literaturanalyse, Informatik 4), Tübingen 1991.

SCHWENK-BRESSLER, U., Sapientia Salomonis als ein Beispiel frühjüdischer Textauslegung. Die Auslegung des Buches Genesis, Exodus 1 - 15 und Teilen der Wüstentradition in Sap 10 - 19 (BEAT 32), Frankfurt a. M. 1993.

SEGOVIA, F. F. (Hg.), „What is John?" Readers and Readings of the Fourth Gospel (SBL.Symposium Series 3), Atlanta 1996.

SEYBOLD, K., Die Psalmen (HAT 15), Tübingen 1996.

SHELTON, J.-A., As the Romans Did. A Source Book in Roman Social History, New York 1988.

SIMON, U. E., Eternal Life in the Fourth Gospel, in: F. L. CROSS (Hg.), Studies in the Fourth Gospel, London 1957, 97-109.

SKA, J. L., Our Fathers Have Told Us. Introduction to the Analysis of Hebrew Narratives (SubBi 13), Rom 1990.

SÖDING, TH., Die Schrift als Medium des Glaubens. Zur hermeneutischen Bedeutung von Joh 20,30f, in: K. BACKHAUS / F. G. UNTERGASSMAIR (Hgg.), Schrift und Tradition (FS Josef Ernst), Wien 1996, 343-371.

SÖDING, TH., „Was kann aus Nazareth schon Gutes kommen?“ (Joh 1.46). Die Bedeutung des Judeseins Jesu im Johannesevangelium, in: NTS 46/1 (2000) 21-41.

SÖDING, TH., Wege der Schriftauslegung. Methodenbuch zum Neuen Testament, Freiburg i. Br. 1998.

SOGGIN, J. A., Das Buch Genesis. Kommentar, Darmstadt 1997.

SPENCER, P. E., Narrative Echoes in John 21: Intertextual Interpretation and Intratextual Connection, in: JSNT 75 (1999) 49-68.

STÄHLI, H.-P., Art. ירא, in: THAT I 765-778.

STIMPFLE, A., Blinde sehen. Die Eschatologie im traditionsgeschichtlichen Prozeß des Johannesevangeliums (BZNW 57), Berlin 1990.

STOCK, K., Jesus - der Sohn Gottes. Betrachtungen zum Johannesevangelium, Innsbruck 1987.

STRECKER, G., Die Johannesbriefe (KEK 14), Göttingen 1989.

STRECKER, G., Theologie des Neuen Testaments (GLB), Berlin 1996.

SWANCUTT, D. M., Hungers Assuaged by the Bread from Heaven. ‚Eating Jesus‘ as Isaian Call to Belief. The Confluence of Isaiah 55 and Psalm 78(77) in John 6.22-71, in: C. A. EVANS / J. A. SANDERS (Hgg.), Early Christian Interpretation of the Scriptures of Israel. Investigations and Proposals (JSNT.S 148 = Studies in Scripture in Early Judaism and Christianity 5), Sheffield 1997, 218-251.

TENGSTRÖM, S. / FABRY, H.-J., Art. רוח, in: ThWAT VII 385-425.

THEOBALD, M., Eucharistie in Joh 6. Vom pneumatologischen zum inkarnationstheologischen Verstehensmodell, in: TH. SÖDING (Hg.), Johannesevangelium – Mitte oder Rand des Kanons? Neue Standortbestimmungen (QD 203), Freiburg i. Br. 2003, 178-257.

THEOBALD, M., Häresie von Anfang an? Strategien zur Bewältigung eines Skandals nach Joh 6,60-71, in: R. KAMPLING / TH. SÖDING (Hgg.), Ekklesiologie des Neuen Testaments (FS Karl Kertelge), Freiburg i. Br. 1996, 212-246.

THEOBALD, M., Herrenworte im Johannesevangelium (Herders biblische Studien 34), Freiburg i. Br. 2002.

THEOBALD, M., Schriftzitate im „Lebensbrot“-Dialog Jesu (Joh 6). Ein Paradigma für den Schriftgebrauch des vierten Evangelisten, in: CH. M. TUCKETT (Hg.), The Scriptures in the Gospels (BEThL 131), Leuven 1997, 327-366.

THOMAS, R. W., The Meaning of the Terms ‚Life‘ and ‚Death‘ in the Fourth Gospel and in Paul, in: SJTh 21 (1968) 199-212.

THOMPSON, M. M., Signs and Faith in the Fourth Gospel, in: BBR 1 (1991) 89-108.

THOMPSON, M. M., The Living Father, in: Semeia 85 (1999) 19-31.

THOMPSON, M. M., Thinking about God: Wisdom and Theology in John 6, in: R. A. CULPEPPER (Hg.), Critical Readings of John 6 (Biblical Interpretation Series 22), Leiden 1997, 221-246.

THYEN, H., Ich bin das Licht der Welt. Das Ich- und Ich-Bin-Sagen Jesu im Johannesevangelium, in: JAC 35 (1992) 19-46.

THYEN, H., Art. Johannesevangelium, in: TRE 17 200-225.

TOBLER, E., Vom Missverstehen zum Glauben: Ein theologisch-literarischer Versuch zum 4. Evangelium und zu Zeugnissen seiner Wirkung (EHS.T 395), Frankfurt a. M. 1990.

TOLMIE, F., The Ἰουδαῖοιin the Fourth Gospel. A Narratological Perspective, masch. Kongressartikel für General Meeting der Studiorum Novi Testamenti Societas (SNTS), Pretoria 1999.

VALLOORAN, V., Eucharistic Discourse. A Biblical-Theological Analysis of Jn 6:52-58(59), masch. Diss. Innsbruck 1993.

VANDECASTEELE-VANNEUVILLE, F., Johannine Theology of Revelation, Soteriology, and the Problem of Anti-Judaism, in: SNTU.A 26 (2001) 165-188.

VAN DER WATT, J. G., Family of the King. Dynamics of Metaphor in the Gospel according to John (Biblical Interpretation Series 47), Leiden 2000.

VAN DER WATT, J. G., The Use of αἰώνιος in the Concept ζωὴ αἰώνιος in John's Gospel, in: NT 31 (1989) 217-228.

VEIJOLA, T., „Der Mensch lebt nicht vom Brot allein". Zur literarischen Schichtung und theologischen Aussage von Deuteronomium 8, in: ders. (Hg.), Moses Erben. Studien zum Dekalog, zum Deuteronomismus und zum Schriftgelehrtentum (BWANT 149), Stuttgart 2000.

VIELHAUER, PH., Geschichte der urchristlichen Literatur. Einleitung in das Neue Testament, die Apokryphen und die Apostolischen Väte (GLB), Berlin 1975.

WAHLDE, U. C. VON, „The Jews" in the Gospel of John. Fifteen Years of Research (1983-1998), in: EThL 76/1 (2000) 30-55.

WATTS, J., Isaiah 34 - 66 (WBC 25), Waco 1987.

WEDER, H., Die Menschwerdung Gottes. Überlegungen zur Auslegungsproblematik des Johannesevangeliums am Beispiel von Joh 6, in: ders.: Einblicke ins Evangelium. Exegetische Beiträge zur neutestamentlichen Hermeneutik. Gesammelte Aufsätze aus den Jahren 1980-1991, Göttingen 1992, 363-400.

WELCK, CH., Erzählte Zeichen. Die Wundergeschichten des Johannesevangeliums literarisch untersucht. Mit einem Ausblick auf Joh 21 (WUNT II 69), Tübingen 1994.

WENHAM, G. J., Genesis 1 - 15 (WBC 1), Waco 1987.

WERNER, W. / WOSCHITZ, K., Art. Leben, in: NBL II 595-599.

WESTERMANN, C., Mahnung, Warnung und Geschichte. Die Paränese Deuteronomium 1-11, in: H. M. NIEMANN / M. AUGUSTIN / W. H. SCHMIDT (Hgg.), Nachdenken über Israel, Bibel und Theologie (FS Klaus-Dietrich Schunck) (BEAT 37), Frankfurt a. M. 1994, 51-67.

WIEFEL, W., Das Evangelium nach Matthäus (ThHK 1), Leipzig 1998.

WINSTON, D., The Wisdom of Salomon. A New Translation with Introduction and Commentary (AncB 43), Garden City 1979.

ZUMSTEIN, J., Das Johannesevangelium: Eine Strategie des Glaubens, in: ders., Kreative Erinnerung. Relecture und Auslegung im Johannesevangelium, Zürich 1999, 31-45.

ZUMSTEIN, J., Der Prolog, Schwelle zum vierten Evangelium, in: ders., Kreative Erinnerung. Relecture und Auslegung im Johannesevangelium, Zürich 1999, 78–98.

ZUMSTEIN, J., Kreative Erinnerung. Relecture und Auslegung im Johannesevangelium, Zürich 1999.

# 3. VERZEICHNIS DER TABELLEN UND ABBILDUNGEN

## *Tabellen*

## *Abbildungen*

# 4. VERZEICHNIS DER BIBELSTELLEN
(in Auswahl)

## *Altes Testament*

## *Neues Testament*

# 5. STICHWORTVERZEICHNIS
(in Auswahl)

## *Griechische Stichwörter*

## *Deutsche Stichwörter*